新时代的中国式法治现代化研究丛书

公丕祥　总主编

新时代的中国式
司法现代化

主　编丨谢国伟

副主编丨李建明

XINSHIDAI DE ZHONGGUOSHI
SIFA XIANDAIHUA

法律出版社
LAW PRESS · CHINA
北京

图书在版编目(CIP)数据

新时代的中国式司法现代化／谢国伟主编；李建明副主编. -- 北京：法律出版社，2023
(新时代的中国式法治现代化研究丛书)
ISBN 978 - 7 - 5197 - 7980 - 1

Ⅰ. ①新… Ⅱ. ①谢… ②李… Ⅲ. ①司法—研究—中国 Ⅳ. ①D926

中国国家版本馆 CIP 数据核字(2023)第 101839 号

新时代的中国式司法现代化
XINSHIDAI DE ZHONGGUO SHI SIFA XIANDAIHUA

谢国伟 主 编
李建明 副主编

策划编辑 肖 越 王 斓
责任编辑 肖 越 王 斓
装帧设计 汪奇峰

出版发行 法律出版社
编辑统筹 法商出版分社
责任校对 王 丰
责任印制 胡晓雅
经 销 新华书店

开本 710 毫米×1000 毫米 1/16
印张 35.75 字数 449 千
版本 2023 年 12 月第 1 版
印次 2023 年 12 月第 1 次印刷
印刷 唐山玺诚印务有限公司

地址：北京市丰台区莲花池西里 7 号(100073)
网址：www.lawpress.com.cn
投稿邮箱：info@lawpress.com.cn
举报盗版邮箱：jbwq@lawpress.com.cn

销售电话：010 - 83938349
客服电话：010 - 83938350
咨询电话：010 - 63939796

书号：ISBN 978 - 7 - 5197 - 7980 - 1
定价：128.00 元

凡购买本社图书，如有印装错误，我社负责退换。电话：010 - 83938349

前　言

2022 年 10 月，在开启全面建设社会主义现代化国家新征程、向第二个百年奋斗目标进军的关键时刻，中国共产党召开了具有重大而深远意义的第二十次全国代表大会。这是党和国家政治生活中的一件大事。为了深入学习贯彻、研究阐释党的二十大精神，中国法治现代化研究院院务（扩大）会议经过慎重研究，决定编写六卷本的“新时代的中国式法治现代化研究丛书”。

在庆祝中国共产党成立 100 周年大会上的重要讲话中，习近平总书记明确提出了“中国式现代化新道路”的崭新概念，指出：“中国特色社会主义是党和人民历经千辛万苦、付出巨大代价取得的根本成就，是实现中华民族伟大复兴的正确道路。我们坚持和发展中国特色社会主义，推动物质文明、政治文明、精神文明、社会文明、生态文明协调发展，创造了中国式现代化新道路，创造了人类文明新形态。”党的十九届六中全会审议通过的《中共中央关于党的百年奋斗重大成就和历史经验的决议》（以下简称十九届六中全会《决议》）进一步强调，“党领导人民成功走出中国式现代化道路,创造了人类文明新形态,拓展了发展中国家走向现代化的途径,给世界上那些既希望加快发展又希望保持自身独立性的国家和民族提供了全新选择"。在党的二十大报告中,习近平总书记运用马克思主义世界观和方法论,深刻把握全面建成社会主义现代化强国、实现第二个百年奋斗目标、以中国式现代化全面推进中华民族伟大复兴这一新时代新征程中国共产党的中心任务,系统论述了中国式现代化的历史进程、本质要求、战略安排、目标任务、重大原则等一系列重大问题。这些重要论述精辟概括了中国共产党百年奋斗创造的伟大成就,深刻揭示了中国式现代化的内在特质、丰富内涵、基本要求和重大意义,为坚持和拓展中国式现代化指明了前进方向。

中国式现代化是一个内涵丰富、意义深刻的重大命题,涉及经济、政治、社会、文化、生态、中国与世界的关系等广泛领域,是一个与本国国情相适应的、体现社会主义性质的、反映现代化客观规律的全方位的崭新的现代化道路。中国式法治现代化,是中国式现代化在法治领域中的集中体现,是在中国的具体国情下所展开的法治变革过程,是超越西方法治现代化模式的法治现代化的中国道路,是既符合中国国情又汲取人类法治文明成果的现代化法治之路。

因此,这套六卷本的"新时代的中国式法治现代化研究丛书"的分析主轴是:深入考察党的十八大以来坚持和拓展中国式法治现代化的波澜壮阔的时代进程,充分展示新时代推进全面依法治国取得的历史性成就、发生的历史性变革。编写这套丛书的总体要求是:深入学习贯彻党的二十大精神,坚持以习近平法治思想为指导,全面系统地研究新时代中国式法治现代化的重要理论和实践问题,注重理论分析与实证研究的有机结合,深入考察党的十八大以来全面推进依法治国、加快建设法治中国、实现中国式法治现代化的重大进展,深刻总结推进中国式法治现代化的基本经验,对新时代新征程中国式法治现代化建设的重要领域及其发展前景进行战略性、整体性、前瞻性的深入研究,更加坚定中国特色社会主义法治道路自信,更加坚定不移走中国式法治现代化新道路,从而以高质量的研究成果为推进和拓展中国式法治现代化奉献智识和力量。

这套六卷本丛书的写作分工是：

中国法治现代化研究院法治发展战略研究所：《中国式法治现代化的理论逻辑》；

中国法治现代化研究院立法发展研究所：《新时代的中国式立法现代化》；

中国法治现代化研究院法治政府研究所：《新时代的中国式行政法治现代化》；

中国法治现代化研究院司法改革与现代化研究所：《新时代的中国式司法现代化》；

中国法治现代化研究院法治社会研究所：《新时代的中国式社会治理法治化》；

中国法治现代化研究院区域法治发展研究所：《新时代的中国式区域法治现代化》。

这套丛书的编写工作得到了法律出版社的鼎力支持，张雪纯副总编和薛晗分社长给予了热情指导和支持，各卷责任编辑做了精心的编辑工作；江苏省委宣传部及江苏省新型智库建设办公室、南京师范大学对这套丛书的编写工作给予了大力支持；中国法治现代化研究院办公室做了大量具体协调工作。在此，谨致以衷心的感谢！

编　者

2022年11月于南京

总　序

公丕祥

党的十八大以来“新时代十年的伟大变革”,[①]是党和国家事业取得历史性成就、发生历史性变革的十年,是坚持全面依法治国、推进中国式法治现代化取得重大进展的十年。以习近平同志为核心的党中央高瞻远瞩,总揽全局,科学把握共产党执政规律、社会主义建设规律和人类社会发展规律,把全面依法治国纳入“四个全面”战略布局予以有力推进,对全面依法治国、加快建设社会主义法治国家作出了一系列重大战略谋划和精心部署,创立了“习近平法治思想”这一原创性的法治理论,推动当代中国法治领域取得历史性成就,中国式法治现代化正在向纵深推进。在认真学习贯彻党的二十大精神的新形势下,以习近平法治思想为指导,深入回顾党的十八大以来全面推进依法

---

① 参见习近平:《高举中国特色社会主义伟大旗帜　为全面建设社会主义现代化国家而团结奋斗——在中国共产党第二十次全国代表大会上的报告》,人民出版社2022年版,第15页。

治国的历史性成就，深刻总结全面依法治国、建设法治中国的基本经验，无疑具有重要的意义。

一、创立原创性的法治理论

习近平法治思想是党的十八大以来最为重要的原创性的法治理论。习近平法治思想坚持和运用马克思主义法治基本原理和方法论原则，深入思考和研究为什么要推进全面依法治国、怎样推进全面依法治国这一重大时代课题，提出了一系列原创性的新时代坚持和发展中国特色社会主义法治的新理念新思想新战略，成为推进全面依法治国、实现中国式法治现代化的根本指导思想，对马克思主义法治理论在21世纪的发展作出了原创性的贡献。

习近平法治思想开启了马克思主义法治理论中国化时代化的新的历史性飞跃。20世纪以来，马克思主义法治理论在中国广泛传播和深入发展。中国共产党在领导人民进行革命、建设和改革的伟大斗争中，坚持把马克思主义法治理论同中国具体实际相结合、同中华优秀传统法律文化相结合，有力推动了马克思主义法治理论的新发展。在中华民族迎来从站起来、富起来到强起来的伟大飞跃的历史进程中，习近平法治思想应运而生，这在马克思主义法治理论中国化进程中具有里程碑意义，实现了马克思主义法治理论中国化时代化的新的历史性飞跃。习近平法治思想把握全面依法治国、建设法治中国的战略机遇和发展大势，系统阐述了新时代中国特色社会主义法治思想，将其精辟地概括为“十一个坚持”，科学回答了建设中国特色社会主义法治的基本问题，它构成了习近平法治思想的核心要义，是马克思主义法治理论中国化时代化的最新重大理论成果。习近平法治思想注重加强对事关全面依法治国全局性、长远性、整体性重大问题的战略谋划，是一个博大精深、内容丰富、逻辑严密、系统完备的科学的法治理论体系，科学把握全面依法治国的政治方向、重要地位、工作布局、重点任务、重大关系和重要保障，具有深刻的理论逻辑和巨大的实践伟力。

习近平法治思想是中华文化和中国精神的时代精华。怎样对待本国传统文化,是世界各国在实现现代化的过程中都必须解决好的重大问题。中华民族有着悠久的文化传统。中华民族之所以能够在几千年的历史长河中生生不息、薪火相传、顽强发展,其中一个很重要的原因,“就是中华民族有一脉相承的精神追求、精神特质、精神脉络”。① 中国共产党人始终是中华优秀传统文化和中国精神的忠实继承者和弘扬者。在延绵经久的中华文明发展进程中,中华民族铸造了体现独特的民族法律品格的博大精深的法律文化。中华优秀传统法律文化为马克思主义法治理论中国化提供了文化沃土,也是中国特色社会主义法治赖以存在和发展的历史传承。习近平法治思想蕴含深厚的民族精神,鲜明体现中华民族五千多年来积累的伟大历史智慧,深入中华民族历久弥新的法律精神世界,科学对待中华优秀传统法律文化,悉心总结我国古代治国理政的有益经验,着力开掘和传承中华政治文明和法律文化精华,汲取营养,择善而用,努力实现中华优秀传统法律文化的创造性转换、创新性发展,使之与中国特色社会主义法治文明相融相通,共同服务于新时代建设法治中国、推进中国式法治现代化的历史使命。习近平法治思想注重把握世界法治文明发展大势,记载深厚的中国经验,融入丰富的中国元素,体现鲜明的中国精神,从而展现出深厚的历史逻辑和强大的理论生命力。

习近平法治思想是当代中国马克思主义法治理论、21 世纪马克思主义法治理论。20 世纪以来中国革命、建设和改革的历史进程的新进展,都伴随马克思主义法治理论中国化时代化的新飞跃。习近平法治思想着眼于推进新时代治国理政的战略考量,创造性地阐述和运用马克思主义历史唯物主义法治基本原理,深入考察当代中国法治发展的内在矛盾运动,创立了具有原创意义的 21 世纪马克思主义法治理论体系,标志着当代中国马克思主义法治理论创新发展进入了一个崭新的历史阶段。习近平法治思想不断深化对共产党执政规律的认识,创造性地论述坚持党的领

① 参见习近平:《论党的宣传思想工作》,中央文献出版社 2020 年版,第 111 页。

导、人民当家作主、依法治国有机统一的重大法治方针；不断深化对社会主义建设规律的认识，创造性地论述中国特色社会主义法治建设的重大战略问题；不断深化对人类社会发展规律的认识，创造性地阐述推动人类法治文明发展、构建人类命运共同体进程中的重大理论和实践问题，闪烁着马克思主义法治理论的真理光辉，开辟了当代中国马克思主义法治理论、21 世纪马克思主义法治理论创新发展的崭新境界。

二、推进法治领域变革性实践

党的十八大以来，随着中国特色社会主义进入新时代，法治在国家现代化进程中的地位更加突出、作用更加重大。以习近平同志为核心的党中央高度重视新的时代条件下法治建设的系统性、整体性和协同性，以前所未有的力度加强对全面依法治国的战略谋划和协调推进。在中央全面依法治国工作会议等重要会议上，习近平总书记回顾总结了十八大以来我们党坚定推进全面依法治国的变革性实践。

一是从全面依法治国的战略考量来看，党中央明确提出全面依法治国，并将其纳入“四个全面”战略布局予以有力推进。

二是从全面依法治国总体战略决策来看，党的十八届三中全会在我们党的历史上第一次提出“推进国家治理体系和治理能力现代化”和“推进法治中国建设”的重大命题，对全面深化改革进行系统整体设计，具有划时代意义。党的十八届四中全会在我们党的历史上第一次专门研究全面依法治国若干重大问题，并作出专门的决定，在新中国法治史上具有里程碑意义。党的十九大将“明确全面推进依法治国总目标”确立为习近平新时代中国特色社会主义思想的重要组成部分，将“坚持全面依法治国”确立为新时代坚持和发展中国特色社会主义基本方略的有机构成要素，并且对新时代推进中国式法治现代化作出战略安排。党的十九届四中全会专题研究坚持和完善中国特色社会主义制度、推进国家治理体系和治理能力现代化的重大问题，意义重大，影响深远。

三是从中央全面依法治国委员会的重要作用来看，党的十九大召开后,党中央组建由习近平总书记担任主任的中央全面依法治国委员会,从全局和战略高度对全面依法治国作出一系列重大的决策部署,推动新时代法治中国建设大踏步前进。

四是从健全完善党领导全面依法治国制度来看,通过完善党领导立法、保证执法、支持司法、带头守法制度,党对全面依法治国的领导更加坚强有力。

五是从全面依法治国总体布局来看,将建设中国特色社会主义法治体系确立为全面依法治国的"总抓手",完善顶层设计,统筹推进法律规范、法治实施、法治监督、法治保障和党内法规体系建设,中国特色社会主义法治体系建设加快推进,全面依法治国总体格局基本形成。

六是从落实全面依法治国重点任务来看,适应党和国家事业发展要求,完善立法体制,加快重点领域立法;坚持依宪治国,宪法实施和监督得到全面加强;推进法治政府建设,推进严格规范公正文明执法;加快推进司法体制改革,依法纠正一批冤错案件;推进全民普法,人民群众法治意识进一步增强;坚持依法执政,加快党内法规制度建设;贯彻依法治军战略;等等。

显然,新时代推进全面依法治国的变革性实践波澜壮阔、深入展开,取得了重大进展。从党的十八届三中全会作出"推进法治中国建设"的重大战略决策,到十八届四中全会提出全面依法治国的总蓝图、路线图和施工图;从十九大提出坚持全面依法治国基本方略,并且对新时代推进中国式法治现代化作出"两步走"的重大战略安排,十九届四中全会作出加强国家制度与法律制度建设的重大决策,十九届五中全会描绘开启全面建设社会主义现代化国家新征程第一个五年的法治蓝图,十九届六中全会对十八大以来推进全面依法治国及其历史性成就进行深刻总结,到二十大对新时代新征程坚持全面依法治国、推进法治中国建设作出新的重大战略部署,全面依法治国、建设法治中国所取得的每一个重大进展,都是在以习近平同志为核心的党中央的坚强领导下取得的,凝结着当代中国共产党人领导人民治国理政的重大法治成果。

三、全面依法治国取得突破性进展

党的十八大以来，在习近平法治思想的指引下，社会主义法治建设迈出重大步伐，全面依法治国的重要领域和关键环节取得突破性进展，深刻改变着当代中国国家与社会生活的基本面貌，中国式法治现代化进入了一个新的历史发展阶段。

第一，党领导全面依法治国的体制机制更加健全。中国共产党的领导是中国特色社会主义最本质的特征，是推进全面依法治国的根本保证。这必然要求健全和完善党领导全面依法治国的体制、制度和工作机制，推进党对全面依法治国领导的制度化、法治化，把党对全面依法治国的领导构筑在坚实的法治基础之上。习近平总书记强调，“推进党的领导制度化、法治化，既是加强党的领导的应有之义，也是法治建设的重要任务”[①]。党的十八大以来当代中国法治建设的一个鲜明特点，就是党对全面依法治国的战略统筹及其组织化程度显著有效提升，成为中国式法治现代化向纵深推进的强大动力。党的十八大以后，全面推进依法治国、加快建设法治中国，已经成为全党的普遍共识，成为全党意志的集中体现。党中央还加大推进法治领域改革的组织领导力度。根据十八届三中全会精神，中央成立了以习近平总书记为组长的中央全面深化改革领导小组，“负责改革总体设计、统筹协调、整体推进、督促落实”。[②] 在中央全面深化改革领导小组的强有力的领导推动下，当代中国新一轮法治领域改革如火如荼、有声有色，法治领域改革的顶层设计方案、试点方案以及一系列具体的改革项目计划相继推出，法治领域改革的计划性和系统性大大增强。十八届四中全会明确提出，要健全党领导依法治国的制度和工作机制，完善保证党确定依法治国方针政策和决策部署的工作机制和程序，进而将党对全面依法治国领导的制度机制概括为

---

① 习近平：《论坚持全面依法治国》，中央文献出版社 2020 年版，第 223 页。

② 参见《中共中央关于全面深化改革若干重大问题的决定》，人民出版社 2014 年版，第 58 页。

“三统一”“四善于”。[①]

党的十九大以来,我们党加强和改进对全面依法治国领导所取得的重大制度创新成果,就是组建由习近平总书记担任主任的中央全面依法治国委员会。习近平总书记指出:“党中央决定组建中央全面依法治国委员会,这是我们党历史上第一次设立这样的机构,目的是加强党对全面依法治国的集中统一领导,统筹推进全面依法治国工作。”[②]根据十九大和十九届三中全会的精神,中央全面依法治国委员会作为党中央决策议事协调机构,旨在加强党中央对法治中国建设的集中统一领导,健全党领导全面依法治国的制度和工作机制,更好落实全面依法治国基本方略。其重要职责是统筹协调全面依法治国工作,研究全面依法治国重大事项、重大问题,协调推进中国特色社会主义法治体系和社会主义法治国家建设等。[③] 县级以上地方各级党委也相应成立统筹协调本地法治工作的决策议事协调机构。习近平总书记多次主持召开中央全面依法治国委员会全体会议并发表重要讲话,对推进新时代全面依法治国作出了一系列重大部署。在中央全面依法治国委员会的坚强领导和统筹协调下,新时代法治中国建设迈出了新步伐。

第二,更加坚定维护宪法尊严和权威。宪法是治国安邦的总章程,是国家长治久安的根本法治保证。我们党高度重视宪法在治国理政中的重要作用。党的十八大以来,以习近平同志为核心的党中央对依宪治国、依宪执政提出新的更高要求,采取一系列重大举措,把全面贯彻实施宪法摆在推进全面依法治国的突出位置,更加坚定维护我国宪法尊严和权威,加强宪法实施和监督。习近平总书记深刻阐述当代中国共产党人在新的历史条件下崭新的治国理念,指出:“依法治国首先要坚持依宪治国,依法执

---

① 参见《中共中央关于全面推进依法治国若干重大问题的决定》,人民出版社 2013 年版,第 49 页。

② 习近平:《论坚持全面依法治国》,中央文献出版社 2020 年版,第 222 页。

③ 参见《深化党和国家机构改革方案》,人民出版社 2018 年版,第 4 ~ 5 页。

政首先要坚持依宪执政。"[①]党的十八届三中全会提出,要健全宪法实施监督机制和程序。党的十八届四中全会进一步提出,要完善全国人大及其常委会宪法监督制度,健全宪法解释程序机制;加强备案审查制度和能力建设,把所有规范性文件纳入备案审查范围,依法撤销和纠正违宪违法的规范性文件;将每年12月4日定为国家宪法日;在全社会普遍开展宪法教育,弘扬宪法精神;并且决定建立宪法宣誓制度,明确凡经人大及其常委会选举或者决定任命的国家工作人员正式就职时公开向宪法宣誓。全国人大常委会先后于2014年11月和2015年7月,通过关于设立国家宪法日的决定和关于实行宪法宣誓制度的决定。2015年8月,依据宪法规定,全国人大常委会通过《关于特赦部分服刑罪犯的决定》,国家主席发布特赦令,这是我国改革开放以来第一次实行特赦,具有重大政治意义和法治意义。2017年3月,党中央提出明确要求,规定工作范围,全国人大常委会宪法解释程序机制进一步完善。党的十九届二中全会审议通过《中共中央关于修改宪法部分内容的建议》,强调要以这次宪法修改为契机,把依法治国、依宪治国提高到一个新水平。十三届全国人大一次会议审议通过现行宪法第五个修正案,充实完善现行宪法有关制度规定。党的十九届四中全会通过的《中共中央关于坚持和完善中国特色社会主义制度 推进国家治理体系和治理能力现代化若干重大问题的决定》基于坚持和完善中国特色社会主义制度、推进国家治理体系和治理能力现代化的战略考量,明确提出要"健全保证宪法全面实施的体制机制",强调要"加强宪法实施和监督,落实宪法解释程序机制,推进合宪性审查工作"。

宪法的伟力来自人民的内心拥护和真诚信仰。党的十八大以来,遵守宪法、学习宪法、维护宪法的宪法宣传教育活动在中华大地蓬勃兴起。宪法教育纳入"八五"全民普法教育之中,并且作为党员干部教育的重要内容,在全社会大力营造有利于保证宪法实施、维护宪法权威的浓厚

---

① 习近平:《论坚持全面依法治国》,中央文献出版社2020年版,第230页。

氛围。

此外,根据现行《宪法》和《香港特别行政区基本法》,全国人大及其常委会还先后作出《关于〈中华人民共和国香港特别行政区基本法〉第一百零四条的解释》、批准《内地与香港特别行政区关于在广深港高铁西九龙站设立口岸实施"一地两检"的合作安排》,通过《关于完善香港特别行政区选举制度的决定》等一系列有关香港特别行政区宪制与法治问题的重要文件,充分表明中央贯彻"一国两制"方针的坚定决心和反对"港独"的坚定立场。

第三,中国特色社会主义法律体系加快完善。经过新中国成立以来特别是1978年改革开放以来40多年的不懈努力,中国特色社会主义法律体系形成,国家生活和社会生活各方面总体上实现了有法可依,"这是一个了不起的重大成就"。[①] 随着中国特色社会主义进入新时代,面对推进国家治理现代化的时代要求,立法工作的任务繁重而艰巨。党的十九大提出"以良法促进发展、保障善治"的重大战略任务。加快形成完备的法律规范体系,是法律体系内在和谐一致性的必然要求,是建设中国特色社会主义法治体系的前提和基础。

建设法治体系,必须坚持立法先行。以习近平同志为核心的党中央始终把完善中国特色社会主义法律体系放在治国理政法治化的大局来谋划和推进,着力推动法律体系随着时代前进的步伐和实践发展的要求而不断完善和发展。党的十八大以来,全国人大及其常委会围绕"五位一体"总体布局,深入推进全过程人民民主建设,紧紧抓住事关改革发展稳定的重大立法项目,加强立法工作组织协调,加强重点领域立法,《国家安全法》《慈善法》《网络安全法》《监察法》《外商投资法》《民法典》《反外国制裁法》等一批重要法律陆续出台,不断满足人民群众日益增长的法治新需求。在中央全面依法治国工作会议上,习近平总书记总结十八大以

① 参见《中共中央关于全面推进依法治国若干重大问题的决定》,人民出版社2014年版,第52页。

来我国法律体系建设取得的成就，指出："党的十八大以来，全国人大及其常委会通过宪法修正案，制定法律 48 件，修改法律 203 件次，作出法律解释 9 件，通过有关法律问题和重大问题的决定 79 件次。截至目前，现行有效法律 282 件，行政法规 608 件，地方性法规 12,000 余件。"[①]这为建设中国特色社会主义法治体系奠定了坚实的基础。

第四，法治政府建设加快推进。在当代中国，加快建设法治政府，是一场深刻的政府革命。习近平总书记强调，"法治政府建设是重点任务和主体工程，要率先突破"。[②] 党的十八大和十八届五中全会都把"法治政府基本建成"确定为 2020 年全面建成小康社会宏伟目标的重要内容。2015 年 12 月，中共中央、国务院公布《法治政府建设实施纲要（2015—2020 年）》，确立了法治政府基本建成的衡量标准，提出加快建设法治政府的 7 大主要任务和 40 项具体措施。2021 年 8 月，中共中央、国务院颁发《法治政府建设实施纲要（2021—2025 年）》，由 10 个部分、35 条组成，展现了"十四五"时期全面推进法治政府建设的路线图和施工图，确立了到 2025 年法治政府建设的总体目标各领域分目标及其重大举措。

加强法治政府建设示范创建活动。活动要求从 2019 年启动第一批法治政府建设示范地区评估认定开始，每两年开展一次，梯次推进，树立一批新时代法治政府建设的新标杆，形成样板效应，营造法治政府建设创优争先的浓厚氛围，并且公布了《市县法治政府建设示范指标体系》，对法治政府建设进行量化评估，借以加强对建设法治政府的具体指引。在中央的强有力推动下，全国范围内的法治政府建设示范创建活动有序展开，法治政府建设的内生动力竞相迸发。

第五，法治经济建设深入展开。习近平总书记强调，"社会主义市场经济本质上是法治经济"，"必须坚持法治思维、增强法治观念，依法调控

---

① 习近平：《坚定不移走中国特色社会主义法治道路　为全面建设社会主义现代化国家提供有力法治保障》，载《求是》2021 年第 5 期。

② 习近平：《论坚持全面依法治国》，中央文献出版社 2020 年版，第 4 页。

和治理经济”。[①] 党的十八届五中全会鲜明提出“加快建设法治经济”的历史性任务。这既是完善和发展社会主义市场经济的内在要求,也是建设中国特色社会主义法治体系的重要内容。

产权是现代市场经济的基石,是激励市场主体创新发展的制度安排,也是法治经济的价值所在。党的十八届三中全会、十八届四中全会都把完善产权保护制度作为全面深化改革、全面依法治国的重要内容;十八届五中全会把“产权得到有效保护”确定为全面建成小康社会的目标要求之一,明确提出要“推进产权保护法治化”,加快形成有利于创新发展的产权制度。因此,加快建设法治经济,必须把产权保护法治化放在更加突出的位置。2016 年 11 月,中共中央、国务院发布《关于完善产权保护制度依法保护产权的意见》,对完善产权保护法律制度机制提出了顶层设计方案,强调“推进产权保护法治化,在事关产权保护的立法、执法、司法、守法等各方面各环节体现法治理念”。这是在新的历史条件下推进产权保护法治化的纲领性文献。民法是调整市场经济关系的基本法律,是产权保护法治化的法典化样式,因而是法治经济的制度基石。《民法典》的编纂与实施,标志着当代中国法治经济制度建设的历史性进步。

“法治是最好的营商环境。”[②]运用法治思维和法治方式营造和优化稳定、公平、透明、高效、可预期的法治化营商环境,是发展社会主义市场经济、推进改革开放、推动经济高质量发展的应有之义。党的十八大以来,以习近平同志为核心的党中央采取一系列强有力的法治举措营造和优化法治化营商环境。继十三届全国人大二次会议审议通过《外商投资法》之后,国务院又于 2019 年 10 月发布《优化营商环境条例》,对标国际先进水平,对优化营商环境作出了制度安排,从市场主体保护、市场环境、政务服务、监督执法、法治保障等方面设置了具体规定。与此同时,中央全面依法治国委员会办公室还组织开展“营造法治化营商环境　保护民

① 参见《习近平关于全面依法治国论述摘编》,中央文献出版社 2015 年版,第 115 页。

② 习近平:《论坚持全面依法治国》,中央文献出版社 2020 年版,第 254 页。

营企业发展”专项督察活动，进一步推动法治化营商环境的持续改善。

第六，法治社会建设不断深入。法治社会是一个信仰法治、依法治理的社会。党的十八大以来，加快建设法治社会成为全面依法治国工作布局的有机组成部分，被提上党和国家的重要议事日程。习近平总书记指出：“法治社会是构筑法治国家的基础。”[①]继党的十八届三中全会、十八届四中全会和十九大之后，党的十九届四中全会对加快推进法治社会建设作出了新的部署，使之成为新时代国家制度和国家治理体系建设的重要内容。

坚持和发展新时代“枫桥经验”。形成于20世纪60年代初的“枫桥经验”，充分展示了在党组织领导下依靠群众化解基层矛盾纠纷、维护社会稳定、促进社会和谐的显著优势。在新的历史条件下，“枫桥经验”被赋予了新的时代内涵，党建引领、人民主体、“三治结合”、共建共享等构成了新时代“枫桥经验”的基本要素，成为加强和创新基层社会治理的有效载体。习近平总书记多次对坚持和发展新时代“枫桥经验”作出重要指示和批示，强调要“坚持把非诉讼纠纷解决机制挺在前面”，为促进纠纷多元解决机制建设、推进基层社会治理现代化指明了方向。中央政法委和最高人民法院、最高人民检察院、公安部、司法部以及各地党委政府和有关部门加大工作力度，提出具体实施方案，全面推进多元化纠纷解决机制建设，取得了显著成效。

加快推进市域社会治理现代化。在当代中国，市域（设区的市）是纵向的国家行政辖区层级体系的空间单元之一。市域社会治理在国家治理进程中具有承上启下的独特地位，是国家治理体系的基础性环节。近年来，各地从实际出发，坚持改革创新，强化问题导向，推进法治保障，努力构建市域社会治理制度机制，着力破解市域社会治理面临的突出问题，不断提升市域社会治理效能，取得了较为明显的成效。习近平总书记强调，要“推进市域社会治理现代化”。党的十九届四中全会着眼于构建新时

---

① 习近平：《论坚持全面依法治国》，中央文献出版社2020年版，第230页。

代基层社会治理新格局，提出“加快推进市域社会治理现代化”。2019 年 12 月，中央政法委召开全国市域社会治理现代化工作会议，就贯彻落实习近平总书记重要讲话和十九届四中全会精神作出专门部署，提出推进市域社会治理现代化的总体思路、重点工作和具体措施，并且印发《全国市域社会治理现代化试点工作实施方案》和《全国市域社会治理现代化试点工作指引》，旨在解决市域社会治理突出问题，创新市域社会治理体制机制，为推进国家与社会治理现代化打下坚实的基础。时下，新时代市域社会治理现代化进程正在深入展开。

第七，司法体制综合配套改革不断深入。新中国成立 70 多年来，当代中国司法改革经历了一个极不平凡的过程。党的十八大以来，以习近平同志为核心的党中央从中国的国情出发，加强对深化司法体制改革的战略筹划和总体设计，党的十八届三中全会、十八届四中全会专门作出部署，增强推进司法体制改革的计划性、组织性和系统性，逐步推出深化司法体制改革的顶层设计方案、试点方案以及一系列具体的司法改革项目，健全机制，强化责任，因地制宜，狠抓落实，努力形成推进司法体制改革的强大动力，当代中国司法体制改革正在以空前的广度和深度全方位地展开，取得了历史性的重大进展。

加强深化司法体制综合配套改革的统筹谋划。习近平总书记强调，“要抓住司法责任制这个‘牛鼻子’，深入研究司法责任制综合配套改革方案，加快构建权责一致的司法权运行新机制”[①]。在习近平法治思想的指引下，党的十八届四中全会、十九大和十九届四中全会都提出要全面落实司法责任制。中央政法委制定的《关于政法领域全面深化改革的实施意见》提出，要推动政法领域工作质量变革、效率变革、动力变革。最高人民法院发布的《人民法院第五个五年改革纲要（2019—2023）》提出，要健全以司法责任制为核心的审判权力运行体系等十大体系，并提出 65 项具体改革举措。最高人民检察院发布的《2018—2022 年检察改革工作规

① 习近平：《论坚持全面依法治国》，中央文献出版社 2020 年版，第 234 页。

划》提出，要完善检察权运行体系等六大体系改革构想，在全面落实司法责任制的深化和配套方面下功夫、见成效。与此同时，正确处理有序放权与有效监管的关系，进一步完善司法监督管理机制，规范起诉量刑权、量刑建议权，制定法官检察官权力清单和履职指引，严格司法责任追究。在党中央的统筹部署下，全国政法系统深入开展队伍教育整顿工作，查处了一批“害群之马”，得到了广大人民群众的好评。

第八，加快构建完善的党内法规体系。党内法规体系是中国特色社会主义法治体系的重要组成部分。习近平总书记强调，“加强党内法规制度建设是全面从严治党的长远之策、根本之策”，要“以改革创新精神加快补齐党建方面的法规制度短板，力争到建党一百周年时形成比较完善的党内法规制度体系”[①]。党的十八大以来，以习近平同志为核心的党中央加大依法治国与依规治党统筹推进、一体建设的力度，制定《关于加强党内法规制度建设的意见》和两个中央党内法规制定工作的五年规划，出台一批标志性、关键性、基础性的法规制度，有规可依的问题基本得到解决，到建党 100 周年之时形成了一个以党章为根本、以准则条例为主干、覆盖党的领导和党的建设各方面的党内法规制度体系，从而充分发挥依规治党对依法治国的引领和保障作用。

规范党内法规制定和备案审查程序，提升党内法规执行力。党的十八大以来，习近平总书记多次强调要切实提高党内法规制定质量，加大党内法规执行力度。党中央修订出台《中国共产党党内法规制定条例》，进一步明确党内法规的制定事项和制定权限，使党内法规制定程序更加完备；修订出台《中国共产党党内法规和规范性文件备案审查规定》，进一步细化合法合规性、合理性、规范性等审查标准，有力提升了党内法规和规范性文件的科学化规范化水平；出台《中国共产党党内法规执行责任制规定（试行）》，切实解决党内法规“执行难”问题，维护党内法规的权威性和严肃性。

---

① 习近平：《论坚持全面依法治国》，中央文献出版社 2020 年版，第 169 页。

第九,深入推进依法治军。党的十八大以来,以习近平同志为核心的党中央把依法治军纳入全面依法治国总体布局,全面贯彻依法治军战略,新时代依法治军实践取得重大进展。作为党中央总书记、国家主席、中央军委主席,习近平同志高度重视依法治军、从严治军,贯彻依法治军战略,强调“一个现代化国家必然是法治国家,一支现代化军队必然是法治军队。深入推进依法治军、从严治军,是全面推进依法治国总体布局的重要组成部分,是实现强军目标的必然要求”。[①] 按照党中央和习近平主席的要求,中央军委印发《关于新形势下深入推进依法治军从严治军的决定》,采取一系列有力措施,加大依法治军、从严治军工作力度,推动治军方式发生深刻变革,努力实现从单纯依靠行政命令的做法向依法行政的根本性转变,从单纯依靠习惯和经验开展工作的方式向依靠法规和制度开展工作的根本性转变,从突击式、运动式抓工作的方式向按条令条例办事的根本性转变,有力提高了国防和军队建设法治化水平。

着力构建中国特色军事法治体系。党的十八大以来,人民军队坚持以习近平强军思想、习近平法治思想为指引,准确把握依法治军战略的基本要求,既从战略和全局的高度加强系统谋划,推进贯彻依法治军战略的顶层设计,又抓住重点领域和关键环节,强化军事立法、法规制度实施、法规制度执行监督、涉外军事法治工作等方面的针对性、实效性,在构建系统完备、严密高效的军事法规制度体系、军事法治实施体系、军事法治监督体系、军事法治保障体系上落实举措,从而凝聚起贯彻依法治军战略的强大合力,加快形成中国特色军事法治体系。

第十,加快涉外法治工作战略布局。当今世界正处在一个全球治理体系大变革的进程之中。习近平总书记强调,“中国走向世界,以负责任大国参与国际事务,必须善于运用法治”[②],要加快涉外法治工作战略布局,协调推进国内治理和国际治理,更好维护国家主权、安全、发展

① 习近平:《论坚持全面依法治国》,中央文献出版社 2020 年版,第 130 页。

② 习近平:《论坚持全面依法治国》,中央文献出版社 2020 年版,第 225 页。

利益。[①] 党的十八大以来,在习近平法治思想的指引下,涉外法治体系建设加快推进,健全促进和保障境外投资的法律、政策和服务体系,坚定维护中国企业的海外合法权益;健全外商投资国家安全审查、反垄断审查、国家技术安全清单管理、不可靠实体清单等制度;加快我国法域外适用法律体系建设,健全现行法律域外适用的标准和程序;建立健全法治工作应对机制,在重点国家和地区使领馆探索建立法务参赞制度,加强有关部门之间的协同配合,从法治上有效应对各种国际摩擦纠纷;运用法律武器坚决反击某些西方国家的"长臂管辖",十三届全国人大常委会二十九次会议审议通过了《反外国制裁法》,此外,商务部经批准发布了《阻断外国法律与措施不当域外适用办法》;积极参与国际规则制定,推动《区域全面经济伙伴关系协定》(Regional Comprehensive Economic Partnership,RCEP)的正式签署和实施,有力提升我国在全球治理变革中的话语权和影响力。

进一步完善开放型经济新体制的法律体系。适应推进高水平对外开放的法治需要,2019 年 3 月,十三届全国人大二次会议审议通过《外商投资法》,明确规定国家对外商投资实行准入前国民待遇加负责清单管理制度,国家保障外商投资企业依法平等参与标准制定工作,依法通过公平竞争参与政府采购活动,国家保护外商投资者和外商投资企业的知识产权,国家建立健全外商投资服务体系,国家建立外商投资信息报告制度,从而构建了一个崭新的外商投资法律制度,为推动形成当代中国新一轮高水平对外开放新格局夯实法治基础。

四、形成法治建设标志性成果

党的十八大以来,以习近平同志为核心的党中央从坚持和发展中国特色社会主义全局和战略高度,对全面推进依法治国、加快实现中国式法

① 《习近平在中央全面依法治国工作会议上强调 坚定不移走中国特色社会主义法治道路 为全面建设社会主义现代化国家提供有力法治保障》,载人民网 2020 年 11 月 18 日,http://jhsjk.people.cn/article/31934590。

治现代化作出一系列重大决策部署，推动我国社会主义法治建设取得一系列重大成果，全面依法治国进入了一个新时代。

其一，召开中央全面依法治国工作会议。2020 年 11 月 16 日至 17 日，党中央在北京召开中央全面依法治国工作会议。这是继 2014 年 10 月党的十八届四中全会之后党中央召开的专门研究全面依法治国重大问题的又一次十分重要的会议，是新中国成立以来首次召开的中央全面依法治国工作会议。这次会议最重大的成果，就是正式提出“习近平法治思想”，确立了习近平法治思想在全面依法治国中的指导地位，这是我国社会主义法治建设历程中具有里程碑意义的一件大事。习近平法治思想是顺应实现中华民族伟大复兴时代要求而生的重大理论创新成果，是马克思主义法治理论中国化最新成果，是习近平新时代中国特色社会主义思想的重要组成部分，实现了马克思主义法治理论同中国具体实际相结合、同中华优秀传统法律文化相结合的新的历史性飞跃，是全面依法治国、推进中国式法治现代化的根本遵循和行动指南，具有重大的政治意义、理论意义、实践意义和世界意义。在这次会议上，习近平总书记从十一个方面系统阐述新时代中国特色社会主义法治思想，将其精辟地概括为“十一个坚持”，对新时代推进全面依法治国重点抓好的工作提出了明确要求。“十一个坚持”阐发透辟、思想深刻，集中体现了当代中国共产党人对坚持全面依法治国的重大理论与实践问题的全方位思考，科学回答了建设中国特色社会主义法治的基本问题，构成了习近平法治思想的核心要义。

其二，完善法治中国建设的战略规划。随着全面建成小康社会的第一个百年奋斗目标的实现，当代中国进入了全面建设社会主义现代化国家、向第二个百年奋斗目标进军的新发展阶段。2021 年 1 月，中共中央正式发布《法治中国建设规划（2020—2025 年）》。这是新中国成立以来我们党关于法治中国建设的第一个专门的战略规划，是“十四五”时期建设法治中国的总蓝图、施工图，是新时代推进全面依法治国的纲领性文献。《法治中国建设规划（2020—2025 年）》由九个部分构成，分为三个板块。第一板块为总论，即第一部分，主要阐述党的十八大以来推进全面依法治国取得的重大进展,新时代新阶段法治中国建设面临的新形势新任务新要求,“十四五”时期法治中国建设的指导思想、必须遵循的基本原则、主要目标以及到2035年的总体目标。第二板块为分论,总体上按照建设中国特色社会主义法治体系的“总抓手”来组织安排,分领域阐述“十四五”时期法治中国建设的重点任务,设定了七个部分,明确全面贯彻实施宪法、建设完备的法律规范体系、建设高效的法治实施体系、建设严密的法治监督体系、建设有力的法治保障体系、建设完善的党内法规体系以及依法维护国家主权、安全、发展利益等重点领域的思路和重点工作,作出具体工作部署。第三板块为结尾,即第九部分,主要阐述加强党对法治中国建设的集中统一领导,深入学习宣传贯彻习近平法治思想,推进依法执政,加强中国特色社会主义法治理论研究,加强党对全面依法治国的统一领导、统一部署、统筹协调等内容。与《法治中国建设规划(2020—2025年)》相配套,我国还发布了《法治政府建设实施纲要(2021—2025年)》《法治社会建设实施纲要(2020—2025年)》《关于加强社会主义法治文化建设的意见》等重要文件,从而形成了新时代全面依法治国、建设法治中国的总体战略构想。

其三,通过现行宪法第五个修正案。2018年3月11日,十三届全国人大一次会议根据党的十九届二中全会提出的《中国共产党中央委员会关于修改宪法部分内容的建议》,在充分审议的基础上,高票表决通过了《宪法修正案》(以下简称“宪法新修正案”),亦即1982年发布并实施的《宪法》(以下简称“八二宪法”)的第五个修正案。这是党和国家政治生活中的一件大事,具有重大的现实意义和深远的历史意义。“宪法新修正案”坚持党的领导、人民当家作主、依法治国有机统一,在总体保持现行宪法连续性和稳定性的基础上,对宪法部分内容做了适当修改,充分反映党的十八大以来党和国家事业发展的新成就新经验新要求,充实完善宪法的有关重大制度规定,涉及国家指导思想、坚持党的领导、人大制度、统一战线制度、宪法宣誓制度、国家元首制度、国务院管理制度、监察制度、地方立法制度等关乎党和国家长治久安的重大制度安排。“宪法新修正案”第 32 条将习近平新时代中国特色社会主义思想确立为党和国家必须长期坚持的指导思想，丰富和发展了新时代国家和社会生活的指导思想；第 36 条在现行《宪法》“总纲”第 1 条第 2 款中增写“中国共产党领导是中国特色社会主义最本质的特征”的重要内容，使现行《宪法》关于我国国体的表述更加坚实、更加丰富、更加深刻；第 32 条完整地表述了中国特色社会主义事业“五位一体”总体布局，充分展示了新时代国家现代化进程的战略方向；基于坚持和完善中国特色社会主义制度、推进国家治理体系和治理能力现代化的战略考量，进一步完善国家制度的重要安排、国家机构的设置及其运行体制机制，意义重大，影响深远。

其四，编纂和实施《民法典》。党的十八大以来，以习近平同志为核心的党中央高度重视民法典编纂工作。十八届四中全会提出了“编纂民法典”的重大法治任务，十二届全国人大五次会议审议通过了《民法总则》，十三届全国人大常委会持续进行民法典各分编草案的审议工作。在此基础上，2020 年 5 月 28 日，十三届全国人大三次会议审议通过《民法典》，2021 年 1 月 1 日，《民法典》正式施行。这在新时代中国法治建设进程中具有里程碑意义。在新中国的立法史上，《民法典》是第一部以“法典”命名的法律，分为总则编、物权编、合同编、人格权编、婚姻家庭编、继承编、侵权责任编及附则，总计 1260 条，形成了和谐协调、有机统一的集大成的民事法律体系，具有鲜明的中国特色、实践特色、时代特色，在中国特色社会主义法律体系中具有基础性的重要地位。编纂和实施《民法典》，是坚持以人民为中心、保障人民权益实现和发展的必然要求。民法典是社会生活的“百科全书”，是公民民事权利保护的宣言书，充分反映人民利益和愿望，以保护民事主体合法权益为立法宗旨，确立了平等、自愿、公平、诚信等民事活动基本准则，注重解决人民群众最关心、最直接、最现实的利益问题，集中体现了对生命健康、财产安全、交易便利、生活幸福、人权尊严等各方面的权利平等保护，建构了一个更加完备、更加有效、更具时代性的民事权利体系和民事权利保护机制。《民法典》的编纂和实施，对于全面依法治国、建设法治中国，发展社会主义市场经济，依法维护人民权益,推进国家治理体系和治理能力现代化,更好发挥法治固根本、稳预期、利长远的保障作用,意义重大而深远。

其五,推进国家监察体制改革。党的十八大以来,以习近平同志为核心的党中央从新时代推进全面从严治党、完善和发展中国特色社会主义制度与国家治理体系的战略全局出发,对推进国家监察体制改革作出重大决策部署。2016 年 12 月 25 日,十二届全国人大常委会二十五次会议根据党中央的重大决策部署作出《关于在北京市、山西省、浙江省开展国家监察体制改革试点工作的决定》。经过一年多的试点实践,国家监察体制改革积累了可复制、可推广的经验。党的十九大强调要构建集中统一、权威高效的国家监察体系,并且提出"制定国家监察法,依法赋予监察委员会职责权限和调查手段,用留置取代'两规'措施"。根据十九大的精神,十二届全国人大常委会三十次会议通过《关于在全国各地推开国家监察体制改革试点工作的决定》。由此,这项改革试点工作在全国有序展开,迈出了坚实步伐。十九届二中全会审议通过的《中国共产党中央委员会关于修改宪法部分内容的建议》提出将监察委员会纳入国家机构体系。十九届三中全会审议通过的《深化党和国家机构改革方案》把组建国家监察委员会列在深化党中央机构改革方案第 1 条。十三届全国人大一次会议审议通过的"宪法新修正案",规定在《宪法》第三章"国家机构"中增加一节"监察委员会",并对国家监察委员会和地方各级监察委员会的性质、地位、名称、人员组成、任期任届、领导体制、工作机制等作出了具体规定。十三届全国人大一次会议审议通过的《监察法》明确了监察工作的指导思想、领导体制、工作原则和方针、监察委员会的产生和职责、监察委员会的监察范围、工作权限及监察程序等,为坚持党内监督与国家监督有机统一、坚持走中国特色监察道路提供了有力法治保障。

其六,改革和完善立法体制。立法体制是国家治理体制的重要制度安排。"八二宪法"基于我国国情特点,确立了"在中央的统一领导下,充分发挥地方的主动性、积极性"的宪法原则,建立了统一性与分层性相衔接、中央立法与地方立法相结合的中国特色立法体制。2000 年施行的

《立法法》,进一步明确了我国的立法体制。面对新时代对立法工作的新需求,习近平总书记强调,“推进科学立法,关键是完善立法体制”①。党的十八届三中全会提出改革立法体制的战略性任务,十八届四中全会进一步提出“依法赋予设区的市地方立法权”。在当代中国,从地方没有立法权,到赋予省一级地方立法权,再到少数设区的市(较大的市)拥有地方立法权,进而到所有设区的市均被赋予地方立法权,形成了从中央到地方的完整立法体系。这是一个与国家现代化与法治现代化进程相适应的循序渐进、逐步放开的过程,是当代中国立法体制的一次重大变革。

其七,建立健全香港特别行政区维护国家安全的法律制度和执行机制。自1997年香港回归以来,“一国两制”实践过程中面临的一个突出问题就是香港特别行政区国家安全风险日益凸显。一些外国和境外势力公然干预香港事务,利用香港从事危害我国国家安全的活动,香港反中乱港势力公然鼓吹“港独”“自决”“公投”等主张,特别是2019年“修例风波”以来发生的一系列严重危害公共安全、破坏社会稳定、破坏国家统一、分裂国家的激进暴力犯罪行为,严重危害国家主权、统一和领土完整,严重损害香港居民合法权益,严重危害香港长期繁荣稳定,严重挑战“一国两制”原则底线,必须采取有力措施依法予以防范、制止和惩治。对此,以习近平同志为核心的党中央高度重视在“一国两制”之下建立健全香港特别行政区维护国家安全的法治体系。针对《香港特别行政区基本法》第23条立法被长期“搁置”的风险,党的十九届四中全会明确提出要“建立健全特别行政区维护国家安全的法律制度和执行机制”。习近平总书记强调,“法治是香港长期繁荣稳定的重要基石”,“止暴制乱、恢复秩序是香港当前最紧迫的任务”。② 在党中央的坚强领导下,全国人大常委会从国家层面抓紧推进香港维护国家安全立法工作。2020年5月28日,根据宪法和香港基本法以及多年来的有关实践,十三届全国人大三次会议审

---

① 习近平:《论坚持全面依法治国》,中央文献出版社2020年版,第114页。

② 习近平:《论坚持全面依法治国》,中央文献出版社2020年版,第120、123页。

议通过《关于建立健全香港特别行政区维护国家安全的法律制度和执行机制的决定》,确立了香港特别行政区维护国家安全制度安排的基本原则和核心要素,为下一步制定相关法律提供了依据。2020 年 6 月 30 日,十三届全国人大常委会二十次会议通过的《香港特别行政区维护国家安全法》(以下简称《香港国家安全法》),分为六章,共 66 条,是一部兼具实体法、程序法和组织法内容的综合性法律,明确规定中央人民政府对有关国家安全事务的根本责任和香港特别行政区维护国家安全的宪制责任,明确规定香港特别行政区维护国家安全应当遵循的重要法治原则、相关机构及其职责,明确规定四类危害国家安全的罪行和处罚以及案件管辖、法律适用和程序,明确规定中央人民政府驻香港特别行政区维护国家安全机构及其工作机制等。上述决定和《香港国家安全法》的制定与实施,符合我国现行宪法规定和宪法原则,体现"一国两制"方针和香港基本法精神,从国家层面建构了香港特别行政区维护国家安全的法治制度,有力促进了香港特别行政区维护国家安全制度安排的法律化、规范化、明晰化,为加强香港特别行政区维护国家安全执法司法工作提供了有力的宪制依据和法律依据。实践充分表明,上述决定和《香港国家安全法》的制定与实施,成为香港特别行政区维护国家安全,维护宪法和香港特别行政区基本法确立的特别行政区宪制秩序,维护国家主权、安全、发展利益的"定海神针",具有十分重要的作用。

其八,制定和实施《反外国制裁法》。近年来,某些西方国家出于其不可告人的政治目的,打着所谓维护民主、人权等幌子,利用各种借口,肆意对中国内外政策进行歪曲、诋毁、遏制和打压,甚至依据其本国法律实行"长臂管辖",对中国有关国家机关、企业、组织和人员实施所谓"制裁",粗暴干涉我国内政,严重破坏国际法治。面对这一特殊形式的国际斗争,党的十八大以来,以习近平同志为核心的党中央综合运用政治、经济、外交、法治等多种手段加以应对,把法治应对摆在更加突出位置,坚持统筹推进国内法治和涉外法治,加强涉外领域立法,进一步完善反制裁、反干涉、反制"长臂管辖"法律法规,运用法治手段开展国际斗争。习近平总书记强调,“针对西方国家打着‘法治’幌子的霸权行径,要加强反制理论和实践研究,建立阻断机制,以法律的形式明确我国不接受任何国家的‘长臂管辖’”[①]。在党中央的坚强领导下,2020 年 10 月全国人大常委会制定了《出口管制法》;经国务院批准,商务部先后于 2020 年 9 月和 2021 年 1 月发布《不可靠实体清单规定》和《阻断外国法律与措施不当域外适用办法》。根据实践和形势需要,借鉴国外相关做法,2021 年 6 月 10 日,十三届全国人大常委会二十九次会议审议通过《反外国制裁法》。这部法律是当代中国第一部系统规定反制裁、反干涉、反制“长臂管辖”的重要法律,共有 16 条,重申中国长期以来奉行的基本外交政策和原则立场,明确规定采取反制措施的情形和反制措施适用的对象,明确列举三类反制措施,建立了反制工作机制,并且对有关组织和个人的义务和违法行为的后果作出了规定。《反外国制裁法》的制定和实施,对于有效提升我国应对外部风险挑战的法治能力,维护我国的主权、安全、发展利益,保护我国公民、组织的合法权益,反对霸权主义和强权政治,推动构建人类命运共同体,无疑具有重大意义。

五、主要经验

党的十八大以来十余年推进全面依法治国的伟大实践,集中体现了以习近平同志为核心的党中央推进治国理政的重大战略抉择,充分彰显了中国特色社会主义国家制度与法律制度的显著优势,凝聚着丰厚的当代中国法治建设的宝贵经验,这些经验对新时代新征程坚持和拓展中国式法治现代化具有重要的指导意义,需要我们深入总结、倍加珍惜、长期坚持,在法治实践中不断丰富和发展。

一是必须坚持党对全面依法治国的领导。中国共产党是中国特色社会主义事业的坚强领导核心。党的领导是中国特色社会主义法治之魂,是推进全面依法治国的最根本政治保证。党的十八大以来,全面依法治

---

① 习近平:《论坚持全面依法治国》,中央文献出版社 2020 年版,第 257 页。

国、建设法治中国的每一个重大进展，都是在以习近平同志为核心的党中央坚强领导下取得的，凝结着中国共产党治国理政的重大法治化成果。在新的征程上，我们要始终不渝坚持党对全面依法治国的领导，把党的领导贯彻落实到全面依法治国各领域各方面各环节，确保新时代新阶段全面依法治国的正确政治方向。

二是必须坚持以科学的法治理论为指导。新时代伟大社会革命，有力推动了马克思主义法治理论中国化时代化的历史进程。习近平法治思想聆听时代的声音，探索实践的需要，紧跟科学的发展，悉心把握新时代推进全面依法治国伟大实践的时代主题，系统总结新时代全面依法治国的开创性的丰富实践经验，在坚持法治实践创新的基础上，提出了一系列事关法治建设全局的新理念新思想新战略。习近平法治思想对于新时代法治领域实践创新的科学理论总结，引领着新时代深化全面依法治国实践澎湃向前。在新的征程中，我们要坚定不移地坚持习近平法治思想的指导地位，推动进入新发展阶段的全面依法治国实践创新，奋力开创法治中国建设的崭新局面。

三是必须坚持人民至上的法治发展准则。全面依法治国最广泛、最深厚的基础是人民。坚持以人民为中心推进全面依法治国，做到法治建设为了人民、依靠人民、造福人民、保护人民，这是贯穿党的十八大以来全面依法治国实践全过程的时代主题。新时代法治建设的鲜明特点，就是践行全过程人民民主理念，努力回应人民群众对法治的新要求新期待，不断激发广大人民群众投身法治建设事业的巨大热忱，积极鼓励和充分尊重人民群众在法治建设中的实践探索。在新的征程上，我们要始终坚守人民至上的根本立场，顺应新时代社会主要矛盾的新变化，继续深化全过程人民民主建设，依法保障人民权益，坚定地维护和促进社会公平正义，不断增强人民群众获得感、幸福感、安全感，用法治保障人民安居乐业。

四是必须坚持完善和发展中国特色社会主义国家制度和法律制度。制度优势是一个国家的最大优势，制度竞争是国家间最根本的竞争。中国共产党人顺应社会基本矛盾的运动方向，领导中国人民进行伟大的社会革命，推进中国特色社会主义国家制度与法律制度建设，为当代中国发展进步提供了根本的制度保障。党的十八大以来推进全面依法治国的伟大实践，始终扭住完善和发展中国特色社会主义国家制度与法律制度这个关键，为创造“中国奇迹”、实现“中国之治”夯实法治制度根基，鲜明展示了中国特色社会主义国家制度与法律制度的显著优越性和强大生命力。在新的征程上，我们要坚定不移走中国特色社会主义法治道路，牢牢抓住建设中国特色社会主义法治体系这个全面依法治国的“总抓手”，推动中国特色社会主义国家制度与法律制度与时俱进、不断完善和发展。

五是必须坚持推进法治领域改革。党的十八大以来，全面依法治国进程的一个明显特点就是法治建设与法治改革内在地结合在一起。坚定不移推进法治领域改革，有效解决法治领域存在的突出问题，努力克服影响法治发展的体制性、机制性、保障性障碍，是新时代推进全面依法治国面临的一项重大战略任务。以习近平同志为核心的党中央高度重视法治领域改革的系统性、整体性和协同性，加强对法治领域改革的统筹谋划、协调推进，在加强顶层设计的同时，坚持从中国的国情实际出发，遵循法治领域的客观规律，积极稳妥有序地推进法治领域改革。对于一些关乎法治建设全局的重大改革举措，坚持试点先行，鼓励不同区域进行差别化探索，及时总结经验、逐步推开，确保法治领域改革绝不在根本性问题上出现颠覆性错误，新时代法治改革取得了重大进展。在新的征程上，我们要悉心把握社会主要矛盾的深刻变化，围绕全面建设社会主义现代化国家的战略目标，确立法治领域改革的战略重点、优先顺序、主攻方向、工作机制和推进方式，推动新时代新阶段的法治领域改革不断向纵深发展。

六是必须坚持走适合自己的法治道路。“独立自主是中华民族精神之魂，是我们立党立国的重要原则。走自己的路，是党百年奋斗得出的历史结论。”①当今世界正经历百年未有之大变局，当代中国的法治发展如何保持独立自主的法治品格，走出一条中国式的法治现代化新道路，是我

---

① 《中共中央关于党的百年奋斗重大成就和历史经验的决议》，人民出版社 2021 年版，第 67 页。

们必须面对的重大时代挑战。习近平总书记强调，"世界上没有放之四海而皆准的具体发展模式，也没有一成不变的发展道路。历史条件的多样性，决定了各国选择发展道路的多样性"①。党的十八大以来，我们党深刻总结推进法治建设的成功经验，充分运用党关于新时代加强法治建设的理论成果和实践成果，团结带领人民从国情条件和时代要求出发，坚持独立自主、开拓奋进，传承中华优秀传统法律文化，同时借鉴国外法治有益成果，继续探索适合自己的法治道路，成功地开辟、坚持和拓展自主型的中国式法治现代化新道路，超越了"西方中心主义"的法治现代化模式，开创了世界法治现代化进程的崭新范例。在新的征程上，我们要在习近平法治思想的指引下，在新时代伟大社会革命的进程中，牢牢把握全面依法治国的前进方向，更加坚实地走适合自己的自主型法治现代化道路，为全面建设社会主义现代化国家、实现中华民族伟大复兴构筑坚实的法治基础。

---

① 《习近平谈治国理政》（第一卷），外文出版社 2018 年版，第 29 页。

目　录

第二编 中国式司法体系现代化的改革实践

绪　论

很久以来,现代化在中国一直是一个热词,也一直是一个热门课题。而自2019年《党的十九届四中全会决定》通过以后,国家治理体系和治理能力这个大系统之下各子系统的现代化建设问题随之成为理论研究的重要对象和改革实践的重点指向。法治是国家治理体系的重要组成部分,是国家治理的重要手段和重要方式,而法治体系中司法的现代化对于实现国家治理现代化有着举足轻重的意义。司法不仅是国家治理体系不可或缺的重要一员,而且对整个国家治理体系的有效运行发挥着极其重要的保障作用和规范作用。中国式司法现代化早已启程,历经百年有余。改革开放以来,特别是党的十八大以来,中国式司法现代化取得了举世瞩目的伟大成就。当下中国进入了实现伟大复兴第二个百年奋斗宏伟目标的新时代。党的二十大吹响了"以中国式现代化全面推进中华民族伟大复兴"的战略号角。[1] 中国式司法现

---

① 习近平:《高举中国特色社会主义伟大旗帜　为全面建设社会主义现代化国家而团结奋斗:在中国共产党第二十次全国代表大会上的报告》(2022年10月16日),人民出版社2022年版,第21页。

代化具有了新的时代意义。中国式司法现代化是中国式现代化的一部分,既有现代化的一般特征,更有基于自己国情的中国特色。因此也可以说,新时代的中国式司法现代化是中国式司法现代化。本书的宗旨,就是要总结新时代中国式司法现代化取得的成就和经验,展望新时代中国式司法现代化的辉煌前景,分析新时代中国式司法现代化道路上面临的新情况、新问题,探寻加快推进新时代中国式司法现代化的路径与方法。

一、中国式司法现代化的历史进程

司法现代化是现代化这个大系统中的一分子或者说是一个子系统或孙子系统。讨论司法现代化,我们首先要对现代化概念有个基本的认识。尽管学术界对于现代化的概念阐释、中国现代化的阶段划分有着不同的观点和表述,但对现代化是在西欧由工业革命引起、由科学技术革命推动的世界范围内各领域一系列巨大的社会转型变革过程这一点具有共识。“我们把现代化视作各社会在科学技术革命的冲击下业已经历或正在进行的转变过程。业已实现现代化的社会,其经验表明,最好把现代化看作涉及社会各个层面的一种过程。”[①]现代化是一个历史演进、发展过程,这样一个演进、发展过程表现在各个领域、各个层面,因而现代化又“是一项系统工程,包括经济上的工业化、市场化,政治上的民主化、法制化,生活上的城市化、大众化,思想文化上的多元化、理性化,社会方面的结构化、流体化,教育现代化、国防现代化等”[②]。

现代化是一个变革的过程,研究现代化的学者将中国的现代化进程也分成了若干阶段。罗兹曼主编的《中国的现代化》一书将与过去决裂的许多重大社会变革视作现代化进程的标志,其不认为“19 世纪中叶的

---

① [美]吉尔伯特·罗兹曼主编:《中国的现代化》,国家社会科学基金“比较现代化”课题组译,江苏人民出版社 1988 年版,第 4 页。

② 魏丽、肖方岭:《英德美日各国现代化的进程与战略比较及其对中国的启示》,载《高校马克思主义理论研究》2020 年第 3 期。

任何变革已因内部条件而与过去发生了彻底的决裂,无论这些变革会在多大程度上预示了后来这种彻底的决裂”,“1895—1911 年这段时期,通常被认为是现代化冲动出现新势头的时期”,因而“倾向于把 1900 年视为面临各项重大改革的前夜”,而“1949 年在许多方面表现出与过去的断然决裂”。[①] 有中国学者对近代中国百年现代化历程作了阶段划分,认为从 1840 年鸦片战争到 1894 年甲午战争,是近代中国百年现代化历程的第一阶段,这一阶段主要表现为追求物质层面的现代化;从 1894 年甲午战争到 1911 年辛亥革命,是近代中国百年现代化历程的第二阶段,这一阶段现代化的核心是政治现代化;从 1912 年“共和告成”到 1949 年中华人民共和国成立,是近代中国现代化历程的第三阶段,这一阶段以民主和科学为目标,主要是思想和文化的现代化。[②] 就中共中央《关于党的百年奋斗重大成就和历史经验的决议》对中国共产党百年奋斗历程的总结来看,从 1949 年到改革开放前夕,是新中国现代化征程的第一阶段,这一阶段完成了社会主义革命,实现了中华民族有史以来最为广泛的历史变革,为中国特色社会主义现代化建设提供了宝贵经验、理论准备和物质基础。从改革开放到党的十八大,是新中国现代化发展的第二阶段。在这一阶段,中国特色社会主义现代化建设取得举世瞩目的伟大成就,大踏步赶上了时代步伐,推进了中华民族从站起来到富起来的伟大飞跃。从党的十八大开始,我国进入了中国特色社会主义新时代,社会主义现代化事业开启了新征程。在这一阶段,现代化的总目标是实现中华民族的伟大复兴。为此,中国共产党又确立了现代化建设的两个阶段性奋斗目标:从 2020 年到 2035 年基本实现社会主义现代化,从 2035 年到本世纪中叶,把我国建成社会主义现代化强国。由上可见,中国式现代化过程包括从起步、推进到基本实现现代化,再到实现全面

---

① [美]吉尔伯特·罗兹曼主编:《中国的现代化》,国家社会科学基金“比较现代化”课题组译,江苏人民出版社 1988 年版,第 9～10 页。

② 参见姚琦:《近代中国百年现代化历程及其历史启示》,载《宁夏大学学报(哲学社会科学版)》1999 年第 4 期。

高水平的现代化若干阶段。当前,我们比历史上任何时候都更加接近实现中华民族伟大复兴的宏伟目标,实现中国特色社会主义现代化目标具备了坚实的基础和宝贵的经验,已经步入了现代化发展的快车道,但尚在奔向基本实现现代化这一目标的征途中。

现代化是一个社会变革的过程,是一个社会各层面的体系性变革过程,但同时也指这一变革过程达到的一定程度和具备的一定状态。比如,当我们说已经实现了现代化时,就是指通向现代化目标的变革过程达到了应有的程度和水平。法治现代化是整个现代化体系不可分割的重要组成部分,“伴随着社会由传统向现代的转变,法制也同样面临着一个从传统型向现代化型的历史变革,这个转型、变革的过程,就是法治现代化的过程”①。随着整个国家的现代化步伐,作为法治体系重要组成部分的中国司法,同样经历了由传统型司法向现代型司法的持续变革。当下我们努力建设中国式司法现代化,并不意味着中国现在才把司法现代化提上议程。历史地看,中国式司法现代化已随着整个国家现代化的历史进程经历了相当长的时间。在中国,从 20 世纪初开始的现代化进程至少经过了一百多年的历程,相应地,中国式司法现代化也经历了一个多世纪。

中国的司法现代化历程大致可分为以下几个阶段:

(一)从清末民初到 1949 年中华人民共和国成立

这一阶段是中国式司法现代化的启动、尝试阶段。这一阶段既包含了清末立法改革中对西方司法制度的移植尝试,也包括了中华民国临时政府、民国北洋军阀政府、民国南京政府在承袭清末司法组织制度和司法程序立法的同时,模仿欧洲大陆法系职权主义法统,建立中国现代司法制度的努力,还包括了中国共产党领导下新民主主义政权探索建立新型司法制度的实践。

“戊戌变法”以后,清政府为了挽救行将灭亡的局面,被迫进行法制

---

① 公丕祥:《法制现代化的理论逻辑》,中国政法大学出版社 1999 年版,第 62 页。

改革。司法方面,开始从西方引进司法理论和司法制度,仿照德国、日本等大陆法系国家的司法组织体系和诉讼程序模式,尝试制定有关司法组织和诉讼程序的法律。例如,于1906年编制了《大清刑事民事诉讼法(草案)》《大理院审判编制法》;于1907年编制、1910年颁布了《法院编制法》;于1911年拟定了《大清刑事诉讼律(草案)》。这些有关司法的立法,试图将西方现代司法制度移植于中国封建的社会土壤之上,决定了有其无法避免的历史局限性,而且,这些立法大多未来得及颁布或者颁布后未能正式实施。但是,这些法律或法律草案的内容第一次放弃了中国古代数千年的司法传统,确认了一些具有现代意义的司法原则和司法制度。例如,首次实现了程序法与实体法的分立、民事诉讼法与刑事诉讼法的分立,首次架构了具有现代意义的法院组织体系,实行了控审职能分离、检察官垄断起诉的弹劾式诉讼制度,确认了审判公开、控审分离、直接言词等诉讼原则和辩护制度,废除了数千年封建司法制度下合法化的刑讯逼供制度。[①] 清末这些司法改革虽然是非常初步的,而且更多地体现了司法现代化的形式意义或象征意义,但不能否认,这是中国式司法现代化的发端。后来的中国式司法现代化运动,特别是民国政府时期的司法现代化运动与清末的司法改革尝试有着极其紧密的联系。

民国时期的北洋政府和国民党南京政府一方面沿袭清末政府的司法体制和有关司法的立法,另一方面又进一步制定了大量有关司法的成文法律。其中北洋政府在司法组织和程序方面,主要是将清末已颁布但还未实施的法律文件或者还未颁行的法律草案略加修改后颁布施行,同时也颁布了一些单行法规。这一时期司法体制上仍有部分封建司法特征,即在县级实行知县兼理司法的司法权运行体制,在司法程序方面制定并大量适用军法程序、非常程序审理普通案件。国民党政权取代北洋军阀政府的统治后,一方面沿袭清末和北洋军阀政府时期的司法体制和

---

① 参见《刑事诉讼法学》编写组编:《刑事诉讼法学》,高等教育出版社2019年版,第16~17页。

司法程序，另一方面又进一步模仿欧洲、日本，通过立法形成了体系比较完整的具有大陆法系国家特点的司法体制和司法程序，如全国法院分为三级，建立了专司公诉职能的检察机构、实行三审终审制，法律上规定司法独立、自由心证、辩护制度等。司法体制、司法原则、司法程序等方面已经具备了与现代西方国家特别是大陆法系国家司法制度基本相同的特征，其中于 1928 年颁布、1935 年重新颁布的《中华民国刑事诉讼法》至今仍在我国台湾地区施行。国民党政府时期较之司法现代化处于启动阶段的清末和北洋政府时期，至少从形式上看，司法现代化已经迈出了较大的步伐，有了明显的发展。当然，国民党政府为了维护其反动统治，直至 1949 年结束在大陆的统治，二十多年中也颁布实施了许多与现代司法精神、司法原则、司法程序相矛盾的逆现代化的特别法规，如《危害民国紧急治罪法》《特种刑事临时法庭组织条例》《特种刑事临时法庭诉讼程序暂行条例》《特种刑事法庭审判条例》等。[①] 这些效力优于普通法的特别法规具有明显的封建专制司法特征，反映出这一时期司法现代化进程即使在形式上也仍具有极大的局限性。

从 1921 年中国共产党成立到 1949 年新中国成立，这是中国共产党领导人民进行新民主主义革命的时期。在土地革命战争时期、抗日战争时期和解放战争时期，中国共产党把马克思主义与中国革命的具体实践相结合，领导人民走农村包围城市、武装夺取政权、武装反抗侵略者、最后解放全中国的道路，在国民党政府统治薄弱的地区，在日本侵略者战线薄弱的地区不断开辟、建立、壮大革命根据地，抗日敌后根据地及其革命政权，解放战争时期又形成了规模不断扩大的解放区。在根据地和解放区，民主政府在建立革命法制的过程中，建立了自己的司法制度，以民主政权的司法活动维护革命政权的稳定和根据地、解放区的社会秩序。一方面，这一时期民主政府的司法制度和司法程序受到了当时国际（欧洲国家、苏联）和国内（国民党政府统治区）现代司法组织体系、司法制

① 参见《刑事诉讼法学》编写组编：《刑事诉讼法学》，高等教育出版社 2019 年版，第 17 ~ 18 页。

度、司法原则、司法程序的影响,因而在司法组织、司法制度以及司法实践等方面反映出了与封建司法明显不同的现代化特征;但另一方面,又因处于战争环境,根据地时时面临国民党军队或者日寇的围剿,因而司法组织体系、司法制度及其司法实践又带有某些封建司法的传统色彩。例如,在工农民主政权时期,虽然根据《中华苏维埃共和国中央苏维埃组织法》《中华苏维埃共和国裁判部暂行组织及裁判条例》《中华苏维埃共和国司法程序》等临时性立法规定,确立了司法机关统一行使职权原则、审判公开制度、人民陪审员制度、辩护制度、上诉制度、禁止刑讯逼供、重证据不轻信口供原则等,但实际上司法与行政仍然不分,司法成为政府的一个组成部分,检审合一,控审难以分离,特别是政治保卫局、肃反委员会等组织行使着侦查、起诉甚至审判的权力,更使法律规定的原则、制度和程序难以真正贯彻,实践中刑讯逼供现象严重。抗日民主政权下根据地的司法制度在工农民主政权时期司法制度的基础上有了进一步的发展和提升,如司法组织体系、审级制度、管辖制度等更加明确、相对完善。为防止错杀,纠正错案,还增加了死刑复核程序和再审程序等。但这一时期司法与行政合一制度依然存在,检察机关附属于法院的地位,决定了检察职能弱小,对一些政治性案件和重大命案或者审判土豪劣绅、反革命分子的案件常组织群众大会进行公审,法律规定的诉讼程序不被严格遵守。解放战争时期,各解放区基本上沿用了抗战时期根据地的司法制度,但司法组织体系开始走向正规化,司法制度、程序出现了崭新的面貌。如解放区的司法机关统一称为人民法院,在东北、华北解放后,分别设立了大区、行署、县三级人民法院,法院内部分设刑事、民事审判机构。在司法程序方面,更加明确严禁刑讯逼供、指名问供,规定了传讯、拘捕、搜查等法定程序。1949 年 1 月,华北人民政府发布训令,要求平反冤假错案。1949 年 2 月,中共中央发布《关于废除国民党的六法全书与确定解放区的司法原则的批示》,标志着中国式司法现代化将在与旧司法制度彻底决裂的基础上开启新的征程。[①]

新民主主义革命时期根据地和解放区的司法制度和司法活动,却是中国式司法现代化进程中的重要阶段,为中华人民共和国开启中国式司法现代化的新征程作了重要的探索性实践,积累了宝贵的经验。

(二)从1949年到改革开放初期

新中国成立后百废待兴,司法制度亦然。1949年2月,中共中央发布《关于废除国民党的六法全书与确定解放区的司法原则的指示》;1949年9月29日通过的《中国人民政治协商会议共同纲领》明确宣布:“废除国民党反动政府一切压迫人民的法律、法令和司法制度,制定保护人民的法律、法令,建立人民司法制度。”废除国民党“伪法统”和六法全书标志着与旧司法制度的断然决裂,是中国式司法现代化进程中具有划时代意义的重大事件。随着1950年7月中央人民政府最高人民法院、最高人民检察署、司法部、法制委员会在北京联合召开中华人民共和国第一届全国司法工作会议,把为新中国司法制度的建立进行立法设计提上了重要的议事日程。1954年9月15日,中华人民共和国一届全国人大一次会议在北京举行。会议通过了中华人民共和国一部《宪法》,同时通过了《人民法院组织法》和《人民检察院组织法》。宪法和“两院”组织法明确规定了各级司法机关的设置、职权、相互关系、行使司法权的基本原则和基本制度。1954年12月20日,一届全国人大常委会三次会议通过了《逮捕拘留条例》(已失效)。其实,虽然尚无刑事诉讼、民事诉讼等基本的诉讼程序法律法规,但宪法、“两院”组织法以及逮捕拘留条例的颁布实施,形成了基本的司法组织体系、司法制度体系、司法原则体系,以及人民法院、人民检察院、公安机关在行使权力过程中应当遵守的基本程序。宪法、“两院”组织法的颁布实施,在新中国式司法现代化进程中具有划时代的意义。此后,刑事诉讼法的制定很快被列入议

---

① 参见陈光中等:《中国现代司法制度》,北京大学出版社2020年版,第3~21页;《刑事诉讼法学》编写组编:《刑事诉讼法学》,高等教育出版社2019年版,第18~19页。

程,1954 年中央人民政府法制委员会曾拟出《刑事诉讼条例(草案)》。1956 年,根据中央法律委员会的要求,最高人民法院邀请最高人民检察院、公安部、司法部及著名高校专家研究草拟刑事诉讼法条文,1957 年 5 月形成了供立法参考的《刑事诉讼法草案(草稿)》。司法现代化呈现可喜的局面。[①]

然而,从 1957 年"整风反右"开始,至十年"文化大革命"结束,这一时期新中国法制建设不仅没有继续进步发展,而且已经初步建成的法律制度和形成的法律秩序遭受了严重的破坏。中国式司法现代化同样未能幸免,司法现代化进程出现了明显的停滞、倒退现象。在"大跃进"浪潮中,司法工作也违反规律,大干快上,突击办案,竞相攀比办案数量与进度;宪法、人民法院组织法、人民检察院组织法中确立的一些基本原则、制度和程序遭到破坏和批判。在"大跃进"思维主导下,出现了"一长代三长"和公检法合署办公局面,即由公安局长、检察长、法院院长各自分片包干办案,分别同时代行另外"二长"的权力,公检法三机关合署办公。尽管对外名义不变,但实际上对内不再强调分工负责、互相制约,而是联合办案。及至十年"文革",在"四人帮""砸烂公检法"的口号下,宪法和法律规定的公检法三机关的职权由公安机关(包括公安机关、检察院、法院)"军管会"统一行使,各级司法机关遭受严重破坏,被大量撤并。司法机关和司法制度遭受破坏的严重后果之一是,从 1957 年至"文化大革命"结束,期间造成了大量触目惊心的冤假错案。中国式司法现代化在各个方面都遭受重创。[②] 待到"文化大革命"结束,迎来改革开放的时代转折,司法现代化才拨乱反正,重新出发。

(三)从改革开放至 2012 年党的十八大召开

十年"文化大革命"结束,中国迎来了重启社会主义现代化建设进程新的希望。"一九七八年十二月,党召开十一届三中全会,果断结束

---

① 参见陈光中等:《中国现代司法制度》,北京大学出版社 2020 年版,第 85 ~ 86 页。

② 参见陈光中等:《中国现代司法制度》,北京大学出版社 2020 年版,第一编第三章;《刑事诉讼法学》编写组编:《刑事诉讼法学》,高等教育出版社 2019 年版,第 19 页。

‘以阶级斗争为纲’，实现党和国家工作中心战略转移，开启了改革开放和社会主义现代化建设新时期，实现了新中国成立以来党的历史上具有深远意义的伟大转折。”①作为中国社会主义现代化建设事业的重要组成部分，中国式司法现代化也随之拨乱反正，重新启程。

1979年7月1日，五届全国人大二次会议通过了第一部《刑法》（已被修改）和《刑事诉讼法》（已被修改），并于1980年1月1日起实施。1979年7月1日，修订后重新通过了《人民法院组织法》和《人民检察院组织法》。第一部刑事诉讼法典的颁布和实施，结束了中华人民共和国成立三十年以来刑事诉讼程序无法可依的局面，使国家刑事司法权的行使有了法定程序的规范与约束，成为中国式司法现代化进程中极具里程碑意义的重大事件。尽管第一部刑事诉讼法典只有164条，相对于现行《刑事诉讼法》还相当原则、抽象，且有诸多不足，但是，该法总结了中国式司法现代化实践的经验与教训，反映了中国刑事司法所面临的具体国情，又借鉴吸收了国际上司法现代化进程中具有共识性的文明成果，明确而系统地规定了反映司法现代化特征和发展趋势的刑事诉讼基本原则、基本制度、基本程序。中国共产党高度重视《刑事诉讼法》的有效实施，为保证该法得到切实有效实施，中共中央于1979年9月9日下发了中共中央《关于坚决保证刑法、刑事诉讼法切实实施的指示》。该文件首次提出了“社会主义法治”的概念，强调党委要支持司法机关依法独立行使职权，明确废除党委审批案件的旧习，重申公检法机关进行刑事诉讼活动必须坚持以事实为根据，以法律为准绳，公民在适用法律上一律平等，严格遵守法定程序，严禁刑讯逼供，还强调要健全司法机关，加强司法队伍，以适应切实有效实施《刑事诉讼法》的需要。党中央专门发文推动刑事诉讼法的切实有效实施，这是中国式司法现代化的中国特色和政治优势，在法治重建之初，具有重大的时代意义。

改革开放使中国式司法现代化重新启程。此后，中国的司法组织体

---

① 《中共中央关于党的百年奋斗重大成就和历史经验的决议》，人民出版社2021年版。

系、司法制度体系和司法程序在恢复、重建和在持续地探索、纠错、改革、创新中不断实现自我发展、自我完善。期间，不仅《民事诉讼法》《行政诉讼法》相继颁布实施，从而形成了包含三大诉讼制度的完整的诉讼制度体系，而且，在不断总结司法实践经验的基础上，借鉴吸收域外诉讼制度的有益经验，对《刑事诉讼法》、《民事诉讼法》和《行政诉讼法》数次进行修正，从而不断提高了我国刑事司法、民事司法和行政司法的现代化水平。除了制定、修改三大诉讼法典以外，我国还于1995年同时颁布了《法官法》《检察官法》。这样，从法院组织法、检察官组织法到法官法、检察官法，再到刑事诉讼法、民事诉讼法、行政诉讼法，中国形成了完整的现代化司法体系。与此同时，一些相配套的改革举措纷纷出台，如对《律师法》进行修改、由全国人大作出决定将死刑核准权收回给最高人民法院，改革审判刑事诉讼证据制度、民事诉讼证据制度、行政诉讼证据制度，改革完善人民陪审员制度，进行民事审判方式改革，最高人民法院、最高人民检察院加强三大诉讼法实施的司法解释工作，等等。司法制度、司法机制、司法程序的系列改革，既完善了司法体系，也极大地提升了司法能力，使中国式司法现代化的整体水平获得了显著的提高。

执政党对司法现代化的高度重视和坚强领导是中国式司法现代化得以不断发展的根本保证。1997年9月召开的党的十五大，提出了依法治国，建设社会主义法治国家的基本方略，并且第一次强调，推进司法改革，从制度上保障司法机关依法独立行使审判权、检察权。2002年11月，党的十六大第一次全面提出并且阐明了推进司法体制改革的历史任务，将推进司法现代化的任务聚焦于改革健全司法体制，强调按照司法公正要求，完善司法机关的机构设置、职权划分和管理制度，进一步健全权责明确、相互配合、相互制约、高效运行的司法体制；从制度上保证审判机关和检察机关依法独立公正行使审判权、检察权；改革司法机关的工作机制和人财物管理体制，逐步实现司法审判和检察同司法行政事务相分离。①

---

① 《中国共产党第十六次全国代表大会文件汇编》，人民出版社2002年版，第34～35页。

2007年10月召开的党的十七大,再次强调"深化司法体制改革,优化司法职权配置,规范司法行为,建设公正高效权威的社会主义司法制度,保证审判机关、检察机关依法独立公正地行使审判权、检察权"①。在党中央领导下,司法体制改革不断向各领域深入,推动着司法现代化向更高目标迈进。"从党的十五大提出'推进司法改革'到党的十六大进而提出'推进司法体制改革',实现了从司法改革向司法体制改革的重要转变,在此基础上,党的十七大作出了'深化司法体制改革'的重大战略部署,并且'把建设公正高效权威的社会主义司法制度'作为深化司法体制改革的总体目标,把'优化司法职权配置,规范司法行为'作为深化司法体制改革的两大重点,把'保证审判机关、检察机关依法独立公正行使审判权、检察权'作为深化司法体制改革的基本要求。这清楚地表明,与以往相比,党中央推进司法体制改革的目标更远,方向更明,决心更大。"②

党的十八大以来,中国特色社会主义进入新时代。党中央坚持建设公正高效权威的社会主义司法制度的总体目标不动摇,更加注重围绕这个目标进行深化司法体制改革的决策部署和顶层设计,全方位、多层面对司法体制进行系统深入的改革,中国式司法现代化建设也随之进入了新的时代。

二、党的十八大以来中国式司法现代化的伟大实践

(一)党中央对于深化司法体制改革的决策部署

党的十八大以后,中国式司法现代化进入了一个新阶段,呈现一派新的气象。党的十八大以前,特别是党的十七大,党中央已经将司法体制改革作为中国式司法现代化的路径与任务,做出了深化司法体制改革

---

① 《中国共产党第十七次全国代表大会文件汇编》,人民出版社2007年版,第30页。

② 公丕祥:《中国特色社会主义司法改革道路概览》,载《法律科学(西北政法大学学报)》2008年第5期。

的重大战略决策,各级各地司法机关也按照中央的要求,在司法体制改革方面做了大量的探索性实践,取得了一定的成效。但是,总体来看,中央主要是在宏观层面提出了改革的任务要求,具体改什么,怎么改,尚无明确的决策部署和顶层设计。各级司法机关进行了一些改革实践,但这些改革力度不大,深度不足,系统性不强,改革的成效有限,与中央确定的建成公正高效权威的社会主义司法制度这一改革总体目标还有较大的距离。首先,司法体制改革的内容任务大多由司法机关自己提出并加以推进,多在具体的工作机制上做改革文章,未能真正触动司法体制;改革缺乏顶层设计、整体方案和统一领导。由司法机关自己确定改革项目,推动司法体制改革,本身又很容易诱发司法机关各种功利主义与策略主义行为。司法体制改革的实践表明,有些地方司法机关试图将自身的部门利益渗透进司法改革的进程之中,对于最高司法机关提出的一些改革要求常常从自身利益的角度来理解与展开;在有利于自己开展工作或者增强自身权威时,往往极具改革热情,而在有可能影响自身利益或者增加成本时则更多浅尝辄止,往往雷声大、雨点小,甚至会出现不同改革措施之间的冲突和内耗,制约了改革的成效。其次,有些改革举措脱离中国国情实际,过分偏重借鉴域外做法,尤其是过分重视英美法系国家司法现代化的经验。最后,改革系统性不强,配套改革跟不上,部分改革措施缺乏相关条件的支撑,导致有些改革举措"单枪匹马",难以落地见效。

党的十八大以后,以习近平同志为核心的党中央继续坚持深化司法体制改革这一推进中国式司法现代化的既定路径。党的十八大报告中继续重申:"进一步深化司法体制改革,坚持和完善中国特色社会主义司法制度,确保审判机关、检察机关依法独立公正行使审判权、检察权。"为使这一改革真正动起来,深下去,党中央将推进司法体制改革的重点转移至内容和任务更为明确的决策部署和顶层设计上,并且更加注重党对深化司法体制改革工作的统一领导和大力推动。党的十八大以后党中央为深化司法体制改革做出了一系列重大决策部署,主要表现为十八届三中全会作出了中共中央《关于全面深化改革若干重大问题的决定》,其中针对司法体制改革问题从“确保依法独立公正行使审判权检察权”“健全司法权力运行机制”“完善人权司法保障制度”三大方面规定了数十项需要改革的内容。党的十八届四中全会又作出了中共中央《关于全面推进依法治国若干重大问题的决定》(以下简称《党的十八届四中全会决定》),围绕“保证公正司法,提高司法公信力”的改革目标,从六大方面更加系统地明确了深化司法体制改革的具体内容和任务要求。党的十八届三中全会《中共中央关于全面深化改革若干重大问题的决定》(以下简称《党的十八届三中全会决定》)、《党的十八届四中全会决定》中有关司法体制改革的内容是党中央对司法体制改革所作出的系统的决策部署。相对于党的十六大、十七大主要表明中央对于司法体制改革的态度以及明确改革的总体目标而言,党的十八届三中、四中全会对于深化司法体制改革的决策部署在内容、要求方面更加系统、明确、具体。与党的十八大之前不同,为有力推动全面深化改革的各项工作,中央专门成立了由习近平总书记亲自任组长的全面深化改革领导小组,对重大的改革事项进行讨论决策。深改组多次举行会议,专门讨论审议司法体制改革项目的实施方案,审议通过了数十项司法改革文件。一系列司法体制改革方案经过深化改革领导小组的批准或者同意后有计划、有步骤地进入实施阶段。党中央对于司法体制改革的高度重视为司法体制改革得以全面展开、稳步推进提供了强有力的政治保证。在党中央的直接领导、决策、部署和推动下,党的十八大以来确定的深化司法体制改革的任务被细化为司法体系各领域具体的改革举措,在全国范围内逐项实施,逐项落实,将中国式司法现代化建设推上了新的台阶。

党的十八大以后中央集中推出了司法体制改革的重要举措。至党的十九大召开,十八届三中、四中全会决定的改革司法人员分类管理等131项司法体制改革任务绝大多数已出台改革意见,其中有的已开始实施,有的进入实施试点阶段,只有不到10项尚在继续调研之中。鉴于深化司法体制改革的决策部署已基本落实,“四梁八柱”的改革主体框架已经基本搭建完成,绝大多数已进入实施阶段,党的十九大对深化司法体制改革又进一步做了设计,从改革的系统性和改革措施实施的有效性考虑,将司法体制改革向综合配套改革这一新的着力点进一步延伸和深入。习近平总书记在党的十九大所作的报告中强调:“深化司法体制综合配套改革,全面落实司法责任制,努力让人民群众在每一个司法案件中感受到公平正义。”①从深化司法体制的主体改革,到以全面落实司法责任制为核心任务的深化司法体制综合配套改革,表明我国司法体制改革的战略思维、战略重点和战略方式发生了调整。综合配套改革既是党的十九大以后深化司法体制改革新的重点,又是司法体制改革的全面深化。

司法责任制是司法体制改革的“牛鼻子”,深化司法体制综合配套改革主要致力于全面落实司法责任制。早在党的十九大前的 2015 年 3 月 24 日,习近平总书记在主持中共中央政治局第二十一次集体学习时就强调:“要紧紧牵住司法责任制这个‘牛鼻子’,凡是进入法官、检察官员额的,要在司法一线办案,对案件质量终身负责。”②鉴于司法责任制改革与司法体制改革的其他许多方面有着极为密切的关系,根据党的十九大确定的深化体制综合配套改革的要求和习近平总书记关于深化司法体制改革的重要指示,2018 年 1 月中央政法工作会议明确强调,司法责任制改革是司法体制改革的基石,要深入推进司法责任制改革,加快建成权责统一的司法权运行新机制。2020 年 2 月 5 日,习近平总书记主持召开的中央全面依法治国委员会第三次会议专门通过了《关于深化司法责任制综合配套改革的意见》,为深化司法责任制改革进一步作出部署安排。司法责任制综合配套改革是司法体制改革的重要内容,事关司法公正高效权威,各级司法机关按照中央的部署要求,纷纷制定了以完善司法责任体系为主要内容的司法体制综合配套改革实施方案,将

---

① 习近平:《决胜全面建成小康社会 夺取新时代中国特色社会主义伟大胜利》,载中华人民共和国中央人民政府网,http://www.gov.cn/zhuant,2022 年 3 月 16 日访问。

② 习近平:《习近平谈治国理政》(第 2 卷),外文出版社 2017 年版,第 131 页。

中央的决策部署落实到具体的改革措施上，以实际行动推动司法现代化一步步向前迈进。

(二)党的十八大以来司法现代化建设的重大举措

司法现代化包括司法体制的现代化，司法体制改革是司法现代化建设的重要内容。纵观党的十八大以来以建设公正高效权威的社会主义司法制度为目标的司法现代化建设，主要反映在以司法责任制改革为主要内容的司法体制改革内容上。司法体制改革同时包括了司法体制主体改革与司法体制综合配套改革，包含的具体改革项目很多，涉及方方面面。党的十八大以来中国式司法现代化建设的重大举措纷纷出台，简单列举，有如下几个方面：

1. 完善司法人员分类管理。根据党的十八届三中、四中全会的精神和中央全面深化改革领导小组会议审议通过的改革方案，全国首次实现了对法官、检察官实行单独序列管理，实行法官、检察官员额制度，建立健全法官、检察官的遴选、惩戒制度，为法官、检察官依法独立公正履行司法职权和行使职责提供了有力的保证。

2. 完善法院组织体系。在北京以外设立 6 个最高人民法院巡回法庭，设立跨行政区法院，如设立跨行政区的海事法院、知识产权法院、互联网法院等专门法院。法院组织体系的改革既方便了当事人参与诉讼，又在一些领域有效地防止人们担心的司法地方化问题。

3. 健全排除人为干扰司法的制度。为保障人民法院、人民检察院以及法官、检察官依法独立公正行使审判权检察权，中央办公厅、国务院办公厅印发了《关于领导干部干预司法活动、插手具体案件处理的记录、通报和责任追究规定》，中央政法委印发了《司法机关内部人员过问案件的记录和责任追究制度》，最高人民法院、最高人民检察院、公安部、国家安全部和司法部联合下发了《关于进一步规范司法人员与当事人、律师、特殊关系人、中介组织接触交往行为的若干规定》。一系列的刚性规定有力有效防止了系统内外对于司法活动的不正当干预，改善了法官、检察官依法行使司法职权的司法环境。

4. 优化人民检察院的检察职能配置。2018 年 3 月 20 日十三届全国人大一次会议通过了《监察法》,国家的监察体制由此发生重大变化。随着监察体制的改革,2018 年 10 月 26 日,十三届全国人大常委会六次会议也对《刑事诉讼法》中关于检察机关职能范围做了相应的修改。由此,检察机关不再具有针对贪污、贿赂、渎职等公职人员职务犯罪的侦查职能,仅保留对司法人员在司法活动中的职务犯罪行使侦查权。对公职人员职务犯罪的侦查职能转变为国家监察机关对职务违法犯罪行为的调查职能。监察体制和司法体制的改革使检察机关的检察职能配置得到了一定的优化,其主要行使对普通犯罪的刑事检察职能、对民事行政诉讼的民事行政检察职能,以及对损害公共利益的违法侵权行为提起公益诉讼的检察职能。

5. 深化司法责任制改革。司法责任制改革是司法体制改革的基石,也是司法体制改革的主线和主体内容,习近平总书记将其称之为司法体制改革的"牛鼻子"。最高人民法院和最高人民检察院于 2015 年 9 月分别下发了经中央全面深化改革领导小组第十五次会议审议通过的《关于完善人民法院司法责任制的若干意见》和《关于完善人民检察院司法责任制的若干意见》,全面开展司法责任制的改革建设。2020 年 2 月,中共中央办公厅又印发了中央全面依法治国委员会第三次会议通过的《关于深化司法责任制综合配套改革的意见》。为贯彻中央对司法责任制综合配套改革的决策部署,最高人民法院于 2020 年 7 月制定下发了《关于深化司法责任制综合配套改革的实施意见》,重点就完善审判权运行体系和审判权力监督管理机制、司法责任追究机制等逐项做出了具体明确的规定,确保"由审理者裁判,让裁判者负责"落到实处。

6. 推进司法制约监督体系的改革和建设。司法权力制约监督体系建设既是司法责任制改革的重要组成部分,又是司法责任制综合配套改革的重要内容。司法体制改革从制度和机制层面解决了让审理者裁判、让裁判者负责的问题,但这并不意味着司法责任体系已经完善。为了保证司法权力不被滥用,需要强化司法权力制约监督体系建设。2020 年中央政法委召开政法领域全面深化改革推进会,提出了加快推进执法司法制约监督体系改革和建设的任务。按照中央的改革要求,人民法院、人民检察院在保证法官、检察官依法独立行使办案权力的前提下,突出强调了党委对司法工作的领导和监督的必要性,进一步完善了法院、检察院的内部制约监督机制和政法各部门相互之间的制约监督机制,以及接受社会监督的机制。人民法院、人民检察院各自细化了办案人员及其司法辅助人员的权力和责任清单,进一步明确了院领导、办案部门负责人、职能部门对办案过程的监督管理职责,建立类案强制检索等保证法律正确统一适用的制度机制。

7. 进一步深化司法公开。司法公开是司法现代化的一个重要标志。党的十八大以来,中国创造性推进深化司法公开的改革,取得了有口皆碑的成效。最高人民法院在全国大力推行网上四大公开平台建设,即裁判文书上网公开、审判流程向当事人公开、庭审通过网上直播公开、执行信息在网上公开。四大公开平台极大地提升了司法公开的程度和水平,让司法权在阳光下运行成为现实。最高人民检察院 2015 年下发了《关于全面推进检务公开工作的意见》,全国检察机关大力推进检察案件信息公开、检察政务信息公开、检察队伍信息公开等制度机制建设,建立健全公开审查制度,加强检察文书说理,加强新媒体平台建设,拓宽联系群众的方式,使检察不再“神秘”,在检务公开中自觉接受监督。

8. 改革完善人民群众参与司法的制度和机制。《党的十八届四中全会决定》对“保障人民群众参与司法”作出了部署。此后,全国人大常委会于 2018 年通过了《人民陪审员法》,通过立法完善了人民陪审员制度,保障并规范了人民陪审员行使审判的权力。人民监督员制度也是人民群众参与司法的重要制度。人民监督员制度于本世纪由最高人民检察院推出试点,其后又制定了一系列规定,人民监督员制度在全国推开,不断完善。而且,完善人民监督员制度也被写进了《党的十八届四中全会决定》。除此之外,人民法院、人民检察院还形成了保障人民群众参与司法权利的制度机制,充分发挥了人民群众在司法听证、司法调解等方面的作用。

9. 改革完善律师制度。律师是司法活动的重要参与者，由此决定了律师是推动司法现代化进程的重要力量，改革完善律师制度也是司法现代化的重要内容。中央全面深化改革领导小组第十六次会议审议通过了《关于深化律师制度改革的意见》，2016 年 6 月由中共中央办公厅、国务院办公厅印发全国实施。按照中央的决策部署，2018 年《刑事诉讼法》修改时正式确立了值班律师制度，司法部又在部分地区组织了刑事辩护全覆盖的试点。与此同时，最高人民法院、最高人民检察院、公安部、国家安全部、司法部联合制定颁布了《关于依法保障律师执业权利的规定》。律师制度改革完善，使得律师制度在依法保护公民和社会组织的合法权益、促进司法公正方面发挥了越来越重要的作用。

10. 加强司法救助制度建设。公民受到侵害的合法权益能够及时得到司法救济，在成为诉讼当事人的时候能够获得律师的帮助，这是司法现代化的必然要求。为保障公民在寻求司法救济或参与诉讼时能够享有平等的权利，为使贫穷的当事人不因贫穷而无法有效获得司法救济，无法有效地参与诉讼，我国《刑事诉讼法》《民事诉讼法》《行政诉讼法》修订时都进一步完善了关于由法律援助机构为困难当事人指派律师提供法律帮助的规定。2015 年 12 月，中央政法委、财政部、最高人民法院、最高人民检察院、公安部、司法部又联合印发了《关于建立完善国家司法救助制度的意见（试行）》。2015 年 5 月，中央全面深化改革领导小组第十二次会议审议通过了《关于完善法律援助制度的意见》。从中央到地方，各级党委、政府和政法各部门都高度重视司法救助工作，司法救助的面不断扩大，救助的水平不断提高。

11. 确立公益诉讼制度。传统上，检察机关主要行使刑事检察职能，后来又发展出对于人民法院生效民事、行政裁判的诉讼监督职能，但并无作为民事诉讼原告或者行政诉讼原告向法院提起诉讼的权力与职责。《党的十八届四中全会决定》要求，“探索建立检察机关提起公益诉讼制度”。2015 年 5 月，中央全面深化改革领导小组第十二次会议审议通过了《检察机关提起公益诉讼改革试点方案》。2015 年 7 月，第十二届全国人大常委会第十五次会议通过了《关于授权最高人民检察院在部分地区开展公益诉讼试点工作的决定》。在十三省、市、自治区试点工作结束之后，全国人大常委会正式作出决定，对《民事诉讼法》《行政诉讼法》做出相应修改，明确规定检察机关在涉及生态环境和资源保护、食品药品安全领域侵害众多消费者合法权益等损害社会公共利益的行为，在没有法律规定的其他机关和组织提起诉讼或者法律规定的其他机关和组织不提起诉讼的情况下，可以向人民法院提起诉讼。随着 2017 年《民事诉讼法》和《行政诉讼法》的修改，检察机关提起民事公益诉讼、行政公益诉讼正式成为我国重要的诉讼制度和人民检察院的重要检察职能。

12. 废止劳动教养制度。根据 1957 年 8 月 1 日全国人大常委会第七十八次会议批准颁布的国务院《关于劳动教养问题的决定》（已失效），我国建立了劳动教养制度。1979 年 11 月 29 日国务院颁布了《关于劳动教养的补充规定》（已失效），对适用劳动教养制度进一步加以规范。在劳动教养制度下，劳动教养委员会可以决定对有违法行为但尚未达到犯罪程度的公民剥夺人身自由 1 ~ 3 年，而实际执行中常被公安机关用以对案件事实不清，无确实、充分证据证实犯罪的犯罪嫌疑人的一种实质上的处罚。这样一种具有类似于刑罚惩罚功能的行政强制措施却不经过司法程序，与司法现代化遵循的正义理念明显冲突，对司法人权构成严重威胁，因其正当性的严重缺乏而长期广受诟病。为加强人权司法保障，党的十八届三中全会决定“废止劳动教养制度”。据此，2013 年 12 月 28 日，十二届全国人大常委会六次会议通过《关于废止有关劳动教养法律规定的决定》，劳动教养制度被正式依法废止。

13. 完善认罪认罚从宽制度。鼓励犯罪者与司法机关采取合作而非对抗的态度，这是刑事司法现代化的一个普遍性趋势。《党的十八届四中全会决定》中提出了“完善刑事诉讼中认罪认罚从宽制度”的要求。认罪认罚从宽是我国刑事司法中长期实行的一项鼓励犯罪分子主动认罪,争取从宽处理的重要政策和制度,但这一制度主要体现在实体法上,刑事司法程序中未能制度化、程序化。《党的十八届四中全会决定》作出完善认罪认罚从宽制度的决策后,2016 年 7 月 22 日,中央全面深化改革领导小组第二十六次会议审议通过了《关于认罪认罚从宽制度改革试点方案》。2016 年9 月3 日,十二届全国人大常委会二十二次会议作出决定,授权最高人民法院、最高人民检察院在北京、天津等 18 个城市开展刑事案件认罪认罚从宽制度试点工作,为期两年。在试点结束之后,2018 年 10 月《刑事诉讼法》修改时,认罪认罚从宽制度正式进入了刑事诉讼法,成为刑事诉讼法的基本原则之一,同时形成了相应的刑事诉讼程序。至今,这一制度已被广泛适用于司法实践,在刑事司法中发挥了重要的作用。

14. 确立刑事速裁程序。面对大量的刑事案件,将有限的司法资源合理配置在严重性程度和复杂性程度不同的案件上,有利于整体上提高刑事诉讼效率,保证刑事司法公正。对不同类型案件采用不同的起诉、审判程序,反映了现代司法的客观规律与普遍趋势。为此,早在开展认罪认罚从宽制度试点工作之前的 2014 年 6 月,全国人大常委会就作出了《关于授权最高人民法院、最高人民检察院在部分地区开展刑事案件速裁程序试点工作的决定》。从 2014 年 7 月开始的刑事案件速裁程序试点工作取得了良好的成效,于是,2018 年 10 月《刑事诉讼法》修改时将“刑事速裁程序”作为刑事案件第一审审判程序的一种程序类型专门作了规定,由此丰富和完善了我国刑事司法的程序体系,提升了我国司法机关的刑事司法能力。

15. 规范刑事涉案财物处置。刑事司法中常常会涉及被追诉人、被害人或者第三人的财物,包括具有财产性权利。现代刑事司法不仅要求防止冤假错案,还要求避免给公民或其他主体造成不应有的财产损害。以往刑事司法实践中比较重视人身权利的保护,而相对忽视财产性权利保护,对刑事诉讼涉案财物处置存在不规范的问题,在一些场合造成了涉案财物权利人不应有的损失。针对这一问题,党的十八届三中全会、四中全会明确，要“进一步规范查封、扣押、冻结、处理涉案财物的司法程序”。2014 年 12 月 30 日，中央全面深化改革领导小组第八次会议审议通过了《关于进一步规范刑事诉讼涉案财物处置工作的意见》，中共中央办公厅、国务院办公厅于 2015 年 1 月印发这一重要文件。随后，各级司法机关根据中央精神，纷纷制定了落实措施。最高人民法院于 2016 年 11 月 29 日出台《关于充分发挥审判职能作用切实加强产权司法保护的意见》，强调要“依法慎用强制措施和查封、扣押、冻结措施”，“严格规范涉案财产的处置”。最高人民检察院 2015 年 3 月 6 日修订印发了《人民检察院刑事诉讼涉案财物管理规定》，进一步明确和完善了涉案财物规范化处置的相关工作机制以及操作规程。公安部对 2010 年 11 月 4 日印发的《公安机关涉案财物管理若干规定》重新修订，并于 2015 年颁布下发了《公安机关涉案财物管理若干规定》。随着刑事诉讼涉案财物规范化处置的制度机制建设的加强，刑事诉讼涉案财物处置中的乱象逐步得到有效治理。

16. 推进以审判为中心的刑事诉讼制度改革。推进以审判为中心的刑事诉讼制度改革是《党的十八届四中全会决定》提出的任务。现代化的刑事司法是以审判在刑事诉讼中的独立性和中心地位为基本特征的。我国刑事诉讼法上同样体现了审判在刑事诉讼中的中心地位，即人民法院对定罪量刑拥有决定权，非经人民法院依法判决，对任何人不得确定有罪。但是，在相当长时间内，司法实践中实际上奉行侦查中心主义，体现的是侦查权的过分强势和审判权的形式主义化，严重制约了刑事司法的实体公正和程序公正，人民群众对此反映强烈。党的十八届四中全会对推进以审判为中心的刑事诉讼制度改革作出决策部署后，2016 年 6 月 27 日，中央全面深化改革领导小组第二十五次会议审议通过了《关于推进以审判为中心的刑事诉讼制度改革的意见》。贯彻落实中央的改革决策，最高人民法院、最高人民检察院、公安部、国家安全部和司法部联合颁布了《关于推进以审判为中心的刑事诉讼制度改革的意见》，最高人民法院又于 2017 年 2 月印发了《关于全面推进以审判为中心的刑事诉讼制度改革的实施意见》。从中央到地方，各级政法部门认真贯彻改革要求，围绕以审判为中心进一步深化了刑事诉讼相关制度的改革，强化了审判在刑事诉讼中的中心地位，从而提升了刑事司法的公正性水平。

17. 将立案审查制度改为立案登记制度。公民诉权的保障程度同样体现了司法现代化的水平。在以往的民事司法实践中，公民向法院提起诉讼，法院要通过审查才能立案。不仅审查需要经过一段时间，而且法院还可以种种理由不予受理或者受理后不予立案。人民群众为审查立案制带来的立案难所累，公民获得司法救济的权利受到了不应有的限制。为解决立案难困局，《党的十八届四中全会决定》专门就此作出了决策部署："改革法院案件受理制度，变立案审查制为立案登记制，对人民法院依法应该受理的案件，做到有案必立、有诉必理，保障当事人诉权。"2015 年 4 月召开的中央全面深化改革领导小组第十一次会议审议通过了《关于人民法院推行立案登记制改革的意见》。之后，最高人民法院完善了相关的立案程序规定，全国一律实行立案登记制。民事诉讼原告、行政诉讼原告提起民事诉讼或者行政诉讼，或者自诉人提起刑事自诉，只要符合法律规定的起诉形式要件，法院必须接受诉状，受理登记。符合法律规定的起诉实质条件的，当场予以登记立案；不具备起诉实质条件的，向起诉人释明。

18. 开展民事、行政诉讼繁简分流改革。人民法院审判的案件数量上占主体部分的是民事案件，而民事案件也有繁简之分。日益增多的民事纠纷案件使法院的审判资源日益紧张，有限的审判资源与不断增长的人民群众通过诉讼寻求司法救济的需求之间的矛盾日益突出。这一现实迫使人民法院进行繁简分流的改革，以增强司法化解纠纷的能力。经过多次修改，2021 年修订后的《民事诉讼法》规定的简易程序特别是简易程序中的小额诉讼程序更加完善，简单的小额民事案件可以不受普通程序中关于案件受理、审理的程序规定的限制，可以独任审理、快速审结。与民事诉讼实行繁简分流一样，2017 年修订的《行政诉讼法》也规定了简易程序。2021 年 5 月,最高人民法院又下发了《关于推进行政诉讼程序繁简分流改革的意见》,对于简单行政案件适用简易程序审理规定了更加完善、更具可操作性的原则和程序。繁简分流改革解放了法院的司法生产力,提升了法院的司法能力。

19. 推进多元化矛盾纠纷解决机制建设。中国式司法现代化不仅追求公正快速审判各类案件,更追求在矛盾纠纷得到有效化解的同时,可以避免对于司法资源无限制投入的依赖。实践中,各级党委、政府和司法机关探索了多元化矛盾纠纷解决机制,并成为中国式司法现代化进程中的一项独具特色的重要创新。针对案多人少的普遍性矛盾,2015 年 10 月 13 日召开的中央全面深化改革领导小组第十七次会议审议通过了《关于完善矛盾纠纷多元化解机制的意见》,最高人民法院积极推动改革,2016 年 6 月 28 日又出台了《关于人民法院进一步深化多元化纠纷解决机制改革的意见》。多元化矛盾纠纷解决机制整合了法院诉讼以外其他诉讼外调解、仲裁等纠纷解决机制,通过诉前由法院外各种组织进行的非讼调解机制的有效运行,大幅降低了法院第一审民商事案件的收案数,大量纠纷在诉前得到化解,许多法院一审民事案件收案量明显下降,有效缓解了法院案多人少的矛盾。

20. 开展家事诉讼制度的实践探索。婚姻家庭纠纷案件有着自身的特殊性,司法现代化要求对这类案件的审判采取不同于其他案件的方式,以最大限度地维护弱势家庭成员的合法权益,维护家庭的和谐稳定。为此,最高人民法院于 2016 年 4 月 23 日下发了《关于开展家事审判方式和工作机制改革试点工作的意见》,从 2016 年 6 月 1 日起在全国进行为期两年的改革试点。试点结束后,于 2018 年 7 月 18 日又发布了《最高人民法院关于进一步深化家事审判方式和工作机制改革的意见(试行)》,对家事审判方式和工作机制做出了比较具体明确的程序规范和制度安排。家事诉讼制度的这一改革涉及千千万万个家庭,事关全社会的和谐稳定。最高人民法院主导、全国各级法院特别是基层法院积极参与的家事诉讼制度改革,有力地推动了民事司法现代化的进程。

21. 加强政法队伍建设。司法现代化离不开司法队伍的现代化，或者说司法工作人员的现代化是司法现代化成败的关键要素。党的十八大以来，党中央一直高度重视政法队伍建设，致力于提升司法工作人员的素质与能力。2021 年 2 月 27 日，在经过 2020 年部分地区试点成功的基础上，经党中央批准，在中央政法委的具体领导下，开展了全国政法队伍教育整顿工作。为时一年的集中教育整顿工作，发现了政法队伍中存在的一些违纪违法问题，查处了一批有严重违纪违法、涉嫌犯罪的司法工作人员，纯洁了政法队伍，提升了司法工作人员的政治觉悟、职业道德素质，健全了政法队伍的管理机制，从一定程度上提升了政法队伍的现代化水平。

22. 大力推进科技赋能的智慧司法能力建设。近几年来，飞速发展的互联网技术、云计算、人工智能、区块链技术等现代科学技术被纷纷应用于司法活动，极大地助推了中国式司法现代化的进程。2017 年 6 月，中央全面深化改革领导小组第三十六次会议审议通过了《关于设立杭州互联网法院的方案》。2017 年 8 月，全国首家互联网法院在杭州挂牌成立。该法院利用互联网审理涉互联网案件。从中央到地方，人们对于智慧司法响应热烈，各级司法机关积极大胆探索创新，开发出了许许多多具有不同功能特点的智慧司法平台和程序。如今，网上开庭、线上送达等已经相当普遍。智慧司法在内部服务于司法人员的司法办案活动和职能部门的司法管理活动，对外服务于诉讼当事人和社会公众的司法需求，极大地提高了司法效率，同时又极大地便利了当事人参与司法活动。

三、新时代中国式司法现代化的目标与任务

党的十八大以来，中国特色社会主义进入了新时代。作为中国式现代化重要组成部分的中国式司法现代化正沿着新时代中国特色社会主义的道路向前发展，朝着新时代中国特色社会主义现代化的目标迈进。

司法现代化是国家整个现代化事业的一部分，在整个现代化体系中

司法承担着服务与保障整个现代化体系以及体系中其他各个子系统正常有效运转的功能。在一个庞大复杂的国家现代化体系中,国家治理体系是其中的核心部分,决定着国家现代化体系的命运、前途与运行效率。司法属于国家治理体系的一部分,司法的现代化既决定于国家整个治理体系和治理能力的现代化,同时又以自身的现代化影响国家整个治理体系和治理能力的现代化。由此可见,新时代中国式司法现代化的目标与任务既有与国家治理体系与治理能力现代化目标与任务本质上的相同、总体上的相同,又有司法现代化自身特有的具体内容,即有自身特定的目标与任务。

(一)新时代中国式司法现代化的目标

《党的十九届四中全会决定》明确了新时代国家治理体系和治理能力现代化的目标:"到二〇三五年,各方面制度更加完善,基本实现国家治理体系和治理能力现代化;到新中国成立一百年时,全面实现国家治理体系和治理能力现代化,使中国特色社会主义制度更加巩固、优越性充分展现。"到 2035 年基本实现国家治理体系和治理能力现代化,这是新时代国家治理体系和治理能力现代化的第一阶段目标;到 21 世纪中叶,即中华人民共和国成立一百年时实现国家治理体系和治理能力的高水平现代化,这是现代化建设的第二阶段目标。这两个阶段的目标与中华民族伟大复兴的宏伟目标同步,是我们党和国家对实现第二个百年奋斗目标作出的分阶段推进的战略安排在国家治理领域的具体落实。实现国家治理体系和治理能力现代化的这两个阶段目标,是实现中华民族伟大复兴宏伟目标的根本保证和决定性条件。既然司法现代化是国家治理现代化的组成部分,司法是国家治理体系重要的子系统,因而新时代中国式司法现代化的目标与国家治理体系和治理能力现代化目标应该是一致的。也就是说,到 2035 年基本实现司法体系和司法能力现代化;到 2049 年前后,全面实现司法体系和司法能力的现代化,使中国特色社会主义司法制度更加成熟、稳定,优越性充分展现。

从党的十九届四中全会对国家治理体系和治理能力现代化的目标

确定,党的二十大再次明确全面建成社会主义现代化强国的两步走战略安排,特别是再次明确把基本实现国家治理体系和治理能力现代化作为2035年总目标的重要内容。我们应该清醒地认识到,尽管起步于20世纪初、快速发展于本世纪改革开放之后的中国式司法现代化进程,历经一个多世纪,取得了引人瞩目的成就,特别是党的十八大以来,经过一系列深化司法体制改革的重大举措的实施,司法现代化达到了前所未有的水平,进入了新的发展时代,但是,我们与基本实现司法体系和司法能力现代化的目标仍有不小的差距。

讨论新时代中国式司法现代化的目标问题,需要关注司法现代化与司法体系、司法能力现代化之间的逻辑关系,也需要关注司法现代化和司法体系、司法能力现代化目标特有的内容与本质。司法现代化包括了或者说体现在司法体系和司法能力两个方面的现代化。无论是司法现代化,还是司法体系和司法能力现代化,作为现代化进程的两个分阶段目标,基本实现与全面实现,反映的是现代化达到的程度与水平。至于这两个目标所包含的特有的本质,可理解为中国特色社会主义司法制度的公正、高效与权威。

党的十七大把建设公正高效权威的社会主义司法制度作为深化司法体制改革的总体目标。[①] 党的二十大明确提出了"加快建设公正高效权威的社会主义司法制度"。[②] 从司法现代化的意义上说,公正高效权威的中国特色社会主义司法制度也应当是新时代中国式司法现代化所追求的目标。无论是基本实现司法体系和司法能力现代化,还是全面实现司法体系和司法能力现代化,都以建设公正高效权威的中国特色社会主义司法制度为目标指向,公正高效权威的中国特色社会主义司法制度是新时代司法现代化目标的质的规定性。一个多世纪以来,中国式司法

---

① 公丕祥:《中国特色社会主义司法改革道路概览》,载《法律科学(西北政法大学学报)》2008年第5期。

② 习近平:《高举中国特色社会主义伟大旗帜 为全面建设社会主义现代化国家而团结奋斗:在中国共产党第二十次全国代表大会上的报告》(2022年10月16日),人民出版社2022年版,第42页。

现代化的一切努力，无非都是为了建设具有现代化意义的司法制度体系，司法现代化的本质都是为了追求司法的公正高效权威。然而，公正高效权威这组概念在不同的语境中可能包含不同的内涵，或者说对这一组价值目标在不同的国度或者不同的历史时期可以有不同的理解。新时代中国式司法现代化目标所追求的公正高效权威具有中国特色，具有社会主义本质。这里的公正不同于西方国家司法制度下以满足形式正义规范为标准的司法公正，而是人民群众能从每一个司法案件中感受到公平正义的司法公正；这里的高效，也不同于西方国家司法制度下以牺牲公正为代价的高效（如美国刑事司法中的辩诉交易制度），而是保证公正优先前提下的高效；更不同于西方国家三权分立框架下以司法独立为核心原则建立起来的司法权威，而是以坚持党的领导和接受人大监督为保证、坚持以人民为中心司法理念，通过公正高效的司法活动树立起来的司法权威。

公正高效权威既是中国特色社会主义司法制度的应有品质和价值目标，又是新时代司法现代化应有的外在特征。既然“两步走”战略安排下新时代中国式司法现代化目标在实质内容上都是公正高效权威的社会主义司法制度，那么第一阶段的基本实现和第二阶段的全面实现，区别就只是在于司法制度在实现公正高效权威的程度和水平上。公正高效权威的程度和水平与社会主义司法制度的完善程度及其运行水平相联系。实现第一个目标，即基本实现司法现代化，意味着司法制度体系更加完善，司法制度的运行基本上实现公正高效权威。实现第二个目标，即全面实现司法现代化，意味着中国特色社会主义司法体系中各项制度更加巩固，中国特色社会主义司法制度的优越性即公正高效权威得到充分展现，也可以说，社会主义司法制度在更高程度和更高层次上实现公正高效权威。

（二）实现新时代中国式司法现代化目标的两大任务

新时代中国式司法现代化的两个阶段性目标已经明确，那么明确实现这个目标需要完成的任务便具有决定意义。党中央为国家治理现代化的目标明确了两个方面的任务,即国家治理体系的现代化和治理能力的现代化。由此,实现司法现代化战略目标的任务也已明确,即司法体系现代化和司法能力现代化。司法体系现代化和司法能力现代化可以被理解为司法现代化的两个组成部分,即司法现代化包括司法体系现代化和司法能力现代化。我们也可以将司法体系与司法能力现代化理解为实现司法现代化目标的路径,即通过司法体系和司法能力的现代化建设,实现建成公正高效权威的中国特色社会主义司法制度这一司法现代化目标。最后,司法体系现代化和司法能力现代化还可以被理解为实现新时代中国式司法现代化"两步走"战略目标需要完成的任务,即要建成公正高效权威的中国特色社会主义司法制度,必须完成司法体系现代化和司法能力现代化这两项战略任务。本书将在第三层意义上理解司法体系与司法能力现代化与司法现代化、国家治理现代化的关系。

如前所述,现代化是一个由传统向现代转型的变革过程,以及这一过程达到的应有的程度和水平。作为实现司法现代化目标需要完成的战略任务之一就是司法体系现代化。司法体系的现代化是指司法体系不断改革完善的发展过程,以及司法体系经过不断改革所达到的完善程度。《党的十九届四中全会决定》用"各方面制度更加完善"表述基本实现国家治理体系和治理能力现代化这一目标。各方面制度更加完善,应首先理解为国家治理的制度体系和这个体系中的各项制度都比现在更为完善。《党的十九届四中全会决定》围绕实现治理体系和治理能力现代化的目标,系统地提出了建设完善各项制度的安排和要求。这一系列的制度构成了国家治理的制度体系。因此,我们通过司法体系的现代化这一路径实现新时代中国式司法现代化的第一个目标,就是要不断完善中国特色社会主义司法制度体系,使司法制度体系和这个体系中的各项制度较之现在更加完善。作为一个过程,司法体系现代化就是要不断深化司法制度改革;作为一个 2035 年的司法体系现代化目标状态,就是司法制度更加完善。这里,应对司法制度作广义的理解,其内涵包括了司法的基本制度、司法权运行的各项原则、各项具体的司法制度、司法活动的各种程序等，是一个由制度、原则、程序、规范等构成的制度体系。

司法能力现代化是与司法体系现代化紧密联系、同时并进，但又有自身特点的任务。在宏观层面上，司法能力当指司法制度有效运行，实现维护国家安全和维持经济社会秩序，服务保障国家治理体系正常运行，保护、促进经济社会发展的功能和作用。在微观层面上，司法能力是指司法机关依法解决法律关系争议，维护法律关系主体合法权益，维护社会秩序稳定，推动社会进步发展的功能与作用。司法体系决定着司法能力的强弱，因而，司法体系的现代化是司法能力现代化的基础和前提。我们多年来进行深化司法体制改革的工作，就是在不断推进司法体系的现代化变革，而通过这些改革举措，我国的司法能力也得到了明显的提升。司法能力的现代化决定于司法体系的现代化，但并不意味着一个现代化的司法体系就必然会自动产生与之相应的现代化的司法能力。有了一个现代化的司法体系，还需要具有有效运用这个体系去解决问题、完成任务的能力。因此，司法能力现代化就是让完善的中国特色社会主义司法体系充分展现其功能优越性的能力水平。

司法体系现代化与司法能力现代化构成了新时代中国特色社会主义司法制度现代化的两个互相联系、互相影响、不可分割的基本方面。因此，实现中新时代中国式司法现代化的目标，我们首先要致力于通过推进改革和建设，不断完善我国的司法体系，以不断提升我国的司法能力，同时又要加强司法能力建设，并将司法能力需求反馈给司法体系，推动司法体系的进一步完善。正是鉴于司法体系现代化与司法能力现代化的联系性和差异性，本书既关注了党的十八大以来一些司法体系改革和建设的重要举措及其成效，即司法体系中的体制性改革，又关注了一些主要体现为司法能力建设的改革和建设举措，如政法队伍的集中教育整顿、科技赋能司法的建设等措施，讨论了司法体系和司法能力现代化道路上面临的新情况、新问题。

四、新时代中国式司法现代化的机遇和挑战

我们现在已经踏上了全面建设社会主义现代化国家、向第二个百年

奋斗目标进军的新征程。司法现代化目标是全面建设社会主义现代化国家目标的组成部分,实现司法现代化的目标,是我们进军第二个百年奋斗目标征途上光荣而艰巨的任务。通向司法现代化目标的路上,我们有条件、有困难,但我们也有自信。为此,我们要充分认识新时代中国式司法现代化面临的新机遇、新挑战,立足新发展阶段,贯彻新发展理念,构建新发展格局,扎扎实实推进司法体系与司法能力现代化建设。

(一)新时代中国式司法现代化的机遇

当下,新时代中国式司法现代化面临着由一系列有利条件造就的前所未有之发展机遇。

首先,有习近平法治思想的引领指导。司法现代化本质上就是一个向着现代化目标不断深化司法改革的过程。习近平法治思想关于司法改革有过一系列重要论述,科学地回答了一系列具有方向性、根本性、全局性的重大问题。[①] 例如,习近平总书记在多个场合反复强调,努力让人民群众在每一个司法案件中感受到公平正义,在党的二十大报告中,又再次强调了这一点,[②]从而为司法改革指明了根本的价值目标。习近平总书记为司法改革指明了评判改革成效的标准,强调指出,“司法体制改革的成效如何,说一千道一万,要由人民来评判,归根到底要看司法公信力是不是提高了”[③]。习近平总书记还为司法体制改革指明了重点任务,强调“要健全政法部门分工负责、互相配合、互相制约机制,通过完善的监督管理机制、有效的权力制衡机制、严肃的责任追究机制,加强对执法司法权的监督制约,最大限度减少权力出轨、个人寻租的机会”[④]。

---

① 姜伟:《深化司法体制综合配套改革 加快建设公正高效权威的中国特色社会主义司法制度》,载《民主与法制》(周刊)2022年第10期。

② 习近平:《高举中国特色社会主义伟大旗帜 为全面建设社会主义现代化国家而团结奋斗:在中国共产党第二十次全国代表大会上的报告》(2022年10月16日),人民出版社2022年版,第42页。

③ 习近平:《论深化司法体制改革》,载习近平:《坚持全面依法治国》,中央文献出版社2020年版,第147页。

④ 习近平:《努力建设一支信念坚定、执法为民、敢于担当、清正廉洁的政法队伍》,载习近平:《论坚持全面依法治国》,中央文献出版社2020年版,第58页。

习近平法治思想特别是其中关于司法改革的重要论述为司法改革指明了方向,同时也是新时代中国式司法现代化实践重要的思想引领。有习近平法治思想的引领指导,司法现代化就能紧紧把握正确的目标方向,始终沿着正确的道路踏踏实实向前迈进。

其次,有党对法治建设的高度重视与坚强领导。党的十八大以来,党中央把全面依法治国纳入“四个全面”战略布局予以有力推进,对全面依法治国作出了一系列重大决策部署。党的十八届四中全会专门作出《关于全面推进依法治国若干重大问题的决定》,组建中央全面依法治国委员会对推进全面依法治国进行决策领导。中央全面深化改革领导小组多次召开会议审议通过一系列有关法治建设重大问题的重要决策文件。可以说,在党的历史上从未有像今天这样对建设社会主义法治国家如此重视和加强领导。司法现代化作为法治现代化的重要组成部分,党中央高度司法体制改革,《党的十八届三中全会决定》《党的十八届四中全会决定》中都对司法体制改革作出专门的决策部署,又通过中央深改组会议审议通过多个有关司法体制改革的重要文件,加强司法体制改革的设计。全党上下对于法治建设和司法体制改革的高度重视并切实加强领导,为推进司法现代化提供了坚强有力的政治保证。

此外,《党的十九届四中全会决定》和党的二十大为国家治理现代化确定了“两步走”目标,并为实现国家治理体系和治理能力现代化目标指明了方向路径。《党的十九届四中全会决定》将司法作为治理体系的重要部分,明确要求“深化司法体制综合配套改革,完善审判制度、检察制度,全面落实司法责任制,完善律师制度,加强对司法活动的监督,确保司法公正高效权威,努力让人民群众在每一个司法案件中感受到公平正义”。这是在国家治理体系和治理能力现代化总体要求下党中央对司法体系和司法能力现代化所做出的重要决策。党中央对国家治理体系和治理能力现代化强劲有力的全面领导和推动,无疑为司法体系和司法能力现代化提供了强大的动力。

再次,人民群众司法需求的日益增长。新时代中国式司法现代化是中国走向现代化的历史必然,是法治现代化的必然规律,但同时也是新时代人民群众的司法需求。在经济社会等各个领域日益走向法治化的今天,司法介入经济社会生活的程度日益加深。于是,人们对于维护自身合法权益、维护经济社会法律秩序有了更多更高的期待。可以说,现在人民群众比过去任何时候都更加需要公正高效权威的司法。人民群众的司法需求日益增长,为推进新时代中国式司法现代化提供了充分的正当性依据和强大的社会基础,让司法现代化进程的步伐迈得更加稳健有力。

复次,党中央已经为新时代中国式司法现代化建设作出了科学的决策部署与方案设计。《党的十八届三中全会决定》《党的十八届四中全会决定》已经明确了作为全面依法治国重要方面的司法如何进行改革和建设的价值目标和重点任务。这些决策部署和顶层设计为实现2035年司法体系和司法能力现代化指明了方向目标,明确了重点任务,提供了总体方案。其后,中央全面深化改革领导小组审议通过了一系列有关深化司法体制改革重要的改革文件,确定了司法体制改革具体的实施方案。在全面依法治国总目标统摄下的司法体制改革是新时代中国式司法现代化建设的具体实践,这些改革决策部署和顶层设计不仅针对当下司法体制方面存在的不足与问题,而且也是服务于司法现代化长远目标、建设公正高效权威的中国特色社会主义司法制度的总体谋划。只要遵循以习近平同志为核心的党中央为建设公正高效权威的中国特色社会主义司法制度所作出的决策部署和顶层设计,新时代中国式司法现代化就一定能沿着正确方向路线,脚踏实地实现司法现代化的目标。

最后,新时代中国式司法现代化已经有了坚实的基础。从当下再出发,新时代中国式司法现代化征程已经有了过去任何时候都无法比拟的坚实基础。这里所说的坚实基础主要指:党的十八大以来司法体制改革建设已经取得了重大的成就,中国特色社会主义司法体系的制度框架已经搭建完成,一些长期以来想改而没有改的司法体制已经实施了改革,社会主义司法制度体系已经基本完善。现在的任务主要是在已经取得改革成就的基础上,深化司法体制综合配套改革,进一步完善社会主义司法制度体系。党的十八大以来,我们的司法队伍建设和发展取得了重大成就,司法队伍的结构更加优化,司法人员的职业素质普遍增强,这也为司法能力现代化准备了专业人才基础。司法现代化离不开国家经济科技方面的支持。改革开放以来,国家经济科技的快速发展也为司法体系和司法能力现代化提供了强大的物质支持。

新时代中国式司法现代化紧紧抓住上述有利机遇,充分利用上述有利条件,就一定能更稳更快地实现司法现代化的战略目标。

(二)新时代中国式司法现代化面临的挑战

把握机遇,可以有效地推进中国式司法现代化的进程。但是,我们也要看到新时代中国式司法现代化面临的挑战。所谓挑战,也就是我们目前面临的困难和改革后出现的一些新情况、新问题。面临挑战,我们要始终保持头脑清醒,始终坚持“四个自信”,积极稳妥地推进司法体系和司法能力的现代化建设。基于此,本书各章在总结党的十八大以来司法现代化建设的重大举措和伟大成就的同时,也对未来迈向司法现代化目标的前景作了展望和思考,提出了一些参考性的建议思路。

第一,完善司法体系的任务还很艰巨。司法体系是国家法治体系的重要组成部分。习近平总书记 2021 年 12 月 6 日在十九届中央政治局第三十五次集体学习时的讲话中强调指出:“我们也要看到,我国法治体系还存在一些短板和不足,主要是:法律规范体系不够完备,重点领域、新兴领域相关法律制度存在薄弱点和空白区;法治实施体系不够高效,执法司法职权运行机制不够科学;法治监督体系不够严密,各方面监督没有真正形成合力;法治保障体系不够有力,法治专门队伍建设有待加强;涉外法治短板比较明显,等等。”[1]司法体系是法治实施体系的重要部分,而法治体系的其他部分如法律规范体系、法治监督体系、法治保

---

① 习近平:《坚持走中国特色社会主义法治道路 更好推进中国特色社会主义法治体系建设》,载《求是》2022 年第 4 期。

障体系又与法治实施体系密切相关,或者说,司法体系本身也包含司法规范体系、司法监督体系、司法保障体系。整个法治体系存在的短板和不足,在司法体系同样存在。经过司法体制改革,司法制度体系基本完善,但尚不完善的那些短板和不足制约了改革效果和司法现代化的水平。这些短板和不足,大多是改革中最困难的部分。举例而言,习近平总书记所说的“执法司法职权运行机制不够科学”问题,就是司法改革的一个艰难课题。通过司法体制改革,虽然有了保证司法职权公正高效运行的制度和机制,但科学运行依然是难题。对于司法案件的处理完全放权,则容易发生个案不公的情况;过度监管,又容易发生侵犯员额法官、检察官独立办案的权力的情况。司法现代化路上,类似的难题还有很多,进一步完善司法体系公正高效运行的制度机制,是一项艰巨的任务。因此,本书大多数专题都没有回避司法体系存在的不足与短板,而是试图寻找补短板、强弱项的良策。

第二,阻碍新时代中国式司法现代化的传统影响依然很大。现代化意味着要与传统决裂,但传统的力量总是会强势地阻碍这种决裂。中国几千年的人治传统影响并没有随着社会主义司法制度的建立而消失。传统上司法权依附于行政权,行政权妨碍司法权的依法独立行使,这种传统影响并不会随着司法体制改革举措的实施而马上彻底消失。有些与现代化相悖的习以为常的司法传统会使改革的成效难以充分展现。例如,我们刑事司法中以侦查为中心已成传统习惯,现在要告别这种传统习惯,推进以审判为中心的刑事诉讼制度改革,但司法实践中审判服从于侦查的色彩依然很浓。司法现代化要求司法程序公开透明,司法案件要求依照法定程序解决,但传统上存在的内部请示制度却依然成为解决疑难复杂案件的路径依赖。受传统司法理念的影响,无论是司法人员,还是社会大众,人们对于法律,对于司法程序、司法权威都还缺乏足够的敬畏和尊重。人民群众对司法有着强烈的需求,但也有一部分人总是试图借助司法外的力量去干扰司法,不恰当地满足自己的司法需求。当自己的利益诉求在司法程序中无法得到满足时,甚至会采取极端方式要挟司法。正是这些传统社会的人治影响、传统的司法文化影响，妨碍了现代化司法体系的公正高效运转。而且，这些消极因素的影响可能会在相当长的时间内掣肘司法现代化的进程。

第三，司法体制改革后出现的新情况、新矛盾。深化司法体制改革，完善和优化了司法制度体系，总体上看，提升了司法体系的功能，增强了司法能力。但也应当看到，改革后又出现了一些新的情况、新的矛盾。例如，让审理者裁判、让裁判者负责，谁办案、谁决定、谁负责的司法责任制改革，让员额法官有了独立裁判的权力，让员额检察官有了独立决定起诉与不起诉的权力，但如何防止员额法官、检察官被私利围猎，防止其滥用司法职权，却成了难题，成了新的风险点。为了提高司法效率，法院进行繁简分流改革，对小额民事案件的审判实行一审终审，但改革提高效率的同时，小额诉讼当事人获得上级法院复审的权利却被牺牲了。实行司法人员分类管理后，具有办案资格的员额法官、检察官人数较少，加剧了案多人少的矛盾，司法助理因为地位和收入不如员额法官、检察官，其履职积极性受到影响，这些矛盾的共同作用，原本期待通过人员分类管理改革提高司法公正水平和司法效率，实践却让人产生了新的担忧。改革后产生了不少新情况、新矛盾，在找到有效的对策之前，将一直困扰司法现代化的进程。

第四，司法能力的提升过程艰巨而漫长。司法制度体系的完善旨在提升司法实现自身功能的能力，也确实会推动和促进司法能力的提升。然而，制度的完善并不会自动地转化为司法能力的提升，对于制度的尊重程度、运行制度的能力高低以及司法主体素质的强弱等因素，都会影响司法能力的发挥水平。目前虽然经过了司法机关的内设机构改革、司法机关硬件建设的投入、司法队伍的结构优化、司法责任机制的健全以及司法人员的素质提升，整个司法能力基本上能适应司法所承担的职能。但是，也应该看到，由司法机关和司法人员具体行使司法权力过程中反映出来的司法能力还没有达到较高的水平。举例而言，在刑事司法领域，制度体系、规范体系、规则体系看起来足以保证刑事侦查人员严格遵循法定程序,远离诉讼过程特别是收集证据过程中的违法行为,但还是有不少案件不得不依赖于用那些变相的违法方法收集证据,不得不依赖于通过非法方法获取的被告人的口供定案。同样,有些检察官、法官面对这些现象,在判断证据、认定案件事实上也表现出力不从心,常常不得不迁就侦查机关对于证据和案件事实的态度。个体能力的不足也反映了整体司法体系的能力局限,而要改变这种状况却是一项相当艰巨的任务,需要一个较为漫长的过程。提升能力不像完善制度那样可以按时间表推进。

第五,司法体系外其他因素对于司法现代化的困扰。司法体系是国家治理体系甚至是整个社会系统中的一个子系统,其与在系统中的其他要素之间是一种互动的关系。这种互动就有正面的作用,助推中国式司法现代化的进程,但也存在一些负面的因素,掣肘司法现代化的步伐。中国特色社会主义司法制度的现代化目标是让司法制度公正高效权威,这一目标符合人民群众的司法需求,但司法体系外的其他力量可能出于某种原因、某种意图会妨碍司法权的依法独立公正行使,司法无法获得应有的权威。比如,在一些涉众型案件中,有直接利害关系的人可能只关心自己的利益能否得到保护,完全无视司法程序的严肃性和司法活动的权威性,以极端方式要挟司法,以致司法为了稳定而不得不在公正问题上妥协,在效率问题上让步,在权威问题上无奈牺牲。诸如此类的负面因素,将困扰新时代中国式司法现代化进程。

综上所述,新时代中国式司法现代化是一个不可逆转的历史进程。实现司法现代化目标的过程本身就是不断迎接挑战、战胜困难的过程。我们坚信,在习近平新时代中国特色社会主义思想指引下,按照党的二十大确定的坚持全面依法治国、推进法治中国建设的战略安排和任务要求,团结奋斗、勇毅前行,一定能实现中国式司法现代化的两步走目标。我们应当抓住机遇,奋发努力,攻坚克难,将新时代中国式司法现代化的历史进程推动得更快、更稳、更实。

第一编

新时代中国式司法现代化的基本理论

第一章　习近平法治思想中的中国式司法现代化内涵

党的十八大以来，全面依法治国在空前的广度和深度上波澜壮阔地展开。随着全面依法治国的深入推进，党中央对司法体制改革与新时代司法现代化作出了一系列重大决策部署，中国的司法体制改革与司法现代化在党的全面领导下，围绕着让人民群众在每一个司法案件中都感受到公平正义的目标，党支持司法的制度机制不断得以完善，司法职权配置不断得以优化，司法体制综合配套改革不断深化，司法权力运行和制约监督机制不断健全，人权司法保障力度不断加大，公正高效权威的社会主义司法制度加快建设，司法领域中的突出矛盾和问题不断得以有效解决，司法体制改革取得了一系列重大成果，司法领域发生一系列重大变革，当下中国司法更加坚定地迈向现代化。

习近平关于司法工作的重要论述，在历史与现实相贯通、国际和国际相关联、理论和实践相结合上，深刻地回答了新时代为什么要推进司法体制改革、怎样推进司法体制改革等一系列重大问题，提出了事关中国特色社会主义司法发展新理念新思想新战略，是指导新时代中国司法体制改革与司法现代化的理论指南，是中国式司法现代化的根本遵循。

一、党的领导是中国式司法现代化的根本保证

当代中国，中国共产党是中国特色社会主义事业的坚强领导核心，是中国的最高政治领导力量。“坚持中国共产党这一坚强领导核心，是中华民族的命运所系。”[①]习近平指出：“办好中国的事情，关键在党。中华民族近代以来180多年的历史、中国共产党成立以来100年的历史、中华人民共和国成立以来70多年的历史都充分证明，没有中国共产党，就没有新中国，就没有中华民族伟大复兴。历史和人民选择了中国共产党。中国共产党领导是中国特色社会主义最本质的特征，是中国特色社会主义制度的最大优势，是党和国家的根本所在、命脉所在，是全国各族人民的利益所系、命运所系。”[②]进入新时代，国际国内形势越是复杂，改革开放和社会主义现代化建设任务越是繁重，越要坚持党的全面领导。“历史已经并将继续证明，没有中国共产党的领导，民族复兴必然是空想。”[③]“全面建设社会主义现代化国家、全面推进中华民族伟大复兴，关键在党。”[④]

党的领导是做好党和国家各项工作的根本保证。[⑤]“党的领导是全面的、系统的、整体的，必须全面、系统、整体加以落实。”[⑥]“把党的领导贯彻到依法治国全过程和各方面，是社会主义法治建设的一条基本经验。”[⑦]党

---

① 习近平：《在庆祝全国人民代表大会成立60周年大会上的讲话》，人民出版社2014年版，第6页。

② 习近平：《在庆祝中国共产党成立100周年大会上的讲话》，人民出版社2021年版，第10～11页。

③ 本书编写组：《中国共产党第十九次全国代表大会文件汇编》，人民出版社2017年版，第13页。

④ 《高举中国特色社会主义伟大旗帜　为全面建设社会主义现代化国家而奋斗》，人民出版社2022年版，第63页。

⑤ 参见习近平：《毫不动摇坚持和加强党的全面领导》，载《求是》2021年第18期。

⑥ 《高举中国特色社会主义伟大旗帜　为全面建设社会主义现代化国家而奋斗》，人民出版社2022年版，第64页。

⑦ 中共中央文献研究室编：《习近平关于全面依法治国论述摘编》，中央文献出版社2015年版，第33～34页。

的领导是社会主义法治之魂,是社会主义法治最根本的保证。全面推进依法治国这件大事能不能办好,最关键的是要坚持党的领导。一百年来,中国共产党“领导人民持续探索、不断推进法治建设,成功走出了一条中国特色社会主义法治道路,已成为我们党百年奋斗重大成就和光辉历史的重要组成部分”①。

坚持党对司法工作的全面领导,既是深入推进司法体制改革与司法现代化的根本政治保证,也是中国式司法现代化的最大政治优势,更是中国式司法现代化的强劲政治动力。

(一)党的领导是推进司法体制改革与司法现代化的根本政治保证

党和法治的关系是法治建设的核心问题。这个问题,“处理得好,则法治兴、党兴、国家兴;处理得不好,则法治衰、党衰、国家衰”②。全面依法治国首先必须解决政治方向问题。坚持党对全面依法治国的领导,是坚持全面依法治国正确政治方向的根本保证。

新时代深入推进司法体制改革,全面推进中国式司法现代化进程,方向一定要正确,政治保证一定要坚强有力。“公正司法是维护社会公平正义的最后一道防线。深化司法体制综合配套改革,全面准确落实司法责任制,加快建设公正高效权威的社会主义司法制度,努力让人民群众在每一个司法案件中感受到公平正义。”③其中的关键,就是必须始终坚持党对司法工作的全面领导。坚持党对司法工作的全面领导,是新时代中国特色社会主义司法发展的根本要求。习近平指出:“深化司法体制改革,完善司法管理体制和司法权力运行机制,必须在党的统一领导

---

① 王晨:《坚持全面依法治国　法治中国建设迈出坚实步伐》,载《人民日报》2021年11月23日,第6版。

② 中共中央文献研究室编:《习近平关于全面依法治国论述摘编》,中央文献出版社2015年版,第33页。

③ 《高举中国特色社会主义伟大旗帜　为全面建设社会主义现代化国家而奋斗》,人民出版社2022年版,第42页。

下进行，坚持和完善我国社会主义司法制度。”①只有始终坚持党对深入推进司法体制改革的全面领导，牢牢把握新时期中国司法发展正确的政治方向，有效发挥坚持中国共产党领导这一最大的根本领导制度优势，对于确保中国特色社会主义司法发展沿着正确的方向奋力前进至关重要，才能从根本上保证中国式司法现代化进程的顺利推进。

坚持党对深入推进司法体制改革与司法现代化的全面领导，要充分发挥党总揽司法工作全局、协调司法体制改革与司法现代化各方的领导核心作用，通过党支持司法，把党的领导贯穿于司法体制改革与司法现代化的全过程、各领域、各方面。要正确认识和处理好党的领导与司法机关依法独立公正行使职权的关系。党支持司法就是要加强党对司法机关的绝对领导，支持司法机关依法独立行使职权，努力让人民群众在每一个司法案件中感受到公平正义。习近平指出，要正确处理坚持党的领导和确保司法机关依法独立公正行使职权的关系。“保证司法机关依法独立公正行使职权是我们党的明确主张。”②“我国宪法规定，人民法院、人民检察院依照法律规定独立行使审判权、检察权，不受行政机关、社会团体和个人的干涉。我们一些领导干部对怎么坚持党对政法工作的领导认识不清、把握不准，有的该管的不敢管、不会管，怕人家说以权压法、以言代法；有的对政法部门职责范围内的事情管得过多过细，管了一些不该管、管不好的具体业务工作；有的甚至为了一己私利，插手和干预司法个案。各级党组织和领导干部要适应科学执政、民主执政、依法执政的要求，支持政法系统各单位依照宪法法律独立负责、协调一致开展工作。党对政法工作的领导是管方向、管政策、管原则、管干部，不是包办具体事务，不要越俎代庖，领导干部更不能借党对政法工作的领导之名对司法机关工作进行不当干预。政法机关党组织要建立健全重大事项向党委报告制度、在执法司法中发挥政治核心作用制度、党组

---

① 《习近平谈治国理政》（第2卷），外文出版社2018年版，第131页。

② 习近平：《论坚持全面依法治国》，中央文献出版社2020年版，第43页。

(党委)成员依照工作程序参与重要业务和重要决策制度,确保政法工作沿着正确方向前进。"[①]我们看到,《党的十八届四中全会决定》明确提出,"完善确保依法独立公正行使审判权和检察权的制度。各级党政机关和领导干部要支持法院、检察院依法独立公正行使职权。建立领导干部干预司法活动、插手具体案件处理的记录、通报和责任追究制度"[②]。

要加强党对司法活动的监督。"改革开放以后,党坚持依法治国,不断推进社会主义法治建设。同时,有法不依、执法不严、司法不公、违法不究等问题严重存在,司法腐败时有发生,一些执法司法人员徇私枉法,甚至充当犯罪分子的保护伞,严重损害法治权威,严重影响社会公平正义。"[③]习近平指出:"近年来,司法腐败案件集中暴露出权力制约监督不到位问题。一些人通过金钱开路,几乎成了法外之人,背后有政法系统几十名干部为其'打招呼''开路条',监督形同虚设。要加快构建规范高效的制约监督体系,坚决破除'关系网'、斩断'利益链',让'猫腻''暗门'无处遁形。"[④]因而我们看到,党的十八大以来,党领导深化以司法责任制为重点的司法体制改革,推进政法领域全面深化改革,加强对执法司法活动的监督制约,开展政法队伍教育整顿,依法纠正冤错案件,严厉惩治执法司法腐败,确保执法司法公正廉洁高效权威。[⑤]

(二)党的领导是中国特色社会主义司法的最大政治优势

党的领导是中国特色社会主义最本质的特征,也是中国特色社会主义最大的政治优势。习近平指出,"中国特色社会主义有很多特点,但最本质的特征是坚持中国共产党领导"。"一定要认清,中国最大的国

---

① 习近平:《论坚持全面依法治国》,中央文献出版社 2020 年版,第 43～44 页。

② 《中共中央关于全面推进依法治国若干重大问题的决定》,人民出版社 2014 年版,第 20 页。

③ 《中共中央关于党的百年奋斗重大成就和历史经验的决议》,人民出版社 2021 年版,第 41 页。

④ 习近平:《坚定不移走中国特色社会主义法治道路　为全面建设社会主义现代化国家提供有力法治保障》,载《求是》2021 年第 5 期。

⑤ 参见《中共中央关于党的百年奋斗重大成就和历史经验的决议》,人民出版社 2021 年版,第 43 页。

情就是中国共产党的领导。什么是中国特色？这就是中国特色。”①“我国社会主义政治制度优越性的一个突出特点是党总揽全局、协调各方的领导核心作用，形象地说是‘众星捧月’，这个‘月’就是中国共产党。在国家治理体系的大棋局中，党中央是坐镇中军帐的‘帅’，车马炮各展其长，一盘棋大局分明。如果中国出现了各自为政、一盘散沙的局面，不仅我们确定的目标不能实现，而且必定会产生灾难性后果。”②同样，全面推进依法治国，“党的领导是我们社会主义法治之魂，是我国法治同西方资本主义国家法治最大的区别。离开了党的领导，全面依法治国就难以有效推进，社会主义法治国家就建不起来”③。

党的领导是中国特色社会主义司法最本质的特征，也是中国特色社会主义司法的最大政治优势。习近平多次论述要在党的领导下深化司法体制改革，指出“坚持党的领导是我国社会主义司法制度的根本特征和政治优势”④。他反复强调，“深化司法体制改革，是要更好坚持党的领导、更好发挥我国司法制度的特色、更好促进社会公平正义。凡是符合这个方向、应该改又能够改的，就要坚决改；凡是不符合这个方向、不应该改的，就决不能改。简单临摹、机械移植，只会造成水土不服，甚至在根本问题上颠覆性错误”⑤。因此，在深入推进司法体制改革与司法现代化的过程中，有一点是要明确的，那就是：“一个国家实行什么样的司法制度，归根到底是由这个国家的国情决定的。评价一个国家的司法制度，关键看是否符合国情、能够解决本国实际问题。实践证明，我国司法制度总体上是适应我国国情和发展要求的，必须增强对中国特色社会

---

① 习近平：《论坚持党对一切工作的领导》，中央文献出版社 2019 年版，第 6、57 页。

② 习近平：《毫不动摇坚持和加强党的全面领导》，载《求是》2021 年第 18 期。

③ 习近平：《坚定不移走中国特色社会主义法治道路　为全面建设社会主义现代化国家提供有力法治保障》，载《求是》2021 年第 5 期。

④ 习近平：《论坚持全面依法治国》，中央文献出版社 2020 年版，第 147 页。

⑤ 中共中央文献研究室编：《习近平关于全面依法治国论述摘编》，中央文献出版社 2015 年版，第 77 页。

主义司法制度的自信，增强政治定力。”[①]因此，我们深入推进司法体制改革，推进中国式司法现代化，首先“决不照搬别国模式和做法，决不走西方所谓‘宪政’‘三权鼎立’‘司法独立’的路子”。实践证明，我国政治制度、法治体系和司法制度是“适合我国国情和实际的制度，具有显著优越性。在这个问题上，我们要有自信、有底气、有定力。事实教育了我们的人民群众，人民群众越来越自信”[②]。

（三）党的领导是中国式司法现代化的强劲政治动力

当代中国法治建设进程中的一个显著特征，同样也是作为执政党的中国共产党，始终总揽法治建设工作全局并主导法治发展的方向。“坚持中国特色社会主义法治道路，最根本的是坚持中国共产党的领导。依法治国是我们党提出来的，把依法治国上升为党领导人民治理国家的基本方略也是我们党提出来的，而且党一直带领人民在实践中推进依法治国。”[③]

党的领导是中国特色社会主义司法发展的强劲政治动力。党的十五大第一次明确提出要“推进司法改革，从制度上保证司法机关依法独立公正地行使审判权和检察权”[④]。党的十六大第一次全面提出推进司法体制改革的历史性任务，指出：“社会主义司法制度必须保障在全社会实现公平和正义。”[⑤]党的十七大进一步强调要“深化司法体制改革，优化司法职权配置，规范司法行为，建设公正高效权威的社会主义司法

---

① 中共中央文献研究室编：《习近平关于全面依法治国论述摘编》，中央文献出版社 2015 年版，第 76～77 页。

② 习近平：《坚定不移走中国特色社会主义法治道路　为全面建设社会主义现代化国家提供有力法治保障》，载《求是》2021 年第 5 期。

③ 中共中央文献研究室编：《习近平关于全面依法治国论述摘编》，中央文献出版社 2015 年版，第 27 页。

④ 中共中央文献研究室编：《十五大以来重要文献选编》（上），人民出版社 2000 年版，第 33 页。

⑤ 中共中央文献研究室编：《十六大以来重要文献选编》（上），中央文献出版社 2005 年版，第 27 页。

制度”[①]。党的十八以来，司法体制改革进入整体谋划、系统推进、深入发展的新阶段，取得了一系列重大历史性成就。[②] 党的十九大强调，要“深化司法体制综合配套改革，全面落实司法责任制”[③]。可以说，党的领导是司法体制改革与司法现代化顺利推进的重要力量，是中国特色社会主义司法发展的根本保证，是中国式司法现代化的强劲政治动力。

深入推进司法体制改革与司法现代化，要有利于加强和改善党对司法工作的全面领导，有利于巩固党的执政地位、完成党的执政使命，决不是要削弱党的领导[④]。只有不断加强和改善党对司法工作的领导，不断提高党对司法工作全面领导的能力和水平，才能保证中国特色社会主义司法始终保持高质量发展、不断迈向现代化，才能保证党和国家的长治久安。“党的领导必须依靠社会主义法治。”[⑤]要健全和完善党领导司法工作的体制、制度和工作机制，推进党领导司法的制度化、法治化，确保党对司法工作的全面领导始终在法治轨道上推进。

二、以人民为中心是中国式司法现代化的根本目的

人民是历史的创造者，是推动社会变革的决定性力量。“江山就是人民，人民就是江山。”[⑥]人民是深入推进司法体制改革与司法现代化的主体力量，人民的司法需求是推动中国特色社会主义司法发展的内在动力。不断满足人民群众的司法新需求、新期待是中国式司法现代化的根

---

① 中共中央文献研究室编：《十七大以来重要文献选编》（上），中央文献出版社 2009 年版，第 24 页。

② 参见《中共中央关于全面推进依法治国若干重大问题的决定》，人民出版社 2014 年版，第 20 ~ 26 页。

③ 中共中央文献研究室编：《中国共产党第十九次全国代表大会文件汇编》，人民出版社 2017 年版，第 31 页。

④ 参见中共中央文献研究室编：《习近平关于全面依法治国论述摘编》，中央文献出版社 2015 年版，第 27 页。

⑤ 习近平：《论坚持党对一切工作的领导》，中央文献出版社 2019 年版，第 275 页。

⑥ 习近平：《学党史悟思想办实事开新局　以优异成绩迎接建党一百周年》，载《人民日报》2021 年 2 月 21 日，第 1 版。

本目的。“司法体制改革必须为了人民、依靠人民、造福人民。”[①]因此，坚持以人民为中心，满足人民群众的司法需求，是新时代中国司法体制改革与司法现代化的根本目的。

的确，法治的根基在人民。法治中国建设是为了人民、依靠人民、造福人民、保护人民，把实现好、维护好、发展好最广大人民根本利益作为法治的根本目的，把体现人民利益、反映人民意愿、维护人民权益、增加人民福祉、促进人的全面发展作为法治建设的出发点和落脚点。对此，习近平多次指出：“始终代表最广大人民根本利益，保证人民当家作主，体现人民共同意志，维护人民合法权益，是我国国家制度和国家治理体系的本质属性，也是我国国家制度和国家治理体系有效运行、充满活力的根本所在。我国国家制度和国家治理始终着眼于实现好、维护好、发展好最广大人民根本利益，着力保障和改善民生，使改革发展成果更多更公平惠及全体人民。”[②]

因此，深入推进司法体制改革与司法现代化，根本目的就要坚持以人民为中心，充分尊重人民主体地位，依法保障人民权益，积极回应人民对法治的新要求新期待，让人民群众在每一个司法案件中都感受到公平正义。正如习近平所指出的，“司法体制改革必须为了人民、依靠人民、造福人民。司法体制改革成效如何，说一千道一万，要由人民来评判，归根到底要看司法公信力是不是提高了”[③]。

（一）依法保障人民权益

司法的基本功能在于“权利救济、定纷止争、制约公权”。[④] 因此，司法活动必须要把维护和实现好最广大人民群众的合法权益作为衡量自身工作的最高标准，始终坚持人民司法为人民，依靠人民推进公正司法，

---

① 习近平：《论坚持全面依法治国》，中央文献出版社 2020 年版，第 147 页。

② 中共中央文献研究室编：《习近平关于全面建成小康社会论述摘编》，中央文献出版社 2016 年版，第 148 页。

③ 习近平：《论坚持全面依法治国》，中央文献出版社 2020 年版，第 147 页。

④ 习近平：《论坚持全面依法治国》，中央文献出版社 2020 年版，第 60 页。

通过公正司法维护人民合法权益。

公正司法事关人民切身利益。习近平指出："全面推进依法治国，必须坚持公正司法。""我们要依法公正对待人民群众的诉求，努力让人民群众在每一个司法案件中都能感受到公平正义，决不能让不公正的审判伤害人民群众感情、损害人民群众权益。"[①]因此，新时代人民司法的基本职责就在于坚持公正司法，规范司法行为，扎实做好司法领域中的群众工作，深入推进司法公开，切实保障人民群众对司法活动的知情权、表达权、参与权和监督权，"要把群众合理合法的利益诉求解决好，完善对群众切身利益具有重大作用的制度，强化法律在化解矛盾中的权威地位，使群众由衷感受到公平对待，利益得到有效维护"[②]，从而切实提高司法的社会公信力。同样，深化司法体制改革与司法现代化，目的也是加快建设公正高效权威的中国特色社会主义司法制度，确保司法机关依法独立公正行使职权，健全司法权力运行机制，充分彰显司法公正对于社会公正的重要引领作用。

依法保障人民权益，意味着要通过严格执法、公正司法来引导全体人民遵守法律，培育社会成员办事依法、遇事找法、解决问题靠法的良好环境，逐步改变社会上那种遇事不是找法而是找人的现象；[③]逐步改变社会上通过"闹访""缠访"等非法治化方式来解决问题的习惯。对此，习近平指出，要通过公正司法"引导全体人民遵守法律，有问题依靠法律来解决，决不能让那种大闹大解决、小闹小解决、不闹不解决现象蔓延开来，否则还有什么法治可言呢？要坚决改变违法成本低、守法成本高的现象，谁违法谁就要付出比守法更大的代价，甚至是几倍、十几倍、几

① 中共中央文献研究室编：《习近平关于全面依法治国论述摘编》，中央文献出版社2015年版，第67页。

② 《习近平谈治国理政》（第1卷），外文出版社2018年版，第148页。

③ 参见中共中央文献研究室编：《习近平关于全面依法治国论述摘编》，中央文献出版社2015年版，第89～90页。

十倍的代价”①。

（二）积极回应人民的新要求新期待

随着我国经济社会持续发展和人民生活水平不断提高，人民群众对民主、法治、公平、正义、安全、环境等方面的要求日益增长，对法治和司法提出新要求新期待。因此，在新的历史条件下深入推进司法体制改革与司法现代化，必须坚持以人民为中心，积极回应人民群众对法治和司法的新要求新期待，坚持以人民是否满意、是否有“获得感”来检验司法体制改革与司法现代化的成败得失。

积极回应人民群众的新要求新期待，意味着人民法院的司法审判工作要始终坚持以人民为中心，不断改进方式方法，满足人民群众对美好生活的需要。中国特色社会主义进入新时代，我国社会主要矛盾已经转化为人民日益增长的美好生活需要和不平衡不充分的发展之间的矛盾。习近平多次强调，人民对美好生活的向往，就是我们的奋斗目标。因此，新时代人民法院的司法审判工作要积极回应社会主要矛盾的这种新变化，要把不断满足人民对美好生活的需要作为新时代司法发展的出发点和落脚点。这样，深化司法体制改革与司法现代化，就必须要“针对法治领域广大人民群众反映强烈的问题，回应社会各方面关切”②；要通过公正司法“依法保障全体公民享有广泛的权利，保障公民的人身权、财产权、基本政治权利等各项权利不受侵犯，保证公民的经济、文化、社会等各方面权利得到落实，努力维护最广大人民根本利益，保障人民群众对美好生活的向往和追求”③；要“积极回应人民群众新要求新期待，系统研究谋划和解决法治领域人民群众反映强烈的突出问题，不断增强人

① 中共中央文献研究室编：《习近平关于全面依法治国论述摘编》，中央文献出版社 2015 年版，第 88 页。

② 中共中央文献研究室编：《十八大以来重要文献选编》（中），中央文献出版社 2016 年版，第 191 页。

③ 《习近平谈治国理政》（第 1 卷），外文出版社有限责任公司 2018 年版，第 141 页。

民群众获得感、幸福感、安全感,用法治保障人民安居乐业”[①],借以更加充分地满足人民的法治新需要。

具体而言,第一,积极回应人民群众的新要求新期待,要求新时代人民司法要倾听群众呼声,了解群众需求,掌握群众意见,反映群众愿望,回应群众诉求。要充分意识到,在新的历史条件下,人民群众对司法工作提出了一系列新要求新期待。其中之一,就是他们不仅期待更多地参与司法过程,更加关注司法的程序正义,也重视司法的实体正义,关切实体正义的司法彰显;不仅期待法官严格司法、依法裁判、公正不阿,也期待法官热情服务、耐心说理、温馨处理、人性化司法;不仅期待司法裁判形成良好的法律效果,也期待司法裁判拥有优异的社会效果等。很显然,人民司法必须要深入群众,“要广泛听取人民群众意见,深入一线司法实际情况、了解人民群众到底在期待什么”[②],了解人民群众司法新需求的内容与特点,在此基础上,把有效满足人民群众的司法新需求新期待作为新时代人民法院司法审判工作的根本出发点与落脚点。

第二,积极回应人民群众的新要求新期待,要求新时代人民司法工作要重点做好民生领域问题的司法应对和权利保障,解决司法领域人民群众反映强烈的突出问题。党的十九大报告将“幼有所育、学有所教、劳有所得、病有所医、老有所养、住有所居、弱有所扶”等作为新时代中国共产党解民生之忧、谋民生之利的重点领域。因此,新时代的人民司法要紧紧围绕这些重点民生领域,在发展和实践中不断保障和改善民生,发挥司法的民生保障作用;要通过司法“多谋民生之利、多解民生之忧,在发展中补齐民生短板、促进社会公平正义”,为民生法治夯实司法根基;要始终把增加民生福祉作为司法发展和实践的根本目的,确保“全体人民在共建共享发展中有更多的获得感,不断促进人的全面发

---

① 习近平:《论坚持全面依法治国》,中央文献出版社 2020 年版,第 2 页。

② 习近平:《论坚持全面依法治国》,中央文献出版社 2020 年版,第 147 页。

展、全体人民共同富裕”[①]。

第三，积极回应人民群众的新要求新期待，要求新时代人民司法工作要把“不断增强人民群众的获得感、幸福感、安全感”作为工作成效的衡量标准。习近平指出：“司法工作者要密切联系群众，规范司法行为，加大司法公开力度，回应人民群众对司法公正公开的关注和期待……使人民群众由衷感到权益受到公平对待，利益得到有效维护。”[②]深化司法体制改革与司法现代化，要“把解决了多少问题、人民群众对问题解决的满意度作为评判改革成效的标准”。[③] 为此，人民法院要通过高质量的司法活动，不断实现好、维护好、发展好人民群众的合法权益，不断增强人民群众的司法获得感、幸福感、安全感。因为从根本上来说，人民司法的发展与实践，成效是由人民来评判的。

第四，积极回应人民群众的新要求新期待，要求新时代人民法院要始终坚持司法为民，不断改进人民法院的工作作风，切实解决人民群众“打官司难”等问题，不断加大对困难群众的法律援助。因为从根本上来说，作为政法机关的有机组成部分，人民法院的工作作风也是人民群众看党风政风的一面镜子。“如果不努力让人民群众在每一个司法案件中都感受到公平正义，人民群众就不会相信政法机关，从而也不会相信党和政府。”[④]

（三）让人民群众在每一个司法案件中都感受到公平正义

公平正义是司法的灵魂和生命。[⑤] 公正司法是维护和实现社会公平正义的最后一道防线。习近平指出，“所谓公正司法，就是受到侵害的权利一定会得到保护和救济，违法犯罪活动一定要受到制裁和惩罚。

---

① 习近平：《决胜全面建成小康社会　夺取新时代中国特色社会主义伟大胜利——在中国共产党第十九次全国代表大会上的报告》，人民出版社2017年版，第23页。

② 《习近平谈治国理政》（第1卷），外文出版社有限责任公司2018年版，第145～148页。

③ 习近平：《论坚持全面依法治国》，中央文献出版社2020年版，第147页。

④ 中共中央文献研究室编：《十八大以来重要文献选编》（上），中央文献出版社2014年版，第718页。

⑤ 习近平：《论坚持全面依法治国》，中央文献出版社2020年版，第25页。

如果人民群众通过司法程序不能保证自己的合法权利，那司法就没有公信力，人民群众也不会相信司法”[①]。他还多次引用英国哲学家培根的如下一段话来说明司法公正对于维护和实现社会公平正义的重要性，因为“一次不公正的审判，其恶果甚至超过十次犯罪。因为犯罪虽是无视法律——好比污染了水流，而不公正的审判则毁坏法律——好比污染了水源”[②]。

的确，公正司法不仅事关人民切身利益，也事关社会公平正义，还事关全面推进依法治国。[③] 因而在一个现代社会里，司法本应该具有定分止争、实现正义的功能，司法审判本应该具有纠纷化解的终局性、社会价值的引领性作用；但是，如果司法不公正，那么不仅这些功能难以实现，而且还可能会激化和聚集社会矛盾、引发社会风险、带来社会混乱。因此，新时代人民司法工作必须公正司法，确保公平正义在全社会的实现。这样，让人民群众在每一个司法案件中都感受到公平正义，不仅要求司法机关要“肩扛公正公平、手持正义之剑，以实际行动维护社会公平正义，让人民群众切实感受到公平正义就在身边”[④]；而且要求司法机关在司法活动中，要坚持以事实为根据、以法律为准绳，健全事实认定符合客观真相、办案结果符合实体公正、办案过程符合程序公正的法律制度；[⑤] 还要求司法机关在司法活动中，认真对待人民群众的诉求，“把群众合理合法的利益诉求解决好，完善对群众切身利益具有重大作用的制度，强化法律在化解矛盾中的权威地位，使群众由衷感受到公平对待，利益得到有效维护”[⑥]，决不能让不公正的审判伤害人民群众感情、损害人民

① 习近平：《论坚持全面依法治国》，中央文献出版社 2020 年版，第 22 页。

② 中共中央文献研究室编：《习近平关于全面依法治国论述摘编》，中央文献出版社 2015 年版，第 71 页。

③ 参见习近平：《论坚持全面依法治国》，中央文献出版社 2020 年版，第 146 页。

④ 《习近平谈治国理政》（第 1 卷），外文出版社有限责任公司 2018 年版，第 148 页。

⑤ 参见《中共中央关于全面推进依法治国若干重大问题的决定》，人民出版社 2014 年版，第 8、15 ~ 16、23 页。

⑥ 《习近平谈治国理政》（第 1 卷），外文出版社有限责任公司 2018 年版，第 148 页。

群众权益。

具体而言,第一,让人民群众在每一个司法案件中都感受到公平正义,意味着要把维护和促进社会公平正义作为司法工作的核心价值追求。习近平指出,公平正义既是中国特色社会主义的内在要求,也是我们党追求的一个非常崇高的价值。因为“全心全意为人民服务的宗旨决定了我们必须追求公平正义,保护人民权益、伸张正义”“全面依法治国,必须紧紧围绕保障和促进社会公平正义来进行”。[①] 同样,“中国特色社会主义司法制度必须保障在全社会实现公平和正义”[②],要以维护和促进社会公平正义为价值追求。我们要认识到,公平正义是司法的灵魂和生命,公正司法是维护社会公平正义的最后一道防线。因此,要让人民群众在每一个司法案件中都感受到公平正义,就意味着必须要牢牢把握社会公平正义这一司法的核心价值追求,不断克服各种有违公平正义的司法问题,通过公正司法及其创新发展实践,不断健全社会公平正义的司法保障机制,努力“让人民群众在每一项法律制度、每一个执法决定、每一宗司法案件中都感受到公平正义”[③]。

第二,让人民群众在每一个司法案件中都感受到公平正义,意味着要把坚持公正司法、不断提升司法公信力和司法权威作为司法工作的重要价值目标。习近平指出,“深化司法体制改革,一个重要的目的是提高司法公信力,让司法真正发挥维护社会公平正义最后一道防线的作用”[④]。因此,新时代人民司法的发展与实践,要始终“坚持以提高司法公信力为根本尺度”[⑤],把不断提升司法公信力和司法权威作为司法工

---

① 中共中央文献研究室编:《习近平关于全面依法治国论述摘编》,中央文献出版社 2015 年版,第 38 页。

② 中共中央文献研究室编:《中国共产党第十六次全国代表大会文件汇编》,人民出版社 2002 年版,第 34 页。

③ 习近平:《加强党对全面依法治国的领导》,载《求是》2019 年第 4 期。

④ 中共中央文献研究室编:《习近平关于全面依法治国论述摘编》,中央文献出版社 2015 年版,第 78 页。

⑤ 习近平:《论坚持全面依法治国》,中央文献出版社 2020 年版,第 146 页。

作的重要价值目标。我们要认识到，只有“依法公正对待人民群众的诉求，努力让人民群众在每一个司法案件中都能感受到公平正义，决不能让不公正的审判伤害人民群众的感情、损害人民群众权益”，[①]只有这样，才能够在坚持司法人民性的同时提升司法的公信力、增强司法服务人民群众的能力与质量。

第三，让人民群众在每一个司法案件中都感受到公平正义，意味着司法审判工作要把“案结事了人和”、法律效果与社会效果相统一作为案件处理结果的重要目标。习近平多次强调，法律不应该是冷冰冰的。“一纸判决，或许能够给当事人正义，却不一定能解开当事人的‘心结’，‘心结’没有解开，案件也就没有真正了结。”司法工作要充分考虑人民群众的立场和感受，“司法工作者要密切联系群众，如果不懂群众语言、不了解群众疾苦、不熟知群众诉求，就难以掌握正确的工作方法，难以发挥应有的作用”[②]。司法工作也是做群众工作，[③]要通过一系列司法为民的切实举措，不断拉近人民群众与司法之间的距离。我们要认识到，人民法院做好群众工作，不仅有助于掌握人民群众的冷暖，了解人民群众现实的法权需求，也便利于通过此举来“解决好人民群众最关心最直接最现实的利益问题，进一步密切党同人民群众的血肉联系，巩固和扩大党的群众路线教育实践活动成果，夯实党执政的群众基础，促进社会和谐稳定”[④]。这意味着在司法工作中，我们要准确把握社会心态和群众情绪，充分考虑执法对象的切身感受，规范司法行为，增强司法工作人员的亲和力，积极推行人性化司法、柔性司法、阳光司法，让司法更有温度，避免僵化、生硬、机械的司法，在纠纷处理的过程中解开人民群众的“心结”，依法保障人民群众的合法权益；也要尽可能多地向当事人传递司

① 《习近平谈治国理政》（第1卷），外文出版社有限责任公司2018年版，第141页。

② 习近平：《论坚持全面依法治国》，中央文献出版社2020年版，第23页。

③ 参见习近平：《论坚持全面依法治国》，中央文献出版社2020年版，第23页。

④ 2014年2月中共中央办公厅、国务院办公厅印发的《关于创新群众工作方法解决信访突出问题的意见》。

法的人文关怀,要以“法安天下,德润人心”为目标,在司法活动中坚持法治与德治相结合的原则,充分发挥法律与道德在司法活动中的规制力量;既要运用司法法治化手段解决道德领域突出问题,发挥法律作为底线的道德以及道德的保障作用,也要在司法活动中积极树立鲜明的道德指向与价值导向,弘扬美德义行,提高全社会的文明程度;要把社会主义核心价值观贯彻到司法活动之中,把实践中广泛认同、较为成熟、操作性强的道德要求及时引入司法裁判及其说理活动中,引导全社会崇德向善。通过司法传递正能量,通过“坚持公正司法,发挥司法断案惩恶扬善功能”[①],通过耐心地倾听人民群众的诉求、细心地辨法析理,来深入做好司法活动中的群众工作,解开当事人之间因纠纷所带来的情绪对抗与情感对立,努力实现法律效果与社会效果的有机相统一。

第四,让人民群众在每一个司法案件中都感受到公平正义,意味着司法体制改革要把解决影响司法公正和制约司法能力的深层次问题作为改革的重点任务。通过深入分析新的历史条件下影响公正司法的因素,习近平深刻指出:“司法不公的深层次原因在于司法体制不完善、司法职权配置和权力运行机制不科学、人权司法保障制度不健全。”[②]因此,要实现让人民群众在每一个司法案件中都感受到公平正义的目标,就必须要紧紧抓住影响司法公正、制约司法能力的体制机制问题,把解决这些重大问题和关键问题作为深化司法体制改革与司法现代化的重要任务,不断健全社会公平正义的司法保障机制,不断增强司法体制改革与司法现代化的针对性和实效性。[③] 我们要认识到,“坚持公正司法,需要做的工作很多”,只有“所有司法机关都要紧紧围绕这个目标来改进工作,重点解决影响司法公正和制约司法能力的深层次问题”,[④]才能

---

① 习近平:《论坚持全面依法治国》,中央文献出版社 2020 年版,第 166 页。

② 习近平:《关于〈中共中央关于全面推进依法治国若干重大问题的决定〉的说明》,载《中共中央关于全面推进依法治国若干重大问题的决定》,人民出版社 2014 年版,第 55 页。

③ 参见《习近平谈治国理政》(第 2 卷),外文出版社有限责任公司 2018 年版,第 132 页。

④ 中共中央文献研究室编:《习近平关于全面依法治国论述摘编》,中央文献出版社 2015 年版,第 67 ~ 68 页。

真正实现让人民群众在每一个司法案件中都感受到公平正义。

三、司法体制改革与司法现代化的方法论

如上所述,解决司法领域中影响司法公正的体制机制问题,根本途径在于改革;推进司法的高质量发展,根本动力也在于改革。因此,司法体制改革与司法现代化是相辅相成、相伴而生的。中国式司法现代化离不开司法体制改革,司法体制改革是推动中国式司法现代化的动力机制。这就正如习近平所指出的:改革与法治,如车之两轮、鸟之两翼;"在法治下推进改革,在改革中完善法治,这就是我们说的改革和法治是两个轮子的含义"[①]。

改革必须遵循正确的方法。只有坚持正确的方法,才能确保改革目标的实现。对此,习近平指出:"要坚持司法体制改革的正确政治方向,坚持以提高司法公信力为根本尺度,坚持符合国情和遵循司法规律相结合,坚持问题导向、勇于攻坚克难,坚定信心,凝聚共识,锐意进取,破解难题,坚定不移深化司法体制改革,不断促进社会公平正义。"[②]

(一)坚持正确的政治方向

方向决定道路,道路决定命运。在中国这样一个人口庞大、地域辽阔、民族众多、文化多样、国情复杂的超大型国家里,深化司法体制改革所面临的任务之重是前所未有的,所面对的风险挑战之多也是前所未有的。因此,在深入推进司法体制改革与司法现代化的过程中,必须坚持正确的方向,"必须走对路。如果路走错了,南辕北辙了,那再提什么要求和举措也都没有意义了"[③];深化司法体制改革与司法现代化,"决不

---

① 中共中央文献研究室编:《习近平关于全面依法治国论述摘编》,中央文献出版社 2015 年版,第 52 页。

② 习近平:《论坚持全面依法治国》,中央文献出版社 2020 年版,第 146 页。

③ 中共中央文献研究室编:《习近平关于全面依法治国论述摘编》,中央文献出版社 2015 年版,第 26 页。

能在根本性问题上出现颠覆性错误，一旦出现就无法挽回、无法弥补”[①]。要保证司法体制改革与司法现代化的顺利推进，首先就必须坚持正确的政治方向，沿着正确的道路前进。

习近平指出：“深化司法体制改革，首先要坚持正确的政治方向。我说过，全面深化改革是为了党和人民事业更好发展，而不是为了迎合某些人的掌声和喝彩，更不能拿西方的理论、观点来套在自己身上，要坚持从我国国情出发，从经济社会发展实际要求出发。我的这个话，对司法体制改革尤为适用。深化司法体制改革，是要更好坚持党的领导、更好发挥我国司法制度的特色、更好促进社会公平正义。凡是符合这个方向、应该改又能够改的，就要坚决改；凡是不符合这个方向、不应该改的，就决不能改。简单临摹、机械移植，只会造成水土不服，甚至在根本问题上出现颠覆性错误。”[②]

坚持党的领导，是推进司法体制改革的必然要求，也是保障司法体制改革与司法现代化顺利展开的根本政治保证。就全面深化改革而言，习近平指出：“推进改革的目的是要不断推进我国社会主义制度自我完善和发展，赋予社会主义新的生机活力。这里面最核心的是坚持和改善党的领导、坚持和完善中国特色社会主义制度，偏离了这一条，那就南辕北辙了。”[③]与此同时，就深化司法体制改革与司法现代化而言，习近平强调，“党的领导是社会主义法治的根本保证，坚持党的领导是我国社会主义司法制度的根本特征和政治优势。深化司法体制改革与司法现代化，完善司法管理体制和司法权力运行机制，必须在党的统一领导下进行，坚持和完善我国社会主义司法制度。要把党总揽全局、协调各方，

---

① 中共中央文献研究室编：《习近平关于全面深化改革论述摘编》，中央文献出版社 2014 年版，第 42 页。

② 中共中央文献研究室编：《习近平关于全面依法治国论述摘编》，中央文献出版社 2015 年版，第 77 页。

③ 中共中央文献研究室编：《习近平关于全面深化改革论述摘编》，中央文献出版社 2014 年版，第 18 页。

同审判机关和检察机关依法履行职能、开展工作统一起来”[①]。因此，深入推进司法体制改革与司法现代化，绝不是要削弱甚至动摇党的领导，而是要加强和改善党对司法工作的全面领导，推进党对司法工作全面领导的制度化、法治化，完善党支持司法的制度机制，不断提高党领导司法工作的能力和水平，提升党的治理能力和治理水平，巩固党的执政地位，确保国家的长治久安。

坚持中国特色社会主义法治道路，不断完善中国特色社会主义司法制度，促进社会公平正义的实现，是推进司法体制改革与司法现代化方法的路径选择和价值依归。“中国特色社会主义法治道路本质上是中国特色社会主义道路在法治领域的具体体现”[②]，是社会主义法治建设成就和经验的集中体现，是建设社会主义法治国家的唯一正确道路。全面推进依法治国，深化司法体制改革与司法现代化，都必须要坚持中国特色社会主义法治道路。习近平指出：“司法制度是上层建筑的重要组成部分，我们推进司法体制改革，是社会主义司法制度的自我完善和发展，走的是中国特色社会主义法治道路。”[③]深化司法体制改革与司法现代化只有坚持中国特色社会主义法治道路，才能够在实践与发展的基础上推动中国特色社会主义司法制度与时俱进、不断完善创新，才能使中国特色社会主义司法制度更加完备、更加成熟、更加定型、更加行之有效，从而更加坚定地推动中国特色社会主义司法发展迈向崭新境界。

（二）坚持在法治轨道上推进

深化司法体制改革与司法现代化，必须坚持在法治轨道上推进。我们要清楚地认识到，“在整个改革过程中，都要高度重视运用法治思维和法治方式，发挥法治的引领和推动作用，加强对相关立法工作的协同，确保在法治轨道上推进改革”[④]。

① 习近平：《论坚持全面依法治国》，中央文献出版社 2020 年版，第 147 页。
② 习近平：《论坚持全面依法治国》，中央文献出版社 2020 年版，第 2 页。
③ 习近平：《论坚持全面依法治国》，中央文献出版社 2020 年版，第 147 页。
④ 习近平：《论坚持全面依法治国》，中央文献出版社 2020 年版，第 35 页。

坚持在法治轨道上推进司法体制改革与司法现代化,首先是要正确处理好改革和法治的关系,坚持在法治下推进改革,在改革中完善法治。从实践来看,改革和法治是辩证统一的关系,体现的往往是“破”和“立”的辩证统一。[①] 要科学处理改革与法治的辩证关系,必须“既发挥法治规范和保障改革的作用,在法治下推进改革,做到重大改革于法有据,又通过改革加强法治工作,做到在改革中完善和强化法治”[②]。“在法治下推进改革,在改革中完善法治,这就是我们说的改革和法治是两个轮子的含义。”[③]

具体而言,一是要做到重大改革于法有据。习近平指出:“法治领域改革有一个特点,就是很多问题都涉及法律规定。改革要于法有据,但也不能因为现行法律规定就不敢越雷池一步,那是无法推进改革的。”[④]二是要坚持改革决策和立法决策相统一、相衔接。习近平指出:“在研究改革方案和改革措施时,要同步考虑改革涉及的立法问题,及时提出立法需求和立法建议。”[⑤]三是立法要主动适应改革的需要,要积极发挥通过法治引导、推动、规范、保障改革的作用,做到重大改革于法有据,改革和法治同步推进,增强改革的穿透力。在此过程中,对实践证明已经比较成熟的改革经验和行之有效的改革举措,要尽快上升为法律;对部门间争议较大的重要立法事项,则要加快推动和协调,不能久拖不决;对实践条件还不成熟、需要先行先试的,要按照法定程序作出授权,既不允许随意突破法律红线,也不允许简单以现行法律没有依据为由迟滞改革;对不适应改革要求的现行法律法规,要及时修改或废止,不能让一些过时的法律条款成为改革的“绊马索”。四是要高度重

---

① 参见中共中央文献研究室编:《习近平关于全面依法治国论述摘编》,中央文献出版社 2015 年版,第 13 页。

② 《中共中央关于深化党和国家机构改革的决定》,人民出版社 2018 年版,第 19 ~ 20 页。

③ 中共中央文献研究室编:《习近平关于全面依法治国论述摘编》,中央文献出版社 2015 年版,第 52 页。

④ 习近平:《论坚持全面依法治国》,中央文献出版社 2020 年版,第 37 页。

⑤ 习近平:《论坚持全面依法治国》,中央文献出版社 2020 年版,第 37 页。

视运用法治思维和法治方式推进改革,“需要制定、修改好废止法律的,主责地位要主动同立法机构衔接,立法机构要及时启动程序。需要达到法律授权的重要改革措施,要在履行法律程序后再实施,有序进行,不能违法办事”[①]。“用老的办法应对新情况新问题,或者用零敲碎打的方式来修修补补,是解决不了大问题的。我们既要着眼长远、打好基础、建好制度,又要立足当前、突出重点、扎实工作,不断推进全面依法治国向纵深发展。”[②]

坚持在法治轨道上推进司法体制改革与司法现代化,还要求改革必须充分尊重司法的客观规律。司法活动具有特殊的性质和规律。“完善司法制度、深化司法体制改革,要遵循司法活动的客观规律,体现权责统一、权力制约、公开公正、尊重程序的要求。”[③]因而新的时代条件下深化司法体制改革与司法现代化,既要在法治轨道上深入推进,也要充分尊重司法的客观规律,要在兼顾两者的基础上开展司法活动、谋划司法发展、推动司法创新,唯有此,才能确保司法体制改革与司法现代化成果经得起历史和实践的检验。

(三)坚持问题导向与系统推进相结合

问题是工作的导向,也是改革的突破口。深化司法体制改革与司法现代化,必须坚持问题导向。对此,习近平多次指出,改革“必须直面问题、聚焦问题,针对法治领域广大群众反映强烈的问题,回应社会各方面关切”[④]。因而在新的历史条件下深化司法体制改革与司法现代化,必须“要紧紧抓住影响司法公正、制约司法能力的重大问题和关键问题,增强改革的针对性和实效性”[⑤];要紧紧抓住司法领域中人民群众反映

---

① 习近平:《论坚持全面依法治国》,中央文献出版社 2020 年版,第 40 页。

② 中共中央文献研究室编:《习近平法治思想学习纲要》,人民出版社、学习出版社 2021 年版,第 66～67 页。

③ 习近平:《论坚持全面依法治国》,中央文献出版社 2020 年版,第 148 页。

④ 习近平:《加快建设社会主义法治国家》,载《求是》2015 年第 1 期。

⑤ 习近平:《论坚持全面依法治国》,中央文献出版社 2020 年版,第 148 页。

强烈、事关法治建设全局的突出问题和关键问题，坚持改革方向、问题导向，适应推进国家治理体系和治理能力现代化要求，回应人民群众期待，在深入调查研究的基础上，推出强有力的改革举措，开创了司法领域改革的新局面。

司法体制改革与司法现代化事关全局，要在坚持问题导向的基础上，更加突出改革的系统性、整体性和协调性，强化司法体制改革与司法现代化与法治领域改革以及全面深化改革的整体衔接、全面协调、相互配合，共同形成改革合力，从而使司法体制改革与司法现代化方案和改革举措更具针对性和实效性。我们知道，当前司法体制改革与司法现代化已经进入“深水区”，进入了“啃硬骨头”的关键阶段，“如果完全停留在旧的体制机制框架内，用老办法应对新情况新问题，或者用零敲碎打的方式来修修补补，是解决不了大问题的”；我们要深刻认识到，改革过程中“矛盾越大，问题越多，越要攻坚克难、勇往直前”[①]。因此，深化司法体制改革与司法现代化，必须要在直面问题、聚焦问题的同时，加强整体协同、系统谋划，形成改革合力。对此，习近平指出，“法治领域改革涉及的主要是公检法司等国家政权机关和强力部门，社会关注度高，改革难度大，更需要自我革新的胸襟。如果心中只有自己的‘一亩三分地’，拘泥于部门权限和利益，甚至在一些具体问题上讨价还价，必然是磕磕绊绊、难有作为。改革哪有不触动现有职能、权限、利益的？需要触动的就要敢于触动，各方面都要服从大局。各部门各方面一定要增强大局意识，自觉在大局下思考，在大局下行动，跳出部门框框，做到相互支持、相互配合”[②]。

坚持系统推进，还意味着司法体制改革与司法现代化要与法治领域其他改革以及其他领域的改革相衔接。我们知道，司法体制改革与司法现代化与法治领域改革是整体与部分的关系，也是全面深化改革的有机

---

① 中共中央文献研究室编：《习近平关于全面深化改革论述摘编》，中央文献出版社 2014 年版，第 42 页。

② 习近平：《论坚持全面依法治国》，中央文献出版社 2020 年版，第 117 页。

组成部分。习近平指出:“深化司法体制和社会体制改革,要注重改革举措的配套衔接,注重分类推进,强化任务落实,保证严格规范公正文明执法,加快建设公正高效权威的社会主义司法制度,加快形成科学有效的社会治理体制,促进社会公平正义,保障人民安居乐业。”①这意味着深化司法体制改革与司法现代化,不仅要加强同法治领域其他改革的衔接性,而且要加强与同时期正在开展的其他改革之间的衔接性,确保司法体制改革与司法现代化与法治领域其他改革以及与全面深化改革之间的配套衔接。

(四)坚持顶层设计与内在积极性相结合

深化司法体制改革与司法现代化要落实问题导向与系统推进相结合,就必须要加强“顶层设计”,以期能够在战略上统筹谋划,也要注重激发内在积极性,确保司法体制改革与司法现代化的行动者、参与者共同关注、共同投入,形成改革合力,推进司法体制改革与司法现代化深入开展并取得优异成效。对此,习近平指出:“司法体制改革事关全局,要加强顶层设计,自上而下有序推进。要坚持从实际出发,结合不同地区、不同层级司法机关实际情况积极实践,推动制度创新。”②

加强司法体制改革与司法现代化的“顶层设计”,既能够为中国特色社会主义司法发展指明方向,也能够为司法体制改革与司法现代化实践提供行动纲领。我们知道,加强司法体制改革与司法现代化的“顶层设计”,是党的十八大以来深化司法体制改革与司法现代化的一项重要举措,有力地推动中国特色社会主义司法发展取得了一系列历史性成就。正是在“顶层设计”的有力推动下,一系列司法体制改革与司法现代化的重大举措不断推出,一系列深入推进司法体制改革与司法现代化的规范性文件相继出台。新时代中国司法体制改革与司法现代化,正是始终坚持“顶层设计”和改革实践相结合,改革在不断完善“顶层设计”

---

① 习近平:《论坚持全面依法治国》,中央文献出版社 2020 年版,第 36 页。

② 习近平:《论坚持全面深化改革》,中央文献出版社 2018 年版,第 159 页。

的基础上,不断创新和深化司法实践,[①]不断提升司法体系和司法能力现代化。

既要加强司法体制改革与司法现代化的“顶层设计”,也要注重激发内在积极性。从历史和现实来看,中国是一个区域经济社会发展很不平衡的国家。不同经济发展水平、社会结构、历史进程、文化传统和地理环境等因素,影响不同区域间的法治发展进程。这是我国经济社会发展不平衡规律在法治建设领域中的集中体现,也是深入司法体制改革与司法现代化的基本国情和现实条件。因此,深化司法体制改革与司法现代化,必须要在中央的统一领导下,加强“顶层设计”的同时,充分发挥地方投入司法体制改革与司法现代化的主动性、积极性,激发地方参与司法体制改革与司法现代化的巨大热忱,化解区域间司法发展的不充分不均衡矛盾,实现中国司法的现代化。换言之,新时代深化司法体制改革与司法现代化,要在加强司法体制改革与司法现代化方案“顶层设计”的同时,注重激发地方的积极性,使地方更加积极主动地投入司法体制改革与司法现代化;要鼓励地方法院在落实中央关于司法体制改革与司法现代化方案任务实践的基础上,开展司法制度的创新实践和试点探索,及时总结推广地方和基层创造和积累的鲜活改革经验,实现司法体制改革的效果最优化、成效最大化。

要“自上而下、自下而上双向互动地推进法治化”[②],把加强“顶层设计”和“摸着石头过河”有机结合起来,稳妥有序地把司法体制改革与司法现代化引向深入,推进中国司法的现代化。习近平指出:“改革开放是前无古人的崭新事业,必须坚持正确的方法论,在不断实践探索中推进。摸着石头过河,是富有中国特色、符合中国国情的改革方法。摸着石头过河就是摸规律。”这种改革方法既能够充分调动地方参与司法体制改革与司法现代化的积极性、主动性,也能够“避免了因情况不明、举

---

① 参见习近平:《论坚持全面依法治国》,中央文献出版社 2020 年版,第 232、275 页。

② 习近平:《论坚持全面依法治国》,中央文献出版社 2020 年版,第 136 页。

措不当而引起的社会动荡,为稳步推进改革、顺利实现目标提供了保证。摸着石头过河,符合人们对客观规律的认识过程,符合事物从量变到质变的辩证法”[①]。因此,在新的历史条件下深化司法体制改革与司法现代化,对于一些关乎法治中国建设全局的重大改革举措,要在遵循法治发展与司法实践客观规律的基础上,稳妥审慎,稳扎稳打,通过“采取试点探索、投石问路的方法,先行试点,尊重实践,尊重创造,鼓励大胆探索、勇于开拓,取得经验,看得准了的再推开”[②]。唯有如此,深化司法体制改革与司法现代化才能在稳步推进中取得重大进展。

四、走自主型的司法现代化道路

在走什么样的道路这个重大问题上必须要坚定明确,决不能含糊。习近平指出:“走自己的路,是党的全部理论和实践立足点,更是党百年奋斗得出的历史结论。中国特色社会主义是党和人民历经千辛万苦、付出巨大代价取得的根本成就,是实现中华民族伟大复兴的正确道路。”[③]坚持中国特色社会主义道路,“既不走封闭僵化的老路,也不走改旗易帜的邪路,坚持把国家和民族发展放在自己力量的基点上,坚持把中国发展进步的命运牢牢掌握在自己手中。”[④]中国特色社会主义道路在法治领域中的具体体现,就是中国特色社会主义法治道路。“中国特色社会主义法治道路,是社会主义法治建设成就和经验的集中体现,是建设社会主义法治国家的唯一正确道路。”[⑤]

中国特色社会主义司法发展,必须要走自己的路。这条路,“不是

---

① 习近平:《论坚持全面深化改革》,中央文献出版社 2018 年版,第 6 ~ 7 页。

② 中共中央文献研究室编:《习近平关于全面深化改革论述摘编》,中央文献出版社 2014 年版,第 43 页。

③ 习近平:《在庆祝中国共产党成立 100 周年大会上的讲话》,人民出版社 2021 年版,第 13 页。

④ 《高举中国特色社会主义伟大旗帜　为全面建设社会主义现代化国家而奋斗》,人民出版社 2022 年版,第 27 页。

⑤ 中共中央文献研究室编:《习近平关于全面深化改革论述摘编》,中央文献出版社 2014 年版,第 24 页。

简单延续我国历史文化的母版，不是简单套用马克思主义经典作家设想的模板，不是其他国家社会主义实践的再版，也不是国外现代发展的翻版”[①]；这条路，就是中国特色社会主义法治道路。对此，习近平指出："司法制度是上层建筑的重要组成部分，我们推进司法体制改革，是社会主义司法制度自我完善和发展，走的是中国特色社会主义法治道路。"[②]这条路，是中国式司法现代化的道路，是中国共产党领导的社会主义司法现代化，既有各国司法现代化的共同特征，更有基于自己国情的中国特色。

中国特色社会主义司法发展道路，是中国特色社会主义法治道路在司法领域中的具体体现。中国特色社会主义司法发展道路，始终坚持马克思主义司法理论与中国实际相结合、与中国传统优秀司法文化相结合，始终坚持从我国基本国情出发，同改革开放相适应，总结和运用党领导人民实行法治的成功经验，围绕社会主义司法发展的重大理论和实践问题不断推进司法创新，发展符合中国实际、具有中国特色、体现社会发展规律的社会主义司法发展道路和现代化模式。

（一）走适合中国国情和实际的司法发展道路

一个国家的国情条件，对这个国家法治发展道路的选择产生着至关重要的影响。不同的国情条件，必然会形成不同的国家发展与法治发展道路。习近平多次强调，走什么样的法治道路、建设什么样的法治体系，是由一个国家的基本国情决定的。他指出，"全面推进依法治国，必须从我国实际出发，同推进国家治理体系和治理能力现代化相适应，既不能罔顾国情、超越阶段，也不能因循守旧、墨守成规"[③]。

同样，一个国家实行什么样的司法制度，归根结底也是由这个国家的国情决定的；评价一个国家的司法制度，关键还是要看它是否符合国

① 《中共中央关于党的百年奋斗重大成就和历史经验的决议》，人民出版社2021年版，第67页。

② 习近平：《论坚持全面依法治国》，中央文献出版社2020年版，第147页。

③ 中共中央文献研究室编：《习近平关于全面依法治国论述摘编》，中央文献出版社2015年版，第31页。

情、能否解决本国实际问题。对此，习近平指出："司法体制改革必须同我国根本政治制度、基本政治制度和经济社会发展水平相适应，保持我们自己的特色和优势。"①因此，新时代中国特色社会主义司法发展，必须从中国国情和实际出发，推进司法体制改革与司法现代化，而不能照抄照搬别国模式。我们要认识到，只有扎根本国土壤、汲取养分的司法制度和司法模式，才是行得通、有生命力、有效率的制度，才是最可靠、最管用的制度。

（二）坚持传承中华优秀法律文化与借鉴国外法治有益成果的统一

中国特色社会主义司法制度之所以具有蓬勃的生机和强大的生命力，一个重要的原因在于它有着极为丰厚的历史文化资源；中国特色社会主义司法发展之所以取得了一系列历史性成就，一个重要的原因就在于它注重对中华优秀法律文化传统进行创造性转化、创新性发展，注重借鉴国外法治有益成果。对此，习近平指出："只有传承中华优秀传统法律文化，从我国革命、建设、改革的实践中探索适合自己的法治道路，同时借鉴国外法治有益成果，才能为全面建设社会主义现代化国家、实现中华民族伟大复兴夯实法治基础。"②

中国特色社会主义司法发展，既要不忘本来，也要吸收外来，还要面向未来，要始终坚持传承中华优秀法律文化与借鉴国外法治有益成果的统一。一个国家的司法制度及其现代化道路，都是极具浓郁民族风格的，是具有特定的历史延续性特征的。作为一种历史文化力量，一定民族或国家的本土资源对司法发展进程产生着深刻的影响，因而铸就着司法发展特定的民族或国度的印记。对于当代中国司法发展来说，在外部世界提供的模式中，是找不到现成答案的。只能凭据着自身基于本民族需要和条件的创造性行动，进而实现民主法治的创新性发展。因此，坚持中国特色社会主义司法制度，必须高度重视司法发展中的本土资源，

① 习近平：《论坚持全面依法治国》，中央文献出版社 2020 年版，第 148 页。

② 习近平：《坚定不移走中国特色社会主义法治道路　为全面建设社会主义现代化国家提供有力法治保障》，载《求是》2021 年第 5 期。

协调好司法发展进程中的传统性因素与现代性因素,保持司法发展深厚的民族风格。习近平指出:“不忘历史才能开辟未来,善于继承才能善于创新。优秀传统文化是一个国家、一个民族传承和发展的根本,如果丢掉了,就割裂了精神命脉。我们要善于把弘扬优秀传统文化和发展现实文化有机统一起来,紧密结合起来,在继承中发展,在发展中继承。”要“努力实现传统文化的创造性转化、创新性发展,使之与现实文化相融相通,共同服务以文化人的时代任务”。[①] 只有坚持从历史走向未来,从延续民族文化血脉中开拓前进,我们才能做好今天的事业。中华民族具有 5000 多年的文明史,“中华优秀传统文化源远流长、博大精深,是中华文明的智慧结晶”。[②] 我国古代法制蕴含着十分丰富的智慧和资源。我们“要注意研究我国古代法制传统和成败得失,挖掘和传承中华法律文化精华,汲取营养、择善而用”。[③] 推进司法体制改革,加强中国特色社会主义司法制度建设,实现国家治理体系和治理能力现代化,在很大程度上是中华优秀传统法律文化有机传承的过程,要在司法现代化的进程中实现中华优秀传统法律文化的创造性转化、创新性发展,把中华优秀传统法律文化同司法现代化融通起来,把司法现代化“同人民群众日用而不觉的共同价值观念融通起来”,“植根本国、本民族历史文化沃土”[④],司法现代化才能蓬勃发展。

文明既是人类社会发展到一定阶段的历史产物,也是人类所创造的物质成果、制度成果和精神成果的总和。习近平指出:“人类文明多样性是世界的基本特征,也是人类进步的源泉。”“每种文明都有其独特魅力和深厚底蕴,都是人类的精神瑰宝。不同文明要取长补短、共同进步,

---

① 《习近平谈治国理政》(第 2 卷),外文出版社有限责任公司 2018 年版,第 313 页。

② 《高举中国特色社会主义伟大旗帜　为全面建设社会主义现代化国家而奋斗》,人民出版社 2022 年版,第 18 页。

③ 中共中央文献研究室编:《习近平关于全面依法治国论述摘编》,中央文献出版社 2015 年版,第 32 页。

④ 《高举中国特色社会主义伟大旗帜　为全面建设社会主义现代化国家而奋斗》,人民出版社 2022 年版,第 18 页。

让文明交流互鉴成为推动人类社会进步的动力、维护社会和平的纽带。”[①]文化因交流而多彩，文明因互鉴而丰富。在推进法治中国建设的进程中，我们要在尊重各种文明、平等相待、互学互鉴、兼收并蓄的基础上推动和加强不同国家间法治文明对话、理念交流、文化互动。因此，坚持从我国国情实际出发推进法治建设，“不等于关起门来搞法治。法治是人类文明的重要成果之一，法治的精髓和要旨对于各国国家治理和社会治理具有普遍意义，我们要学习借鉴世界上优秀的法治文明成果”[②]。这意味着，在深入推进司法体制改革的进程中，我们也需要抱着开放的态度，广泛研究并借鉴世界上优秀的法治文明成果，使中国特色社会主义司法博采众长，显示出明显的比较优势，展现出生机勃勃的活力。

借鉴国外法治发展有益成果，不是照搬照抄，更不是全盘西化。习近平指出：“学习借鉴不等于是简单的拿来主义，必须坚持以为我主、为我所用，认真鉴别、合理吸收，不能搞‘全盘西化’，不能搞‘全面移植’，不能照搬照抄。”[③]“我们要借鉴国外法治有益成果，但不能照搬照抄国外司法制度。”[④]照搬照抄他国的司法制度不仅行不通，会水土不服，而且还会“画虎不成反类犬”，甚至会把国家前途命运葬送掉。[⑤] “我们推进全面依法治国，决不能照搬别国模式和做法，决不走西方所谓‘宪政’‘三权鼎立’‘司法独立’的路子。”[⑥]全面推进依法治国，加快推进司法体制改革与司法现代化，固然要吸收借鉴人类法治文明的有益经验和成果，但更重要的是要从中国的实际出发。在推进法治中国建设的进程

---

① 习近平：《共同构建人类命运共同体》，载《人民日报》2017 年 1 月 20 日，第 2 版。

② 中共中央文献研究室编：《习近平关于全面依法治国论述摘编》，中央文献出版社 2015 年版，第 32 页。

③ 中共中央文献研究室编：《习近平关于全面依法治国论述摘编》，中央文献出版社 2015 年版，第 32 页。

④ 习近平：《论坚持全面依法治国》，中央文献出版社 2020 年版，第 148 页。

⑤ 参见中共中央文献研究室编：《习近平关于社会主义政治建设论述摘编》，中央文献出版社 2017 年版，第 11 页。

⑥ 习近平：《坚定不移走中国特色社会主义法治道路　为全面建设社会主义现代化国家提供有力法治保障》，载《求是》2021 年第 5 期。

中,我们要自觉立足于基本国情,绝不能脱离中国的实际状况,决不能无视中国的法治国情特点而盲目照抄照搬,从而科学把握中国司法发展的运动方向,坚定不移地走出一条符合中国国情条件的中国特色社会主义守法道路。诚如习近平所强调的,我们有"符合国情的一套理论、一套制度,同时我们也抱着开放的态度,无论是传统的还是外来的,都要取其精华、去其糟粕,但基本的东西必须是我们自己的,我们只能走自己的道路"①。

法治中国建设已经开启了新的伟大征程。我们比以往任何时候都更有决心、更有信心、更有能力在党的坚强领导下坚定不移全面推进依法治国,如期完成党的二十大对法治中国建设作出的战略安排,发展出更加适应中国社会具体需求的法治文明新形态,走出一条中国式法治现代化新路。展望未来,中国特色社会主义法治道路必将继续展现其独特优势,在解决自身发展实践问题的过程中彰显更加鲜明的中国特色、中国风格、中国气派,对人类法治文明发展作出新的更大贡献。

---

① 中共中央文献研究室编:《习近平关于全面依法治国论述摘编》,中央文献出版社 2015 年版,第 35 页。

第二章　新时代中国式司法现代化的概念展开

我们讨论新时代中国式司法现代化问题时，首先有必要解析新时代中国式司法现代化的基本概念，以及由这一概念延伸出去的能帮助我们理解我们讨论问题价值意义的相关问题。从现代化到法治现代化，再到司法现代化，并从司法现代化到新时代中国式司法现代化，这可以作为我们理解新时代中国式司法现代化问题的基本进路之一。

一、中国式司法现代化的新时代含义

（一）现代化概念的理解

现代化的概念传入中国已经有一个多世纪，中华民族一直在为实现中国现代化而不懈奋斗。作为民族伟大复兴目标的中国现代化是一个庞大的多层次的目标体系，包括政治、经济、国防、科技、教育、文化，以及社会生活等各个领域深刻的转型变革。现代化是一个由传统向现代转型的变革过程，是一个持续的变革过程。美国现代化问题著名学者罗兹曼教授认为:"我们把现代化视作各社会在科学技术革命的冲击下,业已经历或正在进行的转变过程。业已实现现代化的社会,其经验表明,最好把现代化看作是涉及社会各个层面的一种过程。"①"现代化是人类历史上最剧烈、最深远并且显然是无可避免的一场社会变革。"②可见,我们理解现代化概念,首先,要将其理解为一个不断发展前进的变革过程,而非短暂的某一变革措施或变革行动;是一个告别传统,实现转型的过程,而不是固守传统前提下的改良。之所以称现代化为变革,是因为变革的过程与变革的实现,会遇到传统强烈的阻挡。"许多社会,甚至在某种程度上是所有的社会,都将遇到传统势力的反抗。"③当然,由传统向现代的社会转型,并不意味着与传统完完全全地一刀两断,传统中包含的有利于现代化成功转型的因素可能被其继承发扬而不是简单抛弃。其次,现代化是由生产力发展引起和推动的变革,尽管生产力发展本身就是最重要的变革。现代化意义上的生产力发展不是传统社会中人类生存技能的改进,而是建立在科学发展基础上的革命性技术的诞生与运用。科学技术革命的冲击必然会影响、推动生产关系及其整个上层建筑领域的深刻变革。再次,现代化是涉及社会各领域、各层面的系统性变革。尽管社会各领域、各层面的现代化进程有先有后、有快有慢,但或迟或早都会发生深刻的变革。最后,现代化也是变革发展过程到达某一阶段时所呈现的状态。这种状态具备了人们称为现代化的应有特征,标志着完成了从传统向现代、从形式到内容、从现象到本质、从局部到整体的转型。正是因为现代化也意味着一种变革过程中所呈现的一种状态,所以人们可以将现代化设定为努力奋斗的目标,也才有了业已实现现代化与尚未实现现代化的类型划分。

---

① [美]吉尔伯特·罗兹曼主编:《中国的现代化》,国家社会科学基金"比较现代化"课题组译,江苏人民出版社1988年版,第4页。

② [美]吉尔伯特·罗兹曼主编:《中国的现代化》,国家社会科学基金"比较现代化"课题组译,江苏人民出版社1988年版,第5页。

③ [美]吉尔伯特·罗兹曼主编:《中国的现代化》,国家社会科学基金"比较现代化"课题组译,江苏人民出版社1988年版,第5页。

(二)国家治理现代化概念之下的法治现代化

在国家现代化这个最上位的现代化大系统中,国家治理现代化是整个国家现代化的重要组成部分。国家治理是上层建筑领域最为重要的部分,决定着整个现代化进程的成败与水平。法治作为国家治理的重要工具,又是国家治理体系中的重要组成部分。国家治理现代化的实现主要体现在并在一定意义上取决于法治的现代化。法治的概念有着丰富的含义。“法治”是一种依据法律实施的治国方略和社会调控方式;“法治”是社会组织和社会成员受规律约束的行为方式;“法治”是在良法基础上形成的良好的社会秩序状态;“法治”是内涵了民主、自由、平等、人权、理性、文明、秩序、正义、效益与合法性等诸多社会价值的综合概念或者说是现代社会特有的意识形态。[①] 在与人治相对立的意义上说,法治本身就意味着现代化。传统型社会本质上是人治社会,在传统社会里不存在法治。因而,说法治现代化就是指从人治向法治的社会转型过程。“法制现代化是一个从人治社会向现代法治社会的转型过程,是人治型的价值——规范体系向法治型的价值——规范体系的转变过程。”[②]法治的实现过程就是法治现代化或者说法治现代化过程,而衡量是否实现了法治现代化或者说法治现代化实现程度有三个相互关联的判定标准,一是法律的形式合理性;二是法律的价值合理性;三是法律的效益化原则。[③]

(三)法治体系中的司法现代化

法治本身是一个体系,是国家治理体系的重要组成部分。关于法治体系,习近平总书记有一段重要论述。“党的十八届四中全会明确提出全面推进依法治国的总目标是建设中国特色社会主义法治体系、建设社会主义法治国家。我们抓住法治体系建设这个总抓手,坚持党的领导、

① 参见张文显:《法哲学范畴研究》,中国政法大学出版社 2001 年版,第 151 ~ 156 页。

② 公丕祥:《法制现代化的理论逻辑》,中国政法大学出版社 1999 年版,第 65 ~ 66 页。

③ 参见公丕祥:《法制现代化的理论逻辑》,中国政法大学出版社 1999 年版,第 78 页。

人民当家作主、依法治国有机统一，坚持依法治国、依法执政、依法行政共同推进，坚持法治国家、法治政府、法治社会一体建设，全面深化法治领域改革，统筹推进法律规范体系、法治实施体系、法治监督体系、法治保障体系和党内法律体系建设，推进中国特色社会主义法治体系建设取得历史性成就。”[①]学习领会习近平总书记的重要论述，我们可以获得这样的认识：中国特色社会主义法治体系在有形的制度层面上主要包括法律规范体系、法治实施体系、法治监督体系、法治保障体系和党内法规体系。法治体系现代化意味着这个体系所包含的上述各个组成部分都具有理念先进、体系完善、功能强大、相互协调、运行有效的特征。法治的现代化应当是法治体系和法治能力的现代化。其中，法治体系现代化为法治能力现代化提供基本的前提和保证，法治能力现代化本质上就是运用法治体系治理国家的能力现代化，表现为法治体系保障国家治理体系运行、功能发挥、实现国家治理目标的高质量与高效率。

法治实施体系是法治体系的一部分。在某种意义上，法治体系存在的价值和目的就体现在法治实施体系上。没有法治实施体系，法律规范体系无法实现自己的价值，而法治监督体系、法治保障体系存在的价值也在于保证法治实施体系充分发挥其应有的功能。在法治实施体系中，司法是其中极为重要的组成部分。司法通过解决法律生活中的争议冲突，维护社会组织和社会成员的合法权益，制裁违法行为，维护法治秩序，实现法治价值。司法特有的功能与使命决定了其在法治实施体系和整个法治体系乃至整个国家治理体系中的重要地位和重要作用。所以，法治现代化的目标与任务中，司法现代化无疑是其中特别重要的一部分。

作为一个概念，司法现代化的内涵非常丰富。我们可以从不同维度揭示司法现代化的属性与特征。第一，司法是国家司法机关按照法定的

---

① 习近平：《坚持走中国特色社会主义法治道路　更好推进中国特色社会主义法治体系建设》，载《求是》2022 年第 4 期。

制度和程序行使司法权的活动。在这一意义上,司法现代化是指司法制度以及司法权实现过程的现代化。第二,司法现代化是指司法制度及其司法活动模式即司法权实现过程的活动模式由传统向现代的转型变革过程以及转型变革所取得的成效。第三,司法现代化是司法体系和司法能力的现代化。司法体系和司法能力现代化是司法现代化的实质内容。司法体系主要包括司法制度体系,但也包括司法制度赖以建立以及司法制度运行所遵循的司法理念等观念体系。司法体系的现代化表现为以现代司法理念为指导建立起来的反映司法规律的科学、完善的司法制度体系。司法现代化的另一部分重要内容是司法能力现代化。司法体系现代化对于司法能力现代化具有决定意义,司法能力现代化也就是现代司法制度体系良好运行、有效执行司法职能的功能与作用。当然,司法能力现代化不仅决定于司法制度现代化,还同时受到其他因素的影响,比如司法的手段、工具、司法人员的素质能力等。

(四)新时代中国式司法现代化

党的十八大以来,中国特色社会主义进入了新时代。新时代赋予中国式司法现代化新的含义。中国的司法现代化是中国式现代化的重要组成部分。与整个国家现代化一样,中国式司法现代化既有各国司法现代化的共同特征,更有基于自己国情的中国特色,因而,中国式司法现代化亦可理解为或者称之为中国式司法现代化。理解中国式司法现代化,需要特别重视基于中国国情的中国式司法现代化的特殊性。改革开放以来,特别是进入新时代以来,中国式司法现代化加快了进程,取得了巨大的成就。进入新时代的中国式司法现代化,是中华人民共和国司法现代化在新发展阶段的全面升华。新时代中国式司法现代化新的含义,体现在中国式司法现代化进程在新起点上,有了新的理念、新的要求,司法现代化有了更加明确的目标。我们已经踏上了全面建设社会主义现代化国家、向第二个百年奋斗目标迈进的新征程,作为法治体系重要组成部分的司法,应当为实现第二个百年奋斗目标,为建成中国特色社会主义现代化强国提供更加有力的司法保障。同时,司法现代化本身也要与国家第二个百年奋斗目标同步,实现司法现代化的建设目标。因此,新时代中国式司法现代化本身必须在司法现代化已经取得的伟大成就的基础上,立足新发展阶段,贯彻新发展理念,构建新发展格局,服从、服务于全面建设社会主义现代化国家的总目标,自觉融入国家治理体系和治理能力现代化建设,以更高的目标和要求,加快推进司法现代化,全面提升司法现代化水平。

二、新时代中国式司法现代化的基本特征

新时代中国式司法现代化有着鲜明的中国特色和新时代特征。这个特色和特征使新时代中国式司法现代化既区别于外国的司法现代化,又不同于中国已经走过的司法现代化道路。党的十八大以来,我国的司法现代化建设坚持和发扬了新中国特别是改革开放以来中国特色社会主义司法制度建设实践的成功经验,但又赋予了司法现代化建设新的时代内容、时代要求,从而更加系统地展现了新时代中国式司法现代化的基本特征。

(一)坚持中国共产党对司法现代化的全面领导

坚持中国共产党领导,是中国式现代化的本质要求。[①] 坚持党的领导也是中国式法治现代化最重要的政治保证。习近平总书记告诫全党:"全党同志必须牢记,党的领导是我国社会主义法治之魂,是我国法治同西方资本主义国家法治最大的区别。离开了党的领导,全面依法治国就难以有效推进,社会主义法治国家就建不起来。"[②]新时代中国式司法现代化始终坚持党的领导,既是中国式司法现代化的重要经验,也是实现司法现代化目标的根本保证。"当代中国的法治与司法的政治性质,反映在诸多方面,归根到底在于旗帜鲜明地坚持中国共产党对法治与司

---

① 习近平:《高举中国特色社会主义伟大旗帜 为全面建设社会主义现代化国家而团结奋斗:在中国共产党第二十次全国代表大会上的报告》(2022 年 10 月 16 日),人民出版社 2022 年版,第 23 页。

② 习近平:《坚定不移走中国特色社会主义法治道路 为全面建设社会主义现代化国家提供有力法治保障》,载《求是》2021 年第 5 期。

法工作的全面领导。在司法工作的各个领域、各个方面自觉地坚持中国共产党的领导,是中国特色社会主义司法事业的最大政治优势所在,是新时代司法工作开拓前进的根本政治保证。”[①]改革开放以来,特别是党的十八大以来,党中央高度重视司法体制改革,多次作出重大决策部署,为司法现代化绘制建设蓝图,做好顶层设计。从中央到地方各级党委切实加强对司法体制改革与司法工作的领导,积极推进司法体制改革,支持、监督司法机关依法独立公正行使司法职权,保证了司法体制改革的有序深化和司法活动的依法高效进行。坚持党对司法现代化的领导,这既是新时代中国式司法现代化最重要的政治保证,也是新时代中国式司法现代化区别于其他西方资本主义国家司法现代化最重要的特征。

(二)坚持中国特色社会主义本质

新时代中国式司法现代化又一个重要特征是始终坚持中国特色社会主义本质不动摇。习近平总书记在党的二十大报告中把坚持中国特色社会主义道路作为现代化道路上必须始终牢牢把握的一项重大原则。[②] 不可否认,现代化有某些共同规律,因而不同国家的现代化模式具有某些共同的特征。但是,现代化不可能也不应该只有一个模式,千篇一律。“本土因素和外来因素都会对一个国家现代化的发展道路产生影响。”[③]中国历史特别是近代以来中国由弱到强的发展历史、中国人民的价值观、当代中国对于政治制度、社会制度的选择等,决定了中国的现代化道路必须坚持中国特色社会主义这个本质。我们追求的包括司法现代化在内的法治现代化,必须是中国特色的社会主义法治现代化。“中国特色社会主义是社会主义,不是别的什么主义。一个国家实行什么样的主

---

① 公丕祥:《新时代中国司法现代化的理论指南》,载《法商研究》2019 年第 1 期。

② 参见习近平:《高举中国特色社会主义伟大旗帜　为全面建设社会主义现代化国家而团结奋斗:在中国共产党第二十次全国代表大会上的报告》(2022 年 10 月 16 日),人民出版社 2022 年版,第 27 页。

③ [美]吉尔伯特·罗兹曼主编:《中国的现代化》,国家社会科学基金“比较现代化”课题组译,江苏人民出版社 1988 年版,第 6 页。

义，关键要看这个主义能否解决这个国家面临的历史性课题。”①中国式法治现代化是中国特色社会主义国家现代化的重要组成部分，自然必须坚持社会主义的本质。习近平总书记明确指出：“全面推进依法治国必须走对路。要从中国国情和实际出发，走适合自己的法治道路，决不能照搬别国模式和做法，决不能走西方‘宪政’‘三权鼎立’‘司法独立’的路子。”②“我们要建设的中国特色社会主义法治体系，必须是扎根中国文化、立足中国国情、解决中国问题的法治体系，不能被西方错误思潮所误导。”③“需要强调的是，法治领域改革政治性、政策性强，必须把握原则、坚守底线，决不能把改革变成‘对标’西方法治体系、‘追捧’西方法治实践。”④习近平总书记多次强调中国法治建设必须坚持中国特色社会主义这个基本点，为中国式司法现代化建设指明了方向，明确了底线。中国式司法现代化不同于世界上各式各样司法现代化的一个最具本质意义的特征，就是中国式司法现代化旗帜鲜明地坚持中国特色社会主义本质。中国特色社会主义的本质特征，在新时代中国式司法现代化建设中突出反映在，坚持中国共产党对司法现代化建设的全面领导、司法现代化始终坚持人民的主体地位、坚持立足中国国情，解决中国问题，坚持保障司法权的依法独立公正行使，但不走西方的“司法独立”路线。

（三）坚持以人民为中心的理念

坚持以人民为中心的发展思想，是习近平总书记在党的二十大报告中要求我们始终牢牢把握的一项重大原则。⑤ 以人民为中心是中国式

---

① 习近平：《关于坚持和发展中国特色社会主义的几个问题》，载《求是》2019 年第 7 期。

② 习近平：《加强党对全面依法治国的领导》，载《求是》2019 年第 4 期。

③ 习近平：《坚持走中国特色社会主义法治道路　更好推进中国特色社会主义法治体系建设》，载《求是》2022 年第 4 期。

④ 习近平：《坚持走中国特色社会主义法治道路　更好推进中国特色社会主义法治体系建设》，载《求是》2022 年第 4 期。

⑤ 参见习近平：《高举中国特色社会主义伟大旗帜　为全面建设社会主义现代化国家而团结奋斗：在中国共产党第二十次全国代表大会上的报告》（2022 年 10 月 16 日），人民出版社 2022 年版，第 27 页。

法治现代化最重要的社会主义特色之一,也是新时代中国式法治现代化的基本特征和必须始终坚守的核心理念。习近平总书记强调:“要始终坚持以人民为中心。坚持法治为了人民、依靠人民、造福人民、保护人民,把体现人民利益、反映人民愿望、维护人民利益、增进人民福祉落实到法治体系建设全过程。”[①]司法活动在大多数情况下直接关涉人民群众利益,新时代中国式司法现代化更加需要坚持以人民为中心的理念。以人民为中心,是中国式司法现代化的必然要求,也是彰显新时代中国式司法现代化合法性、正当性的重要特征。以人民为中心,意味着司法现代化的建设、司法权的运行,必须始终坚持为了人民、依靠人民、造福人民、保护人民,并努力让人民群众在每一个司法案件中感受到公平正义。党的十八大以来,我国进行的立案登记制改革、司法责任制改革、“一站式”多元化纠纷解决机制与诉讼服务体系建设、人民陪审员制度改革、人民监督员制度改革、设立最高人民法院巡回法庭、纠正冤假错案、开展扫黑除恶专项斗争等司法体制改革的重大举措和重大司法专项活动,都充分体现了以人民为中心的司法理念。新时代中国式司法现代化将始终坚持人民主体地位,以人民为中心,让人民群众在中国式司法现代化进程中不断增强获得感。

(四)坚持以维护社会公平正义为价值目标

“实现公平正义是中国共产党的一贯主张,是中国特色社会主义的内在要求,也是新时代中国式司法现代化的重大任务。”[②]党的十八大以来,习近平总书记多次强调,“努力让人民群众在每一个司法案件中感受到公平正义”,而且这一要求被明确载入了《党的十八届四中全会决定》。“公平正义是司法的灵魂和生命。”“要健全社会公平正义法治保

---

① 习近平:《坚持走中国特色社会主义法治道路　更好推进中国特色社会主义法治体系建设》,载《求是》2022 年第 4 期。

② 公丕祥:《新时代中国司法现代化的理论指南》,载《法商研究》2019 年第 1 期。

障制度,努力让人民群众在每一个司法案件中感受到公平正义。”[①]司法是维护公平正义的最后防线,世界各国的司法都声称以维护公平正义为价值追求。但是,新时代中国式司法现代化所追求的公平正义的价值目标,是程序与实体相统一的公平正义,即公平正义不仅体现在程序公正上,还体现在实体公正上。换言之,新时代中国式司法现代化既不能以追求实体公正的名义无视程序正义,规避破坏法定程序,也不能满足于形式上遵守了法律,遵守了法定程序,将这种程序合法性等同于实体上的公正性和实质公正性。作为新时代中国式司法现代化的重要特征,坚持以维护社会公平正义为价值目标不能仅停留在司法系统的司法理念层面和司法政策上,而应该变成看得见的实实在在的司法制度建设和司法实践活动。习近平总书记提出的“努力让人民群众在每一个司法案件中感受到公平正义”,既对新时代中国式司法现代化、对司法机关和司法人员提出了一种期望、一种要求、一个努力的方向和目标,又提出了一个检验司法现代化水平的标准。司法现代化水平如何,突出反映在维护社会公平正义的水平上。而对维护社会公平正义水平的检验,则是看人民群众在司法案件中是否感受到了公正正义,看人民群众在多少司法案件中感受到了公平正义。让人民群众在每一个司法案件中感受到公平正义,这是一个很高的要求,但不是无法实现的目标、无法达到的要求。建立在以人民为中心理念基础之上的让人民群众在每一个司法案件中感受到公平正义这一目标与要求,正是新时代中国式司法现代化的新特征。

（五）坚持继承发扬优秀法律文化传统

尽管现代化本质上是传统向现代的转型,是一个于各方面发生的社会变革过程,在某种意义上意味着与传统的决裂。但是,现代化是历史发展的产物,是传统文明的历史发展现象,其本身就是从历史中诞生的,

---

① 习近平:《坚定不移走中国特色社会主义法治道路　为全面建设社会主义现代化国家提供有力法治保障》,载《求是》2021 年第 5 期。

不可能完完全全、彻彻底底与传统割裂。因而，中国式法治现代化运动不能与中华民族传统法律文明彻底割裂。“中国式法治现代化新道路的形成、发展和拓展的过程，乃是一个努力实现中华优秀传统法律文化创造性转换、创造性发展的过程。”“创造中国式法治现代化新道路，在很大程度上乃是有机传承中华优秀法律文化传统、推动优秀法律文化传统的创造性转换的过程，是本土法治资源的价值意义得以充分展示的过程。”[①]新时代中国式司法现代化必须遵循中国式法治现代化道路的内在逻辑，对中华法律文化传统采取扬弃态度，传承、发扬其中优秀的法律文化传统，实现优秀法律文化传统的现代化创新转换。

中国法律文化传统中不乏具有现实意义的精华成分。例如，中国古代从西周开始就一直有“明德慎刑”“德主刑辅”的儒家法律思想，这对当代刑事司法慎用刑罚手段的司法理念的践行不无积极意义。又如，中国古代素有无讼主张，认为“无争论，便是天堂世界”[②]。要实现这种“天堂世界”，只能靠对无讼的大力宣扬和对诉讼的大力抑制和化解，为此，一是道德感化以绝讼源；二是多方调解，以消讼意；三是惩罚讼徒，以儆效尤。[③] 通过诉源治理减少诉讼，通过调解让纠纷得以和平解决，放弃诉讼手段，这对当下正在进行诉源治理、多元分解纠纷机制建设的司法改革亦有启发意义。再如，中国古代司法中重视勘验和法医检验技术，如《睡虎地秦墓竹简·封诊式·出子》记载了先秦时期一起涉及认定是否存在流产事实的勘验过程[④]；宋代杰出法医学家宋慈所著法医学名著《洗冤集录》，详细记载了大量法医鉴定的经验做法与真实案例。这些案例典型地反映了中国古代司法重视对案件事实的实地调查、重视科学技术手段运用的一面，与同时期域外其他国家司法活动倚重神明裁判或

① 公丕祥：《中国式法治现代化新道路的内在逻辑》，载《法学》2021 年第 10 期。

② 李交发：《中国诉讼法史》，中国检察出版社 2002 年版，第 327 页。

③ 李交发：《中国诉讼法史》，中国检察出版社 2002 年版，第 327 页；另参见范忠信等：《情理法与中国人》，中国人民大学出版社 1992 年版，第 185 页。

④ 睡虎地秦墓竹简整理小组编：《睡虎地秦墓竹简》，文物出版社 1978 年版，第 274～276 页。

者法定证据制度明显不同。还有,中国古代伦理以和为贵,这种“和”的理念反映在民事诉讼之中,就是处理案件的司法官员重视运用调解方法劝和争讼双方。此外,中国古代法上一直有司法官员责任追究制度,司法官员违法不受讼或违法受讼、违法拷讯,特别是违法裁判、出入人罪、违法执行等,都要受到严厉的法律责任追究。这些传统法律文化成分,至今仍具有现实的启发意义。中华优秀法律文化传统是新时代中国式司法现代化的宝贵财富。充分运用这些宝贵资源是中国式司法现代化发展的必然选择,应当重视继承发扬优秀的法律文化传统,吸收其精髓,将其与社会主义司法文化有机融合,从而形成社会主义司法制度和司法文化的中国特色。对优秀传统法律文化的重视与传承,是新时代中国式司法现代化的又一个重要特征。

三、中国式司法现代化的任务构成与要素体系

新时代中国式司法现代化需要从任务构成与要素体系两个层面进行理解。前者指的是司法现代化要完成哪些战略任务,后者指司法现代化作为一个体系由哪些具体要素构成。

(一)新时代中国式司法现代化的任务构成

党的十九届四中全会专门就推进国家治理体系和治理能力现代化问题做出决定,为我们理解新时代中国式司法现代化的战略任务指明了方向,提供了思路。国家治理现代化是为实现中华民族伟大复兴宏伟目标必须完成的总的战略任务,而这一总任务由两个方面的战略任务所构成,即国家治理体系的现代化和国家治理能力的现代化。同理,服务于建成公正高效权威的中国特色社会主义司法制度这一战略目标的总任务是实现中国式司法现代化。司法现代化这一总任务包括了紧密联系、不可分割、互相影响的两个方面:司法体系的现代化和司法能力的现代化。司法体系现代化和司法能力现代化是中国式司法现代化的基本构成。

理解司法体系现代化与司法能力现代化,首先要对司法体系和司法

能力的概念及其相互关系作逐一分析。习近平总书记关于国家治理体系与治理能力的阐述为我们正确理解司法体系与司法能力的概念及其相互关系提供了重要的指导。习近平总书记指出："国家治理体系和治理能力是一个国家制度和制度执行能力的集中体现。国家治理体系是在党领导下管理国家的制度体系，包括经济、政治、文化、社会、生态文明和党的建设等各领域体制机制、法律法规安排，也就是一整套紧密相连、相互协调的国家制度；国家治理能力则是运用国家制度管理社会各方面事务的能力，包括改革发展稳定、内政外交国防、治党治国治军等各个方面。国家治理体系和治理能力是一个有机整体，相辅相成，有了好的国家治理体系才能提高治理能力，提高国家治理能力才能充分发挥国家治理体系的效能。"①国家治理体系中的司法体系是一个内涵丰富的概念。狭义的理解，也是人们以往习惯的理解，司法体系相当于司法系统，指的是由行使司法权的各个机关组成的一个体系、一个系统。显然，狭义的司法体系不适用于理解司法体系现代化意义中的司法体系。按照习近平总书记对于国家治理体系的阐释，对司法体系应作广义的理解。在司法现代化的语境下，司法体系是国家治理体系中法治体系之下的一个子系统，是指国家司法权运行所依赖的紧密相连、相互协调的诸因素形成的体系。这个体系的主体是司法制度，因而，这里的司法体系本质上是社会主义司法制度体系，即习近平总书记所说的"一整套紧密相连、相互协调的国家制度"。司法体系除了作为主体部分的司法制度之外，还包括与司法制度相联系的其他因素，如司法理念、司法程序等。这些也可以理解为已经内含于司法制度之中，成为司法制度的构成要素，但也可以看作司法体系中与基本的司法制度相联系同时又有独立意义的要素。因此，司法体系现代化意义上的司法体系，是一个包含了司法理念、司法制度、司法主体、司法原则、司法程序、司法方法、司法保障等多方面要素的司法权运行体系。司法体系的现代化就是要让司法体系中的诸

---

① 习近平：《切实把思想统一到党的十八届三中全会精神上来》，载《求是》2014 年第 1 期。

要素进行现代化转型提升,并使整个司法体系有效发挥在国家治理现代化过程中的应有功能。

司法能力现代化是中国式司法现代化任务构成中的另一部分重要任务。司法能力作为国家治理能力的一种,具有与国家治理能力相同的本质。按照习近平总书记对治理能力与治理体系之间辩证关系的阐明,司法能力也就是国家运用司法制度、公正高效处理司法事务、实现司法职能的能力。换言之,就是把中国特色社会主义司法制度中蕴含的公正高效权威的属性与效能转化为或体现在处理司法事务的公正高效权威的能力。司法机关处理的司法事务总的来说,就是依法公正解决社会冲突、保护社会成员合法权益、打击违法犯罪、维护社会安全与秩序。司法能力的现代化,体现为司法机关处理司法事务的过程与结果公正高效权威,为国家治理发挥重要作用。司法能力的现代化依赖于司法体系的现代化,没有司法体系的现代化,便不可能有司法能力的现代化。同时,没有司法能力的现代化,现代化的司法体系就无法充分发挥其效能,无法充分展现其优越性。

(二)中国式司法现代化的要素体系

把中国式司法现代化理解为一个体系而不是其中某个或某几个方面的现代化(如检察职能的现代化、审判制度的现代化),我们就需要关注构成这个体系的诸要素的现代化。谢晖教授认为,司法现代化是一个系统的概念,至少涉及如下有机关联的几个方面:首先,司法主体即司法组织和司法人员的现代化;其次,司法过程的现代化;最后,司法的实体内容和目标的现代化。[①] 也有学者认为,司法现代化是推进司法体系和司法能力现代化的过程。它包括依据宪法法律创制的司法制度科学完备,司法职权配置优化与运行程序规范,司法组织体系、职业保障与职业保护体系、职业荣誉与惩戒体系、职业伦理规范体系相

---

① 参见谢晖:《论司法现代化:含义·原则·作用》,载夏锦文、方乐主编:《司法现代化》,法律出版社2016年版,第14~24页。

辅相成，司法活动追求最高价值目标，社会对司法的认可度、满意度、支持度恒定。[①] 从学者们对司法现代化概念的解读中可以看到，形成共识的是，司法现代化包含了互相有机关联的诸多方面的现代化。可见，司法现代化是一个互相联系的多要素构成的体系，通过各要素的现代化实现整个体系的现代化。这个体系的构成要素，大致包括司法理念、司法原则、司法主体、司法制度、司法程序、司法方法、司法保障设施等。

1. 司法理念现代化

司法理念在司法现代化要素体系中具有基础性地位。在某种意义上可以说，司法理念的现代化是司法现代化的前提和条件。没有理念的现代化转型，司法即使有了现代化的形也难以有现代化的魂。司法原则的现代化、司法制度的现代化、司法程序的现代化、司法方法的现代化，以及提升司法现代化水平等，都以确立现代司法理念为前提。以刑事司法中防止冤假错案为例，能否有效防范冤假错案，这是检验刑事司法现代化水平最直接的标志。刑事司法是一种重要但又十分复杂的实践活动，从事这样一种活动无疑也有相应的理念问题，这早已成为共识。人们秉持什么样的司法理念，很大程度上就能决定刑事司法是否公正或者公正的程度。也可以说，刑事错案的发生，与陈旧落后的刑事司法理念相联系；刑事错案能否有效预防，在一定意义上决定于刑事司法人员是否确立了现代刑事司法理念。[②]

经过司法现代化的百年实践，司法理念在中国也发生了深刻的转变，那些典型的封建司法理念已被绝大多数人所抛弃。换言之，绝大多数人已经确立或者接受了现代司法理念。当然，司法理念的现代化既是最重要的，也是最困难和最漫长的变革过程。中国特色社会主义司法进入了新时代，但司法理念的现代化转型尚未彻底完成。作为传统法律文

① 徐汉明、史可：《论我国司法现代化转型发展》，载《湖北警官学院学报》2017 年第 6 期。

② 李建明：《刑事错案预防视野下的刑事司法理念现代化》，载《法治现代化研究》2017 年第 3 期。

化的组成部分，那些落后的传统司法理念还有一定的市场，尽管形式上没有公开坚持那些应当被抛弃的传统理念，但落后的传统的司法理念依然顽固地残留于一部分人的法律意识体系之中，并成为司法现代化进程的羁绊，这是无法否认的事实。新时代中国式司法现代化面临着继续完成司法理念现代化转型的任务。我们需要从中国特色社会主义的本质出发，着眼于建设反映中国特色社会主义本质的现代化司法制度，在继承优秀传统法律文化过程中进一步清除落后的传统司法理念，牢固确立以人民为中心的理念，司法人权保障理念，严格司法理念，司法公信力理念，司法公正与司法效率、程序公正与实体公正兼顾理念等现代理念，为新时代中国式司法现代化打好理念基础。

2. 司法原则现代化

司法原则是新时代中国式司法现代化进程中需要坚持的方向性的基本规范。如果说司法理念还只是一种意识层面的东西，那么司法原则便具有行为规范的意义。原则具有宏观的指引性、指导性、规范性和一定程度的约束性。司法原则指引、指导着司法制度、司法程序的构建与完善、指引指导着司法权的具体行使，并且，本身也具有中国特色社会主义司法现代化的表征意义。在长期的司法现代化实践中，我国已经形成并确立了新时代中国的现代司法基本原则。例如，党对司法工作的全面领导原则，司法权依法独立行使原则，以事实为根据、以法律为准绳原则，公民在适用法律上一律平等原则，人民法院、人民检察院、公安机关在刑事诉讼中分工负责、互相配合、互相制约原则，保障诉讼参与人权利原则，程序法定原则，司法公开原则，对司法权的制约监督原则，等等。随着新时代中国式司法现代化的不断推进，具有中国特色的社会主义现代司法原则体系还将不断完善。更重要的是，必须真正有效地贯彻这些具有现代意义的原则。新时代中国式司法现代化在一定意义上就是不断推动有效贯彻落实这些司法原则的过程。

3. 司法主体现代化

司法主体就是行使司法权的主体。行使司法权的主体是司法机关和司法人员。司法人员获得司法机关授权,代表司法机关具体行使司法权力,处理司法事务,实现司法任务。从司法人员与司法机关紧密联系的意义上,可以将司法主体理解为司法机关和司法人员。司法主体的现代化首先表现为司法机关的现代化。如今,随着司法权与行政权的分立,司法机关从行政机关中分离出来,并按特有的组织立法建立了符合现代司法规律、适应现代司法任务和程序需要的机构体系,可以说,我国从1954年根据宪法和“两院”组织法设立各级法院、检察院以后,就基本实现了司法主体的现代化转型。当然,司法主体现代化也是一项艰巨的任务,并不是说只要按现代司法制度完成司法系统设置后就完成了司法主体现代化。近几年来我国持续深化司法体制改革,深化司法责任制综合配套改革,不断优化司法机构体系设置,探索调整司法机关内部机构设置,优化各级司法机关职能配置,以及增强各级司法机关实现司法任务的能力等,这些多方位、多层面的改革,都是司法主体现代化的重要实践。

司法主体现代化的另一部分内容是司法人员的现代化。“法制现代化是一个包含了人类法律思想、行为及其实践各领域的多方面进程,其核心是人的现代化。”[①]司法人员是以司法机关名义行使司法职权的主体,现代司法制度下司法机关承载的职能使命需要通过具有现代化司法理念、素质、能力的司法人员来具体实现。因而,司法主体的现代化进程中司法人员的现代化更具有决定意义。同时,较之于司法机关的现代化设置,司法人员的现代化更为艰巨、更为漫长。党的十八以来,我国进行了司法人员分类管理改革、司法责任制改革,又开展了政法队伍集中教育整顿活动,其目的都是实现司法人员的现代化,提升司法人员的现代化素质水平。

司法主体现代化直接决定着司法能力的现代化水平。提升司法主体的现代化素质水平,才能实现司法能力的现代化。实践证明,通过多

---

① 公丕祥:《法制现代化的理论逻辑》,中国政法大学出版社1999年版,第67页。

年来司法机关的体制机制改革和司法人员培训管理，司法主体的现代化水平有了很大的提升，反映在根据公正高效权威的价值目标处理司法事务的能力水平有了明显提升。

4. 司法制度现代化

广义的司法制度是一系列具体的司法制度、司法原则、司法程序等的集合与总称。这里作为司法现代化要素体系成员的司法制度，是指构成司法制度体系的各项具体的司法制度，是包含了司法权运行过程的具有规范意义的各项具体的司法权运行制度。例如，法官、检察官的遴选制度，惩戒制度，培训制度，司法机关人财物保障管理制度等。对于司法现代化最具有直接意义的制度是司法活动过程的有关制度，主要表现为诉讼法上的一系列制度。例如，司法公开制度、人民陪审员制度、管辖制度、审级制度、回避制度、羁押制度、辩护制度、证据制度、立案制度、侦查制度、起诉制度、刑事和解制度、民事调解制度、上诉制度、执行制度等。这些具体的司法制度承载着司法现代化的价值追求，对于司法主体的司法活动具有规范约束意义。司法制度的现代化，一方面是指完善司法制度体系；另一方面就是不断改革优化每一项制度的内容，使这些制度的内容更好地适应实现司法现代化目标的需要。党的十八大以来，我国不断深化司法体制改革，又分别对《刑事诉讼法》《民事诉讼法》《行政诉讼法》进行了修订，按照公正高效权威的目标导向，进一步完善了相关的司法制度，推进了司法制度的现代化。

5. 司法程序现代化

司法权是依照法定程序行使的权力。与其他权力相比，司法权的行使更加强调法定程序对于权力行使的规范约束。这样，同司法制度和原则一样，司法程序本身的现代化水平就直接体现了司法现代化水平。司法程序主要体现为诉讼程序，而诉讼程序之所以重要，是因为诉讼程序与其服务的对象实体法是密不可分的。“诉讼和法二者之间的联系如此密切，就像植物外形和植物本身的联系，动物外形和动物血肉的联系一样。”①诉讼程序现代化是整个法治体系现代化对司法制度发展的必然要求,也是实体法的现代化发展对于司法程序建设的推动。我国司法程序的现代化建设不断取得新的成效。新中国三大诉讼法典的颁布实施,标志着我国司法权行使有了基本的程序规范和程序约束。刑事诉讼程序、民事诉讼程序、行政诉讼程序的设置借鉴吸收了国际上比较成熟的经验,与司法程序现代化的世界性趋势保持一致,同时,又坚持了中国特色社会主义的本质。以刑事诉讼程序为例,对犯罪嫌疑人的羁押须经司法审查程序,侦查机关不能自行决定对犯罪嫌疑人的羁押,这是一种国际上的普遍做法,代表了现代侦查程序中的权力制约特点。我国的司法程序中同样没有授权侦查机关直接羁押犯罪嫌疑人的权力,但我国又不同于国外大多数国家由法官行使羁押裁决权的做法,而是采取了由检察机关行使逮捕的审查批准权和捕后羁押必要性审查权的程序设计。

司法程序包括了三大诉讼法中一系列具体的诉讼程序和执行程序,如立案程序、侦查程序、诉讼保全程序、起诉程序、庭审程序、上诉审程序、再审程序、非讼程序、特别程序等。我国现行的司法程序总体上具备了现代化特征,反映了现代司法的规律,但司法程序的现代化水平还有待提升。有些法定程序体现程序的正义价值还不够充分,有些程序的约束性还不足。司法程序现代化既要求不断完善程序,使程序本身体现高水平的现代化,更要求具有现代化品质的法定程序在司法实践中真正发挥其规范和约束作用,具有程序的权威性。如果仅有法律上的程序现代化,而司法实践中并没有严格遵循现代化的法定程序,那么仍然属于低水平的司法程序现代化。

6. 司法方法现代化

从宏观层面讲,司法方法就是司法主体依照公正高效权威的目标要求,行使司法权,实现司法职能的方法。从微观层面讲,就是司法人员公正高效处理司法案件,实现案件处理法律效果、社会效果、政治效果相统

① 《马克思恩格斯全集》(第1卷),人民出版社1995年版,第287页。

一的方法。相对于传统的司法方法，现代型的司法方法更加科学理性，更能保证司法过程与司法结果的公正性和效率性。司法方法现代化的过程，就是不断完善公正科学的司法方法体系、提升运用公正科学的司法方法能力的过程。长期以来，各级司法机关和司法人员一直在探索先进的司法方法，以适用新时代司法工作的新要求和新特点。例如，近十年来，最高人民法院、最高人民检察院正式确立了司法案例指导制度，用权威的司法案例指导各级司法机关和司法人员办理司法案件；深化司法责任制改革中，又推出了类案检索制度，从而优化了各类司法人员统一正确适用法律的方法体系，这是司法方法现代化的一项重要实践。又如，面对案多人少的普遍性矛盾，贯彻党中央的决策部署，各级司法机关与党委政府一起，着力诉源治理，从源头上减少诉讼案件的数量。为此，各级司法机关普遍完善了多元化矛盾纠纷解决机制。多元化解决矛盾纠纷机制从源头、诉前减少了纠纷的形成，特别是诉讼案件的形成，优化了司法资源的配置。司法在司法程序前化解了社会冲突，用非诉讼方法实现了司法的职能，这也是一项成功的司法方法创性。

当然，我们需要清醒地认识到，司法方法的现代化任务依然艰巨。在有些司法领域，司法方法依然面临着公正与效率、程序公正与实体公正的冲突，在这种冲突面前，有些司法人员依然采用陈旧甚至落后的方法。例如，在刑事审判中，证人出庭作证在很多场合对于程序公正和实体公正来说都是不可省略的程序，但相当多的法官仍然担心证人出庭作证会导致裁判困难和审判效率降低，因而仍然习惯于采信证言笔录定案，证人出庭作证率低的情况始终没有大的改变。这种庭审方法有效率，但损害公正，不符合现代化的要求。让人民群众在每一个司法案件中感受到公平正义，要求司法主体不断提高运用现代司法方法的能力和水平，要求司法不断探索解决司法过程中各种矛盾的新的方法。

7. 司法保障设施现代化

司法机关的人财物保障中，物的保障就是这里所说的司法保障设施。司法能力现代化主要取决于司法主体、司法制度等非物质条件的现代化，但是物质保障设施的现代化对于提高司法能力同样非常重要，司法物质保障设施的供给水平可以制约或者助推司法能力现代化。司法保障设施可以分为两类：一类是保证司法活动能够正常进行的必要的基本设施，如司法机关的办公场所、交通工具、水电设施、通信设施、办公用品等；另一类是用以提升司法机关工作质效的设施。随着国家对司法建设的持续投入，各级司法机关的两类保障设施都达到了现代化的先进水平。尤其值得称道的是，近几年随着互联网技术、人工智能技术等先进科学技术的发展和应用，司法机关也不同程度地普遍加强了科技赋能司法建设。现代化科学技术应用于司法活动，进一步解放了司法生产力，提升了司法能力现代化水平。科学技术现代化日新月异，必将持续推动司法保障设施的现代化向更高层次发展。

四、中国式司法现代化的司法公信力标志

《党的十八届四中全会决定》的第四部分以“保证公正司法，提高司法公信力”为题，对深化司法体制改革做出了系统的决策部署。习近平总书记在全会所作《关于〈中共中央关于全面推进依法治国若干重大问题的决定〉的说明》中也专门就保证司法公正，提高司法公信力问题做了充分阐述，并强调指出，司法不公、司法公信力不高，是当前司法领域存在的主要问题。党的二十大报告专门讲了公正司法问题，强调公正司法是维护社会公平正义的最后一道防线。[①] 党中央如此高度重视司法公正与司法公信力问题，进一步说明司法公正、司法公信力在新时代中国式司法现代化建设中的重要地位。新时代中国式司法现代化建设要解决的主要问题或者说有待完成的主要任务，就是要保证公正司法，提高司法公信力。公正司法是获得司法公信力的必要条件；司法公信力又是司法公正性的客观表现和外在确证。由此可见，公正司法与司法公信

---

① 习近平：《高举中国特色社会主义伟大旗帜 为全面建设社会主义现代化国家而团结奋斗：在中国共产党第二十次全国代表大会上的报告》（2022 年 10 月 16 日），人民出版社 2022 年版，第 42 页。

力是新时代中国司法的灵魂与生命线。

(一)司法公信力在司法现代化进程中的标志性意义

司法权是国家政权的重要组成部分,而司法活动也就是通过国家司法权的行使实现国家治理的基本途径和基本形式之一。国家政权的合法性为司法的正当性和司法的公信力提供了最重要的政治基础。当然,仅有国家政权的合法性为司法活动提供政治合法性基础还不能自然而然产生司法的公信力。司法公信力是司法系统以及司法外部环境共同作用的产物。

司法公信力是国家司法活动得到人民普遍信任、认同、尊重和服从的品质、能力和力量,既体现在人民群众对于司法活动的认知、评价等意识领域,也反映在司法活动的过程和结果得到人民群众遵从、协助等客观方面。司法公信力的高低固然取决于司法和人民群众两个方面,并且受到司法体系外其他诸多因素的影响,但司法本身是矛盾的主要方面,是决定性的因素。如果司法本身没有努力去追求获得人民群众的认可,没有认真努力去满足人民群众正当的司法需求,或者虽然也在努力追求这种结果,但司法体系的功能较弱,或者司法能力较差,那么司法就不可能获得应有的公信力。高度的司法公信力是国家及其司法自身的追求,也是国家治理成功的客观反映。从这一意义上说,司法现代化的过程就是不断提高司法公信力的过程。为实现司法现代化的一切努力,就是为了不断提高司法公信力。

如前所述,新时代中国式司法现代化包含了司法体系现代化和司法能力现代化两大任务,而司法是由一系列要素构成的体系,司法现代化是一系列要素及其整个体系和这个体系运行能力的现代化。新时代中国式司法现代化的目标是建立健全公正、高效、权威的中国特色社会主义司法制度,并以公正、高效、权威的司法实践实现公平正义。无论是公正、高效、权威的中国特色社会主义司法制度,还是公正、高效、权威的司法活动,都是形成高度的司法公信力所不可或缺的必要条件。司法公信力的高低,反映着司法现代化的水平,因此可以说,司法公信力对于司法现代化具有标志性意义。我们加快推进司法现代化进程，就是要不断提高司法公信力。司法公信力的明显提高，是我国高水平司法现代化的标志。因此还可以说，司法公信力的高低，是检验我国司法现代化发展水平的重要标志。

（二）影响司法公信力的主要因素

不能否认，党的十八大以来，随着一系列深化司法体制改革举措的推进落实，司法公信力有了很大提高。但是，解决司法公信力不高的问题是一个较长的过程，不可能很快、完全地解决司法不公、司法公信力不高的问题。习近平总书记在党的十八届四中全会上作《关于〈中共中央关于全面推进依法治国若干重大问题的决定〉的说明》时一针见血地指出，当前，司法领域存在的主要问题是，司法不公、司法公信力不高问题十分突出，一些司法人员作风不正、办案不廉，办金钱案、关系案、人情案，“吃了原告吃被告”，等等。[①] 通过近几年来的司法体制综合配套改革，总书记指出的这些影响司法公信力的现象基本已经明显减少，当然也没有绝迹，只是更加隐蔽而已。司法公信力不高的问题反映在许多方面，习近平总书记指出的一些司法人员作风不正、办案不廉，办金钱案、关系案、人情案，“吃了原告吃被告”等情况只是造成司法不公的一部分问题或一部分原因，与司法公信力有因果关系的因素还有很多。提高司法公信力，就是要针对这些因素做好文章。

一是对司法案件的实体处理。对司法案件的实体处理是当事人和公众最为关心的问题，实体处理是否公正，决定了司法公信力的高低。司法不公，通常指对案件处理结果的否定性评价。如果实体处理不公，就谈不上司法的公信力，或者说司法没有公信力。案件处理结果是否公正，对于存在利害冲突的当事人双方来说，可能有完全不同的主观感受和评价，但这并不意味着公正与否是一个无法确定的事实、无法判断的

---

① 习近平：《关于〈中共中央关于全面推进依法治国若干重大问题的决定〉的说明》，载中国共产党新闻网，http://cpc.people.com.cn/n/2014/1028/c64094-25926150-3.html，2022 年 5 月 20 日访问。

难题。除了当事人以外,公平正义还能够被人民群众所感受。人民群众从每一个案件中感受到了公平正义或者感受不到公平正义,甚至感受到了不公平、不正义,这就是司法公正与司法不公的外在区别。另外,法律本身也具有检验司法“公与不公”的功能。司法不公对于司法公信力杀伤巨大,严重不公的实体处理,即使是极少数案件,也会导致司法公信力的严重丧失或者普遍下降。所以,保证实体公正是司法永远不可忽视的原则。

二是对于司法程序的态度。程序公正又称过程公正,是司法公正的组成部分。尽管人们关注的重点是司法结果公正,但程序是否公正对于司法公信力同样影响巨大。程序公正是实体公正的保证,程序不公在多数情况下会导致实体不公的结果,而且,程序被遵守的情况本身也反映司法的公信力。司法机关严格遵守公正的法定程序,严格依法定程序办案,这个公正的过程就产生了司法公信力,人们信任这样一个司法过程。反之,如果司法机关无视法定程序,或者滥用法定程序,甚至采取非法的程序行为,那么,即使案件的实体处理并无不公,也会因此缺乏公信力,人们不相信在不公正的程序中会得到公正的结果。所以,司法的实体公正必须是坚持程序公正的结果,任何时候都要重视程序公正,否则,司法同样不会有很高的公信力。

三是司法人员的个体素质。司法人员是司法机关的代表,是具体行使司法权力的主体,因而司法人员的专业素质和职业道德素质直接影响司法的程序公正和实体公正,从而直接影响司法的公信力。专业素质低下,难以公正处理案件,人们不会信任这样的司法人员,对其办案过程和办案结果往往会产生不信任感。不管其处理结果是否公正,司法活动都不会有很高的公信力,而司法人员司法职业道德对于司法公信力的负面影响更大。一些司法人员作风不正、办案不廉,办金钱案、关系案、人情案,“吃了原告吃被告”,等等,不仅严重影响案件的公正处理,而且即使处理结果实际上是公正的,司法也仍然会因此缺乏公信力。尽管司法人员在司法办案实践中表现出来的职业道德低下,如办案不廉,办金钱案、关系案、人情案等，只是少数人员、少数案件、少数情形，但对国家整个司法的公信力都会产生严重的负面影响。

四是司法机关的公众形象。司法机关在公众中形成一个什么样的形象，对于司法公信力也有很大影响。司法机关的公众形象主要通过司法办案特别是案件处理结果形成，但又不限于办案活动。司法机关的司法活动、司法管理活动、对于当事人和公众的态度、对于司法政策的态度、司法机关和司法人员在社会各领域中的言行等，都会给公众造成某种印象。一系列的因素给公众留下一种良好的印象，也就是说在公众中有一个良好的形象，那么司法公信力也会因此提高。

五是公众对于司法的遵从意识。司法公信力是公众对于司法的内心评价和因此产生的令人信服的力量。虽然公信力决定于司法本身，但公众本身的素质也会影响司法的公信力。倘若公众对于司法缺乏科学理性的认识理解，特别是当事人如果只是简单地把自己的利益是否得到实现当作评价司法公正与否的绝对标准，那么，即使司法的过程与结果都是公正的，司法也未必有公信力。因此，对于作为公信力评价主体的公众而言，增强其在司法案件中感受到公平正义的能力，对于提高司法公信力也是非常重要的一环。

不能否认，当下中国还存在着制约司法公信力的诸多因素，司法公信力不高的问题还有待下更大力气解决。新时代中国式司法现代化建设，应当针对影响司法公信力的问题，继续深化司法体制综合配套改革，逐个转化不利于司法公信力提高的消极因素。

(三)提高司法公信力与推进司法体系和司法能力现代化

司法公信力与司法体系和司法能力现代化有着十分密切的联系，是司法现代化问题的不同侧面。司法现代化意味着司法有着较高的公信力，司法现代化的过程也是不断提高司法公信力的过程。换言之，司法公信力对于司法现代化具有标志性意义。同时，司法现代化的实现或者说司法现代化水平的提高，又需要通过司法体系和司法能力现代化的不断推进来实现。不断提高司法公信力是司法现代化的重要目标之一。

然而，提高司法公信力不能不依赖于司法体系和司法能力的现代化。

首先，司法体系本身对于司法公信力具有决定性意义。司法体系本身是否实现了现代化，其现代化程度如何，直接决定了司法公信力的水平。这种决定作用包括了两个层面。其一，不管这个体系运行情况如何，司法体系本身就具有司法公信力的象征意义和解释意义。举例而言，在法院与检察机关、公安机关共同行使司法权力的刑事司法体系中，法院的刑事审判活动不可能有多高的公信力。相反，法院与侦控机关分工负责、互相制约的司法体系下，法院依法独立行使审判权，法院的刑事司法活动无疑具有相对较高的公信力。司法公信力不仅来自于对案件处理的过程和结果，同时也来自于司法体系本身。一种遵循司法规律的公正科学的司法体系本身就能产生较高的公信力。其二，司法体系现代化对于通过司法实现社会公平正义具有决定意义。与传统的司法体系相比较，完成现代化转型的司法体系能够在更高程度上实现社会公平正义，并给司法活动带来更高的公信力。换言之，司法体系现代化能够使司法的过程和结果更大程度地实现社会公平正义，从而使司法活动具有更高的司法公信力。

其次，司法能力现代化是提高司法公信力的另一个决定因素。司法能力是一定司法体系下司法机关处理司法事务，实现司法功能价值的能力。司法能力越强，就越能够公正高效处理司法事务，越能够实现公平正义。司法能力现代化与司法体系现代化有着必然的联系，没有司法体系现代化就不可能有司法能力现代化，但司法体系现代化是司法能力现代化的必要条件而不是充分条件。在现代化的司法体系下也仍然可能存在司法能力传统落后的情形，如果这个现代化体系中的人的素质包括理念、信仰和个人的素质能力依然停留在传统层面上，司法活动中体现出来的司法机关的司法能力就可能同样是传统的、落后的。只有同步实现了司法体系的现代化和司法人员的现代化，司法能力的现代化才会变成现实。进言之，司法能力现代化之后，当事人和社会公众才能高度信任由现代化司法体系运行的司法活动。当事人和公众不会相信落后的司法能力能够产生公正的司法结果,即使某个司法案件的处理结果本身的确是公正的,人们也会对其公正性产生怀疑。所以,提高司法公信力,必须不断推进司法能力现代化,不断提高司法能力的现代化水平。

五、新时代中国式司法体系与司法能力现代化的前景展望

如前所述,国家治理现代化通过国家治理体系与治理能力的现代化来实现。司法现代化是国家治理现代化的组成部分,因而司法现代化的任务也由司法体系现代化和司法能力现代化所构成。站在新的起点上,我们需要对中国实现司法体系现代化和司法能力现代化目标的前景有一个清醒的认识。

总的来说,在国家强力推进国家治理体系和治理能力现代化的大背景下,作为国家治理体系和治理能力重要组成部分的司法体系和司法能力的现代化肩负重大使命,不可能停下现代化的脚步,必将继续深化改革建设。到 2035 年时,司法体系和司法能力较之当下更加成熟完善定型;到中华人民共和国成立一百年时,司法体系与司法能力现代化达到先进水平,中国特色社会主义司法制度和司法实践充分展现公正高效权威的特征,人民群众从司法案件中能普遍感受到公平正义。

当然,实现司法体系与司法能力现代化的目标不会自然而然、一帆风顺,司法现代化征途上也有诸多的困难和问题需要我们去攻克、去解决。

(一)国家治理现代化建设推动司法体系和司法能力现代化

党中央对国家治理体系和治理能力现代化建设作出了全面的决策部署,司法作为国家治理体系特别是中国特色社会主义法治体系的重要组成部分,司法体系和司法能力的现代化是国家治理体系和治理能力现代化的重要内容、重要任务,因而党中央也专门对司法体系和司法能力现代化提出了明确的任务要求,指明了努力的方向。党的二十大报告明确要求:“深化司法体制综合配套改革,全面准确落实司法责任制,加快建设公正高效权威的社会主义司法制度,努力让人民群众在每一个司法

案件中感受到公平正义。”[①]在党中央的决策部署和强力推动下，国家治理体系和治理能力现代化建设全面展开，这为新时代中国司法体系和司法能力现代化建设提供了极为有利的时机和强劲的动力。在国家治理体系和治理能力现代化建设的大潮中，司法必然不甘落后，相反会更加活跃积极，走在国家治理现代化的前列，并通过司法体系和司法能力的现代化建设，为国家治理体系和治理能力的现代化发挥重要作用。

（二）司法现代化建设的成就和经验为司法体系和司法能力现代化创造更好条件

改革开放以来，特别是党的十八大以来，我国在司法体系和司法能力建设方面采取了一系列重要的举措。在恢复和重建司法体系过程中，我国边建设、边改革、边完善，司法体系日渐完善。尤其是党的十八大以来进行的司法体制改革包括综合配套改革，使得我国司法体系更加完善、更加科学、更加具有活力。随着司法体系现代化建设的持续推进，司法主体的司法能力也同时得到显著提升。以司法队伍结构与素质为例，改革开放初期，法律人才严重缺乏，司法队伍中以非专业人才或者低层次法律人才为主。这样一支司法队伍，即便政治素质、职业道德素质过硬，也无法否认其专业素质水平低、司法能力弱的客观事实。但随着法律人才培养事业的发展和司法人才管理制度的逐步完善，司法队伍人才结构与个体素质得到极大的优化和提升。从改革开放初期大量从转业军人、学校教师中选录政治素质好的人员充实司法队伍，到要求选录受过法律专业高等教育的人才进入司法队伍，再把进入司法队伍的人才标准提高到具有法律专业研究生学历并通过国家司法考试；实行法官、检察官员额制后，能够获得办理司法案件资格的人员又必须是法官、检察官预备人员中的精英人才，司法队伍的素质水平已大幅提高。司法队伍的质量提升，极大提高了司法主体的司法能力，如今司法人员办理司法

---

① 习近平：《高举中国特色社会主义伟大旗帜　为全面建设社会主义现代化国家而团结奋斗：在中国共产党第二十次全国代表大会上的报告》（2022 年 10 月 16 日），人民出版社 2022 年版，第 42 页。

案件的质量和效率已经为二十年前的法官、检察官所无法比拟。持续深化的司法体制改革和综合配套改革，使中国特色社会主义司法制度体系基本完善，司法机关的司法能力显著提升，这为继续推进司法体系和司法能力现代化提供了坚实的基础。在这样一个基础之上，司法体系和司法能力现代化建设已经不需要通过从无到有或者从头再来的艰难探索，而只需要进一步完善现行司法体系和进一步提高司法的能力。

此外，经过数十年司法现代化建设的实践，我们同时积累了丰富而宝贵的经验，对司法现代化的规律有了更深刻的认识和把握。正反两方面的经验成为新时代司法体系和司法能力现代化建设的宝贵资源，有利于我们在司法体系和司法能力现代化建设中始终把握正确方向，走对路子，避免失误，取得更好的成效，更快地接近司法体系和司法能力现代化的目标。

（三）司法体系和司法能力现代化依然任务艰巨、任重道远

看不到司法现代化的巨大成就和新时代中国司法体系和司法能力现代化的强大基础，我们实现司法体系和司法能力现代化目标就会缺乏自信。然而，如果看不到新时代中国式司法现代化进程中面临的困难和阻力，我们就会掉以轻心，盲目自信，缺乏攻坚克难、再上一层楼的勇气和动力。就当下而言，实现司法体系和司法能力现代化的目标，我们依然任务艰巨，且有诸多阻力。

其一，传统因素的影响仍然会掣肘司法体系和司法能力现代化的前进步伐。司法行政化，司法地方化，司法的不独立、不中立，公民在适用法律上不平等，人权意识淡薄，公众或者其他权力主体对司法权威缺乏应有的敬畏等，都是一种与司法现代化相冲突的传统法律文化，或者具体地说是一种传统理念、传统心理。这些传统因素会影响我们司法制度体系的完善，更会影响司法体系的良好运行，制约司法能力的提升。实现司法体系和司法能力的现代化目标，必须持续破除传统因素构成的重重障碍，坚决同传统文化中的消极内容作不懈斗争，最大限度地清除落后传统因素的消极影响。

其二，对司法体制改革成就盲目自满的心理消解司法体系和司法能力现代化建设的热情和创造性。党的十八大以来，我们深化司法体制改革涉及了方方面面，成套推出改革举措，司法体系发生了深刻的变化，达到了比以往任何时候都更加完善的程度。这样，一部分人可能产生一种无所作为的心态，错误地认为似乎进一步改革的空间已经不大，即使再有什么改革，也都只是修修补补，拾遗补缺；就司法能力而言，似乎司法机关已经十分努力，能做的和不能做的都做了，司法能力的进一步提升似乎同样空间有限。对改革成就的盲目自满情绪，将会导致人们对于司法体系和司法能力的现代化建设停留在口头上、形式上，缺乏真抓实干、攻坚克难的热情和动力。实际上，我们通过深化司法体制改革，虽然基本完善了司法制度体系，但这也只是基本完善，体系建设方面还有不少难题需要破解。习近平总书记在谈到我国法治体系存在的不足时指出："法治实施体系不够高效，执法司法职权运行机制不够科学；法治监督体系不够严密，各方面监督没有真正形成合力；法治保障体系不够有力，法治专门队伍建设有待加强；涉外法治短板比较明显，等等。"[①]习近平总书记所指出的问题包括了司法领域，这些问题客观存在，说明司法体系还不够完善，还需要进一步改革完善，而且，越是到后面的改革，就越艰难，这意味着司法体系和司法能力的现代化仍然有待克服自满心理，振奋精神，以更高标准、更高要求推进司法体系和司法能力的现代化建设。

其三，司法体系有效运行的困难性、复杂性决定了提升司法体系和司法能力现代化水平的艰巨性。司法体系的完善本身就不是一件容易的事情，而更加困难、更为复杂的是司法体系的有效运行。司法体系的现代化并不仅仅体现在司法体系特别是制度体系的完善上。是否完善，是否实现了现代化，归根结底还要看这个体系能否有效运行，能否实现

---

① 习近平：《坚持走中国特色社会主义法治道路　更好推进中国特色社会主义法治体系建设》，载《求是》2022年第4期。

这个体系预期的功能目标。再好、再完善的司法体系如果不能有效运行,不能转化为先进的司法能力,那么,这个体系本质上还不能算达到了很高的现代化水平。体系不能有效运转,司法能力就不会因为体系而得以提升,司法也无法借助这个体系更好地发挥自己的功能,实现自己的职能。然而,司法体系的有效运行比体系的建设完善更加困难,更加复杂,体系中的有些制度建设不是非常困难,但执行起来却是非常不易。例如,对司法人员的监督管理、考核评价,可以制定相应的制度办法,形成相应的工作机制,但是运用这些制度进行有效监督、科学公正考评,却一直是个未能有效破解的难题。又如,刑事司法程序体系在法律层面上可能已经比较完善,但刑事司法人员的自由裁量权可以将有些法定程序束之高阁,巧妙规避,使其形同虚设。这样,纸面上的司法程序看起来可能已经非常现代化,但实际运行的司法程序可能依然停留在较低的现代化水平上。司法体系的运行受到诸多因素的制约,特别是受到运行体系的人的因素的制约,所以,推进司法体系和司法能力的现代化建设,不仅要注重制度层面的建设完善,更要下大力气解决司法体系有效运行的问题,使其有效转化为先进的司法能力,从而使得司法体系和司法能力建设最大限度地实现现代化目标。

前述总序、绪论和第一章、第二章部分,主要从宏观层面系统回顾了党的十八大以来我国法治建设取得的历史性成就、习近平法治思想体系中的司法现代化内涵,阐述了新时代中国特色社会主义司法现代化的重大理论和实践问题。在接下来的章节里,本书以下部分将从微观层面入手,重点围绕司法现代化推进过程中的具体问题,分别阐述党的十八以来我国推进司法现代化方面的重大制度创新、实际成效和实践经验,并对司法现代化在各领域的实践发展作前瞻性思考。

第二编

中国式司法体系现代化的改革实践

第三章　最高人民法院设立巡回法庭的司法现代化意义

2014年10月，中共十八届四中全会审议通过了《中共中央关于全面推进依法治国若干重大问题的决定》，提出要优化司法职权配置，推动实行审判权和执行权相分离的体制改革试点，最高人民法院设立巡回法庭，探索设立跨行政区划的人民法院和人民检察院，探索建立检察机关提起公益诉讼制度。习近平总书记在《党的十八届四中全会决定》的说明中指出，最高人民法院设立巡回法庭，有利于审判机关重心下移、就地解决纠纷、方便当事人诉讼，有利于最高人民法院本部集中精力制定司法政策和司法解释、审理对统一法律适用有重大意义的案件。① 党的二十大在总结新时代十年的伟大变革时充分肯定：司法体制改革取得重大进展，社会公平正义保障更为坚实。② 设

① 参见习近平：《关于〈中共中央关于全面推进依法治国若干重大问题的决定〉的说明》，载《人民日报》2014年10月29日，第1版。

② 参见习近平：《高举中国特色社会主义伟大旗帜　为全面建设社会主义现代化国家而团结奋斗：在中国共产党第二十次全国代表大会上的报告》(2022年10月16日)，人民出版社2022年版，第9～10页。

立最高人民法院巡回法庭,是党中央作出的重大决策部署,是推进全面依法治国、维护司法公正的重要举措,是人民法院司法事业发展的历史性机遇,也是司法体制改革取得的重要成果之一,在保障社会公平正义中发挥了重要作用。

一、司法现代化背景下最高人民法院巡回法庭之设立

(一)最高人民法院巡回法庭设立初衷

我国巡回法庭制度具有鲜明特点,目前有两种类型的巡回法庭:一是为就地解决纠纷、方便当事人诉讼,在基层人民法院和边远地区设立的巡回法庭。例如,早在中华人民共和国建立之前,各革命根据地就已存在巡回法庭和巡回审判制度;“马锡五审判方式”更是把巡回法庭及巡回审判制度发展到了鼎盛时期。中华人民共和国建立后,“马锡五审判方式”被传承下来,《人民法庭组织通则》《人民法院暂行组织条例》等法律文件都规定了巡回法庭及巡回审判制度。《民事诉讼法》第138条明确规定:“人民法院审理民事案件,根据需要进行巡回审理,就地办案。”二是作为最高人民法院派出的常设审判机构的巡回法庭,审理跨行政区域重大行政和民商事案件。

实践中,由于法院、检察院依行政区划而设立,司法地方化的问题长期存在。因此党的十八大以来,中央在顶层设计上制定了一系列去地方化、去行政化的司法改革举措。由于司法去地方化、去行政化涉及体制问题,法院系统在一定程度上只能解决内部问题,而不能解决外部干预问题,所以有些问题解决得也不理想。与此同时,地方法院的审判尤其是基层法院存在审判专业能力与审判经验不足的问题,最高法院设立巡回法庭可以对地方审判进行有效指导,并对地方的疑难案件直接审判,促进地方重大疑难案件审理的公正性和专业性。由此可见,最高法院设立巡回法庭,主要目的是使纠纷能就地解决,方便当事人诉讼,排除地方保护对司法的干扰,更好地实现司法公正,推动审判工作重心下移。为了实现这一目的,最高人民法院巡回法庭所需经费由中央财政统一保

障，工作人员由最高人民法院统一选派和招聘，行政和审判管理由最高人民法院统一规定和组织，从而能够有效地排除地方法院审理案件时可能受到的法外因素干扰，更有利于人民法院依法独立、公正审理跨地区的民事、行政和其他案件。

需要注意的是，巡回法庭是一项全新的事物，与新中国成立初期的最高人民法院大区分院和基层人民法院巡回审判都存在区别：(1)与最高人民法院大区分院的区别。20世纪50年代初期，对应当时的各大行政区，最高人民法院分别设立了东北分院、西南分院、西北分院、中南分院、华东分院和华北分院。1954年，随着大行政区的撤销，大区分院也相继撤销。巡回法庭与大区分院存在以下不同：一是机构地位不同。最高人民法院分院是同级大行政区政府的组成部分，受其领导和监督，而巡回法庭是最高人民法院的组成部分，没有对应的地方同级政府。二是巡回区域不同。大区分院依托的大行政区是革命战争时期全国战区划分的结果，而巡回法庭是根据地理区域、案件数量、国家战略需要等多种因素确定巡回区的。三是工作职能不同。大区分院除审判案件外，还可以制定司法解释、监督指导下级法院审判工作、管理下级法院少部分司法行政事务等，而巡回法庭的主要职能是办案，不负责制定司法解释和管理司法行政事务。(2)与基层人民法院巡回审判的区别。基层人民法院的巡回审判是落实司法便民利民、深入乡间地头化解矛盾的一种审判方式，而最高人民法院巡回法庭是一个常设性的派出机构，职能定位上更侧重于依法公正审理跨行政区域重大行政和民商事等案件，推动审判工作重心下移，确保国家法律适用统一，方便群众诉讼只是其中一个重要方面。①

（二）最高人民法院巡回法庭设立经过

2014年12月，中央全面深化改革领导小组第七次会议审议通过

---

① 贺小荣、何帆、马渊杰：《〈最高人民法院关于巡回法庭审理案件若干问题的规定〉的理解与适用》，载《人民法院报》2015年1月29日，第5版。

《最高人民法院设立巡回法庭试点方案》，最高人民法院分别在深圳、沈阳设立第一、第二巡回法庭。2016 年 11 月，中央全面深化改革领导小组第二十九次会议审议通过《关于最高人民法院增设巡回法庭的请示》，同意最高人民法院在南京市、郑州市、重庆市、西安市增设第三、第四、第五、第六巡回法庭。具体设立情况为：最高人民法院第一巡回法庭设在广东省深圳市，巡回区包括广东、广西和海南，于 2015 年 1 月 28 日正式挂牌成立；第二巡回法庭设在辽宁省沈阳市，巡回区包括辽宁、吉林、黑龙江，于 2015 年 1 月 31 日正式挂牌成立；第三巡回法庭设在江苏省南京市，巡回区包括江苏、上海、浙江、福建、江西，于 2016 年 12 月 28 日正式挂牌成立；第四巡回法庭设在河南省郑州市，巡回区包括河南、山西、湖北、安徽，于 2016 年 12 月 28 日正式挂牌成立；第五巡回法庭设在重庆市，巡回区包括重庆、四川、云南、贵州、西藏，于 2016 年 12 月 29 日正式挂牌成立；第六巡回法庭设在陕西省西安市，巡回区包括陕西、甘肃、青海、宁夏、新疆，于 2016 年 12 月 29 日正式挂牌成立。最高人民法院本部直接受理北京、天津、河北、山东、内蒙古五省区市有关案件。

（三）最高人民法院巡回法庭管辖范围

最高人民法院审判委员会于 2015 年 1 月 5 日审议通过《最高人民法院关于巡回法庭审理案件若干问题的规定》（法释〔2015〕3 号，以下简称《关于巡回法庭的规定》），明确最高人民法院巡回法庭审理或者办理巡回区内应当由最高人民法院受理的以下案件：（1）全国范围内重大、复杂的第一审行政案件；（2）在全国有重大影响的第一审民商事案件；（3）不服高级人民法院作出的第一审行政或者民商事判决、裁定提起上诉的案件；（4）对高级人民法院作出的已经发生法律效力的行政或者民商事判决、裁定、调解书申请再审的案件；（5）刑事申诉案件；（6）依法定职权提起再审的案件；（7）不服高级人民法院作出的罚款、拘留决定申请复议的案件；（8）高级人民法院因管辖权问题报请最高人民法院裁定或者决定的案件；（9）高级人民法院报请批准延长审限的案件；（10）涉港澳台民商事案件和司法协助案件；（11）最高人民法院认为应当由巡回法庭审理或者办理的其他案件。巡回法庭依法办理巡回区内向最高人民法院提出的来信来访事项。

在确定巡回法庭的受案范围，主要体现了以下三个原则：一是依法原则。巡回法庭作为最高人民法院的派出机构，审理或办理的案件必须是根据人民法院组织法、行政诉讼法、民事诉讼法、刑事诉讼法等法律应当由最高人民法院受理的案件。所谓受案范围，也只是在最高人民法院内部进行的职能分工。二是价值平衡原则。哪些案件适宜放到巡回法庭审理，哪些适宜由最高人民法院本部办理，与巡回法庭的功能定位、价值取向和办案保障等存在密切关系。对于由巡回法庭审理更有利于减轻群众诉累，节约司法成本的，可以放到巡回法庭审理，免去当事人奔波劳苦；对于统一法律适用具有重大指导意义的，或者不宜由巡回法庭审理的，仍应当由最高人民法院本部审理或办理。三是稳妥有序原则。改革既要积极探索，又要稳妥有序，必须充分考虑最高人民法院的职能定位、案件数量和类型、审判资源配置和内设机构设置等情况，合理确定本部与巡回法庭的分工，并逐步在改革过程中完善。

（四）巡回法庭与最高人民法院本部的关系

巡回法庭是最高人民法院的组成部分，巡回法庭工作接受最高人民法院的监督指导。巡回法庭不是一个独立的审级，也不是独立的法院，巡回法庭的判决效力等同于最高人民法院的判决，均为终审判决。巡回法庭的人、财、物仍将由最高人民法院统一管理，即从最高人民法院选派到地方巡回法庭的人员，依旧保留最高人民法院的编制、工资计算方式等。《关于巡回法庭的规定》第 8 条、第 12 条、第 13 条分别从案件移送、审判管理、廉政监督三个方面对巡回法庭与本部的关系作出规定。

第一，关于特定类型案件的移送。巡回法庭普遍设立后，最高人民法院本部应当将工作重心转移到监督指导上，主要审理一些对统一法律适用有重大指导意义、具有重大示范价值、能够作为指导性案例的案件。《关于巡回法庭的规定》第 8 条第 1 款规定了最高人民法院本部要求巡回法庭将对统一法律适用有重大指导意义的案件移送本部审理的情形；

第 2 款规定了巡回法庭主动将对统一法律适用有重大指导意义的案件报请最高人民法院本部审理的情形。这一机制有利于最高人民法院本部及时发现和审理对统一法律适用有重大指导意义的案件,推动建立将最高人民法院的裁判直接转化为指导性案例的机制。

第二,关于巡回法庭的审判管理工作。巡回法庭受理的案件统一纳入最高人民法院审判信息综合管理平台进行管理。当事人通过中国法院审判流程信息公开网即可查询到由巡回法庭受理的案件信息,及时了解和监督案件进展情况。巡回法庭作出的裁判文书上传至中国裁判文书网,依法向当事人和全社会公开。

第三,关于巡回法庭的廉政监督机制。由于巡回法庭远离最高人民法院本部,社会各界普遍关心对巡回法庭的廉政监督问题,《关于巡回法庭的规定》第 13 条对这一问题作出回应。首先,每个巡回法庭都配备了廉政监察员,负责巡回法庭的日常廉政监督工作。其次,巡回法庭也将加强自律,依托现代信息化手段和司法公开举措,建立主审法官、合议庭行使审判权与庭长、副庭长行使监督权的全程留痕、相互监督、相互制约机制,确保监督不缺位、监督不越位、监督必留痕、失职必担责。最后,最高人民法院监察局将通过受理举报投诉、查处违纪案件、开展司法巡查和审务督察等方式,对巡回法庭及其工作人员进行廉政监督。

二、最高人民法院巡回法庭充分展示司法现代化的重大成就

改革开放以来进行的人民法院改革,是我国从传统社会向现代社会转型的一个重要方面,是人民法院走向现代化进程中的历史足迹和艰难探索。其中既有与时代同呼吸、共命运的进步和成绩,也有与传统相决裂、再回首的困惑与曲折。毋庸置疑,人民法院的现代化是综合的、整体的和全面的现代化,包括审判理念、审判组织、审判制度、审判程序、审判机制和审判管理等,需要顺应时代、顺应需求、顶层设计、整体谋划。“中央决定设立最高人民法院巡回法庭,最高人民法院谋划设立巡回法庭,都不是着眼于一个审判机构的简单增加,而是站在中国法治现

代化的高度,对我国司法制度现代化的一次重新布局,具有深远的历史意义。”①

习近平总书记在多次重要讲话中,都将设立巡回法庭作为中央全面深化改革的一项重大成果。时任最高人民法院院长周强曾经深刻指出,巡回法庭作为全面推进司法改革的“排头兵”和“试验田”,巡回法庭的今天就是最高人民法院的明天,也是全国法院的明天。2016 年和 2017 年之交,随着最高人民法院第一至第六巡回法庭全部设置到位,每个巡回法庭的人员选派到位,办公场所和各项保障到位,进而实现开门立案、办案和接待涉诉信访,中国法院现代化建设也掀开了崭新的一页。

作为全面推进司法改革的“排头兵”和“试验田”,最高人民法院设立巡回法庭承载着破除司法地方化、优化司法资源配置的重要功能,对于保证司法公正、提高司法公信力,落实司法为民和诉讼便民利民原则,强化法治宣传和普法释法,分解本部办案压力,加强对下监督指导作用,以及探索人民法院现代化管理机制和未来发展模式等,都发挥着重要作用,其功能主要概括为两个“有利于”:一是有利于审判机关重心下移、就地解决纠纷、方便人民群众诉讼;二是有利于最高人民法院本部集中精力制定司法政策和司法解释、审理对统一法律适用有重大指导意义的案件。

巡回法庭作为司法改革新生事物,在推进审判体系和审判能力现代化方面充分体现了改革创新精神。特别是在建立新型法院模式,构建科学的审判权运行机制等方面,巡回法庭积极探索的扁平化管理模式,全面体现了“让审理者裁判、由裁判者负责”原则,为全国法院司法改革提供了“样板”。如在主审法官的界定问题上,最高人民法院巡回法庭不设置固定的合议庭,不设固定的审判长职位,法官人人平等,皆可担任审判长。每名主审法官都配备相对固定的法官助理和书记员,法官本人集中精力行使判断权和裁决权。这种人力资源配置模式,是法院人员分类改革的方向,也符合法官员额制改革的目的。

① 胡云腾:《全面设立巡回法庭的重大意义》,载《法治现代化研究》2017 年第 1 期。

总之,巡回法庭是新一轮深化司法体制改革的重要产物,是人民法院工作实现新发展的重大历史机遇,是中国法治发展史上具有里程碑意义的一件大事,在审判权力运行、人员分类管理、内设机构设置、法律统一适用、涉诉信访终结等方面都具有重大的改革创新意义,体现了司法现代化的理念和运行模式,并将在司法实践中不断发展与完善。

三、最高人民法院巡回法庭在推进司法现代化进程中的价值功能

经过数年来的运行,巡回法庭工作取得了重要阶段性成果,较好发挥了司法改革"试验田""排头兵"的作用,基本实现了审判机关重心下移、就地解决纠纷、方便当事人诉讼的改革初衷。目前,巡回法庭已经成为展示我国司法改革和社会主义法治建设成果的重要窗口,成为展现最高人民法院良好形象的重要窗口,受到了社会各界普遍好评和充分肯定,在国际上也产生了良好反响。

(一)最高人民法院巡回法庭是实现司法公正的重要保障

公平正义是国家和社会生存发展的共同价值基础,司法制度作为社会公平正义的"实现者"、"促进者"和"保障者",在实现社会公平正义的过程中承载着十分重大的使命,发挥着越来越重要的作用。《党的十八届四中全会决定》指出:"公正是法治的生命线。司法公正对社会公正具有重要引领作用,司法不公对社会公正具有致命破坏作用。"习近平总书记多次强调要努力让人民群众在每一个司法案件中感受到公平正义。习近平总书记对社会公平正义及通过办理司法案件实现社会公平正义的高度重视和反复强调,对我们深刻理解巡回法庭及其他司法改革举措具有重要指导意义。法治建设和司法改革都必须以社会公平正义为生命线,不得偏离甚而漠视。司法领域的公平正义既是社会公平正义的重要体现,又是引领社会公平正义实现的重要手段。司法不公不仅严重危害司法领域的公平正义,而且会严重破坏全社会的公平正义。司法公正要让人民群众切身感受到,由人民群众来评判,要努力让人民群众在每一个司法案件中感受到公平正义。

设立巡回法庭是中央顶层设计，就是要把最高人民法院的案件办理和宏观司法政策指导职能区分开来，把本部和巡回法庭的着力点和功能定位区分开来。巡回法庭通过集中审理跨行政区域重大行政和民商事案件，有助于公正高效审理案件，通过个案审判实现司法公正，进而引领、促进社会公平正义。几年来的司法统计数据表明，巡回法庭设立以后，最高人民法院直接审理的二审、再审和申诉案件的数量明显增多了，地方法院因各种利益掣肘或干扰而长期难以公正审理的疑难案件被巡回法庭审结了，最高人民法院从前很难有能力提起再审的案件，通过巡回法庭提审的方式审理了。这些数据都明确向全社会宣示了巡回法庭在实现社会公平正义和司法公正方面所具有的职责担当和重大作用。

（二）最高人民法院巡回法庭是落实司法为民的重要举措

社会主义法治建设和司法改革都必须为了人民、依靠人民、造福人民。全心全意为人民提供优质高效的司法服务，已经成为人民法院改革和发展的本质属性和必须努力达成的工作目标。近年来，随着社会矛盾增多，最高人民法院直接受理案件的数量持续增长，导致审判、信访压力加大，不利于最高人民法院作为最高审判机关发挥其监督指导全国法院工作的职能，也不方便当事人诉讼。巡回法庭的设立，实实在在方便了当事人诉讼，减轻了人民群众诉累，既可以进一步拉近最高人民法院与人民群众在空间上的距离，让人民群众更便捷地获得最高人民法院优质高效的司法服务，而且也可以让更多的法官实地了解社情民情，与群众面对面交流，有针对性地开展审判工作，进一步拉近最高人民法院与人民群众心理上的距离，让司法为民宗旨在更大程度上得以体现。

巡回法庭在相关地方陆续设立以后，被群众形象地称为“设在老百姓家门口的最高人民法院”，巡回法庭所在区域内的人民群众，特别是那些生活在边远地区的基层群众和律师等，有更多机会、更便捷的渠道接受最高人民法院提供的司法服务，极大地减少了诉讼参与人来京到最高人民法院打官司的讼累，明显节约相关诉讼及上访的经济与时间成本。实践证明，最高人民法院六大巡回法庭，已经成为践行以人民为中心这一治国理政理念的有力抓手和重要阵地。

（三）最高人民法院巡回法庭是推进司法改革的重要抓手

设立巡回法庭的一个重要目的，就是要让巡回法庭做改革的“排头兵”，通过先行先试推进司法改革。近年来，巡回法庭不断探索、勇于创新，在审判权运行、审判管理、队伍建设、司法保障等方面走出了一条新路。同时，随着司法改革进程的加快，司法领域仍存在大量亟待解决的问题。巡回法庭在司法改革领域的积极探索，可以在更深层次、更大范围推进综合配套改革，有利于破解体制性、机制性障碍，为全国法院司法体制改革提供更多样板，为探索建立符合中国实际、符合司法规律的人民法院管理运行机制积累更多经验。

如有的巡回法庭在落实“让审理者裁判、由裁判者负责”的司法责任制方面，采取了一系列的改革举措，效果明显。一是采取随机分案机制，即把各类案件统一编号、统一排序，纳入最高人民法院办案系统，并用电脑随机摇号的方式，分配给各合议庭办理，而不是像当前大多数法院一样由院庭长分案。随机分案，对院庭领导而言，减轻了分案的负担，使其有更多时间、精力参与合议庭办案；对主审法官而言，保证了分案的公平，扩大了参审案件类型，开阔了视野；对于审判工作而言，从源头上避免了可能出现的人情案、关系案，减少了廉政风险。当然，随机分案也不能绝对化，还要把随机分案与法官的业务专长结合起来，与案件的轻重缓急结合起来，与各类案件的不同数量结合起来，与法庭的人力资源配置状况结合起来，避免这项机制在运行中可能带来的负面影响问题。二是采取随机组成合议庭机制，即主审法官、包括庭领导针对个案而组成合议庭，案结即散，完全改变了最高人民法院本部和许多地方法院明确固定合议庭审理案件的做法。实践证明，合议庭随机组成增加了主审法官和院、庭领导相互之间的了解，使全庭主审法官的智慧、能力和专长都在办案过程中得到了展示的机会。不同的办案风格、办案理念和办案习惯相互碰撞、相互磨合，有力促进了主审法官相互切磋、相互学习，对共同提高审判能力大有裨益，全庭因此而形成了统一的裁判理念、统一的裁判规则和统一的裁判经验，进而使全庭的法律适用标准得到了统一。在法官的能力、素质基本相同或基本相当的条件下，合议庭随机组成的方向是正确的，必须坚定不移地推行。

（四）最高人民法院巡回法庭在统一法律适用方面发挥了重要作用

司法实践中，受各种因素的影响，地方法院在日常司法活动中往往存在法律适用上的不统一，这不仅导致“选择性司法”甚至“恣意司法”现象的形成，也造成“同案不同判”的局面，进而冲击法律适用的普遍性以及司法的统一性，最终对司法的公正性产生影响。与此同时，地方法院一般更熟悉本辖区的情况而对全国的情况认知不足，并对所处的地方性利益又本能地抱有“同情之理解”与“自然之维护”之心，这就使得它们在发挥司法的全国统一性上缺乏结构及功能上的力量，从而造成司法地方化现象的长期存在，不利于国家司法形象的统一塑造以及公信力的整体提升。从巡回法庭的实践来看，一方面，通过对日常案件处理过程中所发现的、巡回区内各法院审判工作中所集中存在的问题进行归纳，并运用其与巡回区内各法院所建立起的常态化联络机制进行问题以及问题解决的信息反馈，指导巡回区内各法院的审判工作，统一它们对于法律的理解与适用。实践中，这种指导监督或者统一司法标准的建立，已经细致到接待当事人的司法礼仪、案件庭审的流程把控、裁判文书的写作以及释明口径的统一、时间方式的选择、言词表述的拿捏等各个方面。另一方面，通过发挥巡回法庭审判工作自身的示范作用以及上下级法院之间存在的审级利益机制（如发改率、驳回率、申诉信访化解率等），引导巡回区内各法院审判工作的规范化，进一步提升它们在法律适用上的统一性，从而在整体上提升巡回区司法的公正性。“显然，较之于最高人民法院本部，巡回法庭在地方的常驻以及制度上又要求其‘每案必巡’，因而使其能够通过深入固定的巡回区并且常态化地开展巡回审判，在近距离接触地方司法样态的同时及时发现问题、解决问题，从而使其对巡回区内各级法院审判工作的指导监督更及时也更具针对性。”①

(五)最高人民法院巡回法庭是化解涉诉信访矛盾的重要力量

针对长期以来涉诉信访多发高发现象,各巡回法庭将就近办理涉诉信访、依法处理涉诉信访、协调各方息诉息访和推进涉诉信访机制改革等作为重点工作,积极办理涉诉信访案件,认真接待群众来访,并通过信息化手段开展视频接访。巡回法庭严格按照法律和司法解释规定办理信访案件,对于无理缠访和非法闹访情况,坚决予以抵制和制止;对于有理、合法的信访,依法启动相关程序。在协调各方息诉息访方面,依托地方三级法院和地方有关部门,推动建立联动化解信访矛盾工作机制,努力形成由巡回法庭指导、高级人民法院牵头、党委政法委协调、下级法院和有关部门主办的工作格局,着力化解群体访、重复访、越级访等问题。在推进涉诉信访制度改革方面,建立瑕疵裁判补正、释明机制。对于裁判没有实质性错误但确有瑕疵导致当事人不服的,要求法官尽量作出法律阐释,能够补正的加以补正,争取当事人理解。通过一些行之有效的举措,巡回法庭在依法妥善化解涉诉矛盾纠纷,维护社会和谐稳定方面发挥着越来越重要的作用。

---

① 方乐:《最高人民法院巡回法庭的制度功能》,载《法学家》2017 年第 3 期。

第四章　设立跨行政区划法院、检察院对司法体系的优化

党的十八大以来，面对影响司法公正、制约司法能力的重大问题和关键问题，以习近平同志为核心的党中央坚持走中国特色社会主义法治道路，作出系统化统筹部署，推出一系列对全面依法治国具有全局性重要意义的司法体制改革举措，完善和优化了司法制度体系，推动司法领域发生了历史性变革。[①] 面对改革后出现的新情况、新挑战，《党的十九届四中全会决定》明确提出，要深化司法体制综合配套改革，完善审判制度、检察制度，全面落实司法责任制，确保司法公正高效权威。2021 年 12 月 6 日，习近平总书记在十九届中央政治局三十五次集体学习时的讲话中强调指出，要深化法治领域改革，围绕让人民群众在每一项法律制度、每一个执法决定、每一宗司法案件中都感受到公平正义这个目标，深化司法体制综合配

① 参见公丕祥：《新时代中国司法现代化的理论指南》，载《法商研究》2019 年第 1 期。

套改革,加快建设公正高效权威的社会主义司法制度。党的二十大报告指出,规范司法权力运行,健全公安机关、检察机关、审判机关、司法行政机关各司其职、相互配合、相互制约的体制机制。[①] 这为深化司法体制改革指明了方向、提出了明确要求。站在新起点,各级人民法院、人民检察院认真贯彻落实习近平总书记对司法体制改革作出的重要指示和党中央有关决策部署,以坚实的步伐,着力完善司法体系公正高效运行的制度机制,进一步推动司法体系现代化进程。

一、跨行政区划法院、检察院改革构想的提出

按照人民法院组织法、人民检察院组织法规定,我国地方各级法院、检察院一般按照行政区划设置,并形成了以级别管辖和一般地域管辖为主的司法管辖制度。这种与行政区划高度重合的司法管辖体制,对于各地有效整合和利用区域社会治理要素,促进和维护地方经济社会发展具有无可替代的积极意义。但因地方法院和检察院受制于同级党政权力,案件管辖的范围也取决于行政区划,使得司法活动的抗干扰能力相对较弱。“随着社会主义市场经济深入发展和行政诉讼出现,跨行政区划乃至跨境案件越来越多,涉案金额越来越大,导致法院所在地有关部门和领导越来越关注案件处理,甚至利用职权和关系插手案件处理,造成相关诉讼出现‘主客场’现象,不利于平等保护外地当事人合法权益、保障法院独立审判、监督政府依法行政、维护法律公正实施。”[②]这种地方党政影响或干预司法使得司法异化的现象,被称为司法地方化,具体表现为隶属关系地方化、司法管辖区与行政区划完全一致、司法经费和人事任免地方化、司法运作中的地方保护主义。[③]

为排除地方对审判工作和检察工作的干扰、保障审判权和检察权依

① 习近平:《高举中国特色社会主义伟大旗帜 为全面建设社会主义现代化国家而团结奋斗:在中国共产党第二十次全国代表大会上的报告》(2022 年 10 月 16 日),人民出版社 2022 年版,第 42 页。

② 习近平总书记在关于《党的十八届四中全会决定》中的说明。

③ 参见杨小军:《法治中国视域下的司法体制改革研究》,载《法学杂志》2014 年第 3 期。

法独立公正行使，早在20世纪90年代，学界和实务界已经开始关注司法权力地方化的弊端，将跨行政区划设置法院、检察院作为改革对策之一，并进行了长期的探索和实践。[①] 在此基础上，2013年11月，《党的十八届三中全会决定》提出“探索建立与行政区划适当分离的司法管辖制度”。2014年10月，《党的十八届四中全会决定》进一步提出“探索设立跨行政区划的人民法院和人民检察院，办理跨地区案件”。为深入贯彻落实党中央改革精神，2014年12月，中央全面深化改革领导小组第七次会议审议通过了《设立跨行政区划人民法院、人民检察院试点方案》，在全国拉开了跨行政区划法院、检察院试点改革的序幕。

从文本上讲，跨行政区划法院、检察院相对的是行政区划法院、检察院，虽然我国宪法和相关组织法中并未有行政区划法院、检察院的概念，但根据对相关法条的理解，一般将与行政区划相对应的地方司法机关视为行政区划法院、检察院。如果单纯从司法机关设置与行政区划是否对应上来界定跨行政区划法院、检察院，在我国法治建设实践中已经存在一些具有跨行政区划特征的司法机关，比如，军事法院和海事法院、知识产权法院、金融法院等专门法院，军事检察院等专门检察院，以及不对应行政区划的法院、检察院等。但从改革文件精神上看，跨行政区划法院、检察院并不等同于专门法院、检察院，其具有特殊性，旨在构建独立于地方普通法院、检察院的制度体系，形成一套与之平行的诉讼管辖制度。[②]

设立跨行政区划法院、检察院作为“建立与行政区划适当分离的司法管辖制度”的核心任务之一，是基于我国现行司法管辖区与行政区划高度重叠的现状，以司法的去地方化为改革动因，将易于受地方因素干扰的案件交由跨行政区划法院、检察院管辖，跨行政区划设置法院、检察院与跨行政区划管辖特殊类型案件并举，逐步形成地方司法机关和跨行政区划司法机关两种不同的组织结构，相互独立又分工协作，共同实现

---

① 参见蒋惠岭：《司法权力地方化之利弊与改革》，载《人民司法》1998年第2期。

② 参见江必新：《从跨区划管辖到跨区划法院——兼论新型诉讼格局之构建》，载《人民司法（应用）》2017年第31期；王凤涛：《跨行政区划检察院的组织结构》，载《时代法学》2018年第4期。

司法任务,从而构建普通类型案件在行政区划法院、检察院办理,特殊类型案件在跨行政区划法院、检察院办理的诉讼格局。由此,跨行政区划法院、检察院改革对司法体系的优化体现在,以跨行政区划法院检察院设置和案件管辖的筛选为着眼点,探索司法组织体系和司法管辖制度的现代化转型提升,“解决司法权行使不按照司法内在逻辑而按照地方党政机关政治逻辑展开的症结”[①],确保司法公正高效权威,推动法治政府建设,保障中央政令畅通,促进国家法律统一正确实施,增强国家治理现代化的总体效能。

二、跨行政区划法院改革实践

自中央提出探索建立与行政区划适当分离的司法管辖制度后,为坚持立法先行,2017 年 8 月,《人民法院组织法(修订草案)》提请十二届全国人大常委会二十九次会议审议,增加规定(第 24 条):“经全国人民代表大会常务委员会决定,可以设立跨行政区划人民法院,审理跨地区案件。”但在 2018 年 6 月草案提交十三届全国人大常委会三次会议二审时,为保持人民法院组织体系和法院组织法基本原则的稳定性,这一条款草案被建议搁置,“跨行政区划法院的定位不够明确,建议对这一问题暂不作规定,待条件成熟时再作规定”[②],说明跨行政区划法院改革仍有较大的探索空间。跨行政区划法院的基本特征主要体现在跨行政区划设置和跨行政区划管辖特殊类型案件上,对于跨行政区划法院的探索实践即围绕这一基本定位展开。

(一)北京、上海跨行政区划法院试点

为减少改革成本、优化审判资源,跨行政区划法院的改革思路并未

---

① 杨清望:《司法权中央事权化:法理内涵与政法语境的混同》,载《法制与社会发展》2015 年第 1 期。

② 沈春耀:《全国人民代表大会宪法和法律委员会关于〈中华人民共和国人民法院组织法(修订草案)〉修改情况的汇报 2018 年 6 月 19 日在第十三届全国人民代表大会常务委员会第三次会议上》,载《中华人民共和国全国人民代表大会常务委员会公报》2018 年第 6 期。

与主流的学术观点保持一致,使法院与行政区划完全脱钩,重新构造单一的或复合的司法体系,而是在改造我国现有的铁路运输法院的基础上进行。[①] 2014 年 11 月 1 日,在十二届全国人大常委会十一次全体会议闭幕后召开的新闻发布会上,时任最高人民法院副院长江必新表示,"最高人民法院将指定一些法院审理跨区域行政案件,具体就是利用原来铁路法院的框架,把一部分行政案件、一部分与交通有关的刑事案件、与行政诉讼有关的民事案件,指定到铁路中院或基层法院管辖"。2014 年 12 月,《设立跨行政区划人民法院、人民检察院试点方案》出台后,最高人民法院制定了《关于北京、上海跨行政区划人民法院组建工作指导意见》。上海、北京分别于 2014 年 12 月 28 日、30 日成立了上海市第三中级人民法院(以下简称上海市三中院)和北京市第四中级人民法院(以下简称北京市四中院),首批跨行政区划法院由此设立。

在众多专门法院中,选择依托铁路法院构建跨行政区划法院,显然与铁路法院特殊的历史境遇与现实条件有关。首先,与林区法院、农垦法院、海事法院等具有显著的地域性特征的专门法院不同,铁路法院的辖区依铁路而设,基本上覆盖全国,依托铁路法院探索设立跨行政区划法院具有在全国范围内可复制可推广的先决条件。其次,作为最初隶属铁道部,具有企业性质的专门法院,最高人民法院一直致力于将其收归国家统一司法体系。继 2009 年《关于铁路公检法管理体制改革和核定政法专项编制的通知》后,各地铁路法院相继完成了转隶工作,但由于传统铁路案件案源匮乏,与地方法院案多人少现状对比强烈,其存在的正当性受到质疑,迫切需要通过改革拓展铁路法院的案源,促使其审判职能的正常化。开展跨行政区划法院改革正好契合铁路法院发展的内在需要。最后,铁路法院转隶地方基本上采取省级统管的模式,即铁路法院的人财物由省级法院统一管理,与地方行政部门没有直接关联,加上铁路法院自身具有办理跨行政区划案件的特殊经验,依托铁路法院建

---

① 参见吴在存、霍振宇:《跨行政区划法院设置与管辖制度研究》,载《法律适用》2017 年第 9 期。

立跨行政区划法院具有其他专门法院所无法比拟的组织优势。①

北京市四中院和上海市三中院设立模式相同,均是依托铁路运输中级法院,加挂北京市四中院和上海市三中院的牌子,“一套人马办案,挂两块或三块牌子”(上海同时组建知识产权法院,与上海市三中院合署办公,实行“三块牌子一个机构”)。人员配置上,所需编制从全市法院系统现有政法专项编制中调剂解决,面向全市法院选调、遴选法官。案件管辖上,北京市四中院案件管辖范围包括以本市区县人民政府为被告的行政案件;按照级别管辖标准,应由本市中级法院管辖的金融借款合同纠纷案件、保险纠纷案件、涉外涉中国港澳台的商事案件;跨地区的重大环境资源保护案件、重大食品药品安全案件;北京市人民检察院第四分院提起公诉的案件以及由北京市高级人民法院指定管辖的其他特殊案件和原由铁路中院管辖的案件。上海市三中院管辖以市级人民政府为被告的一审行政案件,以市级行政机关为上诉人、被上诉人的二审行政案件(不包括知识产权行政案件);上海市人民检察院第三分院提起公诉的案件以及由上级人民法院指定管辖的其他案件和原由铁路中院受理的刑事、民事案件。试点法院运行三年后,2017 年 11 月,最高人民法院《关于人民法院全面深化司法改革情况的报告》中对改革成效予以评价,“北京四中院集中受理全市以区县政府为被告的行政案件后,该类案件立案率从 32% 提升至 90%,行政机关负责人出庭应诉率达到 100%。上海三中院成立后,全市行政案件年均收案量比 2014 年增长 8.3 倍”。

在改革成效凸显的同时,关于改革的反思则更多集中于跨行政区划法院试点的非典型性设置上,比如,认为北京市四中院和上海市三中院在管辖范围上并没有超越直辖市的地域边界,不具有典型意义;在管辖

---

① 参见曹也汝:《跨行政区划法院的性质与功能——以铁路运输法院改革试点为参照》,载《法治现代化研究》2018 年第 4 期。

案件标准上存在管得不清等问题。[①] 为进一步探索发展跨行政区划管辖制度，2016 年 6 月，北京市四中院开始探索管辖跨京津冀行政区划特定范围、特定类型的重大民商事案件，这被视为跨行政区划管辖案件迈出的实质性一步。

（二）其他地区依托铁路运输法院推进跨行政区划法院改革进展

2015 年 2 月发布的《人民法院第四个五年改革纲要（2014—2018）》（以下简称“四五改革纲要”）进一步明确了“将铁路运输法院改造为跨行政区划法院”的改革任务，在全国推广试行。具体模式有：

由两级铁路运输法院集中管辖辖区内全部或部分一、二审行政案件。以河南、广东为例，2015 年 5 月，河南省高级人民法院发文明确郑州铁路运输两级法院管辖行政案件的范围，由郑州铁路运输中级法院管辖郑州市 6 个区人民政府为被告的一审行政案件；郑州铁路运输法院管辖以省直厅局机关为被告的一审行政案件；洛阳铁路运输法院管辖以洛阳市直机关为被告的一审行政案件。2017 年年底，对案件审理范围进行调整，郑州铁路运输中院增加管辖由省政府为被告的一审行政案件和省高级人民法院指令再审的行政案件；郑州铁路运输法院增加管辖以郑州市人社局为被告的工伤认定案件和中央驻豫机关为被告的一审行政案件；洛阳铁路运输法院调整管辖 5 个县行政机关为被告的一审行政案件。2019 年 8 月，结合《行政诉讼法》的修订内容，对管辖范围再次调整，郑州铁路运输法院管辖以郑州市人社局为被告的工伤行政案件、以郑州市有关行政机关为被告的土地、房屋登记案件和以郑州市各级公安机关为被告的公安类行政案件；郑州铁路运输中院管辖以省政府为被告的一审行政案件和对两家铁路运输法院一审上诉的二审行政案件；郑州铁路运输法院和中院原管辖案件由有关基层法院和郑州市中级人民法院管辖。

2015 年 12 月，广东省高级人民法院对省内铁路运输法院的机构职

---

① 参见林默：《继续推进和创新跨行政区划法院改革——专访中国政法大学副校长马怀德教授》，载《人民法治》2016 年第 1 期；陈卫东：《跨行政区划人民法院改革研究》，载《财经法学》2016 年第 6 期。

能进行了重大调整，一是将广州铁路运输法院更名为广州铁路运输第一法院，将肇庆铁路运输法院迁回广州，更名为广州铁路运输第二法院。二是第一法院在受理原有案件的基础上，集中受理广州市一审行政案件和非诉行政案件审查，广州铁路运输中级法院在受理原有案件的基础上，集中受理广州市二审行政案件，以及依法应当由中级人民法院审理的一审行政案件、非诉行政案件审查。第二法院在受理原有案件的基础上，办理广东高院指定的适合跨行政区域管辖的环境保护、重大职务犯罪等案件。三是根据案件管辖调整情况，广州市中级人民法院、广州市各区法院行政审判庭的机构、编制、职数相应整体划入广州铁路运输中级法院和广州铁路运输第一法院。根据广州铁路运输中院 2019 年司法统计数据，跨区划集中管辖行政案件改革 3 年来，该院受理行政案件数超 5 万件，2018 年在新收行政诉讼案件数量同比增长 42.05% 的情况下，行政机关败诉不升反降，体现了对法治政府建设的积极助力。

由铁路运输基层法院集中管辖试点地区一审特定类型案件。以江苏为例，2016 年 4 月，江苏省委政法委、省编办、省法院、省人大常委会办公厅等六部门联合下发了《关于印发〈关于探索设立跨行政区划法院试点工作方案〉的通知》，确定依托南京、徐州铁路运输法院，开展组建跨行政区划法院改革试点工作。结合试点工作方案，江苏省高级人民法院下发《关于调整南京、徐州铁路运输法院案件管辖范围的通知》，自 2016 年 4 月 1 日起，由南京铁路运输法院集中管辖原属南京地区基层法院管辖的一审行政诉讼案件和部分知识产权案件；徐州铁路运输法院管辖原由徐州各基层法院管辖的一审行政诉讼案件及按一审程序审理的发回重审案件。另外，徐州铁路运输法院于 2017 年 1 月 1 日起，集中管辖徐州地区应由基层法院受理的一审环境资源类案件，同时积极探索集中管辖以特殊主体为被执行人的案件、跨行政区划重大民商事案件。为适应跨行政区划法院审判工作的需要，江苏省高级人民法院会同省委组织部和省编办等部门，对铁路法院的内设机构、人员编制等进行统一调整，并组织开展人员选调、法官遴选等工作。改革试点一年后，南京铁路运输法院跨区划集中管辖在保障诉权、排除地方因素干扰、促进行政机关依法行政等方面取得的改革成效，受到时任最高人民法院周强院长批示肯定；徐州铁路运输法院经第三方独立评估，在撤改率大致不变的情况下，息诉息访率大幅度上升，最高人民法院相关领导予以肯定，认为“体制制度本身给予了当事人以信任，赋予了司法权威”。直到 2019 年 2 月，为更好适应“一带一路”倡议、长江经济带建设国家战略等的需要，最高人民法院作出批复，同意撤销南京铁路运输法院设立南京海事法院，由此结束了南京铁路运输法院作为跨行政行政区划法院改革试点的使命。

（三）跨区划管辖特殊类型案件的进一步探索

案件管辖的设置是跨行政区划法院能否保持生命力的关键。根据人民法院“四五改革纲要”意见，跨行政区划法院主要审理跨行政区划案件、重大行政案件、环境资源保护、企业破产、食品药品安全等易受地方因素影响的案件、跨行政区划人民检察院提起公诉的案件和原铁路运输法院受理的刑事、民事案件。从相继启动的依托铁路运输法院开展的跨行政区划法院改革情况看，在实行跨区划管辖案件的类型、范围方面不尽相同，但在案件类型上主要是以行政案件集中受理为主。为进一步明确跨区划管辖特殊案件的类型和界定标准，完善跨行政区划法院的案件管辖制度，近年来，各地法院逐步开展了关于跨区划管辖特殊类型案件的有益探索，其中以江苏法院环境资源审判“9 +1”机制改革尤为典型。

为深入贯彻有关探索建立与行政区划适当分离的环境资源案件管辖制度改革要求，2018 年，江苏法院开启环境资源审判“9 +1”机制改革，该机制以保障法律统一正确实施和生态环境系统保护为目标，打破传统行政区划，以生态功能区为单位建立与行政区划适度分离的环境资源审判机构，打造全省范围内以水系流域、生态区域为基础的新型环境资源审判体制。“9 +1”中的“9”是指按生态功能区划分设立的 9 家基层人民法院环境资源法庭，分别集中管辖江苏全省应当由基层法院审理的一审环境资源案件；“1”是指设立南京环境资源法庭，集中管辖全省应当由中级人民法院管辖的一审环境资源案件，以及管辖不服 9 个生态功能区环境资源法庭审结案件的上诉案件。以长江流域环境资源第一法庭为例,其设在江阴市法院,集中管辖江苏长江南岸的无锡、常州、苏州、镇江范围内18个县(市、区)的环境资源案件。

2019年6月28日,以南京环境资源法庭的揭牌为起点,环境资源审判“9+1”机制正式运行。为防止出现跨行政区划管辖改革增加当事人诉讼成本以及管辖法院审理难度加大等问题,江苏省高院制定出台相关文件,建立环境资源案件跨域立案、巡回审判等协作机制,逐渐形成集中管辖法院和非集中管辖法院密切配合支持的环境资源一体化审判格局。同时,积极构建与党委政府联动机制,加强法庭与辖区公安、检察、环境资源行政执法部门之间的执法协调,就行政执法中存在的短板与问题,及时向党委、政府提出意见和建议,助推环境资源治理能力提升完善。在审判专业化建设上,组建包括6位两院院士在内的环境资源审判专家库,通过任命专家陪审员、技术调查官,聘请法庭技术顾问、专家辅助人等多种方式,提升环境资源审判的专业水平。经过近年来的不断探索,“9+1”机制改革通过跨行政区划集中管辖,在有效解决环境司法的主客场效应,确保生态环境保护法律统一正确实施,营造绿色营商环境等方面,取得了良好成效。

三、跨行政区划检察院改革实践

从2013年11月党的十八届三中全会到目前,跨行政区划检察院从提出到试点探索历时多年,但在2018年《人民检察院组织法》修改时并未将跨行政区划检察院纳入组织法,因此跨行政区划检察院仍处于探索试点中。跨行政区划检察院改革从提出到目前,其发展基本可以分为三个阶段,由部分地区试点到非试点地区地方检察院的探索,再到跨行政区划检察院试点在全国检察机关展开。

(一)依托铁路运输检察院的跨行政区划检察院改革试点

设立跨行政区划的检察院,必须建立统一的案件管辖制度。[①] 在开

① 参见张步洪:《跨行政区划检察院案件管辖》,载《国家检察官学院学报》2015年第3期。

展跨行政区划检察院改革前，最高人民检察院到湖北省调研设立跨行政区划检察院工作，七类案件受到重点关注，分别是交通运输领域案件、行政案件、知识产权案件、跨区划的民商事案件、跨行政区划的环保案件、重大职务犯罪案件、重大跨境刑事案件。2014 年 12 月 2 日，中央全面深化改革领导小组第七次会议审议通过《设立跨行政区划人民法院、人民检察院试点方案》，确定在北京、上海依托铁检分院开展跨行政区划检察院试点。

上海铁检分院的试点。2014 年 12 月 28 日，依托上海铁路运输检察分院设立，跨行政区划管辖案件的上海市检察院第三分院挂牌，[①]系全国首家跨行政区划检察院，管辖跨地区重大民商事监督案件、跨地区重大职务犯罪案件、跨地区的重大环境保护和重大食品药品安全刑事案件等。[②] 上海市检察院第三分院作为全国首家跨行政区划检察院，承担改革试点任务，还探索对长三角区域互涉的大气、水域污染公益诉讼案件实行跨省集中管辖，形成以专业案件类型为导向的案件管辖模式，对食药、环资、知产、走私等具有特殊性、地域性不明显的案件实施集中管辖。上海市检察院第三分院的跨行政区划集中管辖在上海市域范围内，上海市检察院第三分院改造前上海铁路运输检察分院所属的上海、南京、徐州、合肥、杭州 5 个铁路运输检察院划给属地后，涉及铁路诉讼业务仍在上海市检察院第三分院，除上海外其他 4 个铁路运输检察院没有参与到上海市检察院第三分院跨行政区划改革中。

① 参见《全国首个跨行政区划法院检察院在上海成立》，载《检察日报》2014 年 12 月 29 日。

② 2015 年 7 月，上海市检察院与市公安、法院、司法和海关等五部门会签《关于跨行政区划人民法院、人民检察院刑事案件管辖的规定》，上海市高级人民法院、市检察院会签《关于跨行政区划人民法院、人民检察院民事行政监督案件管辖的规定》，上海三分院受理下列案件：上海市第三中级人民法院审理的行政诉讼案件；上海市第三中级人民法院审理的跨地区重大民商事诉讼案件；上海知识产权法院审理的知识产权类诉讼案件；上海海事法院审理的海事诉讼案件；上级人民检察院指定管辖的跨地区重大职务犯罪案件；跨地区的重大环境资源保护和重大食品药品安全刑事案件；民航、水运所属公安机关侦查的重大刑事案件；海关所属公安机关侦查的刑事案件；上级人民检察院指定管辖的其他重大案件。

北京铁检分院的试点。2014 年 12 月 30 日,跨行政区划管辖案件的北京市人民检察院第四分院依托北京铁路运输检察分院挂牌成立,[①]承担跨区划检察院改革试点任务,其管辖范围为:跨地区重大民商事监督案件、跨地区重大职务犯罪案件以及关联案件、跨地区重大环境资源保护和重大食品药品刑事一审案,应由中级法院管辖的发生在民航、公交、水运领域并由其所属公安机关侦查的刑事一审案件;海关所属公安机关侦查的刑事一审案件。[②] 2018 年 6 月,北京市人民检察院出台《关于北京市检察机关调整内设机构分工优化职能配置的实施意见》,明确建立"基层院调查取证—四分院审查起诉—市院统筹协调"为特点的民事公益诉讼集中办理工作模式。北京四分院集中管辖县以上人民政府为被告的行政公益诉讼案件,办理了北京首例水污染公益诉讼案件、首例大气污染公益诉讼案件、首例危害食品药品安全公益诉讼案件以及京津冀跨省的公益诉讼案件。

(二)非试点地区地方检察院跨区划管辖的探索

全国非跨行政区划检察院试点地区的省级检察院,对所属的铁路运输检察院和地方检察院进行跨行政区划管辖探索,对原有的检察组织体系进行探索。

非试点地区铁路运输检察院的探索。其他非试点地区铁检机关所在的省级检察院也从推进国家治理体系和治理能力现代化的高度,积极探索将铁路运输检察院改造为跨行政区划检察院这项工作。就江苏省而言,江苏省人民检察院有两家派出院,分别是南京铁路运输检察院和

---

① 参见《北京市人民检察院第四分院成立》,载《检察日报》2014 年 12 月 31 日。

② 《北京市人民检察院第四分院案件管辖的规定(暂行)》第 1 条规定,四分院(铁检分院)受理下列案件:北京市第四中级人民法院管辖的行政诉讼监督案件;北京市第四中级人民法院管辖的跨地区重大民商事监督案件;北京知识产权法院管辖的知识产权类诉讼监督案件;北京市人民检察院指定管辖的跨地区重大职务犯罪案件及关联案件;应由中级人民法院管辖的环境资源保护和食品药品安全刑事一审案件;应由中级人民法院管辖的发生在民航、公交、水运领域并由其所属公安机关侦查的刑事一审案件;海关所属公安机关侦查的刑事案件;北京市人民检察院指定管辖的其他重大刑事案件;北京市人民检察院铁路运输分院管辖的原有案件。

徐州铁路运输检察院,也探索跨行政区划检察改革。一方面开展跨区划集中管辖探索,指定南京铁路运输检察院管辖南京市所有区的知识产权、刑事、民事、行政、公益诉讼检察案件,指定徐州铁路运输检察院管辖徐州市环境资源类刑事案件。另一方面开展部分案件交办,江苏省人民检察院将部分案件交南京、徐州铁路运输检察院办理,并明确按照审级让其办理的案件接受南京、徐州市人民检察院的指导和监督。同时又明确,南京、徐州铁路运输检察院办案情况纳入所在的市检察院的考核范围,与所辖基层人民检察院办理的案件同等对待。就江苏省外其他地区检察院而言,大部分以环境资源案件的办理对铁路运输检察院进行改造,河南、广东、山西、山东、重庆、新疆等省(直辖市)级检察院,对所属的铁路运输检察院通过类案指定管辖的方式,实现对环境资源类案件、交通类案件等跨行政区划管辖。[①] 比如,河南省人民检察院开展"依托流域、立足环境保护开展河南跨流域环境资源保护检察机关设置工作",在郑州铁路运输分院加挂"郑州黄河环境资源保护检察分院"的牌子,集中受理黄河干流河南段环境资源刑事案件。[②]

非试点地区地方检察院的探索。在非试点地区跨行政区划检察院探索过程中,除了依托铁路运输检察院,还有的地方检察院通过集中管辖或依托派驻监管场所的检察院开展跨区划管辖探索。在江苏,自2014年10月起,江苏省人民检察院在全省指定32个基层人民检察院集中管辖环境资源案件,比如在连云港地区由海州区人民检察院集中管

---

① 比如,广东省检察院对广州铁路运输检察分院进行改革,指定对广州铁路运输中级法院办理的行政诉讼案件、广州知识产权法院和广州海事法院审理的案件进行监督,负责办理广州市范围内民航、港口、水运、海事所属公安机关侦查的重大刑事案件。重庆市检察院设立重庆两江地区人民检察院,办理长江流域重庆境内发生的跨区域生态环境和资源保护领域行政公益诉讼案件,以及长江流域重庆境内发生的不适宜地方检察机关管辖的生态环境和资源保护领域行政公益诉讼案件,系专门的生态环境检察机构。新疆维吾尔自治区检察院对所属铁路运输检察院改造,将各地原由地方检察分散管辖的27个环境资源类罪名刑事案件及刑事附带民事诉讼案件改为由铁路运输检察院集中统一受理,实行"捕诉一体",同步履行立案、侦查监督职能。

② 参见朱小芹、王志民等:《集中管辖跨行政区划公益诉讼检察实践》,载《中国检察官》2020年第3期。

辖连云港境内灌南县、灌云县、连云区、东海县的环境资源类案件。有的地方人民检察院还依托派驻监狱的检察院开展跨行政区划管辖探索。比如,镇江市金山地区人民检察院是镇江市人民检察院的派出院,承担对句容监狱的监督,后承担全市刑事执行检察和环境资源集中办理工作。再如,上海和北京两个直辖市检察院对派驻监狱检察院进行跨行政区划改造。2018 年 4 月 17 日,上海市十五届人大常委会三次会议审议批准,决定撤销上海市白茅岭农场区人民检察院和上海市青东农场区人民检察院,设立上海市沪东地区人民检察院,对上海市 7 个市级监管场所统一派驻检察;设立上海市沪西地区人民检察院,对上海市 6 个市级监管场所统一派驻检察,实现全市所有监狱以及市监狱总医院、市强制医疗所分别由沪东、沪西地区人民检察院承担派驻检察任务,检察分院、基层检察院只承担对看守所派驻检察任务。在北京市,北京市人民检察院在整合北京团河人民检察院和一、二、三分院刑事执行检察部门、派驻检察室的基础上,设立北京市刑事执行检察院,集中统一对市属 24 个看守所、监狱、教育矫治所和强制医疗所,以及负有死刑执行、财产刑执行职能的三个中级人民法院进行监督。

(三)全国检察机关跨区划检察院试点的全面展开

自 2013 年 11 月党的十八届三中全会提出“探索建立与行政区划适当分离的司法管辖制度”后,随着司法体制和监察体制的改革,人民检察院的组织体系先后受到监察法、刑事诉讼法、人民检察院组织法等调整,跨行政区划检察改革也相应进行调整。为落实中央关于深化与行政区划适当分离的司法管辖制度改革要求,2021 年 2 月,最高人民检察院印发《关于开展跨行政区划检察改革试点工作的通知》,在全国检察机关全面推开跨行政区划检察院改革试点。

在试点范围方面,将铁路、林区、农垦、矿区等省级人民检察院派出机构纳入试点范围,对派出监所检察院参照要求进行改革,逐步转型为办理跨区域案件和特定类型案件的检察院。在试点案件类型上,省级人民检察院可以结合本地实际,指定铁路检察院等派出机构管辖下列案件类型中的一类或几类案件;跨区域的生态环境保护等公益诉讼案件;由属地管辖检察院办理确有困难或者不宜由属地管辖检察院办理的民事、行政、刑事申诉案件;依照法律规定可以由人民检察院立案侦查的司法工作人员相关职务犯罪案件;派出机构所在地的铁路、民航、水运、港口、海关等非地方公安机关和海警局侦查的刑事案件;专门法院民事行政诉讼监督案件;其他由省级人民检察院派出机构办理更为适宜的案件。在机构名称上,实行跨行政区划检察改革的派出检察院,根据新的职能定位和履职需要明确机构名称,省级人民检察院派出的设区的市级人民检察院统一更名为"××省(自治区)人民检察院××(所在地市名)分院"和"××(直辖市名)市人民检察院第×(序号)分院",省级人民检察院派出的基层人民检察院统一更名为"××省(自治区、直辖市)第×(序号)地区人民检察院"或"××省(自治区、直辖市)××地区人民检察院"。2021 年 5 月,最高人民检察院成立跨行政区划检察工作领导小组,推进跨行政区划检察改革试点工作。全国各地检察机关全面推进跨行政区检察改革,2022 年 1 月 5 日,贵州省第一地区人民检察院成立,作为贵州省检察院的派出机构,办理跨市州区域的生态环境行政公益诉讼案等案件和对监狱开展巡回检察等。①

四、推进跨行政区划法院、检察院改革展望

自 2014 年年底,跨行政区划法院、检察院改革试点以来,就改革环境而言,其间经历了一系列的改革叠加,无论是国家宏观形势的变化,如社会主要矛盾的变化、国家战略布局的调整,还是体制机制的变革,如监察体制改革、司法责任制改革,以及监察法出台,刑诉法、"两院"组织法的修改,都会对试点开展工作产生一定的影响;就本身而言,跨行政区划法院、检察院的概念本身还缺乏统一的界定,而且当前跨行政区划法院、

---

① 参见贵州检察网,http://www.gz.jcy.gov.cn/gztt/202201/t20220106_3517077.shtml,2022 年 5 月 15 日访问。

检察院改革试点，主要依托铁路运输法院、检察院打造跨区划法院、检察院，借的只是专门法院的“壳”，能否真正实现由传统跨行政区划法院、检察院向新型跨行政区划法院、检察院的质的飞跃，则还需要认真审视改造后的跨行政区划法院、检察院在司法职能上有何独到之处。因此，跨行政区划法院、检察院改革面临一些不确定性因素。面对这些或挑战或机遇，改革需要保持一种久久为功的战略定力，认真总结试点经验的同时，不断完善顶层设计方案，高质量完成中央确定的改革任务。

司法制度的改革绝不是单纯出于自身发展的需要，其更深层次的动因乃是社会发展的内在规定性。正如马克思的经典判断，“社会不是以法律为基础的，那是法学家们的幻想。相反地，法律应该以社会为基础”[①]。随着经济社会的快速发展，传统的行政区划制度也面临着深刻的变革过程，关注和研究这一社会变革趋势，对于我们认识跨行政区划的法院、检察院的性质和功能，无疑具有重要的启迪意义。

我国是一个单一制的多民族国家，通过行政区划设置实现国家治理具有悠久的历史传统。改革开放初期，中央在政策上赋予地方政府一定的发展自主权，并在政府考核上引入竞争机制，这对于发挥中央和地方两个积极性，促进区域经济的发展起到了一定作用。但是，自 20 世纪 90 年代始，随着市场经济的逐步成熟，以资源要素共享为取向的区域经济发展模式逐渐取代以地方分权为特征的市场化改革，成为推动经济发展的新的增长点。我国的长三角地区、珠三角地区作为最早实现跨行政区划发展的地区，已经展现出显著的区域发展优势。进入 21 世纪以来，面临着周边地缘政治经济格局变化以及社会深刻转型带来的新挑战，中央在总结前期区域共享发展成功经验的基础上，进一步深化区域发展的内涵，从单一经济要素共享拓展为经济、政治、文化、生态等诸要素协同发展。继中央将京津冀协同发展“一带一路”、长江经济带建设确定为国家核心战略之后，建设“珠江—西江经济带”等一批跨区划发展战略

---

① 《马克思恩格斯全集》(第 6 卷)，人民出版社 1961 年版，第 291 ~ 292 页。

获得国家批复，表明国家实现区域发展“经济—政治—文化—社会—生态文明”五位一体的整体战略布局基本形成。[①] 在这样一种战略布局下，传统行政区划作为相对独立的经济政治和社会发展空间单元的意义大大减弱，整合自身资源优势与地域特点，自觉融入区域发展格局之中，进而获得发展的主动权，成为地方政府的首要考量。因此，不能再将行政区划视为分离的单元，而应将其作为区域发展之网上的相互关联的纽结。

探索设立跨行政区划法院、检察院改革，显然不能回避行政区划制度面临的深刻变革。各级法院、检察院作为国家司法机关，既担负维护国家法制统一的职能，也要发挥保障地方经济社会发展的作用。在打破区划壁垒、促进地区间生产要素整合、保护生态资源环境等方面，司法机关发挥了无可替代的重要作用。实现区域发展需要不同区划单元之间实现经济、政治、文化、生态各种资源要素的整合，而离开了稳固有效的司法保障，这样一种资源整合是不牢靠的，也是难以延续的。面对跨行政区划的区域发展这一内在要求，设立跨行政区划法院显然是一种合乎理性的选择。当然，在注意到区域发展对新型司法组织的迫切需要的同时，我们也需要关注司法资源的有效利用问题。当前，我国司法机关在整体面临案多人少矛盾的同时，也存在司法资源配置不均衡的问题，要通过设立跨行政区划法院的方式进一步减少法院数量，降低行政管理成本，实现司法资源的跨区划整合利用。

因此，探索设立跨行政区划法院、检察院改革一种可能的进路是，利用铁路法院、检察院改革试点，对跨行政区划的某些特殊类型案件进行集中管辖，积累司法经验，待时机成熟时，通过立法修改，将目前按区划设立的地方法院、检察院根据区域发展需要和司法资源有效利用进行整合，以实现与行政区划相对分离的司法管辖机制。[②] 设立跨行政区划法

---

① 参见文玉钊、车冰清：《“一带一路”战略背景下江苏省区域发展问题与对策研究》，载《江苏师范大学学报（哲学社会科学版）》2017 年第 4 期。

② 参见曹也汝：《跨行政区划法院的性质与功能——以铁路运输法院改革试点为参照》，载《法治现代化研究》2018 年第 4 期。

院、检察院是一项崭新的改革目标,围绕这一目标的改革试点尚在进行之中,对跨行政区划法院、检察院的形态、内涵、机制及功能等方面的认识还需要结合试点工作的进展作进一步的探析,对行政区划法院、检察院的法律定位、案件管辖、层级设定、管理体制、布局设置等内容都需要进行系统的设计和研究。

第五章　司法现代化目标下检察职能的优化配置

在司法现代化视野中，人民检察院是我国司法体系的重要组成部分，毫无疑问，新时代中国式司法现代化包含着人民检察院检察职能的现代化。检察职能的现代化，就是要求人民检察院按照宪法对于检察机关的职能定位和司法现代化的目标要求，优化检察职能配置、完善检察职能体系、强化各项检察职能并使其相互之间有机衔接，从而不断提升司法能力现代化水平，在国家治理体系中充分发挥检察机关的独特功能。

人民检察院是国家的法律监督机关，是保障国家法律统一正确实施的司法机关，也是保护国家利益和社会公共利益的重要力量，更是国家治理体系的重要组成部分，在推进全面依法治国、建设社会主义法治国家中发挥着极为重要的作用。党的十八大以来，在以习近平同志为核心的党中央的坚强领导下，各级检察机关认真贯彻党中央决策部署，依法忠实履行法律监督职责，为促进经济社会发展作出了积极贡献。

习近平总书记作出一系列重要指示，深刻阐明检察机关法律监督的宪法定位、主要职责、基本任务，为党的检察事业创新发展把脉定向、指路领航。在习近平法治思想的指导下，检察机关不断深化司法体制改革，根据检察机关的宪法定位，按照司法现代化的目标要求，对检察职能作出符合中国国情的调整，不断优化检察职能的配置。

2021 年 6 月 15 日，中共中央印发了《关于加强新时代检察机关法律监督工作的意见》。中共中央专门就加强检察机关法律监督工作印发该意见，这在党的历史上是第一次，充分体现了以习近平同志为核心的党中央深入推进全面依法治国的坚定决心，充分体现了党中央对完善党和国家监督体系特别是检察机关法律监督工作的高度重视，为新时代检察工作赋予了更重的政治责任、历史责任，对人民检察院检察职能的现代化发展具有积极的指导和推动作用。党的二十大报告再次强调，加强检察机关法律监督工作。[①]

一、现代化司法体系中的检察职能

现代化司法体系，是指司法理念、司法主体、司法制度、司法程序、司法模式、司法方法等由传统向现代转型，并不断向前发展的过程和达到的一定状态。检察机关是现代司法组织体系的重要组成部分，其行使的检察职能同样也是司法职能体系的组成部分。随着司法体系现代化建设不断深入，检察职能也在按照司法现代化要求做相应的调整优化。

（一）人民检察院职能的发展历程

人民检察院的法定职能是法律监督。法律监督职能的发展历程大致包括四个阶段：

第一阶段，人民检察院法律监督职能初步确立。中华人民共和国成立后，我国逐步确立起人民检察院法律监督职能的基本定位。1954 年

---

① 习近平：《高举中国特色社会主义伟大旗帜　为全面建设社会主义现代化国家而团结奋斗：在中国共产党第二十次全国代表大会上的报告》（2022 年 10 月 16 日），人民出版社 2022 年版，第 42 页。

《宪法》对人民检察院的领导体制、基本原则作了初步规定。1954 年《人民检察院组织法》则进一步对人民检察院制度予以明确。《宪法》与《人民检察院组织法》是人民检察院法律监督职能的两部基础法律，它们构成了人民检察院法律监督职能的基本架构。1954 年以后，人民检察院依法对刑事案件提起公诉，对人民法院作出的民事案件、刑事案件进行法律监督，以及对相关诉讼活动予以监督。在此时期，人民检察院法律监督职能处于起步阶段。

第二阶段，人民检察院法律监督职能重新起航。20 世纪 50 年代至 1978 年，受到多次政治运动影响，我国人民检察院法律监督职能被严重削弱。1978 年党的十一届三中全会召开后，我国人民检察院法律监督职能按下“重启键”，人民检察院法律监督职能重新起航，迈入新发展阶段。从法律体系看，1982 年《宪法》第 129 条明确规定，“中华人民共和国人民检察院是国家的法律监督机关”。1982 年《宪法》明确了人民检察院行使法律监督职能。1979 年《人民检察院组织法》也奠定了人民检察院是维护国家法制统一的法律监督机关的基础。[①] 此外，1978 年以后，我国《民事诉讼法》和《行政诉讼法》也都明确了人民检察院对诉讼活动进行监督的原则，从而进一步体现了人民检察院作为法律监督机关的职能定位。

第三阶段，人民检察院法律监督职能稳步前进。进入 20 世纪 90 年代，人民检察院作为法律监督机关的地位得到进一步明确和巩固。1997 年修订颁布的《刑事诉讼法》明确了人民检察院对刑事诉讼依法实行法律监督的基本原则。

第四阶段，人民检察院法律监督职能繁荣发展。党的十八大以来，我国人民检察院法律监督职能步入繁荣发展阶段。一是人民检察院职务犯罪侦查权转隶，在某种意义上，从“重刑事监督，轻民事监督”转向“平衡刑事监督与民事监督”。二是 2018 年修订颁布的《人民检察院组

---

① 参见田夫：《检察权性质新解》，载《法制与社会发展》2018 年第 6 期。

织法》确立了刑事、民事、行政与公益诉讼四大检察监督的框架,由此扩展了人民检察院法律监督职能的范围。三是中共中央《关于加强新时代检察机关法律监督工作的意见》明确,“充分发挥法律监督职能作用”“全面提升法律监督质量和效果”。由此可见,中央对于新时代检察机关法律监督提出了新要求,人民检察院法律监督职能进入发展快车道。

综上可知,我国人民检察院在不同历史阶段法律监督职能有着不同的内容和范围,法律监督的内涵也因时代而异。不可否认的是,人民检察院法律监督的基本导向与价值追求却始终未变,即人民检察院职能始终为中国特色社会主义建设大局服务,始终坚守维护法律统一有效实施的法律监督职责。

(二)司法体系现代化目标下人民检察院职能的形塑

当前,我国正处于司法体系现代化逐步成型时期。在此时期,司法体系现代化目标是我们矢志不渝的追求目标。在此背景下,人民检察院职能将受到极大正面形塑效应,大致表现在以下两个方面:

一方面,司法体系现代化极大丰富了人民检察院职能的变迁内涵。司法体系现代化的一个重要特征是彰显国家治理能力现代化,即司法体系的构建与运行,必须在国家治理体系之下,反映国家治理能力现代化。目前,我国国家治理体系与治理能力现代化已明显不同于以往任何时期的国家治理,国家治理的内容得到了空前扩展。在此背景下,人民检察院职能的内涵将随之得以扩展。近年来,消费者权益、生态环境利益、食品药品安全、个人信息保护等社会问题得到广泛关注,其所涉及的司法面向无论是在学界还是在实务界,都备受热议。人民检察院职能之一公益诉讼职能的内涵,随着这些社会问题司法面向的不断拓展得以丰富。

另一方面,司法体系现代化有效确立了人民检察院职能的运行逻辑。司法体系现代化意味着司法理念、司法主体、司法制度、司法程序、司法模式、司法方法等由传统向现代转型的发展过程。在此影响下,人民检察院职能的运行逻辑,就应反映检察理念、检察主体、检察制度、检察程序、检察模式、检察方法等由传统向现代转型的进阶趋势。人民检察院作为法律监督机关,司法体系现代化的成型为人民检察院参与国家治理提供了新的空间。可见,司法体系现代化能够有效确立人民检察院职能的运行逻辑。

二、新时代人民检察院职能的实践探索

(一)司法现代化目标与检察职能优化配置

在司法现代化目标下,人民检察院职能的实践走向大致涉及规范性、功能性与程序性三个方面。

就规范性而言,人民检察院职能优化配置应符合宪法和法律的硬性要求,同时,规范性还体现在人民检察院履职应尽可能契合软法治理的柔性需求。以人民检察院履行网络犯罪案件刑事检察职能为例,由于网络犯罪发生具有时空性与复杂性,特别是近年来新型网络犯罪涌现,单凭行政法、刑法等法律尚无法实现刑事检察职能的精准化。为此,人民检察院应充分吸收软法规范所包含的更多灵活性、适应性与其他更高要求。[①] 主要原因在于,弄清新型网络犯罪发生机理及其规制原理,就必须充分了解并把握网络操作性规则、技术标准等网络规则的基本内容。[②] 只有立足于国家创新体系建设和创新社会治理需要,建立正义性、合理性的规制理念和原则,推动国家"硬法"与民间"软法"的良性互动,[③]人民检察院才能规范履行职能。

就功能性而言,人民检察院职能优化配置应符合被监督事项的内在机理。此处,功能性强调人民检察院职能优化配置应尽可能体现被监督事项的实际需要。换言之,人民检察院职能优化配置应考量被监督事项的复杂程度、难易程度与收效程度,采取灵活、迅捷的司法处置措施,对被监督事项作出有效反应。例如,人民检察院对网络空间进行诉源治

---

① 参见王瑞雪:《我国软法理论的溯源、建构与发展》,载《学习与实践》2017 年第 9 期。

② 参见唐惠敏、范和生:《网络规则的建构与软法治理》,载《学习与实践》2017 年第 3 期。

③ 参见张祺好:《互联网新业态的"软法"兴起及其规制》,载《法学》2018 年第 2 期。

理,应通过制发检察建议、风险提示函、通报等形式,联合治理责任主体,不断优化网络环境、完善配套机制,清除网络灰黑地带。[①] 据此,不难发现,人民检察院职能优化配置已充分彰显网络空间诉源治理的诸多特点。

就程序性而言,人民检察院职能优化配置应符合程序理性的基本要义。程序是否具有理性,既是法律运行成效的一项关键性指标,同时,也是人民检察院职能优化配置成功与否的关键所在。从法律角度看,程序理性是通过程序活动主体理性对话与论证、说服的方式,压缩权力行使过程中恣意与专横的空间。[②] 人民检察院职能优化配置的过程,就是赋予人民检察院权力并规范其行使的过程。就此而言,其理应符合程序理性的基本要义。有鉴于此,人民检察院职能优化配置至少应做到如下两点:一是人民检察院职能履行应确保程序步骤的合理性;二是人民检察院职能履行应要求时间、空间、方式等要素的准确性。

(二)司法现代化与民事检察职能的实践走向

现行《民事诉讼法》确立了人民检察院民事检察职能,明确规定人民检察院有权对人民法院审判活动与人民法院执行活动进行法律监督。现行《民事诉讼法》第215条至第220条又进一步细化了人民检察院民事检察职能,即对人民法院已经发生法律效力的判决、裁定进行法律监督。抗诉与检察建议构成了人民检察院民事检察职能的具体表现形式。

人民检察院抗诉目的在于监督审判权的运行,维护法律适用的统一性,但提起抗诉本身也表明了人民检察院对一方当事人的支持,结果上总是有利于一方当事人,因此客观上发挥着救济当事人的功能。[③] 在某种程度上,抗诉意味着人民检察院通过法定程序,对人民法院已经发生法律效力的判决、裁定予以否定或者部分否定,这是人民检察院对于人

---

① 参见贾宇:《检察机关参与网络空间治理现代化的实践面向》,载《国家检察官学院学报》2021年第3期。

② 参见王锡锌:《行政程序理性原则论要》,载《法商研究》2000年第4期。

③ 参见杨会新:《论我国民事检察权的运行方式与功能承担》,载《法学家》2016年第6期。

民法院所作生效裁判的一种事后法律监督。就抗诉的功能承担而言，有学者认为应当剥离法律监督，而仅保留救济当事人。核心理由是能够适用当事人主义，防止人民检察院借抗诉干预当事人私权。[①] 因此，抗诉是人民检察院法律监督职能的具体表现，其功能或者效果则是救济当事人。即使将抗诉的功能承担理解为法律监督和救济当事人，也未尝不可，其认为防止人民检察院借抗诉干预当事人私权则是一个职能履行规范化或者履行边界的问题，不宜混为一谈。以抗诉这一职能的履行边界为例，应落在现行《民事诉讼法》第 207 条有关再审事由的范畴内。此外，当当事人放弃程序内启动"复审"程序之诉讼权利时，原则上检察机关不得再动用公权力启动再审程序，以确保检察机关对诉讼监督的正当性。[②]

对于检察建议，人民检察院提出检察建议的目的在于促进有关机关和单位依法履行职责。《人民检察院检察建议工作规定》第 2 条明确规定，检察建议是人民检察院依法履行法律监督职责，参与社会治理，维护司法公正，促进依法行政，预防和减少违法犯罪，保护国家利益和社会公共利益，维护个人和组织合法权益，保障法律统一正确实施的重要方式。检察建议在人民检察院职能履行中扮演了重要角色，是人民检察院进行法律监督和有效参与社会治理的重要途径。

（三）司法现代化与刑事检察职能的实践走向

刑事检察职能这一概念，有必要优先加以考察与明晰。众所周知，人民检察院承担公诉案件的控诉职能。尽管我国《宪法》规定人民检察院是国家法律监督机关，《刑事诉讼法》第 8 条也明确规定"人民检察院依法对刑事诉讼实行法律监督"，这只能说明我国检察机关在刑事诉讼中总体上履行法律监督职能，并不影响刑事公诉作为其核心职能的地位。[③] 不可否认，刑事检察职能的基本内涵包含控诉职能。此外，法律

---

① 参见杨会新：《论我国民事检察权的运行方式与功能承担》，载《法学家》2016 年第 6 期。

② 参见唐力、谷佳杰：《"检审一体化"：论民事检察监督的边界》，载《学海》2015 年第 4 期。

③ 参见张嫱：《刑事诉讼中检察职能的法理辨析》，载《江海学刊》2013 年第 6 期。

监督职能几乎贯穿于整个刑事诉讼中。司法现代化目标下,人民检察院刑事监督职能反映出以下实践走向:

第一,司法现代化的功能追寻推动刑事检察职能平衡式发展。司法现代化意味着将公平、理性与审慎的理念植入司法活动中。人民检察院除严格依法履行刑事检察职能外,还应体现一种平衡式发展,即刑事检察职能既要追寻制约性权力的本质要求,又要彰显权利保护性权力的本质要求。这是在打击犯罪和维护社会稳定秩序,与法治赋予的新功能——避免被追诉人遭到侵害之间,进行平衡。①

第二,司法现代化的逻辑调适促使刑事检察职能精准化发展。进入中国特色社会主义新时代,我国社会主要矛盾是人民日益增长的美好生活需要和不平衡不充分的发展之间的矛盾。新时代社会主要矛盾新变化在法治领域的集中体现,乃是日益增长的人民法治新需要与法治领域发展不平衡不充分之间的矛盾。② 在司法现代化进程中,这一主要矛盾反映到刑事检察领域,凸显为刑事检察职能与新时代法治矛盾化解的不适配,即人民检察院刑事检察的"独挑大梁"与刑事治理多元化要求之间的现实差距。当前,我国司法改革领域正向纵深推进的认罪认罚从宽制度,旨在以从宽为条件,鼓励犯罪嫌疑人、被告人放弃对抗,与公权力机关合作。③ 这促使刑事检察职能具有协商与合作的面向,在很大程度上,促使刑事检察职能迈向精准化发展之路。

(四)司法现代化与行政检察职能实践走向

《党的十八届四中全会决定》明确提出,"检察机关在履行职责中发现行政机关违法行使职权或者不行使职权的行为,应该督促其纠正"。

---

① 参见刘华:《国家治理现代化背景下刑事检察职能的拓展路径》,载《国家检察官学院学报》2021 年第 2 期。

② 参见公丕祥:《新时代中国法治现代化的内在动因　基于我国社会主要矛盾新变化的初步分析》,载《中国高校社会科学》2019 年第 3 期。

③ 参见魏晓娜:《完善认罪认罚从宽制度:中国语境下的关键词展开》,载《法学研究》2016 年第 4 期。

2021年6月印发的中共中央《关于加强新时代检察机关法律监督工作的意见》第10条也明确规定,“在履行法律监督职责中发现行政机关违法行使职权或者不行使职权的,可以依照法律规定制发检察建议等督促其纠正”。在理论上,通说认为,行政检察职能是检察机关除刑事检察职能之外监督行政的职能活动。[①] 行政检察职能不应仅局限于行政诉讼活动内,对于行政诉讼活动外的一些特定的行政违法行为,人民检察院亦有权予以纠正。[②]

司法现代化目标下,人民检察院行政检察职能的实践走向大致包括:

第一,人民检察院行政检察职能履行实现全过程监督。行政检察职能既是对人民法院行政审判权与行政执行权的法律监督,也是对行政机关行使行政权的法律监督。行政检察职能履行,是从行政机关作出具体行政行为开始,到当事人不服向人民法院提起诉讼,再到人民法院依法作出行政裁判及执行活动,这都应纳入人民检察院行政检察职能范围之内。宪法赋予人民检察院法律监督的职能,其职能应当是全方位的,不仅包括维持司法裁判的公正,也应当包括用公权力维护国家利益、社会公共利益和公民合法权益不受侵犯。[③]

第二,人民检察院行政检察职能实现穿透式监督。行政检察职能是司法现代化进程中人民检察院参与社会治理的基本途径,各级人民检察院履行行政检察职能,加强对被监督对象的提醒与督促,促进其改进工作和完善治理。在行政检察职能履行过程中,人民检察院法律监督的方式体现为穿透式,即以人民检察院这一点向被监督部门发散,形成一种散形结构。这种散形结构表明,人民检察院行政检察职能是多方位的并

---

① 参见胡卫列、兰楠、刘小艳:《中国特色民事行政检察的制度实践与理论探索 民事行政检察30周年综述》,载《国家检察官学院学报》2018年第6期。

② 参见吕涛:《行政检察新论》,载《人民检察》2015年第2期。

③ 参见季卫华、顾敏:《略论行政检察监督的职能配置与制度设计》,载《成都行政学院学报》2010年第6期。

且具有穿透力。办理相关行政诉讼监督案件时,行政检察职能履行意味着要加强对行政行为合法性的审查力度,对于人民法院认定事实与法律适用没有出现错误,但是行政机关存在违法行政行为或者瑕疵行政行为,致使行政相对人及利益相关人受到损害或者面临损害风险的,应及时提出相应的检察建议。

(五)司法现代化与公益诉讼检察职能实践走向

公益诉讼检察职能是近年来备受关注的理论与实务话题。这里,我们有必要对公益诉讼检察职能的内涵予以分析阐明。

目前,相关文件中存在"检察公益诉讼""公益诉讼检察"两种表述方式。这两种表述如没有严格区分的必要,不会产生说理上的歧义,很多时候可以混用。就"公益诉讼检察"而言,多在检察机关内部的文件材料中使用,是在检察职能层面的一种表述,用于表示一项检察职能、检察业务、检察工作,其主体一般只限于检察机关。[①] 据此,公益诉讼检察职能就是指,人民检察院在公益诉讼领域履行的法律监督职能,涉及个案监督到类案监督,包括但不限于收集线索、调查取证、诉前建议、提起诉讼、出席庭审、诉讼监督、督促执行等具体环节。就公益诉讼行政检察职能的法定领域而言,2018 年《英雄烈士保护法》、2020 年《未成年人保护法》,再到 2021 年通过实施的《安全生产法》《个人信息保护法》《军人地位和权益保障法》等法律已经达到 9 个。[②]

司法现代化目标下,人民检察院公益诉讼检察职能的实践走向大致包括:

第一,人民检察院公益诉讼检察职能坚持以人为本。与社会公共利益的保护一样,保护群体或团体的"共同体"利益,是公益诉讼制度的重

---

① 参见胡卫列:《国家治理视野下的公益诉讼检察制度》,载《国家检察官学院学报》2020 年第 2 期。

② 参见张雪樵:《大道之行天下为公 公益诉讼检察制度的成功要诀》,载《人民论坛》2022 年第 1 期。

要领域。[①] 在我国,保护共同体利益与保护社会利益是一致的,这是公益诉讼制度的价值追求,也是公益诉讼检察职能的使命所在。保护共同体利益与保护社会利益,归根结底,都是保护人民利益,以人为本理念深入公益诉讼检察职能的司法实践。公益诉讼的目的就是保护不特定多数人的利益,即国家利益和社会公共利益,那么从这个层面来说,坚持以人民为中心,就成为公益诉讼制度设计和司法实践应当坚持的根本原则。[②] 人民检察院注重以人民为中心的时代理念,并将其不断融入生态环境和资源保护、食品药品安全、国有财产保护、国有土地使用权出让、未成年人保护、自然遗迹和风景名胜保护、个人信息保护、英雄烈士保护等公益诉讼中。

第二,人民检察院公益诉讼检察职能体现协同共治。司法现代化的一个重要特征是公众参与度的显著提升。司法现代化下,人民检察院公益诉讼职能就需回应公众参与度显著提升的重要特征。在公益诉讼领域,公众参与表现为诉讼参与,即在公益诉讼中,原告、被告及其他诉讼参与人乃至社会力量的共同参与,促进司法与社会的对话,实现公共利益最大化的一种现象。[③] 公益诉讼的诉讼参与特征,形塑着人民检察院公益诉讼检察职能,即人民检察院公益诉讼检察职能应体现协同共治。以个人可识别数据保护公益诉讼为例,人民检察院履行公益诉讼检察职能,应有效纳入"国家权力统筹主导 + 社会力量参与"的生物安全风险协同共治范式。[④] 其中,人民检察院公益诉讼检察职能体现的也是一种协同共治范式。在人民检察院公益诉讼检察职能履行中,这种协同共治范式将成为新实践走向。

---

① 参见王福华:《公益诉讼的法理基础》,载《法制与社会发展》2022 年第 2 期。

② 参见颜运秋:《习近平法治思想中有关公益诉讼的重要论述及其展开》,载《中国政法大学学报》2022 年第 1 期。

③ See Ferdous Rahman, *Public Interest Litigation in Legal World, An Analysis and Evaluation*, Lap Lambert Academic Publishing, 2012, p. 52.

④ 参见章楚加:《生物安全风险协同共治范式的建构逻辑与规范内涵　基于〈生物安全法〉评述视角》,载《青海社会科学》2021 年第 5 期。

三、人民检察院职能的总体发展与局部优化

在司法现代化目标下,人民检察院检察职能优化既包含发展的总体思路、总体要求,又包括了检察职能体系中每一项检察职能的优化。

(一)人民检察院职能的总体发展

党的十八大以来的司法现代化实践,推动人民检察院检察职能不断优化,更加适应国家治理现代化的需要。但是,检察职能的优化仍在改革的路上,目前检察职能与国家治理现代化的要求仍有差距。为此,人民检察院必然要继续深化体制机制改革,进一步优化检察职能,充分发挥检察职能在国家治理体系和治理能力现代化进程中的作用。总体而言,在道路指引方面,当下及未来很长时间,人民检察院职能履行应始终坚持和完善中国特色社会主义制度、推进国家治理体系和治理能力现代化的总体目标,这是人民检察院职能应当始终坚持的。在指导思想方面,人民检察院职能履行必须深入学习宣传贯彻习近平法治思想,不断完善法治监督体系,运用法治来制约和监督权力。体系化的建构更有利于织密织牢权力运行的法治监督网,更好实现对检察权等公权力的有效监督。[①] 习近平总书记强调指出,“把权力关进制度的笼子里,就是要依法设定权力、规范权力、制约权力、监督权力”。[②] 人民检察院职能履行必须在法治监督体系内,确保其规范化运行。在参与机制方面,人民检察院职能履行需要与其他权力有效协作,实现协同共治。人民检察院职能履行既要体现检察职能的内在要求,又要充分尊重被监督对象或者被监督事项的鲜明特征。总的来看,人民检察院职能的总体发展主要反映在以下三个方面:

第一,加快推进人民检察院职能司法化体系建设。人民检察院的检

---

① 参见江必新:《习近平法治思想对法治基本价值理念的传承与发展》,载《政法论坛》2022 年第 1 期。

② 中共中央文献研究室编:《习近平关于全面依法治国论述摘编》,中央文献出版社 2015 年版,第 127 ~ 128 页。

察职能本质上是法律监督,实现这种法律监督的方式,归根结底是司法方式。检察官办案责任制、检察人员分类管理、司法权与司法行政管理权相分离等改革举措,使人民检察院职能履行更加符合司法规律和检察职业特点。[①] 党的十八大以来,司法体制改革重点围绕尊重司法运行的内在规律,优化司法职权配置,强化司法权力的制度约束,各项改革举措出台的根本目标是实现司法公正,使人民群众在每个司法案件中感受到公平正义。[②] 加快推进人民检察院职能司法化体系建设,是进一步贯彻落实习近平法治思想中司法改革要求的重要举措。

第二,深入践行人民检察院依法能动履职。最高人民检察院检察长张军在十三届全国人民代表大会五次会议上作最高人民检察院工作报告,工作报告以“检察履职”为中心词,分属“服务大局,以检察履职助推高质量发展”“司法为民,以检察履职纾解群众急难愁盼”“深化监督,以检察履职维护公平正义”“诉源治理,以检察履职保障高水平安全”“治检从严,以检察履职锻造检察铁军”五大方面,回顾了人民检察院 2021 年的各项工作。司法现代化目标下,人民检察院要以高度的政治自觉依法履行刑事、民事、行政和公益诉讼等检察职能,实现各项检察工作全面协调充分发展。[③]

第三,全力开展人民检察院职能履行各项工作机制。最高人民检察院《2018—2022 年检察改革工作规划》将 2018 ~ 2022 年检察改革的总目标定位在:全面、充分履行宪法和法律赋予检察机关的法律监督职责,构建以刑事检察、民事检察、行政检察、公益诉讼检察为主要内容的检察机关法律监督职能体系,提升司法办案专业化、组织体系科学化、检察队伍职业化水平,构建与国家治理体系和治理能力现代化要求相符合,与

---

① 参见王一鸣:《检察机关职能定位演变的反思与展望》,载《兰州大学学报(社会科学版)》2017 年第 2 期。

② 参见卞建林:《习近平法治思想中的司法改革理论要义》,载《法商研究》2022 年第 1 期。

③ 参见张军:《加强新时代检察机关法律监督工作 助力书写法治中国建设新篇章》,载《学习时报》2021 年 10 月 8 日,第 1 版。

建设中国特色社会主义法治国家相适应的新时代检察体制和工作机制。就人民检察院职能履行而言,必须将其落于实处。目前,人民检察院职能履行各项工作机制主要包括:一是民事诉讼、刑事诉讼、行政诉讼、公益诉讼的实体与程序工作;二是衔接工作机制,如行政执法与刑事司法无缝对接的法律监督;三是协作配合工作机制,如人民检察院与公安机关打造检警协作新工作机制。

(二)民事检察职能的优化

司法现代化目标下《民法典》的颁行与适用,为提升民事检察职能效能提供重大契机。

1. 完善民事检察职能的规范供给

提供科学完备的监督规范,是人民检察院有效履行检察职能的重要条件。应从司法解释、指导性案例入手,不断细化完善有关民事检察的法律制度,提升现有民事法律制度的科学性和权威性,消解检法两家认识分歧、强化检法两家的共识以提高民事检察制度供给。[①] 例如,最高人民检察院可以抓住修改民事诉讼监督规则的契机,针对部分修改内容与最高人民法院进行充分商讨,达成若干共识性意见。此外,省一级人民检察院可以与省高院就民事诉讼监督的重点突出问题,进行沟通交流,并以此为契机,颁行本省有关人民检察院民事检察职能的规范性文件。

完善民事检察职能的规范供给,大致涉及以下两个方面:

一方面,要明确民事检察职能规范供给的可能类型。民事检察职能规范供给的类型有:(1)民事法律制度的司法解释、指导性案例;(2)民事检察监督规则的规范性文件;(3)民事检察工作机制的实施办法;(4)民事检察职能的履行程序与标准等。在这些规范供给的可能类型中,既涉及实体与程序在内的民事法律制度,又涉及民事检察监督规则等规范性文件,还涉及民事检察职能履行中的工作机制、标准化等内容。只有首

① 参见张本才:《新时代检察工作全面协调充分发展研究论纲》,载《东方法学》2022年第1期。

先明确民事检察职能规范供给的可能类型，才能在后续工作中推动民事检察职能的局部优化。

另一方面，要突破民事检察职能规范供给的制定难题。完善民事检察职能的规范供给，除要明确民事检察职能规范供给的可能类型，还要突破民事检察职能规范供给的制定难题。大致包括：(1)民事检察职能履行的力度与限度；(2)民事检察职能履行的原则、规则与标准；(3)民事检察职能与其他权力的分工与协作。在解决规范供给时，应重点突破上述难题。

2. 加强民事检察职能的工作机制

民事检察职能的工作机制分为日常工作机制、专项工作机制与考评工作机制。

就日常工作机制而言，民事检察职能需重点在以下三点下足功夫：第一，民事检察职能与刑事检察职能、行政检察职能、公益诉讼检察职能的衔接问题。司法实务中出现的真实案件，有时较为复杂，解决这些案件，单凭民事检察职能还难以有效应对。为此，在民事检察职能履行之初，就必须筑牢检察工作一体化思想，从源头联动发挥人民检察院检察工作成效。第二，打通上级人民检察院与下级人民检察院的沟通渠道。下级人民检察院制发的检察建议应向上级人民检察院备案，当下级人民检察院向同级人民法院或者同级部门制发的检察建议未被有效采纳时，下级人民检察院应及时向上级人民检察院报告，上级人民检察院应作出回应并决定是否予以法律监督。第三，民事检察职能的跟进问题。如果有关部门接受了人民检察院民事检察的法律监督，无论以何种形式进行，人民检察院都应在合理期间跟进有关部门相关工作的整改，这既保证了民事检察职能履行的连续性，又保证了相关部门整改相关工作的有效性。

就专项工作而言，民事检察职能需重点关注以下两方面：一方面，宜由省级人民检察院民事检察部门基于本省民事检察工作需要，每年确立三个至五个亟须解决的社会问题进行法律监督，并从本省抽调具有一定民事检察工作经验的干警组成工作组，开展专项监督工作。另一方面，定期就专项工作情况进行分析、研究与总结，邀请民事检察领域专家学者进行研讨交流，并提炼成具有可行性的民事检察工作手册，在本省民事检察部门予以下发。

就考评工作机制而言，民事检察职能应特别重视合理分配不同工作内容的考评权重。这一工作应交由省级人民检察院民事检察部门统一确立。在确立之时，需要反复推敲不同工作内容的性质、难易程度及考评权重，如个案监督与类案监督分别应占多少比重，有关部门被督促整改成效应占多少比重，等等。

（三）刑事检察职能的优化

人民检察院刑事检察职能的局部优化，重在把握两个维度：一是行刑交叉案件办理中刑事检察职能的局部优化；二是刑事执行检察职能的优化。

1. 行刑交叉案件办理中刑事检察职能的优化

当前，就行刑交叉案件而言，已在程序方面与实体方面取得了较为丰富的学术成果。以行刑交叉案件实体法问题为例，有学者关注如何认识和调配风险行政法与风险刑法、如何理解刑法的行政规定性以及如何看待行政行为对刑事审判的跨程序效力等问题，并对这些问题提供了解答方案。[①] 有学者聚焦刑法中的抽象危险犯，探讨其数量不断增加导致的行刑交叉问题，并通过刑罚阻却事由的法理阐释予以解决。[②] 行刑交叉案件中对刑事检察职能进行局部优化，有如下两点应予关注：

第一，处理好刑事检察中涉及行政检察职能的情形。在刑事检察中发现存在人民检察院应履行行政检察职能的情形，应做好全面审查工作。对于行政犯案件，应牢固树立"行政违法判断优先 + 刑事违法判断相对独立"理念。具体而言，人民检察院刑事检察部门在对刑事案件进

---

① 参见赵宏：《行刑交叉案件的实体法问题》，载《国家检察官学院学报》2021 年第 4 期。

② 参见姜涛：《抽象危险犯中刑、行交叉难题的破解——路径转换与立法创新》，载《法商研究》2019 年第 3 期。

行审查逮捕、审查起诉的同时，还应具备行政检察的思维意识，对行为人的行为是否需要给予相应行政处罚、其他相关人员的行为是否构成行政违法等进行审查。① 其中，人民检察院刑事检察部门应认真对待每个案件所存在的行刑交叉情形，不停在案件事实、行政法规范与刑事法规范之间进行思考，既要优先判断行政违法，又要相对独立判断刑事违法，避免将仅具有行政违法的案件当作刑事案件处理。

第二，不断丰富刑事检察中行政检察职能的实现方式。人民检察院刑事检察部门在办理案件中，如发现必须履行行政检察职能的，应当在督促行政机关履职上多有新举措。如针对犯罪情节显著轻微，不构成犯罪的案件，人民检察院在做出不批准逮捕决定或者不起诉决定后，可在不逮捕理由说明书或者不起诉理由说明书中，建议公安机关给予相应行政处罚。在办理刑事案件中，发现其他涉案人员（常见如赌博、容留吸毒、卖淫等群体性妨害社会管理秩序犯罪）应当给予行政处罚但尚未处罚的，在制作逮捕后继续补充侦查事项、退回补充侦查提纲时，均可以直接督促行政机关履职。②

2. 刑事执行检察职能的优化

2021 年中共中央印发《关于加强新时代检察机关法律监督工作的意见》第 8 条明确规定，“完善刑事执行和监管执法监督”。结合这一要求，为进一步优化刑事执行检察职能，应注意如下两个方面：

第一，明确人民检察院刑事执行检察职能的范围。刑事执行检察职能涉及业务广、环节多、程序长，呈现密集分布的特点将长期延续。这就要求人民检察院在现有法律规范依据下，找准刑事执行检察职能的发力点，聚焦其职能范围内的刑事执行检察业务，排除不当过问或者干预有关刑事执行事项。一方面，对“无所不管”的刑事执行检察职能进行“瘦身强体”式改造，将监督缺乏充分依据、缺乏专业知识无法有效监督、其

---

① 参见吴世东、姚舟、林中强：《关于刑事检察与行政检察职能交叉情形的处理》，载《人民检察》2020 年第 20 期。

② 参见周国勇：《刑行交叉案件中做实行政检察的几点建议》，载《中国检察官》2020 年第 19 期。

他部门更适合办理的职能从日常刑事执行检察工作中分离出去。[①] 另一方面,在履行刑事执行检察职能中,应区分具有强制力的法律监督与不具有强制力的法律监督。就不具有强制力的法律监督而言,人民检察院依法履行其刑事执行检察职能后,可以与有关机关协同配合,督促被监督对象尽快有效整改。

第二,提升人民检察院刑事执行检察职能的履行效果。在工作方式上,应当坚持派驻检察与巡回检察相结合。一方面,派驻检察应依据《人民检察院巡回检察工作规定》第 17 条的规定,稳步推进并细化派驻监管场所人员轮岗交流制度。另一方面,贯彻落实巡回检察在监狱、看守所和社区矫正机构等场景中的刑事执行检察职能。两种检察方式需有效衔接对接,以增强执行检察效果,避免两张皮、两股道,彼此割裂。

(四)行政检察职能的优化

人民检察院行政检察职能的局部优化主要通过以下两个途径实现。

一方面,通过多种制度化建设,具体落实人民检察院行政检察职能。人民检察院行政检察职能在司法实践中得以真正实现,完善制度机制建设是关键。具体而言:第一,建立与国家监察机关的联合办案机制。例如,人民检察院在履行行政检察职能中,对审判人员违法行为的监督乃是直接对人的监督,但这样监督的效果尚且有限,可以借助国家监察机关的办案力量,与国家监察机关联合办案,行政检察相关领域自然能够突破瓶颈。[②] 第二,打通人民检察院与行政机关的信息传输渠道。司法现代化目标下,人民检察院行政检察职能与公益诉讼检察职能存在融合之处,更需要加强与行政机关的沟通协调,完善相关的协作机制。[③] 在具体工作机制中,可以通过建立长效联动机制、诉前圆桌会议制度、设立

---

① 参见侯亚辉:《刑事执行检察职能定位和权力边界研究》,载《中国刑事法杂志》2022 年第 1 期。

② 参见易亚东:《国家监察体制改革背景下的行政检察》,载《中国检察官》2018 年第 11 期。

③ 参见柏屹颖、翁芳洁:《行政检察监督与公益诉讼检察监督衔接机制研究》,载《中国检察官》2020 年第 18 期。

检察官办公室等方式深化日常沟通，在案情掌握、提前介入、案件会商等方面形成良性互动。[①] 第三，探索建立行政检察年度报告制度。司法现代化目标下，人民检察院行政检察部门应当结合办理的案件，分析监督工作中发现的相关问题，总结行政检察在民营企业产权保护、财产征收、市场准入等行政诉讼案件审判、执行活动的法律监督中的好经验、好做法，为社会发展贡献行政检察力量。[②]

另一方面，适度拓展人民检察院的司法审查工作。人民检察院的司法审查工作主要体现在两点：一是程序性审查。除人民检察院的角色优势和司法审查权属性外，人民检察院还可以在司法审查程序完善方面下功夫。[③] 人民检察院可以就行政机关参与司法过程的程序性行为予以审查，及时提醒与纠正行政机关不合理的程序性行为。二是规范性审查。目前，行政机关依法行政的规范化仍有待强化。人民检察院履行行政检察职能，对于行政机关所作的各类行政行为予以法律监督，特别是对于进入司法程序的行政案件，人民检察院可对行政机关有关行政行为和参与行政诉讼行为的规范性予以司法审查，以合法合规的形式督促行政机关严格依法行政。

（五）公益诉讼检察职能的优化

公益诉讼是检察职能体系中重要的新成员。在司法现代化目标下，优化公益诉讼检察职能，以下两点值得关注：

一方面，理顺三类公益诉讼的衔接关系。随着社会分工日益复杂，公益诉讼案件往往牵涉多个行业、多个主体、多个领域，可能同时涉及民事责任、行政责任与刑事责任。以个人信息保护的公益诉讼为例，如果

---

① 参见张晨、彭向宇、吕婷斐：《行政公益诉讼中如何发挥检察建议的作用》，载《人民检察》2019年第12期。

② 参见王斌、邓烈辉：《发挥行政检察职能更好服务民营企业发展》，载《检察日报》2020年7月3日，第3版。

③ 参见季卫华、李强、王胜利：《新时代检察机关的职能优化》，载《天津行政学院学报》2018年第6期。

案件中仅有公民、法人或者其他组织侵犯公民个人信息,对社会公共利益构成损害,没有个人信息保护的职责部门履行不力情形的,人民检察院应提起民事公益诉讼,要求侵权人直接承担侵权损害赔偿责任。[①] 如果案件中存在有关职责部门违反个人信息保护义务,甚至存在违法行为,损害了社会公共利益的,人民检察院应提出检察建议与提起行政公益诉讼,并督促有关职责部门积极有效整改。如果人民检察院以侵犯公民个人信息罪对犯罪嫌疑人提起公诉时,认为有必要追究其民事责任的,可以一并提起刑事附带民事公益诉讼。

另一方面,强化被监督对象的回应与反馈说明义务。推动人民检察院公益诉讼检察职能的真正落实,最终要看被监督对象如何进行整改及其成效。从这个意义上说,公益诉讼检察职能履行中应注重督促被监督对象的履行回应与反馈说明义务。以行政公益诉讼为例,诉前检察建议简易灵活、不具有强制力,但是,检察机关行使法律监督职权是具有强制力的,行政机关应当接受并认真落实整改,及时向检察机关回复情况。[②] 除检察建议外,人民检察院在公益诉讼中作出的其他法律监督,均需要被监督对象及时回应并进行反馈说明,以提升被监督对象对问题的整改成效。

---

① 参见邵俊:《个人信息的检察公益诉讼保护路径研究》,载《法治研究》2021 年第 5 期。

② 参见封蔚然:《行政公益诉讼检察建议的制度完善》,载《江西社会科学》2020 年第 8 期。

第六章　司法责任体系改革建设的展开与深化

司法体系现代化本质上就是司法制度体系的现代化,而司法责任制是司法体制体系中至关重要的组成部分。建立健全符合司法规律、符合中国国情的司法责任制度,是新时代中国式司法现代化不可忽视的重要环节。

党的十八大以来,以习近平同志为核心的党中央着力于破解影响司法公正、制约司法能力的深层次问题,对深化司法体制改革作出了系统化的顶层设计,把我国司法体制改革推进到了一个新的历史阶段。司法责任体系改革建设在司法体制改革整体框架内具有基础性地位、标志性意义、全局性影响,是司法体制改革的"牛鼻子"。党的十八届三中全会提出,完善主审法官、合议庭办案责任制,让审理者裁判、由裁判者负责。党的十八届四中全会进一步提出,完善主审法官、合议庭、主任检察官、主办侦查员办案责任制,落实谁办案谁负责;实行办案质量终身负责制和错案责任倒查问责制。党的十九大提出,深化司法体制综合配套改革，全面落实司法责任制，努力让人民群众在每一个司法案件中感受到公平正义。

习近平总书记多次对推进司法责任制改革作出重要指示、提出明确要求，在 2014 年 1 月中央政法工作会议上强调，要从确保依法独立公正行使审判权检察权、健全司法权力运行机制、完善人权司法保障制度三个方面，着力解决影响司法公正、制约司法能力的深层次问题，破解体制性、机制性、保障性障碍；在 2015 年 3 月十八届中央政治局二十一次集体学习时又强调，要紧紧牵住司法责任制这个“牛鼻子”，凡是进入法官、检察官员额的，要在司法一线办案，对案件质量终身负责[①]；在 2019 年 1 月召开的中央政法工作会议上，习近平总书记再次强调，要全面落实司法责任制，让司法人员集中精力尽好责、办好案，提高司法质量[②]、效率、公信力。在党的二十大报告中，习近平总书记再次强调，深化司法体制综合配套改革，全面准确落实司法责任制，加快建设公正高效权威的社会主义司法制度，努力让人民群众在每一个司法案件中感受到公平正义。[③] 习近平总书记的重要论述和党中央作出的一系列重大决策部署，是司法责任制改革取得重要阶段性成果的根本政治保证，也是进一步全面落实司法责任制，健全以司法责任制为核心的中国特色社会主义司法权力运行体系的根本行动指南。

司法责任体系改革建设涉及司法系统的各个部门，人民法院和人民检察院作为司法权运行的主体，都有按照司法现代化规律和要求推进司法责任体系改革建设的任务。但是相对而言，与人民检察院既强调依法独立行使检察权，又强调检察权行使一体化不同，人民法院行使审判权力，更加强调让审理者裁判、让裁判者负责的司法责任机制。因此，本章阐述并讨论司法现代化进程中司法责任体系改革建设问题，将更多地着

---

① 《习近平谈治国理政》(第 2 卷)，外文出版社 2017 年版，第 131 页。

② 习近平：《论坚持全面依法治国》，中央文献出版社 2020 年版，第 248 页。

③ 习近平：《高举中国特色社会主义伟大旗帜　为全面建设社会主义现代化国家而团结奋斗：在中国共产党第二十次全国代表大会上的报告》(2022 年 10 月 16 日)，人民出版社 2022 年版，第 42 页。

眼于人民法院行使审判权的司法活动实际。

一、司法责任体系改革建设与司法现代化的关系

司法体系现代化必然要求建立健全相应的司法责任体系。借助司法责任体系的有效运行，保证整个司法体系按照公正高效原则运行，提升司法效率和司法公信力。中央强调深化司法责任体系改革建设，是加强党对政法工作领导的重要举措，是推进司法权运行体系和司法能力现代化的重要内容，也是回应人民群众对公平正义新期待的时代课题。

第一，深化司法责任体系改革建设，是推进全面依法治国的必然要求。全面依法治国是中国特色社会主义的本质要求和重要保障。党的十八大以来，全面依法治国取得历史性成就。但是，我们也要清醒地看到，同党和国家事业发展要求相比，同人民群众期待相比，同推进国家治理体系和治理能力现代化目标相比，法治建设还存在许多不适应、不符合的问题，执法不严、司法不公的现象还不同程度地存在，人民群众对司法日益增长的期待还不能得到充分满足。这些问题的造成，固然有多方面的成因，但司法体制和司法机制的不完善无疑是较为重要的原因。要通过深化司法责任体系改革建设，着力破除影响司法公正、制约司法能力的体制性、机制性和保障性障碍，确保审判权、检察权依法独立公正行使，保障宪法法律统一、正确、严格地实施。

第二，深化司法责任体系改革建设是回应人民群众司法需求、更好实践公平正义的重要举措。人民法院、人民检察院作为国家审判机关、检察机关，履行维护社会公平正义职责，必须全方位接受监督制约，这是人民法院、人民检察院的根本性质、职责任务所决定的。习近平总书记指出，对执法司法状况，人民群众意见还比较多，社会各界反应还比较大，主要是不作为、乱作为特别是执法不严、司法不公、司法腐败问题比较突出。有的政法机关和干警执法随意性大，粗放执法、变通执法、越权执法问题比较突出，要么有案不立、有罪不究，要么违规立案、越权管辖；有的滥用强制措施，侵犯公民合法权益；有的办关系案、人情案、金钱案，

甚至徇私舞弊、贪赃枉法;等等。这些问题,不仅严重败坏政法机关形象,而且严重损害党和政府形象。[1] 从人民法院审判执行、涉诉信访等工作存在的问题和群众反映的意见看,绝大多数都属于制约监督不到位、不规范产生的问题,只有通过深化改革的办法,才能破解这一顽瘴痼疾。因之,必须积极回应人民群众的司法需求,探索依法加强对司法权力制约监督的路径和方法,建立健全促进司法公正高效的制度机制,确保司法权力在正确的轨道上运行,不断增强群众的获得感。

第三,深化司法责任体系改革建设是优化审判权力运行、推进审判体系和审判能力现代化的应有之义。司法责任制改革是对审判权力运行体系的重塑,基本目标是实现“让审理者裁判,由裁判者负责”,改革主线是“明晰权责、优化机制、有序问责、强化保障”,[2]改革全面推开以后,各地法院审判权力运行机制改革有序推进,普遍建立“谁审理、谁裁判、谁负责”的办案机制,案件审批制基本取消,法官办案主体地位确立,院庭长普遍回归审判一线,并通过组建各类审判团队,实现人员配置优化、效能提升,推动了审判执行工作开展。但是,随着新型办案机制形成,迫切需要司法责任的强化落实,特别是在“放权”之后,由于司法权分散行使特点更加突出,放权与监督脱节问题有所凸显。赋予法官依法独立行使办案权,必须要建立相应的制约监督机制。只有加大对法官执法办案行为的制约监督力度,才会既有利于保证法官依法公正行使裁判权,同时有效遏制司法不公与腐败,防止一味“放权”、监督缺失可能带来的权力滥用倾向。通过创新审判制约监督方式,使审判权运行更加规范有序,推进审判体系和审判能力现代化。

第四,深化司法责任体系改革建设是推进改革系统集成、深化司法体制综合配套改革的重要保障。全面落实司法责任制,涉及审判、检察方式和工作机制的深层次调整,涉及繁简分流、立案登记、专业审判、智

---

① 在2014年中央政法工作会议上的讲话。

② 胡仕浩:《论人民法院“全面推开司法责任制改革”的几个问题》,载《法律适用》2016年第11期。

慧法院、智慧检察、质效评估、业绩考核等举措的有机衔接,必须综合施策,以优化管理的办法加以解决。以法院为例,要通过对审判权力行使主体、审判权力边界、审判权力运行等进行合理设计,对合议庭、审判委员会、审判长、承办法官、合议庭、独任法官的审判权进行界分和规范,形成审判权力与审判活动性质相适应、范围相匹配、内容相关联的权力运行体系;要通过审判权力监督,从个案和全案、微观和宏观、直接和间接、事中和事后不同角度,对审判活动的过程和结果进行计划、组织和控制,使监督制约更加聚焦、更加有力、更加有效。这是在更高起点上推动司法体制改革取得突破性进展的重要任务,也是增强改革的系统性、整体性和协同性的关键一环。

二、司法责任体系改革建设的重点内容

让审理者裁判、由裁判者负责,是司法规律的客观要求,也是深化司法体制改革的核心内容。2015 年 9 月,最高人民法院印发《关于完善人民法院司法责任制的若干意见》,确定了新型审判权力运行机制,指导全国法院推进司法责任制改革。2018 年 12 月,最高人民法院印发《关于进一步全面落实司法责任制的实施意见》,就完善审判监督管理机制、健全法律统一适用机制等问题加强指导,推动全面落实司法责任制。2020 年 7 月,最高人民法院制定了《关于深化司法责任制综合配套改革的实施意见》,深入推进司法责任制及相关配套改革,努力构建中国特色社会主义审判权力运行体系,推动健全中国特色社会主义司法制度,促进审判质量、效率和司法公信力不断提升。

(一)构建新型审判权力运行体系

司法责任制改革以前,法院内部对裁判结果的层层审批虽有其合理之处,但也有难以克服的自身弊端。比如,审、判分离违背司法规律,行政化的审批模式分散了责任,导致管理环节过多影响审判效率,并给权力寻租留下空间。全面落实司法责任制,就是要着力解决过去审者不判、判者不审、权责不明、责任不清等问题,有效去除司法行政化弊端,科

学划定司法权力边界和主体职责，构建权责明晰、权责统一、监管有力、运转有序的审判权力运行体系。

1. 实行独任法官、合议庭办案责任制。科学设置办案组织是保障司法权依法独立高效运行的必要前提，独任法官和合议庭是人民法院案件审理的基本组织形式，是行使审判权的主体。“确保司法内部独立的首要措施就是明确赋予法官依法办案的权力并构建以法官为权力主体的办案制度。”[①]完善司法责任制，关键是遵循司法亲历性和权责一致性规律，突出法官办案主体地位，让主审法官、合议庭真正成为审判权主体，使他们在法定职责和权限范围内依法独立公正行使职权、履行职责。江苏法院推进清单化行权，制定《关于办案人员权力清单的规定》，合理确定各审判组织的职权范围，明确合议庭审判长（13 项）、主审法官（14 项）、参审法官（7 项）、独任法官（6 项）、法官助理（12 项）、书记员（12 项）等各类人员权力清单，对审判权力行使以标准和清单的形式予以固定，确保各类人员有职有权、各尽其责，防止权力行使的错位、缺位、越位。建立“谁审理、谁裁判、谁负责”的办案责任制，取消案件层层请示、逐级审批，改革裁判文书签发程序，合议庭或者法官独任审理案件形成的裁判文书，经合议庭组成人员或者独任法官签署即印发；除审判委员会讨论决定的案件以外，院庭长不再审核签发自己未直接参加审理案件的裁判文书。

2. 全面推进以法官为中心的审判团队建设。全面落实司法责任制，在保证办案质量基础上，还要着力提高办案效率。实践证明，根据人员情况和案件特点，因地制宜组建不同类型的审判团队，能够有效提升办案效率。各地法院积极推进“法官 + 法官助理 + 书记员”的新型办案团队组合模式，从案件类型、难易程度、人员结构等实际情况出发，组建灵活多样的办案团队。江苏法院科学确定法官与审判辅助人员的数量比例，全面推进以法官为中心的审判执行团队建设，从实际出发，综合考虑

---

① 陈卫东：《司法机关依法独立行使职权研究》，载《中国法学》2014 年第 2 期。

法院审级、规模、内设机构、审判辅助力量等因素，科学设置审判团队类型和数量，全省法院共组建3369个审判团队；审判团队有专业化分工的1334个，占39.6%。基层法院审判团队以独任法官为核心，在确保独任法官与书记员1∶1配比的基础上，给优秀法官配备能力较强的法官助理。中、高级法院以合议庭为单元组成相对固定的审判团队，每个审判团队至少有1名书记员，案件较多的审判团队配备2名以上的审判辅助人员。通过司法人员分类管理和审判团队的建设，配合案件繁简分流机制改革，组建快审团队，极大优化了审判资源配置，减少了管理环节，提高了审判效率。

3. 健全院庭长办案常态化机制。全国法院实行法官员额制，按照法官入额必须办案的要求，各级人民法院院庭长入额后普遍回归审判一线。2017年4月，最高人民法院发布《关于加强各级人民法院院庭长办理案件工作的意见》，建立院庭长办案刚性约束和考核监督机制，健全院领导主要审理重大疑难复杂案件机制，充分发挥院庭长办案示范引领作用。江苏法院建立院庭长办案刚性约束和考核监督机制，将院庭长编入审判团队，明确院庭长应当实质性办理重大、疑难、复杂、新类型案件，特别是对法律统一适用有指导意义的案件，充分发挥院庭长办案示范引领作用，院庭长从过去审批案件为主转向办案与监督并重，普遍回归审判一线。

4. 健全专业法官会议制度。2018年11月，最高人民法院发布《关于健全完善人民法院主审法官会议工作机制的指导意见（试行）》，完善专业法官会议议事规则。各地法院普遍建立主审法官会议制度，为法官正确适用法律提供咨询意见，讨论意见供合议庭参考。江苏法院关于专业法官会议设置规定，具备3名以上员额法官的业务部门应当设置专业法官会议，人数较少的审判业务部门可结合院领导的分工或专业类型联合设置专业法官会议，各级法院也可以分别建立刑事、民事、行政等审判业务领域法官组成的专业法官会议。专业法官会议职责主要是研究涉及裁判尺度统一的法律适用问题；为合议庭、独任法官提供处理案件法律适用方面的咨询意见；为合议庭审理重大、疑难、复杂案件提供分析咨询意见。

作为庭务会、审判长联席会等“行政化”定案把关机制的替代性机制，专业法官会议从讨论案件和意见效力看，具有三重属性：一是审判咨询机制。独任法官、合议庭认为案件有法律适用问题需要提交讨论的，可以提交讨论。其讨论意见对审判组织不具有当然的拘束力，审判组织可以自行决定是否采纳。二是审委会前置程序。按照规定应当提交审判委员会讨论的案件，先行提交部门法官会议讨论。三是监督制约机制。按照规定提交、监督的案件，合议庭有重大分歧或审判长、主审法官为少数意见的案件，院庭长针对特定案件进行事中监督后决定提交讨论的案件，均需要提交专业法官会议讨论。对于合议庭未主动提交的，院庭长可以要求合议庭提交。虽然专业法官会议的意见供审判组织参考，但为了防止“权力任性”，对于专业法官会议合理意见故意不予采纳的，要求：专业法官会议主要意见与合议庭的多数意见不一致的，合议庭应当再次合议，并对不予采纳理由进行详细说明，计入讨论笔录。经再次合议采纳专业法官会议意见的，该意见即为审判组织的意见。再次合议后仍与专业法官会议意见不一致的，院庭长可以提交相关审判领域专业法官会议研究讨论或由院长提交审判委员讨论。

5.改革审判委员会制度。正确处理独任法官、合议庭和审判委员会之间的关系，明确审判委员会的职权及其运作程序，也是司法权运行中的关键环节。审判委员会作为人民法院最高审判组织，应强化审判委员会宏观指导功能，审判委员会的职能重心应从审理讨论个案转变到从宏观上总结审判经验，研究审判工作中的重大问题，切实发挥审判决策、审判指导、审判管理、审判监督的功能作用。最高人民法院制定指导意见，依法合理确定审判委员会讨论案件的范围，除法律规定的情形和涉及国家外交、安全和社会稳定的重大复杂案件外，审判委员会主要讨论重大、疑难、复杂案件的法律适用问题，强化审判委员会总结审判经验、统一法律适用、讨论决定审判工作重大事项的职能。中级以上人民法院根据审判工作需要，按照审判委员会委员专业和工作分工，召开刑事审判、民事行政审判等专业委员会会议。各级人民法院审判委员会讨论案件数量普遍较改革前显著下降。

6. 改革案件分配机制。在强化案件繁简分流和专业化审判，以及专业化审判团队建设的基础上，建立“随机分案为主、指定分案为辅”的案件分配机制，由立案部门根据各审判业务部门、审判团队的管辖案件分工，随机确定案件承办法官。根据审判领域类别和繁简分流安排，随机确定案件承办法官。完善案件繁简分流机制，将复杂案件、简单案件在不同审判团队、不同法官之间合理分配，实现“简案快审、繁案精审”。对于存在回避情形，或者因工作调动、身体健康、廉政风险等事由确需调整承办法官的，由院庭长按权限审批决定，调整结果及时通知当事人，并在办案平台公开。

（二）推进司法制约监督体系建设

人民法院推进司法责任制改革，实现“让审理者裁判，由裁判者负责”，充分激发了广大法官的工作积极性和责任感，有效根治了以往“审者不判，判者不审”的制度弊端。但在改革推进过程中也出现了一些新的问题。有的法官不能全面理解和正确把握司法责任制的内涵，错误地认为司法责任制就是“法官说了算”，将院庭长正常履行审判监督管理职责视为“领导干部干预办案”。一些院庭长对于肩负的审判监督管理职责不会行使、不愿行使、不敢行使，致使放权与监督相脱节，导致有的法院裁判尺度不一、案件质效滑坡、廉政风险变大，甚至出现干警司法作风不正、违纪违法等“灯下黑”问题。这些都反映出司法责任制改革后，审判权力运行监督制约机制还存在薄弱环节。对于改革中出现的新问题，我们既要坚定不移地推进“让审理者裁判，由裁判者负责”，又要加强与之相配套的审判监督管理机制建设，强化对审判权力运行的内、外部监督，用改革的方法解决改革中出现的新问题，确保放权不放任、放权与监督相统一。

1. 强化院庭长监管职责。强化法官和合议庭的审判主体地位，并不意味着可以弱化乃至取消必要的监督管理。2017 年 4 月，最高人民法院印发《关于落实司法责任制完善审判监督管理机制的意见（试行）》，指导各地健全新型监督管理体系。各级人民法院制定院庭长权力职责清单和有关规定,规范院庭长行使审判监督管理权的范围和方式,积极运用信息化手段,构建全院全员全过程的监督管理机制。江苏高院制定《院庭长案件监督管理办法(试行)》,改进院庭长监督指导方式方法,推动审判业务管理监督由微观向宏观转变,由"人盯人"管理监督向制度机制约束转变,促进管理监督科学化、程序化、公开化。明确院庭长审判制约监督职责,将院领导权责细化为28项,将庭领导职责细化为22项。院庭长的审判制约监督职责包括审判业务指导、统一裁判标准、审核批准程序事项、保证审判质量效率、执行审判工作纪律、排除不当干扰等方面。厘清院庭长不当干预过问案件和正当审判制约监督的界限,明确院庭长在清单范围内按程序履行制约监督职责的,不属于不当过问或者干预案件;反之,院庭长应当履行制约监督职责而不履行、怠于履行或者不当履行的,应当按照规定追究制约监督责任。严格制约监督程序,一方面,按照分层、逐级的原则履行相关制约监督权责,院庭长依据法律及权责清单,对法律授权的程序性事项、依照规定调整分案、变更审判组织成员等事项进行逐级审批;另一方面,个案监督必须全程留痕,至于全程留痕的形式,既可以在办案系统中进行电子标注,也可以在不具备电子标注的情况下采取书面留痕的方式进行记录,不能以办案系统不具备电子标注的功能为由拒绝留痕。研发院庭长审判监督管理平台,将院庭长案件监督管理权力清单嵌入信息系统,将"四类案件"细分为24种情形进行识别标注、集中监管,实现办案风险实时预警、违规操作实时拦截、院庭长督查纠错实时进行。

2. 强化流程监管。针对少数法官对审判流程放任不管等现象,推进规范化、标准化、流程化监管模式,抓住关键流程节点,突出节点分级管理。构建全流程网上审判体系,针对审判权、执行权运行的重要节点,开发审限变更、长期未结案件、文书上网等管理事项全流程自动监控系统,对违规操作等情形自动预警、节点冻结,变事后监督为事前、事中约束,强化对重要流程节点的刚性约束。江苏高院下发《关于进一步规范院机关审限管理有关事项的通知》,严格审限管理,审限变更信息向当事人公开。设定案件审判 24 种标准流程 67 个流程节点、执行工作“854”模式 37 个流程节点,实现实时监控、动态跟踪、及时提醒。加强审判流程标准化建设,研发流程节点管控平台,将立案、开庭、审限变更等与当事人诉讼权利密切相关的 12 个流程节点,与“12368”短信平台技术捆绑,实行流程节点自动告知,改变传统“人盯人”“人盯案”的管理方式,推动各层面主体自主管理、扁平化管理。建立裁判文书强制纠错制度,将文书自动校对软件嵌入案管系统,并将文书纠错作为裁判文书签发前的必经步骤,及时纠正瑕疵问题,防止裁判文书“带病出门”。

3. 完善统一法律适用机制。司法责任制改革后,传统的案件质量把关机制退出,由于法官对法律规范理解存在个体差异,对自由裁量权的把握尺度不一,导致“类案不同判”的潜在风险增大,裁判尺度不统一问题有所凸显。为保证司法尺度和裁判标准的统一,必须健全完善统一法律适用工作机制,确保执法办案质量。2020 年江苏高院制定《关于建立类案强制检索报告制度的规定(试行)》,明确新类型案件、法律适用规则不明等六类情形必须进行类案强制检索,案件讨论时汇报检索情况,规范法官自由裁量权。积极运用信息技术,开发智能办案辅助系统,实现类案智推、关联案件检索、裁判指引、裁判结果自动监测预警,辅助法官依法公正高效办理案件。利用人工智能和司法大数据技术,依托与东南大学联合成立的全国首家“人民法院司法大数据研究基地”,组织开发“类案不同判”预警系统,对于判决结果出现重大偏离的情形,系统自动预警,规范法官自由裁量权。充分发挥专业法官会议和审判委员会作用,统一法律适用。

4. 加强案件质量评查。司法责任制改革后,院庭长对案件的事中监督较以往有所弱化,案件质量评查的价值意义将进一步凸显。通过案件质量评查,对已经审结的案件进行规范化、制度化的考评检查,能够及时总结审判经验、统一裁判尺度,发现案件审理中存在的问题并通过审判监督等程序进行处理,既可以加强审判监督、提升审判质效,也不会影响审判组织依法独立行使审判。江苏高院出台《关于案件质量评查的规定(试行)》,构建了全省法院案件质量评查工作的新机制。一是明确案件质量评查的种类包括日常评查、定期评查、重点评查、专项评查以及裁判文书、庭审、网上办案等具体评查。其中,提出审判业务部门应当积极组织开展日常评查,将超长期案件纳入专项评查的范围,评查机构组织评查会议对评查案件进行集体评议,按照少数服从多数的原则作出评查结论。二是明确案件质量标准和评查结论合格、优秀、瑕疵、不合格四种情形,以及不合格案件的细化标准和不合格案件、瑕疵案件的除外情形,最大限度地尊重审判组织和法官的裁判权。三是专章规定裁判文书评查和庭审评查,明确要求和不合格标准、评查结果。四是推进网上办案,专章规定网上办案评查,对网上办案卷宗材料和案件录入信息准确性、完整性、同步性等情况进行审查评价。五是构建完善的制度保障。将评查结果纳入审判业绩考核和评先评优的依据范围;评查人员有办案任务的,评查工作可以定量折抵办案任务,建立交叉评查、邀请评查、移送报告、通报讲评、整改落实、责任追究、监督管理等制度机制。

5. 强化审级监督指导。正确认识和处理好审级独立与依法纠错的关系,江苏高院制定《关于全省法院全面落实司法责任制实施意见(试行)》,明确在案件事实认定、法律适用和具体处理结果上,坚持下级法院依法独立行使审判权,上级法院严禁借监督指导之名干预下级法院依法独立行使审判权。上级法院通过二审、再审等法定程序对下级法院审判工作进行监督,有效发挥审级监督的依法纠错功能。严格限缩下级法院请示案件,请示的问题仅限于法律适用问题,请示的案件必须经该院审判委员会讨论并附有倾向性意见和理由,不得越级请示。强化上级法院对下级法院的业务指导,上级法院通过审理案件、发布参考性案例、召开审判业务会议、组织法官培训等形式,指导下级法院审判业务工作。

6. 完善外部监督制约体系。深化司法公开,以全面公开为原则,加大司法办案信息公开力度,加强释法说理工作,对执法依据、执法过程、重要法律文书等,能公开的,通过最方便群众获悉的方式一律予以公开,构建开放动态透明便民的阳光司法机制，切实将司法活动置于社会公众的监督之下。加强人大法律监督、党委政法委执法督查，定期组织开展执法检查、案件评查等专项监督工作。保障律师依法执业，充分保障律师阅卷、调查取证和会见犯罪嫌疑人的权利，充分尊重和听取律师意见，发挥律师在公正司法中的作用。

（三）完善违法审判责任追究和惩戒机制

完善司法责任制，既要建立健全司法问责机制，严格依法追究法官错案责任；又要依法严格慎重认定错案，切实保护法官依法行权、公正办案。缺乏司法责任追究，管理监督就会化为空谈。对于司法责任追究，一方面，要强化"失职要问责、违法必追究"的责任理念，对那些枉法裁判、存在司法腐败行为的法官，要加大责任追究的处罚力度，促使法官谨慎、公正行使司法权力；但另一方面，对责任追究的范围也不能盲目扩大，否则会损害法官的办案积极性。建立科学的责任追究机制，就是要把严格依法问责与保障法官依法履职结合起来。

1. 构建科学的办案责任体系。法官所要判断的案件事实，需要通过逻辑和生活经验在多种可能性中进行选择和判断，这种判断不能简单地以正确和错误来进行评价。因此，划定一个科学合理的审判责任范围，完善一套科学合理的责任追究程序，达到独立与责任的平衡，这是完善审判责任制的关键。改革前，一些地方法院也有错案责任追究制度，但对于错案责任追究的构成要件、基本原则、追责程序却缺乏具体规定，或是不尽科学，导致名义上人人有责，实际上无人担责。《最高人民法院关于完善人民法院司法责任制的若干意见》没有使用错案和错案责任的概念，而是使用违法审判责任的概念。法官在审判工作中，故意违反法律法规的，或者因重大过失导致案件错误并造成严重后果的，应当追究违法审判责任。虽然案件结果错误，但法官没有故意违反法律法规行为或者没有重大过失的，不能追究司法责任。把故意徇私枉法、重大过失酿成错案与一般性的工作差错区分开来，适用不同的责任追究和处理程序；把应当追责事由和不能作为错案追责情形区分开来，案件具有因不能归责于法官的情形，即使按照审判监督程序提起再审后被改判的,也不能作为错案进行责任追究,切实保障法官依法履职。落实办案质量终身负责制和错案责任问责制,对于独任制审理的案件,由独任法官对案件的事实认定和法律适用承担全部责任;合议庭审理的案件,合议庭成员对案件的事实认定和法律适用共同承担责任,具体根据合议庭成员是否存在违法审判行为、情节、合议庭成员发表意见的情况和程度合理确定各自责任;审判委员会讨论案件时,合议庭对汇报的事实负责,审判委员会委员对本人表决意见负责。

2. 建立法官惩戒制度。改革前,对法官的问责追究与其他公务员没有区别。2016 年 7 月 21 日,中共中央办公厅国务院办公厅印发规定,明确法官履行法定职责的行为,非经法官惩戒委员会审议不受错案责任追究。2016 年 10 月,最高人民法院印发《关于建立法官、检察官惩戒制度的意见(试行)》,明确提出建立由人民法院和法官惩戒委员会分工负责的法官惩戒制度。根据该意见规定,法官惩戒委员会审议法官错案责任案件要组织听证程序,由人民法院相关机构派员通报当事法官违纪违法事实及拟处理意见和依据,而当事法官可以对此进行陈述、申辩,并最终由法官惩戒委员会根据查明的事实和法律规定,对当事法官作出无责、免责或者给予惩戒处分的建议。据此,全国各省区市在省一级设立了由三级法院法官代表和社会有关人员组成的法官惩戒委员会,探索建立人民法院与法官惩戒委员会分工负责的法官惩戒机制,负责审议法官是否有违反审判职责的行为、是否存在故意或者重大过失、是否应当承担违法审判责任,并提出惩戒意见,切实提高法官惩戒制度公信力,实现依法及时惩戒与强化履职保障相统一。推进惩戒工作试点,最高人民法院确定江苏为法官惩戒工作试点省份,江苏高院印发《关于江苏省法官惩戒工作试点的工作方案》,自 2018 年 10 月开展法官惩戒试点工作。江苏在组建省法官惩戒委员会基础上,推动法官惩戒制度实质化运行,2020 年以来,已审议 5 名法官涉嫌违法审判案件。制定完善线索发现、移送惩戒、程序启动、听证审议等程序规则,通过案件评查、发回改判、受理举报等多渠道发现问题线索，完善中院收集报送线索、高院集中审查确定、惩戒委员会审议决定的工作流程。加强当事法官合法权益保障，完善权利义务提前告知、申请回避、陈述辩解、审查意见书送达、申请复议等权利保障机制，细化评议表决机制，对评议内容分项进行表格式表决，统计结果汇总后当场宣布表决结果。健全与纪检监察机关沟通协调机制，各级法院督察部门负责归口收集移送违法违纪线索，法官惩戒委员会根据需要提出专业审查意见，确保监督执法精准高效。

3. 完善法官履职保障。在保障法官依法履职方面，中央制定了《保护司法人员依法履行法定职责规定》《领导干部干预司法活动、插手具体案件处理的记录、通报和责任追究规定》《司法机关内部人员过问案件的记录和责任追究规定》，通过建立外部、内部人员过问案件信息库，落实全面记录、全程留痕原则，强化对不记录、不如实记录的问责机制，保障法官依法履职。中央还出台了《保护司法人员依法履行法定职责规定》，主要规定：第一，完善排除阻力干扰的制度。除全面实行干预司法活动记录、责任追究制度外，规定任何单位或者个人不得要求法官从事超出法定职责范围的事务。同时，在梳理法律规定的基础上，分别对将法官调离、辞退或者作出免职、降级等处理处分的情形、程序予以明确规定。第二，规范考评考核和责任追究。规定考核法官办案质量，评价工作业绩，应当客观公正、符合司法规律，考核的办法采取中央政法单位统一制定和地方适当调整相结合。同时，明确了法官履行法定职责应当承担责任的标准，规定了惩戒委员会工作程序和当事法官的权利，建立了不实举报的澄清、善后机制。第三，保障履职安全。规定对干扰阻碍司法活动，威胁、报复陷害、侮辱诽谤、暴力伤害司法人员及其近亲属的行为，要依法迅速从严惩处。办理恐怖活动犯罪等危险性高的案件采取适当的身份隐匿、出庭保护、禁止特定人接触等措施。严禁违法泄露办案人员的个人信息，并明确司法人员权利受到侵犯时的控告权。第四，落实司法人员依法履职的职业保障。主要从司法人员休息权和医疗保障、抚恤优待等方面作出规定，以解决司法人员的后顾之忧，为法官依法履职创造良好制度环境。

(四)优化司法职权配置和组织体系建设

健全完善优化、协同、高效的法院组织体系和机构职能体系,是人民法院司法改革的重要内容和目标,是审判体系和审判能力现代化的重要支撑。党的十八届三中全会以来,我国法院积极推进法院组织体系和内设机构改革,优化司法管辖和职权配置,促进专业化审判和扁平化管理相结合,为服务大局、司法为民、公正司法奠定坚实基础。

1. 设立最高人民法院巡回法庭。2015 年 1 月底,最高人民法院在深圳、沈阳分别设立第一巡回法庭、第二巡回法庭;2016 年 12 月底,在南京、郑州、重庆、西安分别设立第三、第四、第五、第六巡回法庭。最高人民法院巡回法庭是最高人民法院派驻地方的常设审判机构,审理最高人民法院依法确定的案件,巡回法庭的判决和裁定即最高人民法院的判决和裁定。各巡回法庭大力开展巡回审判,积极创新工作机制,有效实现审判重心下移,被人民群众亲切称为"家门口的最高人民法院"。

2. 加强专门法院建设。加强知识产权审判体系专门化建设,为进一步强化知识产权司法保护,统一知识产权案件裁判标准,根据全国人民代表大会常务委员会的决定,2014 年 11 月 6 日、12 月 16 日、28 日,北京、广州、上海知识产权法院相继成立。最高人民法院印发司法解释,确定知识产权法院案件管辖范围,并就知识产权法院法官选任工作、知识产权法院技术调查官参与诉讼活动等提出规范意见。2019 年 1 月 1 日,根据全国人民代表大会常务委员会决定设立的最高人民法院知识产权法庭正式挂牌,统一审理专利等专业技术性较强的民事、行政上诉案件,建立形成国家层面知识产权案件上诉审理机制。设立上海金融法院,根据全国人民代表大会常务委员会的决定,2018 年 8 月 20 日,上海金融法院正式挂牌设立,专门管辖应当由中级人民法院管辖的金融民商事案件和涉金融行政案件。最高人民法院印发司法解释,明确了上海金融法院具体管辖范围。互联网法院是中国法院主动适应互联网时代司法需求,贯彻落实网络强国战略的重大制度创新。2017 年 8 月 18 日、2018 年 9 月 9 日、28 日,杭州互联网法院、北京互联网法院、广州互联网法院相继挂牌设立。

2018 年 9 月，最高人民法院印发《关于互联网法院审理案件若干问题的规定》，明确互联网法院的管辖范围、上诉机制、在线诉讼规则和诉讼平台建设要求。互联网法院积极推进“网上纠纷网上审理”，推动实现诉讼主体身份线上核实、证据材料在线提取、诉讼文书在线送达等，司法效率明显提升。

3. 推进省以下人民法院内设机构改革。最高人民法院会同中央有关部门，积极推进省以下人民法院内设机构改革。按照协同优化高效的原则，精简设置人民法院内设机构，严格控制内设机构数量，科学设置审判业务部门，整合职能交叉、业务相近的非审判业务机构，推进扁平化管理。江苏法院会同省编办印发《推进省以下人民法院内设机构改革工作方案》，全省 109 家基层法院内设机构改革全部实施到位。全省基层法院内设机构数由 1858 个减少到 1210 个，精简比例达 34.9%。

三、司法责任体系改革建设面临的问题

司法改革的复杂性、艰巨性决定了改革不可能一蹴而就。随着以司法责任制为核心的审判权力运行体系基本形成，司法责任体系改革建设也面临着新挑战。

（一）制约监督理念仍需进一步强化

随着司法体制改革的深入推进，“让审理者裁判，由裁判者负责”的观念深入人心，将裁判权下放到合议庭、独任法官成为改革的共识，院庭长过问案件的范围被大大缩减，监督程序更加规范。但在改革运行中，审判制约监督实际处于略显“尴尬”的境地，哪些事情该管、哪些事情不该管、管到什么程度、怎么管，仍不够明晰。管理者、监督者对自身在审判工作中的职能作用认识不准确，对角色定位和管什么、如何管，没有清晰的认识。管深了与改革放权的目标要求不相符合，管浅了担心案件质量出问题、法官廉洁出问题，导致实践操作中制约监督的越位、缺位、不到位现象同时存在。在实践中，存在少数院庭长为避免干预办案嫌疑，或者因为缺乏责任心，不愿对案件进行监督，包括不愿对已经发现有错案迹象或有

违纪倾向的案件进行监督,导致案件存在质量隐患。

(二)制约监督方式亟待转型升级

与传统审判制约监督注重微观管理、结果干预和内部运行的制约监督方式相比,新型审判制约监督运行机制在制约监督方式上强调宏观制约监督、程序约束和全程留痕。当前,在制约监督方式上还存在以下问题:一是宏观制约监督动力不够。近年来,对院庭长办案的着重强调,通报与考核制度的建立,让院庭长的工作重心转向其自身需要承办的具体案件之上,在行使审判权与审判制约监督权的天平上,出现了重审判而轻管理的倾向,院庭长在程序性事项依法审核、裁判标准督促统一、审判质效全程制约监督等方面的制约监督职责未能有效担当起来,导致审判制约监督工作缺乏积极性、主动性和创造性,审判制约监督工作机制的转型缓慢。二是流程制约监督准备不足。在审判制约监督信息化方面探索不多,加之审判执行标准化、规范化建设的不到位,依托全流程网上办案的事前监督和事中监督无法施展,仍习惯性采取事后监督。三是公开留痕落实不力。职能部门、承办法官对应当报请监督的特殊类型案件的识别发现以及院庭长的主动监督均建立在人工识别与主动记录的基础之上。然而,由于全程留痕制度刚性不足以及办案系统"自动记录"功能的缺失,个案监督往往停留在人工报告层面,未能实现全程留痕。

(三)类案不同判现象尚未完全消除

改革后,由于法官对法律规范理解存在个体差异,对自由裁量权的把握尺度不统一,导致裁判尺度不统一现象仍然存在。2020 年 7 月,最高人民法院下发《关于统一法律适用加强类案检索的指导意见(试行)》,进一步完善了保障法律统一适用机制,一定程度上解决了"同案不同判"问题。但是,部分法院尚未主动开展类案甄别与研究,形成裁判指引和类案参考。部分法院审判辅助平台建设智能化程度不高,类案裁判、指导案例未能收录其中,无法满足法官实际检索需求。部分法院尚未建立类案判前甄别发现和判后比对异常预警机制,对偏离度较大的案件不能及时发出预警提示,类案强制检索工作的配套保障机制尚未完全形成。为此,需要强化各级审判组织的内部监督作用,对于拟提交专业法官会议、审判委员会讨论的案件,未提交检索报告或者检索报告不符合要求的,应当退回承办法官及时补充;完善通报和考核机制,将落实类案强制检索报告制度情况,纳入案件质量评查及法官审判绩效考核,对未如实汇报检索情况,导致裁判错误并造成严重后果的,依法承担相应的审判责任。

(四)智能信息化制约监督机制有待进一步完善

近年来,各地法院在信息化建设方面进行了积极探索,取得了一定的成效,但是与审判制约监督全程化、实时化、精准化的客观要求还存在一定的距离,审判执行监督制约与科技应用的深度融合有待进一步加强。如风险节点设置覆盖面广度不够,不能系统覆盖审判期限、审判事务、审判质量、执行期限、执行措施等审判、执行全部节点。此外,目前院庭长对"四类案件"的识别监管主要依靠人工方式,无法在线实现智能识别、节点监控和风险提示。此外,如何有效整合现有案例与关联案件检索平台功能,探索推出一站式法官案例检索平台,持续提升服务法官办案的技术能力和信息化水平等方面的问题,仍需进一步加以解决。

(五)各项改革的系统集成度有待进一步加强

各项制约监督机制的系统集成度不高,各项监督单独推进较多,内外部监督、内部各项监督"单打独斗"较多,相互之间的系统集成度不高。一方面,制约监督合力尚未有效凝聚。当前审判制约监督实践中较多关注院庭长这一类主体,缺乏对其他审判制约监督主体的通盘考虑,这主要是因为院庭长的制约监督层级属于审判制约监督的上层结构,受到改革的冲击最为强烈,回应改革转型的压力最为迫切,也因此,改革后加强审判制约监督的理论和实践主要围绕院庭长展开,组织人事、监察督查等职能部门尚未形成监督合力。另一方面,适应新型审判权运行规律的配套监督管理机制有待进一步完善。有的制度需要及时调整更新,有的制度需要进一步细化,有的制度刚刚制定仍需有效贯彻落实。此外,司法改革的整体性协同性有待进一步加强和改进;一些法官的能力、素质、作风离司法责任制改革要求还有差距,仍有少数干警出现违纪违法问题,队伍从严管理有待进一步加强；案件数量持续高位运行，办案压力依然很大。

四、深化司法责任体系改革建设的展望

随着改革的逐步深入，全面深化司法体制改革目前已进入系统性、整体性变革的新阶段。2019 年 1 月，习近平总书记在中央政法工作会议上发表重要讲话，深刻阐明了政法领域全面深化改革这一重大改革命题，将加快推进政法领域全面深化改革列为新时代政法工作"四大重点任务"之一作出全面部署，要求政法系统在更高起点上推动改革取得新的突破性进展。中央《关于政法领域全面深化改革的实施意见》，对新时代政法领域改革提出了新要求。2020 年 2 月 5 日，习近平总书记主持召开中央全面依法治国委员会第三次会议，会议审议通过了《关于深化司法责任制综合配套改革的意见》。2020 年 8 月 26 日，政法领域全面深化改革推进视频会在京召开，研究部署加快推进执法司法制约监督体系改革和建设工作，全面提升执法司法公信力。2021 年 7 月 24 日，政法领域全面深化改革推进会在京召开，研究部署加快推进执法司法责任体系改革和建设工作。面对新形势新任务新要求，当前和今后一段时期，深化司法责任体系改革建设，要着力推动形成以政治建设为引领，以全面落实司法责任制为核心，以加快推进司法制约监督体系改革和建设为重要抓手，以健全审判监督管理、强化廉政风险防控、优化司法资源配置为着力点的工作体系，全力抓好各项改革部署落地。

（一）严明政治建设责任，加强党对司法工作的领导监督

强化执法司法权力制约监督，最根本的是强化党的领导监督。健全推动党中央重大决策落实机制，严格落实党内法规执行责任制，严肃查处有令不行、有禁不止行为，确保党的理论和路线方针政策贯彻落实到位。建立健全党组在执法办案中发挥领导作用制度、党组成员依照工作程序参与重要业务和重要决策制度，发挥好把方向、管大局、保落实的领导作用。认真贯彻落实"抓党建带队建促审判"工作思路，坚决防止和纠正"重业务轻党建"倾向，把管党治院要求融入工作中，做到业务工作与党

建工作、党风廉政建设同步推进、同步落实。扎实推进党风廉政建设，加强常态化政治督察和经常性管理监督，严肃组织纪律、工作纪律和审判纪律，严厉查处违规违纪行为。加强法院基层党组织建设，突出政治功能，优化组织设置，创新活动方式，完善党建工作责任体系，实现党建工作和审判工作同部署、同考核，不断提升党组织的组织力。强化思想教育，坚持不懈地将思想政治教育贯穿渗透到日常工作各领域、各方面，加强法院队伍党性、党风、党纪教育，使干警在执法办案中，始终保持清醒头脑，牢固构筑拒腐防变的思想道德防线。

（二）持续深化司法责任体系建设，构建规范高效的制约监督机制

深化司法责任制综合配套改革，完善司法权力制约监督体系。完善和落实审判人员权力和责任清单，从严监管好司法自由裁量权，确保放权与监督有机结合。严格落实案件监督管理制度，院庭长对“六类案件”要切实担负起监督管理责任，特别是要将被发改案件集中的部门和个人纳入重点监督管理的视线范围。完善院庭长权责清单和履职指引制度，厘清依法监督管理与不当干预过问案件的界限。加强案件的流程管理，变事后的被动监督为事前、事中、事后的主动监督，对受理、立案、审理、开庭、评议、裁判、执行等诉讼过程的不同阶段和环节进行跟踪监督，形成有效的监督机制。健全法官惩戒工作机制，坚持严肃追责与依法保障有机统一，科学区分办案质量瑕疵责任与违法审判责任，细化法官和审判辅助人员的责任划分标准，形成科学完备、符合规律的追责制度体系。提升智能化监督管理水平，健全智能监测机制，完善审判监督、流程风险防控系统，探索权责清单的智能化应用模式，优化节点监控、风险提示、瑕疵错误预警等功能，实现对各类履职行为可提示、可留痕、可倒查、可监督，提升从海量数据中自动发现常见违规违法问题能力。

（三）严肃追责问责，推进严格执法公正司法

没有问责，责任就落实不下去；没有追责，责任制就没有威力。坚持严肃追责与依法保护相统一，将办案责任制真正落实到位。以全面开展政法队伍教育整顿为着力点，坚持把追责问责作为重要抓手，坚持刀刃向

内,刮骨疗毒,有案必查,有贪必肃,有腐必惩,以“零容忍”的态度惩治司法腐败。抓住“关键少数”和“关键岗位”,坚决查处法院领导干部和法官滥用职权、贪赃枉法、以案谋私、充当掮客等违法违纪问题,坚决清除害群之马,形成不敢腐的强大震慑。充分运用好监督执纪“四种形态”,尤其是“第一种形态”,惩防并举,防微杜渐。进一步强化“一案双查”和问责机制,在查涉案干警违纪违法问题的同时,倒查相关领导干部是否存在主体责任履行不到位的失职渎职问题;在查违规插手、干预、过问司法案件的同时,倒查是否落实“三个规定”、有没有如实登记记录等问题。健全落实“三个规定”工作机制,畅通信息直报系统,建立干预过问案件办案情况月报告和“零报告”制度,健全对记录违规干预过问案件办案人员的保护和激励机制。健全过问案件记录、通报、责任追究等工作机制,将司法人员违反规定过问案件和干预办案的情况及办案人员记录过问案件的情况,纳入党风廉政建设责任制和业绩考核体系。进一步规范和约束干警业内、外活动,促使干警守住做人、处事、用权、交友的底线。

(四)健全外部监督体系,增强监督实效

自觉接受人大监督、政协民主监督、纪委监委监督、检察监督和社会监督,做好检察院调阅法院已生效民事、行政诉讼卷宗副卷试点工作。深化裁判文书公开,优化上网工作机制和流程,提升上网及时性,完善不上网核准机制,规范上网文书撤回管理。深化庭审活动公开,充分运用网络直播等形式,进一步推进庭审公开常态化、规范化,发挥庭审公开对司法能力、司法作风的促进作用。深化审判流程信息公开,从源头上做好案件信息录入工作,提升案件有效公开率。深化执行信息公开,定期更新执行指南、执行惩戒、终本案件等信息,及时告知财产控制措施、处分信息。深入推进诉讼案件电子正卷同步向当事人公开,接受当事人监督,服务当事人诉讼。通过畅通监督渠道,形成内外结合、严密有效的监督网络,确保权力的正确行使。

(五)坚持以信息科技为支撑,着力推动智慧监督建设

认真贯彻习近平总书记关于“善于运用互联网技术和信息化手段开

展工作”重要论述精神,健全适应互联网司法特点的审判制约监督机制,提升智能化制约监督水平,实现审判执行工作全程监管、全程留痕、全程可查,让法院内部监督工作更有针对性、精准性。要依托智慧法院建设平台,加强顶层设计,积极探索智慧监督模式,着力研发司法廉政风险监督提示系统,通过自动采集数据、归纳整合风险、分类显示预警,逐步形成各类案件全覆盖、管理运行全透明、防范提示全员化、动态监控全过程的廉政风险防控体系,构建“责任明确、过程留痕、动态监督、预警提醒、同步督办、整改评估”的新型监督平台。大力促进法院内部监督与信息化深度融合,努力实现线上监督与线下监督良性互动、传统监督与智慧监督融合发展,不断提高监督预警、监督执行、辅助决策、督促反馈能力。要注重监督信息技术成果运用。积极推进信息技术在权力运行中的深度应用,实现内部监督信息化与法院各项工作信息化同频共振,拓展监督广度和深度,切实解决传统监督方式监督不了、监督不到、监督不好的问题。注重研判内部监督大数据,积极为法院党组和有关部门科学决策提供可靠参考。

第七章　以审判为中心诉讼制度改革推动刑事司法现代化

推进以审判为中心的诉讼制度改革，是党中央在全面推进依法治国背景下作出的重大司法改革部署。《党的十八届四中全会决定》提出，“推进以审判为中心的诉讼制度改革，确保侦查、审查起诉的案件事实证据经得起法律的检验。全面贯彻证据裁判规则，严格依法收集、固定、保存、审查、运用证据，完善证人、鉴定人出庭制度，保证庭审在查明事实、认定证据、保护诉权、公正裁判中发挥决定性作用”。党的二十大报告强调，公正司法是维护社会公平正义的最后一道防线。[①] 以审判为中心的诉讼制度改革，事关依法惩罚犯罪、切实保障人权，是保证司法公正、提高司法公信力的重要举措，同时反映了新时代中国式司法现代化的客观规律和价值追求，也是在刑事诉讼中坚守社

---

① 习近平：《高举中国特色社会主义伟大旗帜　为全面建设社会主义现代化国家而团结奋斗：在中国共产党第二十次全国代表大会上的报告》(2022 年 10 月 16 日)，人民出版社 2022 年版，第 42 页。

会公平正义最后一道防线的必由之路。

一、以审判为中心诉讼制度改革与刑事司法现代化

与传统型刑事司法中行政与司法不分、控与审不分不同，现代刑事司法以审判权独立行使、控审分离且审判具有决定性的中心地位为主要特征。以审判为中心的诉讼制度改革是我国新一轮刑事司法改革的重要内容，也是推动我国刑事司法提高现代化水平的重要实践。为贯彻中央改革要求，2016年6月中央全面深化改革领导小组审议通过，2016年7月最高人民法院、最高人民检察院、公安部、国家安全部、司法部联合发布《关于推进以审判为中心的刑事诉讼制度改革的意见》。此后，以最高人民法院为主要实践主体的国家机关，围绕以审判为中心的诉讼制度改革要求制定完善诉讼规则及具体措施。2017年2月，最高人民法院制定《关于全面推进以审判为中心的刑事诉讼制度改革的实施意见》。2017年6月，最高人民法院、最高人民检察院、公安部、国家安全部、司法部又联合发布《关于办理刑事案件严格排除非法证据若干问题的规定》等文件。2017年11月，最高人民法院出台《人民法院办理刑事案件庭前会议规程（试行）》《人民法院办理刑事案件排除非法证据规程（试行）》《人民法院办理刑事案件第一审普通程序法庭调查规程（试行）》等“三项规程”，全面深入推进以审判为中心的刑事诉讼制度改革。在全面推进依法治国新时期，中央提出推进以审判为中心的诉讼制度改革，并专门出台改革意见，体现了中央对司法性质和规律的科学认识和准确把握，对于推进新时代中国式司法现代化具有重要的现实意义和深远的历史意义。

第一，以审判为中心的诉讼制度改革是推动解决影响和制约刑事司法公正的体制机制性问题的应然要求。以审判为中心的诉讼制度改革体现了刑事诉讼的内在规律，是对整个诉讼程序的结构性调整，是对审判权的正确定位。以审判为中心是现代法治国家共同遵守的诉讼法则，以审判为中心诉讼制度的根本，就是侦查、起诉和辩护等各诉讼环节都

须围绕审判展开。[①] 强调被告人的刑事责任及关涉其人身自由等强制性措施的重大决定应经由审判做出，且必须依照法定的程序和方式；刑事诉讼中一切活动应当以审判活动为中心，围绕审判的任务与目标进行，接受审判活动的检验。[②] 全面深入推进以审判为中心的刑事诉讼制度改革，使侦查、审查起诉按照审判的标准进行，保证庭审在查明事实、认定证据、保护诉权、公正裁判中发挥决定性作用，有助于进一步完善刑事诉讼制度，推动确立审判在刑事诉讼中的中心地位和决定性作用，积极构建以审判为中心的刑事诉讼格局。

第二，以审判为中心的诉讼制度改革是坚持严格司法、确保刑事司法公正的现实需要。确立"诉讼以审判为中心""审判以庭审为中心"，是审判权作为最终的判断权和裁决权的性质所决定的。习近平总书记指出："充分发挥审判特别是庭审的作用，是确保案件处理质量和司法公正的重要环节。""在司法实践中，存在办案人员对法庭审判重视不够，常常出现一些关键证据没有收集或者没有依法收集，进入庭审的案件没有达到'案件事实清楚、证据确实充分'的法定要求，使审判无法顺利进行。"[③]侦查、审查起诉阶段没有发现和解决的事实证据问题，最终要在审判阶段兜底解决，人民法院一旦受理达不到法定证明标准的案件，就往往陷入"定放两难"的境地：如果勉强下判，既违反法律规定，也极有可能导致冤假错案；如果依法放人，又难以承受放纵罪犯的质疑等巨大压力。这些问题导致疑罪从无原则难以落实，超期羁押难以禁绝，冤假错案难以防范。推进以审判为中心的诉讼制度改革，致力于解决制约公正审判的制度难题，有助于推动在刑事诉讼过程中抓源头、重制约、守底线，从根本上解决司法实践中起点错、跟着错、错到底的问题。

---

① 参见陈光中：《推进"以审判为中心"改革的几个问题》，载《人民法院报》2015 年 1 月 21 日，第 5 版。

② 参见闵春雷：《以审判为中心：内涵解读及实现路径》，载《法律科学（西北政法大学学报）》2015 年第 3 期。

③ 习近平：《论坚持全面依法治国》，中央文献出版社 2020 年版，第 101 页。

第三,以审判为中心的诉讼制度改革是完善人权司法保障、有效防范和及时纠正冤假错案的必然要求。推进以审判为中心的刑事诉讼制度改革,底线标准就是要切实防范冤假错案。审判是刑事诉讼中决定被告人罪责刑问题的决定性环节,是防范冤假错案的关键性防线。习近平总书记指出:“这项改革有利于促使办案人员增强责任意识,通过法庭审判的程序公正实现案件裁判的实体公正,有效防范冤假错案产生。”[①]反思目前发现和纠正的冤假错案,除有罪推定等错误司法观念尚未根除外,深层次的原因还在于一些关键性的诉讼制度未能落到实处。全面深入推进以审判为中心的刑事诉讼制度改革,通过有针对性地完善证据制度和审判程序,有助于健全落实证据裁判、非法证据排除、疑罪从无等法律原则的法律制度,完善公检法各机关“分工负责、互相配合、互相制约”的体制机制,夯实防范冤假错案的制度基础,筑牢防范冤假错案的程序防线。

二、以审判为中心诉讼制度改革的重点内容

以审判为中心,意味着整个诉讼制度和活动围绕审判而建构和展开,以审判职能为中心进行刑事诉讼活动,审判阶段对案件的调查具有实质化的特征。坚持以审判为中心,并不是意味着案件侦查、审查起诉程序就不重要,而恰恰是对侦查、审查起诉阶段的规范性、严格性提出了更高标准和更严的要求,最终是要让人民法院、人民检察院和公安机关在办理刑事案件中合理分工,真正实现相互配合、相互制约,最终让每一起案件的判决都能经得起法律检验和历史考验,让人民群众在每一个司法案件中都能感受到公平正义。最高人民法院、最高人民检察院、公安部、国家安全部、司法部联合发布的《关于推进以审判为中心的刑事诉讼制度改革的意见》,以完善证据收集、固定和认定规则、完善侦查、公诉、审判程序及配套制度、保障当事人及诉讼参与人权利等几个方面为

---

① 习近平:《论坚持全面依法治国》,中央文献出版社2020年版,第102页。

重心,着眼于整个刑事诉讼流程,对以审判为中心的改革提出了指导性意见和配套措施。

(一)侦查机关的改革重点

推进以审判为中心的诉讼制度改革,侦查机关制度机制改革的重点是:

一是依法全面、客观、及时收集证据。推进以审判为中心的诉讼制度改革,不仅对庭审提出了要求,同时强调从刑事诉讼的源头开始,侦查机关必须按照裁判要求和标准,全面、规范地收集、固定、审查、运用证据,从而确保案件裁判的公平正义。侦查机关应当全面、客观、及时收集与案件有关的证据,严格排除非法证据,并强调所有证据应当妥善保管,随案移送,为公正裁判奠定坚实基础。为进一步规范侦查机关取证行为,保证取证合法性,侦查机关应当探索建立命案等重大案件检查、搜查、辨认、指认等过程录音录像制度。通过对有关侦查活动过程的全程同步录音录像,有效固定和还原侦查机关侦办重大案件时收集、提取证据的过程,进一步增强相关证据的证明力和说服力,促使办案人员规范取证。此外,侦查机关应当建立健全符合裁判要求、适应各类案件特点的证据收集指引,完善技术侦查证据的移送、审查、法庭调查和使用规则,统一司法鉴定标准和程序以及完善见证人制度等。

二是完善讯问制度。侦查机关应当严格按照有关规定要求,在规范的讯问场所讯问犯罪嫌疑人。严格依照法律规定对讯问过程全程同步录音录像,逐步实行对所有案件的讯问过程全程同步录音录像。为严防刑讯逼供,侦查机关还应当探索建立重大案件侦查终结前对讯问合法性进行核查的制度。

三是保障当事人、辩护人的诉讼权利。侦查机关要健全当事人、辩护人和其他诉讼参与人的权利保障制度;在案件侦查终结前,犯罪嫌疑人提出的无罪或者罪轻的辩解,辩护律师提出的犯罪嫌疑人无罪或者依法不应追究刑事责任的意见,侦查机关应当依法予以核实。

（二）检察机关的改革重点

推进以审判为中心的诉讼制度改革，检察机关制度机制改革的重点是：

一是着眼于规范侦查取证行为，健全完善防范刑讯逼供监督机制。针对实践中对证明标准把握不统一的问题，要求建立健全符合裁判要求、适应各类案件特点的证据收集指引。为确保讯问活动的合法性，要求完善讯问制度。探索建立重大案件侦查终结前讯问合法性核查制度，对公安机关、国家安全机关和人民检察院侦查的重大案件，由人民检察院驻看守所检察人员讯问犯罪嫌疑人，核查是否存在刑讯逼供、非法取证情形，并同步录音录像。

二是着眼于防止案件"带病"进入审判程序，健全完善检察机关审前把关和发挥过滤功能的制度机制。完善补充侦查制度，进一步明确退回补充侦查的条件，建立人民检察院退回补充侦查引导和说理机制；规范补充侦查行为，对于确实无法查明的事项，公安机关、国家安全机关应当书面向人民检察院说明理由。完善不起诉制度，对未达到法定证明标准的案件，人民检察院应当依法作出不起诉决定，防止事实不清、证据不足的案件进入审判程序。完善撤回起诉制度，规范撤回起诉的条件和程序。

三是着眼于推进案件繁简分流，健全完善公诉机制、优化司法资源配置的制度机制。完善刑事案件认罪认罚从宽制度，探索被告人认罪与不认罪案件相区别的出庭公诉模式。进一步完善公诉机制，对被告人不认罪的，人民检察院应当强化庭前准备和当庭讯问、举证、质证；完善刑事案件速裁程序和认罪认罚从宽制度。

四是着眼于发挥检察机关法律监督的职能作用，健全完善人民检察院对侦查活动和刑事审判活动的监督机制。

（三）审判机关的改革重点

推进以审判为中心的诉讼制度改革，人民法院刑事审判制度机制改革的重点是：

一是严格贯彻证据裁判原则的要求。首先,严格执行法定的证据采纳标准,把好证据审查判断关。其次,严格执行法定的证明标准,依法准确认定案件事实。最后,严格落实疑罪从无原则,切实防范冤假错案发生。人民法院应当坚持严格依法裁判,杜绝疑罪从有、从轻、从挂等错误做法,真正做到有罪则判,无罪放人,不得违心下判或作出留有余地的判决。

二是着力提高人权司法保障水平。首先,严格实行非法证据排除规则,切实防止刑讯逼供、非法取证。法院应当严格落实法律规定,对各类非法证据依法认定、严格排除,促使办案人员严格执行法定取证程序。同时,要立足司法实践,进一步明确非法证据的范围和认定标准,减少非法证据排除规则适用中的法律争议。其次,完善值班律师制度,依法维护被告人的合法权益。重视发挥值班律师的职能作用,有效减少审判过程中的程序性争议。最后,完善法律援助制度,依法保障被告人的辩护权。健全依申请法律援助工作机制和办案机关通知辩护工作机制,依法保障辩护人在庭审中发问、质证、辩论辩护等权利,完善便利辩护人参与诉讼的工作机制。

三是充分发挥庭审在查明事实、认定证据、保护诉权、公正裁判中的决定性作用。首先,要完善证人、鉴定人、侦查人员出庭作证制度,积极推进庭审实质化。积极推动关键证人出庭作证,落实强制证人到庭制度,完善出庭作证保障机制,有效解决证人出庭率等问题。其次,要规范法庭审理程序,落实公正审判的内在要求。要规范法庭调查程序,证明被告人有罪或者无罪、罪轻或者罪重的证据,都应当在法庭上出示,依法保障控辩双方质证权利;要完善法庭辩论规则,依法保障被告人及其辩护人的辩护辩论权,有效解决争议问题;要完善当庭宣判和定期宣判制度,真正做到"诉讼证据出示在法庭""案件事实查明在法庭""控辩意见发表在法庭""裁判结果形成在法庭"。

四是完善审判程序繁简分流机制。充分发挥庭前会议功能,有效解决程序性争议。完善刑事案件速裁程序和认罪认罚从宽制度。积极总结试点经验,完善认罪认罚从宽制度的实施机制。

(四)司法行政机关的改革重点

推进以审判为中心的诉讼制度改革,司法行政机关制度机制改革的重点是:

一是进一步强化律师在刑事诉讼中的职能作用。强化律师在侦查阶段的辩护职责,明确侦查机关对律师意见“应当依法予以核实”。强化辩护律师在法庭调查中的质证权,有效解决律师辩护中存在的“发问难”和“质证难”问题,促进庭审实质化。强化辩护律师在庭审中的辩论权,增强律师辩护的有效性。强化辩护律师诉讼权利保障,依法保障辩护人会见、阅卷、收集证据和发问、质证、辩论辩护等权利,完善便利律师参与诉讼的工作机制。强化律师的行为规范,辩护人不得帮助犯罪嫌疑人、被告人隐匿、毁灭、伪造证据或者串供,不得威胁引诱证人作伪证以及进行其他干扰司法机关诉讼活动的行为。对于实施上述行为的,应当依法追究法律责任。

二是进一步强化法律援助的职能作用。在推进以审判为中心的诉讼制度改革中,刑事辩护率低,部分犯罪嫌疑人、被告人无法及时获得法律帮助等问题依然比较突出。为此,要建立法律援助值班律师制度,法律援助机构在看守所、人民法院派驻值班律师,为犯罪嫌疑人、被告人提供法律帮助。完善法律援助制度,健全依申请法律援助工作机制和办案机关通知辩护工作机制,充分保证犯罪嫌疑人、被告人依法及时获得法律帮助。

三是进一步强化司法鉴定的职能作用。长期以来,刑事诉讼中存在不同鉴定机构在程序、标准上不统一的问题,一定程度上影响了诉讼效率和司法公信力。为此,要统一司法鉴定程序,落实鉴定人出庭作证制度,提高出庭作证率。这对于进一步规范司法鉴定活动、统一证据裁判规则、防止因鉴定问题导致冤假错案、有效维护被告人的辩护权具有重要作用。同时,要建立证人、鉴定人等作证补助专项经费划拨机制,弥补鉴定人在刑事审判中出庭作证费用有关法律规定和制度规范的不足,调动鉴定人出庭积极性,提高鉴定人出庭作证率和审判效率。

三、以审判为中心诉讼制度改革的实践

2017 年 2 月,最高人民法院制定《关于全面推进以审判为中心的刑事诉讼制度改革的实施意见》,立足于刑事审判视角,从裁判理念、庭前程序、审理程序、证据规则和司法资源配置等方面,对以审判为中心的诉讼制度改革进行了系统性落实,提出了较为明确的适用规则和配套制度,并对如何与其他诉讼制度改革措施进行衔接提供了指导。与此同时,全国法院推进以审判为中心的试点工作也渐次展开,充分发挥审判特别是庭审在刑事诉讼中的决定性作用,成为改革的核心要求和重中之重。① 这里,本书主要以江苏省审判系统的改革为例,观察以审判为中心刑事诉讼制度改革在地方的实践展开及其成效。

(一)落实三项规程,推进庭审实质化

1. 规范庭前会议,确保庭审集中、高效。全国各级地方法院认真贯彻落实最高人民法院关于推进以审判为中心刑事诉讼制度改革的实施要求,通过落实三项规程,推进了庭审实质化。以江苏法院为例,全省三级法院严格贯彻落实《人民法院办理刑事案件庭前会议规程(试行)》,利用庭前会议进行证据交换、听取控辩意见,解决或处理非法证据排除、管辖、回避、证人出庭名单等可能导致庭审中断的事项,明确争议焦点,确定庭审重点,发挥庭前会议为重大复杂案件庭审"减负"功能,确保庭审集中、高效。从实践来看,2019 年至 2021 年,江苏全省法院年均召开庭前会议案件 890 余件,较 2017 年的 326 件,案件数量大幅度提升。从效果看,庭前会议功能充分发挥,对证据繁杂、案情重大的案件,通过庭前会议进行证据展示,组织证据交换,明确争议焦点,对控辩双方没有异议的,开庭时简化质证,有效提高开庭效率;对被告人提出非法证据排除

---

① 参见戴长林、刘静坤:《让以审判为中心的刑事诉讼制度改革落地见效》,载《人民法院报》2017 年 6 月 28 日,第 6 版。

申请通过召开庭前会议,由检察机关播放同步录音录像、出示入所体检表、宣读证言笔录等有针对性地出示证据,明确排非的争议焦点,消除分歧争端,解决部分非法证据争议;对被告人或辩护人提出回避、申请证人出庭的,通过召开庭前会议有效解决回避、确定出庭证人(鉴定人)名单等程序性问题,防止庭审拖延、中断。另外,对附带民事诉讼的案件,通过召开庭前会议进行调解,能够确保庭审集中进行,提升效率。

2. 重视非法证据排除,严格排除非法证据。严格非法证据排除是准确惩罚犯罪,保障人权的必然要求,随着以审判为中心改革的推进和“三项规程”等文件的出台,法官对证据取证的合法性进行审查的意识和意愿明显增强,证据审查中严格区分证据能力和证明力,不断重视对证据能力的审查,对被告人提出排除非法证据申请并提供线索或材料的,启动排除非法证据的调查程序,对认定或者不能排除非法证据的,应当依法排除,并应根据案件情况,适当降低非法证据排除程序启动标准,非法证据排除程序的启动标准、审理程序、证明方法逐步规范。从实践看,非法证据排除程序有效适用,排除非法证据的案件不断增多,取得明显效果。江苏各地法院制作制式起诉书副本,向被告人及其辩护人送达起诉书副本时,依法告知有权申请排除非法证据,保障被告人申请非法证据排除的权利。对被告人提出非法证据排除申请的,严格按照《关于办理刑事案件严格排除非法证据若干问题的规定》,执行法定证据采纳标准,对于采取刑讯逼供、暴力、威胁等非法方法收集的言词证据,依法予以排除。对于不符合法定程序收集的物证、书证,可能严重影响司法公正,不能补正或作出合理解释的,同样依法排除。

3. 强化证人、鉴定人出庭,贯彻直接言词原则。为切实推动证人、鉴定人出庭,江苏高院明确应当出庭的证人、鉴定人范围,并要求对控辩双方提出申请的,原则上应当通知证人、鉴定人出庭作证,人民法院认为确无必要的,应告知理由。例如,江苏各地法院注重结合实际,采取有效措施,切实推动证人、鉴定人出庭。淮安、无锡中院等法院与公安、检察等单位会签《关于刑事案件证人、鉴定人出庭作证的实施办法》,对证人、鉴定人、侦查人员出庭的情形、方式、方法等进行规定。从实际效果看,2019 年至 2021 年,江苏法院适用普通程序审理的刑事案件中,证人出庭作证案件 2049 件,出庭作证人员涵盖证人、被害人、鉴定人、侦查人员等全部人证类型。

4. 规范法庭调查程序,确保庭审效果。全面规范法庭审理程序,对证明被告人有罪或者无罪,罪轻、罪重的证据,依法当庭出示、质证,未经出示、辨认、质证等法庭调查程序查证属实的,不得作为定案依据,依法保障控辩双方的质证权利,着力解决庭审走过场、“开庭走形式”等突出问题,确保诉讼证据出示在法庭、案件事实查明在法庭、辩诉意见发表在法庭、裁判结果形成在法庭。为切实落实《法庭调查规程》,规范庭审程序,江苏多家法院出台实施细则,规范普通案件庭审程序,规范庭审质证、认证、辩论程序,细化质证、认证、辩论程序和方式,明确对于证明被告人有罪或者无罪、罪轻或者罪重的证据,都应当在法庭上出示,对控辩双方存在重大争议的证据,应当逐一举证质证,依法保障控辩双方的质证权。

(二)统一证据标准,强化制约引导

为发挥审判对侦查、起诉的制约、引导作用,一些地方高级法院坚持以审判定案的标准,明确常见类型犯罪证据规则,对法院刑事审判和审前活动发挥了指导和引导作用。例如,2018 年,江苏高院与省检察院、省公安厅会签下发《常见毒品犯罪案件证据收集及审查判断指引》,对常见毒品犯罪案件证据收集及审查判断的重点、方法作出规定,以审判定案标准引导侦查和起诉。此后,又先后制定下发《受贿犯罪案件审理证据审查判断指引》《盗窃犯罪案件定案证据审查指引》《江苏省高级人民法院涉黑涉恶案件审判工作规程》等,建立证据收集审查判断指引,规范对相关案件定案证据的审查、判断和认定,引导侦查、起诉。同时,江苏法院注重在办理具体案件中通过司法建议或者沟通协调等向侦查、检察机关反馈问题,以个案审判明晰证明标准,推动解决实际问题,夯实案件质量基础。

（三）强化诉权保障，推动律师辩护全覆盖

强化律师辩护，是推进以审判为中心诉讼制度改革的内在需求。2018年江苏高院与江苏省司法厅会签下发《关于开展刑事案件律师辩护全覆盖试点工作的通知》，在南京、无锡、宿迁等全省部分地区部署开展审判阶段刑事案件律师辩护全覆盖试点工作，为未委托辩护人的被告人指派辩护人或法律帮助律师，扩大律师辩护、帮助范围，保障被告人辩护权利，确保案件质量，维护司法公正，防范冤假错案。2019年4月，在试点工作的基础上，江苏高院与省司法厅会签《关于进一步扩大刑事案件律师辩护全覆盖试点工作的通知》，将律师辩护全覆盖试点工作扩大至全省范围。同时，江苏高院要求全省法院要依法保障辩护人阅卷、辩护等诉讼权利，建立律师参与诉讼专门通道，开发网上律师服务工作平台，完善便利律师参与诉讼工作机制。从实践效果看，2019年以来，全省刑事案件律师辩护率接近50%，其中指定律师辩护占全部辩护数的53.5%。

（四）完善配套制度，落实繁简分流

江苏法院准确把握认罪认罚从宽制度、速裁程序适用条件，认真履行实质审查职责，强化权利保障，精准裁量刑罚，推动认罪认罚制度和速裁程序实践落实。2019年8月江苏高院在全国率先制定下发《办理认罪认罚刑事案件指导意见》，指导全省法院依法准确适用认罪认罚从宽制度。从适用情况看，认罪认罚从宽制度适用以来，全省法院审理认罪认罚案件数、适用速裁程序的案件数逐年上升，全省法院审理认罪认罚案件数78,137件93,739人，其中适用速裁程序25,715件28,467人，认罪认罚从宽制度在江苏有效落实。辖区张家港等地法院探索“一站式”刑事速裁机制，会同检察、公安等机关在看守所、执法办案单位等场所内建立刑事速裁法庭，采取集中立案、送达、开庭、宣判的审理机制，实现批量案件集约化高效处理，并推动办案单位之间案件信息共享及案卷无纸化流转，实现案件办理简化提速。

同时，根据司法实践情况，不断修订量刑指导意见实施细则，推进开展量刑规范化改革工作，确保案件量刑精准，策应以审判为中心的改革。江苏高院还积极推进全省政法大数据共享应用服务平台建设，2021 年与省检察院、公安厅等会签《江苏政法业务协同刑事案件电子卷宗单轨制应用工作规范（试行）》，实现刑事案件卷宗公检法之间网上流转、相关文书网上送达，简化流转环节，提升审判效率。

四、以审判为中心诉讼制度改革存在的主要问题

以审判为中心的刑事诉讼制度改革以来，各地法院积极探索、加强创新，改革取得了一定成效，但实践中还存在一些问题和困难。

一是以审判为中心的司法理念有待强化。“以审判为中心”相对“以侦查为中心”提出，强调侦查机关收集的证据、公诉机关指控的事实都要经过法庭审判查证属实，突出审判的核心地位，目的是确保案件质量，切实防范冤假错案。但实践中存有对改革的意义、内容和要求认识不清，对人权保障观念、非法证据排除理念存有模糊认识的现象。有的认为以审判为中心对审判活动要求高，牵扯精力多，尤其在案多人少的现实背景下，推进改革积极性不高；有的认为我国公检法之间的办案模式已经较为成熟，案件经过公检法层层把关在实践中发生错案概率小，存在侥幸思维，对以审判为中心改革的重要意义认识不够。此外，以审判为中心的共识需进一步凝聚，推进以审判为中心的刑事诉讼制度改革，涉及政法各单位、刑事诉讼各环节，是一项牵一发而动全身的综合性改革，如果形成合力不足，有的部门积极性不高，势必会影响改革进展和成效。

二是庭审实质化仍需进一步推进。庭审实质化是以审判为中心刑事诉讼制度改革的核心内容，随着改革的深入，各地法院认真贯彻执行“三项规程”，取得了积极的成效，但庭审实质化尚未达到以审判为中心的预期要求。一方面，证人出庭难、质证难问题依然存在。从实践情况看，由于证人出庭标准模糊、强制出庭可操作性不强以及证人权益保障机制不健全等，价值受传统思维影响，证人明确拒绝出庭、以各种借口回

避出庭等现象较为普遍；加之远程视频作证、隐瞒身份作证等改革举措实施硬件还未具备等原因，导致证人出庭作证操作性不强，证人出庭作证率低。另一方面，庭审仍存在形式化问题。“诉讼证据出示在法庭、案件事实查明在法庭、诉辩意见发表在法庭、裁判结果形成在法庭”，是以审判为中心的刑事诉讼制度改革的内在要求。但目前，刑事案件的审查、裁判结果的形成仍然以阅卷为主，庭审一定程度上仍存在虚化的现象，其中既有法官庭审查控能力和意识不足，只被动听取控辩双方意见，不主动查明案件事实的原因；也有检察机关举证形式化，概括举证、打包举证，不说明证据资格、证明效力及证明目的，导致质证无法充分展开的问题，庭审对于裁判结果所起的决定性作用需要进一步强化。

三是非法证据排除程序有待进一步完善。从实际情况看，一方面，非法证据排除程序启动标准模糊。相关制度文件规定，启动非法证据排除要求被告人或辩护人提供遭受刑讯逼供等非法取证行为的明确线索，但实践中被告人和辩护人很难提供具体的、明确的材料或线索，无法启动排非程序，程序启动的高门槛和证据排除的高要求使非法证据排除率较低。另一方面，证据合法性证明方式有限，对于非法证据的法庭调查，刑事诉讼法及司法解释规定可以通过公诉人向法庭出示、宣读讯问笔录、有针对性地播放讯问过程的录音录像、通知有关侦查人员或者其他人员出庭说明情况等方式进行，但上述证据很难具有信服力，提供封闭状态里的单方证明不免让人觉得都是在“自我证明”，很难达到证据确实、充分，排除合理怀疑的程度。

四是有效辩护有待进一步加强。目前，对被告人辩护权的保障在不断加强，辩护率也在不断提高，但部分法律援助律师存在庭前阅卷草率、走过场，辩护内容流于形式，辩护质量不高等问题，被告人的辩护权未能得到实质性的保障。特别是认罪认罚案件中，相关规定没有对值班律师的权利、职责作出具体规定，在审查起诉阶段，大多数值班律师的法律帮助仅仅是为犯罪嫌疑人提供关于罪名和认罪认罚制度的简单法律咨询，现场见证签署认罪认罚具结书，不对量刑结果提出意见；在审判阶段，值班律师对事实证据及检察机关提出的定罪量刑建议几乎不会提出有效辩护意见，法律帮助和辩护的质量需进一步提升。

五、以审判为中心诉讼制度改革的深化

深化以审判为中心的诉讼制度改革，应遵循刑事诉讼基本规律，坚守依法裁判的司法理念，推动建立符合司法规律的刑事审判制度。

一是凝聚共识，树牢以审判为中心的理念。推进以审判为中心的刑事诉讼制度改革，首要是凝聚共识，要进一步加强沟通协调，争取公安、检察、司法行政等机关的支持和认同，营造改革的良好环境，调动各相关部门参与改革的积极性、主动性，确保改革协同推进。要进一步注重培育现代刑事司法理念，教育引导刑事审判人员保持改革定力，树立以审判为中心的理念，转变"重配合、轻制约"观念，依法行使审判职能，严把案件事实关、证据关、程序关和法律适用关，以高质量的裁判，发挥好对侦查、起诉的制约引导作用，推动构建以审判为中心、审判以庭审为中心、庭审以证据为中心的刑事诉讼格局。

二是完善证据认定规则，切实防范冤假错案。证据是认定案件事实的依据，也是整个审判活动据以展开的依据，是诉讼的灵魂。坚持证据裁判原则，侦查机关、人民检察院应当按照裁判的要求和标准收集、固定、审查、运用证据，人民法院应当按照法定程序认定证据，依法作出裁判。要坚持重证据、重调查研究、不轻信口供的诉讼原则，重视实物证据的收集和运用，实现办案模式从"由供到证"向"由证到供"的根本转变。坚持非法证据排除原则，人民法院对案件审判要更加重视审查取证活动的合法性，更加严格落实不得强迫任何人证实自己有罪的要求，以更高的标准依法认定、坚决排除各类非法证据。坚持疑罪从无原则，严格执行法定证明标准，坚决做到有罪则判，无罪放人。完善庭前准备和法庭审理程序，充分发挥庭审在查明事实、认定证据、保护诉权、公正裁判中的决定性作用，确保诉讼证据出示在法庭、案件事实查明在法庭、控辩意见发表在法庭、裁判结果形成在法庭。

三是进一步规范认罪认罚从宽制度适用。坚持在以审判为中心诉讼制度改革的框架下推进认罪认罚从宽制度实施,加强顶层设计,强化对下监督指导,指导各级法院准确把握认罪认罚从宽制度的适用范围、适用条件、证据标准、量刑尺度,确保制度正确施行。会同检察机关进一步规范认罪认罚制度适用,通过会商座谈、联合培训、共同发布典型案例等方式,增强共识,凝聚合力,统一法律适用,引导检察机关科学设置考核指标。抓好量刑指导意见实施细则的贯彻实施,拓展量刑指导意见罪名之外的类案量刑规范,进一步规范检、法量刑建议和量刑工作,统一量刑标准尺度。

四是健全完善配套保障机制。完善繁简分流机制,优化司法资源配置,对案件事实清楚、证据充分且被告人认罪认罚的轻微刑事案件以速裁程序或者简易程序进行审理,对其他案件的审理则应保证庭审实质化。建立健全证人出庭保障机制,明确证人出庭作证必要性的判断标准及证人出庭费用的补助标准和承担主体,严格落实证人保护机制。加大信息化手段运用,会同公安、检察等机关建立统一信息化的案件证据移送和审查体系,明确不同类型案件的证据体系审查规则。完善公检法之间的沟通协调机制,对于类案取证中存在的问题,畅通沟通反馈渠道,及时解决类案取证、证据审查认定中存在的问题。强化对律师的履职保障和监督指导,会同司法行政机关等完善值班律师、法律援助律师履职顶层制度设计,加大值班律师履职保障力度,充分保障律师的阅卷权、会见权等诉讼权利,提升法律援助律师的辩护、法律帮助实效。

第八章　刑事司法体系中的认罪认罚从宽制度

认罪认罚从宽制度作为以审判为中心的司法改革的配套制度而诞生，与我国刑事司法中的“坦白从宽、抗拒从严”“宽严相济”刑事政策一脉相承，适用于任何案件性质、任何诉讼阶段，兼具实体和程序的双重属性，其对于多重价值的追求符合当前我国刑事司法实践的需求，是我国法治进步的直接体现。《党的十八届四中全会决定》明确提出要“完善刑事诉讼中认罪认罚从宽制度”。2016 年 7 月，中央全面深化改革领导小组第二十六次会议审议通过《关于认罪认罚从宽制度改革试点方案》。根据两年的试点经验，2018 年《刑事诉讼法》将认罪认罚从宽确立为我国刑事诉讼法的一项基本原则，并规定了若干具体制度和程序规则。

认罪认罚从宽制度既是一项刑法制度，又是一项程序性制度。这一制度的正式确立，反映了司法现代化的趋势与要求。现代刑事司法制度已经不再是简单的因果报应和有罪必罚，而是体现多元正义要求和目的刑刑罚理念，鼓励犯罪者认罪悔罪，与司法机关采取合作态度，司法机关则依法予以从宽，在实现刑事司法目的的同时，尽量减少对抗因素，节约司法资源。因此，认罪认罚从宽制度的正式确立，完善了我国现代刑法制度体系和刑事程序体系，提升了我国刑事司法现代化水平。

一、司法体系现代化视野下认罪认罚从宽概念的提出

2016 年 7 月最高人民法院、最高人民检察院、公安部、国家安全部、司法部发布的《关于推进以审判为中心的刑事诉讼制度改革的意见》第 21 条指出："推进案件繁简分流，优化司法资源配置。完善刑事案件速裁程序和认罪认罚从宽制度，对案件事实清楚、证据充分的轻微刑事案件，或者犯罪嫌疑人、被告人自愿认罪认罚的，可以适用速裁程序、简易程序或者普通程序简化审理。"据此可以看出，完善认罪认罚从宽制度主要是以刑事诉讼中的相关制度为侧重，以提高刑事司法活动的资源利用效率为主要目的，对认罪与否的刑事诉讼犯罪嫌疑人、被告人进行分流，分别适用不同的诉讼程序。如前所述，认罪认罚从宽制度的精神不仅与我国宽严相济的刑事政策一脉相承，[①]还与当前员额制改革之后，解决案多人少难题的配套需求相适应。[②] 因此，无论是刑法还是刑事诉讼法中都有与其精神相同的具体举措。对认罪认罚从宽制度源起与发展历程的审视应当采取刑事司法一体化的视角并将其置于司法体系现代化的大背景下进行。

（一）时代背景

认罪认罚从宽制度是突出彰显宽严相济刑事政策核心价值的重要改革举措。作为宽严相济刑事政策精神的发展深化和集大成者，该制度是我国刑事政策经过 70 多年的波折前进，于法治文明不断发展的 21 世

---

① 参见陈卫东：《认罪认罚从宽制度研究》，载《中国法学》2016 年第 2 期。

② 参见魏晓娜：《完善认罪认罚从宽制度：中国语境下的关键词展开》，载《法学研究》2016 年第 4 期。

纪收获的硕果。从强调“根据犯罪的具体情况,实行区别对待,做到该宽则宽,当严则严,宽严相济,罚当其罪”“要正确把握宽与严的关系,切实做到宽严并用”[①]到逐渐转入突出“宽缓”精神,强调“宽”字当头,[②]认罪认罚从宽制度充分体现了科学与理性法治理念的回归,体现了刑事司法中提倡的人文情怀与理性关怀。

认罪认罚从宽制度是在刑事犯罪数量增长背景下回应犯罪轻刑化的诉讼程序创新。劳动教养制度被废除之后,《刑法修正案(八)》《刑法修正案(九)》相继出台,我国刑事司法领域凸显出犯罪轻刑化倾向。我国刑事案件一审的收案数量于2014年就已突破百万,其中轻微刑事案件的数量逐年增长,占比逐年上升,严重危害社会治安犯罪案件和暴力犯罪案件的数量则呈现全面下降的特点。案多人少的矛盾日益凸显,有限的司法资源与不断增长的诉讼需求之间的张力日益加强。如何创新方式方法、科学统筹司法资源,探索以被追诉人是否认罪为出发点进行诉讼程序分流的问题引起法学理论界及实务界的高度关注。

认罪认罚从宽制度有效回应了员额制改革的配套需求。法官、检察官员额制改革全面推进之后,案多人少的矛盾与日俱增,如何破解办案负担居高不下的难题成为深化员额制改革取得实效的核心问题之一。此时,认罪认罚从宽制度的合理构建与完善对于这个现实问题有着极为特殊的重要意义。在刑事诉讼中,犯罪嫌疑人、被告人如若能够接受定罪和量刑以换得从宽处理,就能从很大程度上缓解审判机关的工作压力,缩短办案周期,集中司法资源至重大复杂疑难案件的办理中。从这个角度来看,认罪认罚从宽制度能够从缓解刑事诉讼办案压力的角度助力员额制改革的深化。

---

① 《〈最高人民法院关于贯彻宽严相济刑事政策的若干意见〉的理解与适用》,载中华人民共和国最高人民法院网:https://www.court.gov.cn/shenpan-xiangqing-828.html,2022年3月20日访问。

② 参见张正新、吴加明:《宽容地对待犯罪——和谐社会视域下刑事政策的必然选择》,载赵秉志主编:《和谐社会的刑事法治》(上卷),中国人民公安大学出版社2006年版,第297~298页。

（二）刑事司法一体化视角下的认罪认罚从宽

从刑事司法一体化的视角进行观察，我国刑法中的定罪、量刑和行刑等环节体现出认罪认罚从宽的精神。在定罪环节中，《刑法》第 13 条规定了情节显著轻微危害不大的，不认为是犯罪。其中，2006 年《最高人民法院关于审理未成年人刑事案件具体应用法律若干问题的解释》第 9 条将未成年人“案发后如实供述全部盗窃事实并积极退赃”的案后情节看作“情节显著轻微危害不大”的情形。这种情况就属于“立法者从遏制犯罪和安抚被害人等刑事政策目的出发，把构成要件之外的因素考虑进来，作为影响犯罪成立的因素”。[①] 在量刑环节中，自首和坦白制度，以及对犯罪后的真诚悔罪、积极退赃和主动赔偿损失等情形在量刑上给予从宽对待的情况，都体现出认罪认罚从宽的精神。在行刑环节中，刑法关于缓刑[②]、减刑、假释的适用条件包括“有悔罪表现”“确有悔改表现”“确实不致再危害社会”“没有再犯罪的危险的”等。其中，适用缓刑要求行为人犯罪后有积极退赃、真诚向被害人道歉、在羁押期间遵守监管规定等“悔罪表现”；如果行为人犯罪较轻，但没有“悔罪表现”，法院就不得认为其“确实不致再危害社会”。

我国刑事诉讼法中的认罪认罚从宽的精神也体现在立案、侦查、审查起诉、审判、执行各阶段，贯穿于刑事诉讼的全过程。在立案阶段，根据《刑事诉讼法》第 112 条的规定，公安司法机关对于行为人的自首材料应当按照管辖范围迅速进行审查，认为没有犯罪事实，或者犯罪事实显著轻微，不需要追究刑事责任的，不予立案。从侦查程序来看，犯罪嫌疑人认罪认罚是适用非羁押性强制措施和侦查终结时对其作轻缓处理的考量因素之一，主要体现在《刑事诉讼法》第 65 条、第 120 条，《公安机关办理刑事案件程序规定》第 183 条和《人民检察院刑事诉讼规则》第 286 条的规定之中。在审查起诉的过程中，犯罪嫌疑人认罪认罚可能

---

① 参见王莹：《情节犯之情节的犯罪论体系性定位》，载《法学研究》2012 年第 3 期。

② 从裁量是否执行所判刑罚的意义上说，缓刑是量刑制度；从刑罚执行的意义上说，缓刑也可谓刑罚执行制度。参见张明楷：《刑法学》，法律出版社 2011 年版，第 541 页。

影响到人民检察院相对不起诉或附条件不起诉决定的作出。在审判程序中，被告人是否认罪认罚直接关系到审判程序的分流和人民法院的裁判结果。在刑事案件的执行过程中，与刑法相呼应，《刑事诉讼法》第273条第2款规定，被判处管制、拘役、有期徒刑或者无期徒刑的罪犯，在执行期间确有悔改或者立功表现，应当依法予以减刑、假释的时候，由执行机关提出建议书，报请人民法院审核裁定，并将建议书副本抄送人民检察院。

此外，刑事诉讼中的刑事和解程序的适用也以"犯罪嫌疑人、被告人真诚悔罪，通过向被害人赔偿损失、赔礼道歉等方式获得被害人谅解"为前提条件之一。对于达成和解协议的案件，公安机关可以向人民检察院提出从宽处理的建议。人民检察院可以向人民法院提出从宽处罚的建议；对于犯罪情节轻微，不需要判处刑罚的，可以作出不起诉的决定。人民法院可以依法对被告人从宽处罚。

二、认罪认罚从宽制度改革试点及其成效

2014年6月27日，全国人大常委会表决通过《关于授权最高人民法院、最高人民检察院在部分地区开展刑事案件速裁程序试点工作的决定》，授权最高人民法院、最高人民检察院在北京、天津、福州、厦门等18个城市开展程序试点工作。

根据刑事速裁程序规定，对事实清楚，证据充分，被告人自愿认罪，当事人对适用法律没有争议的危险驾驶、交通肇事、盗窃、诈骗、抢夺、伤害、寻衅滋事罪等情节较轻，依法可能判处1年以下有期徒刑、拘役、管制的案件，或者依法单处罚金的案件，将进一步简化《刑事诉讼法》规定的相关诉讼程序。速裁程序的创设，使案件审理和裁决的时间大为压缩，被羁押的刑事案件被告人快速得到审判，办案过程充分保障了当事人的诉讼权利。通过繁简分流优化司法资源配置，保障司法机关集中精力审理疑难复杂案件，有助于防止冤假错案的发生，促进了程序正义，缩短了羁押时间，对于高效利用司法资源，解决案多人少、诉讼拖延等突出

问题具有深远意义。

虽然刑事速裁程序试点之初尚未提出认罪认罚从宽的概念，但事实上，适用速裁程序审理的案件都是认罪认罚并予以从宽的案件。在刑事速裁程序试点的基础上，中央又部署了认罪认罚从宽制度试点改革。2014 年 10 月 23 日，《党的十八届四中全会决定》首次提出“完善刑事诉讼中认罪认罚从宽制度”。2016 年 7 月 22 日，中央全面深化改革领导小组第二十六次会议审议通过了《关于认罪认罚从宽制度改革试点方案》。2016 年 9 月 3 日，全国人大常委会表决通过《关于授权最高人民法院、最高人民检察院在部分地区开展刑事案件认罪认罚从宽制度试点工作的决定》，授权最高人民法院、最高人民检察院在北京、天津、福州、厦门等 18 个城市开展刑事案件认罪认罚从宽制度试点工作，其中，刑事速裁程序被纳入认罪认罚试点工作中，其适用范围扩大到三年有期徒刑以下刑罚的案件。2016 年 11 月 11 日，最高人民法院、最高人民检察院、公安部、国家安全部、司法部联合出台《关于在部分地区开展刑事案件认罪认罚从宽制度试点工作的办法》（以下简称《认罪认罚从宽试点办法》）。由此，认罪认罚从宽试点改革开始在全国 18 个城市推进。2016 年 1 月，中央政法工作会议曾明确提出，“要在借鉴诉辩交易等制度的合理元素基础上，抓紧研究提出认罪认罚从宽制度试点方案，经全国人大常委会授权后，选择有条件的地方开展试点”。这说明中央完善认罪认罚从宽制度试点的灵感很大程度上来自辩诉交易制度。为此，中央司改办曾组团专程前往美国进行考察。但是后来出台的《认罪认罚从宽试点办法》没有出现“协商”二字，主要可能出于社会接受程度和公正司法的考虑。

2016 年 11 月我国认罪认罚从宽制度试点工作正式启动以来，到 2018 年 9 月底，全国试点基层法院 251 个、中级法院 17 个，审结认罪认罚案件 204, 827 件 233, 967 人，约占同期审结的全部刑事案件的 53. 68%。其中适用速裁程序审结的案件 13 万余件，约占认罪认罚案件的 65. 48%；适用简易程序审结的案件 5 万余件，约占认罪认罚案件的

26.62%;适用普通程序审结的案件1.6万余件,约占认罪认罚案件的8.19%。试点取得了明显的成效:当事人权利得到有效保障,促进了司法公正;宽严相济政策落实到位,从宽处罚效果明显;探索了认罪认罚案件的处理模式,深化了刑事诉讼制度改革;息诉服判效果,法律、社会效果好。

试点期间,围绕认罪认罚制度的基本内涵、适用范围、适用阶段、证明标准、协商范围,值班律师的地位和作用,从宽情节的适用,速裁案件应否一审终审,价值取向等,均存在争议。其中,有些争议如适用范围、适用阶段、证明标准等,通过立法修改已经基本得到解决。

三、认罪认罚从宽制度基本内容与运行模式的立法确认

《刑事诉讼法》第15条规定,"犯罪嫌疑人、被告人自愿如实供述自己的罪行,承认指控的犯罪事实,愿意接受处罚的,可以依法从宽处理"。这一规定体现出的认罪认罚从宽原则标志着我国的刑事诉讼模式从对抗式转向鼓励控辩双方自愿协商,强调以被追诉人的自主意愿与选择来决定诉讼程序的分流走向。但这种协商制度的确立与完善,并非对控辩双方平等对抗以及刑事诉讼正当程序原则的简单否定,而仅仅是以被追诉人是否认罪为标准,将刑事案件引入不同的诉讼程序中,实现对刑事司法资源的科学分配。

(一)刑事司法模式的渐进式发展

2018年《刑事诉讼法》所确立的认罪认罚从宽制度是我国刑事司法通过司法改革、修订刑事法律、完善刑事政策等多项举措进入协商模式的标志。在不同的社会发展阶段,受到政治、经济、文化变迁的影响,我国刑事司法模式经过了渐进式的曲折发展历程。

这种发展变化通常以《刑事诉讼法》的立法确认作为标志,主要表现为从1979年《刑事诉讼法》的强职权式到1996年《刑事诉讼法》体现出对抗式特征,再到2012年《刑事诉讼法》基本形成对抗式的刑事司法模式,再到2018年《刑事诉讼法》对认罪认罚从宽制度的立法确认所体

现出的协商模式。1979年《刑法》和《刑事诉讼法》的制定，标志着我国刑事司法的重建，此时刑事司法的目的主要是“依法惩治犯罪”，以打击犯罪、惩罚犯罪应对暴力性犯罪频发的犯罪情势，强调打击效率和力度。但这种不顾程序一味求快求狠的高压治理模式极易诱发刑讯逼供，造成冤假错案频发。进入20世纪90年代，我国政治环境和经济状况经由改革开放得到了显著改善，随着社会主义市场经济的萌芽与发展，个体权利意识得到觉醒，以普通法系诉讼理论为主的人权保障、程序正义等诉讼理念得到了广泛认可。1996年《刑事诉讼法》以刑事诉讼庭审方式改革为切入点，对刑事诉讼司法模式进行了对抗式改造，基本上确立了控辩平等对抗的诉讼模式。2012年《刑事诉讼法》重申了“尊重和保障人权”的宪法要求；进一步强化辩护权保障，明确侦查阶段辩护律师的辩护人定位，规定了辩护律师的权利救济机制；完善证人、鉴定人出庭作证制度；确立非法证据排除规则，规定了不得强迫任何人证明自己有罪等内容。2012年《刑事诉讼法》进一步完善相关的诉讼制度和证据规则以保障这种对抗式刑事诉讼模式的顺利进行。2014年党的十八届四中全会提出“推进以审判为中心的诉讼制度改革”的改革任务，要求以庭审实质化为导向，让法庭审理在查明事实、认定证据、保护诉权、公正裁判中发挥决定性作用，具有较强的法治进步意义。《党的十八届四中全会决定》同步提出了“完善刑事诉讼中认罪认罚从宽制度”的改革要求并在2018年《刑事诉讼法》中得到确认。这种变化过程体现出刑事司法与我国社会政治经济、国家治理理念发展变化的同步性，认罪认罚从宽制度就是主动适应我国国家治理现代化需求所做的制度调整，它摒弃了传统对抗式诉讼模式的缺点，标志着我国犯罪治理开始从“对抗”走向“协商”。

（二）认罪认罚从宽制度在实践中得到深化发展

为切实贯彻2018年《刑事诉讼法》关于认罪认罚从宽制度的相关规定，检察机关利用检察一体、上令下从的制度优势，充分发挥其在认罪认罚案件中的主导责任，积极推动认罪认罚从宽制度落地生根。2019

年10月,最高人民法院、最高人民检察院、公安部、国家安全部、司法部发布《关于适用认罪认罚从宽制度的指导意见》,对认罪认罚从宽制度的基本原则、适用范围和条件、从宽幅度、审前程序、量刑建议、审判程序、律师参与、当事人权益保障等作出了具体规定,为明确认罪认罚从宽制度的运行、规范司法实践,产生了重要作用。

2020年10月15日,十三届全国人大常委会二十二次会议听取了《最高人民检察院关于人民检察院适用认罪认罚从宽制度情况的报告》并进行了分组审议。针对全国人大常委会的审议意见,2020年12月1日,最高人民检察院提出"十个着力"28条意见,积极贯彻落实全国人大常委会对适用认罪认罚从宽制度情况报告的审议意见。

为落实"十个着力"28条意见,2020年5月,最高人民检察院发布《人民检察院办理认罪认罚案件监督管理办法》,对检察官办理认罪认罚案件的权力运行机制、监督措施等作出全面且明确的规定。2021年12月,最高人民检察院发布《人民检察院办理认罪认罚案件听取意见同步录音录像规定》,加强对认罪认罚案件犯罪嫌疑人、被告人的程序保障;同月,最高人民法院还发布《人民检察院办理认罪认罚案件开展量刑建议工作的指导意见》,为检察机关量刑建议精准化提供指导依据。

2020年,认罪认罚从宽制度全年适用率达86.8%;量刑建议采纳率94.9%;一审服判率95.8%,高出其他刑事案件21.7个百分点。在2021年,已办理的审查起诉案件中,适用认罪认罚从宽制度审结人数占同期审结人数的85%以上;检察机关提出确定刑量刑建议占量刑建议提出数的90%以上;对检察机关提出的量刑建议,法院采纳人数占同期提出量刑建议数的97%以上。[①] 到2022年第一季度,已办理的审查起诉案件中,适用认罪认罚从宽制度审结人数占同期审结人数的85%以上;检察机关提出确定刑量刑建议占量刑建议提出数的90%以上;对检

① 《2021年全国检察机关主要办案数据》,载中华人民共和国最高人民检察院网,https://www.spp.gov.cn/spp/xwfbh/wsfbt/202203/t20220308_547904.shtml#1。

察机关提出的量刑建议，法院采纳人数占同期提出量刑建议数的95%以上。[①] 在认罪认罚从宽制度实践过程中，检察机关通过提高认罪认罚从宽制度的适用比例，加强控辩平等协商和精准量刑推动刑事被追诉人自愿认罪认罚，使大量刑事案件得以繁简分流，缩短追诉周期，提高司法资源配置的科学性与合理性。

随着认罪认罚从宽制度的全面实施，司法机关对认罪认罚从宽制度的意义和目的的认识也日益全面和深化。2020年《最高人民检察院关于人民检察院适用认罪认罚从宽制度情况的报告》指出，认罪认罚从宽制度的实践效果表明，认罪认罚从宽制度的实施不仅有效提升了诉讼效率，节约了司法资源，还能够促进社会和谐稳定。因为在认罪认罚从宽制度中，刑事被追诉人通过自愿认罪获得了有预期的量刑结果，不仅能够促进他主动接受教育，还能够消除他内心的对立情绪。此外，在顺利达成刑事和解的案件中，被追诉人与被害方通过弥补被害方身心及财产伤害的方式取得谅解，不仅能够化解矛盾，还有助于修复破损的社会关系。

（三）"少捕慎诉慎押"与认罪认罚从宽制度形成新合力

在认罪认罚从宽制度下，切实有效的制度激励是倡导和鼓励刑事被追诉人主动自愿认罪认罚的必需品，但其在程序方面，一直缺乏有效的机制能够与量刑方面的从宽形成合力。2021年4月，中央全面依法治国委员会明确了"少捕慎诉慎押"的刑事司法政策，在该刑事司法政策的指导和要求下，各级检察机关积极主动探索具体实施措施，以适应我国刑事犯罪的新情况、新特征以及刑事司法现代化的新期待和法治文明进步的新要求。

"少捕慎诉慎押"刑事司法政策的贯彻实施，无疑能够与认罪认罚从宽制度形成合力。"少捕慎诉慎押"刑事司法政策与认罪认罚从宽制

---

① 《最高检发布一季度检察机关主要办案数据刑事案件不捕率不诉率同比上升》，载中华人民共和国最高人民检察院网，https://www.spp.gov.cn/spp/xwfbh/wsfbt/202204/t20220419_554526.shtml#1。

度均在适应我国刑事犯罪结构变化和犯罪轻型化的背景下产生，也均以实现刑事司法的非对抗式推进为目标，还都有利于提升司法资源利用效率，化解矛盾，促进社会和谐稳定发展。在“少捕慎诉慎押”刑事司法政策之下，对认罪认罚从宽制度从以下两个方面加以注意则有助于实现“1 +1 >2”的制度功效。一方面，要注重重罪和轻罪的区分。轻罪案件中，一旦刑事被追诉人选择认罪认罚，那么就应该“一键响应”，最大程度上体现认罪认罚从宽制度的设立初衷。司法机关应当秉持“少捕慎诉慎押”刑事司法政策的要求，能不捕的不捕、能不诉的不诉、能判缓刑的建议缓刑，力争将“程序从宽”落到实处，让刑事被追诉人充分感受到积极自愿认罪认罚带来的“程序利益”。同时，办案人员应当充分尊重认罪认罚从宽案件中刑事被追诉人的主体地位，做好权利告知、认真听取意见、注重量刑协商等工作，尽量提高刑事被追诉人在认罪认罚从宽程序中的参与程度和体验，让每一个认罪认罚案件经得起时间的考验。在重罪案件中贯彻落实“少捕慎诉慎押”刑事司法政策时，则应当具体问题具体分析，关注个案差异，将“区别对待”的精神落到实处。具体而言，根据重罪案件的具体特点以及行为人的悔罪程度，当严则严、当宽则宽，做到宽严有序、宽严有别。另一方面，对于不认罪的案件，既应当将人权保障、程序正义的诉讼理念贯彻到底，同时要将“少捕慎诉慎押”刑事司法政策有机融入。例如，对刑事被追诉人进行逮捕必要性、起诉必要性审查时，不能仅以是否认罪认罚直接作为是否捕诉的决定因素，还要明确认识到认罪认罚的选择是法律赋予刑事被追诉人的一项诉讼权利。因此，他既可以选择自愿认罪认罚，以换取量刑减让、程序从宽，也可以选择不认罪不认罚，决不能因为作出不认罪认罚的决定就将其排除在“少捕慎诉慎押”刑事司法政策的覆盖范围之外，检察机关仍要根据案件和被追诉人的具体情况做到能不捕就不捕，能不诉就不诉。此外，“少捕慎诉慎押”不是“不捕不诉不罚”。适用“少捕慎诉慎押”刑事司法政策应当以罪刑法定、罪责刑相适应及保障诉讼为原则和基本要求，实践中要注重区分情况、区别对待，坚持当严则严、宽严相济，体现宽严相济刑事政策的要求。对恐怖活动、涉黑涉恶等严重危害国家安全、公共安全的犯罪,故意杀人、强奸、绑架等严重暴力犯罪等,应当依法从严追诉、从重打击,一般不适用“少捕慎诉慎押”刑事司法政策。对于一些虽然罪行不是很重,但犯罪情节恶劣、主观恶性较深、人身危险性大、拒不认罪的案件,也要体现从严的一面,该捕即捕,依法追诉。

在刑事司法的任何阶段,公安司法机关都应当保障刑事被追诉人自愿认罪认罚的权利。尤其是在不认罪认罚的案件中,公安司法机关要保障刑事被追诉人平等的诉讼地位,保障其获得公正审判的权利;追诉机关应该竭尽所能查明真相;审判机关则应贯彻落实庭审实质化的要求,在坚持刑事正当程序原则的要求下,有机结合“少捕慎诉慎押”刑事司法政策的精神于具体程序中。坚持程序法定原则,依据国家法律规定的刑事程序进行刑事诉讼活动;坚持无罪推定原则,不得强迫犯罪嫌疑人、被告人自证其罪;坚持控辩平等原则,包括平等武装与平等保护,积极发挥辩护律师在刑事诉讼中的对抗作用;坚持审判独立公开原则,任何个人、企业、机关均不得干预审判等。

最高人民检察院 2022 年 4 月 19 日发布的 2022 年 1 月至 3 月全国检察机关主要办案数据显示:2022 年第一季度,全国检察机关共批准和决定逮捕各类犯罪嫌疑人 14. 3 万人,同比下降 27. 3% ;不捕 8. 6 万人,同比上升 21. 2% ,不捕率 38. 1% ,同比增加 11. 1 个百分点。受理审查起诉 49. 8 万人,同比下降 1. 8% ;共决定起诉 32. 9 万人,同比下降 9% ;决定不起诉 8. 3 万人,同比上升 42. 9% ,不起诉率 20. 1% ,同比增加 6. 3 个百分点。数据表明,审查逮捕、审查起诉贯彻落实了刑事司法政策,案件办理质量平稳向好。

落实“少捕慎诉慎押”刑事司法政策是一个从理念到制度再到能力建设的系统工程,对社会大众来说,也需要一个更新认识、逐步理解和支持的过程。

四、刑事司法体系现代化视域下认罪认罚从宽制度的再审视

如前所述,认罪认罚从宽的精神已经在刑事立法中得到了较为充分

的体现。《刑法》中对认罪认罚的多种情形及其对定罪、量刑、行刑的不同影响加以明确，而刑事诉讼法则明确了在刑事诉讼的不同阶段，如何适用刑法对刑事被追诉人认罪认罚的案件作出从宽处理决定，兼有“少捕慎诉慎押”刑事司法政策带来的程序性从宽，以及刑事被追诉人认罪认罚带来的程序分流功能。总体而言，对于认罪认罚从宽制度的理论审视仍需要自刑事司法体系现代化的视角切入，从刑法和刑事诉讼法两个维度展开。

(一)刑法理论视野下的认罪认罚从宽制度

我国《刑法》将认罪认罚与其他因素一起作为“情节显著轻微危害不大”的情形，作为影响犯罪成立的因素，犯罪后的表现作为案外因素，将其作为影响犯罪成立的因素之一，既是考虑到认罪认罚的刑事被追诉人可能具有悔过自新之意，因而其再犯罪可能性减小；也有利于刑事案件顺利侦破、起诉、审判和执行，还体现了宽严相济的刑事政策。

“犯罪后的态度，反映刑事被追诉人人身危险性的大小和改造的难易程度。因此，从有利于刑罚目的的实现出发，这一事实情况应在量刑时予以考虑。”[①]因此，我国刑法将自首、坦白等犯罪后的表现作为可以从轻、减轻或者免除处罚的法定情节。因此，当《关于常见犯罪的量刑指导意见(试行)》(以下简称《量刑指导意见》)中将“当庭自愿认罪”这一酌定情节规范化的同时对于自首、坦白、当庭自愿认罪则规定了不同的量刑层级。此时，刑事被追诉人认罪认罚的早晚就成为影响量刑折扣大小的重要因素。但是，刑事被追诉人认罪认罚的早晚是否就能表示其悔罪或再犯罪可能性的高低程度呢？显然并非如此。首先，刑事被追诉人认罪认罚的早晚只与公安司法机关推进刑事案件的司法资源投入有关。刑事被追诉人越早认罪认罚，越有利于公安司法机关处理案件，越有利于节省司法资源，这是基于刑事政策给予被追诉人的奖励。但不自首、不坦白、不认罪认罚也不能成为增加相应刑罚的因素。其次，当事人

---

① 高铭暄、马克昌主编:《刑法学》,北京大学出版社、高等教育出版社 2010 年版,第 264 页。

之间若能够达成刑事和解协议，刑事被追诉人能够真诚悔罪、积极赔偿经济损失、退赔、退赃的，根据《量刑指导意见》分别规定了50%、40%、30%等分层级的量刑折扣。最后，如果犯罪人还能够在刑罚执行过程中认罪认罚，积极接受矫治的，也可考虑适用减刑、假释等从宽处理方式，为其回归社会提供了前提性条件。在完善认罪认罚从宽制度的讨论中，有学者提出，"在实体刑法方面，需要明确对被告人认罪认罚给予充分的、普遍有效的积极评价。首先，在立法上应该将其提升为'应当'型（强制型）的法定情节，即如果被告人认罪认罚，应当从轻或者减轻处罚"①。我国刑法将认罪认罚作为"可以型"量刑情节，其实已经能够反映立法者的倾向性意见，也就是特别理由之外，对认罪认罚的犯罪人应当适用从宽处罚的规定。② 因此，无须立法上的用词从"可以"改为"应当"。这是因为，一是被追诉人认罪认罚的情形复杂，在认罪认罚的自愿性、主动性、积极性、阶段性、充分性、稳定性等方面存在差异，难以对认罪认罚划定统一标准并给予明确的规范评价。如有的被追诉者口头上认罪但在陈述案件事实时避重就轻、有的被追诉者表示认罪但屡犯不改、有的被追诉者口头上认罪但主观上的抗拒非常明显、有的被追诉者是否认罪认罚存在判断上的困难（如时供时翻等）、在可否因认罪认罚换来缓刑方面被追诉者的认罪认罚表现出明显的波动性、有的被追诉者认罪但不认罚等。③ 总体而言，将"可以"改为"应当"，虽然有利于提高法律后果的可预测性、激励被追诉者认罪认罚、降低一审裁判被改判的风险。但是"可以"相对"应当"来说，具有更大的包容性，能够在目前认罪认罚制度的健全完善阶段，为灵活处理各类复杂的例外情形留下余地。至于刑事被追诉人认罪认罚后在量刑上的从宽幅度是另一个值得

---

① 左卫民、吕国凡：《完善被告人认罪认罚从宽处理制度的若干思考》，载《理论视野》2015年第4期。

② 参见张明楷：《论犯罪后的态度对量刑的影响》，载《法学杂志》2015年第2期。

③ 参见王瑞君：《"认罪从宽"实体法视角的解读及司法适用研究》，载《政治与法律》2016年第5期。

探讨的问题。英国的刑事诉讼中,刑事被追诉人如果能够较早做有罪答辩,则可以获得1/3的量刑折扣,审查起诉之后量刑折扣则为1/4,庭审阶段的有罪答辩则只能获得1/10的量刑折扣。此外,过大的量刑折扣还会诱惑无辜者进行有罪答辩以换取稳妥的结果,这还会使得未认罪的被告人由于面临过大的量刑落差压力,被迫而非自愿选择认罪。量刑的差别本应主要依据刑事被追诉人是否有罪以及犯罪的严重程度,如果基于刑事政策考量,仅仅为了节约司法资源就对量刑作出了过大幅度的让步,就会背离罪刑相适应的基本原则,进而动摇刑罚正当性的根基。英国学者认为,"尽管还没有一条普遍接受的标准来对判决进行衡量,但大部分司法审判还是期待着判决能够反映犯罪者的个性特征,即他到底做了什么。此外的目标可能是惩罚,改过自新或者威慑。"[①]"如果罪犯把减刑的裁决当作奖励,或者受害者或公众把它视为不公正的仁慈(似乎事实就是这样),那么审判所要实现的更广泛的目标就打了折扣。"[②]

(二)刑事诉讼法理论视野下的认罪认罚程序分流功能

刑事程序繁简分离是世界各国的通行做法,也是刑事司法现代化发展的一种趋势。但由于法律传统的不同,刑事程序繁简分流体现出不同的发展和运行逻辑。大陆法系的刑事诉讼传统要求将发现事实真相作为基本价值追求,因此仅允许案件事实清楚、罪行轻微的刑事案件进入简易程序的通道。但基于刑事案件数量逐年上升产生的"案多人少"的矛盾和积压问题,也开始逐渐扩大简易程序的适用范围并吸收了一些协商做法。

大陆法系如德国的允许由检察院申请,法院决定对事实简单、证据清楚且可判处一年以下自由刑的案件适用快速审理程序,[③]适用条件是

---

① [英]麦高伟、[英]杰弗里·威尔逊主编:《英国刑事司法程序》,刘立霞等译,法律出版社2003年版,第336~337页。

② [英]麦高伟、[英]杰弗里·威尔逊主编:《英国刑事司法程序》,刘立霞等译,法律出版社2003年版,第337页。

③ 参见《德国刑事诉讼法典》第407条、第419条。

案情简单或证据清楚，检察院提出申请。同时，在 2009 年《德国刑事诉讼法典》第 257b 条中确立了量刑协商制度，允许由法院主动与刑事被告人及检察院进行协商，在被告人认罪的前提下，由法院根据自由裁量权就刑罚的范围给出意见，在征求被告人及检察院建议达成一致后，作出裁判。[①] 法国则继 1972 年《法国刑事诉讼法典》吸收德国的刑事处罚令程序用于违警罪的处理之后，又在 2002 年将其适用范围扩大至部分轻罪。此外，1993 年在《法国刑事诉讼法典》中又增加了刑事调解程序作为一种赔偿性公诉替代程序，适用于家事诉讼案件和其他几类轻微犯罪案件；增加刑事和解程序是一种惩罚性公诉替代程序，适用于各种轻罪及违警罪，最高量刑为 5 年以下监禁刑。此外，法国还创设了庭前认罪答辩程序，允许被告人在某些轻罪案件中以认罪为根本前提和检察官进行量刑交易。[②] 1988 年《意大利刑事诉讼法典》设置了简易审判、依当事人的要求适用刑罚、快速审判、立即审判、处罚令程序等多种特别程序。分别根据犯罪的性质、法定刑的高低、刑事被追诉人的认罪阶段和公诉人的意见给予不同程度的量刑考量和程序优惠。[③]

英美法系国家以纠纷解决为刑事诉讼的基本目的，因此以刑事被追诉人是否自愿认罪作为刑事诉讼程序繁简分流的主要依据。如若被告人在法官传讯时即自愿作出有罪答辩，由法官径行作出裁判，这就意味着他自愿放弃了陪审团审判、质证权以及沉默权等基本权利。以此为基础的速决程序是英美法系国家处理大量刑事案件、提高诉讼效率的重要途径。

但是，以被告人自愿放弃获得正式审判的权利并认罪作为程序繁简分流的主要依据，是否能够构成刑事简化审理的正当性？如法国的“协

---

① 参见《德国刑事诉讼法典》第 257c 条。

② 参见施鹏鹏：《法律改革，走向新的程序平衡?》，中国政法大学出版社 2013 年版，第 117～170 页。

③ 参见《意大利刑事诉讼法典》，黄风译，中国政法大学出版社 1994 年版，第 157～167 页。

商性刑事司法”就对传统刑事司法构成了挑战。[①] 这种刑事程序改革的路径和模式虽然极大地提高了诉讼效率但确实体现出对发现真相以及诉讼公正原则的忽视，也导致此类协商型程序与刑事诉讼的基本原则之间产生了难以调和的矛盾，也与司法机关所树立的客观与中立形象格格不入。[②]

为了缓和这种矛盾和冲突，采用此类协商式刑事司法模式的国家都通过各种方式试图使得效率与公正之间保持微妙的平衡状态。主要方式有以英美为代表的通过加强法官对有罪答辩的审查以保障有罪答辩公正性的路径；[③]有以德国为代表的强调量刑协商制定过程和结果透明性的路径；[④]也有法国严格限制适用范围，遵循大陆法系国家传统做法的选择。因此，在我国认罪认罚从宽制度适用各阶段全种类案件的情况下，要想兼顾司法效率与公平正义，则需要有一整套的相关机制对刑事被追诉人认罪认罚的自愿性和程序的公开透明加以保障。

五、认罪认罚从宽制度对刑事司法职权配置的长远影响

自 2016 年始，认罪认罚从宽制度成为了刑事诉讼领域的研究热点，相关学术研究成果如雨后春笋般涌现。但其中从制度参与主体视角切入的研究大多局限于检察官和律师，从法官及被害人角度切入的研究则屈指可数。然而，认罪认罚从宽制度作为一项已经经过立法确认并对刑事司法态势产生重大影响的制度，其确立和实践发展都对刑事司法职权的分配与制衡产生深刻影响。

---

① 参见施鹏鹏：《法律改革，走向新的程序平衡？》，中国政法大学出版社 2013 年版，第 167 ~ 168 页。

② 参见[德]汉斯·约格·阿尔布莱希特：《德国刑事诉讼法典——刑事诉讼法·法院组织法·少年法院法》，岳礼玲、林静译，中国检察出版社 2016 年版，第 12 ~ 15 页。

③ 参见[美]弗洛伊德·菲尼：《美国的刑事诉讼法改革——对两项改革的历史检验：排除规则与公开的辩诉交易》，1994 年北京刑事诉讼法学国际研讨会论文。

④ 参见[德]汉斯·约格·阿尔布莱希特：《德国刑事诉讼法典——刑事诉讼法·法院组织法·少年法院法》，岳礼玲、林静译，中国检察出版社 2016 年版，第 13 ~ 15 页。

（一）认罪认罚从宽制度中法官的职能及制度完善

把握认罪认罚从宽制度以及法官在制度之中的职能需以明确其定位为前提。

在建立刑事被追诉人认罪案件的特殊程序或制度的国家中，法官在其中的定位以及发挥的作用不尽相同。以较具有代表性的美国和德国为例，虽然其辩诉交易制度和刑事协商制度均以提高诉讼效率、节约司法资源为主要目的，在诉讼程序以及审判程序的选择上也都有所简化，但是其中法官的职能和作用却不尽相同。美国辩诉交易制度中的法官相对检察官来说处于极为消极、被动和中立的地位，不管辩诉交易所涉案件为何，法官对达成辩诉交易的案件均仅进行形式审查，体现出一种对于效率和程序正义的较高追求。在德国的刑事协商制度中，可适用的案件范围有限，且法官相对来说具有较大的主导权，会较为主动和积极地参与刑事协商、查明案件事实，并决定案件走向，这种制度选择体现出德国刑事协商制度试图在固有的法律传统和司法效率之间维持相对平衡的状态。

在我国，认罪认罚从宽制度是作为以审判为中心的司法改革的配套制度而诞生的。[①] 当前以审判为中心的诉讼制度改革，强调庭审的对抗性和审判的中立性，强化当事人主义色彩的改革趋势仍在继续，但这并未从根本上颠覆我国刑事诉讼的职权主义传统。[②] 司法实践中，刑事被追诉人大多在审前程序中就已作出认罪认罚从宽的选择，此类案件的认罪协商过程均由检察人员和侦查人员主动，法官并不参与其中，职权主义色彩也较为浓厚。至于这部分案件中，法官是否应当参与其中以及在何种程度上发挥作用，究竟是参与其中并发挥监督制约作用，还是消极等待只对协商结果进行司法审查，还是取代检察人员直接给出效力更高

① 参见胡铭：《认罪认罚从宽制度的实践逻辑》，浙江大学出版社 2020 年版，第 33 页。

② 参见胡铭：《超越法律现实主义——转型中国刑事司法的程序逻辑》，法律出版社 2016 年版，第 55～60 页。

的优惠提议,学者们持有不同的观点。[①] 从我国法律规定的现状来看,法官应当保持审判者的定位,秉持中立原则,对认罪认罚从宽的认罪协议进行事后审查,保证实体公正。这一方面与法官的职能定位相适应,另一方面也许与我国确立认罪认罚从宽制度以提高司法资源利用效率的出发点一致。如法官提前介入,对于提高效率,缓解案多人少矛盾的作用将会大打折扣。

但是,在此类审前程序即启动的认罪认罚案件中,庭审过程中控辩双方可能会呈现出一种较高程度的一致性,这将体现为质证环节虚化,辩论环节弱化,这种情况使"法庭工作体"[②]共同发现案件事实的能力下降、效果减弱。这与审判中心主义及"庭审实质化"改革的目的存在冲突。在这种法官主动性相对弱化的案件中,法官该如何发挥其把关作用,提高质证和辩论的实质性和有效性并保证事实认定的准确性,是案件能否经得起历史考验的决定性因素。

因此,探索和完善认罪认罚从宽制度中法官的参与路径成为刑事司法现代化进程中的重要论题之一。从理论出发,结合司法实践并对案例文书进行分析,可以考虑由专门的法官在庭审之前统一对适用认罪认罚从宽制度的案件进行审查,根据案件具体情况由法官决定适用不同的审判程序,并就刑事被追诉人认罪认罚的自愿性、量刑建议等关键问题进行重点审查。[③]

(二)检察机关参与认罪认罚从宽制度的实践探索与量刑建议制度完善

2018 年《刑事诉讼法》第 173 条和第 176 条明确规定,犯罪嫌疑人认罪认罚的,人民检察院应当告知其享有的诉讼权利和认罪认罚的法律规定,听取犯罪嫌疑人、辩护人或者值班律师、被害人及其诉讼代理人的

---

① 参见陈瑞华:《认罪认罚从宽制度的若干争议问题》,载《中国法学》2017 年第 1 期。

② 参见张保生:《证据法学》(第 3 版),中国政法大学出版社 2018 年版,第 58 ~ 59 页。

③ 参见闵春雷:《认罪认罚从宽制度中的程序简化》,载《苏州大学学报(哲学社会科学版)》2017 年第 2 期。

意见。人民检察院还应就主刑、附加刑、是否适用缓刑等提出量刑建议，并随案移送认罪认罚具结书等材料。量刑建议既是检察机关参与认罪认罚从宽制度的基本形式，同时是认罪认罚从宽制度的配套保障制度。认罪认罚从宽制度中基于协商机制的引入，使得量刑建议不仅仅是检察机关单方面的量刑意见，而是控辩双方诉讼合意的体现，其产生的时机、方式，发挥的功能、效力都与以往的量刑建议有所不同。量刑建议与认罪认罚从宽制度之间联系紧密，是推动制度实施的关键。

从认罪认罚从宽制度的实施情况来看，适用比例较高，适用案件广泛，程序分流功能凸显，量刑建议采纳率较高，被告人上诉率较低。对于检察机关在认罪认罚从宽制度中发挥的作用，主要体现为量刑建议。因此，提高检察机关参与认罪认罚从宽制度的作用需要从完善量刑建议制度入手。首先要从检察机关提出量刑建议的工作规范入手，包括内容和形式两个方面；其次要重视和健全被追诉人的权利保障机制；再次，提高律师参与的有效性；最后，合理考量被害人的意见，以实现构建恢复性司法体系的价值目标。同时，还要强化检察机关量刑建议对检察机关、被告人和法院的约束力。提高量刑建议的精准性和采纳率。[①]

(三)认罪认罚从宽制度中的量刑建议权与刑罚裁量权

此外，还要从对认罪认罚从宽制度中检法关系的审视入手，探讨刑事司法职权配置的未来走向。在认罪认罚从宽制度下，检察机关、审判机关之间的权力关系决定着该制度实现的空间。[②] 二者之间的关系集中体现为检察机关量刑建议权与审判机关刑罚裁量权之间的配合与制约。一方面，我国确立了司法权独立行使的原则。检察机关依法独立行使检察权，代表国家进行检诉和法律监督，可以提出指控罪名和量刑建议；法院独立行使审判权，根据检察官的指控和证据进行事实认定，并正确适用法律，独立作出裁决。认罪认罚从宽制度虽然规定法官的定罪量

---

① 参见胡铭：《认罪认罚从宽制度的实践逻辑》，浙江大学出版社 2020 年版，第 100 ~ 114 页。

② 参见陈海锋：《认罪认罚从宽制度中的程序性问题探析》，载《政治与法律》2018 年第 4 期。

刑与指控不一致时,可以向检察院提出变更或调整的建议,看似双方的行为结果互相影响,但是否变更指控的主动权仍在检察官手中。另一方面,审前程序中的控辩双方将进行一定程度的协商,达成的协议若无法律效力,则这种协商将没有任何意义,既无法约束控辩双方,也无法得到法院的认可。

然而,对这种协商效力予以确认,比如《刑事诉讼法》第 201 条规定人民法院"一般应当"采纳人民检察院的量刑建议,则我国的检法关系存在一些细微的变化。相对于以往检察机关、审判机关行使权力的互相独立,认罪认罚从宽制度使法院行使审判权将需要加强对检察机关行使检察权的配合与认可。换言之,检察机关对审判机关行使裁判权的影响力增大。"绝大多数刑事案件的实质决定权在检察机关,认罪认罚协商机制强化了审查起诉环节在刑事诉讼流程中的地位与作用。这将不可避免地撬动传统侦诉审三者关系。"[①]除明显不当外,法院应当采纳检察机关提出的量刑建议,原则上不再脱离指控的量刑建议另行决定。这一控审关系的变化,从司法效率的角度审视,则检察机关提出的合法指控,法院审查后直接予以确认,可以提高诉讼效率。从司法公正的角度看,检察机关承担刑事追诉职能,作为司法机关,其行为同样代表国家,需要符合法律的规定,且具有一定的公信力,而法院在此基础之上对事实和被告人自愿性的审查,也已基本可以确保案件得到公正的处理。

认罪认罚从宽制度为我国刑事诉讼构建了速裁程序、简易程序、普通程序有序衔接的多元化诉讼程序。为了与这种多层次的刑事诉讼程序相适应,需要促进检察机关和审判机关沟通交流、协作配合,探索"全程简化",尽可能缩短侦查、起诉的周期,促进诉讼程序的无缝衔接,一天内完成整个审判流程。比如,北京全市试点法院充分发挥"公安机关执法办案管理中心 + 检察机关派驻监察室"改革工作模式的职能作用,

---

① 王飞:《论认罪认罚协商机制的构建——对认罪认罚从宽制度试点中的问题的检讨与反思》,载《政治与法律》2018 年第 9 期。

在公安局执法办案中心及看守所分别设立"速裁法庭"。速裁模式全程提速需要侦查机关、检察机关、审判机关通力协作,互相沟通、协调、密切配合,以达到效益最大化。检察院和法院"各自为战",则难以形成工作合力,诉讼效率的提高也将受到限制。

六、司法现代化目标下认罪认罚从宽制度的不断完善

作为国家治理现代化的重要组成部分,司法现代化应当是与国家治理现代化同步、遵循司法发展规律、吸收借鉴西方司法现代化有益经验,继承发扬中国优秀的传统司法文化,并反映中国国情实际和中国特色的司法发展过程及所要实现的一种状态。其既包括科学理性地进行制度设计并保障其有效运行,也包括司法体系的构建与完善直至有效实现司法功能和价值目标,有效维护社会秩序稳定,有效服务经济社会发展大局的能力。

作为我国刑事诉讼制度的重要组成部分,在认罪认罚从宽制度改革业已进入全面实施阶段,适用认罪认罚从宽制度处理的案件越来越多,此项改革涉及的范围越来越广,牵涉的问题越来越复杂,一些个案处理还引发了很大的争议。[①] 因而,认罪认罚从宽制度还需要不断完善。

(一)诉讼程序的简化及限度

认罪认罚从宽制度贯穿于刑事诉讼的全过程,体现为在刑事诉讼的各个阶段对刑事被追诉人所作的实体法内容上的从宽处理,将量刑优惠作为对刑事被追诉人认罪认罚的激励。而认罪认罚从宽之后带来的程序分流和简化是否也是一种"优惠"需要进一步加以明确。如果程序的简化也被视为"从宽"内容的一部分,那么选择普通程序是否就与较长刑期一样的"从严"了呢?答案显而易见,正当程序是对刑事被追诉人的保护而非负担,是权利而非惩罚。因此,认罪认罚带来的程序分流功

---

① 如网络上热议的北京市门头沟区法院一审、北京市一中院二审的余金平交通肇事案,各种争议多因认罪认罚从宽制度而起。

能应视为刑事被追诉人自愿认罪认罚之后对整个司法体制带来的好处，是刑事被追诉人自愿放弃权利之后为司法机关换得的资源节约，能够有效缓解案多人少的突出矛盾。据此，在进行程序分流的同时要考虑到对刑事被追诉人诉讼权利的减损限度。首先，要根据比例原则决定具体诉讼措施和诉讼程序的采用。对于轻微案件，采用轻缓型诉讼措施和宽松型诉讼程序，对于严重案件，采用严厉型诉讼措施和严格型诉讼程序，方能符合比例原则之要求。其次，应在效率与公正兼顾的前提下灵活选择程序繁简分流的“触发器”。从刑事诉讼全过程来看，对于案情简单轻微的案件与被追诉者认罪认罚的案件，在不同的诉讼阶段都应有一定的程序回应。对于案情简单轻微的案件，即使被追诉者不认罪认罚，也可适用简易程序；对于严重犯罪案件（如死刑案件），即便被追诉者认罪认罚，也不宜适用简易速裁程序；等等。再次，认罪认罚所带来的程序简化应当以普通程序的正当化为前提。以刑事被追诉人认罪认罚自愿放弃正式审判所带来的程序简化，其正当性基础并不牢靠。这不仅与实体真实的追求存在冲突，以量刑优惠换取程序简化还存在其他弊端。最后，构建多元标准的程序分流机制。在犯罪情节轻微和被告人认罪认罚两个因素相叠加的部分案件中，可以对被追诉者作出罪处理；在符合刑事和解条件的公诉案件中，被追诉人认罪认罚且双方当事人达成和解协议，公安机关可以建议检察机关、检察机关可以建议审判机关从宽处理；对于犯罪情节轻微的案件，检察机关可以作出不起诉决定；在审查起诉阶段，检察机关对部分未成年人刑事案件（可能判处 1 年以下有期徒刑），被追诉者认罪认罚的，可以作出附条件不起诉决定。同时，可以考虑进一步扩大附条件不起诉制度的适用范围。[①] 在审判程序中，依现行法律规定，简易程序的适用范围为被告人认罪的、可能判处 25 年有期徒刑以下刑罚的案件。应对我国现行简易、速裁程序进行多元化改造，以做到“简到实处”。

---

① 参见张智辉：《认罪认罚与案件分流》，载《法学杂志》2017 年第 6 期。

（二）认罪认罚自愿性的保障

“自愿如实供述自己的罪行，承认指控的犯罪事实，愿意接受处罚”是2018年《刑事诉讼法》规定的认罪认罚的概念。因此，认罪认罚从宽以刑事被追诉人自愿认罪为基础，进行程序分流及简化。认罪既包括刑事被追诉人主动自愿如实供述自己的罪行，也包括对公安司法机关所指控罪行的认可。认罚则是指刑事被追诉人明确表示自愿接受处罚。这既包括对量刑建议的同意，还包括对被害人的弥补，以及刑罚的认可和接受，同时包括对正式审判及一系列诉讼权利的放弃。这是对刑事案件的一种终了方式，而其决定权实际上掌握在刑事被追诉人的手中。因此，如何保障刑事被追诉人自愿选择这种方式成为认罪认罚从宽制度得以稳定发展的关键。

“宽严相济”刑事政策包括宽和严两个方面，那么，“认罪认罚从宽”是否意味着“不认罪认罚从严”呢？我国2012年《刑事诉讼法》（已被修改）规定了刑事被追诉人具有“如实陈述义务”，那么，被追诉人如果不如实陈述（不坦白），是否应当作为一种抗拒行为从严处罚呢？从世界主要国家的立法情况来看，刑事被追诉人的沉默权得到普遍确立，即明确规定沉默权的前提下，刑事被追诉人无论是保持沉默、行使辩护权、拒绝认罪认罚，还是做有罪答辩但辩称不应追究刑事责任或者应当从轻、减轻或者免除处罚，均不应成为从重处罚的理由。我国刑事诉讼法已经确立了“反对被迫自证其罪”原则，就应该承认被追诉者的沉默权，避免将“不如实陈述”作为一种抗拒行为从重处罚。

为了保障认罪认罚所带来的程序简化具有最低限度的正当性，也就是刑事被追诉人认罪认罚的自愿性和诉讼权利，就需要满足以下几个支撑性条件：其一，被告人的认罪认罚应具有自愿性，避免公安司法机关对刑事被追诉人施加不适当的压力，如以不认罪认罚就会得到更严厉的刑罚为威胁；其二，被告人的认罪认罚应具有明知性，当前司法实践中存在告知内容不全面的问题，这是由于《关于适用认罪认罚从宽制度的指导意见》并未明确规定是否告知刑事被追诉人的指控内容造成的，需要规定其为明确告知的内容，此外检控方应当将有关本案的所有证据开示给被告人，无论是对其有利还是不利的；其三，被告人的认罪认罚应具有真实性，应由法官就被告人认罪认罚内容的真实性进行审查；其四，被告人应当获得辩护律师的有效帮助；其五，应当保障被告人的上诉权或有条件的上诉权。

（三）检法关系的疏解

检察机关与审判机关“分工负责、互相配合、互相制约”原则仍是检法关系的核心，但认罪认罚从宽制度下，检察机关对审判机关的影响略有增大，而且对双方的配合程度的要求也将有所提高。因此，从比较法的经验来看，认罪认罚从宽制度的完善还需要与以审判为中心的改革齐头并进。

首先，需要对法官不采纳量刑建议的机制进行完善。根据《刑事诉讼法》第 201 条第 1 款的规定，在五种情形下，法院不得采纳量刑建议。那么应当就法院根据该条规定不采纳量刑建议时说明理由的程序和检察机关发起抗诉的程序进行完善。其次，应当加强法官对于认罪认罚从宽案件中刑事被追诉人认罪认罚自愿性、真实性和明智性的实质审查。司法实践中，试点多仅对自愿性进行简单而表面的询问，流于形式。认罪认罚的自愿性审查应探索构建结合认知能力、基础事实等多种因素的审查机制。再次，加强法官对案件事实和证据的审查。在提高司法资源利用效率的前提下，于庭前由专门法官而非检察官进行更为精确的程序分流。[①] 最后，坚持法定证明标准不降低。在审判阶段，法官仍需要对案件进行实质性审查。被告人的认罪必须与其他证据结合在一起才能得到法官的确认。

（四）被害人参与机制的健全

当前认罪认罚从宽制度主要是规范了刑事被追诉人和公安司法机

① 参见闵春雷：《认罪认罚从宽制度中的程序简化》，载《苏州大学学报（哲学社会科学版）》2017 年第 2 期。

关的双向关系,而被害人并没有在这种制度下取得相应的地位和权利。刑事案件的直接受侵害人和当事人是被害人,但对其权利与地位的维护不符合“尊重与保障人权”的宪法要求,在认罪认罚从宽全过程都存在被害人合法权利受到侵犯的可能性。首先,在认罪环节就不以真诚悔罪为要件,因为真诚悔罪的评价权不在被害人手中。其次,在认罚环节,被害人所处的诉讼地位和诉讼利益与代表国家追究犯罪的公安司法机关不同。虽然后者在法律问题上更为专业,但并不意味着其作出的量刑建议是正确的或者说必然能够得到被害人认可的。最后,在从宽环节,均未见到被害人就从宽内容进行了解、监督和发表意见的程序,如果被害人这一被犯罪行为直接侵害的主体,其合法权益未得到全面保护,那么认罪认罚从宽制度的正当性基础也不牢固。因此,为了维护程序正义原则、真正实现和谐稳定,以及加强对公权力的监督和制约。在认罪认罚从宽制度中,要承认被害人和刑事被诉人以及公安司法机关一样,都是极为重要的诉讼主体,缺一不可。被害人在认罪认罚从宽程序中的主体地位充分体现为能够全面参与认罪认罚从宽的全过程。为了保障被害人诉讼权利的全面实现,以及对认罪认罚从宽的深度参与,需要就以下几项权利内容加以完善:第一,获得信息的权利。被害人能够有畅通的渠道及时全面地了解刑事被追诉人的认罪认罚处理情况和进展。第二,发表意见的权利。在刑事被追诉人认罪认罚从宽的全过程中都应当给予被害人发表意见的机会和权利。第三,获得相应法律帮助的权利。可以基于已逐具规模的值班律师制度中增加为刑事被害人提供法律帮助的板块,被害人可以根据获得的法律专业知识及建议,作出更为专业的判断、提出更合理的建议,甚至还能帮助被害人更理性地理解认罪认罚从宽制度下刑事被追诉人获得从宽的正当性基础,从而有助于真正化解纠纷与恩怨,实现社会和谐的目的。第四,在认罪认罚的过程中提出异议的权利。第五,申诉和控告的权利。

第九章　刑事司法体系中的刑事速裁程序

2014年6月27日，十二届全国人大常委会九次会议表决通过了《关于授权最高人民法院、最高人民检察院在部分地区开展刑事案件速裁程序试点工作的决定》(以下简称《速裁程序试点工作的决定》)，标志着我国刑事速裁制度的初步确立，也意味着在简易程序之外多了一种更为便捷的裁判方式。2018年《刑事诉讼法》修改时正式将刑事速裁程序上升为立法，这一制度安排，丰富完善了我国刑事司法的程序体系，提升了司法体系的现代化水平。

一、作为司法体制改革内容的刑事速裁程序改革

刑事速裁程序改革作为我国司法体制改革的重要内容，对我国刑事司法的理论与实践产生了重要影响。刑事速裁程序改革是基于我国国情和司法现状进行的程序体系建设，是司法领域“试验性立法”

先河,[①]为依法推进我国刑事司法现代化进程积累了宝贵经验。

（一）刑事速裁程序的改革背景

1.解决案多人少的矛盾,纾缓司法资源不足的困境

改革开放以来,我国法院受理案件数量持续增长,由1978年的61万件增加到2015年的1952万件,增长30多倍,这种急剧增长的现象被人们形象地称为“诉讼爆炸”。与此同时,我国法官人数从1978年的6万人增加到目前的20万人,增长仅3倍多,与案件增长幅度相比明显不成比例,[②]形成了案多人少的矛盾。一方面,我国经济社会快速发展,社会主要矛盾发生变化,其中刑事案件的数量也不断增长,刑事司法领域同样面临案多人少的压力。另一方面,刑事犯罪的结构和形式发生了根本性转变,严重暴力犯罪等重大案件的比例大幅下降,轻微犯罪的比例急剧上升,主要体现为以法定刑三年以下为主的轻缓刑事犯罪的增加。[③] 轻微犯罪能否得到及时有效治理,同样直接影响社会的和谐稳定和刑事司法现代化的成效。犯罪结构的变化带来了司法资源配置与犯罪形态不均衡之间的矛盾。严重暴力犯罪案件性质严重、事实证据复杂,既要做到及时惩罚犯罪,更要保证案件的公正处理,切实保障司法人权,需要投入更多的司法资源。然而,大部分轻微刑事犯罪事实清楚,犯罪嫌疑人、被告人明确,且多数自愿认罪。如果在司法资源配置上对重大、疑难、复杂案件与轻微刑事案件不加区分,将会使重大、疑难、复杂犯罪案件无法及时得到正确的处理,从而可能导致诉讼效率的降低以及超期羁押等情况发生,并可能使错案风险上升。换言之,司法资源的平均配置,整体上不利于司法公正的实现。另外,2013年劳动教养制度的废

① 参见郑赫南:《司法领域“试验性立法”开先河——全国人大常委会作出授权在部分地区开展刑事速裁程序试点决定》,载《检察日报》2014年6月30日,第5版。

② 参见胡仕浩、刘树德、罗灿:《〈关于进一步推进案件繁简分流优化司法资源配置的若干意见〉的理解与适用》,载《人民司法(应用)》2016年第28期。

③ 参见李本森、戴紫君:《反思与重塑:刑事速裁程序适用范围研究》,载《学术界》2021年第12期。

除使刑事犯罪圈有所扩大,有很大一部分原本纳入劳动教养的轻微犯罪被纳入了刑事处罚的范围,[①]也在一定程度上加剧了案多人少的矛盾。在此背景下,如何缓解司法资源的有限性与数量巨大的轻微犯罪数量之间的矛盾,成为司法改革的课题。面对案多人少的普遍性矛盾,不可能依赖大量补充司法人力这一路径予以解决,而只能通过优化司法资源的配置来缓解。正是基于优化司法资源配置,提高刑事诉讼效率的考虑,刑事速裁程序被纳入了刑事司法改革的计划。

2. 构建诉讼分流机制,实现刑事案件繁简分流

在刑事速裁程序确立之前,我国刑事诉讼法上有简易程序和普通程序两种基本的审判程序。2012 年《刑事诉讼法》(已被修改)修改前简易程序不再仅适用轻微刑事案件,[②]这导致了在刑事诉讼中缺乏专门针对轻微刑事案件的处理机制,使大量轻重不同、繁简有别的刑事案件被迫适用相同的刑事程序,无形中加剧了司法供需的矛盾。在不可能通过加大供给满足需求的情况下,只能应对数量居高不下的“案”。可行的路径是对案件进行分流疏导,避免不同类型的案件挤进同种诉讼通道中。例如,重大复杂案件进入普通程序审理,简单无争议的案件进入简易程序等,开辟新的诉讼通道对刑事案件进行繁简分流。随着司法体制改革的深入,司法人员也逐渐产生了构建诉讼分流机制的需求,希望实现“简案快审,繁案精审”。实行繁简分流,既有利于提高诉讼效率,解决更多的轻微刑事犯罪案件,也有利于提升刑事案件的审判质量,维护当事人的合法权益,“让人民群众在每一个司法案件中感受到公平正义”。刑事速裁程序正是作为繁简分流改革的重要举措走向了前台。

3. 贯彻宽严相济的刑事政策,实现社会治理的目标

2005 年全国政法工作会议首次将宽严相济作为独立的刑事政策提

---

① 参见赵秉志、商浩文:《论劳动教养制度的废止与刑法调整》,载《法律科学(西北政法大学学报)》2015 年第 3 期。

② 参见卞建林、吴思远:《刑事速裁程序的实践观察与立法展望》,载《中国政法大学学报》2019 年第 1 期。

出,反映了党和国家对犯罪规律和刑罚功能的科学认识。[①] 贯彻宽严相济的刑事政策有利于实现社会治理的目标,刑事速裁程序改革则是贯彻落实宽严相济刑事政策的重要举措之一。在我国以往的刑事司法实践中,长期存在"重刑主义"倾向,[②]一度时间,严惩犯罪成为了司法实践的重要目标,甚至唯一目标。社会治理的目标是实现和谐稳定的社会环境,而追诉犯罪只是其中一个手段。[③] 如果针对所有犯罪都用严苛刑罚来治理,反而会加剧社会不稳定因素。因此,有必要针对不同类型的刑事案件实行宽严相济的刑事政策,该宽则宽,当严则严。刑事速裁程序的设置就是从程序方面落实宽严相济政策。针对轻微的犯罪案件,从程序方面简化提速有利于减轻当事人的诉累,并使自愿认罪的轻微刑事案件被告人受到从宽处罚的政策待遇同时体现于程序之中。由于刑事速裁程序适用于轻微刑事案件,而且是被告人认罪的案件,适用速裁程序通常意味着被告人受到从宽处罚,有利于缓和社会冲突,因而同时体现了治罪与预防相统一的理念,反映了刑事司法对社会治理中和谐价值的追求。[④]

(二)刑事速裁程序的改革历程

我国刑事速裁程序的改革历程以时间作为切割线主要分为三个阶段,从先期试点到推广适用,再上升为法律规范。这种从个别到一般,从特殊到普遍的渐进式改革模式,是我国司法改革的成功经验,并成为中国特色社会主义法治道路的重要理论遵循和方法论指引。

第一阶段:试点先行。2014 年 6 月,十二届全国人大常委会九次会议通过了《速裁程序试点工作的决定》,授权最高人民法院、最高人民检

① 参见陈兴良:《宽严相济刑事政策研究》,载《法学杂志》2006 年第 1 期。

② 参见刘艳红:《民刑共治:国家治理体系与治理能力现代化路径》,载《法学论坛》2021 年第 5 期。

③ 参见王志祥、融昊:《我国犯罪圈扩张的趋势及其合理控制——以醉驾的刑法治理为切入点的思考》,载《苏州大学学报(哲学社会科学版)》2022 年第 1 期。

④ 参见刘用军:《矛盾化解型诉讼的形成与科学诉讼机制的建构》,载《河南财经政法大学学报》2021 年第 4 期。

察院在北京、天津、上海、重庆、沈阳、大连、南京、杭州、福州、厦门、济南、青岛、郑州、武汉、长沙、广州、深圳、西安18个地区开展为期二年的刑事案件速裁程序试点工作。《速裁程序试点工作的决定》要求“对事实清楚,证据充分,被告人自愿认罪,当事人对适用法律没有争议的危险驾驶、交通肇事、盗窃、诈骗、抢夺、伤害、寻衅滋事等情节较轻,依法可能判处一年以下有期徒刑、拘役、管制的案件,或者依法单处罚金的案件”适用刑事速裁程序,并规定“试点刑事案件速裁程序,应当遵循刑事诉讼法的基本原则,充分保障当事人的诉讼权利,确保司法公正”。“最高人民法院、最高人民检察院应当加强对试点工作的组织指导和监督检查。试点进行中,最高人民法院、最高人民检察院应当就试点情况向全国人民代表大会常务委员会作出中期报告。”2014年8月22日,最高人民法院、最高人民检察院会同公安部、司法部制定了《关于在部分地区开展刑事案件速裁程序试点工作的办法》(以下简称《速裁试点办法》),试点工作正式启动。[①] 试点一年后,2015年10月15日,最高人民法院、最高人民检察院就《关于刑事案件速裁程序试点情况的中期报告》(以下简称《速裁程序中期报告》)提请全国人民代表大会常务委员会审议。[②] 2015年11月2日下午,十二届全国人大常委会十七次会议审议《最高人民法院、最高人民检察院关于刑事案件速裁程序试点情况的中期报告》。

第二阶段:推广试点。2016年7月,中央全面深化改革领导小组第二十六次会议审议通过《认罪认罚试点方案》。2016年9月,十二届全国人大常委会二十二次会议通过决定,授权最高人民法院、最高人民检察院在北京、天津、上海、重庆、沈阳、大连、南京、杭州、福州、厦门、济南、青岛、郑州、武汉、长沙、广州、深圳、西安18个地区开展刑事案件认

---

① 参见最高人民法院、最高人民检察院关于刑事案件速裁程序试点情况的中期报告,载中国人大网,http://www.npc.gov.cn/npc/c12491/201511/68182299a95e4a209b0eb41cc5d1afad.shtml。

② 参见最高人民法院、最高人民检察院:《关于刑事案件速裁程序试点情况的中期报告》,载《中华人民共和国全国人民代表大会常务委员会公报》2015年第6号。

罪认罚从宽制度试点工作,速裁程序试点纳入其中继续试行,并将其适用范围扩大至基层人民法院管辖的可能判处 3 年有期徒刑以下的案件,对认罪认罚的被告人特别是轻罪、初犯、偶犯被告人,依法从宽、从简、从快处理,进一步提升了刑事速裁程序分流轻微刑事案件的功能。2016 年 9 月 12 日《最高人民法院关于进一步推进案件繁简分流优化司法资源配置的若干意见》提出"总结刑事速裁程序试点经验,加强侦查、起诉、审判程序的衔接配合。""对于被告人认罪认罚的案件,探索简化庭审程序""适用刑事速裁程序审理的,可不再进行法庭调查、法庭辩论"。2016 年 11 月,最高人民法院、最高人民检察院、公安部、国家安全部、司法部联合印发了《认罪认罚从宽试点办法》,试点工作正式启动。随后开始以认罪认罚从宽制度为基点,开展了为期两年的认罪认罚从宽制度的试点以及刑事速裁程序的继续试点的工作。

第三阶段:入法定型。2018 年 10 月 26 日十三届全国人大常委会六次会议通过《关于修改〈中华人民共和国刑事诉讼法〉的决定》,正式将认罪认罚制度以及速裁程序纳入刑事诉讼法,从而实现了刑事速裁程序法定化。[①] 刑事速裁程序的设置也为认罪认罚案件的处理提供了制度上的依托,对认罪认罚的轻微刑事案件可以通过刑事速裁程序快速审理。2018 年《刑事诉讼法》将速裁程序规定在第二章"第一审程序"的第四节"速裁程序"。刑事速裁程序经过四年多的试点实践,直至上升为刑事诉讼法律规范,这是我国刑事司法改革的重要成果,也是刑事司法现代化的成就。通过这一改革,完善了刑事诉讼程序体系,为被判处 3 年有期徒刑以下刑罚的认罪认罚案件适用速裁程序提供了法律依据,对于进一步推进和完善刑事案件繁简分流,提高诉讼效率具有重要意义。

---

① 参见全国人民代表大会常务委员会《关于修改〈中华人民共和国刑事诉讼法〉的决定》,载中国政府网,http://www.gov.cn/xinwen/2018-10/26/content_5334890.htm。

二、刑事速裁程序的基本特征与司法现代化意义

与普通程序和简易程序相比，刑事速裁程序适用范围、适用条件、程序设计等方面具有特殊性，对于减轻司法负担，提高刑事诉讼效率，优化司法资源配置，实现效率与公正统一，具有程序优势。进一步看，对于实现刑事司法现代化亦具有重要意义。

（一）刑事速裁程序的基本特征

第一，速裁程序不受罪名种类限制。刑事速裁程序试点之初仅适用于危险驾驶、交通肇事、盗窃、诈骗、抢夺、伤害、寻衅滋事等情节较轻的案件。2018 年《刑事诉讼法》对速裁程序的适用取消了具体罪名种类的限制，即速裁程序适用于基层人民法院管辖的可能被判处 3 年有期徒刑以下刑罚的所有案件。案件事实清楚，证据确实、充分，被告人认罪认罚并同意适用速裁程序的，都可以适用刑事速裁程序。[①] 刑事诉讼立法取消罪名种类的限制可以使更多的轻微刑事案件得以适用程序审理，从而可以提高速裁程序的适用率，充分发挥刑事速裁程序的实践效能。

第二，速裁程序更加简便。主要体现在，适用速裁程序审理的案件不受刑事诉讼规定的通知送达等期限限制，一般不进行法庭调查、法庭辩论。除非法院认为有必要进行法庭调查和辩论，否则不需要这两道程序。另外，适用刑事速裁程序的案件可以由审判员一人独任审理，并且应当当庭宣判，当庭调整量刑建议等。具体言之，除听取辩护人意见和被告人最后陈述不能省略外，法庭人员的组成、诉讼期限的规定、裁判结果的宣告、诉讼文书的送达等方面均可以简化的方式进行。刑事诉讼的程序简化可以减轻被告人的诉讼压力，同时在保障被告人自愿选择权的基础上实现公正审判。

第三，速裁程序注重保障被追诉人认罪认罚及其程序选择的自愿性和真实性。其一，《刑事诉讼法》规定检察机关提起公诉时可以建议人

---

① 参见樊崇义：《刑事速裁程序：从“经验”到“理性”的转型》，载《法律适用》2016 年第 4 期。

民法院适用速裁程序；如果检察机关未建议的，则被告人及其辩护人可以向人民法院申请或者人民法院可以决定适用。其二，如果被告人存在异议或者被告人不同意适用，则不能适用速裁程序审理。例如，共同犯罪案件中部分被告人对检察机关指控的犯罪事实、罪名或量刑建议存有异议或被告人对适用速裁程序有异议，就不得适用速裁程序，以充分保障被告人认罪认罚和程序适用的自愿性。其三，人民法院在审判过程中发现被告人不构成犯罪、违背认罪认罚自愿性或者当庭翻供等情形，因而不具备适用刑事速裁程序继续审理的条件，为保障被告人的诉讼权利和实体裁判的公正性，须转换普通程序或者简易程序审理。其四，如果被告人是盲、聋、哑或者尚未完全丧失辨认和控制自己行为能力的精神病人或者未成年人，因其受到生理或者精神因素的影响，不具备或者不完全具备刑事责任能力，同样不适用速裁程序审理。对程序适用的有条件限制，反映出刑事速裁程序在立法设计上对被告人权利保障的高度重视。

（二）刑事速裁程序的司法现代化意义

第一，完善刑事司法程序体系。2013 年 11 月 12 日《党的十八届三中全会决定》提出“废止劳动教养制度，完善对违法犯罪行为的惩治和矫正法律，健全社区矫正制度”[①]。在我国长期的司法实践中，劳动教养制度作为一种行政强制措施，衔接着行政处罚和刑事处罚，简言之，凡是不属于行政处罚和刑事处罚范围的案件均可以劳动教养处理。[②] 劳动教养针对的是轻微违法犯罪，但尚不构成刑事处分的强制性教育改造措施，客观上有处罚的性质。劳动教养制度被废除后，部分轻微违法行为被分流纳入刑事处分的范围，客观上增加了人民检察院和人民法院处理这部分案件的负担。由于普通程序和简易程序无法有效实现轻微犯罪

① 《中共中央关于全面深化改革若干重大问题的决定》，载共产党员网，http://www.12371.cn/2013/11/15/ARTI1384512952195442.shtml。

② 参见张丽红：《论后劳动教养制度时代罪刑结构的平衡——以部分司法解释为视角》，载《法律适用》2016 年第 2 期。

案件的快审快办,尤其简易程序在实践中适用存在"简易不简"的问题,诉讼过程并没有明显简化。因此,相比之下,刑事速裁程序可以消解大量轻微刑事案件进入司法渠道带来的压力。刑事速裁程序在诉讼效率方面具有明显优势,这一新型程序的加入形成了我国刑事审判的三种程序并在的格局,即速裁程序—简易程序—普通程序三元化的刑事审判模式,完善了刑事司法程序体系。

第二,优化刑事司法资源配置。司法资源的优化配置是司法现代化的一个重要标志,也是司法现代化的一项必然要求。司法资源的有限性要求对区分不同情形,对不同案件分配不同的司法资源。如果不分案件类型和实际情况,对所有的刑事案件投入同等的司法资源,将会严重掣肘司法的公正与效率。因此司法改革的重要目标之一,就是优化司法资源配置。法国《刑事诉讼法》根据案件的严重程度区分了"重罪""轻罪""违警罪",我国的刑事立法并无如此划分,实践中通常以处 3 年有期徒刑以下刑罚的案件作为轻罪案件的认定标准。绝大部分案件都属于轻罪案件,对大量的轻罪案件消耗与重罪案件相同的司法资源,虽然对保证轻罪案件处理的公正性利多弊少,但司法效率低下的问题不可避免。以认罪认罚案件适用速裁程序为例,认罪认罚案件是建立在犯罪嫌疑人、被告人自愿认罪认罚的基础上,事实清楚、证据确实、充分,对这类案件不用经过复杂的诉讼程序或者说不用投入大量的司法资源即可正确定罪量刑。相反,实践中也存在不少被告人不认罪或者共同犯罪案件中部分被告人不认罪的情况,以及那些可能被判处较重刑罚的重罪案件,司法资源应当重点配置在这类案件上,保证被告人辩护权的充分、有效行使,并以完善的程序保证诉讼程序和实体裁判的公正性。刑事速裁程序发挥了对认罪认罚的轻微刑事案件的分流作用,对轻重罪案件适用不同的诉讼程序,极大地优化刑事司法资源配置。

第三,最大限度实现公正与效率的统一。公正与效率是现代司法文明的基本价值追求。在刑事司法过程中经常会遇到公正与效率的矛盾。效率提升了,速度加快了,诉讼质量却可能因此有所降低,影响到公正价值的实现；反之经过侦查、审查起诉、举证、质证、裁判等完整的诉讼程序，在个案上可能保证了公正的实现，但却可能导致更多的案件被拖延，降低了诉讼的整体效率。[①] 同时，因为司法资源平均配置，以致无法集中优势资源处理重大复杂案件，因而不利于整体上公正的实现。最大限度地实现公正与效率的统一成了立法者、学者共同关注的问题，即如何以最优效率处理案件，又能保证案件处理的公正性。刑事速裁程序对案件实现繁简分流，在速裁程序中简案快审，但对被告人不同意适用速裁程序的，则适用简易或普通程序审理，这在保证公正上设定了第一道保障。在审理过程中，法院还负有审查的义务，防止被告人违背自愿性认罪认罚以及不构成犯罪而仍适用速裁程序等情况发生，这是保证公正的第二道保障。同时，刑事速裁程序可以对3年有期徒刑以下的轻微刑事案件再分流，对原本适用简易程序处理的案件进一步过滤，加快了案件的处理进度，减少案件的积压，使更多的轻微刑事案件从快处理，既提高了诉讼效率，也保障了被告人的诉讼权利，符合我国刑事司法的实际情况，实现公正与效率的“双循环”。[②]

三、刑事速裁程序的实践展开

刑事速裁程序因其对优化司法配置、提升诉讼效率的积极作用，受到司法机关的欢迎，各地积极适用刑事速裁程序，并取得了良好的效果。

（一）刑事速裁程序的试点成效

2014年6月和2016年9月十二届全国人大常委会九次会议和二十三次会议决定授权最高人民法院、最高人民检察院在北京等18个地区开展刑事速裁试点工作，涵盖了东部地区，中部地区，西部地区。开展试点刑事速裁程序改革可以根据不同地区经济社会的发展条件区分速裁

① 参见李建明、陈爱蓓：《刑事司法过程的社会效果与社会成本——关于刑事司法效率的思考》，载《南京师大学报（社会科学版）》2005年第1期。

② 参见刘哲：《认罪认罚从宽需要“双循环”》，载《检察日报》2021年8月24日，第3版。

程序适用的差异,认真总结试点工作的有益成果。这里,本书择要回顾全国和部分地区刑事速裁程序试点工作的情况。

1. 最高人民法院、最高人民检察院速裁程序试点的中期报告情况。2015 年 10 月 15 日,最高人民法院、最高人民检察院向第十二届全国人民代表大会常务委员会作出《速裁程序中期报告》,《速裁程序中期报告》显示,截至 2015 年 8 月各试点地区共适用速裁程序审结刑事案件 15,606 件 16,055 人,占试点法院同期判处一年有期徒刑以下刑罚案件的 30.70%,占同期全部刑事案件的 12.82%,其中检察机关建议适用速裁程序的占 65.36%。根据最高人民法院、最高人民检察院对速裁案件的抽样统计,检察机关审查起诉周期由过去的平均 20 天缩短至 5.7 天;人民法院速裁案件 10 日内审结的占 94.28%,比简易程序高 58.40 个百分点;当庭宣判率达 95.16%,比简易程序高 19.97 个百分点。[①] 另外在认罪认罚案件中速裁程序适用较高,刑事速裁案件中被告人被拘留、逮捕的占 52.08%,比简易程序低 13.91 个百分点;适用非监禁刑的占 36.88%,比简易程序高 6.93 个百分点。

从《速裁程序中期报告》可以看出,第一,刑事速裁程序试点使人民检察机关和人民法院的办案周期明显缩短,与过去相比成效显著;第二,刑事速裁案件适用非监禁刑、非羁押性强制措施较简易程序占比高,严格贯彻了宽严相济的刑事政策和保障人权的诉讼理念;第三,第一阶段的试点针对的是判处 1 年有期徒刑以下刑罚案件且有罪名类型限制,但适用率仍能达到 30% 左右,超过一半的速裁案件都是人民检察院建议适用。这体现了人民法院、人民检察院推动刑事速裁程序改革试点工作的积极性及其相互配合。

2. 最高人民法院、最高人民检察院认罪认罚从宽制度试点的中期报告情况。2017 年 12 月 23 日时任最高人民法院院长周强在十二届全国

---

① 参见最高人民法院、最高人民检察院:《关于刑事案件速裁程序试点情况的中期报告》,载《全国人民代表大会常务委员会公报》2015 年第 6 号。

人大常委会三十一次会议上作出《最高人民法院、最高人民检察院关于在部分地区开展刑事案件认罪认罚从宽制度试点工作情况的中期报告》，截至2017年11月，18个试点地区适用认罪认罚审结的刑事案件91,121件占试点法院同期审结刑事案件的45%，其中检察建议适用的占98.4%。显示了检察机关是推动认罪认罚从宽制度的主导力量。对于认罪认罚案件检察机关审查起诉平均用时26天，人民法院15日内审结的占83.5%，适用速裁程序审结的占68.5%，适用简易程序审结的占24.9%，其中速裁案件当庭宣判率达93.8%。[①] 从认罪认罚从宽制度的中期报告可以看出，刑事速裁程序与认罪认罚从宽制度相结合，检察机关提起公诉的认罪认罚案件60%以上是以速裁程序审结的，这体现了认罪认罚从宽制度极大促进了速裁程序的进一步适用，人民检察院成为适用刑事速裁程序的积极推动者。

2018年3月20日时任最高人民检察院检察长的曹建明在十三届全国人大一次会议上作最高人民检察院工作报告时指出，2014年至2016年开展为期两年的试点共对5.6万件轻微刑事案件建议适用速裁程序，审查起诉的平均期限从20天缩短到5天，2016年11月部署认罪认罚从宽试点，人民法院适用认罪认罚审结的案件由检察机关建议适用的占98.4%。[②] 从刑事速裁程序试点情况来看，速裁程序是落实认罪认罚从宽制度的程序载体，检察机关提出检察建议的比例较高，且速裁程序与认罪认罚从宽结合可以较大程度上实现轻罪治理。

3. 南京法院速裁程序的试点情况。以南京法院2015年试点工作情况为例，自2015年2月26日受理第一批速裁案件至12月31日，南京

---

① 参见周强：《最高人民法院、最高人民检察院关于在部分地区开展刑事案件认罪认罚从宽制度试点工作情况的中期报告——2017年12月23日在第十二届全国人民代表大会常务委员会第三十一次会议上》，载《中华人民共和国全国人民代表大会常务委员会公报》2018年第1号。

② 参见曹建明：《第十三届全国人民代表大会第一次会议关于最高人民检察院工作报告的决议》，载《中华人民共和国最高人民检察院公报》2018年第3号。

市11家试点法院共受理速裁案件1373件,审结1355件,审结案件占试点法院同期审结第一审刑事案件总数的22.80%,占同期审结判处1年有期徒刑以下刑罚案件总数的66.86%。据统计,南京市法院审结速裁案件100%当庭宣判;平均每起案件庭审时间在3~5分钟之间;平均每起案件审理天数5.86天,比同期一审刑事案件平均审理天数缩短21.88天。[①] 在各试点法院中,速裁案件占同期各试点法院审结刑事案件总数的比例普遍高于20%,仅两家低于20%。其中,最高的达27.76%,最低的为17%,两者相差达10个百分点。

审结的速裁案件共涉及31个罪名,案件类型依然集中于危险驾驶罪等三类罪名。其中,危险驾驶罪545件,占审结速裁案件总数的40.37%;盗窃罪397件,占总数的29.41%;毒品犯罪231件,占总数的17.11%,该三类罪名之和达86.89%。然而,审结侵犯人身权的故意伤害、交通肇事等类型案件64件,占审结速裁案件总数的4.74%,速裁案件被告人被宣告缓刑的415名,占审结速裁案件被告人总数的29.79%;被告人被适用单处罚金刑的98名,占被告人总数的7.04%;总体非监禁刑率为36.83%。

从南京法院刑事速裁程序的试点成效来看,审理时限明显缩短,速裁案件在总体刑事案件中占比达到20%。这在一定程度上实现了轻微刑事案件的分流,使简易程序中一年有期徒刑以下的刑事案件在诉讼效率上得以提升。南京法院刑事速裁程序改革总体上取得了改革成效,刑事速裁程序对轻微刑事案件的繁简分流、诉讼效率的提升已经显现改革的效果,需要加大力度进一步夯实刑事速裁程序的改革成果。

4. 其他地区的试点情况。武汉法院开展刑事案件速裁和认罪认罚从宽改革试点,审结相关案件14,173件,81.6%的案件在10天内审结,

---

① 数据来源,载南京市中级人民法院南京审判网,http://www.njfy.gov.cn/www/njfy/xfgz_1.htm,2022年4月23日访问。

办案周期大幅缩短。[①] 主要集中在危险驾驶罪、毒品和盗窃三类犯罪，危险驾驶罪案件占速裁案件总数的35.7%；毒品犯罪案件占速裁案件总数的31.9%；盗窃案件占速裁案件总数的22.4%，三类案件共占速裁案件总数的90%。从审理期限来看，48.5%的案件在5日内审结，50.6%的案件在5～10日审结，0.8%的案件在10～15日内审结，99%以上的速裁案件可以在10日内审结完毕，审限极大缩短。[②] 根据福清市人民法院的统计数据，截至2016年8月26日，福清市法院共审结刑事速裁案件501件，占同期审结的刑事案件总数的17.9%，平均审理期限3.7个工作日，当庭宣判率100%，服判息诉率97.2%。[③] 北京市海淀区法院也根据刑事速裁程序的试点工作制定《海淀区刑事案件速裁程序试点工作细则》构建全流程刑事案件速裁程序，实现"审判分流"向"全程分流"的转变。[④] 从其他地区人民法院的试点来看，罪名集中在危险驾驶罪、毒品犯罪以及盗窃犯罪，其他类型案件适用刑事速裁程序的情况较少；刑事速裁案件的审理时限都明显缩短；部分法院积极探索刑事速裁案件的审理方式，为刑事速裁程序改革提供了有益借鉴。

（二）刑事速裁程序入法后的实践行动

2018年刑事速裁程序正式进入《刑事诉讼法》，成为刑事诉讼新增的审判程序，刑事速裁程序成为全国一审法院常规适用的法定程序。2020年10月15日，最高人民检察院检察长张军在十三届全国人大常委会二十二次会议上作《关于人民检察院适用认罪认罚从宽制度情况

---

① 《公正司法护航改革发展——省高级人民法院工作报告解读——省高院工作报告》，载湖北省人民政府门户网，http://www.hubei.gov.cn/zhuanti/2018zt/2018hblh/lhbg/sgybg/201801/t20180128_1248034.shtml，2022年4月23日访问。

② 参见湖北省武汉市中级人民法院调研组：《依法开展速裁试点　积极推动繁简分流　武汉中院关于刑事案件速裁程序试点审判工作的调研报告》，载《中国审判》2015年第16期。

③ 参见顾永忠、肖沛权：《"完善认罪认罚从宽制度"的亲历观察与思考、建议——基于福清市等地刑事速裁程序中认罪认罚从宽制度的调研》，载《法治研究》2017年第1期。

④ 参见北京市海淀区人民法院课题组：《关于北京海淀全流程刑事案件速裁程序试点的调研——以认罪认罚为基础的资源配置模式》，载《法律适用》2016年第4期。

的报告》时指出,2000 年至 2020 年被判处三年有期徒刑以下的轻罪案件占 83.2%,[①]2019 年 1 月至 8 月检察机关适用该制度办理的案件,起诉到法院后适用速裁程序审理的占 27.6%[②]。认罪认罚从宽制度确立以来,人民检察院办理的主要是轻罪案件认罪认罚且 90% 以上的案件建议人民法院适用速裁程序审理。例如,苏州市人民检察院 2021 年认罪认罚适用率 85% 以上,人民法院速裁程序适用率 60% 以上,[③]而呼和浩特人民检察院 2021 年认罪认罚率 78.28%,人民法院适用速裁程序率是 27.05%。[④] 这体现了不同地区司法机关对刑事速裁程序的适用情况也存在明显差异。

以安徽省旌德县人民法院为例。[⑤] 2018 年 12 月至 2021 年 5 月共审结刑事案件 211 件,其中适用速裁程序审结 79 件,占比达 37.44%。在此期间,刑事速裁案件占比最高的是危害公共安全类案件(危险驾驶罪 43 件、交通肇事罪 7 件),受理并审结 50 件,占速裁案件总数的 63.29%,占审结的刑事案件总数的 23.7%。其后依次为盗窃罪 7 件、帮助信息网络犯罪活动罪 6 件、诈骗罪 5 件,合计占速裁案件总数的 22.78%。速裁案件平均审理时间 6.15 天,相较全部刑事案件平均审理时间 24.25 天缩短 18.1 天。当庭宣判 77 件,占比全部当庭宣判(106 件)的 72.64%。速裁案件可相对集中开庭,该法院曾连续开庭 3 起案

① 参见《最高人民检察院关于人民检察院适用认罪认罚从宽制度情况的报告》,载中华人民共和国最高人民检察院网,https://www.spp.gov.cn/spp/zdgz/202010/t20201017_482200.shtml,2022 年 4 月 23 日访问。

② 参见张军:《最高人民检察院关于人民检察院适用认罪认罚从宽制度情况的报告》,载《检察日报》2020 年 10 月 17 日,第 2 版。

③ 参见《苏州市人民检察院关于适用认罪认罚从宽制度情况的报告》,载苏州市人民检察院网,http://sz.jsjc.gov.cn/jianwu/baogao/202112/t20211213_1320283.shtml,2022 年 4 月 23 日访问。

④ 参见《呼和浩特市人民检察院关于全市检察机关适用认罪认罚从宽制度工作情况的报告》,载百家号网,https://baijiahao.baidu.com/s?id=1702180229916649216&wfr=spider&for=pc,2022 年 4 月 23 日访问。

⑤ 参见《关于刑事案件速裁程序适用工作情况的报告》,载旌德县人大常委会网,http://www.jdxrdcwh.gov.cn/plus/view.php?aid=1472,2022 年 4 月 23 日访问。

件且当庭宣判，平均每起案件庭审时间在10分钟左右。适用速裁程序案件原则上应当庭宣判，当庭宣判率达97.47%，对当庭宣判的案件在庭审结束后应立即送达判决文书，做到快审快结。2018年12月至2021年5月判处三年以下有期徒刑、拘役、管制，或者依法单处罚金的案件为189件，其中适用速裁程序案件79件，占比41.80%。适用速裁程序审结危险驾驶案43件，为危险驾驶案件总数的67.19%，适用速裁程序审结盗窃案7件，为盗窃案件总数的41.18%。

从旌德县人民法院适用刑事速裁程序的情况来看，速裁程序的适用集中在危险驾驶罪、盗窃罪等事实清楚，证据确实、充分且无明显被害人的财产性犯罪或者危害公共安全犯罪的案件中；人民法院适用速裁案件普遍缩短了案件审理期限，提高了诉讼效率；同时基本做到了当庭宣判，当庭送达裁判文书，做到了简案快审。近年来网络信息技术的发展，使得帮助信息网络犯罪逐渐成了轻微刑事犯罪的主要类型，人民法院针对该类型犯罪也主动适用刑事速裁程序，积极探索不同类型案件的速裁方式。

（三）刑事速裁程序实践的司法现代化地位

刑事速裁程序改革从试点到立法的实践说明，这一改革极大地提高了诉讼效率，促进了刑事案件的繁简分流，完善了刑事速裁程序体系，反映了通过程序改革追求效率的司法现代化趋势。改革的过程就是探索的过程，从试点初期的1年有期徒刑以下刑罚的案件到3年有期徒刑以下刑罚的案件并扩大适用到所有基层法院；从危险驾驶、交通肇事、盗窃、诈骗、抢夺、伤害、寻衅滋事等轻微刑事犯罪到所有的轻微刑事犯罪均可适用速裁程序。各地人民法院、人民检察院都积极推动刑事速裁程序改革工作的落实，人民检察院建议适用，人民法院决定适用或者人民法院根据案件的实际情况自行决定是否适用，使刑事速裁程序得到了广泛适用，对提升整体效率产生了重要的影响。各地司法机关的实践情况反映了刑事速裁案件办理时限普遍缩短，认为速裁程序对于轻微犯罪案件的疏导力较强，尤其针对轻微犯罪集中爆发的财产类犯罪和危害公共安全类犯罪可以快审快判,这对缓解案多人少的矛盾具有重要作用。刑事速裁程序改革是近年来司法改革的重要举措,是我国司法现代化建设的重要组成部分,在新时代中国刑事司法现代化进程中具有重要地位。

四、让人民群众从刑事速裁案件中感受到公平正义

公平正义是司法的生命和灵魂,是人民群众感受法治建设的标尺,让人民群众在每一个司法案件中感受到公平正义,更要让人民群众在刑事速裁案件中感受到公平正义。其一,在刑事速裁案件尊重被告人的程序选择权、在席受审权、听取意见权等权利;其二,司法裁判者应当根据法律和事实作出公正的裁判结果,做到过程公正和结果公正;其三,刑事速裁程序的规范不适应司法实践时应当及时调整完善,发挥强大的制度优势。

(一)刑事速裁程序实施中存在的问题分析

1.整体适用率偏低,分布不均。刑事速裁程序对个案效率有着显著的提升效果,速裁程序的总体数量也不少,但在司法实践中整体适用率仍然偏低,罪名适用分布不均。有研究者在调研过程中发现,刑事速裁程序的适用率不高,被告人适用速裁程序的意愿不强烈,其中速裁程序与简易程序的适用标准区分不大。[①] 从各地法院适用刑事速裁程序的数据来看,大多数法院适用刑事速裁程序审结的案件占全部刑事案件的20%左右,这与改革要求的30% ~40%的适用率相差甚远。同时,刑事速裁程序主要集中在危险驾驶罪、盗窃罪等常见罪名,速裁程序适用类型上分布不均。2021年最高人民检察院工作报告指出,目前认罪认罚的适用率已经超过80%,轻微刑事案件接近八成。由此可见,大部分轻微刑事案件依然适用普通程序或者简易程序处理,速裁程序没有充分发挥适用上的优势。

---

① 参见汤火箭、郝廷婷、陶妍宇:《认罪认罚案件审判程序分流效果实证研究——以C市基层法院3076件认罪认罚案件为分析样本》,载《山东大学学报(哲学社会科学版)》2021年第3期。

速裁程序整体适用率偏低和分布不均，既有规范方面的原因，也有实际操作层面上的问题。刑事诉讼法对速裁程序的适用规定较为严格，且设置了诸多消极条件，例如《刑事诉讼法》规定了未就附带民事诉讼达成和解、调解协议不可适用速裁程序，而实际上有明确被害人的人身犯罪以及财产犯罪需要达成调解或和解协议，如故意伤害罪、交通肇事罪等，相应地导致速裁程序只能集中在危险驾驶罪、盗窃罪等争议不大、被告人认罪认罚且同意适用的轻微犯罪中，其他类型的轻微刑事犯罪案件适用较少。

更重要的是，司法实践中一些法官适用速裁程序的积极性不高，大部分速裁案件由人民检察院建议适用，法官主动适用意愿不强。其主要原因是速裁程序对法官的要求较高，在审理期限极大缩短的同时，需要法官当庭作出裁决，间接加大了错案责任承担的风险。速裁程序除了听取辩护人意见和被告人最后陈述外，法庭调查和法庭辩论均可省略，这使法官需要在庭下进行大量阅卷工作，阅卷过程实际是心证形成的过程。由于缺少了庭审调查以及庭审辩论环节，法官无法通过控辩双方举证、质证过程查明证据的来源，对证据的真实性、合法性、关联性作出判断，更无法当庭对认罪认罚的事实情况予以认定，控辩双方也不能展开有效辩论。在司法责任制的环境中，[①]“让审理者裁判，由裁判者负责”，法官一旦作出错误判决，将直接影响法官的职业前途和评价，由此产生的谨慎心理导致不敢积极适用速裁程序，因而形成了速裁程序整体适用率偏低的现实情况。

2. 效率优势尚未充分发挥。虽然刑事速裁程序确实有提高诉讼效率的优势，但是这种诉讼效率的提升主要体现在法官的审理期限上。从经济学原理来看，效率的提升途径要么是减少单位时间内人力、物力资源的投入，要么是减少工作总量。刑事速裁程序的审理期限缩短意味着单位时间内法官可以审理更多的案子，而由于在恒定的工作时间内承办

---

① 参见尹露：《我国刑事速裁程序的实务困境及其优化路径》，载《政法论丛》2018 年第 5 期。

了更多的案件,实际上又增加了法官承担的审判工作任务。法官工作量的增加可能导致其工作效率降低。在实践中,部分地区法官速裁程序的庭审只用几分钟,这要求独任法官在庭下做大量与案件相关的阅卷和案情研究工作,其结果是有些速裁案件来不及在规定时间内审结,不得不变更为简易程序或者普通程序审理。

速裁程序在实践中未能充分发挥效率优势的原因,部分在程序本身。刑事速裁程序只在审判中省略了法庭调查和法庭辩论,而其他的诉讼流程没有减少,如送达、通知、排期、出庭、开庭等诉讼程序并没有明显简化,并不比简易程序工作量明显减少。北京海淀区人民法院探索实现全过程分流,但这只是部分人民法院的做法,没有在所有基层人民法院推广适用,《刑事诉讼法》中也没有规定这种做法。速裁程序的适用对轻微刑事案件有审判效率上的提升效果,即快审快判,但是对司法整体效率的提升并不明显。改革是一项系统性工作,牵一发而动全身,如果只是在庭审阶段对审判步骤简化实际上很难达到改革效果,从侦查、起诉到审判的完整诉讼过程,诉讼效率的提升应当及于诉讼全过程,即侦查、审查起诉、审判都实现提速,才能充分展现刑事速裁程序的效率优势,[①]而不仅仅体现为庭审加速。但目前速裁程序并未给审前程序的提速提供充分的程序规范依据,因此,有些适用速裁程序的案件,从整个诉讼过程看,可能并无明显的提速效果。

3. 审前程序权利保障不足。刑事速裁程序改革以简化庭审的方式实现效率提升的目的,与之相配套的是法律援助值班律师制度,即法院援助机构在人民法院、看守所派驻法律援助值班律师,以保障犯罪嫌疑人、被告人的辩护权。但是,法律援助值班律师是非强制性的,只有在犯罪嫌疑人、被告人申请时才能适用法律援助值班律师制度,且主要提供法律咨询一类的帮助。由于速裁程序的办案时间较短,且大部分适用速

---

① 参见樊崇义、何东青:《刑事诉讼模式转型下的速裁程序》,载《国家检察官学院学报》2020 年第 3 期。

裁案件的被告人不符合获得法律援助律师为其辩护的条件，因而多数被告人在刑事速裁程序中缺乏辩护律师的帮助，这对被告人的辩护权保障是一个缺憾。刑事速裁程序主要关注庭审效率的提升，审理周期的缩短，很少涉及审前程序，[①]例如刑事案件在审前阶段存在羁押率过高的问题，对于轻微刑事案件侦查机关如未及时变更强制措施，将在一定程度上不利于繁简分流的实现。

(二)刑事速裁程序的完善建议

刑事速裁程序虽已入法，但运行时间不长，其不足之处仍将逐步显现。着眼于司法程序的现代化，我们应当重视研究刑事速裁程序补短板的问题，不断完善速裁程序，使这一程序充分发挥既能提升诉讼效率，又能保证司法公正的效果。

1. 建立多层联动机制，提高速裁程序整体适用率。刑事速裁程序整体适用率偏低是当前司法实践中面临的突出问题。为此，应当坚持以审判为中心的原则，可以把审判的职能向审前程序延伸，形成刑事诉讼全过程分流机制。人民检察院应加强与人民法院、公安机关的配合，尤其在量刑规范与证据收集上形成一致意见，减少速裁案件退回补充侦查、补充起诉等情形的发生，从而提高整体诉讼效率。人民检察院对犯罪嫌疑人建议适用速裁程序时，应当加强量刑建议的说理，[②]而不是简单在起诉书中提出量刑建议，增强被告人、辩护人、值班律师以及人民法院决定适用刑事速裁程序的可接受程度，避免针对速裁程序的起诉建议空置，建构起具有内生性的速裁程序动力体系。[③]

加强不同部门之间的配合协作。例如张家港市人民检察院与市公

---

① 参见吴小军:《刑事案件快速处理程序改革进路与展望——兼论治安法院之设立》,载《法律适用》2019 年第 17 期。

② 参见孙春雨、李斌:《量刑规范化改革的现状与出路》,载《国家检察官学院学报》2013 年第 5 期。

③ 参见元轶:《速裁程序中控辩审三方动力体系研究》,载《国家检察官学院学报》2021 年第 4 期。

安局、司法局出台《关于“一站式”办理刑拘直诉案件的工作意见》。主要依托公安机关执法办案管理中心,设立派驻检察室、速裁法庭、值班律师工作站,既可以了解公安机关的案件侦查情况,对侦查机关收集证据按照审判的标准进行指引,又可以发挥繁简分流的作用。[①] 通过刑拘直诉可以简化文书送达、程序转换的过程,最快可实现一周内完成对案件的审判。[②] 针对非羁押的犯罪嫌疑人,检察机关应当及时督促其到案受审,利用大数据信息化平台建立非羁押人员管理系统,精准管理,消除其对抗诉讼的情绪,推进速裁服判。当然,这个互相配合的过程中,必须高度重视分工负责,互相制约,高度重视遵守法定程序,不能超越法定的职权范围,更不能变成公检法三机关联合办案。[③]

2. 对危险驾驶罪、盗窃罪充分适用速裁程序。这类案件数量居多,应尽可能适用速裁程序,并真正实现提速增效。这些轻微刑事案件事实简单、证据容易收集,较少存在争议,可以实现快速流转,保证犯罪嫌疑人到案后获得辩护律师的帮助,听取犯罪嫌疑人、辩护人意见,确保其认罪认罚的自愿性。[④] 例如,在盗窃案件中应当督促犯罪嫌疑人积极退赃,取得被害人的谅解,达成谅解协议,提高犯罪嫌疑人适用速裁程序的意愿。在刑事速裁案件中经常会遇到附带民事赔偿的问题,常因未达成赔偿协议而导致无法适用速裁程序。为此,应当重视发挥人民调解员、值班律师以及人民检察院的调解力量,促使犯罪嫌疑人与被害人之间达成和解、调解协议,实现“民事调解 + 刑事速裁”相结合的处理方式。另外,如果遇有被告人患重大疾病等特殊情况,经过本人及辩护人同意,可

---

① 参见《35 个案件一下午讯问、具结全部完成》,张家港检察机关建立“一站式”快办平台网,https://www.yangtse.com/zncontent/934184.html。

② 参见周新:《公安机关办理认罪认罚案件的实证审思——以 G 市、S 市为考察样本》,载《现代法学》2019 年第 5 期。

③ 参见洪刚:《侦诉审“互相配合”的解释》,载《法律适用》2022 年第 5 期。

④ 参见北京市朝阳区人民检察院课题组:《刑事速裁程序的实践解读与理性思考》,载《中国检察官》2018 年第 23 期。

以实行有条件的缺席审判,[①]这也有助于提升速裁程序的整体适用率。

3. 创新庭审方式,提高诉讼效率。在刑事速裁程序试点过程中,部分基层法院结案周期缩短,法庭的审理方式变成书面审理和间接审理。简言之,审判机关只需完成阅卷就可以根据检察机关的起诉书和量刑意见书作出裁判,[②]刑事速裁程序当庭宣判,裁判文书当庭制作,当庭送达,在司法实践中部分基层法院在审理结束半小时内可以向被告人送达表格式裁判文书或者电子裁判文书。2021 年 8 月 1 日正式实施的《人民法院在线诉讼规则》,规定了刑事速裁案件可以适用在线诉讼,因此可以探索被告人认罪认罚的速裁案件适用在线诉讼方式。[③] 在线诉讼可以使被告人在看守所就可以直接参加法庭审理,但应当保证辩护人或者值班律师在场。通过远程审判方式可以极大提高诉讼效率。[④]

4. 保障犯罪嫌疑人、被告人的权利。这里所说的权利既包括实体性权利,也包括程序性权利。刑事速裁程序的主要价值取向是诉讼效率,因此有研究者提出了一审终审、书面审等方式来进一步简化程序,提高效率。[⑤] 然而,一旦过度关注效率,那么诉讼程序将不自觉加快,在证据的收集、审查以及审判等环节将会过度配合,对被告人的权利保障不利。刑事速裁程序适用于轻微刑事犯罪,这些案件事实清楚,争议不大,证据明确,但需保持高度警惕,注意适用速裁程序审理的案件是否可能存在无罪的情况,例如被告人是否可能违背自愿性原则被迫认罪或者替人顶罪等。为此,检察机关和人民法院应当特别重视认真审查被告人认罪认

---

① 参见吴进娥:《被告人刑事速裁缺席审判选择权的构建与运行机制研究》,载《政治与法律》2020 年第 8 期。

② 参见陈瑞华:《"认罪认罚从宽"改革的理论反思——基于刑事速裁程序运行经验的考察》,载《当代法学》2016 年第 4 期。

③ 参见陶加培:《刑事案件在线诉讼程序研究——以适用认罪认罚从宽的速裁案件为切入点》,载《河南社会科学》2021 年第 11 期。

④ 参见尹逊航:《刑事速裁程序场域中远程审判的展开》,载《人民司法》2019 年第 4 期。

⑤ 参见贾志强:《"书面审"抑或"开庭审":我国刑事速裁程序审理方式探究》,载《华东政法大学学报》2018 年第 4 期。

罚的自愿性以及证据之间的关联性，切实防范轻微的冤假错案，实现刑事司法理念现代化的升级转型。①

5. 保障辩护权的实现。第一，在刑事速裁程序中推行强制性法律援助辩护制度。2022 年 1 月 1 日正式实施的《法律援助法》规定，刑事案件的犯罪嫌疑人、被告人因经济困难或其他原因没有委托辩护人的，本人及其近亲属可以向法律援助机构申请法律援助。在司法实践中被告人未委托辩护人，部分司法机关将值班律师转为辩护人，通过向被告人了解情况，作为签署认罪认罚具结书的见证人以及发表意见，也在一定程度上保障被告人辩护权的实现。结合刑事辩护全覆盖的改革实践，在有条件的地方可以试行刑事速裁案件律师辩护全覆盖。② 第二，合理安排审判时间。速裁程序虽然追求诉讼效率，但是应当尊重诉讼规律，一起速裁案件从侦查、起诉到审判需要经历相应的诉讼环节是正常的诉讼规律，不能刻意省略或者加快进程，否则将损害公正的价值。③ 在实践中采取"刑拘直诉"的方式实现在侦查机关的办案期限内完成侦查、起诉、审判，来提高办案效率。实际上《刑事诉讼法》规定速裁案件 10 日内审结完毕，可能超过一年有期徒刑的 15 日内审结完毕，这样的规定是符合诉讼规律的，同时要给予辩护律师必要的准备时间，发挥律师的有效辩护作用。不宜"你追我赶"，竞相提速。第三，随着现代科技的发展和广泛应用，现在司法机关内部已经逐步建立办案管理信息系统，在系统内可以实现无纸化办案，案件流转在系统内可以共享，而辩护律师是无法进入共享系统，因此司法机关应当为辩护律师获取案卷信息提供便利，让律师在司法机关的系统中为刑事速裁案件的被告人提供有效辩护。④

---

① 参见李建明：《刑事错案预防视野下的刑事司法理念现代化》，载《法治现代化研究》2017 年第 3 期。

② 参见王敏远、胡铭、陶加培：《我国近年来刑事辩护制度实施报告》，载《法律适用》2022 年第 1 期。

③ 参见李本森、戴紫君：《反思与重塑：刑事速裁程序适用范围研究》，载《学术界》2021 年第 12 期。

④ 参见陈卫东、安娜：《认罪认罚从宽制度下律师的地位与作用——以三个诉讼阶段为研究视角》，载《浙江工商大学学报》2020 年第 6 期。

第十章　司法现代化进程中的值班律师制度

值班律师制度是指律师根据法律援助机构的安排，在人民法院、看守所轮流值班，无偿为没有辩护人的犯罪嫌疑人、被告人提供法律帮助的一项法律制度。构建值班律师制度是我国刑事司法体制改革的重大举措之一。2014 年 6 月，《关于司法体制改革试点若干问题的框架意见》的审议通过，意味着新形势下我国司法体制改革正式启动，其中包括将值班律师制度面向全国推广。2014 年 10 月，《党的十八届四中全会决定》，强调要“加强法律服务队伍建设，增强广大律师走中国特色社会主义法治道路的自觉性和坚定性，构建社会律师、公职律师、公司律师等优势互补、结构合理的律师队伍”。中央关于司法体制改革的一系列重大决策部署，为律师制度的完善提供了根本遵循，也为值班律师制度的发展带来重大契机。

保障被追诉人的辩护权，为被追诉人提供法律援助，帮助其有效行使辩护权，维护被追诉人的合法权益，是现代刑事司法普遍奉行的基本原则，也是刑事司法现代化呈现的普遍特征。随着新一轮司法改革的正式启动,我国的相关司法解释正式把值班律师制度作为司法改革的一项重要内容予以规定。2017 年 8 月,最高人民法院、最高人民检察院、公安部、国家安全部、司法部联合出台《关于开展法律援助值班律师工作的意见》(以下简称《值班律师工作意见》)(已失效),对值班律师制度的机构设置、工作职责、律师来源、值班律师的管理等作了系统规定,标志着我国值班律师制度在司法解释中得以确立。该制度在 2018 年 10 月 26 日修改的《刑事诉讼法》中被明文规定,从而上升为了法律条文,使得我国值班律师制度进入了全面发展和完善的新阶段。

一、值班律师制度是现代司法制度的重要组成部分

刑事诉讼中的值班律师制度是世界范围内法治发达国家和地区普遍设立的一项法律援助制度。现代值班律师制度起源于英国,英国的值班律师制度最早可以追溯到600 年前。[①] 现代英国的值班律师制度是在法律援助制度的基础上发展起来的。1970 年,为了扩大律师的案源,在英国的部分地区,刑事律师事务所按照约定轮流进行值班律师工作,这就是值班律师制度的雏形。之后英美法系的加拿大、澳大利亚、新西兰、我国香港等国家和地区也相继开始建立该制度。大陆法系国家如法国、德国、荷兰、日本等主要是在原有的法律援助制度中发展出了值班律师的功能性制度。现代各国和地区建立值班律师制度的主要目的在于提供初步性、便捷性的法律咨询与法律服务。

值班律师制度在各国和地区呈现不同的特点。(1)一般情况下,律师成为值班律师只需要自愿申请,无特殊条件限制,比如日本、加拿大,但英国对值班律师资格要求比较严格,不仅需要具有律师身份,还需要通过专门资格考试,而且在执业过程中要定期培训。(2)值班律师以提

---

① 1424 年,苏格兰创立了穷人的登记制度,在册的穷人若起诉便可以得到免费的法律顾问或代理人的法律帮助。参见张耕主编:《中国法律援助制度诞生的前前后后》,中国方正出版社 1998 年版,第 5 页。

供法律咨询服务为主,各国和地区也在逐渐增加值班律师的服务内容,如加拿大值班律师可参与辩诉交易,澳大利亚值班律师可代理申请延期和申请保释。(3)世界大部分国家和地区将值班律师制度的适用限定在侦查阶段,但日本早期尝试让值班律师以辩护人身份参与审判。(4)值班律师制度适用于所有刑事诉讼案件是世界大部分国家和地区的普遍做法,比如英国、日本、加拿大等,而澳大利亚的南澳大利亚州、维多利亚州规定值班律师制度只适用简易程序或者轻微刑事案件,值班律师制度适用的刑事案件范围相对狭小。(5)值班律师的种类也有所不同,如英国、日本、澳大利亚等大部分国家和地区只设置刑事值班律师,而加拿大则在刑事法庭值班律师基础上增加了民事法庭值班律师,为民事诉讼当事人服务,另外还规定了一些特殊类型的值班律师,比如诊所值班律师、法律咨询建议值班律师等。

除上述差异外,值班律师制度在各国也存在许多共同的趋势。(1)近年来,确立值班律师制度是世界众多国家的普遍做法,除了日本,值班律师制度由国家作为责任主体统一设置,这是国际上共同的趋势。在日本,值班律师制度仍保留由律师协会统一组织这一传统,但随着侦查阶段犯罪嫌疑人的保护由值班律师保护上升到国家保护,值班律师制度在日本适用的空间非常狭小。(2)各国在确立值班律师制度的同时均规定了值班律师会见犯罪嫌疑人侦查人员不得在场,并且部分国家为了保障值班律师的会见权,还规定了值班律师的会见权优先于侦查人员的讯问权。(3)值班律师制度的适用大部分也仅限于侦查阶段,值班律师无权参与法庭审理,如果法庭审理需要律师帮助,可申请法律援助,由法律援助辩护律师提供辩护服务。(4)值班律师并非完全的辩护人成为共识,但值班律师同样也是律师,其有资格、有能力担当辩护人的角色,故众多国家规定,经犯罪嫌疑人与值班律师同意,值班律师可以直接转化为辩护人,继续为被告人提供法律服务。①

---

① 参见白春花:《法律援助值班律师制度比较研究》,载《河南司法警官职业学院学报》2008年第4期。

二、值班律师制度在我国的本土化过程

值班律师制度并不是我国的本土制度,而是一种国际化与本土化相结合的创设制度。值班律师制度在我国的本土化经历了由试点到推广再到确立和发展的过程。

(一)值班律师制度的局部试点

2006年9月,联合国开发计划署、中国商务部、中国司法部牵头,“法律援助值班律师制度”试点项目在河南省修武县启动。18名值班律师被选聘参与该试点项目。在该县法院、公安局等部门设立法律援助值班律师办公室。值班律师无须审查被追诉人是否符合法律援助条件,如经济状况、案件类型等,主要以会见或电话咨询的形式,通过提供免费法律咨询、代写法律文书,为被追诉人提供法律帮助。该试点项目于2008年4月结束,达到了预期的效果。

“修武试点”是为了推动我国法律援助体制与国际接轨,是为建立中国特色法律援助值班律师制度进行的探索,为后续值班律师制度在全国试点推行积累了经验,开了先河。

(二)值班律师制度试点的全面展开

修武试点项目结束后不久,河南省的焦作市、郑州市即在各自市域范围内试点推行值班律师制度。2008年7月,法律援助值班律师驻看守所办公室在焦作市成立。2010年1月,河南省决定在全省全面建立值班律师制度,在所有中级、基层人民法院设立值班律师办公室。2011年至2012年,通过在试点地方看守所设立法律援助工作站,河南省值班律师工作覆盖侦查、审查起诉和审判三个阶段。经过试点探索,河南省陆续出台相关规定,明确了值班律师的工作方式、职责和监督管理等事项。

在河南省试点项目的经验基础上,值班律师制度于2010年在全国范围内推行试点。2010年,上海市在看守所设立了法律援助值班律师工作室,明确值班律师为被追诉人提供法律咨询、法律建议以及代理申

请法律援助等服务。山东省于2014年在烟台市蓬莱建立了第一个法律援助工作站，值班律师负责告知被追诉人相关权利，并初步审查其法律援助申请，为符合法律援助条件的犯罪嫌疑人、被告人免费提供法律援助。2014年，广州市首次设立驻看守所的法律援助工作站，并于同年11月实现市属看守所法律援助工作站的全覆盖。[①] 2014年，福建省在厦门市中级人民法院和厦门市第一、第二看守所设立了法律援助值班律师制度。

值班律师制度在全国范围内的试点推行，呈现了多元化的特点。各地根据各自经济发展状况以及法律援助案件数量等特点所探索建立的值班律师制度，在值班律师的选拔配备，办公场所、设施配备，值班律师资质、服务年限、补贴，值班律师服务对象等方面，都存在一定的差异。值班律师制度的试点，总体上是出于人权保障上的考虑，将值班律师制度作为人权保障的重要手段，以有效地保障犯罪嫌疑人、被告人的合法权益。但这种探索，由于缺乏明晰的规范指引，各地对值班律师定位、权利范围等问题很难达成共识。这也成为后来若干年内值班律师制度建设中的争议性话题。

（三）值班律师制度的确立

河南试点的成功，虽然为全国各地的探索开了先河，但直到2014年刑事速裁程序的试点，值班律师制度的早期探索，可谓是“不温不火”，[②] 呈现了偃旗息鼓的态势，并没有在全国范围内得到推行。[③]

我国值班律师制度确立的大背景是司法改革的深化。2014年8月出台的《速裁试点办法》首次明确了值班律师制度，规定由法律援助中心负责派驻值班律师到公安机关、人民法院办公。最高人民法院、最高人民检察院、公安部、国家安全部、司法部于2016年7月发布并实施的

① 参见张泽涛：《值班律师制度的源流、现状及其分歧澄清》，载《法学评论》2018年第3期。

② 参见樊崇义：《法律援助制度研究》，中国人民公安大学出版社2020年版，第191页。

③ 参见叶青、程衍：《中国刑事法律援助制度40年发展与展望》，载《上海法学研究》集刊2020年第16卷。

《关于推进以审判为中心的刑事诉讼制度改革的意见》第 20 条第 1 款也明确规定了建立值班律师制度："建立法律援助值班律师制度，法律援助机构在看守所、人民法院派驻值班律师，为犯罪嫌疑人、被告人提供法律帮助。"2015 年 6 月，《关于完善法律援助制度的意见》出台，从宏观政策上指出要建立法律援助值班律师制度。2016 年 11 月，最高人民法院、最高人民检察院、公安部、国家安全部、司法部联合发布的《关于在部分地区开展刑事案件认罪认罚从宽制度试点工作的办法》（以下简称《认罪认罚从宽试点办法》）中，明确规定了值班律师的工作形式和职责要求等事项。2017 年 8 月，最高人民法院、最高人民检察院、公安部、国家安全部、司法部联合发布了《值班律师工作意见》，为值班律师工作的推进进一步作出明确部署。作为专门规定值班律师工作的法律文件，《值班律师工作意见》规定了值班律师的五项职责。[①] 2017 年 10 月，最高人民法院与司法部联合下发《关于开展刑事案件律师辩护全覆盖试点工作的办法》（以下简称《全覆盖试点办法》），明确在 8 省市开展为期一年的刑事案件审判阶段的律师辩护全覆盖试点工作。《全覆盖试点办法》不仅扩大了通知辩护范围，同时，明确了值班律师需要提供法律帮助的情形[②]。

可以肯定的是，《值班律师工作意见》的出台，标志着我国值班律师制度的体系建设初步完成。它所规定的值班律师的工作职责、选任、值班方式、工作要求以及法律援助工作站的设置、对值班律师的监督、管理

---

① 值班律师的五项职责：解答法律咨询；引导和帮助犯罪嫌疑人、刑事被告人及其近亲属申请法律援助，转交申请材料；在认罪认罚从宽制度改革试点中，为自愿认罪认罚的犯罪嫌疑人、刑事被告人提供法律咨询、程序选择、申请变更强制措施等法律帮助，对检察机关定罪量刑建议提出意见，犯罪嫌疑人签署认罪认罚具结书应当有值班律师在场；对刑讯逼供、非法取证情形代理申诉、控告；承办法律援助机构交办的其他任务。

② 这些情形包括：对于适用简易程序、速裁程序审理的案件，被告人没有辩护人的；法律援助律师或委托律师为被告人提供辩护前，被告人及其近亲属提出法律帮助请求的。

等内容，奠定了值班律师制度进一步发展的基础。[①]

司法机关通过一系列司法改革试点而确立的值班律师制度具有突破性的重要意义。[②] 一方面能够加强被追诉人的辩护权，弥补被追诉人因文化程度不高，缺乏相关法律知识，有效行使辩护权受限的不足，最大限度地为被追诉人提供法律帮助，从而大大提高了我国人权保障的水平。另一方面，值班律师制度的确立，也有利于我国法律援助制度与世界通行做法相融合与衔接。

（四）值班律师制度的发展

如前所述，值班律师制度的确立是一系列司法改革试点的结果，而通过立法层面的确认，则是一个里程碑式的标志。2018 年 10 月，修改后的《刑事诉讼法》增加了值班律师制度的规定，从立法上正式确认了值班律师的法律地位，明确了值班律师提供法律帮助的前提，即被追诉人没有委托辩护人，法律援助机构没有指派律师为被追诉人提供辩护的情形。同时，明确了值班律师的帮助事项范围，主要是为被追诉人提供法律咨询以及申请变更强制措施等。但 2018 年《刑事诉讼法》第 36 条只是对值班律师制度作原则性、概括性的规定，仅涉及值班律师的场所设置、工作职责与部分工作流程，在值班律师制度的实践中缺乏具有可操作性的规范。

自 2018 年修改后的《刑事诉讼法》从法律上正式确立了值班律师制度以来，值班律师制度的立法和规范化建设以前所未有的程度推进。2019 年中共中央办公厅、国务院办公厅印发《关于加快推进公共法律服务体系建设的意见》，明确提出“加强法律援助值班律师工作，推进法律援助参与认罪认罚从宽案件办理工作，依法保障刑事诉讼当事人合法权益”。2019 年司法部印发《全面深化司法行政改革纲要（2018—2022

① 2020 年 8 月最高人民法院、最高人民检察院、公安部、国家安全部、司法部联合印发的《法律援助值班律师工作办法》是在《值班律师工作意见》的基础上，对值班律师制度进行的体系性、细节性勾勒。

② 参见张泽涛：《值班律师制度的源流、现状及其分歧澄清》，载《法学评论》2018 年第 3 期。

年)》,要求"健全完善法律援助值班律师制度,完善值班律师工作运行机制,细化值班律师职责范围、权利保障、监督管理、工作保障措施"。2019 年 10 月,《关于适用认罪认罚从宽制度的指导意见》(以下简称《认罪认罚从宽指导意见》)出台,在"犯罪嫌疑人、被告人辩护权保障"部分对值班律师的工作予以细化。

近年来,法律援助值班律师工作成效显著,全国范围内已基本实现看守所、法院法律援助工作站全覆盖。但是,值班律师工作在实践中还存在一些比较突出的问题和困难,例如:值班律师资源短缺和经费保障不足问题;对刑事案件特别是认罪认罚案件的有效参与不够问题;值班律师定位不明确,值班律师履职形式化等问题。因此,刑事诉讼法关于值班律师制度的相关规定需要进一步细化,值班律师工作机制也有待进一步完善。在此背景下,2020 年 8 月,最高人民法院、最高人民检察院、公安部、国家安全部、司法部联合印发了《法律援助值班律师工作办法》(以下简称《值班律师工作办法》),在刑事诉讼法的基础上,对值班律师制度进行体系性、制度性的构建。《值班律师工作办法》将值班律师定位于法律帮助者的角色、[①]系统地规定了值班律师的工作职责、[②]权利保

---

① 值班律师提供法律帮助主要侧重于三个方面:第一,覆盖广泛性。值班律师面向的是所有没有辩护人的犯罪嫌疑人、被告人,即包含没有委托辩护人也不符合刑事诉讼法规定的法律援助条件的所有被追诉人。基于我国较低的刑事辩护率,可以说值班律师服务对象的覆盖范围非常广泛。第二,服务多样性。从值班律师的工作职责可以看出,其提供的法律服务种类是较为丰富的。从程序上来看,值班律师提供服务涉及审前的各个阶段与多项程序性事项;从实体上来看,值班律师能够针对具体案件提供法律咨询并提出意见。第三,配合认罪认罚从宽制度。值班律师在认罪认罚程序中承担重要的角色,一方面保障被追诉人的合法权益,另一方面保障程序的正当合法性。

② 《值班律师工作办法》第 6 条规定了值班律师的六项基本工作职责:提供法律咨询;提供程序选择建议;帮助犯罪嫌疑人、被告人申请变更强制措施;对案件处理提出意见;帮助犯罪嫌疑人、被告人及其近亲属申请法律援助;法律法规规定的其他事项。同时,强调值班律师在认罪认罚案件中的职责:向犯罪嫌疑人、被告人释明认罪认罚的性质和法律规定;对人民检察院指控罪名、量刑建议、诉讼程序适用等事项提出意见;在犯罪嫌疑人签署认罪认罚具结书时在场。

障、[1]工作保障、[2]工作机制、[3]统筹管理[4]等方面内容。

---

① 这主要体现在三个方面:第一,明确了值班律师的双向会见权。在《刑事诉讼法》与《认罪认罚从宽指导意见》中,仅赋予了犯罪嫌疑人、被告人约见值班律师的权利。《值班律师工作办法》对此予以弥补,第6条第3款明确规定:“值班律师办理案件时,可以应犯罪嫌疑人、被告人的约见进行会见,也可以经办案机关允许主动会见……”同时明确了值班律师会见时的材料要求,并要求看守所有及时安排的义务。第二,细化了值班律师的阅卷权。《认罪认罚从宽指导意见》中首次赋予值班律师“查阅”案件材料的权利,《值班律师工作办法》对此进一步细化,第21条规定,值班律师在侦查阶段可以向侦查机关了解犯罪嫌疑人、被告人涉嫌的罪名及案件基本情况,自审查起诉阶段起可以查阅案件材料,了解案情,人民检察院、人民法院应当及时安排,并提供便利。同时,还提出了“在线阅卷”的方式,应当说是对阅卷方式的进一步革新。第三,完善了值班律师的提出意见权。《值班律师工作意见》《刑事诉讼法》《认罪认罚从宽指导意见》均涉及值班律师的提出意见权,《值班律师工作办法》在此基础上进一步完善,要求人民检察院对于值班律师提出的意见应当记录在案并附卷,同时对于未采纳的情形,还应当说明理由。这样的设置是有助于值班律师权利的有效行使的。

② 值班律师的工作保障主要体现在工作条件与工作报酬两个方面。在工作条件方面,看守所、人民检察院、人民法院设立法律援助工作站并提供必要办公场所和设施。在《值班律师工作意见》中对法律援助工作站的建设提出了基本要求,《值班律师工作办法》则进一步要求“有条件的人民检察院、人民法院,可以设置认罪认罚等案件办理专门办公区域,为值班律师设立专门会见室”。良好、便利的环境有助于提高值班律师的工作质量,立法的关注对于值班律师的工作保障具有重要的意义。在工作报酬方面,《值班律师工作办法》明确了值班律师提供法律帮助的具体补贴标准,即第30条第2款规定:“值班律师提供法律咨询、转交法律援助申请等法律帮助的补贴标准按工作日计算;为认罪认罚案件的犯罪嫌疑人、被告人提供法律帮助的补贴标准,由各地结合本地实际情况按件或按工作日计算。”报酬问题一直以来在实践中标准不一、执行不一,是值班律师参与、履职积极性差的主要因素之一。《值班律师工作办法》对这一问题的明确,也是对值班律师制度发展的积极推动。

③ 《值班律师工作办法》主要从提供服务层面、质量监督层面予以规定。在提供服务层面,《值班律师工作办法》就犯罪嫌疑人、被告人对值班律师服务的申请、拒绝、衔接,司法机关的告知通知、送达、义务,司法行政机关与法律援助机构的值班安排等均有明确的规定。同时要求值班律师应当尽职尽责完成其工作职责,要求相关机关在值班律师工作过程中予以积极的支持与配合。在质量监督层面,《值班律师工作办法》要求对于值班律师进行法律帮助活动的相关情况予以记录并随案移送,构建工作台账制度,要求值班律师与司法机关按照规定进行记录并移交法律援助机构。同时要求法律援助机构应当建立值班律师准入和退出机制,建立培训制度与服务质量考核评估制度。确保犯罪嫌疑人、被告人得到及时、高质量的法律帮助。

④ 《值班律师工作办法》对于值班律师的统筹管理主要体现在资源配置、争议解决与监督管理三个方面。在资源配置方面,《值班律师工作办法》明确“对律师资源短缺的地区,可采取在省、市范围内统筹调配律师资源,建立政府购买值班律师服务机制等方式”。这一规定从我国律师资源分配不均的现状出发,是保障值班律师工作有序开展的积极举措,值得肯定。在争议解决方面,《值班律师工作办法》明确“司法行政机关会同公安机关、人民检察院、人民法院建立值班律师工作会商机制,明确专门联系人,及时沟通情况,协调解决相关问题”。应当说,工作会商机制的构建有助于解决责任推诿的问题,也是确保犯罪嫌疑人、被告人能够及时得到法律帮助以及遇到问题能够及时得到解决的有效途径。在监督管理方面,《值班律师工作办法》要求相关机关加强对值班律师的监督管理,完善奖惩制度,共同保障制度整体高效地运行。

从一定意义上来说,《值班律师工作办法》对于我国值班律师制度建设来说是现有法律规范基础上的集大成之作,它在2018年《刑事诉讼法》修改的基础上,摒弃了《值班律师工作意见》,完成了值班律师制度的体系化的作业。2021年8月20日十三届全国人大常委会三十次会议通过了《法律援助法》,在完善我国法律援助制度的过程中,又进一步推进了值班律师制度的发展。

《法律援助法》吸收了《刑事诉讼法》对于值班律师制度的规定,[①]明确了值班律师提供法律帮助的具体内容,[②]提出了对保障值班律师依法履职的具体要求,[③]规定了值班律师的工作程序。[④]《法律援助法》对值班律师的相关规定,在一定程度上使值班律师的定位更加清晰,明确了值班律师的阅卷权,要求公检法机关为值班律师行使阅卷权提供便利,有助于值班律师更好地行使法律帮助权。[⑤] 至此,一个相对比较完善的值班律师法律制度体系已经形成。

三、值班律师职能定位及发展趋势

(一)中国式的值班律师制度之发展特征

我国的值班律师制度从试点到最终确立为正式的法律制度,体现出了鲜明的中国特色,可以概括为以下几方面的特点:

一是"试点先行"。对于一些重要的立法项目,"先试点,再推行,最后入法"已成为我国近年来立法中非常普遍的方式。值班律师制度在

---

① 该法明确了值班律师提供法律帮助是法律援助服务的一种形式。(《法律援助法》第2条、第22条)

② "值班律师应当依法为没有辩护人的犯罪嫌疑人、被告人提供法律咨询、程序选择建议、申请变更强制措施、对案件处理提出意见等法律帮助。"(《法律援助法》第30条)

③ "人民法院、人民检察院、公安机关应当保障值班律师依法提供法律帮助,告知没有辩护人的犯罪嫌疑人、被告人有权约见值班律师,并依法为值班律师了解案件有关情况、阅卷、会见等提供便利。"(《法律援助法》第37条)

④ "犯罪嫌疑人、被告人通过值班律师提出代理、刑事辩护等法律援助申请的,值班律师应当在二十四小时内将申请转交法律援助机构。"(《法律援助法》第39条第2款)

⑤ 参见陈卫东:《〈法律援助法〉的三点创新》,载《中国检察官》2021年第19期。

正式列入2018年《刑事诉讼法》之前,也采取同样的路径。2006年至2008年,司法部选取在河南修武进行试点,在取得成熟的经验后,在全国推行。后又借2014年刑事速裁程序试点和2016年认罪认罚从宽诉讼程序试点,获得稳步推进。通过实践所积累的经验,为值班律师制度的最终入法打下了基础。

二是“自上而下”。无论是早期阶段的修武试点,还是后来的刑事速裁程序试点和认罪认罚从宽诉讼程序试点,都体现了自上而下推进的特点。例如,对于刑事速裁程序中的值班律师探索,先由最高人民法院、最高人民检察院、公安部、司法部于2014年8月联合发布《速裁试点办法》,再由此四机关于2015年12月联合发布《刑事案件速裁程序试点工作座谈会纪要(二)》来对速裁程序试点中的值班律师制度作出部署和推动。再比如,对于认罪认罚从宽制度的探索。2016年7月,中央全面深化改革领导小组审议通过了《认罪认罚试点方案》,要求完善法律援助制度,发挥好律师作用。2016年9月,《全国人民代表大会常务委员会关于授权最高人民法院、最高人民检察院在部分地区开展刑事案件认罪认罚从宽制度试点工作的决定》明确规定,要保障犯罪嫌疑人、刑事被告人的辩护权和其他的诉讼权利。2016年11月,最高人民法院、最高人民检察院、公安部、国家安全部、司法部《认罪认罚从宽试点办法》更具体地规定了律师参与问题。随后,2016年11月,最高人民检察院召开“检察机关刑事案件认罪认罚从宽试点工作部署会议”;2017年9月,最高人民检察院召开“检察机关刑事案件认罪认罚从宽制度试点工作推进会”;2017年11月,最高人民法院召开“刑事案件认罪认罚从宽制度试点工作推进会”,纷纷对律师参与和刑事辩护问题作出更进一步的规定。可以看到,我国值班律师制度从其萌芽发展至今,自上而下的政策支持发挥了极其重要的作用。

三是“效果导向”。值班律师制度早期的试点可以看作局部“试水”,对于值班律师制度的本质性问题触碰得并不深刻,这是可以理解的。但到了刑事速裁程序的试点,以及认罪认罚从宽制度的试点,值班律师制度几乎都是在发挥配套性制度或机制的作用,虽然理论和实务中也不乏对于值班律师身份定位的争论。樊崇义教授将其归于“指导思想模糊”,认为是决策层对于如何推进值班律师这一舶来品的中国化缺乏明确的指导思想,而交由实践探索来回答,最终呈现“摸着石头过河”的改革效应。然而,值班律师制度在理论上的“内虚”,却并不妨碍其功能的发挥。实质上,这是典型的中国式的实用主义文化体现。当刑事速裁程序、认罪认罚从宽程序,以及刑事辩护律师全覆盖要求有律师参与的情况下,值班律师就实用化为一个程序的“见证人”,其本质上是什么,就无关紧要了。

(二)值班律师定位的理论争议

值班律师的身份定位问题,在刑事诉讼法确定其为法律帮助者之前,理论界和实务界一直意见不统一。代表性的观点有以下几种。

第一种观点认为,值班律师在诉讼中的地位应当是见证人。这是少数实务工作者持有的观点。他们的主要依据是:第一,值班律师的职责应是通过见证的形式,监督侦查人员履行权利告知义务,并监督其是否存在违法行为,如果侦查人员出现违法取证行为,被告人于庭前会议或庭审中申请排除非法证据时,值班律师可以作为证人,以证明违法取证情况,从而排除非法证据。[①] 第二,被追诉人签署认罪认罚具结书时值班律师的在场见证,既可监督控方,防止其以欺骗、胁迫等手段逼迫被追诉人认罪认罚的违法行为,亦可防止被追诉人虚假指控公诉方采取非法方法逼迫其认罪的现象。[②]

显然,这种观点不能支持。其一,“见证人说”背离了值班律师制度的初衷,不是强化而是弱化了其对被追诉人权利的保障功能。其二,见证签署认罪认罚具结书只是值班律师职责之一,其职责还包括对案件处

① 参见杜云隆:《完善我国刑事诉讼值班律师制度——以河南省试点为视角》,载《河南工业大学学报(社会科学版)》2018 年第 4 期。

② 参见张英哲:《再谈律师在场权——以我国值班律师为切入点》,载《太原城市职业技术学院学报》2019 年第 9 期。

理提出意见、针对量刑建议提出意见等，将值班律师定位为“见证人”显得过于片面，不能涵盖其全部职责范围。如果值班律师作为证明公诉方不存在非法行为的证人，则其完全成为了公诉方的附属。

第二种观点认为，值班律师的身份应当是被追诉人的法律帮助者，认为值班律师的职责是为被追诉人提供法律咨询和程序性指引等服务，但并不包括提供辩护。该观点认为，值班律师的身份定位可视为“急诊科医生”，仅提供应急性的法律帮助，更注重及时性；同时强调值班律师因其帮助对象不特定、帮助内容有局限等原因，主张由法律援助律师代替值班律师为被追诉人提供更加有效的辩护，而值班律师则主要发挥应急帮助功能。[①] 这种观点的最有力的支持是，我国现有规范性文件及《刑事诉讼法》将值班律师界定为“法律帮助者”。该制度自提出建立以来，《速裁试点办法》、《认罪认罚从宽试点办法》、《值班律师工作意见》、2018 年《刑事诉讼法》、《认罪认罚从宽指导意见》、《人民检察院刑事诉讼规则》、《值班律师工作办法》以及《法律援助法》等各法律文件对值班律师职责的规定虽存在差异，但概括性表述均为提供法律帮助。这种观点的问题在于，法律条文虽然规定值班律师的职责是提供法律帮助，但并不能得出其在刑事诉讼中的法律定位。

第三种观点主张值班律师应当享有辩护人的法律地位。根据在于：第一，“法律帮助”具有辩护的内涵。[②] 在刑事诉讼中，辩护就是为被追诉人提供法律帮助的活动。第二，现代辩护已不再局限于律师出庭时发表的意见，还包括审前阶段提出的实体及程序意见，以及审判阶段发表的程序方面的意见。[③] 值班律师的法律帮助是维护被追诉人权益的行为及活动，性质属辩护活动。[④] 第三，从制度属性角度来讲，值班律师制

---

① 参见吴宏耀：《我国值班律师制度的法律定位及其制度构建》，载《法学杂志》2018 年第 9 期。

② 参见哈腾：《辩护人亦或“法律帮助者”——值班律师制度在认罪认罚程序中的运行现状与理论反思》，载《法治论坛》2018 年第 2 期。

③ 孔超、刘畅：《论我国值班律师制度的运行现状与完善路径》，载《中国司法》2018 年第 6 期。

④ 臧德胜、杨妮：《论值班律师的有效辩护——以审判阶段律师辩护全覆盖为切入点》，载《法律适用》2018 年第 3 期。

度属于法律援助制度,而法律援助律师在刑事诉讼中属辩护律师,与委托律师同样都是辩护人,因此,值班律师的性质应当是特殊的辩护律师。[①] 第四,值班律师是对委托辩护、指定辩护空白的填补,三者处于同等层面,均是为保障被追诉人的辩护权设置的,其主要作用在于辩护,确保被追诉人认罪认罚的有效性,故应明确值班律师“辩护律师”的地位。[②]

第四种观点认为,值班律师应当是“准辩护人”的法律身份,主张应当区分不同诉讼阶段确定其定位。他们的根据主要是:第一,在侦查阶段,值班律师主要是为被追诉人提供法律咨询,一般不涉及与控方对抗,故应确定其为“法律帮助者”。在审查起诉阶段及审判阶段,其主要是帮助被追诉人量刑协商,并监督确保诉讼过程中公诉方行为的合法正当,故可确定其为“准辩护人”。[③] 第二,虽然值班律师所提供的服务与辩护律师的职责类似,但二者并不等同,不能得出其为辩护人的结论,不宜突破现有法律规范框架,[④]而应结合不同诉讼阶段的服务特点,分别确定其身份。第三,基于对诉讼效率的考量,可赋予值班律师灵活的诉讼地位,给予被追诉人选择权,使其可以选择委托值班律师为辩护人,也可以选择不委托而由法律援助机构指派律师为其辩护。[⑤]

“准辩护人说”所面临的问题是,值班律师在侦查阶段无法像辩护人一样行使会见权、阅卷权,在其无法全面了解案情的情形下,如何能够在审查起诉阶段提出有利的量刑意见?如何能够扮演好“准辩护人”的

---

① 参见顾永忠、李逍遥:《论我国值班律师的应然定位》,载《湖南科技大学学报(社会科学版)》2017 年第 4 期。

② 参见贾志强:《论“认罪认罚案件”中的有效辩护——以诉讼合意为视角》,载《政法论坛》2018 年第 2 期。

③ 参见姚莉:《认罪认罚程序中值班律师的角色与功能》,载《法商研究》2017 年第 6 期。

④ 参见林帮钦:《值班律师的角色定位与制度探究》,载《吉首大学学报(社会科学版)》2019 年第 6 期。

⑤ 参见卞建林、谢澍:《认罪认罚从宽与台湾地区刑事协商之比较研究》,载《法学杂志》2018 年第 5 期。

角色？

（三）值班律师的立法定位

值班律师制度正式入法是在2018年《刑事诉讼法》修改之时。此前，我国刑事公诉领域只有两种律师，即委托律师和法律援助律师，二者都属于辩护律师。值班律师制度确立后，就要处理值班律师与两种传统律师的关系问题。

值班律师显然不属于委托律师，对其可能的定位无非有：（1）属于法律援助律师；（2）另起门户，成为与委托律师和法律援助律师并列的第三类辩护律师；（3）不属于辩护律师，而属于一种现行法律没有规定的新型诉讼参与人，值班律师的法律帮助与辩护律师的法律辩护相辅相成。值班律师的不同定位意味其享有不同的诉讼权利。

如果将值班律师定位于法律援助律师或第三类辩护律师，就要在立法上赋予其全面的辩护权利，包括会见权、阅卷权、调查取证权、出庭辩护权等。如果否定其辩护律师身份，而将之归为一种新型诉讼参与人，那么立法就应赋予其有别于辩护律师的诉讼权利。

我国值班律师制度是在《速裁试点办法》中首次确立的。但在这个文件中，对于值班律师的具体职责并未作出清晰的规定。实践中将其归为"提供法律帮助"。但是法律帮助的具体内容包括哪些，实践中做法不一。在刑事速裁程序试点期间，即有主张将值班律师转换为辩护律师的意见。但二者之间在身份上如何转换，是个问题。在认罪认罚从宽制度的试点期间，这个问题更加突出。《认罪认罚从宽试点办法》在此基础上，对值班律师制度的相关事项做了进一步的指示，明确了值班律师的介入条件和工作方式。之后，《值班律师工作意见》则又进了一步，明确了值班律师的五项职责，包括解答法律咨询、帮助申请法律援助等。从《值班律师工作意见》关于值班律师职责的规定来看，值班律师只是"法律帮助者"，不享有辩护律师所具备的调查取证、出庭辩护等相关诉讼权利。值班律师不是辩护律师，不能出庭辩护，导致其自身能够发挥的辩护作用受到明显的限制。值班律师的作用难以充分保障律师辩护的全程性与有效性。

刑事诉讼法同样认为值班律师提供的服务为“法律帮助”。因此，从法律及相关规定来看，我国值班律师提供的服务更多的为一种“法律帮助”，而不是“法律援助”，更不是“律师辩护”。在立法上，值班律师不是实质的辩护人，其提供的法律服务仅是法律援助的表现形式之一。

《值班律师工作办法》与《法律援助法》也沿袭了刑事诉讼法，赋予值班律师法律帮助的地位，但在职责和权利保障等方面，有所拓展。

(四)值班律师的应然定位：辩护人

值班律师虽然在法律上似乎已将其正名为法律帮助者，但这也不能说就一锤定音，不论从刑事诉讼的理论逻辑，还是实践需要，以及刑事司法发展的趋势来说，其都应当定位于辩护人，或者向辩护人的身份转变，其原因有以下几点。

首先，这是人权保障的要求。人权保障是我国宪法和刑事诉讼法的基本任务和重要内容。刑事诉讼事关被追诉人的生命、自由、财产、尊严等基本人权，国家有权通过刑事诉讼剥夺或限制被追诉人的人身自由、财产等权益，但也必须有明确的法律依据并按照法定程序进行，并通过辩护制度实现对被追诉人权益的保障，保障其权益不受非法侵害。被追诉人的辩护权包括自我辩护和律师辩护，而自我辩护常十分有限，主要依靠律师的辩护。对于没有辩护人的被追诉人来说，其只能依靠值班律师发挥辩护的作用，保障自身权益不受侵害，这为值班律师享有辩护人地位提供了一定的依据。同时，人权保障是国家的责任，宪法规定被告人有权获得辩护，刑诉法也强调尊重和保障人权，在刑事诉讼程序中，国家通过委托辩护及刑事法律援助落实其人权保障的责任。从这种意义上来说，值班律师制度也是国家对人权保障在制度层面上进行的落实。委托辩护律师、法律援助律师及值班律师均是通过辩护的方式实现被追诉人的人权保障，因此，值班律师在刑事诉讼中的法律属性应当与其他两类律师一样，均属于辩护人。

其次，这也是现代诉讼构造下“平等武装”原则的内在要求。“平等武装”原则要求刑事诉讼中控辩双方的手段对等，也即要求控辩双方力量相当、手段相当、防御能力相当。对于手段对等的实现，可寄托于赋予被追诉人及其辩护人充分的诉讼权利。刑事诉讼中控方常掌握较多案件事实及证据，而辩方了解案情甚少且不具备法律专业知识，在这种不平衡的对抗中，被追诉人需要专业的律师维护其合法权益。在被追诉人没有辩护人的案件中更是如此，要想实现控辩双方的平等对抗，必须有专业律师帮助被追诉人，且能够在既有制度体系下发挥实质作用，以增强辩方防御能力。那么，值班律师就成为被追诉人对抗控方的唯一依靠力量，其应享有辩护人地位，才能确保在审判中控辩双方的平等对抗。而审前阶段的诉讼构造有所不同，虽有向等腰三角形构造发展的趋势，但是总体而言呈单方追究的线形结构。被追诉人主要向控诉机关主张权利，其辩护权行使将受到较大程度的抑制，再加上审前程序的公开性低于审判程序，被追诉人权益受到侵害的可能性更高，这就需要值班律师作为辩方参与到诉讼中，并发挥辩护人的作用，以最大限度地维护被追诉人的权益。

再次，“法律帮助”的本质是“辩护”。我国引入值班律师制度之后，长时间地存在值班律师身份定位上的争论，主要的焦点在于，值班律师到底是定位于法律帮助者，还是刑事辩护人。立法上侧重于法律帮助者的定位，很大程度上受到了刑事辩护既有内涵的影响。在我国，刑事辩护通常是指为维护被追诉人合法权益，被追诉人及其辩护人从事实和法律方面反驳控诉，提出有利的证据和理由，证明被追诉人无罪、罪轻或应减免其刑事责任的诉讼活动。[①] 受传统的实体辩护的影响，人们常只重视其中的实体性因素，而忽略了程序方面，即只重视审判阶段的辩驳，忽视审前阶段的辩护活动。因此，这种对“辩护”的狭义理解是对值班律师定位产生争议的主要原因。但从广义上来说，为维护被追诉人权益而进行的一切诉讼行为和活动均属辩护，既包括实体辩护，也包括程序辩

---

① 参见张仲麟：《刑事诉讼法新论》，中国人民大学出版社 1993 年版，第 196 页。

护。实体辩护是指律师依据刑事实体法提出并论证被追诉人无罪、罪轻或应减免其刑罚的辩护活动。[①] 广义的程序辩护指一切以刑事诉讼程序为依据的辩护。[②] 从我国刑事诉讼发展历程来说，辩护是一种维护被追诉人权益的活动，只是在不同历史条件及现实情况之下、在不同诉讼阶段，辩护活动呈现不同的特点。1979 年《刑事诉讼法》仅规定了实体辩护，辩护人仅在审判阶段发挥作用，而 1996 年《刑事诉讼法》修改后，律师可介入侦查阶段，但在此阶段的律师不具有辩护人身份，理论上所达成的共识是“法律帮助者”，至多是准辩护人，或广义的辩护人。这一方面体现了被追诉人辩护权不断扩大的趋势，但另一方面也产生了一系列问题，由于侦查阶段介入的律师不享有辩护人地位，实践中参与律师就难以起到保障被追诉人诉讼权益的实质作用。2012 年《刑事诉讼法》修改时，将允许被追诉人委托辩护人的时间节点提前至侦查阶段，确定了侦查阶段律师的辩护人身份。同时将程序辩护纳入辩护范围，第 35 条规定辩护人职责为维护被追诉人“诉讼权利和其他合法权益”，该条规定与定罪量刑辩护职责的规定相并列，意味着除定罪量刑辩护之外，其他维护被追诉人诉讼权利和其他合法权益的行为也属于辩护范畴。因此，2012 年之后的刑事辩护，在理念上已由单纯的实体辩护发展为实体辩护与程序辩护并重，由局限于审判阶段辩护逐渐发展为审前阶段辩护与审判阶段辩护共存。审前辩护与审判辩护只是在方式、场合及辩护侧重点上存在区别，值班律师虽主要在审前阶段发挥作用，但其申请变更强制措施、对检察院量刑建议提出意见、认罪认罚具结书签署的在场见证、代理申诉控告等活动的实质均是行使辩护职能。

复次，从值班律师的法定职责来看，值班律师的“法律帮助”职能也符合刑事“辩护”的本质属性。其一是提出量刑意见的职责。值班律师通过阅卷、会见之后，针对检察院的量刑建议而提出用于说服法院对被

---

① 参见陈瑞华：《刑事辩护的理念》，北京大学出版社 2016 年版，第 51 页。

② 参见陈瑞华：《刑事辩护的理念》，北京大学出版社 2016 年版，第 181 页。

追诉人从轻、减轻或者免除刑罚的意见。在此过程中,值班律师需要通过会见被追诉人及查阅案卷材料的方式广泛收集量刑信息,并对其中有用的量刑信息进行遴选,遴选出能够证明被追诉人主观恶性小、社会危害性较小、再犯可能性较小或已得到被害人谅解等情节的信息,还需要对各量刑情节的法律影响进行综合全面的论证,最终形成量刑意见。这一活动与辩护律师的量刑辩护本质上相同,二者的诉讼目标均是说服法院作出从轻、减轻或免除处罚的判决,本质上均属量刑辩护。不同的是,辩护律师还需要在法庭上论证量刑意见的成立,或者反驳公诉方所提出的量刑建议,说服法院接受本方量刑意见,而值班律师仅通过书面说明论证其量刑意见,不出庭辩护。其二是就案件处理提出意见的职责。该职责属侦查阶段的辩护,值班律师可对侦查人员初步认定的罪名发表意见,也可提出有利于被追诉人的量刑情节,该职责与辩护律师在侦查阶段向侦查机关提出辩护意见的本质相同,均是为更好地维护被追诉人的利益。其三是帮助被追诉人申请变更强制措施、代理申诉及控告。这是值班律师为确保法定诉讼程序及被追诉人诉讼权利的实现而提出的程序性申请或程序性争议,也是为了确保犯罪嫌疑人在被追诉过程中人身自由权益不受非法限制,目的是使侵害被追诉人合法权益的非法行为受到无效宣告等制裁,属于程序性辩护。

最后,值班律师的辩护人化也是司法实践的迫切需要。经过十多年的发展,我国的值班律师制度发展可谓如火如荼。但对值班律师长期的身份定位不明确,诉讼权利保障不到位,造成了严重的法律帮助形式化问题,实践中值班律师常沦为"见证人",在认罪认罚案件中值班律师所起到的作用往往只是具结书签署的形式见证。要改变这种异化现象,也有必要赋予值班律师辩护人地位和身份。只有明确值班律师的辩护人地位,并保障诉讼权利的充分行使,才能全面详细地了解案情,并在此基础上开展程序选择建议、量刑意见、帮助申请变更强制措施等活动,实质有效地维护被追诉人的权益,以保障程序公正与实体公正。另外,不认罪认罚案件更需值班律师提供更高质量的法律帮助。在不认罪认罚案件中,若被追诉人未委托辩护人,且不符合刑事法律援助条件,则由值班律师为其服务,保障其诉讼权益。不认罪认罚案件的案情比认罪认罚案件更为复杂,控辩双方不存在协商与合作,辩方以对抗性辩护活动为主,被追诉人是否犯罪、罪轻罪重、量刑是否公正、证据收集是否合法等问题,均需要通过辩护来厘清,因此,被追诉人更需要及时的、专业的法律帮助,也更需要高质量、更有效的法律帮助。然而我国司法实践一直面临控方权力过强而辩方力量薄弱的问题,被追诉人即使委托了辩护律师,控辩双方也可能因信息不对称而出现不平衡的状态,那么,在被追诉人没有辩护人的不认罪认罚案件中,若不赋予值班律师辩护人的地位,这一不平衡状态将更加恶化,不利于被追诉人诉讼利益的实现。总之,认罪认罚案件与不认罪认罚案件中的被追诉人均需要值班律师保障其权益,均需要实质化、专业化的法律帮助,而享有辩护人地位的值班律师能最大限度地满足被追诉人的需求。

总而言之,辩护人应当是值班律师的应然法律定位,这符合任何被追诉人都有权获得辩护的理念,也符合司法实践的现实需要。

第十一章　刑事辩护全覆盖试点助推人权司法保障体系现代化

2017 年 10 月,为推进以审判为中心的刑事诉讼制度改革,加强人权司法保障,更好地实现司法公正,充分发挥律师在刑事案件审判中的辩护作用,最高人民法院、司法部制定了《全覆盖试点办法》,在北京、上海、浙江、安徽、河南、广东、四川、陕西省(直辖市)试行。2018 年 12 月,为推动刑事案件律师辩护全覆盖试点工作深入开展,确保试点工作取得实际效果,最高人民法院、司法部印发《关于扩大刑事案件律师辩护全覆盖试点范围的通知》,将试点期限延长,工作范围扩大到全国 31 个省(自治区、直辖市)和新疆生产建设兵团。2019 年,中共中央办公厅、国务院办公厅印发《关于加快推进公共法律服务体系建设的意见》,要求充分发挥律师在刑事诉讼中的重要作用,探索建立律师专属辩护制度,完善死刑复核案件指定辩护制度,推进刑事案件律师辩护全覆盖试点。党的二十大报告着眼保障和改善民生,解决好人民群众急难愁盼问题，提出“健全基本公共服务体系，提高公共服务水平。”①刑事辩护全覆盖试点，是健全公共法律服务体系，解决部分群众无力聘请律师提供法律帮助的困难的一项重要举措。

一、刑事辩护制度在刑事司法制度体系中的地位

《党的十九届四中全会决定》将国家治理现代化概括为国家治理体系和治理能力现代化两个方面。故而就逻辑层面而言，司法现代化显然也应由司法体系现代化和司法能力现代化两部分构成。中国式司法现代化目前仍处于传统型司法向具有中国特色的现代型司法的演变过程之中。《党的十九届四中全会决定》明确提出，到2035年基本实现国家治理体系和治理能力现代化。与之相应，司法领域当下的任务便是加快推进中国式司法现代化，到2035年基本实现司法体系和司法能力的现代化。刑事案件的办案质量是刑事诉讼的生命线，刑事辩护是刑事案件办案质量的重要保障，刑事辩护制度设置与运行的现代化是司法体系和司法能力现代化的重要组成部分。

刑事诉讼是办案机关依据法定程序围绕犯罪嫌疑人、被告人是否实施犯罪以及如何追究刑事责任开展的专门诉讼活动。任何公民一旦成为犯罪嫌疑人、被告人，在诉讼过程中都将被限制人身权利、财产权利；一旦被确认有罪并追究刑事责任，轻者将被剥夺人身自由和财产权利，重者甚至将被剥夺生命，如果被错判错杀，则后果无法挽回。正因如此，使每一个犯罪嫌疑人、被告人在刑事诉讼中获得律师辩护，是刑事司法现代化的一项基本要求，也是犯罪嫌疑人、被告人的一项宪法性权利。

（一）刑事辩护种类由自我辩护发展至律师辩护

刑事辩护由自我辩护发展到律师辩护，并逐步以后者为主流，体现了刑事司法制度体系的现代化发展。被告人有权获得律师辩护的制度

---

① 习近平：《高举中国特色社会主义伟大旗帜　为全面建设社会主义现代化国家而团结奋斗：在中国共产党第二十次全国代表大会上的报告》（2022年10月16日），人民出版社2022年版，第46页。

起源于英国。在1696年以前,英国不允许重罪案件中的被告人通过辩护人进行辩护,在轻罪案件中,被告人却有权获得律师辩护。1696年英国颁布的《叛逆法》改善了被指控犯有叛逆罪的被告人境况,但是该法规定的律师辩护范围有局限,该法仅仅赋予叛逆案件被告人获得律师辩护的权利,其他重罪案件被告人仍然无权获得律师帮助。[①] 大约从1730年开始,英国法官方才通过自由裁量的方式,允许其他重罪案件被告人获得律师提供的法律帮助。自此,律师辩护正式登上历史舞台,对于帮助被告人行使权利发挥了重要作用。[②] 当然,世界各国真正、彻底实现律师辩护均经历了漫长的努力历程。譬如,美国宪法第六修正案早在1791年就确立了"一切刑事诉讼中,被告享有获得律师为其辩护的权利",但实际上直到170年后,刑事被告人才真正实现这一权利。

我国1954年《宪法》第76条明文规定:"……被告人有权获得辩护。"1979年《刑事诉讼法》第41条第3款规定:"……被告人有权获得辩护,人民法院有义务保证被告人获得辩护。"此后修订的《宪法》和《刑事诉讼法》也都沿袭了上述规定。传统观点认为,这代表着我国法律对自行辩护权的肯定,但就字面含义来说,如果立法者只是为了强调被告人有权自行辩护,那么"辩护"之前就没有必要再加上"获得"二字。之所以加上"获得"恰恰是为了彰显被告人获得律师辩护的制度预设。另外,考虑到上述规则制定之初,我国律师行业尚不发达,律师辩护亦不普遍,立法者认为彼时并非人人都有条件获得律师帮助,因而未在条文中将被告人的权利表述为"获得律师帮助权",而是表述为"获得辩护",为其他辩护人帮助被告人进行辩护预留实践空间。从发展趋势来看,律师辩护会逐步成为主流,自行辩护则因为属于被告人的自然权利而得到保留,非律师辩护则会逐步退出历史舞台。[③]

---

① 参见易延友:《沉默的自由》,中国政法大学出版社2001年版,第82~85页。

② 参见易延友:《刑事诉讼法:规则原理应用》(第5版),法律出版社2019年版,第126页。

③ 参见易延友:《刑事诉讼法:规则原理应用》(第5版),法律出版社2019年版,第131页。

(二)刑事辩护目的由"积极真实发现"转变为"消极真实发现"再到"程序公正"

刑事辩护目的由"积极真实发现"到"消极真实发现",再到"程序公正"的转变,体现了刑事司法制度体系的观念更新。起初,律师辩护被视为发现案件事实真相的辅助工具。传统观点认为,控诉与辩护的论证过程是案件事实真相进一步暴露的过程,也是人们对案件认识逐步深化的过程。[①] 国外也不乏持此观点者。譬如艾玛(Akhil Reed Amar)将美国宪法第六修正案赋予被告人之权利归结为"迅速审判、公开审判、公正审判(公正审判包括获得律师帮助的权利)",而这三项背后的理论则是"发现真实、保障无辜"。[②] 随着刑事辩护理念的现代化,刑事辩护的正当性依据逐渐发生变化。人们发现,律师介入并不总是有助于真实的发现。因为律师往往是站在被告人一方,在法律允许的范围之内想方设法地维护被告人一方的利益,经常不由自主地忽略真实的发现,甚至会阻碍事实的发现。易言之,律师的参与有可能使无辜的被告人重获自由,也可能使得有罪的被告人逃脱惩罚。律师辩护并不一定有利于积极真实主义的实现,但是有助于消极真实主义的实现。[③]

随着刑事辩护现代化进程的推进,刑事辩护维护程序公正的意义被逐渐挖掘。"在众多场合,被听取意见的权利如果不包含听取其律师意见的权利,就是空洞而无意义的。即使是睿智而受过良好教育的外行人也只有很少甚至根本没有法学方面的技巧。在受到刑事指控的情况下,他一般都没有能力自己判断针对他的起诉是好还是坏。他不熟悉证据规则,没有律师帮助,他可能会被一项不适当的指控推上法庭,可能会被没有证据资格的证据定罪,也可能被与争点无关或者因为其他原因不应当容许的证据定罪。他缺乏准备辩护方面的技巧和知识,尽管案件本身

---

① 参见陶髦主编:《刑事诉讼法学》,高等教育出版社 1993 年版,第 39 页。

② See Akhil Reed Amar, *The Constitution and Criminal Procedure: First Principles*, Yale University Press, New Haven and London, 1997, p. 90.

③ 参见易延友:《刑事诉讼法:规则原理应用》(第 5 版),法律出版社 2019 年版,第 127 页。

其实可能非常有利于他的辩护”。[①] 相比而言,检察官通常对国家法律知晓程度较高;此外,检察官代表的是政府一方,拥有较大的权力,而被告方作为独立的个体通常力量比较弱小。刑事辩护的意义不仅仅在于真实的发现,还在于“平等武装”。赋予被告人律师辩护权实际上是通过增强被告人防御力量的途径实现控辩双方力量的平衡,继而传达公平竞争的信号。

（三）律师刑事辩护涵盖范围逐步扩大

律师刑事辩护的阶段、权利范围以及实质运用效果均日益改善,体现了刑事司法制度的逐渐完备。1979 年《刑事诉讼法》作为中华人民共和国成立后颁行的第一部刑事诉讼法,确立了被告人有权获得辩护的制度。该法明确了被告人自行辩护与辩护人辩护这两种辩护形式,首次允许被告人按照自己的意愿委托律师、亲属、监护人、社会团体或者单位推荐的人担任辩护人。对辩护人辩护,该法规定了委托辩护与指定辩护这两种基本类型,为后来法律援助制度的建立埋下了伏笔。但是,根据 1979 年《刑事诉讼法》,辩护人参与辩护的范围只限于法庭审判阶段。为保障律师有足够的时间进行充分的辩护准备,1996 年《刑事诉讼法》将辩护律师参与刑事辩护的时间提前到审查起诉阶段,同时允许犯罪嫌疑人在被侦查机关第一次讯问后或者采取强制措施之日起,聘请律师提供法律帮助。但是,律师在侦查阶段不具备辩护人的身份,只能提供一些有限的法律帮助。2012 年,随着人权保障条款被写入《宪法》,立法机关对 1996 年《刑事诉讼法》又一次进行了大规模的修订。2012 年《刑事诉讼法》在辩护制度改革方面,允许犯罪嫌疑人在侦查阶段委托辩护人,对律师会见、阅卷制度作了全面的调整,扩大了法律援助的适用范围和适用阶段。同时,为减少辩护律师的执业风险,该法还对律师涉嫌犯罪案件的立案管辖问题作了调整。根据这部法律,嫌疑人自侦查机关第一次讯问后或者采取强制措施之日起,有权委托律师担任辩护人。辩护

① 易延友:《刑事诉讼法:规则原理应用》(第 5 版),法律出版社 2019 年版,第 129 页。

律师在侦查阶段可以代理申诉和控告,申请变更强制措施,会见在押嫌疑人。在侦查终结前,辩护律师提出要求的,侦查机关应当听取辩护律师的意见,并接受辩护律师的书面辩护意见,将其载入案卷之中。2012年《刑事诉讼法》解决了“会见难”“阅卷难”问题,赋予律师无障碍会见在押嫌疑人的权利,保证律师自审查起诉阶段全面的阅卷权,确立非法证据排除规则,规范二审开庭审理的适用条件,逐步允许律师在死刑复核阶段向法官提交辩护意见,等等。上述这些改革为律师从事辩护活动提供了更大的空间。2018 年《刑事诉讼法》对认罪认罚从宽制度、速裁程序、缺席审判制度以及与监察程序的衔接作出了详细规定,值班律师制度作为配套制度在法律上也建立起来。简言之,从 1979 年《刑事诉讼法》实施以来,律师参与刑事辩护的阶段逐步从法庭审判阶段往审查起诉阶段前移,然后再延伸至侦查阶段,覆盖面愈加广泛。相信,随着律师规模的扩大,律师辩护能力的增强以及有关专门机关对律师参与的理解程度的加强,律师辩护的空间还有可能扩展到刑事诉讼的全流程。①

(四)刑事辩护模式从对抗走向合作

刑事辩护模式日益多元,从对抗走向合作,体现了刑事司法制度的现代化演进。首先,在对抗模式内部,律师刑事辩护姿态逐渐从被动防守变为主动出击。以非法证据排除规则为例,辩护律师针对程序违法行为提出的程序性辩护,不是一种消极的防御性的辩护,而是一种积极的辩护。除非法证据排除规则这样的程序性辩护,还有多种程序性辩护的种类,比如回避异议、管辖异议、立案违法异议等。其中管辖异议是比较常见的程序性辩护方式,律师以管辖上严重违反程序法足以对案件结果产生重大影响为依据,提出地域管辖异议、级别管辖异议、指定管辖异议和职能管辖异议等。其次,在对抗模式外部,刑事辩护又发展出了合作

① 参见陈瑞华:《刑事辩护制度四十年来的回顾与展望》,载《政法论坛》2019 年第 6 期。

模式。[①] 2018年《刑事诉讼法》确立了认罪认罚从宽制度，标志着刑事诉讼控辩合作模式在我国兴起。由于《刑事诉讼法》将抗辩双方合作的范围主要圈定为量刑方面，因此，又有学者将我国的控辩司法机制称为"量刑协商模式"[②]，2018年《刑事诉讼法》第173条第2款的规定就是最好的例证。从刑事辩护的角度来看，控辩协商模式的确立增加了刑事辩护的方式，使辩护得以协商的方式拓展到量刑辩护。[③]

二、刑事辩护全覆盖的人权司法保障意义

如今，刑事法律援助制度已上升至人权保障制度的地位，公民的刑事法律援助权与其享有的教育、就业、医疗等权利都属于人权范畴，刑事法律援助全覆盖的重要性不言而喻。2018年，我国向联合国提交的《国家人权报告》中专门梳理了我国在刑事辩护方面所作的努力："中国不断深化司法改革，积极推进以审判为中心的刑事诉讼制度，完善辩护制度，健全国家司法救助和法律援助制度，依法独立公正行使审判权，公民参与司法的渠道继续拓宽，诉讼服务中心、公共法律服务中心等司法便民措施不断升级。"2013年，最高人民法院、最高人民检察院、公安部、司法部印发《关于刑事诉讼法律援助工作的规定》，对因经济困难和特定案件中没有委托辩护人的犯罪嫌疑人、被告人，由法律援助机构指派律师为其提供辩护，保障犯罪嫌疑人、被告人的辩护权。2013年至2017年，各级法律援助机构共为126.9万余犯罪嫌疑人、被告人等提供了法律援助。2014年至2017年，中国先后颁布《关于依法保障律师执业权

---

① 当然，关于"协商"这一表述，我国学界仍然存在分歧意见。在讨论2018年《刑事诉讼法》草案时，有观点认为，我们国家《刑事诉讼法》中的认罪认罚从宽制度不能出现"协商"二字。参见王敏远、顾永忠、孙长永：《刑事诉讼法三人谈：认罪认罚从宽制度中的刑事辩护》，载《中国法律评论》2020年第1期。

② 参见陈瑞华：《刑事诉讼的公力合作模式——量刑协商制度在中国的兴起》，载《法学论坛》2019年第4期。

③ 当然，这种协商模式要以控辩诉讼主体地位的平等为基础。如果协商中双方存在显著的强弱差异，就无法保证被追诉人认罪认罚的真实性与自愿性。此外，协商是以对抗为基础的协商，辩护方享有拒绝的权利。如果只能认可，那就无所谓自愿可言，不符合协商之意。

利的规定》《关于建立健全维护律师执业权利快速联动处置机制的通知》等文件，开展刑事案件律师辩护全覆盖试点，完善律师执业权利保障的救济机制和责任追究机制。截至2017年年底，全国共有律师36.5万人，律师事务所2.8万多家，较2013年分别增长44.61%和40%。

法律援助制度在国家的司法体系中占有重要的地位，完善法律援助制度一直是我国司法改革的重点之一。在刑事诉讼中，推进刑事辩护法律援助对加强犯罪嫌疑人、被告人的人权保障，促进司法公正更具有重大意义。中国共产党第十九次全国人民代表大会提出“坚持全面依法治国，加强人权法治保障”，这对全面提升刑事辩护法律援助制度提出了新的时代要求。《国家人权行动计划(2021—2025年)》规定：“全面落实司法责任制，推进审判体系和审判能力现代化，保障当事人获得公正审判的权利，努力让人民群众在每一个司法案件中感受到公平正义。”“加强律师执业权利保障。推进刑事案件律师辩护全覆盖。保障刑事辩护律师依法执业权利。加强和改进看守所律师会见工作，进一步增加律师会见室数量，完善预约会见机制”。“促进和规范法律援助工作。制定法律援助法。向经济困难公民和符合法定条件的其他当事人无偿提供法律咨询、代理、刑事辩护、值班律师法律帮助等法律服务。落实刑事诉讼法及相关配套制度关于法律援助规定，提升刑事法律援助服务的可及性和实效性”。为推进以审判为中心的刑事诉讼制度改革，进一步发挥律师在刑事审判中的辩护作用，我国推动刑事辩护全覆盖的试点，推进了人权司法保障现代化。

(一)刑事辩护全覆盖试点拓宽了法律援助的形式与范围

根据我国《刑事诉讼法》，被告人除自己行使辩护权外，有权委托律师作为辩护人行使辩护权。被告人具有《刑事诉讼法》规定应当通知辩护情形，没有委托辩护人的，人民法院应当通知法律援助机构指派律师为其提供辩护。律师辩护全覆盖试点中，除《刑事诉讼法》已明确规定的应当提供法律援助的情形外，其他适用普通程序审理的一审案件、二审案件、按照审判监督程序审理的案件，被告人没有委托辩护人的，人民法院也应当通知法律援助机构指派律师为其提供辩护。适用简易程序、速裁程序审理的案件,被告人没有辩护人的,人民法院应当通知法律援助机构派驻的值班律师为其提供法律帮助。在法律援助机构指派的律师或者被告人委托的律师为被告人提供辩护前,被告人及其近亲属可以提出法律帮助请求,人民法院应当通知法律援助机构派驻的值班律师为其提供法律帮助。这条规定拓宽了《刑事诉讼法》规定的应当指定辩护的范围,将指定辩护适用范围扩大到了所有按照普通程序审理的刑事案件。此外,在审判阶段适用简易程序、速裁程序的,被告人都可以得到法律帮助。

易言之,经过刑事辩护律师全覆盖的改革试点,我国的刑事法律援助制度基本上形成了两种模式:一是强制性指定辩护模式,二是法律援助值班律师模式。在前一种模式下,犯罪嫌疑人、被告人被指定律师提供法律帮助的,这些律师具有"辩护人"的身份,可以像那些受委托从事辩护的律师一样,为嫌疑人、被告人提供全面的法律帮助。在后一种模式下,值班律师还不具有"辩护人"的身份,最多属于为特定刑事案件的嫌疑人、被告人提供临时性、紧急性法律帮助的律师。这样,普通程序的法律辩护加上简易程序、速裁程序的法律帮助,就实现了审判阶段对所有刑事案件的法律援助全覆盖。这是权利保障的新发展,具有突破性的意义。

(二)刑事辩护全覆盖试点完善了法律援助的权利机制

刑事辩护全覆盖试点不仅拓宽了法律援助的范围还丰富了法律援助的形式,而且使法律援助的权利保障作用贯穿于刑事诉讼的全流程。

第一,《全覆盖试点办法》第3条到第6条对法律援助机构与法院之间的衔接,从通知程序、时间要求、文书记载事项以及移送、拒绝援助辩护的法律后果等方面进行了细化的规定。值得一提的是,过去由于缺少对辩护意见效力问题的明确规定,司法实践中存在律师的辩护意见得不到法官尊重的现象。此次《全覆盖试点办法》第18条规定:"人民法院应当重视律师辩护意见,对于律师依法提出的辩护意见未予采纳的,应当作出有针对性的分析，说明不予采纳的理由。”这就在技术规范层面强化了辩护意见的作用，保证律师的辩护价值得以充分体现。《全覆盖试点办法》强调人民法院应当依法保障辩护律师的知情权、申请权、申诉权以及会见、阅卷、收集证据和发问、质证、辩论等方面的执业权利，为辩护律师履行职责，包括查阅、摘抄、复制案卷材料等提供便利。如辩护律师提出阅卷要求的，人民法院应当当时安排辩护律师阅卷，无法当时安排的，应当向辩护律师说明原因并在无法阅卷的事由消除后三个工作日以内安排阅卷，不得限制辩护律师合理的阅卷次数和时间。除此之外，还要充分保证辩护律师的知情权。人民法院作出召开庭前会议、延期审理、二审不开庭审理、宣告判决等重大程序性决定的，应当依法及时告知辩护律师。人民法院应当依托中国审判流程信息公开网，及时向辩护律师公开案件的流程信息。

第二，完善权利救济机制。《全覆盖试点办法》对于律师投诉，从受理部门、受理程序及处理结果等方面进行了更为细致的规定，操作性更强。根据《全覆盖试点办法》，如果第二审人民法院发现第一审人民法院未履行通知辩护职责，导致被告人在审判期间未获得律师辩护的，应当根据现行《刑事诉讼法》中关于一审违反法定程序案件的处理办法，裁定撤销原判，发回原审人民法院重新审判。上述规定通过后果制裁强化了刑事辩护的作用，彰显了被告人程序性权利的重要性。

（三）刑事辩护全覆盖试点推进了刑事诉讼结构的完善

刑事辩护全覆盖是优化刑事诉讼结构，完善以审判为中心的诉讼制度的重要支柱。《党的十八届四中全会决定》提出完善以审判为中心的诉讼制度改革，本质在于调整控辩审三方关系，完善控辩平衡、法官居中裁判的刑事司法，优化刑事诉讼结构。以审判为中心要求庭审实质化，要求做到“四个在法庭”，即“证据质证在法庭、案件事实查明在法庭、诉辩意见发表在法庭、裁判理由形成在法庭”。这一过程以辩护律师的有效参与为保障，没有律师的参与就不可能实现“四个在法庭”，也就不可能真正实现以审判为中心。

此外,刑事辩护全覆盖有利于构建合作式刑事诉讼体系,是完善认罪认罚从宽制度的重要支柱。《党的十八届四中全会决定》提出以审判为中心的同时,还提出完善刑事诉讼中的认罪认罚从宽制度。以审判为中心与认罪认罚从宽是刑事司法改革中紧密相关的两个面向,《党的十八届四中全会决定》既强调了对抗式的庭审实质化,又提出了合作式的控辩协商。随着认罪认罚从宽的试点及正式写入我国《刑事诉讼法》,越来越多的案件将通过认罪认罚从宽制度解决。而认罪认罚从宽制度的开展离不开律师的有效参与,只有犯罪嫌疑人、被告人得到了律师的有效帮助,才能保障其认罪认罚的自愿性、明知性以及认罪认罚后对其定罪量刑的合理性。[①]

总的来说,刑事辩护全覆盖试点过程中法律援助的衔接程序、律师权利以及法律援助保障措施等多方面得到了完善,更多的犯罪嫌疑人、被告人获得了律师辩护。这对于加强诉讼服务体系建设,提供普惠均等的诉讼服务,加强我国人权司法保障具有重要意义。

三、刑事辩护全覆盖的实践难题

"长期以来,我国刑事诉讼律师辩护率只有30%左右,与发达国家90%以上的辩护率相比,差距显著。"[②]这意味着,我国大部分被告人在法庭上没有律师为其提供辩护,导致其辩护权难以有效行使,合法权益保障不够充分。[③] 刑事辩护全覆盖试点施行后,一系列的数据反映出刑事案件律师辩护全覆盖试点工作至今已取得了良好效果:2016年,北京市为犯罪嫌疑人、被告人提供辩护案件为4443件。2017年9月,司法

---

① 参见胡铭:《刑事辩护全覆盖与值班律师制度的定位及其完善——兼论刑事辩护全覆盖融入监察体制改革》,载《法治研究》2020年第3期。

② 参见王敏远、胡铭、陶加培:《我国近年来刑事辩护制度实施报告》,载《法律适用》2022年第1期。

③ 参见杨维立:《推进刑事案件律师辩护全覆盖》,载《人民法院报》2019年7月29日,第2版。

部会同最高人民法院部署在北京等 8 个省(市)开展刑事案件律师辩护全覆盖试点。该政策当年即释放出较为明显的改革红利,为犯罪嫌疑人、被告人提供辩护案件达到 7084 件,同比增长达 59.45%;提供值班律师法律帮助 5339 件次。2018 年 10 月 26 日,全国人大常委会通过了《中华人民共和国刑事诉讼法修正案》,通知辩护制度进一步巩固,刑事案件律师辩护全覆盖试点政策红利进一步释放,全年为犯罪嫌疑人、被告人提供辩护案件为 10,025 件,同比增长 41.52%。提供值班律师法律帮助 15,359 件次。2019 年,试点政策保持平稳,为犯罪嫌疑人、被告人提供辩护案件为 10,547 件,同比增长 5.19%。提供值班律师法律帮助 20,163 件次。2020 年,因受疫情影响,为犯罪嫌疑人、被告人提供辩护案件为 7731 件,仍高于 2017 年水平。提供值班律师法律帮助 19,070 件次。[①] 司法部亦曾发布数据,指出自 2017 年司法部联合最高人民法院开展刑事案件律师辩护全覆盖试点截至 2021 年 3 月,全国共有 2368 个县(市、区)开展了刑事案件律师辩护全覆盖试点,占全国县级行政区域总数的 83%。其中,北京等 16 个省(区、市)和新疆生产建设兵团已经实现县级行政区域试点工作全覆盖。[②]

众所周知,刑事法律援助关系到受援人人身自由、基本人权,是法律援助工作的重要组成部分。近年来,各地司法行政机关落实通知辩护制度和法律援助值班律师制度,实施刑事案件律师辩护全覆盖,不断提升刑事辩护质量,刑事法律援助工作得到不断发展和完善,犯罪嫌疑人、被告人辩护权得到有效保障。刑事辩护全覆盖试点取得了卓越的成效,但也面临一些亟待解决的现实问题。

---

① 参见李天琪:《〈开启中国法律援助新时代〉系列③法援法,助力刑事案件辩护全覆盖》,载微信公众号“民主与法制周刊”2021 年 11 月 9 日,https://mp.weixin.qq.com/s/4yDZP_m7nA84mmeVeQM1mA,2022 年 3 月 23 日访问。

② 参见《司法部:2368 个县市区已试点刑事案件律师辩护全覆盖》,载青海省司法厅微信公众号“青海普法”,https://baijiahao.baidu.com/s?id=1693738650612761593&wfr=spider&for=pc,2022 年 2 月 12 日访问。

(一)刑事辩护全覆盖的覆盖面仍有待拓展

第一,刑事辩护全覆盖的法律援助不应仅限于普通程序,还应至少包括简易程序,并逐步扩展至速裁程序。自刑事辩护全覆盖试点以来,审判阶段的律师辩护率有了很大的提升。但总体来说,现在的刑事辩护法律援助尚没有达到应有的广度和深度,同保证司法公正、满足人民需求还有相当大的距离。因此,为完善我国刑事辩护法律援助制度,努力实现刑事辩护法律援助全覆盖,推进刑事司法的公平正义,仍应拓宽刑事辩护的覆盖面。[①]

我国的刑事法律辩护率一直处于“总量少、比例低”的状态,在《全覆盖试点办法》实施以前,我国的刑事辩护率仅在20%～30%。《全覆盖试点办法》将刑事辩护推进至全部适用普通程序审理的案件,在一定程度上提高了辩护率,但就国家与人民期待的人权刑事司法保障的力度而言该辩护率仍是不足。因为,在全部刑事案件中,适用简易程序审理的案件大约占2/3,值班律师为这些案件提供的仅是“法律帮助”而不是刑事辩护。有关数据显示,我国在2015年至2017年,被判处3年有期徒刑以下刑罚的罪犯占总获刑人数的比例分别为84.4%、86.02%、76.8%,[②]再结合上述刑事案件中超过80%的认罪率可知,我国司法实践中适用简易、速裁程序的案件占较大的比例,适用普通程序的案件比例较小。时任最高人民法院院长周强曾在《关于在部分地区开展刑事案件认罪认罚从宽制度试点工作情况的中期报告》中提到,在试点地区所有的刑事案件中,适用速裁程序审结的案件占68.5%,适用简易程序审结的案件占24.9%,适用普通程序审结的案件仅占6.6%。[③]

根据我国现行《刑事诉讼法》关于简易程序的规定,可以推知以下

---

① 参见顾永忠:《以刑事审判为突破口带动刑事案件律师辩护全覆盖试点向纵深发展》,载《中国律师》2019年第2期。

② 由《中国法律年鉴(2015—2017)》总结得出。

③ 参见周强:《关于在部分地区开展刑事案件认罪认罚从宽制度试点工作情况的中期报告》,载人民法院网,https://www.chinacourt.org/article/detail/2017/12/id/3138224.shtml。

几点：其一，适用简易程序的案件虽限于基层人民法院管辖，但该类案件被告人的实际刑期可能会高达几十年。对于可能被判处如此严重刑罚的案件，就算被告人认罪且同意适用简易程序，仍然需要审慎对待，不为其提供法律援助而只提供法律帮助显然是不足够的。其二，简易程序的适用需满足“案件事实清楚、证据确实充分”的条件，但这个标准在审查起诉阶段和审判阶段分别由检察院与法院掌握，在犯罪嫌疑人、被告人不享有阅卷权的情况下，其本身对此证明标准无法把握。只有辩护律师的介入才能协助犯罪嫌疑人、被告人作出正确的判断。其三，虽然“被告人承认自己所犯罪行”，但对于检察院起诉的罪名是否正确以及如何量刑，如果犯罪嫌疑人、被告人没有具有专业知识的辩护律师帮助，是难以对之作出准确评判的，因而无法取得最大限度的从宽处罚的效果。司法实践中，一般是检察机关在审查起诉阶段根据案情提出量刑建议，并与犯罪嫌疑人进行量刑协商。犯罪嫌疑人往往缺乏相应的法律知识，难以判断量刑协商的合理性，如果律师援助不到位将直接导致犯罪嫌疑人权益受损。其四，根据《刑事诉讼法》规定，适用简易程序审理的公诉案件，人民检察院应当派员出席法庭。据此，从控辩平等的角度而言，简易程序的案件也必须有辩护人出庭。值班律师提供的阶段化、碎片化的法律帮助不仅效果欠佳，而且往往导致值班律师角色的“见证人”化。因此，至少在简易程序中也必须以辩护人取代值班律师。

刑事法律援助全覆盖是指刑事诉讼中所有的犯罪嫌疑人、被告人，在任何诉讼阶段，只要没有委托辩护人，国家就应为其提供法律援助服务。理论上，刑事案件律师辩护全覆盖意味着要将长期以来30%左右的律师辩护率提升到100%，即为余下70%左右没有律师参与的刑事案件提供辩护服务。因此，刑事案件律师辩护率的高低取决于刑事法律援助范围的大小，甚至可以认为，刑事案件律师辩护全覆盖本质上意味着刑事法律援助全覆盖，二者是目的和手段的关系。如果刑事法律援助制度无法满足律师辩护全覆盖的要求，更遑论有质量的刑事法律援助服务。当下提出刑事法律援助全覆盖并非过于“超前”，而是具有重要的现实意义。刑事法律援助全覆盖是刑事诉讼发展的必然趋势，“刑事诉讼之历史”实质上就是法律援助权不断扩充之历史。[①]

第二，刑事辩护全覆盖不应仅限于审判阶段，还应包括侦查、审查起诉阶段。在世界范围内，刑事辩护法律援助在刑事司法中具有重要的地位。刑事辩护法律援助制度其国际化趋势越来越明显，联合国和许多区域性组织在其制定的国际公约或区域性条款中都明确了刑事辩护法律援助的要求。《世界人权宣言》中载有“公开审讯并享有为被控刑事犯罪的任何人进行辩护所必需的所有保证以及其他最低限度的保证”的原则。《公民权利和政治权利国际公约》第 14 条第 3 项（丁）规定：“被控犯有刑事罪行的每个人，应当有权出席受审并亲自替自己辩护或经由他自己所选择的法律援助进行辩护；如果他没有法律援助，要通知他享有这种权利；在司法利益有此需要的案件中，为他指定法律援助，而在他没有足够能力偿付法律援助的案件中，不要他自己付费。”该条明确将“获得法律援助”列为国际社会普遍接受的刑事审判“最低限度的保障”。另外其他一些重要国际条约也都有类似的规定，这足以体现刑事辩护法律援助的重要地位。上述这些国际公约都未将法律援助的范围局限于审判阶段，而是当然地涵盖了侦查与审查起诉阶段。此外，就刑事辩护制度的发展史来看，刑事辩护由审判逐渐向刑事诉讼全阶段拓展也是符合刑事辩护的发展规律的。

（二）刑事辩护全覆盖的资金保障有待增强

我国刑事辩护法律援助的质量不高，其中一个重要的原因是我国长期以来对法律援助的资金投入不足。法律援助经费不足在一定程度上导致了法律援助质量堪忧。有的辩护律师不查阅案卷，对于所承办的案件事实了解不清，无法实现有效辩护。该类律师通用的辩护意见是犯罪

---

① 参见吴羽：《论刑事法律援助全覆盖》，载《中南民族大学学报（人文社会科学版）》2021 年第 8 期。

嫌疑人、被告人“初犯、偶犯、坦白、自首、认罪认罚”,辩护意见敷衍不切中具体案情,其所作辩护被戏称为“形式辩护”。

第一,法律援助经费的预算支出占比偏低。法律援助经费的来源是政府财政支出。从世界范围来看,发达国家对法律援助经费投入的财政预算支出占比普遍较高。以下述国家为例,英国的法律援助经费在全国财政支出中的占比基本维持在了1%,且投入总量快速增长,2001年的法律援助经费投入为17亿英镑(约合人民币148.01亿元),至2011年时就已达到了21亿英镑(约合人民币182.89亿元);荷兰的法律援助经费也占全国财政支出的1%;丹麦的法律援助经费占财政支出的0.5%。[①] 相较而言,我国2018年法律援助经费财政拨款总额为26.35亿元,全国财政一般公共预算支出为220,906亿元,法律援助经费仅占全国财政一般公共预算支出的0.012%。[②]

至于法律援助经费在司法系统经费中的比例,不同的国家或地区存在很大差异。在英国,基于《人身保护法》所规定的权利,英国的几个司法管辖区都对法律援助经费予以特别支持。因此,在苏格兰,司法系统经费中拨给法律援助的经费达到近35%,在英格兰与威尔士,这一比例达到39%。北欧几个国家也有对法律援助予以大力支持的传统,所以在司法系统经费中法律援助经费的占比也很高,如挪威38%,爱尔兰35%,瑞典28%,荷兰22%,芬兰21%(见表11-1)。在统计的另外一些国家中,法律援助在预算方面还不具有优先地位,其预算不足司法系统经费的1%,如阿尔巴尼亚,阿塞拜疆,匈牙利,马耳他等。[③]

① 参见陈永生:《刑事法律援助的中国问题与域外经验》,载《比较法研究》2014年第1期。

② 参见司法部公共法律服务管理局法律援助处:《2018年全国法律援助工作统计分析》,载樊崇义、施汉生主编:《中国法律援助制度发展报告(2019)》,社会科学文献出版社2019年版,第39页。

③ 参见李雪莲、夏慧、吴宏耀:《法律援助经费保障制度研究报告》,载南平市司法局法援中心,http://sfj.np.gov.cn/cms/html/npssfj/2021-05-24/133165124.html。

表 11-1 欧洲部分国家或地区法律援助经费占司法系统经费的比例(2016)

国家/地区	比例/%
英格兰与威尔士	39
挪威	38
爱尔兰	35.1
苏格兰	34.7
瑞典	28.0
荷兰	22
芬兰	21.2
比利时	8.9
瑞士	8.8
法国	8.3

第二,我国人均法律援助经费标准偏低。欧洲司法效能委员会(The European Commission for the Efficiency of Justice)2018 年出版的《欧洲司法系统——司法效能与质量》研究报告,对 2016 年 41 个欧洲和亚洲的国家或地区的人均法律援助经费情况做了统计,统计结果表明,不同国家或地区间的人均法律援助经费差别很大。比如,阿塞拜疆人均水平最低,为 0.06 欧元/人,瑞典最高,为 36.21 欧元/人。这些国家和地区的平均水平为 6.5 欧元/人,中间值为 2.1 欧元/人,也就是说,有一半以上的国家或地区的人均法律援助经费低于平均水平。有 12 个国家或地区的人均法律援助经费高于平均水平,分别是:瑞典(36.2 欧元),英国的英格兰与威尔士(31 欧元),英国的苏格兰(29.3 欧元),荷兰(27.4 欧元),爱尔兰(19.6 欧元),瑞士(19.1 欧元),芬兰(16.2 欧元),以色列(10.2 欧元),摩纳哥(9.8 欧元),德国(8.1 欧元),比利时(7.3 欧元),安道尔(6.7 欧元)。而其中有 15 个国家或地区的人均法律援助经费低于 1 欧元,有阿尔巴尼亚,亚美尼亚,阿塞拜疆,保加利亚,格鲁吉亚,希腊,匈牙利,马耳他,摩尔多瓦,波兰,罗马尼亚,乌克兰等。我国 2018 年人均法律援助财政拨款为人民币 1.98 元,远远低于世界经济发达国家水平,也低于某些

周边发展中国家。例如，在菲律宾，2018 年国家对公设辩护人办公室(PAO)的总经费投入是 38.56 亿比索(大约折合 7141 万美元)，人均经费投入约 39 比索，大约折合 0.7 美元/人。如果考虑到我国地区间差异，部分省份人均法律援助经费则更低，如河北省 2018 年法律援助人均经费投入仅 0.81 元/人。[①]

第三，更为关键的是，我国法律援助的实际办案经费偏低。在统计口径上，我国的法律援助经费不仅包括业务经费，还包括人员经费、行政经费等。如果单纯计算用于实际办案的经费，大概只占法律援助经费总额的一半。据相关统计数字，2007 ~ 2008 年度，英格兰和威尔士法律援助经费中办案经费为 20 亿英镑，日常管理费用为 1.135 亿英镑，办案经费占 94.63%。因此，如果扣除法律援助的日常管理费用，只计算纯粹办案经费，我国的案均法律援助经费标准更低，与世界各国的差距更大。例如，在 2003 年、2011 年，我国用于办案的法律援助经费分别为 4662.55 万元、37,116 万元，同期我国法律援助案件总数分别为 166,433 件(2003 年)、844,624 件(2011 年)。据此计算，我国实际用于办案的案均法律援助经费仅为 280.15 元(2003 年)、441.94 元(2011 年)。2018 年，我国办案费用支出仅占法律援助经费支出的 40.61%，案均经费为 883.34 元。[②] 法律援助办案经费过低，严重影响律师参与法律援助的积极性。根据国家统计局 2019 年 5 月 14 日公布的数据，2018 年全国城镇非私营单位就业人员日平均工资为 316 元，如果按照办理一件法律援助案件至少用时 4 天计算，2018 年法律援助案件的日均补贴经费只有 221 元。[③] 有律师结合亲身经历指出："如笔者辩护的一起黑社会组织犯罪案件，当地指派的援助律师人均补贴仅仅 100 元，不但不赚钱，还很可能要贴钱，戳伤了积

---

① 参见李雪莲、夏慧、吴宏耀：《法律援助经费保障制度研究报告》，载南平市司法局法援中心网，http://sfj.np.gov.cn/cms/html/npssfj/2021-05-24/133165124.html。

② 参见李雪莲、夏慧、吴宏耀：《法律援助经费保障制度研究报告》，载南平市司法局法援中心网，http://sfj.np.gov.cn/cms/html/npssfj/2021-05-24/133165124.html。

③ 参见李雪莲、夏慧、吴宏耀：《法律援助经费保障制度研究报告》，载南平市司法局法援中心网，http://sfj.np.gov.cn/cms/html/npssfj/2021-05-24/133165124.html。

极性。"[①]大部分省份制定的办案补贴标准仅包括平均成本,未考虑智力及劳务付出。此外,部分地方没有及时根据经济社会发展水平调整补贴标准,以致补贴标准远低于办案成本,承办人员需垫付相关费用。许多省份多年未调整办案补贴标准,有的省份因为案件激增而导致案件补贴下降。2018 年全国刑事案件补贴额、民事案件补贴额和行政案件补贴额分别为 36,189.33 万元、59,312 万元和 615.4 万元,假定已结案件全部支付补贴,刑事、民事、行政案件的平均补贴约为 1090.6 元、789.8 元和 1160.7 元,每件刑事案件补贴同比下降 2.4%,每件行政案件补贴同比下降 28.3%。[②]

第四,法律援助经费地区差异大。我国法律援助经费主要依赖于地方财政,受地区经济发展不平衡状况影响,法律援助经费地区差异较大,这不利于我国基本服务均等化目标的实现。2018 年,东、中、西部地区法律援助经费投入分别为 12.2 亿元、7.1 亿元、7.2 亿元,同比分别增长 18.44%、9.23% 和 7.46%,经济发展水平最高的东部地区增长幅度最大。[③]

第五,社会捐助渠道不流畅,对法律援助经费支援不足。我国法律援助经费主要来自于财政拨款,财政拨款占法律援助经费的 99% 以上,社会捐助比例极低,仅占不足 1%。比如 2018 年,法律援助财政拨款 26.5 亿元,占经费总数的 99.4%,社会捐助、行业奉献等资金仅 1583 万元,占 0.6%。[④]

---

① 王智光:《刑事辩护全覆盖现状透析及对策》,载微信公众号"刑辩之光"2021 年 11 月 24 日,https://mp.weixin.qq.com/s/48LAtCFumboaTAysggwyDw。

② 参见李雪莲、夏慧、吴宏耀:《法律援助经费保障制度研究报告》,载南平市司法局法援中心网,http://sfj.np.gov.cn/cms/html/npssfj/2021-05-24/133165124.html。

③ 参见赵天红:《法律援助经费保障制度研究——以我国〈法律援助法〉为导向》,载《法学杂志》2022 年第 2 期;李雪莲、夏慧、吴宏耀:《法律援助经费保障制度研究报告》,载南平市司法局法援中心网,http://sfj.np.gov.cn/cms/html/npssfj/2021-05-24/133165124.html。

④ 参见赵天红:《法律援助经费保障制度研究——以我国〈法律援助法〉为导向》,载《法学杂志》2022 年第 2 期。

(三)刑事辩护全覆盖的责任定位有待纠偏

正如有学者所指出的,制约我国刑事法律援助全覆盖的表层原因是“人”(法律援助律师及提供模式)和“钱”(法律援助经费)的问题,但深层次的原因是人们对刑事法律援助制度的认识还存在很大的误区。尚未将刑事法律援助上升到国家司法人权保障制度,这是对其权利属性认识的偏差;将刑事法律援助定位于国家和律师的双重义务,是对其义务属性认识的偏差。[①]

无论是刑事法律援助还是民事行政法律援助,都属于公民普遍享有的权利,尤其是请求给予社会保险待遇,发放抚恤金,给付赡养费、抚养费、扶养费,支付劳动报酬等法律援助事项更直接涉及“人民的生计”。因此,长期以来法律援助工作被视为民生工程。但是,如果仅仅将刑事法律援助理解为民生工程,则忽视了刑事法律援助在保障人权、维护司法公正方面的价值。一方面,与其说律师辩护权是犯罪嫌疑人、被告人的权利,不如说是所有公民的权利。因为只要冤假错案的发生数不是0,每个人就都可能成为潜在的犯罪嫌疑人、被告人。另一方面,律师辩护制度意在制约刑事司法活动中权力的恣意运行。如果没有刑事法律援助制度,公民的律师辩护权就无法转变为实有权利,而只不过是一种停留在法律文本上的权利,所以“自第二次世界大战以来,法律方面最重要的革命就是法律援助”[②]。

《法律援助法》第2条明确规定:“本法所称法律援助,是国家建立的为经济困难公民和符合法定条件的其他当事人无偿提供法律咨询、代理、刑事辩护等法律服务的制度,是公共法律服务体系的组成部分。”这一概念科学地体现了法律援助是“国家的责任”这一理念。之所以将法律援助定位于“国家的责任”,是为了与国际社会的共识衔接。国家和公民之间是义务主体和权利主体的关系,国家作为法律援助的承担者与提供者,

① 参见吴羽:《论刑事法律援助全覆盖》,载《中南民族大学学报(人文社会科学版)》2021年第8期。

② [英]丹宁勋爵:《法律的未来》,刘庸安、张文镇译,法律出版社2011年版,第107页。

应当把法律援助的义务承担起来。法律援助由《法律援助条例》所规定的“政府责任”转变为如今的“国家责任”，意义深远，必然会大力推进法律援助事业的发展。[①]

同时也必须注意到《律师法》第42条规定，“律师、律师事务所应当按照国家规定履行法律援助义务，为受援人提供符合标准的法律服务，维护受援人的合法权益”。换言之，《律师法》认为法律援助既属于国家的法定责任，又属于律师、律师事务所的法定义务。然而，立法并未明确规定国家和律师在法律援助中的责任分担，即国家和律师由谁承担主要责任并不明确。法律援助二元义务主体模式有可能导致律师承担更多的义务。譬如，实践中政府往往不是按照市场价格“购买”律师的法律援助服务，而是采取给予律师办案补贴的方式。刑事法律援助国家一元义务主体既符合世界发展潮流，也是刑事法律援助制度发展的必然结果。刑事法律援助不应为律师的法定义务。当然，这与律师职业伦理中律师为公共事业做贡献的成分是并行不悖的，实践中有很多律师免费为犯罪嫌疑人、被告人提供辩护服务。作为具有法律专业的技能者，律师有履行法律援助的道德义务或伦理义务，只是这种义务不具有法律上的强制性，强制规定律师的援助义务是缺乏正当性的。[②] 质言之，刑事法律援助属于国家义务，国家应确保所有被追诉者在各个阶段获得法律援助，而不应将法律援助的法律义务转嫁至律师或律师事务所。

四、刑事辩护全覆盖的前景展望

考察国际司法文件和域外法律援助立法，可以发现刑事辩护全覆盖的应然状态有三个特征：程序上要覆盖审判前、审判中、审判后全阶段；对象上不仅包括犯罪嫌疑人、被告人，也包括受害人、证人等；适用罪名上应

---

① 《法律援助法》第2条从法律援助的内容和制度建制上表述了法律援助是“国家的责任”“国家的义务”。参见樊崇义：《我国法律援助制度迈进了新时代——学习、理解和实施〈法律援助法〉》，载《中国司法》2021年第10期。

② 参见程滔：《法律援助的责任主体》，载《国家检察官学院学报》2018年第4期。

尽量涵盖所有罪名,或者至少涵盖可能判处三年以上有期徒刑的重罪。我国刑事辩护全覆盖自试点以来发展态势良好,涵盖对象逐渐增多,法律援助的方式和主体逐渐增多,经费增速明显,但是由于起点较低,距离理想状态的刑事辩护全覆盖仍有提升空间。[①] 作为司法现代化的重要体现,刑事辩护全覆盖试点至少可以从以下几个方面进行完善。

(一)扩大刑事辩护全覆盖的法援覆盖面

我国刑事法律援助的供需矛盾突出,尤其是法律援助服务质量与公民的需求还存在很大差距。要真正实现刑事案件律师辩护全覆盖,使每一个犯罪嫌疑人、被告人在刑事诉讼的全过程(包括侦查阶段、审查起诉阶段和审判阶段)都有律师为其辩护,是一项极其艰巨的任务。仅从人数讲,每年至少有 140 万的犯罪嫌疑人、被告人。按照司法实践中的惯例,律师是在三个诉讼阶段分别介入诉讼的,加起来就是每年至少有 420 万的犯罪嫌疑人、被告人需要律师为其辩护。而我国现在只有 30% 的律师辩护率,70% 的犯罪嫌疑人、被告人迫切需要通过刑事案件律师辩护全覆盖的实现而获得律师辩护,这一任务何等艰巨![②] 正是鉴于刑事案件律师辩护全覆盖任务的艰巨性,司法部一方面勇于提出这一重大改革举措,另一方面又理性地表示要逐步推行,并选择了基础条件较好、可操作性强、在刑事诉讼中居于重要地位的审判阶段为切入点,试点工作已经取得积极成效,大幅提高了律师辩护率。成绩固然可喜,但任务仍很艰巨。我们应当清醒地看到,刑事审判律师辩护全覆盖试点距离刑事案件律师辩护全覆盖的目标还有相当的距离。在经济条件允许的情况下,应将其再往前推进一步。

1. 拓宽适用法律援助的案件类型

如前所述,从法理的应然层面来说,至少应在简易程序中以辩护人取

---

① 参见周玉华:《刑事辩护全覆盖制度应然状态及其实现途径》,载《中国刑事法杂志》2021 年第 6 期。

② 参见顾永忠:《以刑事审判为突破口带动刑事案件律师辩护全覆盖试点向纵深发展》,载《中国律师》2019 年第 2 期。

代值班律师。但是刑事辩护法律援助的发展要与社会政治经济发展条件相适应,因此从现实出发,刑事辩护法律援助的推进可以采取"两步走"的方式。

第一步,先将应当提供刑事法律援助的范围放宽至可能判处 3 年以上有期徒刑的案件。因为从刑法理论来说,一般将法定最低刑为 3 年以上有期徒刑的犯罪视为重罪,其他犯罪视为轻罪。重罪应该有辩护律师的介入。[①] 在现阶段规定"对可能被判处 3 年以上有期徒刑的案件应当提供刑事辩护法律援助"尽管跨度比较大,但并非毫无可能。2015 年浙江省就已经推行"基层人民法院审理的一审刑事案件,被告人经济困难且可能被判处 3 年以上有期徒刑"的案件可以为其提供刑事辩护的法律援助。可以预见我国在三五年以后,国家的财政实力不断增强、律师队伍逐年壮大,更足以承担这样的改革重任。考虑到部分落后贫困地区以此为标准具有实际困难,也可以将这些地区提供刑事法律援助案件的标准放宽为被判处 5 年以上有期徒刑的案件。第二步,在未来条件成熟时再将应当提供刑事法律援助的范围进一步推广至可能判处有期徒刑以上刑罚的案件,继而建立全覆盖的刑事辩护法律援助体系,全面提升人权保障的水平。

2. 拓宽刑事辩护全覆盖的时间范围

2021 年司法部有关负责人曾表示,司法部正加快推进刑事案件律师辩护全覆盖试点工作,加强人员和经费保障,争取 2022 年实现全国县级行政区域试点工作全覆盖,2022 年年底前基本实现审判阶段律师刑事辩护的全覆盖,扩大审查起诉阶段律师刑事辩护全覆盖试点。[②] 各地实践也在摸索将刑事辩护全覆盖的涵盖面自审判前移。譬如,泰州市"将《刑法》规定的 483 个罪名中的 150 个罪名纳入扩大通知辩护范围,在审查起

---

① 参见樊崇义、徐歌旋:《证明方法的体系化构建——兼论如何实现认罪认罚从宽的制度初衷》,载《北京工业大学学报(社会科学版)》2019 年第 5 期。

② 参见《司法部:2022 年底前基本实现审判阶段律师刑事辩护全覆盖》,载微信公众号"海报新闻"2021 年 12 月 29 日,https://mp.weixin.qq.com/s/pzUKmPD8r-i2T3VH8AIY9A。

诉阶段一律由检察机关通知辩护。上述所提罪名主要涉及危害国家安全罪、危害公共安全罪、破坏社会主义市场经济秩序罪、妨碍社会管理秩序罪四个大类”①。可见,拓宽刑事辩护全覆盖的时间范围较易实现。

3. 拓宽值班律师的职权范围

从域外实践来看,传统法律援助律师在提供辩护服务时存在一定的滞后性,解决方案是通过值班律师发挥及时性、应急性的法律帮助功能。但是,值班律师制度在实践中也面临一些困境,如值班律师无法在看守所为犯罪嫌疑人提供及时性的法律帮助,而且在认罪认罚案件中也出现了功能异化的问题,值班律师在一定程度上沦为“背书者”,成为“权力配合者”,发挥着所谓的“站台效应”。因此,为了确保犯罪嫌疑人、被告人认罪认罚的自愿性,有人主张将值班律师“辩护人化”,即赋予值班律师完整的辩护权,促使其提供有效辩护。如果进一步分析,值班律师“辩护人化”主张的出现实质上是我国刑事法律援助范围过窄所致,即现有的刑事法律援助范围无法涵盖认罪认罚案件,因而值班律师替代法律援助律师成为一种权宜方案。立足于刑事法律援助体系化发展的视角,刑事法律援助全覆盖的主体应当是法律援助律师,值班律师应回归提供及时性法律帮助的角色定位。实现刑事法律援助全覆盖,虽不能让值班律师代替法律援助律师,但也应发挥值班律师的重要作用。应在维持值班律师与法律援助律师二元体系的背景下,加强值班律师的实质参与。推动刑事辩护全覆盖,不仅要提高刑事诉讼中的辩护率,解决律师辩护“量”的问题,更重要的是要解决律师辩护“质”的问题。简言之,要从多方面为值班律师的实质参与提供制度保障,为其匹配相应的职权保障,提升值班律师参与刑事辩护的积极性,切实保障他们在刑事辩护中发挥积极作用。

(二)完善刑事辩护全覆盖资金来源体系

《全覆盖试点办法》专门提出经费问题的处理意见,“有条件的地方

---

① 《审查起诉阶段刑事案件,律师辩护全覆盖,江苏泰州率先试点》,载微信公众号“律媒智库”2021年10月12日,https://mp.weixin.qq.com/s/0MT-o9Uqu14vNJUhZTyyeg。

可以开展政府购买法律援助服务”“探索实行由法律援助受援人分担部分法律援助费用”“各级政府积极协调财政部门增加法律援助办案经费，列入本级政府预算，切实保障办案需要”。

第一，法律援助作为一种国家责任，应当由国家财政拨款。解决法律援助的经费问题，主要是依靠国家的财政支持。如果财政支持不到位，法律援助的质量就难以保障。尽管对法律援助的投入需要同国家的经济发展水平相适应，但其资金投入的额度仍然有一个浮动的空间，投入额度的多少就取决于国家对法律援助本身意义的判断。就当前情况而言，我国对法律援助，特别是刑事辩护法律援助的重视程度不够，对其财政支持的力度不足。对于法律援助的财政支持既需要量力而行，又应当尽力而行。

第二，鼓励社会力量捐赠。各地要积极发挥法律援助基金会的作用，动员企业事业单位、社会组织和个人等社会力量，为法律援助事业提供捐赠。法律援助基金会要用好所募集的资金，规范设立和管理法律援助项目，把资金投向法律援助经费不足地区和服务紧缺领域，提升资金使用效能。①

第三，明确受法律援助者可能承担的部分费用。我国台湾地区规定了“分担金”“回馈金”“撤销金”：（1）“分担金”。我国台湾地区“法律扶助法”第31条规定：“分会准许法律扶助时，应视受扶助人之资力，决定为全部或部分扶助。”易言之，受扶助人有可能需要承担部分法律费用，从而避免了法律援助“有或无”的绝对化情况。具体而言，我国台湾地区“申请人分担酬金及费用审查办法”第2条规定：“资力超过无资力认定标准百分之十以下者，负担三分之一。资力逾无资力认定标准百分之十以上百分之二十以下者，负担二分之一。”（2）“回馈金”。我国台湾地区“法律扶助法”第32条规定：“因法律扶助所取得之标的具财产价值，且其财产价值达一定标准者，分会经审查得请求受扶助人负担酬金或必要

---

① 参见《司法部有关负责人就贯彻实施法律援助法答记者问》，载司法部官网，http://www.moj.gov.cn/pub/sfbgw/zcjd/202112/t20211228_445149.html。

费用之全部或一部为回馈金。但会影响受扶助人及其共同生活亲属生计之虞者可以得免。”(3)“撤销金”。我国台湾地区“法律扶助法”第21条规定:“法律扶助之申请经准许后,受扶助人所提供释明、证明之文件或陈述有伪造、变造或虚伪不实之情事者,分会应撤其准许。”同条第3项规定:“依第一项规定撤销时,分会应以书面通知受扶助人于一定期限内将已受扶助所生之酬金及必要费用返还之。”我国大陆地区2022年1月1日实施的《法律援助法》第53条规定:“人民法院应当根据情况对受援人缓收、减收或者免收诉讼费用;对法律援助人员复制相关材料等费用予以免收或者减收。公证机构、司法鉴定机构应当对受援人减收或者免收公证费、鉴定费。”该条规定也为法律援助费用分担机制留下了解释空间。

(三)构建刑事辩护全覆盖多元参与格局

《法律援助法》明确“实行国家保障与社会参与相结合”的原则,这就要求配齐配强人员,打造过硬队伍。

第一,发挥律师力量。各级司法行政机关要加强对律师的业务培训和职业道德教育,提升律师专业素养,提高服务质量。采取各种措施,努力使律师普遍、公平地承担法律援助工作。各地司法行政机关、律师协会应当将律师事务所、律师履行法律援助义务的情况纳入年度考核内容,对拒不履行或者怠于履行义务的进行惩戒。此外,也必须认识到“社会律师资源相对不足及不平衡。近年来,特别是扫黑除恶专项斗争以来,共同犯罪案件数量不断增多,案件中涉及的人员数量较多,不少案件甚至对某些地区律师总数提出挑战。例如,山西忻州一县级市一起黑社会犯罪集团案件,被告人就有50多人,如按《关于开展刑事案件律师辩护全覆盖试点工作的办法》要求,应当对近40人指派律师提供法律援助。而该市一共才20多名律师,难以满足全覆盖的要求,无形中对律师资源提出了挑战”①。这种情况下,要统筹好律师资源,在律师资源不足的地区实行统

① 王智光:《刑事辩护全覆盖现状透析及对策》,载微信公众号“刑辩之光”2021年11月24日,https://mp.weixin.qq.com/s/48LAtCFumboaTAysggwyDw。

筹调配。据统计,全国共有 172 个县(市、区)没有律师。其中,139 个县既没有律师也没有律师事务所。此外,还有 89 个县(市、区)只有 1 名律师。在此情况下,应切实解决在刑事辩护全覆盖背景下律师资源不足等问题,鼓励支持律师事务所到中西部地区设立分所,选派优秀律师到分所执业;注意吸收该地区具有法律职业资格或律师资格的人员到分所执业,为培养当地律师人才创造条件;深入开展"1 + 1"中国法律援助志愿者行动,选派法律援助志愿律师主要到没有律师和律师资源严重不足的地区服务;持续开展"援藏律师服务团"项目,选派优秀律师到西藏提供法律援助和公益法律服务;建立完善律师资源动态调配机制,在律师资源不平衡问题突出的地方,如四川、陕西、青海、西藏等,以省级为主统筹调配律师资源,其他地方原则上以地市为主统筹调配律师资源,采取对口支援等方式提高法律援助服务能力。上一级司法行政机关应积极支持满足本地律师资源不足的下一级司法机关所在地区开展律师辩护全覆盖工作,如人手不充足,无法满足刑事案件律师辩护全覆盖时,当地法律援助机构经申请后,上级司法行政机关可跨区域指派律师进行办理。①

第二,支持机构工作人员办案。《法律援助法》首次明确了法律援助机构可以安排具有律师资格或者法律职业资格的工作人员提供法律援助。各地特别是中西部地区要充分发挥法援机构工作人员的优势,大力加强法律援助队伍革命化、正规化、专业化、职业化建设,鼓励机构工作人员承办案件,加强工作保障,更好地发挥他们的作用。②

第三,指导群团组织有序参与。各地要充分调动群团组织的积极性,支持工会、共青团、妇联、残联等群团组织利用自身资源,通过购买服务等方式,为特定群体提供法律咨询、处理劳动争议、调解矛盾纠纷等法律服务。同时,要对法援机构依托群团组织设立的工作站规范管理,群团组织

---

① 参见《司法部有关负责人就贯彻实施法律援助法答记者问》,载司法部官网,http://www.moj.gov.cn/pub/sfbgw/zcjd/202112/t20211228_445149.html。

② 参见《司法部有关负责人就贯彻实施法律援助法答记者问》,载司法部官网,http://www.moj.gov.cn/pub/sfbgw/zcjd/202112/t20211228_445149.html。

自行设立的工作站要及时向法援机构备案登记，建立服务数据统计、年度工作报告等制度，确保群团组织法律援助工作有序发展。

第四，做好法律援助志愿服务。《法律援助法》首次明确了法律援助志愿者可以作为法律援助人员提供法律援助服务，支持符合条件的个人作为法律援助志愿者，依法提供法律援助，并对高等院校、科研机构提供法律援助作了明确规定。各地要按照《法律援助志愿者管理办法》的规定，落实好法律援助志愿者的权利保障、表彰奖励等政策，推动在高校、科研机构等建立法律援助工作站，发展壮大志愿者队伍。

第十二章　多元化纠纷解决机制对民事司法体系的创新与发展

习近平总书记在2019年年初的中央政法工作会议上提出了“坚持把非诉讼纠纷解决机制挺在前面”的重要论断，这一论断为我国多元化纠纷解决机制建设指明了方向、提供了根本遵循。党的十八大以来，在习近平法治思想指引下，我国多元化纠纷解决机制不断发展和健全，促进了民事司法体系的创新与发展，推动了我国司法现代化的进程。党的二十大报告在阐述新时代中国特色社会主义思想的世界观、方法论时，强调“必须坚持守正创新”“敢于说前人没有说过的话，敢于干前人没有干过的事情”。[1] 多元化纠纷解决机制的建设与完善，应当坚持守正创新原则，不断深化新时代中国特色民事司法体系的创新与发展。本章拟着重对我国进入新时代以来调解、仲裁、

---

① 习近平：《高举中国特色社会主义伟大旗帜　为全面建设社会主义现代化国家而团结奋斗：在中国共产党第二十次全国代表大会上的报告》（2022年10月16日），人民出版社2022年版，第20页。

行政裁决等多元化纠纷解决机制的建设与发展情况进行考察分析,并提出进一步完善的建议,以更好地发挥多元化纠纷解决机制在推动司法体系和司法能力现代化过程中的积极作用。

一、多元化纠纷解决机制建设与司法现代化的关系

司法现代化是司法理念、司法主体、司法制度、司法程序、司法模式、方法等由传统向现代转型,并不断向前发展的过程和达到的一定状态。为实现司法现代化,20 世纪五六十年代以来,全球不同国家和地区普遍进行了民事司法改革。从全球的民事司法制度的发展情况来看,尽管各国历史、文化传统、政治、经济、意识形态存在差异,但世界各国的民事司法制度确实存在一些共同的普遍的理想。[①] 从不同国家和地区的民事司法改革情况来看,民事司法改革都以当事人的程序基本权即裁判请求权保障为最高理念,同时鼓励当事人使用替代诉讼的纠纷解决机制即 ADR 解决纠纷。[②] 裁判请求权是指任何人在民事纠纷发生以后所享有的、请求法院公正审判的权利。裁判请求权包括诉诸司法的权利和请求公正审判的权利,裁判请求权属于宪法权利,裁判请求权由宪法确认并获得宪法保障。著名的英国大法官狄普洛克(Diplock)勋爵指出,每一项文明的政府制度要求国家提供使得他的所有的国民都能够获得公正和和平的解决有关他们法律权利的争议的途径,这种途径就是法院,每一个国民都有诉诸法院的宪法性权利。[③] 所有国家和地区在民事司法改革过程中都会以裁判请求权保障作为最高理念,通过司法主体、司法制度、司法程序、司法模式、方法等变革,来保障当事人裁判请求权实现。

---

① 1995 年 9 月在意大利召开的国际诉讼法学会第五届世界大会上,日本民事诉讼法学者小岛武司教授在对各国的国别报告总结后所作的大会综合报告中指出,民事诉讼的普遍理想在于实现纠纷妥当、公正、迅速、廉价地解决。参见[日]小岛武司:《诉讼法的法系意义再研究》,载[日]小岛武司:《诉讼制度改革的法理与实证》,陈刚等译,法律出版社 2001 年版,第 231 页。

② 在我国,替代诉讼的纠纷解决机制,往往称为多元化纠纷解决机制。

③ See Bremer Vulkan Schiffbauund Maschinenfabrik v. South India Shipping Corporation Ltd [1981] AC909,917.

当然，裁判请求权保障并不排斥使用替代诉讼的纠纷解决机制解决纠纷。由于绝大多数国家和地区都存在纠纷无限性和司法资源有限的矛盾，另外，与民事诉讼相比，替代诉讼的纠纷解决机制存在节省当事人时间、费用和精力的优势，并且能够妥当地处理民事纠纷，因此，域外绝大多数国家和地区都鼓励当事人使用替代诉讼的纠纷解决机制解决纠纷。例如，英国在 20 世纪 90 年代中后期进行的民事司法改革，英国民事司法改革的总设计师沃尔夫勋爵在题为“接近正义”的最终报告中明确提出，应尽可能避免诉讼，鼓励国民将诉讼作为最后的救济手段，在耗尽其他能适用、更适当的纠纷解决方式后再寻求司法救济。所有民事法院都应当提供替代诉讼的纠纷解决机制信息。美国社会自 20 世纪 60 年代末期开始对替代诉讼的纠纷解决机制产生了极大的兴趣，1976 年美国召开的第二次庞德会议[①]上，哈佛大学法学院佛兰克 · 桑德教授提出了多门法院的概念，建议将当事人引导到适合的程序解决纠纷。那次会议以后，替代诉讼的纠纷解决机制就成了美国法律制度不可分割的一个重要组成部分。1998 年，美国国会通过的《替代性纠纷解决法》(Alternative Dispute Resolution Act)要求联邦地区法院为诉讼当事人提供 ADR 程序。在全球民事司法改革的背景下，我国于 20 世纪 80 年代末期开始，也逐步展开了民事司法改革，21 世纪以来尤其是党的十八大以来民事司法改革更是如火如荼地展开。我国民事司法改革也遵循了“以裁判请求权保障为最高理念，同时鼓励当事人使用替代诉讼的纠纷解决机制”的指导思想。

2014 年，《党的十八届四中全会决定》要求健全社会矛盾纠纷预防化解机制，完善调解、仲裁、行政裁决、行政复议、诉讼等有机衔接、互相协调的多元化纠纷解决机制，加强行业性、专业性人民调解组织建设，完善人民调解、行政调解、司法调解联动工作体系。2015 年，中共中央办

① 第一次庞德会议在 1906 年召开，会议主题是大众对司法管理不满的缘由，在该次会议上罗斯科 · 庞德教授发表了著名的演讲，为纪念庞德的演讲，美国于 1976 年召开的主题为“大众对司法管理不满的缘由”的会议，称为第二次庞德会议。

公厅、国务院办公厅联合印发的《关于完善矛盾纠纷多元化解机制的意见》(中办发〔2015〕60 号)明确要求建立健全诉讼与非诉讼相衔接的矛盾纠纷解决机制。2019 年《党的十九届四中全会决定》又要求完善正确处理新形势下人民内部矛盾有效机制,坚持和发展新时代“枫桥经验”,畅通和规范群众诉求表达、利益协调、权益保障的通道,完善信访制度,完善人民调解、行政调解、司法调解联动工作体系,健全社会心理服务体系和危机干预机制,完善社会矛盾纠纷多元预防调处化解综合机制,努力将矛盾化解在基层。多元化纠纷解决机制建设已经成为新时代中国民事司法改革和司法现代化不可或缺的重要环节。就民事纠纷解决机制而言,我国已经形成了由民事诉讼、调解、仲裁、行政裁决等构成的有机体系,多元化纠纷解决机制的发展实现了对民事司法体系的创新与发展。

二、调解机制的建设与发展

(一)诉讼外调解体系的建立

党的十八大以来,作为多元化纠纷解决机制的重要机制,调解机制取得了长足的发展,诉讼外调解体系逐步建立和健全。人民调解、商事调解、律师调解、行政调解等诉讼外调解不断发展完善,推动形成了中国特色的多元化纠纷解决体系。

1. 人民调解

人民调解是具有中国特色的纠纷解决机制,它在我国矛盾纠纷多元化解机制中发挥着基础性作用。目前,全国共有人民调解委员会 76.6 万个,每年化解矛盾纠纷 900 万件左右。[①] 为贯彻《党的十八届四中全会决定》和党的十九大精神,2018 年,中央政法委、最高人民法院、司法部、民政部、财政部、人力资源和社会保障部联合颁布了《关于加强人民

---

① 参见王茜:《“布衣法官”的制度保障——司法部有关负责人详解〈关于加强人民调解员队伍建设的意见〉》,载新华网,http://www.xinhuanet.com/2018-04/27/c_1122755118.htm。

调解员队伍建设的意见》，要求在积极发展兼职人民调解员队伍的同时，大力加强专职人民调解员队伍建设，不断优化人民调解员队伍结构。建立专职人民调解员队伍，实际上就是要建立职业化的人民调解员制度。江苏省昆山市比较早地开展了人民调解职业化探索。[①] 人民调解员不仅是一个职业，还可以评定职称，昆山市司法局与人事局联合出台《人民调解员职称资格评审办法》，对全市人民调解员分调解员、助理调解师、调解师、高级调解师4个等级分别评定职称资格。现在，在全国各地，普遍将人民调解员作为一种职业招录，人民调解员已经呈现职业化趋势。为提升纠纷调解的质量，开展了人民调解委员会专业化探索，2011年，司法部颁布了《关于加强行业性、专业性人民调解委员会建设的意见》。党的十八大以后，人民调解委员会的行业化、专业化建设得到不断加强，例如，2016年12月，浙江省宁波市司法局颁布了《关于加强行业性、专业性人民调解工作规范化建设的实施意见》，以加强行业性、专业性人民调解工作规范化建设。目前，在纠纷数量较多或矛盾突出的行业、专业领域，都建立了相应的行业性、专业性人民调解组织，例如，各地建立了金融业人民调解委员会、医患纠纷人民调解委员会、婚姻家庭纠纷人民调解委员会。

2. 商事调解

商事调解特指由人民调解委员会之外的商事调解组织对商事纠纷所进行的调解。21世纪以来特别是党的十八大以来，随着多元化纠纷解决机制的发展，我国商事调解也得到了快速发展。2016年，最高人民法院颁布的《关于人民法院进一步深化多元化纠纷解决机制改革的意见》要求积极推动具备条件的商会、行业协会、调解协会、民办非企业单位、商事仲裁机构等设立商事调解组织，在投资、金融、证券期货、保险、房地产、工程承包、技术转让、环境保护、电子商务、知识产权、国际贸易等领域提供商事调解服务。虽然行业性或专业性的人民调解委员会也

---

① 参见宋爱明：《昆山市探索人民调解员队伍职业化道路》，载《人民调解》2010年第3期。

调解某些商事纠纷,但这种调解仍属于人民调解。商事调解组织不属于人民调解委员会,我国许多商事调解组织是根据《民办非企业单位登记管理暂行条例》依法成立的调解组织,这些商事调解机构在性质上往往是民办非企业单位,是由企业事业单位、社会团体和其他社会力量以及公民个人利用非国有资产举办的,从事非营利性社会服务活动的社会组织。2021 年以来,商事调解组织不断诞生,2011 年 1 月,经上海市商务委员会、上海市社团管理局批准成立上海经贸商事调解中心,该商事调解中心是全国第一家民办非企业单位性质的专门从事商事纠纷调解的机构。2016 年 10 月,经北京市法学会批准,北京市民政局依法注册成立了北京融商"一带一路"法律与商事服务中心,该中心设有调解平台,即"一带一路"国际商事调解中心。2020 年 5 月,由重庆市司法局主管、重庆市律师协会发起成立了重庆两江商事调解中心,该商事调解中心是全国第一家由省级律师协会发起成立的商事调解中心。2020 年 6 月,由深圳市前海"一带一路"法律服务联合会发起创办的深圳市前海国际商事调解中心在深圳市民政局登记设立。2020 年 12 月,在江苏省司法厅的统筹协调下,由江苏省对外友好交流促进会、江苏省国际商会、江苏省海外发展和规划协会、江苏省律师协会以及南京仲裁委员会作为发起单位,根据《民办非企业单位登记管理暂行条例》的规定,发起成立江苏扬子江国际商事调解中心。2021 年 1 月,为推动我国商事调解规范化发展,全国 20 家民商事调解组织共同创建了"中国商事调解发展合作机制",并将该机制的秘书处设立在同济大学法学院和上海经贸商事调解中心。

3. 律师调解

律师调解是指在依法成立的律师调解工作室或者律师调解中心等律师调解组织主持下进行的调解。较其他形式的调解,律师调解具有自己的特色和优势。为推动律师调解制度的发展,2017 年 9 月,最高人民法院、司法部颁布《关于开展律师调解试点工作的意见》,要求在全国 11 个省(直辖市)开展律师调解试点工作。2018 年 12 月,最高人民法院、司法部又颁布《关于扩大律师调解试点工作的通知》,决定将律师调解试点工作扩大至全国范围。根据该通知,各地除可以根据《关于开展律师调解试点工作的意见》的规定在人民法院、公共法律服务中心(站)、律师协会、律师事务所设立律师调解工作室(中心)外,还可以根据需要探索在医疗纠纷、道路交通、劳动争议、消费者权益保护等领域或行业设立律师调解组织,为人民群众提供便捷多样的律师调解服务。根据业务领域对律师调解组织和律师调解员实行分类精细管理,针对不同法律服务需求精准匹配调解组织或调解员。积极培育律师调解服务品牌,鼓励以律师事务所名称、律师姓名、专业调解领域命名律师调解工作室(中心),提高律师调解专业化水平和社会认可度。

根据《关于开展律师调解试点工作的意见》的要求,人民法院、公共法律服务中心(站)、律师协会和律师事务所应当向当事人提供承办律师调解工作的律师事务所和律师调解员名册,并在公示栏、官方网站等平台公开名册信息,方便当事人查询和选择。根据《关于扩大律师调解试点工作的通知》的要求,各级司法行政机关、人民法院应当会同有关部门,多渠道解决公益性律师调解服务经费问题,推动将公益性律师调解服务列入政府购买服务目录,积极采取财政专项预算、财政资金补贴等多种途径,从办公设施、宣传培训、表彰奖励等方面加大对公益性律师调解工作的经费保障力度,适时提高律师办理调解案件的补贴补助标准。大力发展律师事务所调解工作室,鼓励和支持律师事务所根据当事人需要,以市场化方式开展律师调解业务,按照有偿和低价的原则收取调解费用,探索建立与各地经济发展水平相适应的以市场调节价为基础的律师调解业务收费机制。

4. 行政调解

行政调解,是指在行政机关主持下对民事纠纷进行的调解。行政机关熟悉相关的行政业务,由行政机关对其行政业务相关领域的民事纠纷进行调解,具有一定的优势。党的十八大以来,行政调解受到党和国家的高度重视,2015 年,中共中央办公厅、国务院办公厅印发的《关于完善矛盾纠纷多元化解机制的意见》要求把行政调解作为各级政府和与有关部门的重要职责,建立由各级政府负总责、政府法制机构牵头、各职能部门为主体的行政调解工作体制,明确行政调解范围,规范行政调解程序。2015 年,中共中央、国务院印发的《法治政府建设实施纲要(2015—2020 年)》要求健全行政调解制度,进一步明确行政调解范围,完善行政调解机制,规范行政调解程序。2016 年,最高人民法院颁布的《关于人民法院进一步深化多元化纠纷解决机制改革的意见》要求支持行政机关根据当事人申请或者依职权进行调解,或者依法作出其他处理。在治安管理、社会保障、交通事故赔偿、医疗卫生、消费者权益保护、物业管理、环境污染、知识产权、证券期货等重点领域,支持行政机关或者行政调解组织依法开展行政和解、行政调解工作。2021 年,中共中央、国务院印发了《法治政府建设实施纲要(2021—2025 年)》要求加强行政调解工作,依法加强消费者权益保护、交通损害赔偿、治安管理、环境污染、社会保障、房屋土地征收、知识产权等方面的行政调解,及时妥善推进矛盾纠纷化解。各职能部门要规范行政调解范围和程序,组织做好教育培训,提升行政调解工作水平。坚持"三调"联动,推进行政调解与人民调解、司法调解有效衔接。目前,我国的行政调解已经成为创新社会管理、化解矛盾纠纷的重要工作机制。

(二)人民法院诉前调解的创新与实践

人民法院诉前调解就是指民事纠纷诉诸法院以后在诉讼开始前的调解。诉前调解已经成为我国多元化纠纷解决机制的重要一环。党的十八大以来,人民法院诉前调解的创新与实践做法主要有:①

1. 建立特邀调解队伍,拓展诉前调解渠道

各地法院将特邀调解队伍建设作为开展诉前调解的基础工作和重要抓手,着力推进特邀调解队伍建设。为加强特邀调解队伍建设,各地法院探索聘任特邀调解组织和特邀调解员,建立特邀调解组织和特邀调

① 参见刘敏:《论优化司法确认程序》,载《当代法学》2021 年第 4 期。

解员名册。特邀调解组织是指经人民法院聘任,接受人民法院立案前委派、立案后委托或者自行接受当事人申请,依法对矛盾纠纷进行调解的调解组织。特邀调解员是指经人民法院聘任,接受人民法院立案前委派、立案后委托或者自行接受当事人申请,依法对矛盾纠纷进行调解的人员。发生民事纠纷以后,当事人除了向人民调解委员会申请调解外,还可以向人民法院聘任的特邀调解组织或者特邀调解员申请调解。在当事人将纠纷诉诸法院以后立案之前,人民法院可以委派特邀调解组织或者特邀调解员对纠纷进行调解。

2. 探索建立调解前置程序,开展诉前先行调解

根据《民事诉讼法》第 125 条的规定,当事人起诉到人民法院的民事纠纷,适宜调解的,先行调解,但当事人拒绝调解的除外。自 2015 年我国实行立案登记制改革以后,一些法院忽视了该条文的要求,将立案登记与先行调解对立起来。无论什么纠纷均采取"一刀切"的做法,凡是能够当场立案的当场立案,不能当场立案的,在法定期间内审查是否立案。立案登记制实施以后,再加上我国进行法官员额制改革,法官人数大幅度较少,人民法院案多人少的矛盾特别突出。为解决这一突出问题,倒逼法院进行调解前置程序改革,实行先行调解。2016 年最高人民法院颁布的《关于人民法院进一步深化多元化纠纷解决机制改革的意见》要求探索建立调解前置程序,探索适用调解前置程序的纠纷范围和案件类型,由有条件的基层人民法院对家事纠纷、相邻关系、小额债务、消费者权益保护、交通事故、医疗纠纷、物业管理等适宜调解的纠纷,在征求当事人意愿的基础上,引导当事人在登记立案前由特邀调解组织或者特邀调解员先行调解。2021 年 9 月,上海市高级人民法院和上海市司法局制定的《关于探索实行调解程序前置试点的实施办法》[①]规定,对下列适宜调解的纠纷,探索实行调解程序前置:(1)家事纠纷;(2)相邻

① 根据该规定,自 2021 年 10 月 1 日起,在上海市徐汇区、普陀区、杨浦区、松江区人民法院进行为期半年的试点。

关系纠纷；(3)小额债务纠纷；(4)消费者权益纠纷；(5)交通事故纠纷；(6)劳动纠纷；(7)其他法律关系简单适宜调解的民商事案件。在诉前调解改革实践中，江苏省宿迁市法院系统，为开展诉前先行调解，在当事人自愿的情况下，对于起诉到法院来的纠纷一律进行调解登记，立“诉前调”字号案。为推行诉前调解，宿迁法院联合有关单位建立了包括驻院调解员调解、律师调解、行业性专业性调解、乡贤调解等调解的立体化的诉前调解体系。[①] 对于经诉前调解达成调解协议的，有执行内容的，当事人可以到所在地基层人民法院(或人民法庭)申请司法确认。

3. 创新诉前调解机制，促进当事人达成调解协议

为推动和促进诉前调解，各地法院创新诉前调解机制，努力促使当事人达成调解协议。

第一，开展线上诉前调解。为方便当事人申请诉前调解，提升调解效率，不少法院开展线上诉前调解。如江苏省高级人民法院建立了“微解纷”平台，纠纷当事人可以登录该平台调解系统申请诉前调解。

第二，创设诉前调解财产保全和鉴定评估机制。一些法院在诉前调解程序中，允许当事人申请财产保全，诉前调解的财产保全机制有助于促成当事人达成调解协议。有一些法院通过诉前鉴定评估机制促进诉前调解机制的创设，对于交通事故赔偿、医疗损害赔偿以及其他侵权责任纠纷，通过鉴定评估能够促成双方调解的，在诉前调解中，当事人申请评估鉴定的，经特邀调解组织或者特邀调解员报请人民法院同意，由人民法院依程序组织鉴定或评估。

(三)调解机制的完善

党的十八大以来我国的调解事业取得了长足的进展，为了更好地发挥调解在纠纷化解中的积极作用，我国有必要进一步完善调解机制。

---

① 江苏省宿迁市人民法院系统出台相关制度，从聘用制书记员中遴选驻院专职调解员，由司法局聘任为人民调解员，以人民调解员的身份驻在法院专门从事诉前调解工作。转任驻院专职人民调解员对于聘用制书记员有很大的吸引力，担任专职调解员实行多劳多得，职业尊荣，职业前景好。

1. 完善调解立法

在司法现代化过程中,我国已经形成由人民调解、商事调解、律师调解、行政调解等构成的调解制度体系。2010 年我国制定的《人民调解法》只是对人民调解进行规范,商事调解、律师调解和行政调解还没有专门的法律予以规范。党的十八大以来,除人民调解外,其他类型的调解也得到了迅速的发展,迫切需要法律予以规范。我国已经有专家提出关于商事调解专门立法的建议,早在 2004 年全国两会上,就有政协委员提出商事调解立法的政协提案,①在 2020 年 5 月召开的十三届全国人大第三次会议上,有多位代表提交了关于商事调解立法的提案。② 本书认为,鉴于商事调解的特殊性,我国可以单独制定商事调解法,以规范商事调解。

2. 进一步发展商事调解和职业化的人民调解

与域外的商事调解相比,我国的商事调解尚不发达,商事调解还没有得到充分发展。目前,我国需要大力发展市场化的商事调解组织,组建商事调解员队伍,创新商事调解机制。

为促进人民调解的发展,提升人民调解的质量,我国有必要加强人民调解的职业化建设,将人民调解作为一种新的职业。为此,我国应当规范人民调解员职业准入标准,大力发展职业化的人民调解员队伍,提升人民调解员的调解技能。

3. 进一步完善诉前调解制度

我国完善诉前调解制度,应当着重从以下两个方面着手:

(1)推动调解前置程序改革

诉讼前置程序的设置包括法律强制规定和当事人约定两种方式。③

---

① 参见姜丽丽:《商事调解立法困境与可行性路径分析》,载"多元化纠纷解决机制"公众号,第 496 期。

② 即全国人大代表、中国法学会副会长张苏军,全国人大代表、民盟上海市委专职副主委丁光宏等提出制定"商事调解法"的议案。

③ 参见刘敏:《论民事诉讼前置程序》,载《中国法学》2011 年第 6 期。

强制性的前置程序设置有可能会限制当事人的裁判请求权这一宪法权利,因此,强制性的诉讼前置程序应当由立法机关通过立法予以规定,其他任何机关、任何单位都不能设置强制性的诉讼前置程序。在现阶段,对于有可能进行诉前调解的案件,人民法院在立案前应当引导当事人通过诉前调解解决,但不应当强制当事人通过诉前调解解决。未来,我国有必要通过立法将部分民事纠纷纳入诉讼前置程序的适用范围。除强制性的诉前前置程序外,纠纷双方当事人可以约定将调解作为诉讼前置程序。当事人双方在订立民商事合同时,可以将调解作为首选或者起诉前的纠纷解决方式写入合同。一旦当事人双方约定将纠纷首先提交某调解机构调解,那么,在纠纷发生以后,当事人应当首先通过调解解决,调解不成再行起诉。如果当事人一方直接向法院起诉,另一方当事人可以以存在调解约定为由提出妨诉抗辩。①

(2)完善诉前调解的司法支持制度

诉前调解的司法支持包括诉前调解中的财产保全和鉴定。第一,建立诉前调解的财产保全制度。根据《民事诉讼法》第 104 条的规定,利害关系人因情况紧急,不立即申请保全将会使其合法权益受到难以弥补的损害的,可以在提起诉讼之前向人民法院申请采取保全措施。申请人在人民法院采取保全措施后 30 日内不依法提起诉讼的,人民法院应当解除保全。这一诉前保全制度是针对诉讼而言的,我国没有针对法院委派的诉前调解的保全制度。虽然纠纷双方当事人可以在法院采取诉前财产保全措施的情况下参加由法院委派的诉前调解,但调解有时不能在法院采取保全措施之日起 30 日内完成,而当事人又不起诉的话,按照现行法律,法院应当解除保全措施。可见,现行的诉前财产保全制度不利于诉前调解顺利进行。另外,如果没有诉前调解保全制度,在债务人不诚信的情况下,债务人正好利用诉前调解期间转移财产,即使当事人双方达成调解协议并得到司法确认,调解协议也不能顺利执行。因此,为

① 当事人双方达成首先提交调解解决的约定只具有妨诉抗辩效力,并不具有禁止诉讼效力。

促进诉前调解并保障经司法确认的调解协议得到顺利执行，我国有必要通过立法规定诉前调解的财产保全制度，即在诉前调解阶段，当事人可以申请法院采取财产保全措施；调解员认为有财产保全必要的，须告知当事人申请财产保全。第二，建立诉前调解的鉴定制度。目前，司法鉴定是诉讼中的鉴定，在诉讼之前，除了作为证据保全措施之外，法院不会启动鉴定程序。但在诉前调解中，确有必要对交通事故损失等专业性问题进行评估、鉴定、审计等，以帮助纠纷双方当事人在鉴定意见等基础上达成协议。因此，我国有必要通过立法规定在诉前法院委派调解程序中建立诉前调解的鉴定制度。

三、仲裁制度的建设与发展

仲裁是指双方当事人在民商事纠纷发生前或发生后达成协议，自愿将他们之间的争议交给他们共同选定的第三者裁决，第三者作出的裁决对当事人发生法律效力的一种纠纷解决方式或制度。仲裁较之民事诉讼等其他纠纷解决方式的优势在于，它具有自愿性、灵活高效性、经济性、保密性、公正性等特点，同时，因为仲裁充分尊重当事人的意愿，所以仲裁裁决更易于得到当事人的认可和履行。《党的十八届四中全会决定》明确提出“完善仲裁制度，提高仲裁公信力”，自此，我国仲裁事业得到快速发展。

（一）新时代仲裁制度建设取得的成就

1. 探索建立临时仲裁制度

在理论上，仲裁包括机构仲裁和临时仲裁。机构仲裁是指由当事人双方将争议提交给仲裁协议所约定的常设仲裁机构，由该仲裁机构居中解决民商事争议的一种纠纷解决方式。临时仲裁是指不由任何已设立的仲裁机构进行程序管理，而是当事人双方将他们之间的争议提交给他们选定的临时仲裁员，根据他们自己设计或选定的仲裁规则，由仲裁员进行审理并作出裁决的商事仲裁。[①] 临时仲裁是仲裁的原始形态，在固

---

① 参见江伟主编：《仲裁法》，中国人民大学出版社2009年版，第24页。

定的仲裁机构出现之前,临时仲裁是唯一的仲裁方式。我国仲裁法不承认临时仲裁,只认可机构仲裁。根据我国《仲裁法》的规定,当事人在仲裁协议中应选定仲裁委员会,如果对此无约定,或约定不明又无法达成补充协议的,则认定该仲裁协议无效。与机构仲裁相比,临时仲裁的优点更加鲜明,临时仲裁具有尊重当事人的意思自治、灵活程度高、有利于保护当事人的隐私、有助于提高效率等优势。在国际社会,临时仲裁得到普遍认可。

党的十八大以来,我国率先在自贸区进行了临时仲裁的实践探索。我国自贸区内的营商环境较之区外而言更为宽松,广阔的发展前景吸引了越来越多的外商在区内投资设企,由此产生的涉外民商事纠纷也越来越多。与此同时,《纽约公约》以及我国与德、日、英等国签订的双边投资保护协定等条约中又承认临时仲裁制度,肯定了域外的临时仲裁裁决效力。在此背景下,作为我国改革开放的试验田,自贸区探索构建临时仲裁制度。2016 年 12 月,最高人民法院颁布的《关于为自由贸易试验区建设提供司法保障意见》第 9 条第 3 款规定:“在自贸试验区内注册的企业相互之间约定在内地特定地点、按照特定仲裁规则、由特定人员对有关争议进行仲裁的,可以认定该仲裁协议有效……”这可谓开创了我国临时仲裁制度之先河。2017 年 3 月,我国珠海仲裁委员会出台了《横琴自由贸易试验区临时仲裁规则》,对临时仲裁协议的内容、仲裁庭的组成、仲裁程序、仲裁裁决结果的送达与期限等问题进行了较细的规定。上海自贸区并没有像横琴自贸区那样出台专门的临时仲裁规则,适用的依然是上海国际经济贸易委员会(上海国际仲裁中心)于 2015 年 1 月 1 日起施行的《中国(上海)自由贸易试验区仲裁规则》。上海市第二中级人民法院本着支持上海自贸区仲裁制度创新的原则,出台《关于适用〈中国(上海)自由贸易试验区仲裁规则〉仲裁案件司法审查和执行的若干意见》,规定将《贸易法委员会仲裁规则》作为上海自贸区适用临时仲裁时可以援引的仲裁规则。2022 年 3 月 18 日,中国海商法协会(海协)、中国海事仲裁委员会(海仲)颁布实施《中国海商法协会临时仲裁规则》和《中国海事仲裁委员会临时仲裁服务规则》。

2. 进一步落实仲裁民间性

鉴于实践中民商事仲裁的定位不明、运作不规范，管理滞后、机制不健全、公信力不高等问题，很多地方对仲裁机构的体制机制进行改革，进一步强化或者落实仲裁的民间性，由此出现了许多改革样本。

(1)北海仲裁委员会的体制改革

2017 年 11 月 23 日，北海市人民政府办公室印发《北海仲裁委员会体制改革工作实施方案》，该方案的指导思想和目标任务是：按照政事分开、管办分离和建立机制健全、管理科学、服务规范，富有公信的国际化、现代化社会公共法律服务平台的要求，发挥北海仲裁委员会(以下简称仲裁委)作为独立法人机构的组织、管理和监督作用。开展人事、财务、薪酬、运营等管理体制方面改革，实现依法设立、职责法定、独立运作的目标，进一步激发市场活力，切实满足人民群众日益增长的仲裁服务需求，争取用 5 ~ 10 年时间把北海仲裁委建设成为广西乃至全国一流仲裁机构。

北海仲裁委改革的主要内容包括：第一，仲裁机构实行委员会独立运作自主管理制度，仲裁委作为依据《仲裁法》成立的独立运作、自收自支、依法纳税、不以营利为目的的民商事争议仲裁机构，具体管理模式由章程规定，实行委员会集体领导制度。第二，改革仲裁委秘书处，不再占用事业编制，理顺仲裁委、秘书处与法制办的关系。第三，对仲裁机构有关人财物问题进行改制。如将仲裁委秘书处更名为北海市法治政府研究室，现有编制人员可采取自愿选择原则进行妥善安排，如继续保留事业编制的，转岗安排；如留在仲裁委的则须放弃事业编制由其与仲裁委签订劳动聘用合同。再如对仲裁委秘书处资产按规定进行清产核算，清产核算后的资产，作为仲裁委的负债，3 年内将负债所确定的金额返还财政；仲裁委现有办公场地，改为仲裁委向市政府机关事务管理局租赁使用。此外，还将仲裁收费改为经营性收费，由仲裁委依法纳税后自行管理统筹使用，有关手续按程序办理。

通过上述改革,北海仲裁委的民间性更加突出,行政性逐步淡出了仲裁领域。

(2)大连仲裁委员会的改制

2021年2月,大连仲裁委员会改制为提供公益性服务的非营利法人,同时使用大连国际仲裁院名称。改制后的大连仲裁委员会(大连国际仲裁院)独立于行政机关,实行以理事会决策、院长执行为核心的法人治理结构,实行经费自主化、人员市场化、运行专业化的管理模式。2021年3月28日,大连国际仲裁院召开第六届委员会换届会议,当天,大连国际仲裁院经市政府直属事业单位改制为公益性非营利法人机构,完全离开体制,开启了国际化、专业化改革新阶段。通过改制和改革,大连国际仲裁院的行政属性彻底消除,在此背景下,大连国际仲裁院未来有望成为面向东北亚的国际仲裁中心。

(3)上海仲裁委员会的改革

上海仲裁委员会自1995年成立以来,始终按照国际通行的民商事仲裁规则进行建设。上海仲裁委员会遵循中国法律、参照国际惯例及商业惯例,秉着独立、公正、专业、高效的宗旨仲裁国内或者涉外合同纠纷和其他财产权益纠纷。2020年11月,上海市委全面深化改革委员会审议通过《上海仲裁委员会深化改革总体方案》(以下简称《深化改革方案》),《深化改革方案》指出要抓好改革措施落地落实,推动仲裁机构“体制松绑、机制做优、队伍做专、业务做强”,提高国际竞争力、公信力和影响力,加快把上海打造成为面向全球的亚太仲裁中心。为了《深化改革方案》尽快落地见效,上海仲裁委员会于2021年3月4日,召开深化改革动员大会,进一步强调要把上海仲裁委员会建设成具有国内引领性和国际知名度的一流仲裁机构。上海仲裁委员会通过上述改革,借助专业化建设和专门化服务等举措进一步淡化了仲裁的行政化影响。

(4)北京仲裁委员会的改革

北京仲裁委员会在2019年通过新规则对仲裁收费标准进行了改革,将仲裁费用明确区分为仲裁员报酬和机构费用,改变了过去仲裁收费由受理费和处理费组成的划分历史,增强了收费的明确性和透明性,同时与国际通行做法相一致,进一步增强了仲裁的民间性,淡化了行政性。

3. 推行网上仲裁

随着互联网和数字技术的发展,网络已经渗入社会生活的方方面面,在纠纷解决领域,通过互联网实现纠纷的快速解决已经成为现实,网上仲裁在实践中迅速展开,形成仲裁发展的新样态。

国内较早开展网上仲裁探索的仲裁机构以广州仲裁委员会为代表和典型。广州仲裁委员会把握互联网时代脉搏,开拓创新,最先在国内推出网络仲裁平台,实现仲裁全流程线上运行。早在 2015 年 3 月,广州市仲裁委员会成立了我国首个网络仲裁服务平台,随后制定了《广州仲裁委员会网络仲裁规则》和《网贷纠纷网络仲裁专门规则》。北京仲裁委员会在网上仲裁领域也有新的突破,如北京仲裁委员会/北京国际仲裁中心在 2022 年 2 月 1 日正式施行的新版仲裁规则明确规定开庭方式包括网上开庭,并规定仲裁庭有权根据案件情况确定开庭方式。国内其他仲裁机构也在网上仲裁领域积极作为,探索仲裁与互联网相结合的各种模式。

4. 完善仲裁制度

由于我国《仲裁法》颁发实施已经 20 多年,而随着经济社会的发展以及互联网的兴起,仲裁法相对粗线条的规定已经难以满足实践之需,在仲裁监督、仲裁裁决执行、撤销仲裁裁决、虚假仲裁应对以及网络仲裁等方面都需要进一步回应和厘清。鉴于此,党的十八大以来,最高人民法院针对仲裁制度出台相关司法解释,立法机关将仲裁法的修改提上了议事日程。

(1)最高人民法院颁布仲裁司法解释

《民事诉讼法》《仲裁法》及相关司法解释针对仲裁裁决执行的有关规定都相对简单,致使仲裁裁决执行在实践中乱象重生,引发当事人和利益相关人强烈不满。据不完全统计,为了规范人民法院办理仲裁裁决执行案件,依法保护当事人、案外人的合法权益,根据《民事诉讼法》《仲裁法》等法律规定，结合人民法院执行工作实际，最高人民法院于 2018 年 2 月颁布了《关于人民法院办理仲裁裁决执行案件若干问题的规定》（以下简称《裁决执行规定》），自 2018 年 3 月 1 日起施行。

《裁决执行规定》对仲裁裁决执行案件的司法管辖、申请审查和执行救济等作了较为翔实的规定，有效回应了实践中出现的仲裁执行层面的若干问题。《裁决执行规定》在仲裁裁决执行方面有如下一些亮点。首先，明确仲裁裁决执行案件的管辖。《裁决执行规定》第 2 条明确规定，仲裁裁决原则上由中级法院管辖，当执行案件执行标的额符合基层法院一审民商事案件级别管辖受理范围并经上级人民法院批准后，可以指定基层法院管辖；同时，审查不予执行仲裁裁决案件的管辖权不能下放。其次，创设案外人申请不予执行制度，防范虚假仲裁。虚假仲裁与虚假诉讼非常类似，都严重损害案外人的合法权益。对于虚假诉讼，民事诉讼法规定了第三人撤销之诉制度，但对于虚假仲裁，权益受损的案外人却没有明确的救济途径。对此，《裁决执行规定》创新性地规定了案外人的救济途径，即允许案外人向人民法院申请不予执行虚假仲裁裁决，为善意案外人提供维护其合法权益的法律途径。再次，对不予执行申请审查后果规定了不同的救济程序。《裁决执行规定》第 21 条、第 22 条对当事人申请不予执行仲裁裁决与案外人申请不予执行仲裁裁决的审查后果作出了不同的规定：其一，当事人申请不予执行仲裁裁决。人民法院裁定不予执行仲裁裁决、驳回或者不予受理不予执行仲裁裁决申请后，当事人对该裁定提出执行异议或者申请复议的，人民法院不予受理。人民法院裁定不予执行仲裁裁决的，当事人可以根据双方达成的书面仲裁协议重新申请仲裁，也可以向人民法院起诉。因此，人民法院裁定驳回或者不予受理不予执行申请的，仲裁裁决依法应继续执行。其二，案外人申请不予执行仲裁裁决。对此，《裁决执行规定》第 22 条第 3 款为其单独设置了一个救济程序，即人民法院基于案外人申请裁定不予执行仲裁裁决或者仲裁调解书，当事人不服的，可以自裁定送达之日起 10 日内向上一级人民法院申请复议；人民法院裁定驳回或者不予受理案外人提出的不予执行仲裁裁决、仲裁调解书申请,案外人不服的,可以自裁定送达之日起10日内向上一级人民法院申请复议。为案外人申请不予执行单独设置一个复议程序,主要考虑是,对于被执行人申请不予执行制度,2022年《最高人民法院关于适用〈中华人民共和国民事诉讼法〉的解释》(以下简称《民事诉讼法解释》)第479条已经为当事人设置了救济程序。但案外人申请不予执行制度为《裁决执行规定》首次设立,在此种情况下,仲裁裁决的执行力面临接受案外人挑战的可能,当事人、案外人对审查结果也没有其他救济程序可以遵循,有必要为其提供正常的司法救济程序,而增设上级法院的复议审查也有利于确保该制度严格规范适用。[①] 最后,进一步明确了撤销仲裁裁决与不予执行仲裁裁决两套程序的衔接。《裁决执行规定》第20条对两个程序的衔接进一步明确和简化,减少重复审查,避免被执行人滥用司法程序拖延执行。具体而言:第一,在撤销或不予执行仲裁裁决审查中,当事人的申请被驳回后,其又以相同事由启动另一救济程序的,法院亦不予支持。第二,当两个救济程序同时启动时,应以撤销仲裁的诉讼审查程序为先,此时受理不予执行申请的法院应当裁定中止不予执行的审查。撤销仲裁裁决审查后,如仲裁裁决被撤销或者决定重新仲裁的,执行法院的执行程序应当裁定终结,对不予执行申请的审查程序亦应终结;如驳回撤销仲裁裁决申请或者申请执行人撤回撤销仲裁裁决申请的,应当恢复对不予执行申请的审查。第三,如果被执行人同时启动了两个审查程序,又撤回撤销仲裁裁决申请的,应视为其一并撤回了不予执行仲裁裁决的申请,应终结对其提出的不予执行申请的审查。

(2)《仲裁法》修订进入全国人大常委会立法规划和年度立法工作计划

自1995年9月1日《仲裁法》实施以来,我国《仲裁法》经历了2009

---

① 参见刘贵祥、孟祥等:《〈关于人民法院办理仲裁裁决执行案件若干问题的规定〉的理解与适用》,载《人民司法(应用)》2018年第13期。

年和2017年两次修正,但《仲裁法》上述两次修正并没有实质意义上的修改内容,而只是为了与已经修改的其他相关法律条文序号或者相关提法相协调而进行的微调。鉴于此,2018年,第十三届全国人大常委会将《仲裁法》修订列入立法规划。根据2022年度全国人大常委会立法工作计划安排,修改《仲裁法》列入了全国人大常委会2022年度预备审议项目,由有关方面抓紧开展《仲裁法》修改的调研和起草工作,视情况安排审议。

(二)我国仲裁制度存在的问题和困境

随着我国社会高速发展,市场经济进一步完善,《仲裁法》的不足与弊端日益显现。我国仲裁制度存在的问题和困境主要表现以下几个方面。

1. 仲裁机构行政化

虽然一些地方进行了仲裁委员会体制改革,实施了去行政化的改革举措,但绝大多数地方还没有进行改革。仲裁机构行政化问题依然非常突出,按照我国《仲裁法》规定,各地的仲裁委员会是由所在地市政府有关部门协同商会组建。但商会只是起着次要与从属作用。仲裁委员会组建基本上是政府的行政行为,很多仲裁机构实质上成了政府的附属机构,按照行政机关模式确定仲裁机构的主管部门,确定仲裁机构的级别和编制。相当数量的仲裁委员会办事机构领导由行政官员兼任。

2. 仲裁的选择模式与程序不尽合理

仲裁优越性的一个重要方面,就是其充分尊重体现当事人意思自治原则,而我国《仲裁法》未能充分体现这一原则。一是《仲裁法》对仲裁协议的要件要求过高,将选定仲裁机构作为必备条件;二是当事人没有选择仲裁规则和仲裁所适用的实体规范的权利。

3. 司法对仲裁监督比较机械僵硬

我国《仲裁法》对仲裁司法监督制度的设计尚有很多不尽合理之处,具体表现为:一是司法对仲裁的事后监督的期限过长,严重影响当事人的程序利益和实体利益。根据我国《仲裁法》的规定,当事人向法院申请撤销仲裁裁决的最长期限为6个月，法院对申请作出裁决的最长期限为2个月，如一方当事人故意利用期限而拖延，就会使裁决在长达8个月的时间里，效力处于不确定的状态。并且当一方撤销仲裁裁决的申请被驳回后，被执行时其还可以再申请不予执行，法院需审查甚至再次进入审理程序，更使仲裁裁决效力长期处于不确定的状态，有悖仲裁的快速高效的特点。二是我国仲裁法对如何重新仲裁未做说明与详细制度设计，使得重新仲裁制度在实践中因缺乏可操作性而被闲置，未能发挥其应有效用。三是我国法院对国内仲裁裁决的审查范围是全面审查，但对涉外仲裁只是程序性审查，审查内容不同，导致我国仲裁制度同国际脱轨，影响我国仲裁裁决的权威性。[①]

4. 临时仲裁制度尚未完全确立

为了满足自贸区发展需要，以及解决未来可能出现的贸易纠纷，我国在自贸区探索引入了临时仲裁。从一定程度上来说，临时仲裁为满足当事人对于解决纠纷的多元需求起到很大作用，目前很多国家均已承认或采用临时仲裁解决各种纠纷。就我国而言，自贸区临时仲裁的改革探索尽管在制度的设立上已经取得了一定的成效，在具体实践中临时仲裁的优势也有一定的体现，但是，从根本上说还是存在先天不足，如临时仲裁与我国现行相关法律不一致、临时仲裁协议的内容有欠规范、临时仲裁员的选任与监督机制不明确、司法对临时仲裁存在过度干预之嫌等。[②] 因此，我国尚没有确立真正意义上的临时仲裁制度。

（三）我国仲裁制度的完善

1. 进一步落实仲裁机构的民间性

仲裁的民间性是仲裁的生命和基石，为保证仲裁机构民间性，我国应当实行仲裁机构的行业管理体制，实现仲裁机构财务的独立核算，使仲裁机构在自我管理、自我负责的前提下获得自我生存与发展。在人员

---

① 参见厉兵：《浅论我国仲裁制度的不足及完善建议》，载《学理论》2014年第6期。

② 参见初北平、史强：《自由贸易试验区临时仲裁制度构建路径》，载《社会科学》2019年第1期。

组成上,仲裁委员会的主任或者副主任应当避免由政府官员兼任,而是让专家充分发挥作用,由专家来充实仲裁委员会的组成人员,由此落实和体现仲裁的民间性及权威性。

2. 完善仲裁程序规则

为了充分体现仲裁的契约性特点和解决纠纷简便、灵活、快捷的优势,必须完善具体仲裁程序规则。一是要将现在实行的仲裁员强制名册制改为推荐名册制,允许当事人在仲裁员名册之外选任仲裁员。二是赋予当事人更多的程序选择权,包括选择仲裁规则和选择仲裁所适用的实体规范的权利,选择适用一般程序还是简易程序的权利,选择开庭审理还是书面审理的权利,以及选择开庭的时间、地点和协商约定办案期限等事项的权利。三是要修改《仲裁法》中某些脱离实际的不合理规定。例如,2017 年《仲裁法》第 57 条"裁决书自作出之日起发生法律效力"、第 9 条第 2 款"裁决被人民法院依法裁定撤销或者不予执行的,当事人就该纠纷可以根据双方重新达成的仲裁协议申请仲裁,也可以向人民法院起诉"等规定,均有作适当修改的必要。[①] 四是增设仲裁的简易程序,以充分体现出仲裁程序简便、灵活、快捷的特点。

3. 重构仲裁司法监督制度

如果法院对仲裁的司法监督过多或者过于严苛,动辄撤销仲裁裁决或者不予执行仲裁裁决,将对仲裁带来诸多负面性影响;相反,如果法院尊重仲裁机构作出的裁决,给予仲裁裁决以最少干预和最大支持,仲裁事业必然能健康有序地发展。从我国仲裁发展历程来看,我国仲裁要想获得进一步发展,必须进一步理顺仲裁与司法的关系,真正实现仲裁在解决民商事纠纷中高效快捷的特性,为了实现这一目标必须进行如下改革:一是取消不予执行仲裁裁决的制度,将其合理的内容吸收到撤销仲裁裁决的制度之中。二是要缩小撤销仲裁裁决的法定事由范围,将撤销仲裁裁决的法定事由严格限制在违反仲裁程序和违背社会公共利益的

---

① 参见林梅平:《对完善我国仲裁制度的几点思考》,载《北方经贸》2015 年第 6 期。

范围之内，体现出司法监督的有限性和形式性。三是对重新仲裁的条件、范围、期限、仲裁组织等作出明确而详细的规定，避免随意性，增强可操作性，以提高效率。四是完善仲裁监督的体系。我国《仲裁法》应规定各仲裁机构设置专司监督职能的部门，同时，进一步完善中国仲裁协会的职能。

4. 完善临时仲裁制度

目前，临时仲裁制度在我国尚未完全得到法律体系的承认，并且与我国《仲裁法》存在冲突。为此，需要通过立法承认并确立临时仲裁制度。在赋予临时仲裁庭仲裁机构权力的同时，也要完善对临时仲裁员的选任、对临时仲裁员职业道德的约束以及对临时仲裁庭的监督。为增强临时仲裁的公正性，要制定并推广自贸区临时仲裁协议示范文本。

四、行政裁决制度的建设与发展

作为多元化纠纷解决机制的一个组成部分，行政裁决制度在我国已经具有较长的历史，其在解决社会纠纷，服务社会发展，促进社会和谐方面发挥了重要作用。《党的十八届四中全会决定》对健全行政裁决制度作出了部署，[①]2015 年，中共中央和国务院印发的《法治政府建设实施纲要（2015—2020 年）》将完善行政裁决制度作为一项工作举措，[②]由此行政裁决制度的完善与发展成为法治政府建设及社会治理现代化工作中的重点。2019 年，中共中央办公厅、国务院办公厅印发了《关于健全行政裁决制度加强行政裁决工作的意见》（以下简称《行政裁决工作意见》）。在党和国家高度重视行政裁决的背景下，探讨行政裁决制度，有助于推动民事司法体系的创新与发展，推进司法现代化进程。

---

① 《党的十八届四中全会决定》第五项任务“增强全民法治观念，推进法治社会建设”中明确提出要“健全行政裁决制度，强化行政机关解决同行政管理活动密切相关的民事纠纷功能”。

② 《法治政府建设实施纲要（2015—2020 年）》（中发〔2015〕36 号）在“主要任务和具体措施”第 34 条“完善行政调解、行政裁决、仲裁制度”中规定。

(一)行政裁决的特点和优势

理论界有关行政裁决的探讨很早就已开始,对于行政裁决的内涵在理论界中存在不同的理解,[①]但对行政裁决的研究多以行政法学学者研究为主。2019年《行政裁决工作意见》的颁布和实施,对行政裁决作出了明确界定,行政裁决是指行政机关根据当事人申请,根据法律法规授权,居中对与行政管理活动密切相关的民事纠纷进行裁处的行为。

1. 行政裁决的特征

作为公权力机关参与民事纠纷解决的一种方式,行政裁决一定程度上能够弥补司法解纷的不足,可以更加及时、有效地解纷,能够成为解决民事纠纷的"分流阀",特征明显。

第一,行政裁决的主体是行政机关。行政裁决的主体只能是法律法规授权的行政机关,这是行政裁决与民事纠纷的诉讼、调解与仲裁的不同之处,体现了行政裁决主体的行政性特征。

第二,行政裁决的对象是一定范围内的民事纠纷。行政裁决的对象只能是与行政管理活动密切相关的民事纠纷。这从范围上对行政裁决的客体进行了限定,一方面行政裁决的客体必须是民事争议,即平等主体之间的法律纠纷;另一方面要求行政裁决的客体需要和行政管理活动密切相关。民事纠纷由财产性纠纷、人身性纠纷以及兼具财产性和人身性的知识产权纠纷构成,并非所有的民事纠纷都能够通过行政裁决进行

---

① 如张树义教授认为行政裁决有着广义和狭义之分,广义的行政裁决指行政机关解决民事、行政争议的活动;狭义的行政裁决则专指行政机关解决民事纠纷的活动。参见张树义主编:《纠纷的行政解决机制研究——以行政裁决为中心》,中国政法大学出版社2006年版,第29页。姜明安认为"所谓行政裁决,是指行政机关依照法律规范的授权,对当事人之间发生的、与行政管理活动密切相关的、与合同无关的民事纠纷进行审查,并作出裁决的行政行为"。参见姜明安主编:《行政法与行政诉讼法》,北京大学出版社、高等教育出版社2015年版,第248页。马怀德教授认为"行政裁决是指行政主体根据法律的授权,对平等主体之间发生的、与行政管理事项密切相关的、特定的民事纠纷居间进行审查,并作出决断的具体行政行为"。参见马怀德主编:《行政法学》,中国政法大学出版社2009年版,第239页。

处理,行政裁决的对象主要还是“集中在自然资源权属争议、知识产权侵权纠纷和补偿争议、政府采购活动争议等方面,合同纠纷等一般民事争议不属于行政裁决的受理范围”①。

第三,行政裁决不具有终局性。当事人享有裁判请求权,在民事纠纷发生以后,享有请求法院公正审判的权利。裁判请求权是当事人的基本权利,任何机关都不得侵害裁判请求权。基于裁判请求权保障之要求,任何人都有权排斥法院外的机构和个人对其纠纷作出最终决定。因此,行政裁决不具有终局性,民事纠纷当事人对行政裁决不服的,可以提起诉讼。

2. 行政裁决的优势

行政裁决是诉讼外独具特色的一项纠纷解决机制,有助于社会发展与国家管理,②顺应了社会发展对高效解纷的需求。与其他纠纷解决方式相比,行政裁决具有如下优势。

第一,专业性优势。行政裁决的主体是行政机关,由于职能分工的不同,行政机关在行政管理活动方面更具专业性和技术性优势,这一优势在行政裁决制度中主要体现在事实认定方面。相对法官深谙法律规范,善于法律适用,行政裁决机关的社会管理经验更为丰富,在其职能范围内对与行政管理活动有关的事实认定更为专业。因为这些机关往往拥有自己的调查部门,有着一定的专业技术人员,在处理纠纷时能够由精通特定专业领域知识的专业人员负责进行,在信息的搜集、判断上优势明显。③

第二,综合性优势。行政裁决的过程也是行政机关履行职务的过程,因为行政裁决处理的纠纷是与行政管理活动密切相关的民事纠

---

① 《司法部负责人就〈关于健全行政裁决制度加强行政裁决工作的意见〉答记者问》,载《人民日报》2019 年 6 月 3 日,第 11 版。

② 参见周佑勇、尹建国:《我国行政裁决制度的改革和完善》,载《上海政法学院学报》2006 年第 5 期。

③ 参见[日]棚濑孝雄:《纠纷的解决与审判制度》,王亚新译,中国政法大学出版社 1994 年版,第 75 页。

纷,这使行政裁决保护的权益具有综合性,既涉及民事权益,还涉及公共利益和社会秩序。另外,行政机关在裁决民事纠纷的过程中,为避免此类纠纷的再次发生,可以融入一定的政策考量,通过自由裁量权的行使,综合性地、全方位地解决纠纷,[①]这也是行政裁决综合性优势的又一体现。

第三,效益性优势。“如果说公正是现代行政之灵魂,那么效率便是现代行政之生命”[②]。行政裁决的主体是行政机关,在长期的行政管理过程中,行政机关积累了丰富的经验,其专业性优势为民事纠纷的解决节省了时间,提高了效率。虽然目前我国立法对民事裁决的期限尚没有作出统一的规定,但是从一些地方的规定来看,行政裁决的期限明显更短,如《汕头市行政裁决规定》规定,适用一般程序审理应当60日审结,特殊情况经批准可延长30日;简易程序审理的应当30日审结,特殊情况经批准可延长10日。[③]《江苏省人民政府办公厅关于规范行政裁决工作的意见》也有类似规定,要求行政裁决除有其他规定外,应当在受理之日60日内作出裁决,情况特殊的经批准延长但延长不超过30日。[④] 这相对于民事诉讼程序需要3个月或6个月甚至12个月更为快捷。

(二)行政裁决制度的评析

在国家层面,当前我国行政裁决制度散见于有关法律、法规和部门规章之中,据不完全统计,有关行政裁决的规定主要涉及知识产权争议、自然资源权属争议、民间纠纷、医疗事故争议、政府采购争议以及租赁合

---

① 参见何兵主编:《和谐社会与纠纷解决机制》,北京大学出版社2007年版,第201页。

② 江国华:《中国行政法(总论)》,武汉大学出版社2017年版,第525页。

③ 参见《汕头市行政裁决规定》(2021年1月12日汕头市人民政府令第198号公布自2021年3月1日起施行)第40条、第45条规定。

④ 参见《江苏省政府办公厅关于规范行政裁决工作的意见》(苏政办发〔2017〕8号),载江苏省人民政府网,http://www.jiangsu.gov.cn/art/2017/2/8/art_46478_2557634.html。

同纠纷六大领域，七部法律，十三部行政法规和规章中的部分条文。[①]从这些规定及其实践情况来看，虽然行政裁决在我国法律文本和实践中都广泛存在，但效果不甚理想，存在诸多问题。

1. 行政裁决的独立性有待提升

行政裁决的独立性一方面体现为行政裁决主体的独立性，另一方面表现为行政裁决机构的独立性。从行政裁决主体来看，行政裁决主体的优势很大程度上决定着行政裁决制度的优势。按照有关法律规定，我国有权进行行政裁决的主体既有行政机关的内部机构，也有专门机构，还有基层人民政府。但从实践来看，我国行政裁决权主要由相关的行政主管部门掌握，[②]这在理论上虽然有助于发挥各个主体的专业、便利和高效优势，但也存在行政裁决主体分散，独立性不足的问题，导致行政管理权与行政裁决权混同现象的发生，有悖于自然公正的要求，容易引发质疑，不利于行政裁决解纷优势的发挥。为发挥专业优势，2017 年在《公务员法》的修正中增加了一款，要求对初次从事行政裁决等行为的公务员实行统一的法律资格考试制度，[③]这是对行政裁决主体的完善，有助于行政裁决主体能力提高，是促进行政裁决高质量解纷的重要一步。但与行政裁决的独立目标还有差距，行政裁决独立性的提高还需要行政裁决组织体系的完善。

---

① 七部法律的规定分别为《专利法》第 57 条和第 60 条、《商标法》第 60 条、《土地管理法》第 14 条、《森林法》第 22 条、《草原法》第 16 条、《矿产资源法》第 49 条、《政府采购法》第 55 条和第 56 条。十三部行政法规和规章的规定分别为《专利法实施细则》第 75 条、《国防专利条例》第 26 条和第 32 条、《奥林匹克标志保护条例》第 12 条、《世界博览会标志保护条例》第 9 条、《植物新品种保护条例》第 39 条、《中药品种保护条例》第 19 条、《集成电路布图设计保护条例》第 28 条和第 31 条、《集成电路布图设计保护条例实施细则》第 32 条、《展会知识产权保护办法》第 16 条、《民间纠纷处理办法》全文、《医疗事故处理条例》第 37 ~ 42 条、《政府采购法实施条例》第 56 ~ 58 条、《全民所有制小型工业企业租赁经营暂行条例》第 22 条。

② 参见秦前红：《发挥行政裁决解决民事纠纷的“分流阀”作用》，载《中国党政干部论坛》2019 年第 7 期。

③ 《公务员法》（2018 年修订）第 25 条第 2 款规定：“国家对行政机关中初次从事行政处罚决定审核、行政复议、行政裁决、法律顾问的公务员实行统一法律职业资格考试制度，由国务院司法行政部门商有关部门组织实施。”

2. 行政裁决的范围有待明确

行政裁决的范围，又称行政裁决的受理范围、行政裁决对象，是行政机关行使行政裁决权，依法裁决一定范围内的民事纠纷的权限，即哪些民事纠纷可以由行政机关通过行政裁决解决。[①] 根据《行政裁决工作意见》的规定，行政裁决的范围是与行政管理活动密切相关的民事纠纷，对此，司法部负责人答记者问时进一步解释合同纠纷等一般民事争议不属于行政裁决的受理范围。这一范围一方面将合同纠纷和行政纠纷排除在外，另一方面要求行政裁决民事纠纷与行政管理活动密切相关。看似规定明确，但何为与行政管理活动密切相关难以界定。虽然有学者将其解释为"行政机关在进行行政管理过程中引起的私法上的争议或者与行政管理活动密切相关的私法上的争议"[②]。但这一解释依然难以确定行政裁决的范围，因为"现代社会中，行政权渗入社会生活的各个领域，民事法律关系与行政法律关系交织在一起，已很难找出与行政活动完全无关的民事纠纷"[③]。这事实上使行政裁决的范围不确定，有可能导致行政不作为。[④]

3. 行政裁决程序的规范化需要加强

程序正义是结果正义的重要保障，行政裁决制度作用的发挥离不开程序的规范引导。若各地行政裁决程序不一致，难免会导致行政裁决的结果存在差异，降低行政裁决的公信力。然而"受程序工具主义观念的影响，我国规定行政裁决的法律多以实体性授权为主，具体的程序性规则极少"[⑤]。对行政裁决程序的规定散见于各种单行的法律法规中，导致行政裁决程序不够规范，实践性操作中对权力的约束不够。一般来

① 参见茅铭晨、李春燕：《行政裁决法治化研究》，载《行政论坛》2003 年第 3 期。

② 王小红：《行政裁决制度研究》，知识产权出版社 2011 年版，第 73 页。

③ 孔繁华：《行政与司法之间：行政裁决范围的厘定与反思》，载《甘肃政法大学学报》2021 年第 1 期。

④ 参见董妍、赵天翼：《行政裁决制度的地方立法安排——以避免行政法律风险为视角》，载《辽宁行政学院学报》2021 年第 2 期。

⑤ 齐树洁：《行政裁决制度：反思与重构》，载《司法改革论评》2016 年第 1 期。

说，行政裁决程序分为普通程序和简易程序两种，应当包括申请、受理、审理与裁决四个过程。但从相关立法规定来看，行政裁决的审理过程规定阙如，“有的需要开庭，有的书面审理即可。有的需要先行调解，有的则不必经过先行调解程序。有的规定了回避制度，有的则没有规定。有的对行政裁决书的内容有明确要求，有的则没有明确要求。对是否辩论、是否公开等正当程序问题则普遍没有作出统一规定”[①]。这导致实践中操作混乱，面临行政权力滥用之风险，影响行政裁决的公信。

4. 裁决机关的职权有待明确

行政裁决权是行政司法机关行使的一项准司法权，行政司法机关职权范围不明将导致该权力的滥用或者怠于行使。《行政裁决工作意见》规定行政裁决权源于法律法规授权，但由于我国行政裁决规定零散，实践中行政裁决职权不明表现在职责的授权和委托权限不明、行政裁决机关的义务不明以及行政裁决和司法的界限不明三方面。首先，虽然行政裁决是法律法规的授权，但从现有规定来看，在进行行政裁决授权时，基于哪些因素的考量进行授权和委托、委托的权限和程序遵循何种原则，目前缺少具体的规定。其次，目前普遍存在行政裁决机关的义务不明确，行政裁决的程序规则缺乏，行政裁决机关的工作缺乏指引，制约裁决的顺利进行的问题。最后，作为多元解纷的方式之一，由于行政裁决管辖的是与行政职权有关的民事纠纷，在未规定行政裁决程序前置的情况下，行政裁决和司法管辖的都是民事纠纷，在当事人同时选择上述处理方式时，如何安排上述问题，就面临冲突可能。对此，是否直接由司法进行管辖而排除行政裁决，目前并无具体规定。

5. 救济体系需要进一步完善

行政裁决主体的权力来自司法权的部分让渡，实现这种“部分”性的关键在于，行政裁决不应当成为纠纷的终局性解决机制，司法必须保

---

① 王小红：《行政裁决制度研究》，知识产权出版社 2011 年版，第 83 页。

留对民事纠纷的最终裁决权。[①] 从实践来看，当事人对于行政裁决结果不服，既有按照民事诉讼寻求救济的，也有按照行政诉讼进行救济的。在理论上，也存在行政诉讼救济[②]、民事诉讼救济、行政附带民事诉讼[③]以及建立当事人诉讼制度[④]等观点。可见，立法上不严谨、不科学，导致理论上学术纷呈，实践中司法救济路径混乱，法院的态度与处理方法也不尽相同，难以真正实现民事、行政的和谐共处，进而难以彻底化解当事人之间的纠纷、满足当事人利益诉求、充分发挥行政裁决的制度功能。

（三）行政裁决制度的完善

我国行政裁决制度存在“缺乏总体框架、授予权混乱、没有一套相对统一的法定程序”[⑤]等问题。由于行政裁决制度是一项行政权与司法权紧密相连的制度，要想充分发挥其化解民事纠纷的“分流阀”作用，有必要对其进行完善。

1. 确保行政裁决的独立地位

根据多元纠纷解决机制中的“纠纷解决”原理，确保行政裁决的独立地位首先要从主体改革上进行，促进行政裁决主体朝着司法化方向发展，即强化行政裁决主体的独立性、中立性地位。[⑥] 从英美法系的经验来看，行政裁决制度之所以能够得到人们的认可、支持和信赖，很大程度上源于行政裁决主体能够获得公众的认可与信赖，从根本上来说源于行政裁决主体在行政裁决中的独立性及中立性，如英国行政裁决由行政裁

---

① 参见姜明安：《行政法与行政诉讼法》，北京大学出版社 2011 年版，第 436 页。

② 林莉红、陆平辉教授持此种观点。参见林莉红：《关于行政机关居间裁决诉讼性质的研讨》，载《法商研究（中南政法学院学报）》1997 年第 4 期。陆平辉：《行政裁决诉讼的不确定性及其解决》，载《现代法学》2005 年第 6 期。

③ 参见张树义主编：《纠纷的行政解决机制研究——以行政裁决为中心》，中国政法大学出版社 2006 年版，第 128 页。

④ 薛刚凌教授即持这种观点。参见薛刚凌：《处理行政、民事争议重合案件的程序探讨》，载《法律科学（西北政法学院学报）》1998 年第 6 期。

⑤ 王小红：《我国行政裁决制度的演进及其完善》，载《南都学坛》2010 年第 2 期。

⑥ 参见梅扬：《行政裁决制度的性质定位与困局破解》，载《华中科技大学学报（社会科学版）》2021 年第 5 期。

判所进行，该所和行政机关相区分，设立在普通法院体系之外，由司法部统一管理。行政裁判所的成员来源于大法官所认可的人员，但需按照法定程序从这些被认可的人员中选拔、任命。经过选拔、任命的行政裁判人员未经大法官同意，行政部长不得解除，由此保证行政裁判人员独立裁决。[①] 在美国，行政裁决主体多为独立的管制机构，根据《联邦行政程序法》(Administrative Procedures Act)规定，行政管制机构的裁决人员由行政机关在文官委员会确定的人员名单中选任，这些人员既要有进行行政裁决须具备的基本法律知识，还要具有行政管理的经验。被选任后的行政人员必须独立于所述机关，且未经文官委员会同意的不得免职、降职。[②] 可见，在我国行政裁决独立地位首先应当保证行政裁决主体的独立。其次，有必要适当提升行政裁决机构的独立性。对此，可以根据不同类型行政裁决的需要，将行政裁决权统一配置给各政府组成部门，但须注意的是，应当在行政裁决机构内部做好职能分离，防止行政管理权与行政裁决权不分。同时，对于从事行政裁决的人员管理、经费应当专门考量，未经行政裁决批准任职机关同意，不同降职、降薪甚至免职。

2. 立法上明确裁决范围

行政裁决是解决民事纠纷的活动，但行政裁决也不是万能的，在设定行政裁决事项时应以社会现实需求为考量，保持适当规模、合理范围，在满足纠纷解决需要的同时，避免滥设行政裁决造成资源浪费。综观行政裁决制度成熟的国家，其设立的裁决事项也不尽相同。如美国行政裁决涉及的领域涵盖贸易、证券、环境、海洋等。英国行政裁决所涉及的主要纠纷类型有教育、雇佣、医疗、土地、伤害赔偿、运输等。[③] 考虑我国民事纠纷的现状、救济途径的有效性以及国家权力配置等情况，本书认为

---

① See Stephen G. Breyereds. ,*Administrative Law and Regulatory Policy*: *Problems*,*Text and Cases*, 2013 - 2014, Alphen: Aspen Publishers, 2013, p. 23.

② 参见[英]A. W. 布拉德利、[英]K. D. 尤因:《宪法与行政法(下)》(第14版)，刘刚、江菁等译，商务印书馆2008年版，第614～616页。

③ See Christopher Forsyth & William Wade, *Administrative Law*, Oxford University Press, 2009, p. 276.

应当结合行政裁决制度的功能加以考量。行政裁决在于利用行政机关在专业领域上的优势高效定分止争,因此,行政裁决的范围需要结合行政管理工作,采取"肯定概括 + 否定列举"的方式进行划定。

首先,应当以与行政管理直接相关为基本遵循,将与行政管理直接相关的民事纠纷纳入行政裁决范围,过于零散地授权某一具体、罕见事项,将会导致行政裁决在实践中被搁置,影响行政裁决发挥"分流阀"作用。

其次,以行政机关"谁作出,谁化解"为纠纷解决范围的设定标准。例如,自然资源权属争议、政府采购争议、专利侵权争议产生的基础都在行政机关作出相关权利认定的基础上,相关纠纷的一方当事人认为权利认定不合理或侵犯自己的权利,此类纠纷由行政机关的权利划分"产生",由行政机关加以解决具备合理性。

最后,要排除与行政管理没有直接关系的民事纠纷。如民间纠纷即应排除,因为民间纠纷既不是行政管理行为引起,也与行政权行使没有任何关系,因此,不宜通过行政裁决方式进行。

3. 制定规范的行政裁决程序

作为一项纠纷解决机制,行政裁决制度的基本功能发挥离不开科学、健全的程序规则保障。虽然《行政裁决工作意见》提出由"国务院有关部门、省级政府,以规章的形式出台具体程序性规定",但行政裁决本质上也是关涉司法权配置的问题。因此,行政裁决程序的规范化设计必须考虑行政裁决的"准司法性"属性及其为民事解纷分流的作用。对此,可以参照法院审判程序,明确行政裁决中的回避制度、证据制度、时效制度等主要程序制度,以及申请、审查、受理、调查、裁决等基本流程。

首先,要以程序正当为要求,指导行政裁决中的申请告知、回避制度、陈述和答辩以及裁判文书的制作等程序的优化。因为程序正当是公正裁决的保证,也是行政裁决制度的生命力所在。[①] 在程序价值主义看

---

① See Victoria Thirlaway, *Law Express Question and Answer: Constitutional and Administrative Law*, Harlow: Pearson Education Limited, 2013, p. 206.

来,良好的程序本身应当自然公正,确保中立,并以控权作为价值目标。鉴于我国行政裁决的程序规范欠缺,制约了行政裁决权威的形成的问题,应当以上述良好程序的标准为指导规划裁决程序。

第一,明确行政裁决以当事人申请为启动要件。行政裁决应当奉行不告不理的原则,以当事人申请为启动要件。裁决主体受理申请后应向申请人发出裁决受理通知书,并对另一方行政相对人履行告知义务,通知其就纠纷事项进行陈述、答辩、参加听证等。对裁决申请不予受理的,应当书面通知申请人,并在通知中载明不予受理的理由。第二,设置回避制度。行政裁决人员与当事人有利害关系,或者有其他情况可能影响公正裁决的,应当回避。当事人认为存在上述情况的,可以书面申请裁决人员回避。第三,保障行政裁决中当事人的陈述与答辩权。裁决主体应听取民事纠纷双方当事人的陈述,必要时可通过交叉辩论方式厘清案件争议点,并对纠纷事实进行调查。第四,规范裁决文书的制作。行政裁决书应载明争议的主要事实和理由,作出裁决的依据和理由,以及具体的裁决内容,并在文书中载明裁决人员。行政裁决书中应当告知当事人对行政裁决享有司法救济权。

其次,以裁决的经济高效与分流优势为指引,避免裁决程序的设计臃肿。正如上文所述,在民事纠纷的解决中,行政裁决的优势之一在于其高效性。因此,规范的行政裁决程序应当避免过度设计造成的臃肿。正如英国《弗兰克斯委员会报告》指出的,行政裁判所的公正裁决不能以牺牲效率为代价,否则就背弃了裁判所设立的初衷。鉴于行政裁决的优势就在于其耗费的社会资源与当事人承担的成本低于司法方式,所以其程序设计应当相对简化,运行行政裁决主体职权主义。[①] 此外,应明确不同类型行政裁决的审理期限,确保裁决主体迅速、及时地解决纠纷。

4. 规范行政裁决机关职权

由于行政裁决权属于准司法权,规范行政裁决机关职权除了需要通

① See Timothy Endicott, *Administrative Law*, Oxford University Press, 2011, p. 545.

过法律法规明确规定之外，更需要通过职权清单的形式予以明确。行政裁决事项清单制度的建立有助于行政裁决职责的明确，能够有效解决长期以来的行政裁决范围模糊化、混乱化的情况。同时，职权清单也是对行政裁决机关和纠纷主体的一种明示，能够有效地将行政裁决作为一种非诉讼社会纠纷解决机制与其他纠纷解决手段区别开来，增加其在矛盾解决中的权威性和专业性。具体来说，行政裁决职权清单要做到合理、合法。一是行政裁决职权清单的内容应当合理、合法，遵循立法的基本原则，不能超越行政裁决机关权限，这是依法行政原则最基本的要求。二是对行政裁决制度应当动态调整，保证清单内容的准确。这是因为行政裁决制度随着时代的发展不断变化，随着人们对其本身及所处理纠纷的性质等认识的不断深入，许多原来存在的行政裁决事项已经被废止。[①] 当然清单的这种调整不能是为了减轻行政裁决机关的负担，而故意缩小其在行政裁决工作中的职责。三是要及时向社会大众公布行政裁决职权清单，确保行政裁决清单能够切实在行政裁决工作中发挥作用，给行政机关和公众以明确的指引。

5. 完善行政裁决的救济制度

行政裁决不是终局性裁决，因而对行政裁决不服可以进行救济是国内外的共识。对于目前理论与实践中对有关行政裁决的救济应当采取何种方式存在争论的问题，本书认为争议各方都有道理且并不存在矛盾，各种救济制度可以并存，并根据实际情况由当事人选择使用。因为无论何种救济制度其目的都在于民事纠纷的彻底解决，在于保障人民群众的合法权益。具体来说，根据不同裁决类型，可以采取如下救济制度。

首先，对确权类行政裁决不服的，当事人可以提起行政诉讼。因为对于此类民事纠纷的行政裁决，其本质是行政机关运用公权力的一种行政行为，将其纳入行政诉讼是题中应有之义，也更有利于促进行政机关

---

① 参见吕艳滨：《我国民事纠纷的行政介入机制研究》，载胡建森主编：《公法研究》（第 7 辑），浙江大学出版社 2009 年版，第 105 页。

依法裁决民事纠纷，还能通过不同于民事诉讼的举证责任分配来保障争议双方当事人的合法权益。如在行政裁决主体对自然资源权属纠纷、专利纠纷、商标纠纷作出的确权类裁决中，当事人对裁决不服的，将产生以行政争议为主，涉及民事争议的关联案件。[①] 在此类行政裁决之诉中，行政争议居于核心地位，民事争议的解决以行政争议的解决为先决条件，[②]因此适宜提起行政诉讼。

其次，对非确权类行政裁决不服的，当事人可以提起民事诉讼。如在行政裁决主体对医疗卫生等损害赔偿纠纷、消费者权益纠纷等侵权纠纷作出的非确权类裁决中，当事人对裁决不服的将产生以民事争议为主，涉及行政争议的关联案件。在此类裁决之诉中，民事争议居于核心地位，行政裁决权的行使虽产生行政争议，使民事争议变得更为复杂，但案件主要争议点仍然是平等主体之间的民事纠纷，因此适宜提起民事诉讼。

作为多元纠纷解决机制的有效构成，行政裁决制度具有司法化和行政化的双重面向。在民事纠纷的处理上，行政裁决与其他民事纠纷解决制度并无优劣之分，应当充分认识和发挥各制度优势，使其在解决民事纠纷上各自发挥积极功能。

---

① 有关行政争议与民事争议关联的案件参见张晓茹：《多种法律关系引起的纠纷与诉讼程序的适用》，载《河南省政法管理干部学院学报》2002 年第 3 期。

② 参见吴东镐、徐炳煊：《日本行政法》，中国政法大学出版社 2011 年版，第 271 页。

第十三章　家事诉讼制度的探索与民事司法制度体系的现代化

家庭是社会的细胞,家庭的和谐稳定是国家发展、社会进步、民族繁荣的基石。加强家事审判工作对于推进国家治理体系和治理能力现代化,维护社会和谐稳定,具有十分重要的意义。婚姻家庭领域的家事纠纷,不仅涉及当事人之私益、家庭秩序之公益,还涉及未成年子女的保护,自 20 世纪 90 年代以来,很多地方法院已经关注并开始了家事司法改革的尝试,并在实践中取得了积极成效。党的十八大以来,家事诉讼改革被提上议事日程,2016 年 6 月,最高人民法院在全国范围内选择百家基层人民法院和中级人民法院开展了为期两年的家事审判方式和工作机制改革试点工作。2018 年 7 月 18 日,最高人民法院出台了《关于进一步深化家事审判方式和工作机制改革的意见(试行)》(已被修改),该意见不仅对上述两年家事审判改革的成果进行了总结,更对进一步深化改革提供了参考依据。我国家事审判制度改革进入全新阶段,成为我国现代化司法体系中的活跃成员。党的二十大报告指出,坚持男女平等基本国策,保障妇女儿童合法权益。[①] 保障妇女儿童合法权益是家事诉讼制度重点讨论的话题。

一、家事诉讼的实践探索

(一)家事诉讼改革的启动

从二十世纪九十年代末开始,全国各地法院零星开展了家事审判改革的探索和尝试,除广东省高级人民法院于 2010 年自上而下在全省开始家事审判改革试点外,其他省市主要在基层法院进行改革探索,大多数省份是通过组建"婚姻家庭案件合议庭""妇女维权合议庭""妇女儿童合议庭""婚姻家庭案件合议庭"等形式,来对家事案件实行与财产案件不同的审判方式和程序设置。家事审判庭或者未成年人及家事案件审判庭的成立,大大提升了家事审判工作成效,形成了富有特色的家事审判样态,并因此产生了诸多家事审判新理念和新做法。如徐州贾汪区法院在家事审判实践中总结提炼出"感情预修复、情绪先疏导、视频再教育、甜蜜勾回忆、亲情齐规劝、社会同介入、秘密重保护、案后必回访"的"亲情弥合八步法",形成"播放短片—吃团圆饭—用方便车—社会介入—心理咨询"的独特工作模式,形成家事审判的鲜明特色。南京市中级人民法院和各基层人民法院在家事审判改革探索中确立家事案件调解优先原则。法院在审理家事案件时,引导当事人客观对待纠纷,鼓励当事人通过协商、和解等方式化解争议,保证家事案件案结事了。同时,借鉴涉少刑事审判相关制度,建立符合家事审判特点的工作机制。包括建立诉讼监护人制度、心理疏导干预制度,即在案件审理、执行过程中对家事身份关系案件的当事人及未成年子女开展心理疏导和干预,引导其树立正确的价值观,促进其身心健康;建立亲和的圆桌审判制度,即对于

---

① 习近平:《高举中国特色社会主义伟大旗帜　为全面建设社会主义现代化国家而团结奋斗:在中国共产党第二十次全国代表大会上的报告》(2022 年 10 月 16 日),人民出版社 2022 年版,第 48 页。

身份关系的案件，尽量在圆桌法庭审理，运用圆桌法庭对等、和谐的审判模式修复当事人之间关系，减少当事人之间的对抗性，化解矛盾。苏州法院在抚养权纠纷、探望权纠纷等民事案件的审理中尝试引入“第三方”评估机制，即根据案件需要聘请适当的社会人士担任社会观察员，对涉案未成年人开展社会调查，提供更有针对性的保护；在相关案件中经当事人同意后组织具有心理咨询专业资质的人员为当事人提供心理干预机制。

党的十八大以来，我国经济发展进入了新常态，整体经济水平得到大幅度提升的同时，各种社会关系处于解构与重构的过程中，传统的家庭价值观念和道德规范受到冲击，婚姻家庭关系中的新情况和新问题不断出现，家事纠纷在数量迅猛增加的同时，类型日益多样，处理难度不断增大，传统的家事审判模式越来越难以应对新时代的婚姻家庭纠纷的解决需求。因此，对家事案件的审判方式和工作机制进行改革势在必行，这一改革需求也成为社会各界普遍关注的问题，最高人民法院将家事审判方式的改革列入2016年重点工作计划。

2016年4月5日，最高人民法院召开专题会议，专门研究部署家事审判方式和工作机制改革。时任最高人民法院院长周强指出，近年来，家事案件数量不断增长，类型日益多样，处理难度不断增大。要适应家事案件的相对特殊性要求，准确把握家事审判工作规律，探索建立健全符合家事案件特点的审判方式和工作机制，为更好地发挥家事审判职能作用提供有效机制保障。适应家事案件特点，更加全面地保护当事人的身份利益、财产利益、人格利益、安全利益和情感利益，切实满足人民群众的司法需求。正确处理保护婚姻自由与维护家庭稳定的关系，充分发挥人身安全保护令、撤销未成年人父母监护人资格的保护性功能，引入心理辅导、社工服务等多种方式，不断提高家事审判的司法服务和保障水平，切实保护当事人、未成年人合法权益。积极探索家事纠纷的专业化、社会化和人性化解决方式，推动建立司法机关、行政机关和社会力量相结合的家事纠纷综合协调解决机制，完善多元化纠纷解决机制，形成有效社会合力,切实妥善化解家事纠纷。[①]

2016 年 5 月 11 日,最高人民法院召开的“部分法院家事审判方式和工作机制改革试点工作视频会议”,正式启动了全国家事审判改革试点工作,在全国范围内选择 118 家基层人民法院和中级人民法院,自 2016 年 6 月 1 日起,开展为期两年的家事审判方式和工作机制改革试点工作,从审判组织、财产申报、证明标准、调解工作、制止家暴、诉讼程序等多个方面探索家事审判专业化。由此,家事诉讼改革探索的大幕正式拉开,全国范围内百家中基层试点法院,以及各省、自治区、直辖市自身确定的若干试点法院同时开展家事审判改革的探索和尝试。

(二)家事诉讼改革的推进

最高人民法院在全国百家中基层法院开展家事审判方式和工作机制改革试点,既是改善当时家事审判工作状况的迫切需求,也是法院参与社会治理创新的切入点。

家事审判工作改革由三部分组成,包括建立和完善多元化纠纷解决机制改革;以审判为中心构建家事特别程序改革;以法官为中心,以各种司法辅助人员共同组成审判团队,进行人事制度的改革。最高人民法院要求各地试点法院成立家事调解委员会,并牵头与国家 15 个部委联合签署文件,共同推进家事审判方式和工作机制的改革。在家事审判方式改革过程中,各地法院应重视对家事特别程序的探索,并将家事审判专业化作为目标强力推进。人民法院的法官和调解员既要懂法律,也要懂社会学、社会心理学和心理学,在调解过程中,要把符合社会主义核心价值观的家庭行为规范、家庭伦理理念传递下去,借助社会力量化解矛盾纠纷。并希望通过对家事审判方式改革的推进,推动家事特别程序法立法的进程,将改革成果法定化、固定化、规范化。[②]

试点改革开展后,各高级人民法院和试点法院扎实推进各项工作,

---

① 参见王逸吟:《最高法:积极推进家事审判方式改革》,载《光明日报》2016 年 4 月 7 日,第 3 版。

② 参见杜万华:《继续探索家事审判方式改革》,载中国法院网,https://www.chinacourt.org/article/detail/2017/10/id/3017108.shtml。

树理念、改方式、建机制、转作风,取得显著成效。2017 年 7 月 19 日,家事审判方式和工作机制改革联席会议第一次全体会议在最高人民法院召开,时任最高人民法院院长周强的强调,要深刻认识到进一步推进家事审判方式和工作机制改革的重要性和紧迫性。当前,随着经济社会发展和各种文化相互激荡,我国的婚姻家庭关系发生了深刻变化,离婚、抚养、继承等家事案件持续增长,对人民法院工作提出新要求新挑战。人民法院家事审判在审判理念、体制机制、司法能力、专业化程度等方面,与经济社会发展要求和人民群众的司法需要相比还存在不适应的地方,必须坚持问题导向,进一步增强责任感和紧迫感,深入推进家事审判方式和工作机制改革,不断提升家事审判工作水平,积极服务和保障家庭文明建设。要加快推进家事审判方式和工作机制改革,探索符合家事纠纷特点的矛盾化解方式,积极推进家事审判队伍正规化、专业化、职业化建设,进一步提升化解矛盾的能力和水平,为家事审判提供更加有力的制度和组织保障。

与此同时,要充分发挥家事审判方式和工作机制改革联席会议的职能作用,努力形成预防化解婚姻家庭纠纷的整体合力。要深入推进多元化纠纷解决机制改革,探索引入专业人员、依托专业机构协助办理家事案件,及时为当事人提供心理疏导、专业咨询等服务。要拓展延伸家事审判的社会辐射功能,积极与相关部门建立长效协作机制,推动建立反家庭暴力整体防治网络,共同帮助当事人解决实际困难,修复或重建婚姻家庭关系,促进家事纠纷的有效化解。[①]

上述改革文件和讲话精神在家事诉讼改革实践中尤其在试点法院得到了较好的贯彻和落实,产生了诸多积极的效果。

(三)家事审判方式改革的成效

家事审判方式改革的成效在家事诉讼、家事调解和家事审判工作机

① 参见周强:《深化家事审判方式和工作机制改革》,载中国法院网,https://www.chinacourt.org/article/detail/2017/07/id/2930354.shtml。

制等多个层面都有所体现。

1. 家事诉讼层面取得的成效

第一,家事案件的范畴被进一步细化和明确。根据《最高人民法院关于开展家事审判方式和工作机制改革试点工作的意见》(以下简称《家事审判试点改革意见》)第5条"试点案件范围"的规定,家事案件是指确定身份关系的案件及基于身份关系而产生的家庭纠纷,主要案件类型有:(1)婚姻案件及其附带案件,包括离婚、婚姻无效、婚姻撤销等,附带案件包括监护权、子女抚养费、离婚后财产分割等;(2)抚养、扶养及赡养纠纷案件;(3)亲子关系案件,包括确认亲子关系、否认亲子关系;(4)收养关系纠纷案件;(5)同居关系纠纷案件,包括同居期间的财产分割、非婚生子女抚养等;(6)继承和分家析产纠纷案件等。

第二,探索符合家事案件特点的证据规则。为了实现"发现客观真实、追求实质公正"的审判目标,很多家事审判试点法院在实践中尝试做到以下3点:一是扩大法院依职权进行调查取证的范围,尤其是将未成年子女的证言和不愿出庭作证的证人证言纳入法院依受害人申请调查取证的范围。对于一方当事人转移、变卖、隐匿财产或者与他人同居、重婚等重要案件事实,当事人难以举证又影响案件审理结果的,很多试点法院根据当事人的申请及提供的线索,向律师颁发调查令或者由法院依职权调查取证,查明案件事实。二是加大释明力度。向举证能力较低的当事人释明具体案件需要证明的对象、所需证据种类及相关事实的证明程度,弥补当事人在诉讼能力上的不足。三是除了当事人提交证明各自主张的必要证据外,一些法院(如江苏省徐州市贾汪区人民法院和山东省德州市武城区人民法院等)还要求当事人提供婚礼录像等视频资料以及结婚照、全家福、儿时照片、与父母合影等图片资料,在庭审期间播放,勾起当事人对美好往事的回忆,目的是软化当事人的情绪,为促进调解和妥当裁判奠定基础。

第三,对家庭暴力案件的特别规定。基于家事诉讼中涉及家庭暴力的案件证据收集难、认定难的问题,很多法院在家事审判中对家庭暴力证据采行便宜性规定，如规定家庭暴力受害人提供的伤情照片、医院病历、接警或者出警记录、带有威胁内容的录音和手机短信，加害人出具的悔过书、保证书，受害人报警时的电话记录等，均可以作为认定家庭暴力事实存在的直接证据。还有的法院对家庭暴力案件的举证责任分配进行适当调整，如广东省高级人民法院在其2018年7月颁布的《广东法院审理离婚案件程序指引》第34条第2款规定，当事人仅能提供书面或者口头陈述、伤情照片、病历等证据，人民法院结合受伤地点、时间、常理等认为存在家庭暴力可能的，可以要求对方当事人举证证明未实施家庭暴力。

第四，创立家事审理中的要素式审判。如南京秦淮区法院创设了家事案件要素式审判模式。该院少年家事庭自创《家事案件裁判要素审查表》，将众多分散的社会化、多元化纠纷化解资源集结串联，绘出独具特色的家事纠纷解决图。[①]《家事案件裁判要素审查表》的表格内容详尽，既可作为裁判参考，也可作为调解基础，节时省力，更重要的是统一了裁判尺度，提高了审判质效。

第五，尝试构建家事审理程序中的特殊原则这些特殊原则包括：职权干预原则、不公开审理原则、当事人本人参与原则、未成年人利益最大化原则等。

2. 家事审判改革中家事调解得以深化

家事审判实践中，多地法院都对家事调解予以深化，很多法院率先执行家事案件调解优先原则，从法律、人情、伦理和习俗等方面探寻当事人矛盾的根源，寻求解决之策，实现了家事案件处理法律效果和社会效果的统一。具体表现为：

第一，确立家事案件诉前调解程序或调解前置程序。几乎所有参与家事审判改革的法院都采取了家事案件调解优先、强化调解的举措，并建立了特殊的审前调解机制。如北京市海淀区法院立案庭为家事案件

---

① 参见《南京秦淮法院创新推出〈家事案件裁判要素审查表〉》，载百度百家号网2019年5月16日，https://baijiahao.baidu.com/s?id=1633647777382050590。

当事人特别制作了“婚姻家庭纠纷诉前调解建议书”。徐州市铜山区人民法院将诉前调解与诉讼调解进行有机衔接。广东省中山市第一人民法院自 2016 年起，对家事案件试行庭前强行调解制度，即除法律、司法解释规定的婚姻关系、身份关系确认案件不能调解外，其余家事案件，法院均依职权组织双方当事人进行庭前调解，家事案件当事人于开庭前须至少参加一次调解活动，调解活动安排在开庭前一个星期。调解不成的，双方当事人组织证据交换。

第二，强化全程调解，建立特邀调解、委托调解、协助调解制度。家事调解具有多种模式，有诉前调解，也有特邀调解、委托调解、协助调解等多元样态。在调研中发现，很多法院对家事案件施行全程调解，并将法院调解与法院外调解进行协调和对接，实现调解的多元化。

第三，整合审判资源，创立特色调解工作室。实践中，很多法院结合自身特点，独立或与相关部门合作设立了诸多有特色的家事调解工作室，为家事案件调解提供支持。如河南省商丘市虞城县人民法院成立了“马大姐调解工作室”，由经验丰富的资深女法官马新兰对家事案件专门进行调解，不少案件当事人做到握手言和；安徽省马鞍山市雨山区人民法院组织退休女干部及社区工作人员等组建了“夕阳红调解工作室”；山东省德州市武城区人民法院组建了“秀英大姐调解工作室”；云南省大理市人民法院成立了“金花调解室”，选聘熟悉法律、通晓白族语言和当地民风的白族女性担任调解员等；南京市玄武区人民法院与南京市妇联联合设立了“三八红旗手工作室”。上述特色调解工作室为家事案件的调解提供了专业支撑和多元化资源，成效显著。

3. 家事审判改革中形成了一系列新制度新机制

第一，家事调查员制度。家事调查员的主要职责是进行社会调查，收集证据，为法官处理家事案件提供帮助，更好地实现家事领域的司法正义。

第二，心理评估和疏导制度。针对家事案件当事人可能存在的心理问题、情绪问题、感情问题，很多法院在改革中尝试引入心理咨询、心理评估、心理疏导机制。广东省人民法院在实践中明确规定,离婚案件的审判辅助人员除法官助理、书记员外,还包括家事调解员、家事调查员、从事心理评估疏导的专业人员等。

第三,离婚案件"冷静期"制度。很多家事审判改革试点法院建立了这一制度。所谓"离婚冷静期",是指离婚纠纷案件当事人中的一方愿意在一定时间内给对方一个反省、改过的机会,同时让自己冷静思考、能够更加理性表达是否作出离婚决定的一个期间。冷静期 1 ~ 3 个月,最长不超过 6 个月,冷静期不计入审理期限。

第四,离婚财产申报制度。这一制度在全国各地家事审判实践中都有体现,它的适用范围是离婚案件中任何一方请求处理夫妻共同财产,且双方对夫妻共同财产的范围有争议的案件。一些法院还创设了离婚财产申报制度的实施细则,如广东省中山市第一人民法院不仅在 2013 年 5 月首次试行"离婚财产申报"制度,而且还通过文件明确了"离婚财产申报"制度的适用原则、适用范围、申报内容、逾期申报、虚假申报的法律后果等。

第五,儿童利益代表人制度。实践中,儿童在父母离婚的案件中虽然不是当事人,但离婚案件一定关系到未成年人的相关权益。而父母既是离婚诉讼的当事人,又是该案中未成年子女的法定代理人,彼此产生利益纠葛很难保障未成年人权益不受损害。基于此,上海等市人民法院创设了"儿童利益代表人制度",由儿童保护的相关组织派人或者推荐相关专业人员担任儿童利益代表人参加诉讼,保护儿童的合法权益。

第六,判后回访制度。为了使家事案件能够真正案结事了,很多法院的家事审判庭延伸了家事审判内涵,在家事案件判决之后,积极走访和了解当事人及其亲属的动态,延伸司法服务触角。

第七,弹性审限制度。家事案件需要进行全程调解、优先调解,加之冷静期、心理干预、辅导等举措的运用,使家事案件不能像普通民事诉讼案件那样适用民事诉讼法规定的审限制度,有必要为该类案件留出足够时间进行社会干预和情感修复。弹性审限制度在实践中得到大多数实行家事审判改革法院的采纳和支持，并大都在法院自身规范性文件或工作举措之中得以落实。

第八，离婚证明书制度。为了防止离婚判决书中涉及的当事人隐私信息泄露，很多法院创设了离婚证明书制度，即法院根据当事人申请，依据生效的离婚判决专门出具一个证明当事人已经解除婚姻关系的证明书，以备当事人在购房、公证或者其他活动中使用。

第九，联席会议制度。家事诉讼改革是一项系统性社会工程，不能靠人民法院单打独斗。2017 年 7 月 19 日，在中央政法委的领导和各成员单位的支持下，最高人民法院牵头建立了家事审判方式和工作机制改革联席会议制度（以下简称家事审判改革联席会议制度）。依托家事审判改革联席会议制度，家事审判社会化工作正日渐成熟，日渐完善。各成员单位强化协作配合，围绕家事审判改革工作目标，在未成年人、妇女、老年人权益维护方面开展了大量卓有成效的工作。据统计，超过 80% 的试点法院与相关部门建立了联席会议机制或者达成了合作事项。①

第十，家事纠纷多元化解决机制。在家事诉讼改革实践中，全国各高级法院和试点法院积极探索建立家事纠纷多元化解机制，与当地政法委、民政、公安、妇联、社区服务等部门创建了形式多样的合作方式，推动形成家事审判“党委领导、政府尽责、法院牵头、社会参与”的工作局面。

二、家事诉讼制度的基本特点

家事诉讼有广义、狭义之分，狭义的家事诉讼，专指解决涉及家庭身份关系纷争的民事诉讼，又称人事诉讼；广义的家事诉讼，是指规范特定家事纠纷的民事诉讼。本书所称的家事诉讼是从广义层面上进行的理解和运用，是以家事身份关系案件为核心，同时涉及家事诉讼案件、家事非讼案件的程序，是一种广义的、综合性的诉讼程序。家事诉讼是民事

---

① 参见孙航：《为社会建设奠基　为幸福生活护航——人民法院家事审判方式和工作机制改革综述》，载中国法院网，https://www.chinacourt.org/article/detail/2018/07/id/3398212.shtml。

诉讼的一种特别诉讼形态，与一般民事诉讼相比，具有如下特征：

第一，家事诉讼的对象——家事纠纷具有特殊性。与一般民商事纠纷发生于平等主体之间的财产契约关系不同，家事纠纷是以身份关系为核心的婚姻家庭纷争，纠纷当事人之间具有浓烈的亲情和血缘联系，因此，家事纠纷当事人之间的权利和义务表现得相对复杂，很难简单作出是非分明的处理，也即该类纠纷不能简单地以权威性的裁判来“分清是非”，因为即便分清是非，纠纷也不一定得到合情合理地解决；甚至有时表面上的纠纷解决了，却带来了更多更为严重的问题。此外，家事纠纷还具有鲜明的道德性和伦理性。自古以来，身份关系所在的婚姻家庭领域一直就是伦理道德的经常栖息地，法律从来也未能对其进行全面调整（事实上也不可能）。因此，法院在处理有关家事纠纷的诉讼中，不仅要遵循现行的实体法规范，当现行的实体法规范并不能为解决纠纷提供恰当的基准时，还必须充分注意援引并适用诸如道德、民族或地方风俗、习惯以及共同生活准则等特殊规范。唯有如此，法院所作判决才会对当事人及其共同体乃至社会公众产生说服力，才会被他们接受和认可。

第二，家事诉讼的案件范围具有限定性。家事诉讼并不是“口袋诉讼”，不是所有的婚姻家庭案件都可以适用。从各国情况来看，它主要包括婚姻事件、亲子事件、抚养事件、收养事件。从广义家事诉讼范围来看，还包括继承等与家事身份相关的家事诉讼案件以及家事非讼案件。结合我国婚姻家庭立法、民事案由规定以及审判实践，家事诉讼案件范围一般包括：（1）离婚纠纷；（2）婚姻无效纠纷；（3）撤销婚姻纠纷；（4）家庭成员间损害赔偿纠纷；（5）抚养、扶养、赡养纠纷；（6）监护权、探望权纠纷；（7）同居关系析产、子女抚养纠纷；（8）收养关系纠纷；（9）确认亲子关系纠纷；（10）分家析产纠纷；（11）离婚后财产纠纷；（12）法定继承纠纷；（13）遗嘱继承纠纷十三类案件。

第三，诉讼标的具有公益性。家事诉讼既体现“私益性”又体现“公益性”。尽管夫妻双方婚姻关系以及财产分割、孩子抚养等家事纠纷的处理大多采取尊重当事人意思自治的原则，由当事人充分协商和自我处置而体现其“私益性”。但家事纠纷同时也具有极强的公益性,尤其是涉及身份关系的家事案件,公益性更为明显,因为身份关系不能随意地形成和变更,否则,极易引发社会秩序混乱,甚至还可能引发恶性的治安事件或刑事事件。此外,家事诉讼还可能涉及未成年子女的利益保护,无论未成年子女是不是诉讼的当事人,法院都不能无视其存在,必须对与其相关的权益作出安排,因为未成年子女的利益就是涉及国家利益的公益。基于此,在家事诉讼中,为了维护公益,法院的公权力会较多地干涉家事案件的解决,对涉及公益的家事案件,不限于当事人举证,法院可以依职权进行调查,实行职权探知主义。

第四,家事诉讼不实行审判公开原则。公开审判在很多国家早已成为一个重要的宪法原则。这一原则之所以重要是因为公开审判使社会公众对司法过程进行监督,可以有效地防止法官恣意妄为和司法腐败,实现司法公正。但对于家事诉讼,上述原则却并不具有普适性,因为家事诉讼与自然人的身份关系紧密相连,多涉及当事人的名誉、隐私等人身权利,如果不加限制地公开则可能是一件弊多利少的事,同时也不利于纠纷的妥当解决。如此,许多国家在家事诉讼法中规定了公开主义的限制。

三、家事诉讼程序的基本价值

(一)家事诉讼与实体公正

在家事诉讼中,法官作出裁决同样遵循“以事实为根据,以法律为准绳”这个公理,但在对定案事实的要求上却有着不同于普通民事诉讼的特性。如果说普通民事诉讼在制度层面上更多地采纳“法律真实”的话,家事诉讼则更加强调“客观真实”对裁判的决定性作用。这一区别的主要原因在于,家事诉讼因涉及自然人身份的形成和变更,具有极强的公益性,国家禁止或限制当事人进行自治,强调由国家专门机构或者法院通过一定的程序和条件进行确认和判定。正是在这个背景下,家事诉讼对案件真实性的要求远远高于普通民事案件对真实性的要求。为了求得客观真实，家事法官在证据的收集、提供以及对案件事实的探知等方面，都呈现与普通民事诉讼不同的特质，如我国2022年《民事诉讼法解释》第92条第1款、第2款规定，一方当事人在法庭审理中，或者在起诉状、答辩状、代理词等书面材料中，对于己不利的事实明确表示承认的，另一方当事人无须举证证明。对于涉及身份关系、国家利益、社会公共利益等应当由人民法院依职权调查的事实，不适用前款自认的规定。第96条对于法院职权调查的事项，特别指出包括涉及身份关系的案件。

家事诉讼中的法律适用原则上也是依法而行，但与普通民事诉讼中的法律适用相比，其仍有自己的特点，即家事诉讼诸当事人之间的关系往往涉及相当多的婚姻家庭风俗习惯，涉及很多地方性知识。如果法官在家事案件的法律适用中忽略这些地方性知识，则判决在家事案件当事人及其共同体间将难以产生共鸣，更难产生真正的法律效力，甚至还可能扩大纠纷、激化矛盾。"对于一个正向法治目标迈进的国度来说，法律是司法机构和法官必须考虑的首要因素，但是中国传统上又是一个'礼俗'社会，法律不可能成为解决所有纠纷的'灵丹妙药'，法律以外的因素如道德、情理也是司法过程中不可忽略的。判决不仅是单纯的法律责任判断，更重要的，它是一个可能造成一系列社会影响的司法决策"①。可见，在家事诉讼的法律适用中，结合"情理""公序良俗"等进行裁判具有极其重要的现实意义。

（二）家事诉讼与程序公正

家事诉讼与普通诉讼一样遵循基本的程序公正原理。在家事诉讼中，尽管法院可以对事实问题实行职权探知主义，但对当事人仍然要给予必要的程序保障，当事人的程序主体地位依然没有改变。

第一，家事诉讼中当事人的程序权利及其保障。当事人是程序的主体，是判决结果的直接承受者，因此，当事人在诉讼中享有获得充分程序保障的权利，法院应当尊重当事人的程序主体地位。在家事诉讼中，对

---

① 肖扬：《中国司法：挑战与改革》，载《人民司法》2005年第1期。

作为判决基础的事实或证据,法院虽然可以依职权进行斟酌或调查,但这并不意味着对当事人不再给予程序保障。具体而言,在家事诉讼中,法院应当予以保障的当事人的程序性权利主要包括:(1)诉讼资料知悉权。家事诉讼中的各方当事人都有权获知在诉讼中出现的作为裁判基础的事实资料。对于上述诉讼资料,法院在作出裁判前应当让当事人知晓,当事人也有权申请阅览和复制,但如果允许阅览可能导致其他不必要的损害发生时,法院可以不准许。(2)陈述意见权。当事人对于诉讼资料有发表意见的权利,有陈述的权利。如果当事人意见正确,法院必须听取并采纳。(3)法院有考虑当事人主张的义务。家事诉讼实行职权探知主义,但法院在作出裁判前有义务知晓当事人的真实主张,并在判决时予以考虑。

第二,判决效力扩张与对第三人的程序权利保障。在通常的民事诉讼中,确定判决原则上只产生相对效力,即只对当事人产生既判力,对当事人之外的第三人一般不产生既判效力。然而家事诉讼却与此不同,为了身份关系统一确定的必要,家事诉讼的确定判决,尤其是涉及身份关系的确定判决,具有对世效力,即不仅对当事人产生既判力,对于当事人之外的第三人也有拘束力,无论判决对第三人产生有利或是不利的影响,第三人都不能对此再行争议。从程序保障的视野而言,第三人未有参加诉讼程序,未有发表意见和进行陈述的机会,却可能受到不利判决的约束,这对第三人是不公平的,也违反了法治国家关于程序基本权保障的宪法原理。基于此,家事诉讼应当对第三人予以充足的程序保障。

(三)家事诉讼与诉讼效率

诉讼效率是指诉讼投入与诉讼产出之间的最佳函数关系。它表明,在诉讼投入恒定的情况下,取得最大诉讼收益或效益,或者在诉讼产出恒定的情况下,投入最少的诉讼资源。如果说一般民事诉讼更多地追求"多快好省"的诉讼效果,那么家事诉讼则并非一味地追求"越快越好"。

首先,家事诉讼并不绝对追求诉讼效率。对家事诉讼案件而言,强调多快好省地解决纠纷并不一定是好事,因为在家事诉讼中,快速地了结案件可能蕴藏着更大的纠纷。例如,在离婚案件中,如果仅凭案件事实,法官完全可以得到当事人之间“感情确已破裂”的心证,但若不妥善考虑离婚相关事项,如无劳动收入或劳动收入较低的一方配偶的生活扶助、未成年子女的妥善安排、房屋或其他重要财产的合理分割等,而是径直判决离婚,则可能导致反反复复的上诉、申诉、上访,甚至还可能出现针对法官或其他人的过激言行。这种高效率带来的后果即产生了更大的纠纷,因此,从本质上讲,是低效率。从某种意义上说,家事诉讼对效率价值的追求是“顺其自然”,能快则快,当快则快,但绝不强求“多快好省”,因为家事诉讼着眼于诉讼效率的综合效果,即与家事诉讼相关的身份关系以及附带事件等的一并解决,不仅让当事人表面上接受诉讼结果,而且使其在内心中充分认同诉讼结果。①

其次,家事诉讼附带事项的解决与诉讼效率。家事诉讼附带事项主要涉及未成年子女的亲权指定、监护权的确定、抚养费的确定、探视权的确定、离婚扶助、离婚财产分割等事项,这些事项多是非讼性质的,需要法官依职权进行裁量。家事诉讼附带事项通常具有公益性质,尤其是涉及未成年子女利益的内容。在家事诉讼中,附带事项是法院依职权调查的主要事项,法院调查官(调查员)主要从事的调查任务就是调查涉案家庭中父母双方的成长经历、经济状况、性格特征、人际交往状况、邻里关系以及子女的意愿、生活状况、与父母的关系、在学校或幼儿园与同龄人的相处状况等。附带事项通常需要尽快解决,因为未成年子女亲权和监护权的状况处于不确定的时间越长,对未成年子女的伤害可能越大。

四、家事诉讼制度的基本功能

家事诉讼的对象不仅包括家事事件本身如离婚、收养、监护、离婚后未成年子女的抚养、探望等,还包括事件的主体——当事人本人,他们的情绪、生活、未成年子女安置等。因此,家事司法不仅需要裁判的技术、

① 参见陈爱武:《人事诉讼程序研究》,法律出版社2008年版,第108页。

调解的技术，还需要有情绪调整、心理疗愈等相应机能的引入，防止案件当事人因案件审理出现极端情绪或者其他不适。基于此，在功能层面，家事诉讼与一般的民事诉讼具有显著的区别，具体而言，一般民商事诉讼主要着眼于解决现实的纷争，其基础在于法律依据和事实依据；而家事审判既要着眼于解决纷争，更要为家事纠纷当事人提供修复、调整家庭关系的服务，为家庭中未成年子女利益提供保护，还要在司法之外提供延伸性社会服务。正是在这个意义上，家庭司法发挥着自己独特的功能。

（一）解决家庭纷争

无论在过去还是当下，司法，尤其是民事司法的重要功能就是解决纠纷或者"定分止争"，[①]基于此，作为民事司法重要组成部分的家事司法最重要的功能便是解决家庭纷争，即依据法律来判断是非，解决发生于家庭领域的家事纠纷。随着社会的发展，特别是随着空白法规的增加以及不确定法律概念的运用，立法赋予法院（法官）的裁量权范围日益扩大，必要时委由法官作成合目的性裁量。此项裁量权亦被授予家事法官，期待其作成合目的性、具备妥当性的裁判。[②] 与一般民商事诉讼相比，家事诉讼不仅在所解决的纠纷类型、性质、程序等方面具有显著特色，而且在解决纠纷的手段、方式等方面也具有特殊性。与普通的民事诉讼相比，家事纠纷更多地涉及亲情、血缘、婚姻以及道德伦理，该类纠纷的背后往往隐藏着复杂的人际关系。从表面上看，家事纠纷表现为财产分割、精神安慰费、抚育费等支付金钱的请求，但从本质上看，其深层次纠纷是关于夫妻间、亲族间情感上、心理上的纠葛。家事诉讼并不特

---

① 这项功能也可以称为司法的"原初功能"。当然随着社会的发展，司法原初功能也在不断地发展和分化之中，出现了多角度、多元化的司法功能论，甚至出现"司法功能的紊乱"。对此，有学者把司法的功能分为法理功能和社会功能，其中法理功能主要针对审理和裁判的判断、维权和定分止争；社会功能主要针对社区或社会产生的间接影响或者可能效果，如法治秩序建构、政治困境解决等。参见孙笑侠：《论司法多元功能的逻辑关系——兼论司法功能有限主义》，载《清华法学》2016 年第 6 期。

② 参见邱璿如：《家事事件审理程序之建构（下）》，载《台湾本土法学杂志》2002 年第 10 期。

别关注纠纷解决过程或裁判标准,它更注重结果,只要诉讼参与人获得满意的“结果”,法官就算尽到了责任。为了追求当事人“满意”的结果,家事法官在司法活动中对程序和实体的把握可能更加灵活。家事司法处理纠纷的目的不是简单地解决诉至法庭的特殊纠纷,更重要的是通过法庭裁决使双方当事人将来解决后续问题时能方便、快捷地找到妥善的非讼解决方式,不再需要司法介入。

(二)调整、修复和治疗家庭关系

家事司法的对象不仅是家事案件本身,还包括家事案件的当事人,他们的情绪、心态乃至心理问题等都需要家事法官或者审判辅助人员予以关注,因此,家事司法的功能还应当包括调整、修复和治疗家庭关系。这一功能属于家事诉讼的“社会功能”,社会功能也称人际关系调整功能。在家事审判过程中,对纠纷当事人激烈的情绪或失控的行为进行调整和修复,心理治疗尽管不是万能的,但多数情况下是必不可少的。对于家事司法而言,调整、修复和治疗家庭关系的功能主要不是依靠家事诉讼活动来实现,因为一旦家事纠纷由家庭内部移至家事法庭(院),当事人之间、当事人与家庭其他成员之间的家庭人际关系就已经陷入失衡状态,调整和治疗的难度明显加大,甚至十分困难,所以,尽管家事诉讼活动也可以产生一定程度的调整和修复作用,但这种作用是有限的。大多数调整、修复和治疗功能是依赖非诉讼程序实现的,尤其是家事法庭(院)提供的调解、辅导以及治疗服务能比较完美地承载此项功能。

(三)保护儿童最大利益

儿童不仅是家庭内父母的子女,同时也是社会的财富,承载着国家的希望和民族的未来。但由于儿童生理和心智尚未发育完全,在以成人为主导的社会中处于明显的弱势地位,因此,父母、家庭在护佑儿童健康成长的过程中发挥着重要的作用。然而,如果发生了父母离婚或者其他家庭纠纷,儿童的平静生活往往被无端地打破。当父母因为离婚而在法院相互攻击、因监护权而争论不休时,儿童往往成为最大的受害人,这种伤害是成人难以想象的。在家事案件中,未成年子女可能不一定是案件的当事人,而只是与案件相关的人,如父母离婚,审理对象当然是父母,未成年子女显然不是案件的主角。但家事法官对未成年儿童的保护,是无条件的,无论未成年儿童在案件中是否具有某种身份或地位。过去,家事司法特别强调维持家庭的存在,以此体现对未成年人的保护和关怀。后来逐步发现,维持家庭存在并不一定符合儿童的最佳利益,这就引发了家事司法本位观的转变,即无论何种家事案件,只要涉及未成年子女,都应当以符合儿童最佳利益为方针和指导原则。

五、家事诉讼制度的完善和未来展望[①]

家事实体法律规范和体系的完善,为家事审判的顺利推进提供了较为充足的制度资源,但没有家事程序法的配套,家事实体法的精神将难以在家事审判中予以体现或承载,不仅法官会感到无所适从,当事人也会因程序的缺失,陷入对家事审判的不信任或怀疑之中。因此,在家事审判改革进一步深化的当下,恰逢《民法典》出台,二者共同昭示和呼吁家事诉讼程序法的出台,因为《民法典》的实施需要它,家事当事人需要它,家事审判的法官需要它!换言之,出台专门的"家事诉讼程序法"已经刻不容缓。从家事诉讼制度层面而言,家事实体法和家事程序法犹如鸟之两翼、车之双轮,二者相辅相成,缺一不可,只有二者相结合,家事审判改革才能向纵深发展,才能推动我国家事审判制度的现代化。

(一)家事诉讼立法的定位和特别原则

就家事诉讼立法的定位而言,域外有三种模式:一是德国式的"全面非讼化"模式,即将家事案件全面非讼化,用非讼程序处理所有家事案件,只有例外的情况下才准用诉讼程序;二是日本式的"两分"模式,即出台两部家事程序法,分别是规范家事身份关系的诉讼程序和规范家

---

① 参见陈爱武:《家事案件审判程序改革的观察与思考——兼议民法典时代我国家事诉讼立法的必要性》,载《法治现代化研究》2020 年第 4 期。

事非讼案件的非讼程序，前者如日本《人事诉讼法》，后者如日本《家事事件程序法》；三是我国台湾地区的“统合立法”模式，即将家事身份诉讼案件、家事非讼事件、家事财产诉讼案件以及家事调解案件等统合规定于一部法律之中，如台湾地区的“家事事件法”。从我国大陆地区当前家事审判实践状况和我国立法资源的现状看，我国大陆地区没有家事案件非讼化的传统，德国式的家事程序法无法借鉴；对于日本的两分模式立法，基于我国大陆地区立法资源的紧张状态，也不可取。相对而言，统合式的家事诉讼立法较为可行，既能满足多样化的家事案件审判之需求，又符合我国大陆地区的解纷传统，同时跟民事诉讼法也可以进行衔接或对接。

对于家事诉讼的原则，家事程序的特殊性质，决定了它必然具有不同于普通民事诉讼程序的基本原则，本书认为我国大陆地区家事诉讼程序立法中确立的原则应当包括：职权审理原则、儿童利益特别保护原则、根据案件类型适用强制调解或禁止调解原则、不公开审理原则、家事纷争全面解决原则、本人出庭原则等。

（二）家事诉讼立法结构和基本内容

借鉴域外相关国家或地区的家事诉讼立法规定，我国大陆地区的家事诉讼立法至少应关注下列内容：

第一，立法的结构。在我们看来，既然家事案件呈现多元化样态，家事诉讼程序就不应当是一个单一的程序，而应当是一个综合性程序，在其内部可以划分若干子程序：（1）涉及身份关系的家事诉讼程序（人事诉讼程序），此类程序事件的当事人之间具有讼争性，但当事人对于程序标的并无处分权或者相对无处分权，如婚姻事件、亲子事件、收养事件；（2）家事调解程序，除性质上不能调解的家事案件外，家事案件在审判之前应当进行调解，实行调解前置；（3）涉及家事财产关系的民事诉讼程序，如家事案件中的财产案件，本来应以一般财产权事件处理，但由于此类财产权事件与身份调整关系密切，且所应适用的程序法理亦与一般财产权事件未尽相同，故归入家事案件，虽适用一般民事诉讼程序，但是在整个家事诉讼程序中是统合加以运用的;(4)家事非讼程序,针对的是家事事件中较无讼争性,而当事人或利害关系人对于程序标的无处分权限者;(5)家事执行程序,涉及生活费债权的执行,探望权执行,交付未成年子女的执行等。

第二,管辖的特别规定。把家事诉讼管辖从一般管辖中分离出来,明确家事诉讼案件适用特殊地域管辖乃至专属管辖原则,以便应对家事诉讼案件的特殊要求。

第三,家事诉讼当事人的特别规定。明确家事诉讼当事人的特别资格,并可以为家事诉讼中未成年人设立诉讼辅助人制度,保护未成年子女的程序利益和实体利益。

第四,起诉前的特别规定。对于离婚、解除收养关系以及家事领域的财产事件,域外立法多规定实行调解前置。我国也可以作此规定,并将其作为诉讼的要件之一。

第五,起诉的特别规定。包括诉的合并、变更、追加、提起反诉及附带请求相关规定,如借鉴域外规定,确立婚姻事件诉讼的别诉禁止制度。

第六,裁判的效力。家事诉讼的判决通常具有对世效力,此点应在立法上明示,即明确家事诉讼的判决不仅对双方当事人产生效力,而且其效力及于第三人。但对第三人应当给予相应的程序保障。

第七,家事案件审限的特别规定。对家事案件应当遵循当快则快,当缓则缓的原则,不一定要完全依照民事诉讼法关于审限的限制,规定弹性的审限更符合家事案件的审理特点。因此,应当在立法中明确这一原则。

第八,家事案件执行的特别规定。家事执行的案件主要包括离婚财产分割、赡养费、扶养费、抚育费、探视权、交出子女、遗产继承等,这几类案件的执行具有一般民事案件执行所没有的特点,为了谨慎应对家事执行,域外有各种不同的举措,如日本和我国台湾地区有“履行的确保”制度。在法国,立法设置“特别程序”来保障生活费债权的执行,美国则为家事案件执行规定了多样化的执行措施。

借鉴国外的相关规定和我国的执行实践，本书认为，为了实现家事案件特殊的价值目标，必须合理设计家事案件执行的基本制度。

（三）完善家事诉讼配套制度

家事诉讼制度改革离不开相应的配套制度建设，在家事审判方式改革中已经有所体现，具体包括：

1. 家事审判机构专门化制度。家事诉讼制度的改革发展和完善离不开家事审判专门化建设，尤其是审判机构或审判组织、审判人员的专门化。因此有必要设置不同于一般民商事审判的家事审判法庭或者合议庭，实现家事案件的集中化审理。家事审判机构专门化至少有下列益处：其一，家事审判机构专门化体现了“审判职能分化以及行使这种职能的角色分离”的现代化趋势，有利于法院审判制度专门化，实现家事审判专门化和效益化。其二，专门的家事法庭（院）能接收几乎全部的家事纷争，从而在案件数量上体现规模效应。从理论上说，家事法庭（院）能吸收传统民庭中至少 1/3 的民事案件工作量，可以大大缓解民事审判庭的压力，使其集中精力承办其他民商事案件，提高审判质量。其三，家事审判专门机构可以按照家事审判特点进行场所布置和法庭样式设计，并可以配置家事调解室、沙盘分析室、单面镜观察室、心理辅导室等，装备符合家事审判特点的硬件设施，以利于柔性解决家事纷争。其四，家事法庭（院）有利于培养家事审判、家事调停、家事调查等方面的专门人才。家事法庭（院）是依赖专门人才的专业审判机构，而专门人才的养成需要制度化的环境和场所，专门的家事法庭（院）正是承担这一职责的不二选择。

2. 反家暴联动机制。家事诉讼中涉及暴力的案件，常常会出现认定难、处置难等困境，且法院在家事纠纷解决中，处于最末端，对家暴案件很难做到案结事了。因此，通过与社会资源的对接，预防和遏制家庭暴力，成为法院家事审判的一项社会责任。建立反家暴联动机制是一项行之有效的选择，该机制以预防和遏制家庭暴力为目的，以社会各职能部门的分工协作和相互配合为手段，通过不同形式的法律宣讲、案例展示、媒体传播等宣传手段,向社会昭示,对家庭暴力零容忍,鼓励、支持、保护受害人对家庭暴力说“不”。通过批评教育、发放告诫书、签发人身安全保护令、治安处罚、司法制裁等具体方法、手段的运用,对家庭暴力进行防范和打击。

3. 融入“互联网+”制度。家事纠纷解决特别注重面对面的本人参与,但在信息互联网时代,必须结合实践中的成功经验和做法,引入“互联网+”新型裁判方式,如与其他电子诉讼一样,构建集“诉讼服务、流程管理、绩效评估、实证分析、信息共享”五大功能为一体的家事案件服务平台。将微信送达、微信调解、微信答疑、微信庭审等融入家事案件审理全过程。[①] 既方便当事人,也可以更好地实现信息网络时代的家事司法正义和司法效率。

4. 专项经费保障制度。家事诉讼与一般诉讼相比,需要更多的经费投入,包括:第一,在硬件设施建设方面,如建立独立的家事调解室、沙盘分析室、单面镜观察室、心理辅导室、儿童接待室等,需要有更多的经费投入;在家事审判法庭的布置上,也需要投入,如圆桌式法庭,客厅式法庭,家居式布置等需要额外的投入;再有,家事审判相关的法院家风文化墙等的建设和维护,也需要额外的投入。第二,在家事审判辅助人员的聘请或者协助上也需要付出相应的费用,如家事调解员、家事调查员、心理咨询员、心理辅导员、后续回访员等,都需要一定的费用补助或者购买服务。

在依法治国,建设社会主义法治国家的背景下,我国民事司法制度现代化建设应当与时俱进,积极回应社会需求,满足人民群众的司法需求和正义期待。家事诉讼作为民事诉讼的组成部分,主要面对的是人民群众的婚姻家庭纠纷,俗话说“清官难断家务事”,但现实要求家事法官必须“清官巧断家务事”,因为“家事无小事”“家是最小国,国是千万

---

① 参见孙航:《人民法院家事审判方式和工作机制改革综述》,载中国法院网,https://www.chinacourt.org/article/detail/2018/07/id/3398212.shtml。

家”“家宁国安”。家庭纠纷处理的质量如何，直接关涉国家安宁、社会稳定和家庭和谐，家事诉讼制度的现代化，其根本目的就是圆满妥当解决家事纠纷，平息、修复被纠纷破坏的家庭秩序，保护未成年子女免受伤害，实现家事领域的司法正义。

第十四章　行政诉讼制度的现代化改革

行政诉讼制度是现代司法制度的重要组成部分。新时代中国式司法现代化的发展进程中,行政诉讼制度作为诉讼体系中的后来者奋起直追,现代化的行政司法制度体系日益完善,在推动法治政府和法治国家的建设中发挥了重要作用。

2014年10月,《党的十八届四中全会决定》,明确提出要完善行政诉讼体制机制,合理调整行政诉讼案件管辖制度,切实解决行政诉讼立案难、审理难、执行难等突出问题。行政诉讼制度是中国共产党通过司法渠道密切与人民群众血肉联系、实现依法执政的重要方式,在保护人民群众合法权益、推进全面依法治国、护航经济社会发展,促进实现国家治理体系和治理能力现代化中,占据举足轻重的地位。党的十八大以来,以第十二届全国人大常委会通过《行政诉讼法修正案(草案)》为标志性事件,全国各级法院认真总结经验,坚持需求导向,强化问题意识,以提高司法公信力为目标导向,以人民群众满意度为标准,坚定不移、积极稳妥推进行政诉讼体制机制改革,合理调整行政诉讼案件管辖制度的要求,在很大程度上解决了行政诉讼立案难、审理难、执行难等突出问题。在党的二十大报告中习近平总书记强调指出,法治政府建设是全面依法治国的重点任务和主体工程。[①] 行政诉讼制度对强化行政执法监督机制、促进法治政府建设具有十分重要的意义。在更深远的意义上理解,行政诉讼制度有助于推动中国式行政诉讼现代化。

一、《行政诉讼法》的诞生及其两次重大修改

(一)《行政诉讼法》的颁布实施

1989 年 4 月,《行政诉讼法》经全国人大审议通过,于 1990 年 10 月 1 日起施行。自此,公民及其他行政相对人对于行政机关侵犯其合法权益的行为有了明确的司法救济渠道。《行政诉讼法》的颁布实施对于我国行政诉讼制度的发展与行政法治的推进具有重大意义,使普通公民和政府能够处于一个相对平等的诉讼地位,极大地改变了几千年来"民不与官斗"的旧传统,有力助推了民主法治的发展。行政纠纷解决的诉讼化、司法化和司法处理程序的不断改革、完善,符合法治发展的制度逻辑,极大地推动了依法治国进程,推动了政府治理体系与治理能力的现代化。从实践层面看,《行政诉讼法》的颁布实施,行政诉讼制度的不断完善,为依法治国、依法行政、法治政府的建设起到了重要作用。

(二)《行政诉讼法》的第一次修改

2014 年 11 月 1 日,全国人民代表大会常务委员会通过了《关于修改〈中华人民共和国行政诉讼法〉的决定(2014)》,自 2009 年开始的修订工作历时五年终于完成。这期间,理论界和实务界对修订工作投入巨大热情,社会各方也充满期待。2014 年《行政诉讼法》,注重结合中国实际,总结中国经验,体现了出了高度的中国特色,也很好地回应了中央的

---

① 习近平:《高举中国特色社会主义伟大旗帜　为全面建设社会主义现代化国家而团结奋斗:在中国共产党第二十次全国代表大会上的报告》(2022 年 10 月 16 日),人民出版社 2022 年版,第 41 页。

要求和人民群众的呼声和期待。2014 年《行政诉讼法》,不仅是全面推进依法治国、深入推进依法行政、加快建设法治政府的重大制度创新,也是建设公正、高效、权威的中国特色社会主义司法制度的重大实践成果。

这次《行政诉讼法》的修正主要包括八个主要方面:第一,扩大受理案件的范围,加强了对公民权利的保护。行政协议被纳入受理案件范围,行政机关侵犯他人精神权利、财产权利或其他合法权益的行为也属于案件受理范围。第二,保障公民上诉权,打通行政案件的受理渠道。强调"行政机关及其工作人员不得阻挠、妨碍人民法院受理行政案件",并制定了保护诉权的规定,实行立案登记制度。第三,监督行政机关依法行使职权,切实解决行政争议。规定复议机构可以作为共同被告,一并审理民事纠纷,审查规范性文件,进行有限调解。第四,优化司法权力体系,确保法院依法独立行使司法权。由中级人民法院受理县级以上地方人民政府为被告的案件。第五,完善证据制度,促进公正审判。明确被告的举证制度和延迟举证的后果,以及原告的举证制度、法院的调取证制度和适用证据的规则制度。第六,完善诉讼程序,促进诉讼程序的科学化。增加给付判决、确认违法或无效的判决,扩大判决变更的范围,取消维持行政行为的判决,明确上诉程序,增加简易程序,修改审理期限。第七,规范再审申请程序,建立审判监督机制。不服二审生效判决的,可以向上级人民法院申请再审。第八,强化行政决定的执行力度。在行政机构拒绝执行判决、裁决或调解的情况下,增加了相应的强制执行及制裁手段。

本次修订还坚持问题导向,把解决实践中的突出问题作为重点,在解决行政诉讼案件立案、审理和执行难题方面规定了诸多针对性强、操作性强的新举措。

1. 解决立案难题的举措。一是把依法立案规定为基本原则。规定人民法院应当保护公民、法人和其他组织的起诉权利,同时明确行政机关无权干涉人民法院审理案件。二是增加列举了可起诉的行政行为种类,确定了土地征收等几类处理难度大、矛盾多的行政案件属于行政诉讼受案范畴。三是改立案审查制为立案登记制。人民法院对当场不能判定是否符合起诉条件的,应当接收起诉状,出具注明收到日期的书面凭证,并在7日内决定是否立案。四是规定了对不立案的法律救济。明确规定人民法院对于拒绝立案的,原告可以视情形上诉或者直接到上一级人民法院起诉,人民法院拒绝接收起诉材料的,对直接责任单位的主管人员和其他直接责任人员还可以予以处分,强化了法律责任。

2. 解决审理难题的举措。一是进一步完善了行政诉讼程序保障。作为基本原则,行政机关负责人应出庭应诉,不能出庭的应委托行政机关相应的工作人员出庭应诉;行政机关拒不到庭或中途退庭,或以欺诈、威胁等非法手段使原告撤回起诉的,也将受到相应处罚。在行政诉讼过程中,如果人民法院认为被诉行政行为的实施会给国家利益、社会公共利益或公民权益造成严重损害的,可裁定终止执行。同时延长了行政诉讼案件的审理时限,一审从原先规定的3个月延长到6个月,并增加了简易程序,以降低法官的工作压力。二是为人民法院配备了更为有力的审查手段。针对"明显不当的"行政行为,人民法院可通过判决的形式予以撤销。在此之前,人民法院对行政裁量只可以作出非常有限的审查。如果行政行为程序轻微违法,且对原告权益不产生实质影响的,也应该认定为违法。法院如果认为行政行为所依据的规范性文件不属于法律,但属于具有普遍约束力的文件,认为其不合法的,就不能把其当作判断行政行为合法的依据。三是人民法院的判决将有更多的形式。除撤销违法行政行为外,人民法院还可以将行政行为确定为违法或者无效,也可以变更行政行为、责令履行行政行为。如果撤销行政行为会给国家利益、社会公共利益带来严重损失的,人民法院可不判决撤销而代之以确认违法,或责成相应行政机关采取适当补正措施。行政行为具有重大问题且具有严重违法情形时,人民法院可裁定确定该行政行为无效。除行政处罚有明显错误的情形,其他行政行为涉及钱款有误的,人民法院也可进行变更。法院可调解案件的范围也有所扩大,在行政机关的自由裁量权范围内,法院可以进行调解,并以调解方式审结案件。四是减轻当事人的诉累。法律规定,当事人申请一并处理以下纠纷的,法院可以一并审理:涉及行政许可、行政登记、行政征收、行政征用、行政机关对民事争议作出裁决的。针对以上案件,原审法院对发回重审的案件作出判决后,当事人不服仍提起上诉的,第二审法院不得将案件再次发回重审。

3. 解决执行困难的举措。一是人民法院对行政机关账户内款项可以依法强制执行。对于“应当给付的款额”而不支付的,人民法院可以通知银行从行政机关账户内划拨。二是人民法院对拒不履行行政法律文书义务的行政机关负责人,人民法院有权采取司法强制措施。行政机关拒不履行判决、裁定、调解书,社会影响恶劣的,法院可以对该行政机关直接负责的主管人员和其他直接责任人员予以拘留。情节严重,构成犯罪的,移送检察机关起诉。这一规定传达的信号很明确:行政官员必须认真对待法院判决。三是人民法院可以将行政机关拒绝履行的情况予以公告,以及向有关部门提出司法建议。这一做法可能更有助于督促行政机关履行义务。这些措施的出台,明显起到了减少及消除行政机关公然抗拒执行的效果。①

(三)《行政诉讼法》的第二次修改

随着确立民事、行政公益诉讼制度条件的成熟,2017 年 6 月 27 日,十二届全国人大常委会第二十八次会议通过了《关于修改〈中华人民共和国民事诉讼法〉和〈中华人民共和国行政诉讼法〉的决定》。针对 2014 年《行政诉讼法》第 25 条增加一款,作为该条第 4 款:“人民检察院在履行职责中发现生态环境和资源保护、食品药品安全、国有财产保护、国有土地使用权出让等领域负有监督管理职责的行政机关违法行使职权或者不作为,致使国家利益或者社会公共利益受到侵害的,应当向行政机关提出检察建议,督促其依法履行职责。行政机关不依法履行职责

---

① 参见何海波:《一次修法能有多少进步——2014 年〈中华人民共和国行政诉讼法〉修改回顾》,载《清华大学学报(哲学社会科学版)》2018 年第 3 期。

的,人民检察院依法向人民法院提起诉讼。”此次修改增强了对有关行政主管机关履责督促的力度,回应了保护国家利益和社会公共利益的客观需要。

作为正式制度的探索,检察机关提起公益诉讼制度源于《党的十八届四中全会决定》中规定的“探索建立检察机关提起公益诉讼制度”。随后,2015 年 5 月 5 日,中央全面深化改革领导小组第十二次会议审议通过了《检察机关提起公益诉讼改革试点方案》。2015 年 7 月 1 日,十二届全国人大常委会第十五次会议审议通过《全国人民代表大会常务委员会关于授权最高人民检察院在部分地区开展公益诉讼试点工作的决定》,授权最高人民检察院在生态环境和资源保护、国有资产保护、国有土地使用权出让、食品药品安全等领域开展公益诉讼试点。2017 年 5 月 23 日,中央全面深化改革领导小组第三十五次会议审议通过了《关于检察机关提起公益诉讼试点情况和下一步工作建议的报告》。该报告指出:为期两年的公益诉讼试点工作,积累了丰富的案件样本,正式建立检察机关提起公益诉讼制度的时机已经成熟。2017 年 6 月 22 日,时任最高人民检察院检察长的曹建明在十二届全国人大常委会第二十八次会议上作了《关于〈中华人民共和国民事诉讼法〉和〈中华人民共和国行政诉讼法〉修正案(草案)的说明》。2017 年 6 月 27 日,全国人大常委会审议通过了《关于修改〈中华人民共和国民事诉讼法〉和〈中华人民共和国行政诉讼法〉的决定》,行政公益诉讼正式成为一项法律制度确立下来,并于 2017 年 7 月 1 日正式实施。

2017 年《行政诉讼法》第 25 条第 4 款的创设,实现了我国行政公益诉讼制度立法上的突破,为司法实践提供了法律依据,有助于调动司法资源、维护公益。从条文设定来看,行政公益诉讼包含五个要素:一为诉讼主体,根据 2017 年《行政诉讼法》第 25 条第 4 款的规定,只有检察机关可以作为适格主体提起行政公益诉讼,即检察机关具有唯一性的原告资格,而公民个人及其他组织并不享有行政公益诉权。二为案件来源,规定案件源于人民检察院“在履行职责中发现”。三为受案范围,规定检察机关在“生态环境和资源保护、食品药品安全、国有财产保护、国有土地使用权出让等领域”开展公益诉讼工作。四为受案条件，受案需满足两个基本条件，即行政行为的违法性（违法行使职权或不作为）与国家和公共利益受损的事实（或危险）。五为诉前程序。根据《行政诉讼法》的规定，检察机关在提起诉讼之前，必须先行经过向违法行政机关制发督促履职检察建议的程序，在行政机关不依法履职的前提下方可起诉。

二、行政诉讼立案制度改革

（一）可诉范围的扩大：从“具体行政行为”到“行政行为”

学理上将行政行为分为具体行政行为和抽象行政行为。1989 年《行政诉讼法》用具体行政行为概念，主要是限定行政诉讼的受案范围。但什么是具体行政行为，在适用时依然需要解释。1991 年最高人民法院出台《关于贯彻执行〈中华人民共和国行政诉讼法〉若干问题的意见（试行）》（已失效），将具体行政行为解释为“针对特定的公民、法人或者其他组织，就特定的具体事项，作出的有关该公民、法人或者其他组织权利义务的单方行为。”这一解释不能完全适应我国行政管理的复杂性和管理方式的多样性，导致实践中有的地方法院对应当受理的行政案件不受理，客观上造成立案难的问题。为此，2000 年最高人民法院出台的《关于执行〈中华人民共和国行政诉讼法〉若干问题的解释》，引入“行政行为”概念。2014 年《行政诉讼法》用“行政行为”取代“具体行政行为”，作为与“规范性文件”相对应的概念，目的是尽可能地扩大受案范围，解决立案难的问题。2014 年《行政诉讼法》对“规范性文件”采取有别于行政行为的审查制度，规定原告在提起行政诉讼时，可以请求人民法院对有关规范性文件的合法性一并审查。采用行政行为的概念，这给理论研究带来了新课题，学理上抽象行政行为和具体行政行为的分类方式需要被重新考虑。另外，2014 年《行政诉讼法》中的行政行为还应当包括学理上所称的“事实行为”和行政机关签订、履行、变更、解除行政合同的行为。可以说,2014 年《行政诉讼法》中的行政行为具有较大的包容性和解释空间。[①]

（二）可诉主体的增加:规章授权组织

根据转变政府职能的需要,将会有越来越多的公共管理和服务职能由社会组织承担。按照依法行政的要求,社会组织实施公共管理和服务行为,都应当有法律、法规、规章作为依据,不能由规章以下的规范性文件授权。社会组织的行为如果侵犯了公民、法人或者其他组织的合法权益,也可以将其纳入行政诉讼范围解决争议。为此,2014 年《行政诉讼法》在原法将法律、法规授权的组织作出的行政行为纳入受案范围的基础上,明确将规章授权的组织作出的行政行为也纳入受案范围。

（三）可诉内容的扩展:行政合同的纳入

行政合同能否纳入行政诉讼受案范围,争议颇大。对于行政合同的性质,行政法学者和民法学者向来有分歧,对实践中行政合同引发的争议有的按照行政案件受理,有的按照民事案件受理,适用的规则不同,判决结果通常也有差别。为了加强对行政合同的监督,保护公民、法人或者其他组织的合法权益,行政法学界建议将其纳入行政诉讼受案范围。

其一,以行政行为为核心概念的《行政诉讼法》能否容纳行政合同。要将行政合同纳入行政诉讼受案范围,必须界定行政行为是否包括行政合同行为。虽然行政合同是双方行为,但行政机关在合同中居主导地位,其签订、履行、变更、解除行政合同的行为,是行使公共权力,可以界定为仍是一种行政行为。

其二,《行政诉讼法》的"民告官"定位和结构能否解决"官告民"的问题。行政合同引起争议,既可能是行政机关的原因,也可能是作为合同另一方的公民、法人或者其他组织的原因。因此,理论上说将行政合同争议纳入行政诉讼受案范围,既要解决"民告官"的问题,也要解决"官告民"的问题。但这一点与《行政诉讼法》的定位和结构不相容,《行

① 参见童卫东:《进步与妥协:〈行政诉讼法〉修改回顾》,载《行政法学研究》2015 年第 4 期。

政诉讼法》从立法目的、基本原则到具体制度,都是围绕“民告官”设计的,无法容纳“官告民”,因此,2014 年《行政诉讼法》第 12 条第 1 款第 11 项将“行政机关不依法履行、未按照约定履行或者违法变更、解除政府特许经营协议、土地房屋征收补偿协议等协议的”纳入行政诉讼范围,而没有解决作为合同另一方的公民、法人或者其他组织不履行合同的争议问题。如此规定的原因,一是实践中行政合同争议主要是行政机关不履行合同或者违法变更所引起的,将上述情况纳入行政诉讼,抓住了主要矛盾;二是即使公民、法人或者其他组织一方不履行合同,行政机关为了公共利益,可以根据法律、法规、规章或者合同约定,作出单方决定,实现行政目的,作为合同另一方的公民、法人或者其他组织不执行行政机关所作决定的,行政机关可以申请法院执行。

三、行政诉讼管辖制度改革

深化司法管辖制度改革一直是建设公正、高效、权威的中国特色社会主义司法制度的重要内容,是完善行政诉讼体制机制,解决行政诉讼突出问题的关键环节。《党的十八届四中全会决定》明确提出,要完善行政诉讼体制机制,合理调整行政诉讼管辖制度,切实解决行政诉讼立案难、审理难、执行难等突出问题。《行政诉讼法》的第一次修改,调整了诉讼管辖模式,取得了一定成效。但随着司法体制改革的推进及社会经济的发展,管辖中的新问题也接踵而至。2021 年 3 月 25 日,最高人民法院同时发布了《最高人民法院关于正确确定县级以上地方人民政府行政诉讼被告资格若干问题的规定》(以下简称《被告资格规定》)和《最高人民法院关于办理行政申请再审案件若干问题的规定》(以下简称《申请再审规定》)两个司法解释,形式上看这两个司法解释主要是关于被告资格及再审案件办理的规定,但解释的主要目的之一却是应对一些当事人为了提高管辖级别,在作出行政行为的行政机关并非县级以上地方人民政府的情况下,强行将县级以上地方人民政府列为被告,导致中级人民法院受理案件出现激增态势的情况。[①] 同时,解释也是为了进一步从被告主体及相应的再审案件办理两个角度进行规制,依法有效分流最高人民法院的超负荷收案。这两个司法解释,实际上也意味着对既有管辖制度改革思路的反思和调整。[②]

行政诉讼管辖是法院内部"受理第一审行政案件的分工和权限"。[③] 行政诉讼管辖包括级别管辖和地域管辖两个方面。管辖制度改革一直是我国行政审判体制机制改革的核心,虽然改革在具体形式上表现多样,但实现司法管辖与行政区划适度分离的改革思想逐渐明晰。1989年《行政诉讼法》第13条至第17条确立了以案件难易复杂程度确定级别管辖、以行政机关属地确定地域管辖的基本管辖制度,这使行政案件司法管辖与行政区划基本对应、重合。

1989年《行政诉讼法》设定了与行政区划对应的案件管辖,特别强调绝大部分一审行政案件由基层人民法院管辖,其初衷在于利用地域便利及时在基层解决争议,防止矛盾激化和上交,但由于未能充分考虑地方法院赖以运转的人财物完全受制于当地政府的现实,进而在实践中逐渐暴露出严重的制度性缺陷。人们把这种缺陷形象地概括为"县法院审不了县政府"[④],甚至认为这种缺陷"已经导致行政诉讼制度面临生死存亡的危机"[⑤]。这种危机表现在:行政机关为了避免败诉,往往利用人事任免、物资分配等手段对法院、法官施加压力,不让受理案件,受理后也不能判决政府部门败诉。法院已经成为行政案件的利益攸关方,法院

---

① 参见刘婧:《严格正确贯彻行政诉讼法切实保护当事人权利——最高人民法院相关负责人就〈最高人民法院关于正确确定县级以上地方人民政府行政诉讼被告资格若干问题的规定〉和〈最高人民法院关于办理行政申请再审案件若干问题的规定〉答记者问》,载《人民法院报》2021年3月28日,第4版。

② 参见韦冉:《行政诉讼管辖改革指导思想的实践创新》,载《中国应用法学》2021年第4期。

③ 参见江必新、梁凤云:《行政诉讼法的理论与实务》,北京大学出版社2009年版,第3页。

④ 参见林莉宏、邓刚宏:《超越"民告官"现象:审视行政诉讼制度变革》,载《人民论坛》2008年第3期。

⑤ 参见江必新:《中国行政审判体制改革研究——兼论我国行政法院体系构建的基础、依据及构想》,载《行政法学研究》2013年第4期。

不敢受理、不敢下判、违心下判的情形普遍存在，直接导致人民法院对地方政府机关难以有效监督。遂导致法院矛盾化解者、纠纷裁决者的身份逐步丧失，最终损害宪法、法律的权威，损害党和国家的权威。基于上述背景，行政诉讼管辖改革一直把实现司法管辖与行政区划的适度分离特别是基层司法管辖与行政区划的适度分离作为指导思想。

关于如何实现这种分离，在2014年《行政诉讼法》修改前，存在绝对分离和相对分离两种基本思路。绝对分离是从法院组织法的层面上，新设不与行政区划相对应的审判组织，负责审理特定辖区内的行政案件；相对分离是仅从管辖的层面上着手，不触及法院组织法层面的变动，通过指定管辖和提级管辖等管辖手段的灵活运用，使当地政府机关为被告的行政案件不再由当地法院进行审理。

在绝对分离思路内部，也存在两种主张：第一种是主张设立独立于现有司法组织的行政法院，比如马怀德、解志勇教授等学者把设立行政法院作为行政审判体制改革的目标，把建立行政法院作为行政诉讼困局的破局之策。[①] 但因为此项主张涉及国家权力机关组织架构，涉及修改《人民法院组织法》甚至《宪法》，一直未能付诸实施。也有观点进一步认为，基于我国“强政府、弱法院”的权力格局，处于弱势地位的法院难以有效监督行政机关，因此，可由行政机关管辖对行政复议决定不服的行政案件，进而在行政系统内设立行政法院。这种行政法院就与现有法院体系不同，类似法国行政法院模式，系在行政系统内所设立，[②]与我国的政治体制和机制的架构不合。第二种是主张设立跨区划的专门法院，由该类法院在审理跨区划的重大民商事案件的同时，主要审理被告为县级以上人民政府的行政案件。《党的十八届四中全会决定》即采纳了这种观点，提出“探索设立跨行政区划的人民法院和人民检察院”，上海市

---

① 参见马怀德：《行政审判体制改革的目标：设立行政法院》，载《法律适用》2013年第7期；解志勇：《行政法院：行政诉讼困境的破局之策》，载《政法论坛》2014年第1期。

② 参见马怀德：《论我国行政复议管辖体制的完善——〈行政复议法（征求意见稿）〉第30—34条评价》，载《法学》2021年第5期。

第三中级人民法院、北京市第四中级人民法院陆续据此设立。

《行政诉讼法》经过第一次修改后，立法机关按照司法管辖与行政区划适度分离的思路，对行政诉讼管辖制度作了有针对性的安排，其主要变化体现在三个方面：首先，创设跨区划的法院。2014 年《行政诉讼法》第 18 条第 2 款规定，经最高人民法院批准，高级人民法院可以根据审判工作的实际情况，确定若干人民法院跨行政区划管辖行政案件。这条规定是以前没有的，是专门为设立跨区划法院准备的法律依据。其次，提高市县政府为被告的案件的管辖级别。2014 年《行政诉讼法》第 15 条第 1 项规定，对国务院部门或者县级以上地方政府所作的行政行为提起诉讼的一审行政案件，属于中级人民法院管辖。这条规定也与原有规定不同，实际上提高了被告为市县政府的行政案件的管辖级别。最后，又明确废止了管辖权下放制度。1989 年《行政诉讼法》第 23 条第 1 款规定，上级人民法院也可以把自己管辖的第一审行政案件移交下级法院审判。司法实务中，出现了一些中级人民法院将市县政府为被告的案件移交辖区内的基层法院审理等管辖权不当下放，从而控制审判结果，实现案件不出市、不出省，侵害当事人审级利益的情况，造成了不良的社会影响。[①] 因此，2014 年《行政诉讼法》取消了关于行政案件下放管辖的规定，不再允许上级法院把自己管辖的第一审行政案件移交下级法院审理。对于纠正当时的不正风气起到了很好的效果。[②]

此外，在相对分离改革方案中，又进一步增加了提级管辖、异地交叉管辖和集中管辖的内容，进一步完善了管辖制度。

（一）提级管辖

提级管辖，就是将市县政府为被告的行政案件，提级到当地中级人民法院进行管辖。最高人民法院在 2008 年发布的《关于行政案件管辖若干问题的规定》（以下简称《管辖规定》）（已失效）第 1 条第 1 项规

---

① 参见袁杰主编：《中华人民共和国行政诉讼法解读》，中国法制出版社 2014 年版，第 70 ~ 71 页；江必新、邵长茂：《新行政诉讼法修改条文理解与适用》，中国法制出版社 2015 年版，第 78 页。

② 参见韦冉：《行政诉讼管辖改革指导思想的实践创新》，载《中国应用法学》2021 年第 4 期。

定,被告为县级以上人民政府的案件,属于应当由中级人民法院管辖的第一审行政案件,提级管辖遂在全国范围内推开。

提级管辖改革利用不同级别的司法权和行政权的错位对决,提高了行政相对人对行政诉讼的信赖,加大了对行政权的监督。这一改革在一定程度上给行政审判注入了新的活力,使行政审判的公正公信得到较大幅度提升。

其一,提级改革能够有效减少行政权力对行政审判的干预。提级管辖将原来主要在基层人民法院一审的三类案件尤其是第一类案件改为在中级人民法院一审,高级人民法院二审,基层党委和政府的权力对行政审判的反约束能力明显降低,甚至已起不到干预审判的作用,行政权看司法权的角度已明显地从俯视转为平视,甚至是仰视。

其二,提级管辖改革可以保证官民的平等对决。实施提级管辖后,行政机关干预行政审判的难度增大,将迫使其对待行政诉讼的态度变得更为正面、积极,解决问题的态度更加诚恳。

其三,提级管辖改革加大了审级监督力度。提级管辖后,提级所涉案件二审由高级人民法院审查,高级人民法院对各地中级人民法院一审裁判的审级监督力度将进一步加强。强化审级监督具有传递效应,一方面可以使被告认识到违法行政行为很难逃脱被监督纠正的结局,从而减少对一审程序的干扰;另一方面也可以督促中级法院依法审判,切实发挥行政审判的职能作用。

其四,提级管辖改革将强化高级人民法院对全省行政审判的主导权。实施提级管辖高级人民法院二审的案件数量多,类型丰富,一方面,有利于高级人民法院全面掌握全省行政审判的基本情况和发展态势,更好地指导下级人民法院开展行政审判工作,真正掌握全省行政审判的主导权。另一方面,高级人民法院通过二审加强了对一审的监督力度,对于一些中级人民法院因受到干扰未能公正裁判的案件坚决予以改判,也树立了高级法院行政审判的较高权威。

其五,提级管辖改革可以统一裁判尺度,提高行政审判的司法权威。

“如果缺乏有效的司法统一，便难以保证司法独立和公正”①。面对行政审判中层出不穷的新类型案件，提级管辖改革将重大复杂的案件提级至中级人民法院一审，高级人民法院二审，充分利用了中级人民法院、高级人民法院行政法官业务能力较强、沟通更方便的优势，对于新类型案件统一裁判尺度，统一适用法律起到了关键作用。裁判结果的可预期性得到显著改善，行政审判权威得到进一步加强。②

但也要看到，指定管辖制度本身存在不足，存在被不当适用重回老路的问题。1989 年《行政诉讼法》第 23 条第 1 款规定，“上级人民法院有权审判下级人民法院管辖的第一审行政案件，也可以把自己管辖的第一审行政案件移交下级人民法院审判。”《管辖规定》第 2 条规定，“当事人以案件重大复杂为由或者认为有管辖权的基层人民法院不宜行使管辖权，直接向中级人民法院起诉，中级人民法院应当根据不同情况在 7 日内分别作出以下处理：（一）指定本辖区其他基层人民法院管辖……”有了上述规定，为了缓解大量县级以上人民政府作为被告和维稳责任上移带来的矛盾压力，司法实践中有些中级法院仍然将本应由其管辖的案件指定由基层法院管辖，在一定程度上又弱化了提级管辖改革的成效。

（二）异地交叉管辖

异地交叉管辖，即将原由行政机关所在地基层人民法院管辖的案件，通过上级人民法院指定管辖的方式交由行政机关所在地之外的其他基层人民法院管辖。③ 由于将案件移交到被告的控制范围之外，其干预审判的途径被切断，从而使法院可以独立地行使审判权，司法的公正性得到较为有效的保障。最早实行异地交叉审判的浙江省台州市在这方

① 德全英：《中美法院制度的宏观比较与思考》，载《法律科学（西北政法学院学报）》1999 年第 3 期。

② 参见付洪林、窦家应：《行政诉讼提级管辖改革的探索与实践——以广东法院提级管辖改革为样本》，载《法律适用》2014 年第 5 期。

③ 参见江必新主编：《行政审判和国家赔偿改革的路径与成效》，人民法院出版社 2013 年版，第 29 页。

面的实践可以很好地说明该制度的价值:该市自 2002 年 7 月推出这一举措至 2003 年 6 月的一年内,共受理该类案件 81 件,审结生效 45 件,政府败诉 29 件,败诉率为 64.4%;而上一年同期审结的 107 件同类案件,政府败诉 14 件,败诉率仅为 13.1%,政府败诉率上升了 51.3 个百分点。当然,政府败诉率的高低与司法是否公正并不必然成正比关系,但是异地交叉管辖制度无疑能够增强行政审判的独立性,而司法的独立往往使公正的审判变得更为可能。①

各地施行行政诉讼交叉管辖制度以来,法院受理的行政案件数量有所增加,更多数量的行政纠纷案件进入诉讼程序,这从侧面反映出异地交叉管辖对公正审理行政案件的积极影响。异地交叉管辖施行成本低廉,又能一定程度上实现分离司法辖区与行政辖区的效果,但作为在工作机制层面的改革,异地交叉管辖仍难免存在某些局限性。

其一,行政机关应诉意识仍待提高。2014 年《行政诉讼法》第 3 条第 3 款规定,"被诉行政机关负责人应当出庭应诉。不能出庭的,应当委托行政机关相应的工作人员出庭"。尽管在实行中取得了积极成效,但行政机关消极应诉、应诉能力较弱等问题依然存在。由于行政环境优劣不一,应诉率的提升尚未形成足够影响诉讼综合表现的强有力要素,原因之一是实际执行过程中并未完全按行政诉讼法的规定执行,在异地交叉管辖之下,解决负责人不出庭应诉问题的难度更大。

其二,审判独立性仍存在掣肘因素。随着案件数量的增加和行政法治环境的改善,行政诉讼原告的胜诉率有所增长,显示了行政审判职能的异化部分正逐步复苏和重构。行政司法中地方行政机关的普通组成者回归行政权力的监督者本色,但败诉案件数的增加是建立在案件总量增加基础之上,因此很难说行政权力对于行政诉讼案件已完全没有影响。有的上级行政机关也会对妨碍下级机关职能行使的因素施加影响,如通过多种形式的协调平台表达出诉讼的不利结果事实上会影响某项

---

① 参见殷勇:《行政诉讼中的异地交叉管辖制度》,载《人民司法》2006 年第 10 期。

政令实施效果的看法。这种看法会通过行政机关之间的隶属关系、官员定期交流、案件发生地和管辖地之间的协调传导体现出来。甚至有悲观者认为:“经过长期的互动、博弈,类似潜规则的制度安排可能形成:异地政府之间的互惠性干预和上级政府对下级政府的自动化支持。”[①]这种想法认为,行政机关的不满也可能会以某种形式表达给法院。

其三,调解与司法建议功能受限。2014 年《行政诉讼法》第 60 条将调解的适用范围由之前的行政赔偿扩大到行政补偿和行政机关行使法律、法规规定的自由裁量权的行政案件,目的是发挥调解在解决行政争议中的作用,但异地管辖下法院与被告行政机关之间的联系松散,加上法庭对异地行政机构设置不够清楚,调解这类需要地方政府协作支持的诉争解决方式适用起来比较困难,“集中管辖法院在同地方党委、政府的支持方面显然不及被告地法院调解起来便利”[②]。司法建议情况与之类似,司法建议是司法参与社会综合治理系统工程的一项重要手段,但部分行政机关对其既不了解也不重视,尤其在城市化建设中,一些行政部门的分管范围、功能职责可能有所调整,其便本着“事不关己”“多做多错”的心态,加上不属同一行政区划,更无支持本地机关的考虑,索性以司法建议中涉及事项不属本部门管辖为由不予理睬,致使司法建议的效果打折扣。

适用异地交叉管辖,对管辖法院的确定应遵循一定的原则,包括以下几个方面:

第一,保证法院独立行使审判权的原则。保证独立审判是异地交叉管辖的主要制度价值,因此该原则也是该制度所应遵循的首要原则。

第二,便利当事人尤其是原告诉讼的原则。便利当事人尤其是原告诉讼是诉讼制度的一个重要原则,也是“司法为民”理念的具体体现。因此,在确定异地管辖法院时,在不影响独立审判的前提下,应尽可能遵

① 董皞、郭建勇:《独立而公正:行政案件跨区域审理改革的价值追求与制度设计》,载《法律适用》2015 年第 2 期。

② 黄学贤、杨红:《论行政诉讼管辖困境之形成及其突破》,载《法学评论》2013 年第 6 期。

循这一原则，比如原告与被告所在地不在同一基层法院辖区的，可以考虑由原告所在地基层法院管辖，而如果原告所在地与被告所在地在同一基层法院辖区的，应选择距离原告最近的法院管辖。

第三，相对固定与随机确定相结合的原则。相对固定，是指在同等条件下一般应选择同一法院管辖，比如，两案件中原告和被告所在地均在甲基层法院，原告均距离乙法院较近，这时一般均应选择乙法院为管辖法院。随机确定是指有时可以不考虑上述因素，在辖区法院中随机确定管辖法院，以防止滋生新的行政干预。

第四，注意各法院之间收案平衡的原则。在确定管辖法院时应注意各辖区法院之间收案的平衡，避免案件过分集中在少数几个法院。

第五，相对集中的原则。是指对于同一类型、同一性质的案件应尽量指定同一法院审理，以实现审理的专业化，统一执法尺度。[①]

（三）集中管辖

集中管辖，它是最高人民法院在 2013 年自上而下推出的，“是将部分基层人民法院管辖的一审行政案件，通过上级人民法院统一指定的方式，交由其他基层人民法院管辖的制度”[②]。2014 年《行政诉讼法》第 18 条第 2 款规定，经最高人民法院批准，高级人民法院可以根据审判工作的实际情况，确定若干人民法院跨区域管辖行政案件。

此次纳入行政案件跨行政区域集中管辖的法院从地域分布看，东部、中部、西部地区分别都有一些法院参与此项改革试点工作，比如东部地区的江苏、浙江、福建、广东等地法院；中部地区的安徽、湖南等地法院；西部地区的甘肃、青海等地法院。如果再加上 2014 年《行政诉讼法》实施之前，一些根据最高人民法院下发的《关于开展行政案件相对集中管辖试点工作的通知》要求，已经开展的行政案件相对集中管辖试点工作的法院，可以说，行政案件跨行政区域集中管辖改革已经在全国

---

① 参见殷勇：《行政诉讼中的异地交叉管辖制度》，载《人民司法》2006 年第 10 期。

② 《最高人民法院关于开展行政案件相对集中管辖试点工作的通知》（法〔2013〕3 号）。

法院全面铺开。

从获批推进此项改革的法院来看，主要有全部试点、局部试点、类案试点三种样式。第一种样式全部试点，即在整个辖区范围内中、基层法院全面开展改革试点，其中以安徽、福建、山西为样本。第二种样式局部试点，即中级法院一审案件管辖维持不变，在中级法院司法管辖区内推动基层法院行政案件相对集中管辖。第三种样式类案试点，即推动某种类型案件向某一法院集中管辖。[①]

截至 2012 年，全国有 17 个铁路运输中级法院，59 个铁路运输基层法院，遍布全国 25 个省、自治区，4 个直辖市。在全国 34 个省份中，除西藏、海南和特区未设铁路法院外，铁路运输法院基本涵盖全国。铁路法院 2012 年改制移交地方统一管理后，除与铁路有关的少量案件外，普遍存在案件少，编制、人员和场所闲置的问题。此次推进行政案件跨行政区域集中管辖改革，地方法院积极依托铁路法院开展改革试点工作。以南京市的情况为例，从 2016 年 4 月 1 日起，原应由南京市各基层法院受理的一审行政诉讼案件，统一由南京铁路运输法院（以下简称南铁法院）集中管辖。“从目前的实践探索看，跨行政区划法院改革是一项可以提高行政审判质量，树立司法权威，构建科学合理司法管辖制度的重要举措和有效方式”[②]。从南铁法院两年多来的实践来看，这一论述是完全正确的。

四、行政诉讼当事人出庭制度改革

2014 年《行政诉讼法》修订之前并没有“行政机关负责人应当出庭应诉”的规定，从理论上讲，作为被告的行政机关理应出庭应诉，但鉴于行政机关的特殊地位，加上其碍于面子而不愿出庭。作为被告的行政机

---

① 参见程琥：《行政案件跨行政区域集中管辖与行政审判体制改革》，载《法律适用》2016 年第 8 期。

② 江必新：《从跨区划管辖到跨区划法院——兼论新型诉讼格局之构建》，载《人民司法》2017 年第 31 期。

关不出庭应诉是实践中的一大问题，尤其是行政机关的负责人更是很少出庭应诉，以至于行政审判中普遍出现原告“告官不见官”、法院“审官不见官”的奇特现象。行政机关负责人不出庭就难以了解案件的审理过程，其一旦败诉，往往归咎于法院。为解决这种现实的尴尬，使行政审判走出困境，2007 年 4 月 24 日最高人民法院发布的《关于加强和改进行政审判工作的意见》（法发〔2007〕19 号）对行政机关负责人出庭应诉作出了具体制度安排，在一定程度上解决了行政机关负责人不出庭的问题，但该意见毕竟不具有普遍性和法律约束力。2014 年 10 月，《党的十八届四中全会决定》提出了“健全行政机关依法出庭应诉、支持法院受理行政案件、尊重并执行法院生效裁判的制度”等要求。根据上述部署，为了使改革有法可依，全面实施依法治国方略，2014 年《行政诉讼法》进行了相应修改，并在第 3 条第 3 款规定“被诉行政机关负责人应当出庭应诉。不能出庭的，应当委托行政机关相应的工作人员出庭”，最终从法律层面建立了行政机关负责人出庭应诉制度。各地方政府以及相关部门相继以规范性文件、党政联合发文、政策说明等形式对行政机关负责人出庭应诉作出具体要求，积极推动该制度的有效运行。2014 年至 2016 年，各级行政机关负责人依法履行出庭应诉职责，成效显著，但消极应诉、行政应诉能力不强、监督考核机制不健全等问题依然存在，有的问题还较为突出。为此，2016 年 7 月国务院办公厅发布了《关于加强和改进行政应诉工作的意见》，该意见对行政机关支持配合人民法院依法开展行政审判工作提出了五个方面的具体要求，积极应对行政诉讼法实施以来面临的突出问题。

（一）行政首长出庭义务的法律化

在 2014 年《行政诉讼法》修订之前，山东省青岛市，江苏省南通市、苏州市等地先后出台了关于建立行政机关负责人出庭应诉制度的通知，随后江苏省常州市、江西省萍乡市等地方也陆续发布相关通知。在 2015 年之后，为了更好地推行该制度，各个地方政府纷纷出台相关地方性政策文件，其中 2016 年出台的政府规章和规范性文件最多。至

2022 年 2 月，有关行政机关负责人出庭应诉制度的地方性法律规范达 160 个。

为解决长期以来存在的行政负责人出庭应诉中的消极应诉、出庭案件类型单一、随同出庭工作人员缺乏专业知识以及行政负责人出庭应诉监督集体不完善等问题，最高人民法院先后三次发布相关司法解释，即 2015 年《最高人民法院关于适用〈中华人民共和国行政诉讼法〉若干问题的解释》（已失效）、2018 年《最高人民法院关于适用〈中华人民共和国行政诉讼法〉的解释》（以下简称《行政诉讼法解释》）、2020 年《最高人民法院关于行政机关负责人出庭应诉若干问题的规定》（以下简称《行政机关负责人出庭应诉规定》），进一步明确和强化了行政机关负责人出庭应诉的义务。

关于“行政机关负责人”的界定。2015 年 4 月 22 日公布的《最高人民法院关于适用〈中华人民共和国行政诉讼法〉若干问题的解释》将行政机关负责人界定为行政机关的正职和副职负责人。2018 年《行政诉讼法解释》对行政机关负责人进行了新的界定，除了正职和副职之外，又新增了其他参与分管的负责人。这样规定也是出于现实的考量，在实际工作中应当考虑到出庭应诉的人员不能是唯一的，所以法律对“行政机关负责人”这一概念的外延进行了一定程度的延伸，并且从实质上区分了“行政机关负责人”和“行政首长”。将分管负责人纳入行政机关负责人的大范围中，当行政机关正职、副职负责人确实因为一些突发事件无法出庭参与诉讼时，分管负责人可以接替这个角色出席行政诉讼，而不至于因为法律硬性规定而使得角色被固化，进而导致制度无法运行。同时《行政诉讼法解释》也进一步规定，若行政机关负责人不能出庭，不能仅委托律师出庭，还应当委托行政机关相应的工作人员出庭。为进一步规范行政负责人出庭行为，《行政诉讼法解释》还对行政负责人不出庭的后果做出了明确规定，即人民法院应当记录在案和在裁判文书中载明，并可以建议有关机关依法作出处理。

(二)行政首长出庭行为的明确化

长期以来,行政机关负责人“官本位”意识浓厚,拉不下面子并且担心败诉,怕丢脸,不愿出庭应诉。原告面对这样的情况,势必会对行政机关产生不满情绪,认为自己没有得到公正对待,诉权没有得到法律的有效保护。相反,从告官不见官到官民平等对话,彰显了平等的官民关系,给相对人心理上带来安慰,体现了执政为民的基本要求。通过参与庭审,各级行政机关负责人能够当面听取行政管理相对人的意见,使行政审判成为公众利益诉求畅通表达的良好机制。相对于无序的民众抗议和信访维权,法庭审理更能凸显争议化解的公正性,切实让人民群众感受到公平正义。为此,对行政负责人出庭行为通过法律的形式予以规定是十分必要的。

在改革过程中,行政负责人出庭行为的明确化具体体现在两个方面,一是明确行政负责人需要出庭的案件类型,二是明确行政负责人可以不出庭的情况和拒不出庭需要承担的法律后果。

在行政诉讼中,长期存在行政负责人出庭的案件类型单一、范围十分狭窄的现象,其出庭案件绝大多数是从时间方面划分的年度首起行政诉讼案件,其他涉及案情较为复杂、原告人数较多等比较棘手的案件,行政机关负责人对此往往避之不及。针对此类现象,《行政诉讼法解释》第 129 条第 1 款明确规定,涉及重大公共利益、社会高度关注或者可能引发群体性事件等案件以及人民法院书面建议行政机关负责人出庭的案件,被诉行政机关负责人应当出庭。此条明确了行政机关负责人应当出庭的案件,有效地防止了以往行政负责人以公务在身、已提交正当证明等理由逃避出庭的现象。

同时,针对现实中行政机关负责人确实无法出庭的情况,《行政诉讼法解释》第 129 条第 3 款、第 4 款规定,行政机关负责人有正当理由不能出庭应诉的,应当向人民法院提交情况说明,并加盖行政机关印章或者由该机关主要负责人签字认可。行政机关拒绝说明理由的,不发生阻止案件审理的效果,人民法院可以向监察机关、上一级行政机关提出司法建议。负责人出庭应诉的全部过程中,法院除了调解和审判外,还需要对负责人的身份以及正当理由的审查。上述规定虽然规定了负责人原则上需要出庭,但也赋予了负责人在有正当事由的前提下可以委托相应的工作人员出庭的权利。对于正当理由的范畴司法解释也做出了一定灵活的变动以保证机关负责人仍有时间完成日常事务,对于不可抗力、意外事件等正当理由的案件,负责人只需要提供证明材料即可委托相关工作人员代为出庭,极大程度上保障了制度的实行。①

(三)行政机关出庭程序的规范化

在司法实践中,实际应诉时机关行政负责人往往会与1名至2名具备法律专业知识的本机关人员一同到庭,一是可以辅助行政机关负责人有效行使举证、质证、辩论的相关诉讼权利,二是相比较于行政机关负责人,工作人员对案件所涉纠纷的起因发展及相关法律知识更为熟知,更有利于法官查明案情。然而,有不少行政机关并未设有法制部门或者法制部门的职务是由其他业务部门人员兼任的情况,这导致随同行政机关负责人出庭应诉的工作人员并不具备相应的"素质",影响庭审质量。

为了解决"出庭不出声"的问题,2020年《行政机关负责人出庭应诉规定》明确要求:"行政机关负责人或者行政机关委托的相应工作人员在庭审过程中应当就案件情况进行陈述、答辩、提交证据、辩论、发表最后意见,对所依据的规范性文件进行解释说明。"而且要求,"行政机关负责人出庭应诉的,应当就实质性解决行政争议发表意见"。将行政机关负责人"出声"作为一种强制性义务,强化了行政机关负责人对实质性解决行政争议参与度。

五、行政诉讼制度现代化的未来展望

(一)行政诉讼程序改革:繁简分流

2014年修订的《行政诉讼法》对简易程序作出了规定,开启了我国

---

① 参见吕江鸿:《论行政诉讼中被告行政机关负责人出庭应诉制度》,载《广西师范学院学报(哲学社会科学版)》2019年第2期。

行政诉讼制度发展完善的新阶段。但是,对于行政诉讼繁简分流的探索研究还在继续。一方面,简易程序入法后的实施效果并不理想,需要及时查找问题、完善程序。另一方面,行政诉讼人少案多矛盾持续凸显,司法资源紧张现状并未得到有效缓解。2016 年 9 月,最高人民法院印发《关于进一步推进案件繁简分流优化司法资源配置的若干意见》(以下简称《优化司法资源配置若干意见》),提出"大繁简、大分流"目标,标志着司法改革进入新的阶段。

行政诉讼繁简分流的宏观性和整体性特性,决定了分流举措的多样化和层次性。这些举措在日渐探索与发展中,不断彰显各自特性并渐进形式化为具体模式,主要包括以下三种:

第一,行政诉讼简易程序。"普通程序与简易程序的划分体现了国家对可支配司法资源的结构性安排,其目的在于实现诉讼制度纠纷解决机能的最大化"①。2014 年《行政诉讼法》实施后,以该法第 82 条为中心的简易程序规定评估以及困境纾解成为新的研究重点,如何激活简易程序成为现阶段研究目标。为了解决简易程序适用率低、上诉率高、各地法院具体实施不统一等问题,以葛先园、刘一玮、杨寅等为代表的研究者,采取了规范分析和实证分析相结合的方式,对上述问题的背后原因作了深入探析,一致认为问题根源在于规则供给不足,并提出应围绕适用范围、启动方式、程序选择、审理组织、具体规则等方面,对相关规则进行深化与优化。②

第二,行政快审程序,又称行政速裁程序。在案多人少矛盾不断激化、审判压力急速上升,而简易程序难以凭借一己之力有效解决,甚至陷

① 章武生:《民事简易程序中的公正与效益》,载《法学》2003 年第 8 期。

② 参见葛先园:《新〈行政诉讼法〉第 82 条第 1 款适用问题研究》,载《学习与探索》2016 年第 7 期;葛先园:《我国行政诉讼简易程序检视——以新〈行政诉讼法〉第 82 条为中心》,载《法律科学(西北政法大学学报)》2016 年第 2 期;常晓云、章玉洁:《我国行政诉讼简易程序优化探析》,载《聊城大学学报(社会科学版)》2017 年第 5 期;刘一玮:《行政诉讼简易程序的理性反思与完善路径》,载《行政法学研究》2019 年第 4 期;杨寅、戴岩:《行政诉讼简易程序的新近发展与完善》,载《上海政法学院学报(法治论丛)》2019 年第 6 期。

入“休眠”的背景下，亟须探索新的简单化诉讼程序。《优化司法资源配置若干意见》提出的“简化行政案件审理程序……对于事实清楚、权利义务关系明确、争议不大的案件，探索建立行政速裁工作机制”新思路，对于进一步厘定行政案件繁简分流内涵、从深层次上促进行政诉讼繁简分流改革发展具有重要价值。这也直接引发了行政速裁程序研究。行政诉讼以严格性和完整性为导向的程序设计，会导致诉讼程序的烦琐和冗长而屡遭诟病，而以柔性化处理为崭新理念的行政速裁程序则可以弥补普通程序的不足，彰显多元化分流的智慧。[①] 总的来看，对行政速裁程序的研究还有待深入。

第三，行政示范诉讼程序。示范诉讼程序研究最早运用于民事诉讼领域，后随着行政诉讼群体性纠纷的增多与人少案多矛盾的凸显，逐渐成为行政诉讼繁简分流研究框架下的重要分支。示范诉讼的诞生，与其说是理论预设，毋宁将其作为历史的产物更切实际。考虑到群体性纠纷具备“人数多、范围广、关注高、影响大、易于激化”等特点，面临现行法律框架内能够与其匹配的解纷机制屈指可数之现实，法院急需探索出一种新的群体性纠纷审判机制，示范诉讼应运而生。目前，需要进一步研究建立示范性行政诉讼的程序机制，有效发挥示范效应，从而提升行政诉讼的质效。

（二）进一步完善行政公益诉讼制度

行政公益诉讼是中国式司法现代化发展的最新成就，也是尚待进一步探索完善，提升其现代化水平的诉讼制度。目前，我国的行政公益诉讼在立法层面还存在一些问题和不足：一是条文结构安排不当，导致检察机关主体地位难以彰显；定位不明确，导致法律监督功能未能很好地嵌入行政诉讼构造。二是由于条文结构安排不当，导致诉讼主体身份争议依旧存在。三是“公共利益”保护范围过窄，检察机关行使公益诉讼维护公益的作用受限。四是条文内容过于简单，缺乏程序性规定，可操

① 参见刘行、刘明研：《行政诉讼速裁机制的探索与适用》，载《人民法治》2016 年第 10 期。

作性不强。为此,要总结司法实践经验,不断完善公益诉讼相关制度。鉴于本书对检察机关公益诉讼制度有专章的阐述讨论,本章在此不再展开。

(三)完善行政诉讼非法证据排除规则

2014年《行政诉讼法》修改后,增加的第43条第3款规定"以非法手段取得的证据,不得作为认定案件事实的根据",正式将行政诉讼的非法证据排除规则上升为法律。这一变化让"行政诉讼是否需要设置非法证据排除规则"的问题重回公共视野。在理论研究对这一问题尚存争议的情况下,实践中立法、行政与司法三个领域对行政诉讼非法证据排除规则的态度也存在较大分歧。

在规范制定领域,立法机关以及最高人民法院对行政诉讼非法证据排除持积极推动态度。最高人民法院在起草《关于行政诉讼证据若干问题的规定》之时,就已参考借鉴国外刑事非法证据排除理论,推动行政诉讼非法证据排除规则的制定。立法机关在对《行政诉讼法》修改时总结并吸收了《关于行政诉讼证据若干问题的规定》中关于排除非法证据的有关内容,将其上升为法律。此外,2014年《行政诉讼法》还在概念层面修正了已经误用十余年的"广义非法证据"概念,首次明确行政诉讼非法证据是"以非法手段取得的证据"。2018年2月6日最高人民法院公布的《行政诉讼法解释》又对行政诉讼中的"非法证据"进行了解释说明,使之在内容上更符合非法证据排除的一般规律。

在行政执法领域,非法证据排除规则并未引起行政机关的广泛重视,究其主要原因:一是我国在立法层面没有区分行政诉讼证据和行政程序证据,但在实践中这二者还是有所区分的。诉讼证据规则对行政机关的执法行为没有直接约束力,无论诉讼证据排除规则如何规定,行政机关都只按照行政法律规范进行执法。二是行政诉讼制度中法院对行政行为进行司法审查的强度有限,故诉讼证据规则对行政过程的影响也相对有限。三是随着行政程序法治的发展,违反法定程序的法律后果比认定证据无效对行政行为的影响更为显著,故行政机关更多关注违反法定程序带来的实体法后果,对证据是否有效并不关切。因此行政机关对行政诉讼法新增的非法证据排除条款并未表现出过多关注。

在司法适用领域,审判人员对行政诉讼非法证据排除规则在价值上基本认可,但对其的适用却并不普遍。一些法官在审理行政案件时,通常认为非法证据不宜排除或没必要排除,通过一定方式规避非法证据排除规则的适用。[①]

当前,需要尽快完善行政诉讼非法证据排除规则并强化其适用。当然,行政诉讼与刑事诉讼、民事诉讼有不同的特点,行政诉讼的非法证据排除规则不应当简单把民事甚至刑事诉讼非法证据排除规则拿过来简单套用。最高人民法院可以在总结刑事和民事诉讼非法证据排除规则的基础上,根据行政诉讼的特点,设计制定符合中国国情的行政诉讼非法证据排除规则。

(四)审查原则的改革:扩大适用对行政行为合理性原则

2014 年《行政诉讼法》第 70 条规定新增了第 6 项,即行政行为明显不当的,人民法院可判决撤销或者部分撤销,并可以判决被告重新作出行政行为。该条规定被认为是行政诉讼法对于行政行为的合理性进行司法审查的进一步明确。事实上,行政诉讼合理性司法审查长期以来都是理论界和实务界研究的重要内容之一,并对此存在三种不同认识:

一是认为合理性审查在一般情况下不能运用于行政诉讼中。该观点的主要理由是 1989 年《行政诉讼法》第 5 条规定:“人民法院审理行政案件,对具体行政行为是否合法进行审查。”从该条规定可以看出行政诉讼只规定了合法性审查原则,并没有规定合理性审查原则。而 1989 年的《行政诉讼法》第 54 条第 4 项规定,行政处罚显失公正的,人民法院可以判决变更。该条规定只是明确对于行政处罚这一类具体行政行为,可以对处罚的合理性进行审查,但应当严格把握适用范围,不能

① 参见张硕:《行政诉讼非法证据排除规则适用的困境与出路——以 218 份裁判文书为样本》,载《行政法学研究》2018 年第 6 期。

将合理性审查扩大运用于其他类型的行政行为的司法审查中。行政机关的行政行为往往具有专业性,法院对这些专业知识未必熟悉,但法院本身对法律比较熟悉,由其进行合法性审查更为适宜。

二是认为滥用职权行为也属于合理性审查的范畴。该观点与上述第一种观点的不同之处在于,该观点基本承认上述第一种观点的内容,但认为行政诉讼中合理性审查的运用不仅仅限于行政处罚这一种类,行政行为是否存在滥用职权也是合理性审查的范畴。该观点的主要理由是1989年《行政诉讼法》第54条第2项规定的人民法院对于滥用职权的具体行政行为,可以判决撤销或者部分撤销,并可以判决被告重新作出具体行政行为。滥用职权的前提是行政机关具有法定职权,但由于不适当的运用,导致对行政相对人科以不适当的义务或在一定程度上侵犯其合法权益。在这种情况下,法院运用合理性审查原则来审查行政行为,可以弥补合法性审查的不足,对行政机关的肆意和滥用职权等行为加以调控和矫正。

三是认为合理性审查应涵盖所有涉及自由裁量权的具体行政行为。该观点认为无论是滥用职权还是显失公正的行政行为,从本质上来说都是行政机关对于自由裁量权的不当行使,因此区分其行为定性并无意义,且无法达成统一标准,应以自由裁量权是否被正当行使作为合理性审查的核心内容,从而使合理性审查的范围得到最大程度的扩展,更有效地弥补合法性审查的不足。

以上三种观点反映了在不同历史时期对于行政诉讼合理性司法审查这一课题研究所取得的理论成果,三种观点实质上反映了对于合理性审查范围的认识正逐步深入与成熟,也反映了未来行政诉讼法的修改方向。2014年《行政诉讼法》新增的内容表明,法律对于合理性审查的范围有所拓展,但由于法律规定的高度概括性和原则性,仍需要从行政审判实践角度对合理性审查的相关问题进行进一步研究,形成一定的标准,使之更具操作性,从而保证裁判尺度的统一性,维护行政审判的权威性。

第 三 编

司法能力现代化的探索发展

第十五章 以司法能力现代化为目标的司法机关人员分类管理改革

习近平总书记强调："深化司法体制改革，建设公正高效权威的社会主义司法制度，是推进国家治理体系和治理能力现代化的重要举措。"[①]司法体制改革是政治体制改革的重要组成部分，是法治领域一场广泛而深刻的革命，在全面深化改革、全面依法治国中居于重要地位，对推进国家治理体系和治理能力现代化意义重大。党的十八大以来，习近平总书记对深化司法体制改革作出一系列重要指示，明确了改革的方向、目标和重点任务，为改革提供了根本遵循。党的二十大报告再次强调了深化司法体制综合配套改革，全面准确落实司法责任制。[②] 司法机关人员分类管理改革是司法体制改革决策部署中的重要一环。按

① 《习近平谈治国理政》(第2卷)，外文出版社2017年版，第130页。

② 参见习近平：《高举中国特色社会主义伟大旗帜 为全面建设社会主义现代化国家而团结奋斗：在中国共产党第二十次全国代表大会上的报告》(2022年10月16日)，人民出版社2022年版，第42页。

照中央的部署，这一改革在制度层面已经完成，并已取得了较好的实施成果。当然，司法机关人员分类管理是一项长期复杂的工程，着眼司法能力的现代化，这一管理还需要在总结实践的基础上不断深化。

一、司法机关人员分类管理改革的时代背景

习近平总书记曾形象地将司法责任制比喻为司法体制改革的“牛鼻子”。落实司法责任制的前提是实行员额制改革，以员额制改革为核心的司法人员分类管理是司法责任制的基石。所谓人员分类管理，就是将司法机关内部的各种人员，按其性质和职能分为司法人员、司法辅助人员、司法行政人员等，对各种人员按不同的标准招录、使用、晋升，并提供相应的有差别的待遇及各类保障。[①] 根据司法机关人员不同岗位的职责和性质特点，对司法机关工作人员进行科学分类，建立既相互独立又互相联系的司法人事管理体制，采取不同的管理方式，实现司法人事管理工作的科学化、规范化和法制化。将司法人员分为员额法官和检察官、审判、检察辅助人员、司法行政人员三类，并对这三类人员进行区别管理，从而达到司法机关内部业务运行顺畅、人员优化配置、内外关系协调的目标。以司法责任制为核心的四项基础性改革和其他一系列重要改革中，员额制改革是司法机关人员分类管理的重中之重。员额制并不是一个全新的概念，在1999年最高人民法院发布的《人民法院五年改革纲要》中，就明确提出有计划有步骤地进行法官定编工作。2001年颁布了《法官法》，法官员额制概念第一次以立法形式出现。此后，最高人民法院陆续发布的《五年改革纲要》中逐渐清晰了改革思路，但员额制改革的正式实施却是在党的十八大之后。

《党的十八届三中全会决定》提出，“建立符合职业特点的司法人员管理制度，健全法官、检察官、人民警察统一招录、有序交流、逐级遴选机制，完善司法人员分类管理制度，健全法官、检察官、人民警察职业保障

---

① 参见汤维建：《建立和完善司法人员分类管理制度》，载《光明日报》2014年3月4日，第1版。

制度”。《党的十八届四中全会决定》提出,“加快建立符合职业特点的法治工作人员制度,完善职业保障体系,建立法官、检察官、人民警察专业职务序列及工资制度”。2017 年,中央深改组通过了《关于加强法官、检察官正规化专业化职业化建设全面落实司法责任制的意见》,对下一步深化改革作了部署,也为司法人事制度改革提供了主要依据。党的十九大和十九届历次全会提出一系列司法体制改革举措,其任务之重、范围之广、力度之大前所未有。[①]《最高人民法院关于全面深化人民法院改革的意见——人民法院第四个五年改革纲要(2014—2018)》[以下简称《第四个五年改革纲要(2014—2018)》]中提出,“要坚持以法官为中心、以服务审判工作为重心,建立分类科学、结构合理、分工明确、保障有力的法院人员管理制度”。《最高人民法院关于深化人民法院司法体制综合配套改革的意见——人民法院第五个五年改革纲要(2019—2023)》[以下简称《第五个五年改革纲要(2019—2023)》]正式提出,要建设中国特色社会主义法院人员分类管理制度和法院人员职业保障制度体系,实现法院人员的专业化和正规化建设,通过改革促进法院不同类别人员间形成职能分工明确、职业保障到位的人员管理体系。

二、司法机关人员分类管理改革的现实意义

司法机关担负着行使国家审判权、检察权的重任,司法工作开展的成效取决于司法队伍的素质。建立符合职业特点的司法机关人员分类管理制度,不断提高法官、检察官队伍的能力水平,是新一轮司法改革的重中之重。建立符合职业特点的司法人员管理制度,打造一支高素质司法队伍,也是实现司法现代化的重要条件和必由之路。

(一)实行司法人员分类管理,是推进全面依法治国的必然要求[②]

党的十八大报告明确提出,“要进一步深化司法体制改革,坚持和

---

① 参见姜伟:《深化司法体制综合配套改革　加快建设公正高效权威的中国特色社会主义司法制度》,载《习近平法治思想研究与实践》2022 年第 3 期。

② 参见李少平:《全面推进依法治国背景下的司法改革》,载《法律适用》2015 年第 1 期。

完善中国特色社会主义司法制度，确保审判机关、检察机关依法独立公正行使审判权、检察权”。党的十八大从加快建设社会主义法治国家的高度，对司法改革作出了新部署，表明了党中央对司法体制改革工作的高度重视。但当时司法权配置不科学、不规律的现象依然存在，司法权在一定程度上受制于外来力量，司法改革的效果大打折扣。党的十八届三中全会和四中全会提出推动省以下地方法院、检察院人财物统一管理，加快建立符合职业特点的法治工作人员管理制度，完善司法管理体制、司法保障机制等，迈出了司法体制改革的关键性一步。上述改革充分表明，完善司法人员的分类管理，依法合理配置司法权，在深化司法体制改革中居于基础性地位，是推进全面依法治国的必然要求。

（二）实行司法人员分类管理，是遵循司法工作规律的内在需求

司法权是判断权和裁决权。司法工作具有独立性、中立性和程序性、亲历性等特点，不同于上令下从的行政管理模式，法官、检察官办案必须独立判断、居中裁判，遵循法定程序，合议庭决策实行少数服从多数，与行政首长负责制的权力运行机制有着重要区别。[①] 长期以来，法院的内部管理行政化、外部管理地方化，导致“审者不判、判者不审”的现象存在，法院、检察院工作人员的考核管理与普通公务员一样，法官、检察官与其他工作人员混编管理，未能体现司法规律和职业特点，这种大一统的行政管理模式不易调动各类工作人员的积极性。司法规律的内在要求迫使司法机关推动人事管理改革，采取有别于普通公务员管理的制度，突出法官、检察官的职业特殊性，根据不同岗位的工作特点，科学划分各类工作人员，并为其搭建各自的发展平台，使每类人员都有上升晋升渠道，让各类人才到各自适合的岗位上去，实现人尽其才和才尽其用，有助于实现司法权真正回归，有助于释放司法工作活力，进一步提

---

① 参见孙笑侠：《司法权的本质是判断权——司法权与行政权的十大区别》，载《法学》1998 年第 8 期。

升司法工作质量、效率。[①]

(三)实行司法人员分类管理,是打造高素质司法队伍的根本要求

法官、检察官职业化是由其工作性质决定的,必须具备独特的职业意识、职业技能、职业道德和职业地位,唯有如此才能完成公正与高效的司法使命。[②] 司法改革前,具备法律资格的人员分布在法院、检察院的各个部门,有相当部分的法官、检察院不在一线司法部门,业务能力无法及时提高,且法官、检察官成长受行政级别的限制,成长通道狭窄,年轻法官、检察官比例增大,司法经验和业务能力有所欠缺。在法官、检察官管理行政化的背景下,许多资深法官、检察官直接脱离司法一线,导致法官、检察官资源浪费,案多人少的矛盾长期无法解决,案件质量难以明显提高。法院、检察院按行政职级序列管理人员,弱化了法官、检察官的专业化要求。法官、检察官从办案中难以获得成就感,难以建立起职业荣誉感、责任感和使命感,造成法官、检察官队伍不稳定。推行司法人员分类管理,铺平法官、检察官职业化道路,让不同类别的人才各行其道,让具有深厚法律知识功底和丰富司法经验的人成为法官、检察官,实现法官、检察官的精英化,强化法官、检察官的职业化建设,有助于及时地提高法官、检察官的业务素养,建立起高素质的法官、检察官队伍。[③]

三、司法机关人员分类管理改革的实践成效

全面深化司法体制改革,是党中央作出的重大战略部署,是全面深化改革、全面依法治国的重要组成部分,对完善中国特色社会主义司法制度、促进国家治理体系和治理能力现代化具有重大意义。在党中央的坚强领导下,针对人民群众反映强烈的诉讼不便、司法不公等问题,人民

---

① 参见龙宗智:《加强司法责任制:新一轮司法改革及检察改革的重心》,载《人民检察》2014 年第 12 期。

② 参见杨知文:《中国司法的内部人员构造:改革立场与现实进路》,载《河北法学》2013 年第 3 期。

③ 参见朱宁宁:《打造高素质司法队伍》,载《江淮法治》2019 年第 22 期。

法院、检察院司法体制改革全面发力、多点突破,经过近10年的努力,积厚成势,取得了显著成效,做成了一批想了很多年、讲了很多年都没有做成的大事难事,司法事业取得了历史性成就、发生了整体性变革、实现了系统性重塑。确保依法独立公正行使审判权的司法管理体制已经建立,以司法责任制为核心的审判权运行机制已经形成,以司法人员分类管理为基础的职业保障制度基本成熟,司法能力现代化水平不断提升。[①]

(一)人员分类管理改革的制度形成

根据中央统一部署,人民法院、检察院紧紧牵住司法责任制这个“牛鼻子”,统筹开展法院人员分类管理、职业保障、省以下地方法院和检察院人财物统一管理等一系列重大的基础性改革,通过以点带面、整体推进和重点突破的方法,全面推进以司法责任制为核心的重大基础性改革。2013年3月,中央组织部分别与最高人民法院、最高人民检察院共同发布《关于人员分类管理制度改革意见》。2014年最高人民法院《第四个五年改革纲要》提出,要坚持以法官为中心,以服务审判工作为重心,建立分类科学、结构合理、分工明确、保障有力的法院人员管理制度。2015年10月,中央组织部、中央政法委等共同发布改革试点方案,建立符合职业特点和司法规律的法官、检察官单独职务序列。2016年5月,最高人民法院、最高人民检察院与中央组织部共同发布《关于建立法官、检察官逐级遴选制度的意见》,明确规定地市级以上人民法院法官、人民检察院检察官,一般通过逐级遴选方式产生,并针对不同层级法院的法官设置不同的任职条件,更加强调法官的审判经验和社会阅历,推动形成法官职业发展的良性循环机制。2016年6月,最高人民法院、最高人民检察院与中央组织部、中央政法委等又共同发布《法官助理、检察官助理和书记员职务序列改革试点方案》,规定编制内法官助理、书记员原则上按照综合管理类公务员管理。2017年3月,最高人民检

① 参见姜伟:《深化司法体制综合配套改革 加快建设公正高效权威的中国特色社会主义司法制度》,载《习近平法治思想研究与实践》2022年第3期。

察院制定《关于建立健全检察人员职务序列的指导意见》，指导各地检察机关分类定岗、规范管理。2017 年 4 月，最高人民法院、最高人民检察院会同财政部、人社部印发了《人民法院、人民检察院聘用制书记员管理制度改革方案（试行）》，对聘用制书记员的资格条件、使用方式、等级管理、招录模式、配备数量以及薪酬标准均提出了明确要求，聘用制书记员管理制度正在形成。2019 年 2 月，最高人民法院印发《关于借鉴山西等地经验推动法官职业保障政策落地见效的通知》，要求各地法院协调相关部门，结合本地实际加快完善司法职业保障配套政策，确保改革政策全面落实到位。2020 年 1 月，最高人民法院、最高人民检察院分别印发《关于省以下人民法院、检察院员额动态管理的指导意见（试行）》，《法官、检察官员额退出办法（试行）》。2022 年 3 月，中央组织部、最高人民法院印发《法官单独职务序列规定》，对初任法官定级、交流转任定级、入额院领导的法官定级、从未担任领导职务的法官中选任领导干部等作出全面规定。至此，法院、检察院以员额制改革为核心的人员分类改革的制度机制已经基本成熟。

（二）人员分类管理改革成效初显

2017 年 11 月，时任最高人民法院院长周强、最高人民检察院原检察长曹建明分别向十二届全国人大常委会第三十次会议作《最高人民法院关于人民法院全面深化司法改革情况的报告》《最高人民检察院关于人民检察院全面深化司法改革情况的报告》，司法人员分类管理改革基本到位，各级法院按照以案定额、按岗定员、总量控制、省级统筹的原则，经过严格考试考核、遴选委员会专业把关、人大依法任命等程序，从原来的 211, 990 名法官中遴选产生 120, 138 名员额法官，占中央政法专项编制的 32. 9%。通过改革实现了 85% 以上法院人员向办案一线集中，使资源配置更加合理，审判质效持续提升。司法改革过程中，全国检察机关严格掌握入额标准和条件，真正让愿办案、能办案的检察官入额。聘请人大代表、政协委员、法学专家以及法官、检察官、律师代表等组成检察官遴选委员会把关。经严格考试、遴选委员会审议、人大常委会依法任命等程序,全国检察机关遴选出员额内检察官 84,444 名,占中央政法专项编制的 32.78%。基层检察院 85% 以上的人力资源配置到办案一线,办案力量增加 20% 以上。[①] 通过分类管理改革,理顺了法院、检察院内部的关系,实现人与事的合理结合,做到人适其职和职得其人,充分发挥法院、检察院干警的聪明才智和学识技能,推动法院各项工作全面发展。以下为主要改革成果:

一是明确人员类别和职责。人民法院、检察院工作人员是指各级人民法院、检察院纳入中央政法专项编制,依法履行司法职能,由国家财政负担工资福利,在编在职的工作人员。司法机关工作人员划分为法官和检察官、司法辅助人员、司法行政人员。(1)法官、检察官是依法行使国家审判权、国家检察权的工作人员。基本职责:依法审理案件、法律监督,以及法律规定的其他职责。(2)司法辅助人员是协助法官、检察官履行职责的工作人员。包括执行员、法官助理、检察官助理、书记员、司法警察、司法技术人员等。执行员办理民事案件判决和裁定的执行事项,办理刑事案件判决和裁定中关于财产部分的执行事项,以及法律规定的其他事项。法官助理在法官指导下履行审查诉讼,组织庭前证据交换、接待案件诉讼参与人、准备与案件审判相关的参考资料、协助法官进行调解、草拟法律文书等职责。检察官助理在检察官的指导下履行审阅案卷,讯问犯罪嫌疑人、被告人,现场勘查,收集、调取、核实证据,协助检察官出席法庭、草拟法律文书等职责。书记员承担案件记录工作,负责整理、装订、归档案卷材料等事项。司法警察承担值庭、押解、看管等警务保障工作,执行死刑,配合民事、行政等案件的执行事项,协助维护机关安全和办公秩序以及法律规定的其他职责。司法技术人员负责在诉讼活动中对鉴定文书、检验报告、勘验检查笔录、医疗会计资料等技术性证据提出咨询意见,对外委托鉴定、检验、评估、审计、拍卖等工作,以

---

① 参见陈冀平:《党的十八大以来法治建设新成就》,载《十八大以来新发展新成就》,人民出版社 2017 年版。

及为审判执行活动提供技术支持与保障。(3)司法行政人员是从事行政管理事务的工作人员。主要负责各级人民法院政工党务、行政事务、后勤管理工作。

二是设置员额比例。在中央政法专项编制限额内,综合考虑法官和检察官、审判辅助人员、司法行政人员的岗位职责、工作任务量等因素,确定各类人员员额比例。各级司法机关法官、检察官与审判辅助人员两类人员在机关中央政法专项编制中所占员额比例分别为70%、70%、80%、85%左右,司法行政人员所占员额比例分别为30%、30%、20%、15%左右,确保基层法院85%的司法人力资源直接投入办案工作。2015年7月20日,上海市高级人民法院通报司法改革试点情况。统计显示,上海试点法院首批入额法官比例仅27.6%。[①] 2015年5月20日,最高人民法院、司法部印发《人民陪审员制度改革试点工作实施办法》,其第5条第2款规定:"试点期间,尚未开展法官员额制改革的,法官员额数暂按中央政法专项编制的39%计算。"实际执行中各地又有不同的做法,如深圳市在1906个政法编制中选出了1065名主审法官,比例近56%,大幅超过了中央所确定的比例。广东省则在全省统筹39%的员额比例——粤东西北地区不到30%,而珠三角地区则突破了39%。海南省在省内分配员额的比例则差距不大,其中高级人民法院和中级人民法院(含海口海事法院)法官员额比例为38%,基层法院为40%。[②] 员额比例的确定意味着,进入员额的法官将承担更多的责任,也意味着实现"让审理者裁判、由裁判者负责"的目标。而没有进入员额的法官则将转变为法官助理,承担辅助性的工作。39%的法官、检察官员额比例是符合实际的、可行的安排,如果按照"入额必办案"和配备一定比例辅助人员的要求执行,加之繁简分流程序改革的深入推进,不仅不会降低

① 参见卢俊宇:《从六大关键数据看上海司法改革试点一年间》,载新华网,http://news.xinhuanet.com/politics/2015-07/24/c_128052853.htm。

② 参见叶竹盛:《法官员额制:寻找可复制的经验》,载《南风窗》2015年第14期。

或者减少一线办案人员的数量，相反有可能优化人员结构、提高办案效率。[①]

三是确定职务序列和职数。(1)法官、检察官实行单独的职务序列。法官、检察官职务序列设置和职数比例按照法官、检察官职务序列设置规定等有关规定执行。(2)审判辅助人员中，对法官助理、检察官助理及书记员单独进行职级管理；司法警察参照公安机关实行单独警察职务序列，警官、警员职数按照有关规定执行；司法技术人员按照国家有关规定执行专业技术类公务员的职务序列和职数。(3)司法行政人员职务序列和职数，按照综合管理类公务员的有关规定执行。

四是实施分类管理。(1)法官、检察官的任免、任职回避、培训、工资福利等，按照《公务员法》《法官法》《检察官法》及有关规定执行。(2)司法辅助人员中，司法警察按照《人民警察法》《人民法院司法警察条例》《人民检察院司法警察条例》进行管理；执行员、法官助理和检察官助理、书记员、司法技术人员等审判辅助人员的任职资格条件、任免、考核、培训、奖惩等管理办法，根据职位特点和管理需要，由最高人民法院、最高人民检察院商中央公务员主管部门进行规范。(3)司法行政人员按照《公务员法》及配套法规进行管理。

五是完善交流机制。根据工作需要，完善法官、检察官与审判辅助人员、司法行政人员的交流机关，上述人员一般在各自类别内交流，也可以跨类别交流。交流应当具备拟任职位所要求的资格条件，在中央政法编制、员额比例和职数限额内，按照规定的程序进行。符合任命法官、检察官条件的审判辅助人员、司法行政人员，可以采取竞争性选拔或组织调整等方式转任法官、检察官。法官、检察官可以转任司法行政人员、司法辅助人员。司法辅助人员和司法行政人员之间可以相互转任。

通过人员分类管理改革，司法机关的人力资源得到了进一步优化，

---

① 参见陈晓聪：《员额制改革背景下的法官约束与激励机制》，载《华东政法大学学报》2016年第3期。

各类人员的职责也愈加明了。制定员额法官遴选方案，按规定比例遴选出部分人员进入员额法官、检察官队伍，并按要求将其全部安排到业务部门；组建办案团队，由员额法官、检察官和助理、书记员按"1 + 1 + N"的模式独立进行案件审理，法官人均办案数明显增加；出台人员管理办法、制定人员考评机制，明晰各类人员的职责，细化责任清单，根据各岗位人员工作完成情况评优评先，并差别发放绩效奖金等，[①]激发人员工作的积极性，在司法系统营造出了比学赶帮的良好氛围，司法工作质效大幅提高。

根据相关统计，全国法院工作人员由改革开放初期的 11 万人增加到现在的 35 万人，其中法官从 6 万人曾增加到 21 万人。经过司法人员分类管理和员额制改革，目前，法官稳定在 12 万人左右，法官、审判辅助人员、司法行政人员比例分别为 35%、49%、15% 左右。改革开放以来，法院受案数量持续攀升，从 1978 年的 50 万余件，大幅上升到 2021 年的 3000 万余件，与人员增长 3 倍相比，案件数增长到 60 倍。全面实行司法责任制改革后，全国法院一线审判力量增加 20% 以上，人均办案数量增长 20% 以上，结案率上升 18% 以上，一审服判息诉率提高 10% 以上。在受理案件数量快速上升的情况下，全国法院结案率持续上升。近 3 年结案数均超过新收案件数，2018 年案件结收比为 100.46%，2019 年为 100.94%，2020 年为 101.49%，这表明旧存案件数逐年减少。2021 年全国法院结案数首次超过 3000 万件。近年来，涉法信访总量、涉法进京访总量呈下降态势，2018 年同比分别下降 0.5%、3.4%；2019 年同比分别下降 10.5%、40%；2020 年同比分别下降 16%、71.8%。考虑疫情因素，2021 年同比略有上升，但涉法信访总量、涉法进京访总量仍然低于 2019 年。人民法院司法体制改革的规模效应已经显现，审判执行态势稳中向好，司法公信力全面提升，得到社会各界和广大人民群众的广泛认可。全国人民代表大会代表对最高人民法院工作报告的赞成率屡创

---

① 参见叶竹盛：《法官员额制：寻找可复制的经验》，载《南风窗》2015 年第 14 期。

新高,2015 年超过 90% ,2020 年、2021 年、2022 年均超过 96% 。法治是最好的营商环境。根据世界银行《2020 年全球营商环境报告》,评价司法制度与法院工作质效的“执行合同”指标,中国在全球 190 个经济体中排名第五。其中,体现司法制度与工作机制的“司法程序质量”指数,中国连续两年排名全球首位,被评价为这一领域的“全球最佳实践者”。①

(三)司法机关人员分类管理改革的地方经验

江苏是较早进行人员分类管理改革的省份,在我国法院、检察院人员分类管理改革中具有较强的代表性和典型性,该省主要围绕员额制改革、聘用制书记员管理体制改革等人员分类管理等一系列问题进行了探索。② 2015 年 4 月,江苏省启动司法体制改革试点工作;2016 年 8 月,全面推开以司法责任制为核心的司法体制改革。按照党中央、最高人民法院、最高人民检察院和省委的部署要求,严格实施,有序推进,司法队伍结构调整升级,审判资源优化配置,新型审判权力运行机制逐步形成。该省以其员额制改革经验在中央政法委召开的全国司法体制改革推进会上作大会交流发言;其法院书记员管理体制改革经验被最高人民法院发文在全国推广。

一是深入推进员额制改革。(1)推进员额动态管理。建立法官、检察官员额省级统筹、动态调整机制,严格落实《最高人民法院、最高人民检察院关于省级以下人民法院法官员额动态调整的指导意见(试行)》,江苏省高级人民法院制定《江苏省法官员额动态调整暂行办法》,坚持省级统筹、总量控制、按需调整、倾斜基层,创设“两个不高于原则”,即省级法院法官员额比例不得高于全省基层法院平均水平,各市中级人民法院法官员额比例不得高于辖区基层法院平均水平。对照各地法院、检

① 参见姜伟:《深化司法体制综合配套改革　加快建设公正高效权威的中国特色社会主义司法制度》,载《习近平法治思想研究与实践》2022 年第 3 期。

② 参见谢冬慧、曹也汝:《司法队伍管理制度改革的探索——以江苏法官队伍建设为视角》,载《江苏警官学院学报》2016 年第 2 期。

察院案件权重、辖区人口、人案比例等对全省法官、检察官员额进行动态调整。指导部分上级法院、检察院向辖区人少案多矛盾特别突出、助理入额压力大的基层院调增员额数,进一步推动司法力量下沉基层。(2)落实常态化入额遴选机制。江苏省法院、检察院认真落实《关于深化司法责任制综合配套改革的意见》,组织开展全省法官、检察官入额遴选工作,原则上每年开展一次。落实 2019 年修订《法官法》《检察官法》,进一步规范员额法官、检察官遴选标准和工作机制,修订全省法官、检察官遴选办法和法官、检察官遴选委员会工作规则。为充分体现择优入额,按照“两年一考、五年有效”的规则,常态化组织开展法官入额考试,并设定面试环节。[①] 落实员额递补机制,下次遴选启动前员额出现空缺时及时递补入额,充分用好有限员额资源。[②] (3)严格员额退出机制,制定完善《江苏省法官退额、交流、任职管理实施办法》《江苏省检察机关检察官员额退出实施办法》。员额制改革以来,江苏全省法院、检察院分别有 1140 人、768 人因岗位调整、离职退休、违法违纪等原因退出员额。(4)积极落实法官单独职务序列职业保障。江苏省逐步建立并落实与法官、检察官职务序列相配套的职业保障制度,在推动落实女法官退休年龄、医疗待遇、差旅待遇、公务交通补贴、办公用房等保障政策上,省级法院、检察院已经全部落实。通过开展法官和检察官单独职务序列配套待遇等政策落实情况、法官和检察官业绩考评工作、法官和检察官职业安全保障联动机制建设等专项调研,发现部分地方落实情况还不够理想。为此,江苏省法院、检察院已共同向江苏省司法体制改革试点工作领导小组提交报告,建议协调财政、人社等有关部门明确相关改革配套政策,着力推动完善法官、检察官管理和职业保障制度,推动法官、检察官单独职务序列相关配套保障政策落地见效。

二是构建新型司法权运行机制。(1)全面推进以法官、检察官为中

---

① 参见戴丽娟:《全省法院入额遴选面试竞争择优》,载《江苏法制报》2020 年 8 月 24 日,第 1 版。

② 参见曹也汝、马倩:《高标准与严程序之下的员额法官遴选》,载《法制日报》2016 年 12 月 14 日,第 11 版。

心的团队建设。[①] 推进“法官、检察官+助理+书记员”的新型办案团队组合模式，从案件类型、难易程度、人员结构等实际情况出发，组建灵活多样的办案团队。江苏省检察院出台《江苏省检察办案组职责分工图（暂行）》《江苏省检察机关办案团队评价标准》，指导各地积极组建分工协作、优势互补的新型办案团队，选取11类55个办案团队进行重点培育。全省法院共组建3369个审判团队、675个执行团队；审判团队中有专业化分工的有1334个，占39.6%。创新集约化、社会化工作模式，建立专门团队集中负责送达保全、鉴定评估、文书上网等审判辅助事务，将诉讼材料扫描、案件信息查询等事务性工作外包给具有相应资质的单位集中办理。[②] （2）明晰权责清单，强化法官、检察官办案主体责任。推进清单化行权，修订《关于办案人员权力和责任清单的规定》，细化8类办案人员权责清单203条，确保各类人员有职有权、各尽其责，防止权力行使的错位、缺位、越位。江苏省检察院制定《关于检察辅助人员工作职责的规定》，突出检察官助理工作的“司法性”和“业绩性”；将书记员定位为事务性辅助办案人员，各类人员“职责浅析、责任明确”。（3）完善统一法律适用机制。完善专业法官、检察官会议工作规则，修订审判委员会、检察委员会工作规则，促进专业法官、检察官会议与审委会、检委会的有效衔接，切实发挥专业法官、检察官会议和审委会、检委会在研究疑难复杂案件、促进法律适用和裁判标准统一方面的职能作用。江苏省高级人民法院制定《关于建立类案强制检索报告制度的规定（试行）》，明确类案强制检索的适用情形、检索范围、检索顺序、检索情况报告、检索结果运用等，规范自由裁量权。

三是注重司法辅助人员队伍配备。（1）积极开展法官助理、检察官助理统一招录改革。根据中央关于法官助理制度改革的要求，与省委组

---

① 参见张仲侠：《审判团队——以合议庭审判资源配置与规则重构为视角》，人民法院出版社2018年版，第15～16页。

② 参见陈丹华、廖秀平：《基层法院协作型HPWS审判人力资源管理探析——以新型审判团队运行为视角》，载《人民司法》2020年第10期。

织部、省人社厅及省公务员局等有关部门多次会商,组织开展全省法官助理、检察官助理统一招录工作,为全省法院补充新鲜血液和后备人才。(2)探索实施法院"名校优生"专项选调。经与省委组织部沟通争取,建立法院系统名校优生专项选调机制,每年从省委组织部"名校优生"计划中拨出一定名额,专门面向全国20余所"985"院校及"五院四系"法律名校招录法律类应届毕业生,为法院长远发展储备优秀人才。截至2022年共选调85人,其中首批42人工作以来获得广泛好评。(3)稳步推进法官助理分阶培养改革。[①] 探索建立法官助理分阶培养机制,在苏州、南通等地13家法院开展法官助理分阶培养改革试点工作。省法院正在起草全省法院法官助理分阶培养指导意见,优化法官助理培养方式,强化助理能力提升。[②] (4)创新开展聘用制书记员体制改革。江苏省自2013年开展书记员管理体制改革以来,按照"社会化招录、专业化培训、序列化管理、职业化保障"的思路积极探索,建立起一支近万名聘用制书记员队伍。采取省级统一组织与各招录单位自主招录、分工负责相结合的方式,省法院、省检察院统一发布招录公告、统一报考资格、统一考试命题、统一组织考试,各招录法院组织资格审查和面试,形成标准化的招录考试规范流程。编制下发培训教学大纲,编写培训资料,培训对象方面做到人员全覆盖,对新招录书记员实行"先培训后上岗"。培训课程注重统筹设计,涵盖法律知识与实务操作,兼顾课堂讲授与实战训练,保证书记员能够学以致用。推行序列化管理,统一不同等级书记员的技术"门槛",对达标人员核发培训合格证书和书记员等级证书,评定相应书记员等级,并根据服务年限、业务能力、工作表现等逐级晋升。(5)扎实推进司法警察警员职务序列改革工作。贯彻落实中组部和最高人民法院、最高人民检察院改革部署,制定《关于设区市以下人民法

---

① 参见李志增、李冰:《内生型塑造:法官助理三阶式养成路径探析——基于审判辅助事务与初任法官培养模式的契合》,载《中国应用法学》2019年第4期。

② 参见上海市第二中级人民法院课题组、郭伟清等:《司法辅助人员配置问题研究》,载《人民司法》2019年第19期。

院、人民检察院司法警察参照公安机关试行执法勤务警员职务序列改革实施方案》，按照法院、检察院机构规格确定司法警察警员职务及职数，为较高等级警员职务配备争取政策空间。全省警员职级套改工作全面完成，充分体现政策关怀和组织关心，增强了基层司法警察的获得感。

四是探索完善分级分类绩效考核机制。积极开展绩效考核工作，通过对“事”的评价，最终落实到对“人”的评价，运用考核结果提升工作效率，充分调动工作人员的积极性、主动性和创造力，最大限度地发挥其潜能，实现价值追求，促进全面发展，推动全省司法队伍健康发展。2017年以来，江苏省检察院制定了《江苏省检察机关检察官办案绩效考核量化规则（试行）》，对检察官的办案数量、质量、效率、效果等进行全面评价，形成“八个维度”的评价标准，引导检察官把主要精力投入到司法办案中去。制定了江苏省检察机关案件清单，将案件分为实体性办案、程序性办案、指导性办案3大类型100余小项，在全国率先形成江苏版的案件标准，为考核案件量奠定了坚实的基础。[①] 2020年10月，江苏省法院被确定为中组部公务员绩效管理试点单位，为做好试点工作，江苏省法院探索建立起一套以全过程绩效管理为抓手，以分级分类绩效指标体系为核心，以绩效管理信息平台为引擎的适合法院工作实际的科学化、精准化绩效考核机制，有效激发了干部队伍活力。打通法院不同类别人员之间的间隔，根据不同岗位职责分别设立差异化绩效指标，避免了“一刀切”，充分发挥绩效指标的导向作用；打通不同案件之间的间隔，统一案件权重指标体系，解决了审判庭之间、法官之间审判工作量无法比对的难题，提升了绩效考核的精准度。建立多维度考核评价体系，将领导评价和群众评价相结合，平时考核结果与年度考核结果相衔接，推动绩效评价公平公正。建立信息化绩效管理平台，实时显示法官、法官助理和书记员的办案数量、办案质效等指标，有效提升绩效计划执行的

---

① 参见南京市玄武区、泰州市姜堰区人民检察院联合课题组：《员额检察官考评机制研究——以江苏省基层检察院为样本》，载《中国检察官》2019年第11期。

监督力度。

四、完善司法机关人员分类管理制度之前景展望

习近平总书记强调:“坚定不移推进法治领域改革,坚决破除束缚全面推进依法治国的体制机制障碍。解决法治领域的突出问题,根本途径在于改革。”[①]司法体制改革是政治体制改革的重要组成部分,必须坚持正确政治方向。深化司法体制改革,是要更好地坚持党的领导、更好地发挥我国司法制度的特色、更好地促进社会公平正义。建立符合职业特点的司法人员管理制度,在深化司法体制改革中居于基础性地位,是保障司法责任制、法官员额制、法官遴选制度等改革顺利推进的前提条件。当前,司法改革进入深水区,员额配备比例不够均衡、审判辅助人员短缺等问题,在一定程度上加剧了案多人少的矛盾。改革是由问题倒逼产生的,又在不断解决问题中深化。因此,完善司法机关人员分类管理制度应当遵循干部成长规律,完善法官培养、选任和培训机制,强化干警政治训练、知识更新、能力培训、实践锻炼,努力提升队伍政治素质、职业素养、司法能力和专业水平,确保各类人员职能分工明晰、职业保障到位,构建中国特色社会主义法院人员分类管理和职业保障制度体系。

一是进一步优化司法组织体系。“操作法律的人的质量比其操作的法律的内容更为重要”[②]。围绕制约司法能力,破解保障性障碍,牵住建立符合职业特点的司法人员管理制度的“牛鼻子”,加快推进司法职业化。建立以法官为主体,以法官助理、书记员、司法警察、专业技术人员为辅助,以综合管理服务事务人员三个序列适度分离的现代司法组织体系。这是破解目前司法人员专业混同、岗位混同、法律职务混同,管理行政化,司法专业人员与行政事务管理人员比例不相符,司法人员专业素质不高难题的改革选择。(1)推进机构编制省级统管。将省以下司

---

① 参见《习近平谈治国理政》(第2卷),外文出版社2017年版,第123页。

② 王利明:《司法改革研究》,法律出版社2000年版,第41页。

法机关三类人员的管理全部上收，由省级法院、检察院和省级组织、人事、财政、发展改革等职能部门按照“分权控制”的办法实行省统一管理。(2)将省以下司法机关技术人员、行政管理人员剥离出来交由省级政府公务员局统一管理，司法机关对上述人员采用政府购买服务、合同竞聘的方法选用。此方式的优点是让司法机关集中精力履行司法职权，依法独立负责地开展司法活动，减少行政事务的干扰，逐步实现司法机关的精简效能统一，实现司法职业化、专业化、正规化。不足之处是现有技术人员、行政管理人员的分流难度大。(3)将现有三个体系的司法人员统一由改革后的司法委员会有序管理，司法行政人员按自然减员方式精简。[①] 比较上述改革方案，本书建议采纳第三个改革方案，这一方案既有利于司法职业化、专业化、正规化建设，又有利于防止和降低改革难度。

二是进一步完善司法职业管理体系。根据管理学的观点，通过“专门”从事一项活动中的某一部分而不是整项活动可以大幅提高工作产出。这一工作方法的最大特征，是能够高效利用团队成员所拥有的技能特长。[②] 因此，需要建立法官、检察官专业考评管理委员会，惩戒委员会和职业道德委员会等评价体系，承担司法人员职务晋升、职业禁止、违法惩戒等事务，形成科学完备、协调配合、管理规范，同党的组织人事管理制度相衔接的司法职业管理体系。着力优化员额制改革后的司法人员分类管理改革方案，同时建立与公务员法相衔接，与法官法、检察官法、人民警察法规定的法律职务等级挂钩的薪金制度。同时可以考虑调整司法人员职业准入的年龄限制。当前，35 周岁以下是公务员招考的一般年龄限制，而法律实务经验的丰富在于阅历的积累，需要一定时间成本，这就导致一部分具有丰富法律工作经验的群体无法通过公务员招录

---

① 参见唐文娟：《法院审判辅助体系管理：实践、规范与运作》，载《西部法学评论》2017 年第 6 期。

② 参见[美]斯蒂芬·P. 罗宾斯、[美]玛丽·库尔特：《管理学》，孙健敏译，中国人民大学出版社 2017 年版，第 271 页。

的方式进入司法系统。为此,建议结合法律工作职业特点,适当放宽司法人员职业准入年龄限制。

三是进一步健全配套保障体系。建立一支具有职业化特点的法官队伍,需要建立完善的法官职业保障制度,职业的保障水平应当与职业的专业化特点成正比,汉密尔顿在论述司法独立与酬金条款的关系时说:“对于人的本性来说,对于人的生存权有控制权,等于对人的一切有控制权。”人的精力总是有限的,只有让法官、检察官不再为生活殚精竭虑,其才会将更多精力放在维护司法公正上。[①] 完善人员分类管理改革后带来的逐级遴选、跨地域遴选等制度问题,需结合各地实际完善住房、就业、教育等相应的配套制度。此外,对与法官、检察官单独职务序列管理相配套的待遇保障等方面,也要推动各地法院、检察院平衡落实,全面落地,进一步做好与党政相关职能部门的沟通衔接,等等。推动健全法院、检察院干警身份保障,履职保障,经济保障,安全保障等保障机制改革,健全履行职务受到侵害的救济机制、不实举报的澄清机制,完善因公负伤、人身意外伤害保险等制度,尽可能减少司法工作者的职业风险。合理确定免责与追责的边界,厘清司法责任的范围,规范法官、检察官责任追究方式,严格法官、检察官职业惩戒的程序,进一步增强履职安全感。[②]

中国特色社会主义进入新时代,我国法治建设发生历史性变革、取得了历史性成就。同时也要看到,踏上全面建设社会主义现代化国家、向第二个百年奋斗目标进军的新征程,面临新形势、新任务、新挑战,深化司法体制综合配套改革、完善司法人员分类管理任重道远。司法机关人员分类管理是司法人事制度的一次自我革命,关系到广大司法机关干警的切身利益,关系到司法机关自身工作的科学发展,应坚持以中央司法体制改革目标为引领,从保证依法独立公正行使审判权、检察权出发,

---

① 参见李洋:《关于法官职业化的思考》,载《理论观察》2015 年第 6 期。

② 参见陶夏彤:《从追责程序的角度完善法官责任制》,载《法制博览》2017 年第 1 期。

深入推进司法机关人员分类管理制度改革，推动实现我国司法机关人员分类科学、结构合理、权责明确、管理规范，不断推进我国司法事业向前迈进，为加快建设中国特色社会主义法治国家提供更加坚强有力的组织保证。

第十六章　公益诉讼制度改革对人民检察院司法能力的拓展与提升

检察机关提起公益诉讼是指针对生态环境和资源保护等领域侵害国家和社会公共利益的情况，由检察机关及时提起民事或行政公益诉讼，加强对国家和社会公共利益的保护。2014 年 10 月，《党的十八届四中全会决定》，提出要探索建立检察机关提起公益诉讼制度。后经全国人大常委会授权，自 2015 年 7 月，在北京、内蒙古等 13 个省、自治区、直辖市开展为期两年的环境和资源保护等领域的公益诉讼试点。2017 年 6 月 27 日，公益诉讼制度正式被写入修改后的民事诉讼法和行政诉讼法，这是一项全局性、战略性的改革部署和制度安排，进一步提升了司法能力现代化水平，对于推进国家治理体系和治理能力现代化具有重要意义。党的二十大报告强调，完善公益诉讼制度。[①]

---

① 习近平：《高举中国特色社会主义伟大旗帜　为全面建设社会主义现代化国家而团结奋斗：在中国共产党第二十次全国代表大会上的报告》（2022 年 10 月 16 日），人民出版社 2022 年版，第 42 页。

这必将为我们深化公益诉讼制度提供有力指引。

一、从深化司法体制改革中走来的检察公益诉讼

党的十八大以来,我国进一步深化司法体制改革,坚持和完善中国特色社会主义司法制度。检察公益诉讼作为我国司法体制改革的重要内容,意义重大,影响深远。检察机关积极以支持起诉、提起公诉的方式开展公益诉讼活动,探索了一条公共利益保护之路,[①]为深化司法体制改革积累了丰富经验。

(一)检察公益诉讼改革的法治意义

第一,充分发挥检察机关法律监督职能。我国《宪法》规定检察机关是国家的法律监督机关。以往检察机关的职能主要集中在刑事检察领域以及通过反贪反渎办理职务犯罪案件,范围相对狭窄。而与人民群众利益诉求关系密切的民事、行政领域的法律监督的职能发挥不充分,对于公共利益的损害缺乏有效救济渠道。检察机关既是私人利益的维护者,也是公共利益的守护者,这与检察机关的职能定位相契合。诉讼是检察机关法律监督的载体和方式,检察机关通过公益诉讼诉诸司法手段,在司法程序中实现维护国家利益和社会公共利益的目的。法律监督应当是全方位的,公益诉讼延伸了检察机关的诉讼职能,[②]拓宽了监督渠道和方式,为国家利益和社会公共利益的保障提供了救济手段。

第二,维护宪法和法律权威。《宪法》是我国的根本大法,是中国特色社会主义法治道路的根本保障。坚持全面依法治国首先要坚持依宪治国、依宪执政。因此需要维护宪法权威,全面推动宪法实施。“宪法的生命和权威在于实施”。检察公益诉讼贯彻以人民为中心的发展理念,是宪法实施的具体体现,也是维护宪法权威的重要方式。行政机关

---

① 参见《公益诉讼:走出一条中国特色公益司法保护道路》,载中华人民共和国最高人民检察院网,https://www.spp.gov.cn/spp/zhuanlan/201802/t20180228_368097.shtml。

② 参见王海军:《“法律监督”概念内涵的中国流变》,载《法学家》2022 年第 1 期。

在生态环境保护、国有资产保护等方面负有法定监管义务，但部分行政机关在执法过程中怠于行使职权、拒绝履行义务导致国家利益和社会公共利益损失，人民群众的利益也无法得到及时维护，影响了宪法和法律在人民群众心中的形象和权威。[①] 检察公益诉讼可以为公共利益的救济提供正当法律依据，提升法治政府建设水平和能力，让宪法和法律在人民群众心中形成坚定信仰。[②]

第三，强化对公共利益的保护。2012 年《民事诉讼法》修改时确立了民事公益诉讼制度，规定“法律规定的机关和有关组织可以提起公益诉讼”。检察机关能否提起公益诉讼，法律没有作出明确规定和解释。因此，检察公益诉讼制度的确立明确了检察机关提起公益诉讼的资格。在司法实践中，环境污染、食品药品安全等领域的诉讼需要投入大量人力、物力，有关社会组织缺乏足够的资金支持，证据收集存在限制等原因导致公益诉讼效果不佳。公共利益与人民群众利益息息相关，检察机关在专业力量、人员配置等方面具有天然优势。检察公益诉讼改革把国家力量引入公共利益领域，弥补了有关社会组织提起公益诉讼的不足和缺位，推动了公共利益的保护。[③]

（二）检察公益诉讼的改革探索

检察公益诉讼制度是党中央作出的重大改革部署，经历了顶层设计、法律授权、试点先行、立法保障、全面推开五个阶段，走出了一条具有中国特色的公益司法保护道路。[④]

第一阶段：顶层设计。2014 年 10 月党的十八届四中全会提出“探索建立检察机关提起公益诉讼制度”。习近平总书记在党的十八届四

---

① 参见邱春艳：《坚持以人民为中心 把公益诉讼这项党和国家的重大民心工程抓实抓好——全国人大常委会调研组视察调研公益诉讼检察工作侧记》，载《检察日报》2022 年 1 月 15 日，第 1 版。

② 参见孙登科：《论法治信仰的生成逻辑》，载《法治现代化研究》2018 年第 4 期。

③ 参见颜运秋：《中国特色公益诉讼制度体系化构建》，载《甘肃社会科学》2021 年第 3 期。

④ 参见曹建明：《锲而不舍抓落实，加速推进司法体制改革》，载百度百家号，https://m.gmw.cn/baijia/2018-03/09/27940126.html#verision = b400967d。

中全会上专门对建立这一制度作了说明,突出强调"由检察机关提起公益诉讼,有利于优化司法职权配置、完善行政诉讼制度,也有利于推进法治政府建设"①。检察公益诉讼制度的探索经历了先期试点到立法明确等阶段。试点已然成为促进改革与法治相互促进的重要路径,通过试点改革不仅可以确保改革于法有据,亦可以使立法主动回应改革和经济社会发展需要。

第二阶段:法律授权。2015 年 7 月,中央全面深化改革领导小组第十二次会议审议通过《检察机关提起公益诉讼试点方案》,该方案提出针对生态环境和资源保护等领域侵害国家利益和社会公共利益的情况,要及时提起民事或行政公益诉讼,加强对国家利益和社会公共利益的保护。② 探索建立检察机关提起公益诉讼制度改革任务,由最高人民检察院与最高人民法院牵头,中央政法委、全国人大内司委、全国人大常委会法工委、国务院法制办等单位共同参与。2015 年 7 月 1 日,十二届全国人大常委会十五次会议通过决定,授权最高人民检察院在北京、内蒙古、吉林、江苏、安徽、福建、山东、湖北、广东、贵州、云南、陕西、甘肃 13 个省、自治区、直辖市开展为期两年的公益诉讼试点工作。检察公益诉讼制度试点工作正式开始。

第三阶段:试点先行。2015 年 12 月 16 日最高人民检察院《人民检察院提起公益诉讼试点工作实施办法》(已失效)(以下简称《检察院公益诉讼试点工作实施办法》)规定人民检察院可以就污染环境、食品药品安全领域的侵害众多消费者合法权益等损害社会公共利益的行为,在没有适格主体或者适格主体不提起诉讼的情况下提起民事公益诉讼。人民检察院亦可以就生态环境和资源保护、国有资产保护、国有土地使用权出让等领域负有监督管理职责的行政机关违法行使职权或者不作

---

① 《加强检察公益诉讼的制度保障》,载百度百家号,https://baijiahao. baidu. com/s? id = 1687462905546709874&wfr = spider&for = pc,2022 年 5 月 15 日访问。

② 参见《检察机关提起公益诉讼试点方案》全文,载中华人民共和国最高人民检察院网,https://www. spp. gov. cn/ztk/2015/gyssgztj_2918/xgwj/201601/t20160106_110516. shtml。

为,使国家利益和社会公共利益受到侵害,公民、法人和其他社会组织由于没有直接利害关系,没有也无法提起诉讼的情况,向人民法院提起行政公益诉讼。[①]《检察院公益诉讼试点工作实施办法》的规定更加具体,更具有操作性,细化试点案件范围、诉讼参加人、诉前程序、提起诉讼等要求,为检察机关探索公益诉讼改革提供了方向指引。

2016 年 11 月 5 日,时任最高人民检察院检察长曹建明在十二届全国人大常委会二十四次会议上《最高人民检察院关于检察机关提起公益诉讼试点工作情况的中期报告》中提出,截至 2016 年 9 月,各试点地区检察机关共在履行职责中发现公益案件线索 2982 件,办理公益诉讼案件 1710 件,其中办理诉前程序案件 1668 件、提起诉讼案件 42 件。各试点地区检察机关提起的 42 件诉讼案件中,行政公益诉讼 28 件、民事公益诉讼 13 件、行政附带民事公益诉讼 1 件。[②] 公益诉讼制度试点一年来的实践成果充分证明,党的十八届四中全会部署“探索建立检察机关提起公益诉讼制度”是正确的,这一制度设计也是切实可行的,必将在全面推进依法治国、建设社会主义法治国家进程中发挥更大作用。

2017 年 5 月 23 日,习近平总书记主持召开中央全面深化改革领导小组第三十五次会议,审议通过《关于检察机关提起公益诉讼试点情况和下一步工作建议的报告》。[③] 会议指出,要在总结试点工作的基础上,为检察机关提起公益诉讼提供法律保障。试点检察机关在生态环境和资源保护、食品药品安全、国有资产保护、国有土地使用权出让等领域,办理了一大批公益诉讼案件,积累了丰富的案件样本,制度设计得到充分检验,正式建立检察机关提起公益诉讼制度的时机已经成熟。

第四阶段:立法确认。2017 年 6 月 27 日,十二届全国人大常委会

---

① 参见《人民检察院提起公益诉讼试点工作实施办法(全文)》,载中华人民共和国最高人民检察院网,https://www.spp.gov.cn/zdgz/201601/t20160107_110537.shtml。

② 参见《最高人民检察院关于检察机关提起公益诉讼试点工作情况的中期报告》,载中国人大网,http://www.npc.gov.cn/zgrdw/npc/xinwen/2016-11/05/content_2001150.htm。

③ 参见《习近平主持召开中央全面深化改革领导小组第三十五次会议》,载中国政府网,http://www.gov.cn/xinwen/2017-05/23/content_5196189.htm。

二十八次会议对《民事诉讼法》《行政诉讼法》作出修改，正式建立检察机关提起公益诉讼制度。

2017 年《民事诉讼法》第 55 条新增加的第 2 款规定，人民检察院在履行职责中发现破坏生态环境和资源保护、食品药品安全领域侵害众多消费者合法权益等损害社会公共利益的行为，在没有前款规定的机关和组织或者前款规定的机关和组织不提起诉讼的情况下，可以向人民法院提起诉讼。前款规定的机关或者组织提起诉讼的，人民检察院可以支持起诉。[①]

2018 年《行政诉讼法》第 25 条新增加的第 4 款规定，人民检察院在履行职责中发现生态环境和资源保护、食品药品安全、国有财产保护、国有土地使用权出让等领域负有监督管理职责的行政机关违法行使职权或者不作为，致使国家利益或者社会公共利益受到侵害的，应当向行政机关提出检察建议，督促其依法履行职责。行政机关不依法履行职责的，人民检察院依法向人民法院提起诉讼。[②]

检察公益诉讼制度正式入法标志着我国以立法形式将检察公益诉讼纳入法治轨道。从深化司法体制改革中走来的检察公益诉讼制度赋予了检察机关提起民事公益诉讼、行政公益诉讼的职责，是我国诉讼制度的创举，有利于完善诉讼法律体系。检察机关提起公益诉讼有了更加明确的法律依据，其落实法律监督职能，加强对涉及人民群众利益相关的领域开展法律监督，使人民群众更有获得感、幸福感、安全感。

第五阶段：全面推开。2017 年 6 月 30 日，最高人民检察院下发《关于深入开展全面开展公益诉讼试点有关问题的通知》，要求全国检察机关从 2017 年 7 月 1 日起全面开展公益诉讼工作。2018 年 3 月 2 日，最高人民法院、最高人民检察院联合出台《关于检察公益诉讼案件适用法律若干问题的解释》（已被修改）为检察机关办理公益诉讼案件提供了

---

① 参见 2017 年《中华人民共和国民事诉讼法》第 55 条。

② 参见《中华人民共和国行政诉讼法》第 25 条。

法律依据。

2018年7月6日,习近平总书记主持召开中央全面深化改革委员会第三次会议,审议通过《关于设立最高人民检察院公益诉讼检察厅的方案》,同意设立最高人民检察院公益诉讼检察厅。最高人民检察院贯彻中央部署,成立第八检察厅专门履行公益诉讼检察职责,地方检察机关结合内设机构改革同步落实,公益诉讼检察工作进入专业化专门化发展阶段。①

2019年1月3日,最高人民检察院检察长张军回答记者问时,将检察职能分为刑事、民事、行政、公益诉讼四类,公益诉讼上升为检察机关的基本职能之一。② 2019年3月15日,十三届全国人大二次会议表决通过《关于最高人民检察院工作报告的决议》,首次明确提出检察机关要更好发挥人民检察院刑事、民事、行政、公益诉讼各项检察职能,为决胜全面建成小康社会提供更高水平司法保障。刑事、民事、行政、公益诉讼"四大检察"首次明确写进全国人大决议。2021年8月,中共中央印发《关于加强新时代检察机关法律监督工作的意见》首次将"四大检察"写入中共中央的文件。③

2019年10月23日,最高人民检察院检察长张军就《最高人民检察院关于开展公益诉讼检察工作情况的报告》提请十三届全国人大常委会审议。公益诉讼检察制度从顶层设计到实践落地,从先期试点到全面推开形成了公益司法保护的"中国方案"。④ 2019年10月28日至31日,《党的十九届四中全会决定》,在第四部分提出"拓展公益诉讼案件

---

① 参见胡卫列:《国家治理视野下的公益诉讼检察制度》,载《国家检察官学院学报》2020年第2期。

② 《国新办举行2019年首场新闻发布会:最高检领导就内设机构改革答记者问》,载中华人民共和国最高人民检察院网,https://www.spp.gov.cn/tt/201901/t20190103_404282.shtml。

③ 参见徐日丹、戴佳、闫晶晶:《"四大检察"首次写入中共中央文件》,载《检察日报》2021年8月5日,第1版。

④ 参见《张军作最高检关于开展公益诉讼检察工作情况的报告》,载代表委员手机报,https://www.12309.gov.cn/llzw/jcyksjb/201910/t20191028_436368.shtml。

范围”，在第十部分提出“完善生态环境公益诉讼制度”。公益诉讼制度适应了国家治理体系和治理能力现代化的要求。[①]

二、检察公益诉讼助推司法能力现代化

检察公益诉讼制度是习近平法治思想的生动实践。检察公益诉讼制度全面推开实施近五年以来，各级检察机关积极推进检察公益诉讼工作，取得了显著成效，使该制度成为提升司法能力现代化水平的助推器，对于完善诉讼机制、构建监督体系、保护公共利益具有重要意义。[②]

（一）检察公益诉讼制度的司法现代化意义

1. 优化司法职权配置，完善诉讼程序体系

党的十八届四中全会提出“优化司法职权配置”，检察公益诉讼制度是优化司法职权配置的生动体现。随着国家监察体制改革，检察机关反贪反渎和预防部门转隶监察委员会，使检察机关对职务犯罪的监督职权被削减，检察公益诉讼制度弥补了检察职权被削减的落差。检察公益诉讼制度纠正了检察机关长期以来“重刑轻民”的检察理念，扩宽了检察机关的监督渠道。《宪法》赋予了检察机关监督者的角色，监督者应当不偏不倚才能实现公正的价值。[③] 检察机关作为法律监督机关，通过诉讼方式可以对刑事、民事、行政实现监督，那么作为公共利益的代表者无疑可以监督损害国家利益和社会公共利益的行为。检察机关应当适应新时代经济社会发展变化，主动作为担当，优化司法职权配置，强化检察机关法律监督职能。民事公益诉讼和行政公益诉讼是公益诉讼的两种类型，其中“附带诉讼”的形式包括民事附带刑事公益诉讼、民事附带

---

① 参见邱春艳：《坚持以人民为中心　把公益诉讼这项党和国家的重大民心工程抓实抓好——全国人大常委会调研组视察调研公益诉讼检察工作侧记》，载《检察日报》2022 年 1 月 15 日，第 1 版。

② 参见张雪樵：《大道之行天下为公——公益诉讼检察制度的成功要诀》，载《人民论坛》2022 年第 1 期。

③ 参见邹雄、陈山：《监督者抑或当事人？——检察公益诉讼原告双重角色的法理检视》，载《江西社会科学》2022 年第 3 期。

行政公益诉讼以及行政附带民事公益诉讼。公益诉讼衔接了不同的法律关系，为社会矛盾纠纷的解决提供了新的解决途径，也有利于完善民事诉讼、行政诉讼的程序体系。

2. 强化权力制约监督，构建科学有效的监督体系

2020 年政法领域全面深化改革推进视频会强调，改革和建设执法司法制约监督体系，是党和国家监督体系的重要组成部分。坚持习近平新时代中国特色社会主义思想的指导，尤其是习近平法治思想的指引，检察公益诉讼制度明确了检察机关法律监督职能。例如，在环境行政公益诉讼中，行政机关对环境污染问题不主动、不积极作为，检察机关可以督促相关环境执法部门履行监管职责，避免环境污染进一步扩大。“有权必有责，用权受监督”，对于不履行监管职责的行政机关可以提起公益诉讼。检察公益诉讼制度强化权力制约监督要求相关行政机关合法行政，消除其懈怠不作为思想。国家利益和社会公共利益涉及的法律关系重大复杂，与人民群众切身利益紧密相关，如国有资产、食品药品以及安全生产等领域的法律关系。以往检察机关无法直接对行政机关有效监督，且公民提起行政诉讼的能力有限，导致行政机关权力滥用问题突出。检察机关通过公益诉讼以司法手段对行政权制约监督，形成外部制约监督方式，与行政机关的内部制约监督机制良性互动，构建符合中国特色社会主义法治道路的科学有效的监督体系。

3. 完善国家利益和社会公共利益的保护机制

2021 年 8 月，中共中央印发《关于加强新时代检察机关法律监督工作的意见》，首次以中共中央文件的形式明确检察机关是“保护国家利益和社会公共利益的重要力量”[①]。具体而言，2012 年《民事诉讼法》修改时确立了民事公益诉讼制度，规定了法律规定的机关、有关组织可以就环境污染和侵害众多消费者合法权益的行为提起公益诉讼。但是环

---

① 徐日丹、戴佳、闫晶晶：《中共中央文件首次明确：检察机关是“保护国家利益和社会公共利益的重要力量”》，载正义网，http://news.jcrb.com/jsxw/2021/202108/t20210803_2305004.html。

境污染案件通常需要高昂的鉴定费用、环保组织在人员配备以及专业技术支持等方面存在不足,使环保组织缺乏足够的能力提起公益诉讼,造成了社会组织在公益诉讼中的缺位。在行政监管领域,环保、工商、城建等部门对违法行为负有法定的监管职责。在个别地方有的大型生产企业是当地的支持性产业,即使其倾倒未经处理的废水,行政机关也会选择性监管执法。这实际上是行政机关的不作为、乱作为,也存在行政机关监管不到位、不作为造成大量国有资产流失的情况。因此检察机关在民事领域和行政领域弥补了社会组织和行政机关缺位的问题,完善了国家利益和社会利益公共利益的保护机制。

(二)检察公益诉讼的工作成效

检察公益诉讼延伸了检察职能,优化了司法资源的配置,为国家利益和社会公共利益的保护提供了救济渠道。各地检察机关积极推进检察公益诉讼,在办理案件的数量、检察建议的适用、案件范围的探索等方面取得了显著成效。

1. 案件办理数量增加明显

2017 年 7 月至 12 月全国检察机关立案 9170 件。2018 年全年全国检察机关共立案办理民事公益诉讼 4393 件、行政公益诉讼 108, 767 件。其中,涉及生态环境和资源保护 59, 312 件、食品药品安全 41, 118 件、国有财产保护 10, 025 件、国有土地使用权出让 2648 件、英烈权益保护 57 件。2019 年全国检察机关办理民事公益诉讼 7125 件、行政公益诉讼 119, 787 件,同比分别上升 62. 2% 和 10. 1%。2020 年全年全国检察机关立案办理公益诉讼案件 151, 260 件,其中,民事公益诉讼 1. 4 万件,行政公益诉讼 13. 7 万件,同比分别上升 1 倍和 14. 4%。2021 年全年全国检察机关立案办理公益诉讼 16. 9 万件,其中民事公益诉讼 2 万件、行政公益诉讼 14. 9 万件,比 2018 年分别上升 50%、3. 6 倍和 37. 3%。[①] 从

① 参见刘家埔:《2021 年检察机关立案办理公益诉讼 16. 9 万件》,载正义网,http://news. jcrb. com/jsxw/2022/202203/t20220308_2375052. html。

2018 年的 11.3 万件到 2021 年的 16.9 万件，检察机关办理的公益诉讼案件增加超过 30%。2022 年 1 月至 3 月，全国检察机关共立案办理公益诉讼案件 4.3 万件，同比上升 23%。其中民事公益诉讼类立案 5500 余件，行政公益诉讼类立案 3.7 万件。[①] 上述数据反映了检察机关积极办理公益诉讼案件，认真行使法律监督的职能。

2. 诉前检察建议效果显著

2018 年全年全国检察机关共办理诉前程序案件 102,975 件。其中，公告督促有关社会组织提起民事公益诉讼 1721 件；向行政机关发出检察建议 101,254 件，97.2% 得到采纳，更多问题在诉前得以解决。2018 年全国法院审结检察机关和社会组织提起的公益诉讼案件 1919 件。2019 年发出诉前检察建议 103,076 件，同比上升 1.8%；回复整改率 87.5%，同比上升 15.8 个百分点，绝大多数问题在诉前得以解决，以最小司法投入获得最佳社会效果。2019 年全国法院审结检察机关和社会组织提起的环境公益诉讼案件 1953 件。2020 年发出诉前检察建议 11.8 万件，同比上升 14.1%；行政机关回复整改率 99.4%，更多问题诉前即获解决。2020 年全国法院审结环境公益诉讼案件 3557 件，同比增长 82.1%。检察机关办理行政公益诉讼，诉前提出检察建议督促行政机关履行监管义务，得到了行政机关的配合，回复整改率较高。[②] 诉前检察建议发挥了积极作用，使大多数案件在诉前解决，减少公益诉讼案件挤入审判程序情况的发生。

3. “等”外探索，办案范围积极拓展

2019 年 10 月 23 日最高人民检察院检察长张军在十三届全国人大常委会十四次会议上《最高人民检察院关于开展公益诉讼检察工作情况的报告》。报告指出，2017 年 7 月至 2019 年 9 月，共立案公益诉讼案

① 参见《2022 年 1 至 3 月全国检察机关主要办案数据》，载《检察日报》2022 年 4 月 20 日，第 2 版。

② 参见胡卫列、孙森森：《积极回应实践推动制度建设——2021 年公益诉讼检察研究综述》，载《人民检察》2022 年第 4 期。

件 214,740 件,办理诉前程序案件 187,565 件、提起诉讼 6353 件。[①] 其中,探索拓展公益诉讼办案范围,如安全生产、互联网、妇女儿童权益保护、扶贫以及国防、军事等领域。2021 年《英雄烈士保护法》《未成年人保护法》《军人地位和权益保障法》《安全生产法》《个人信息保护法》制定修改时,均写入公益诉讼检察条款。

检察机关积极对公益诉讼实施"等"外探索,例如,2020 年安徽人大将"等"外探索写入安徽省地方立法,[②]为公益诉讼办案范围的扩大提供法律保障,努力做到"办理一案、治理一片"。2021 年出台的《中共中央关于加强新时代检察机关法律监督工作的意见》再次就"积极稳妥推进公益诉讼检察"提出要求:建立公益诉讼检察与行政执法信息共享机制,加大生态环境和资源保护、食品药品安全、国有财产保护、国有土地使用权出让和英烈权益保护、未成年人权益保护等重点领域公益诉讼案件办理力度。积极稳妥拓展公益诉讼案件范围,探索办理安全生产、公共卫生、妇女及残疾人权益保护、个人信息保护、文物和文化遗产保护等领域公益损害案件,总结实践经验,完善相关立法。

(三)检察公益诉讼的地方实践

2021 年江苏省人大常委会以地方立法形式通过了《江苏省人民代表大会常务委员会关于加强检察公益诉讼工作的决定》。该决定在拓宽公益诉讼案件范围、细化公益诉讼调查方式、规范公益诉讼诉前程序、明确公益损害赔偿金管理等方面作了具体规定,为检察机关深入开展公益诉讼工作提供了强有力的制度供给和立法保障。2021 年 1 月至 11 月江苏全省共立案办理公益诉讼案件 7495 件,同比上升 22%。其中法

---

① 参见姜洪:《检察机关两年立案公益诉讼案件 214740 件》,载正义网,http://news.jcrb.com/jxsw/201910/t20191024_2068188.html。

② 参见赵颖:《安徽检察机关"等"外领域公益诉讼探索破层出圈》,载法治网,http://www.legaldaily.com.cn/zfzz/content/2021-01/28/content_8420536.htm。

定领域公益诉讼案件占比55%，新领域公益诉讼案件占比45%，[①]如安全生产、公共安全、文物和文化遗产保护、个人信息安全等领域。同时江苏各地检察机关结合地方实际情况积极开展公益诉讼，如大运河保护、太湖流域保护、海洋非法捕捞等。除此之外，检察机关还加强与其他部门的协调合作；开展专项活动，发布典型案例；尤其跨流域的环境生态保护的问题，不同区域的检察机关联合推进，建立跨省际区划检察协作机制。以上这些举措极大地提高了检察公益诉讼工作的成效。

三、以人民为中心全面推进检察公益诉讼制度

党的十九大报告提出，中国特色社会主义进入新时代，我国社会主要矛盾已经转化为人民日益增长的美好生活需要和不平衡不充分的发展之间的矛盾。因此检察机关作为国家利益和社会公共利益的代表者应当贯彻以人民为中心的检察理念，总结检察公益诉讼实施过程中的问题并提出方案予以解决，全面推进检察公益诉讼制度。

（一）检察公益诉讼实施过程中存在的问题

检察公益诉讼制度虽然在办案数量的增加、检察建议的回复整改率、办案范围的拓展等方面取得了成效，但是在实施过程中依然存在问题。例如，检察公益诉讼的案件线索模糊、拓展公益诉讼案件范围的条件模糊、行政与民事公益诉讼证据的转换不明、检察建议的刚性不定等。这些问题影响着检察公益诉讼制度的落实效果。

1.案件评估有待细化

2021年7月1日正式实施的《人民检察院公益诉讼办案规则》第24条规定了公益诉讼案件的线索来源，主要包括自然人、法人和非法人组织的控告、举报的；检察机关履职过程中主动发现的；其他机关转交的等。公益诉讼案件在立案之前需要对案件线索的真实性、可查性进行评

---

① 参见戴雨扬、崔欣：《1—11月，江苏立案办理公益诉讼7495件，同比上升22%》，载中国江苏网，http://jsnews.jschina.com.cn/jsyw/202112/t20211216_2913084.shtml。

估。案件线索直接决定着公益诉讼能否立案，因此需要检察机关认真甄别哪些线索可以立案。在司法实践中，有的检察机关为了提高案件数量，未经过认真评估，将看似侵害了社会公共利益的案件线索作为立案依据。公益诉讼案件的数量增加可能与业务考核的要求相符合，但盲目追求案件数量背离了检察公益诉讼制度设置的初衷。案件评估工作是个复杂的过程，这与公益诉讼案件的具体类型相关。[①] 尤其涉及生态环境和资源保护的案件，需要检察机关评估环境污染的主体、范围、时间以及对周围生态的影响等因素。同时考虑到检察机关自身技术和专业限制，可能还需要专家论证、技术试验等方式才能实现对公益诉讼案件的评估。因此公益诉讼案件评估需要有明确的操作规则和方案，否则会造成各地评估标准不一，影响案件办理的质量。

2. 案件探索范围有待明确

当前检察公益诉讼案件的范围包括法定情形和“等”外探索情形。检察公益诉讼案件“等”外探索可以为公益诉讼的完善积累经验，但是“等”外探索适用不当则会产生不良效果。有些地方检察机关办理的“等”外探索案件数量逐渐与法定类型案件数量持平，其中不乏个别检察机关盲目以“等”外探索为由介入监督的情况。这样的做法看似将公益诉讼的范围扩大了，实际上分散了检察机关力量，使检察机关机关疲于应对，不利于检察公益诉讼案件集中办理。[②] 公益案件范围的扩大会增加检察机关的办案压力。这种压力体现在两个方面：其一，检察机关的办案力量有限。在这种情况下，检察机关很难全面地实现监督的目的。其二，公益诉讼案件数量增加。案件数量增加会加剧案多人少的矛盾，尤其公益诉讼案件涉及的群体复杂，处理时间相对较长，会导致案件拖延，影响诉讼效率的提升。检察机关提起公益诉讼的范围需要结合当地经济社会发展条件，不能搞“一刀切”，否则无法发挥好检察公益诉讼

---

① 参见高杰：《检察公益诉讼制度若干问题思考》，载《法治研究》2021 年第 1 期。

② 参见潘剑锋、牛正浩：《检察公益诉讼案件范围拓展研究》，载《湘潭大学学报（哲学社会科学版）》2021 年第 4 期。

制度的效能。[①]

3. 证据收集、判断有待规范

检察公益诉讼案件涉及生态环境和资源保护、食品药品安全等领域,往往需要检察人员采取勘验现场等方式收集、固定证据,如果不及时收集、固定证据将可能发生证据灭失的风险。检察公益诉讼实施过程中,部分检察机关证据的收集不注意规范,调查核实权没有落实,[②]导致证据无法证明来源或者收集的证据无法形成关联性,最终无法被法庭采纳。例如,检察机关对被污染破坏的环境只进行录像、拍照,缺乏见证人员的勘验笔录。除此之外,在检察公益诉讼案件中普遍存在鉴定难的问题。在某些欠发达地区甚至没有鉴定机构,对造成公共利益损害的情况无法及时有效作出鉴定。因此为了解决该问题,司法实践中检察机关采取了专家意见。专家意见能否作为公益诉讼的证据目前暂无明确规定。[③] 目前在法律地位上,专家意见不属于法定的证据类型,不具备证据能力。但检察公益诉讼案件具有其特殊性,如果全依赖鉴定结论将会导致公共利益无法得到及时保障。当前司法实践中已经出现了专家意见在庭审中经过质证可以作为定案依据的例子。但是关于专家组成、出具意见方式等方面的规定还不够规范,如果不及时解决,专家意见可能会出现被滥用的危险。

4. 检察建议刚性有待增强

行政公益诉讼案件,检察机关正式提起诉讼之前会先向行政机关发出诉前检察建议。2020 年检察机关的回复整改率为 99. 4% ,2019 年回复整改率为 87. 5% 。[④] 如此高的回复整改率说明诉前检察建议对督促

---

① 参见胡卫列、解文轶:《〈人民检察院公益诉讼办案规则〉的理解与适用》,载《人民检察》2021 年第 18 期。

② 参见王译:《"提起公益诉讼"职能视域下检察机关调查核实权研究》,载《河北法学》2021 年第 11 期。

③ 参见刘金林:《刑事公诉与检察公益诉讼衔接问题研究》,载《法学杂志》2021 年第 4 期。

④ 参见姜洪:《最高检:2019 年发出 103076 件诉前检察建议回复整改率 87. 5%》,载正义网,http://news. jcrb. com/jsxw/2020/202005/t20200525_2161238. html。

行政机关履职产生了实效。但是实践中也产生了一些问题,不利于发挥检察建议的刚性。第一,检察建议的作用是督促行政机关履职,督促行政机关收到检察建议时及时对公共利益的损害采取补救措施,但缺乏对行政机关后续履职行为督促的效果。例如,盗伐林木的行为人采取"打游击"的方式,行政机关不执法时继续盗伐。因此,应当就检察建议设置常态性的机制,既要督促行政机关积极履职,也要对履职情况以及后续落实情况进行督促。第二,检察建议的说理性、规范性、可操作性需要强化。[①] "建议"不具有强制约束力,是否执行由行政机关自行决定。有的检察机关发出的诉前检察建议释法说理不够充分、证据收集不够精准,导致行政机关难以接受检察建议,即使行政机关回复同意整改,但是否落实还需要检察机关进一步跟踪督促。检察建议的刚性还体现在科学性上。检察机关提起公益诉讼是为了保障公共利益,因此既要听取人民群众的看法,还要听取专业人士的意见,设置科学的检察建议,使行政机关更愿意配合,增加检察建议的可操作性。

(二)完善检察公益诉讼制度的思路建议

检察公益诉讼制度是司法现代化的重要标志,是新时代检察机关法律监督的重大创新。但是任何制度都不是完美的,面对检察公益诉讼制度存在的问题应当加强研究,及时解决,完善检察公益诉讼制度。

1. 细化案件评估方式

检察机关提起公益诉讼需要经过合理科学的评估,经过认真评估之后才能决定是否立案。案件线索并非完全如实反映了损害公益的事实情况,只要有理由怀疑、有侵害可能性的都可以作为案件线索。因此,检察机关需要通过现场勘验了解现实情况,并作出初步判断。受检察机关专业能力的限制,这种初步判断不一定准确,可以邀请第三方评估机构或者团队进行评估,出具评估意见。第三方评估机构的介入可以极大地

---

① 参见汤维建:《公益诉讼实施机制的生成路径——公益诉讼地方立法述评》,载《人民检察》2021 年第 11 期。

提高案件评估的准确性和合理性。例如,2019 年山东省人民检察院通过邀请“第三方代表”对公益诉讼案件整改效果进行专业评估,建立起科学合理的评价体系,增强了公益修复判断的科学性、中立性和客观性,让专业的人办理专业的事,提升了办案质效,取得了较好效果。[①] 这种第三方的评估机制可以形成专业性结论,尤其是知名专业学者参与的第三方评估结论更容易被社会公众和行政机关接受。案件线索的评估也需要规范化的过程,通过对案件线索评估的规范可以防止立案标准的随意性、盲目性,在一定程度上也节约了有限的司法资源。

2. 明确案件探索范围

检察机关探索新领域的公益诉讼案件时,重点是要做好法定领域的公益诉讼案件的办理,如生态环境和资源保护领域、食品药品安全领域、国有财产保护领域等。只有把法定领域的公益诉讼做扎实,才能给新领域的探索积累经验和提供新的方案。同时,检察公益诉讼案件的探索应当是存在边界的,不是所有损害公益的行为都由检察机关进行监督,这与检察机关在公益诉讼中的定位相关。检察机关在公益诉讼中应当是补位者的身份,而不是主导者的角色。[②] 只有在社会组织不提起诉讼或者行政机关不作为时检察机关才能介入,检察机关应当把重点精力放在对人民群众利益损害较大,缺乏有效的救济渠道的情况。新类型公益诉讼案件的探索还需要结合不同地区的公共利益的实际损害来确定,检察机关应加强与行政机关的协作配合,共同磋商确定哪些案件可以确定为新的探索类型,[③]并层报省级人大常委会,以立法形式将其加以固定,做到于法有据。

---

① 参见《山东检察公益诉讼引入第三方评估机制助力提升办案质效》,载山东省人民检察院网,http://www.sdjcy.gov.cn/html/2019/jyzf_0605/17524.html。

② 参见林莉红:《检察机关提起民事公益诉讼之制度空间再探——兼与行政公益诉讼范围比较》,载《行政法学研究》2022 年第 2 期。

③ 参见杨惠嘉:《行政公益诉讼中的磋商程序研究》,载《暨南学报(哲学社会科学版)》2021 年第 9 期。

3. 规范证据收集判断

检察机关提起公益诉讼的证据收集存在困难,多数案件需要被调查人的配合。因此需要引导被调查人,使其配合检察机关的证据收集工作。面对重大的公益诉讼案件,检察机关尤其要重视证据的收集、固定,在人力有限的情况下,可以使用无人机拍照或者录像等方式扩大取证的范围。同时,为了保持证据的原始性和真实性,在证据收集过程中可以运用区块链技术对证据固定,防止被篡改。公益诉讼案件的证据还需要结合专家意见进一步判断,如损害公共利益的程度、损害赔偿的价值和范围等。尽管目前司法实践中把专家意见作为鉴定意见的补充方式,但毕竟专家意见没有由技术手段得出的鉴定结论更为客观。因此检察机关应当努力获得党委支持,加强对公益诉讼的统一协商,加大财政支持力度,扩建鉴定实验室或者与有关单位联合成立实验室,提升取证的效率。另外,在公益诉讼案件中可能涉及多种类型的诉讼,例如,刑事附带民事公益诉讼,“刑事检察 + 民事公益诉讼”①。刑事侦查过程中的证据经过质证程序可以作为民事公益诉讼证据使用,但是如果刑事侦查中的证据被认定为非法证据或者证据证明被告人无罪,即刑事部分不需要承担刑事责任。那么另行提起民事公益诉讼,需要重新收集和判断证据的证据能力和证明力。

4. 强化检察建议刚性

检察建议是督促行政机关有序执法,合法行政的重要手段。检察建议运用得好可以使更多的公益诉讼案件在诉前得以解决,这是“最佳司法状态”。评价检察建议的刚性不能仅从行政机关的回复整改率来看待,还需要从行政机关的落实与执行情况来评价。强化检察建议的刚性需要做到三个方面:第一,检察机关提出检察建议应当充分论证,提高检察建议的质量,既要增加行政机关的可接受度,也要考虑检察建议的可

---

① 参见张昊:《检察机关能动履职惩治整治并重守护绿水青山——“刑事追诉 + 公益诉讼”严惩破坏矿产资源犯罪》,载《法治日报》中央级 2022 年 4 月 25 日,第 3 版。

执行性。第二，在提出检察建议之前与行政机关协调配合，听取行政机关对公共利益保护的意见。[①] 尤其涉及人民群众重大利益时，可以邀请群众代表、人大代表、政协委员会、新闻媒体以听证会或者座谈会的形式回应社会关切。第三，检察建议既有督促作用，也有警示和预防的功能。[②] 检察机关应当做好行政起诉与检察建议之间的衔接。在行政机关不积极采纳检察建议，怠于履行监管职责时，可以向人民法院提起行政公益诉讼，并向该行政机关所在单位通报。以诉讼的形式促使检察建议的履行，在诉前解决更多的公益诉讼案件，发挥检察机关法律监督的作用。

---

① 参见上海市杨浦区人民检察院课题组、王洋、上海市杨浦区人民检察院：《公益诉讼检察调查核实权优化路径》，载《中国检察官》2021 年第 13 期。

② 参见韩成军：《检察建议的本质属性与法律规制》，载《河南大学学报（社会科学版）》2014 年第 5 期。

第十七章　便民利民诉讼服务体系建设与司法能力现代化的中国特色

诉讼服务工作是人民法院服务群众诉讼、展示司法文明的集中体现。党的十八大以来，人民法院积极顺应时代发展潮流，立足人民群众对司法工作的新要求、新期待，以智慧法院建设为支撑，大力推进一站式诉讼服务中心建设，不断拓展服务渠道，创新服务方式，完善服务机制，积极构建现代化的诉讼服务体系，实现了诉讼服务功能集聚、资源集中、方式集成、效能集约，诉讼服务品质实现更大提升，人民群众的司法获得感明显增强。党的二十大报告提出，采取更多惠民生、暖民心举措，着力解决好人民群众急难愁盼问题，健全基本公共服务体系，提高公共服务水平。[①] 人民法院的诉讼服务工作是基本公共服务体系的组成部分，也是人民法院不断完善便民利民诉讼服务体

---

① 习近平：《高举中国特色社会主义伟大旗帜　为全面建设社会主义现代化国家而团结奋斗：在中国共产党第二十次全国代表大会上的报告》(2022 年 10 月 16 日)，人民出版社 2022 年版，第 46 页。

系建设的重要一环。

一、关于现代化诉讼服务体系建设的决策部署

党的十八大以来，以习近平同志为核心的党中央从战略和全局高度，对依法治国、社会治理等提出了一系列新理念新思想新战略。习近平总书记强调，要“坚持在法治轨道上推进国家治理体系和治理能力现代化”[①]、“政法机关承担着大量公共服务职能，要努力提供普惠均等、便捷高效、智能精准的公共服务”[②]、“加快推进跨域立案诉讼服务改革，推动诉讼事项跨区域远程办理、跨层级联动办理，解决好异地诉讼难等问题”[③]。习近平总书记的重要论述和重要批示指示，为推动便民利民诉讼服务体系建设，促进国家治理体系和治理能力现代化，指明了前进方向，提供了根本遵循。

人民法院深入学习贯彻习近平总书记全面依法治国新理念新思想新战略，深入践行习近平法治思想，认真落实以人民为中心的发展思想，创新诉讼服务理念，围绕服务群众诉讼、服务审判执行、服务社会治理，坚持把最好场所、最优服务提供给群众；按照“系统化、信息化、标准化、社会化”要求，不断丰富诉讼服务体系内涵，推进诉讼服务中心转型升级。2019 年 6 月，最高人民法院在江西省南昌市召开全国高级法院院长座谈会，对推进多元化纠纷解决机制和现代化诉讼服务体系进行部署。2019 年 7 月，最高人民法院下发《关于建设一站式多元解纷机制一站式诉讼服务中心的意见》，对一站式诉讼服务中心建设进行具体部署，要求全国法院到 2020 年年底全面建成一站式诉讼服务中心。之后，

---

① 参见习近平：《坚定不移走中国特色社会主义法治道路 为全面建设社会主义现代化国家提供有力法治保障》，载《求是》2021 年第 5 期。

② 参见习近平：《维护政治安全、社会安全、人民安宁》，载《习近平谈治国理政》（第 3 卷），外文出版社 2020 年版，第 354 页。

③ 参见习近平：《全面深入做好新时代政法各项工作促进社会公平正义保障人民安居乐业》，载《人民日报》2019 年 1 月 17 日，第 1 版。

最高人民法院不断加大推动力度，每年都将一站式多元解纷和诉讼服务体系建设作为全国法院的重点工作加以部署推进，同时紧扣一站、集约、集成、在线、融合五个关键词，围绕建机制、定规则、搭平台、推应用四个环节，不断细化建设要求。人民法院诉讼服务工作从此进入系统性、整体性、重塑性改革阶段，改革重点从聚焦硬件建设、软件升级、制度完善、功能扩展向重塑诉讼格局的全方位改革拓展。

二、现代化诉讼服务中心建设

（一）一站式诉讼服务中心建设

2014 年以来，各级法院按照最高人民法院的部署要求，大力加强诉讼服务中心建设，将“最好的场所、最便捷的服务”提供给人民群众，以建立标准化、规范型、体系式的诉讼服务平台为目标，在设施建设、制度框架、功能配置、工作流程、岗位职责、礼仪规范等方面整体谋划、科学设计，不断推进诉讼服务中心提档升级，实现诉讼引导区、立案登记区、诉讼服务区、纠纷分流区、自助服务区等区域整齐有序、一站服务。一些法院还开发了诉讼服务网，将诉讼服务中心的一些功能搬到线上，实现网上立案、缴费、阅卷、递交材料、送达文书、约见法官等。2019 年以来，各级法院根据最高人民法院的统一部署，围绕构建现代化诉讼服务体系，大力推进一站式诉讼服务中心建设，将立案、调解、送达、速裁等面向群众的服务以及诉讼材料集中收发扫描、法律文书集中送达、保全鉴定评估事务，集中到诉讼服务中心这一空间平台，实现导诉、分流、立案、调解、速裁、快审等节点环环相扣、一体化运行，努力让老百姓“走进一个门、事务一站清”。同时，还通过协同推进诉讼服务大厅、诉讼服务网、移动微法院、“12368”诉讼服务热线系统化建设，线下、网上、掌上三位一体运行，形成功能互补、协同有效的诉讼服务格局，实现线下一站全办、线上一网通办。

一站式诉讼服务体系建设，是继立案登记制改革、深化司法公开、司法责任制改革和基本解决执行难之后，人民法院贯彻党中央决策部署、深化司法体制改革的又一项重大举措。一站式诉讼服务体系建设的标志性成果，就是一站式诉讼服务中心。一站式诉讼服务中心以“厅网线巡”立体化渠道为载体，将全部对外服务性、审判执行辅助性、事务性工作，包括立案、保全、送达、委托鉴定等，通过线下集成、线上集约的方式全部整合到诉讼服务中心，形成立体化、集约化、智能化诉讼服务体系，突出一站式诉讼服务功能、机制、模式的集约集成，使诉讼服务中心的服务功能更加优化，从而为人民群众提供优质高效便捷的诉讼服务。一站式诉讼服务中心建设是人民法院诉讼服务工作系统性、整体性、重塑性改革的内容之一。

人民法院通过不断加快现代化诉讼服务体系建设，重点从硬件建设、软件升级、制度完善、功能扩展向重塑诉讼格局的全方位改革拓展，诉讼服务从立案受理向诉讼全程服务转变，服务方式从大厅现场服务向线上线下立体化服务转变，实现了窗口服务向线上线下全方位服务的功能转型，由接力式服务向体系式服务的品质提升，高品质诉讼服务品牌效应日益突显，人民群众的司法获得感底色更亮、成色更足，形成了符合中国国情、满足人民期待、体现司法规律、引领时代潮流的中国特色诉讼服务模式。

（二）网上诉讼服务中心建设

网络强国、数字中国、智慧社会建设为实现审判体系和审判能力现代化带来重大契机，也为诉讼服务的质量变革、效率变革、动力变革注入强大动力。人民法院积极适应大数据发展战略，以建设“智慧法院”为目标，把诉讼服务中心建设纳入“智慧法院”建设之中，把信息技术运用到人民法院诉讼服务之中，发挥信息技术对诉讼服务的放大、叠加和倍增作用，推动互联网、大数据、人工智能与诉讼服务工作深度融合发展，让诉讼服务插上数据的翅膀，加快实现“让数据多跑路，让群众少跑路”的目标。各级法院不断深化系统集成和功能整合，提供网上立案、缴费、阅卷、鉴定、保全、庭审、送达、申诉等一站式电子诉讼服务，建设覆盖全业务全流程、贯通各类信息应用系统、融合大数据分析功能的网上诉讼服务中心，让诉讼服务更加便捷化、智慧化、精准化。

网上诉讼服务中心的主要功能有：

网上立案。当事人可以通过法院诉讼服务网、移动微法院提交申请诉讼、执行立案的相关材料，各级法院通过网络在线审核并进行登记立案。目前，网上立案的适用范围包括依法属于各级法院管辖的一审民商事和行政案件、刑事自诉案件、执行案件。一些法院还积极探索申诉申请再审案件和二审案件网上立案工作。

网上证据交换。当事人在民商事诉讼案件审理过程中，可以通过法院诉讼服务网、移动微法院证据交换平台提交证据、查看对方提交的证据并在线发表质证意见。承办法官对当事人通过网上证据交换平台提交的证据应及时组织双方进行质证，对双方已在线发表的质证意见应及时进行审核。

网上庭审。当事人可以通过法院诉讼服务网、移动微法院网上庭审平台参加庭前会议、开庭、调解和宣判等环节的在线诉讼活动。网上庭审前，书记员应提前做好准备工作并联系各方当事人进行测试，技术人员应当检测确认各方使用的网络条件、设备、场所是否符合网上庭审要求。对于事实比较简单、争议不大的案件，庭前在征得当事人同意的情况下，书记员作好庭前准备工作后，当事人可不出席庭审，以庭审录音录像替代庭审笔录。

电子送达。人民法院在征得当事人同意的情况下，可以通过法院诉讼服务网、移动微法院、人民法院审判流程网或者传真、电子邮件或特定通信号码等送达案件受理通知书、传票、举证通知书、应诉通知书、缴费通知书等程序性文件和判决书、裁定书、调解书等裁判文书。

网上阅卷。当事人可以通过法院诉讼服务网、移动微法院登录验证身份信息，实时在线查阅已归档的案件电子卷宗正卷材料。一些法院还开通了在办案件电子卷宗正卷查询功能。

网上信访。当事人可以通过法院诉讼服务网、人民法院网上申诉信访平台在线提出申诉信访事项，人民法院接收并处理后，由系统自动将处理结果推送至反馈信访当事人。

各级法院在大力推进网上诉讼服务中心建设的同时，还根据最高人民法院的部署安排，深入推广应用人民调解平台、律师服务平台、跨境网上立案系统、集中送达平台、网上保全平台、委托鉴定系统、“12368”诉讼服务平台、网上申诉信访平台、视频监控系统等智慧诉讼服务平台集群，形成了以网上诉讼服务中心为主干和入口，其他诉讼服务平台为支撑的平台体系和惠普均等、便捷高效、智能精准的诉讼服务应用体系。用信息化手段解决传统手段做不了、做不好的事情，推动形成以电子诉讼服务为核心，贯通大厅、热线、网络、移动端服务，一网通办诉讼全程各项业务的“智慧诉讼服务”新模式。

三、现代化诉讼服务机制建设

（一）跨域诉讼服务改革

跨域立案是秉持“法院一盘棋、服务一体化”思维，在法院之间建立就近受理申请，管辖权属不变，数据网上流转的联动办理机制，实现就近能立、多点可立、少跑快立，让人民群众在全国任何一家法院诉讼服务大厅都能够获得和管辖法院同样优质高效便捷的诉讼服务。跨域立案服务改革是人民法院贯彻落实习近平总书记关于加快推进跨域立案诉讼服务改革重要指示精神、深化立案登记制改革的又一重大举措，对于巩固立案登记制改革成果，构建新型诉讼服务协作机制，具有十分重要的意义。我国人口众多、幅员辽阔，各地区经济、社会、文化发展不平衡，群众的司法需求呈现多层次、差异化特点。人民法院既顺应互联网时代的发展要求，推出网上立案、微信立案，实现诉讼“家里办”“掌上办”；也立足实际，为那些不会、不便使用网络的群众提供跨域立案服务，打通服务群众的“最后一公里”，努力满足各类诉讼群众司法需求。2019 年以来，最高人民法院不断加大跨域立案改革推进力度，相继下发跨域立案服务工作规范和技术规范，提出明确的推进要求。目前，跨域立案在全国已实现全覆盖，各基层人民法庭作为协作法院也实现了全覆盖。

各级法院在诉讼服务中心设立跨域立案窗口，指定专人负责，配备相应设施设备。协作法院负责代为核对、接收相关材料，发送跨域立案申请。管辖法院负责指定专人办理申请，对符合立案条件的，当场登记立案；认为材料不齐全的，即时制作《补正告知书》，并通过信息系统推送至协作法院，送交当事人；无法当场判定是否符合立案条件的，即时通过信息系统向协作法院反馈，告知当事人管辖法院在法定期限内决定是否立案。跨域立案服务，运用信息化手段，依托标准化服务，改变了各法院之间条块分割、各自管理、标准不一的状态，将人民法院诉讼服务实体平台和诉讼服务网络平台连接起来，形成了各级法院跨地域、跨层级的一体化服务模式，从制度上提升服务群众的整体效能。

近年来，江苏等地法院还以跨域立案为突破口，积极推进全域诉讼服务改革，借鉴银行"通存通兑"模式，开发全域诉讼服务平台，让当事人不受地域、审级限制，就近选择一家法院"全域诉服"窗口，统一办理立案登记、跨域立案、保全申请、案件查询等事项，实现了"一窗通办、一站全办、跨域联办"，进一步开创了跨域诉讼服务新格局。

跨域诉讼服务改革是人民法院司法服务机制的重大创新。从登记立案到跨域立案，再到跨域诉讼服务，更加突出司法为民理念和服务一体化思维，从制度上提升人民法院诉讼服务整体效能，集中体现了中国特色社会主义司法制度的优越性，对于促进审判体系与审判能力现代化，进而推动国家治理体系与治理能力现代化具有重大意义。

（二）集约化诉讼服务机制建设

审判辅助事务集约化改革是深化人民法院司法体制综合配套改革的一项重要任务，也是构建现代化诉讼服务体系、深化一站式诉讼服务中心建设的重要内容。《第五个五年改革纲要（2019—2023）》规定，推动文书送达、财产保全、网络公告等事项集约化管理。《最高人民法院关于建设一站式多元解纷机制一站式诉讼服务中心的意见》要求，完善集约化诉讼服务机制，推动扫描装订、卷宗流转等辅助性、事务性工作集中到诉讼服务中心，实行集约化管理；建立集约送达机制，创新保全、委托鉴定集约服务模式。

各级法院在推进一站式诉讼服务中心建设过程中，根据最高人民法院的部署，按照“服务群众、服务法官、服务审判”的工作思路，普遍将文书送达、财产保全、委托司法鉴定、材料扫描等审判辅助性、事务性工作进行线上系统集成、线下人员集约，推动诉讼服务功能更加集聚、资源更加集中、方式更加集成、效能更加集约，诉讼事务水平再获新提升。最高人民法院开发了统一的集中送达平台、在线保全平台、在线委托司法鉴定平台，各级法院普遍将与此相关的审判辅助职能整合到诉讼服务中心集约行使，努力为法官减负、让审判提速。

在文书送达方面，各地法院普遍采取社会化服务方式，积极与中国邮政合作，实现邮寄送达线上集约全覆盖，其中，目的地集中打印邮寄送达的占邮寄送达总量的1/4，基本实现全国主要城市目的地集中打印邮寄送达服务“次日达”。以江苏省法院为例，江苏省高级人民法院和各中级人民法院分别与邮政公司签订战略合作协议，依托邮政服务网络全、队伍专业、投递经验丰富等优势，采取以电子送达为主，邮寄送达、上门送达为辅的集中送达模式，为人民法院提供标准化、集约化、智能化的集中送达外包服务。目前，江苏全省13个市已全部建成法律文书集中送达中心，为辖区两级人民法院提供集约送达服务。集中送达是指由法院书记员通过法院案件管理系统发起送达任务，送达中心工作人员从平台接受任务，安排送达计划，按照诉讼法及相关司法解释关于送达的规定，依次开展电话短信、电子邮件、邮寄送达、直接送达、公告送达以及文书异地集中打印等送达服务。送达结束后，系统自动生成送达报告向审判团队反馈；送达产生的电话录音、短信通知、送达回证、邮单回执、送达报告同步归入案件电子卷宗。送达状态实时查询、全程留痕，送达过程标准规范、集约高效。通过文书集中送达构建起“线上+线下”的一体化送达服务体系，极大地提高了审判质量效率，节约了司法成本。开展集中送达服务以来，送达质量和效率明显提高，案件审理节奏明显加快，每送达30件案件的时间由以往的2天缩短至半天，速裁案件平均审理天数减少了10多天。江苏省高级人民法院专门制定了《关于推进审判辅助事务集约化管理社会化服务的实施办法(试行)》,推动将分散在各部门各环节的材料收发扫描、智能编目、文书送达、财产保全、鉴定评估、卷宗查阅和复制等审判辅助性、事务性工作集中到诉讼服务中心,实现集约化管理,同时列出包括导诉、信息录入、信息查询、卷宗装订等在内的15项审判辅助事务,倡导实行集约化管理社会化服务清单。

四、便民利民诉讼服务体系建设成效与展望

2019年以来,人民法院一站式多元解纷和诉讼服务体系建设寓社会治理和纠纷化解于诉讼服务之中,对于促进审判体系和审判能力现代化,建设公正高效权威的中国特色社会主义司法制度,在法治轨道上推进国家治理体系和治理能力现代化具有重要意义。截至2020年年底,各级法院基本建成了集"厅、网、线"于一体的诉讼服务中心,真正实现了一站式全方位服务,创造了诉讼服务的"中国经验",探索出了一条具有中国特色、符合中国实际的司法为民、创新发展之路,成为中国法院新的亮丽名片。具体而言,便民利民诉讼服务体系建设的成效如下:

一是为民服务的司法理念得到升华。各级法院在推进诉讼服务体系建设中,坚持司法为民、公正司法理念,把困难留给自己,把方便留给群众,按照"把最好的空间和最优的服务提供给群众"的工作思路,对诉讼服务做"加法",群众诉累做"减法",通过一站式集约服务,让老百姓"走进一个门,事务一站清",高效便捷地满足人民群众日益增长的多元司法需求。

二是集约集成的工作机制持续创新。人民法院在推进诉讼服务体系建设中,持续聚焦"一站、集约、集成、在线、融合"五个关键词,突出集约集成关键优势,突出在线融合关键取向,不断推进诉讼服务运行机制从分散粗放向系统集成转变,逐步建设形成集约高效、多元解纷、便民利民、智慧精准、开放互动、交融共享的现代化诉讼服务体系。

三是智能高效的诉讼服务模式日益凸显。人民法院将信息化智能

化建设作为诉讼服务发展的新动能,逐步探索形成以电子诉讼为核心,贯通大厅、热线、网络、移动端服务,一网通办诉讼全程各项业务的智慧诉服新模式。诉讼服务工作从人工分散管理向智能集约管理,从线下功能集中向线上系统集中迈进。

四是高品质诉讼服务质量不断提升。应民之所呼,解民之所忧。各级法院直面群众办理诉讼事项时的痛点和需求,不断拓宽服务渠道,改进服务方式,增强服务效能,进一步健全诉讼服务大厅、诉讼服务网、"12368"热线,巡回办理"厅网线巡"立体化诉讼渠道,推动实现诉讼服务一站通办、一网通办、一号通办、异地可办、就近能办,让各类当事人都能"少跑腿",享受方便快捷、智慧精准的高品质诉讼服务。

从总体上看,各级人民法院践行以人民为中心发展思想,聚焦"诉讼服务"重点任务,明确"一站式"关键定位,发挥集约集成关键优势,突出在线融合关键取向,加强顶层设计,坚持制度体系、平台体系、应用体系、管理体系同步建设,构建起中国特色的一站式便民利民诉讼服务体系,使现代化诉讼服务更加普惠精准,有力服务党和国家工作大局、服务人民群众和审判执行工作。

人民对美好生活的向往,就是中国共产党的奋斗目标。习近平总书记指出,"全面依治国最广泛、最深厚的基础是人民"①。司法为民、公正司法,是人民法院工作的永恒主题。顺应全面依法治国的历史潮流,面对人民群众不断增长、日益多元的司法需求,人民法院应当继续坚持问题导向、目标导向,进一步推动诉讼服务体系建设向基层、向社会、向网上、向重点领域延伸,在跨域诉讼服务上下功夫,推动诉讼服务体系建设向"更好""更优"迈进。具体而言,对诉讼服务体系建设的展望有以下几点。

一是将诉讼服务体系建设融入司法改革全局。更加注重系统观念,

---

① 中共中央宣传部、中央全面依法治国委员会办公室编:《习近平法治思想学习纲要》,人民出版社、学习出版社 2021 年版,第 29 页。

准确把握诉讼服务体系建设与立案登记制、司法责任制、诉讼制度改革等之间的联系，与四级法院审级职能定位做好衔接，将现代化诉讼服务体系建设作为深化司法体制改革的重要举措，有效破解司法资源配置不均衡、配套保障机制不健全等问题，全面推进诉讼服务转型升级，实现与其他各项改革系统集成、协同高效。

二是更加突出诉讼服务平台集成建设。将十大诉讼服务平台互联互通，业务协同，进一步畅通平台数据接口对接，服务数据共享，实现诉讼服务内容全程贯通。注重加强诉讼服务统筹规划，推动跨层级数据信息共享共用，加快对分散、独立的诉讼服务应用系统整合接入，强化各诉讼服务平台融合，实现各平台信息资源互联互通。同时充分发挥现有平台作用，统一服务入口，实现一网办理，功能集约、效果集成，为人民群众提供标准一致、数据同源的诉讼服务。

三是在抓应用上狠下功夫。一站式建设的生命力在于应用。要以全面推动"一站式"向网上延伸为主攻方向，进一步拓展智慧诉讼服务的应用场景，深度应用在线服务平台、律师服务、保全、委托鉴定、送达等平台，实现在线诉讼服务全业务覆盖、全流程覆盖、全角色覆盖、四级法院全覆盖，增强在线诉讼服务品质。

四是进一步加强宣传引导，提高社会公众对诉讼服务体系建设的知晓率、认可度。聚焦一站式、诉讼服务等关键词做好诉讼服务体系建设的宣传推广，加强对诉讼服务体系建设典型案例宣传，创新宣传方式方法，提高宣传的覆盖面和精准度，让现代诉讼服务体系建设深入人心，让"一站式"成为人民法院参与社会治理的"金字招牌"和司法为民的"民心工程"。

第十八章　民事诉讼繁简分流改革与推进司法能力现代化

党的十八大以来,人民法院坚持以习近平法治思想为指导,持续深化司法体制改革,不断健全审判权运行机制,推进矛盾纠纷多元化解,全面提升审判质量、公信力,取得了显著成效。同时,司法实践也反映出,仅依靠法院内部的体制性改革,已经难以满足人民群众公众高效便捷解决纠纷的司法需求,一些制度瓶颈日益凸显,相关改革举措需要进一步强化制度支撑,部分民事诉讼程序安排需要根据经济社会发展变化做出相应调整。习近平总书记在 2019 年年初召开的中央政法工作会议上强调:“要深化诉讼制度改革,推进案件繁简分流、轻重分离、快慢分道。”为民事诉讼制度的现代化发展提出了明确要求,指明了改革方向。

一、民事诉讼繁简分流改革的背景与进程

诉讼程序繁简分流的改革,是中国司法能力现代

化的重要举措之一。社会现代化发展,使人类的社会生活日益丰富、多样和复杂,由此也导致了以法律上权利义务为内容的冲突与纠纷大量增加。司法现代化意味着司法有能力及时公正化解已经发生的权利义务纠纷,维护社会秩序稳定。然而,司法资源的相对不足与矛盾纠纷数量居高不下之间的紧张关系又极大地制约了司法职能的有效发挥。解决这一矛盾的路径之一,就是要不断提升司法能力现代化,促进国家治理体系和治理能力现代化。

实现司法现代化是一项庞大的系统性工程,必须在科学理论的指导下进行全方位的考虑,并采取系统的改革措施。司法现代化要求深化司法体制改革,而民事繁简分流改革是深化司法体制改革的应有之义。民事司法活动具有广泛性和普遍性,相较于刑事案件来说,民事案件的发生率要高得多,因为随着司法现代化的发展,法律意识日渐高涨的社会公众越来越寻求以法律的手段来解决日常生活中的人身权和财产权纠纷。民事诉讼活动中,追求公正的同时必须追求效率。在经济飞速发展的时代,诉讼当事人双方都不愿深陷诉讼"泥潭",都渴望以快速、方便的方式获得公正的审判结果,"迟来的正义为非正义"这句话在民事诉讼活动中更彰显其合理性。然而,人民法院的司法资源毕竟是有限的,其面对日益增长的诉讼纠纷,越来越难以做到快速公正地处理每一件纠纷案件,这就导致了案件积压、久拖不决或因追求效率仓促下判等现象。进行民事诉讼繁简分流改革,是解决这一难题的关键一招。对于传统民事诉讼程序的这一改革,是深化司法体制改革的关键举措之一,也是实现司法现代化的必由之路。民事诉讼繁简分流改革,从制度层面对符合时代发展潮流的简易程序、小额诉讼程序以及调解等非诉程序进行了完善;同时,这一改革从司法价值层面在公平的基础上保证了诉讼效率的提高,并且充分考虑了社会公众的诉讼要求和愿望,体现了以人民为中心的司法理念。民事繁简分流的改革过程和成果推动和促进了司法的现代化,使这一改革具有了现代化的意义。

2019 年 5 月,中共中央办公厅印发《关于政法领域全面深化改革的实施意见》，将“推进民事诉讼制度改革”确定为重大改革任务，明确提出了民事诉讼繁简分流改革任务，并确定由最高人民法院会同全国人大常委会法工委、司法部等部门共同推进。为确保改革任务紧密衔接、相互促进、形成合力，充分发挥改革系统集成效应，按照重大改革先行先试的原则，最高人民法院报经中央政法委批准，将各项改革任务统一纳入民事诉讼程序繁简分流改革试点，以试点方式集中推进。经过前期的充分调研论证，2019 年 11 月 8 日，中央司法体制改革领导小组专题会议审议通过了《民事诉讼程序繁简分流改革试点方案》。2019 年 12 月 28 日，十三届全国人大常委会十五次会议作出《全国人民代表大会常务委员会关于授权最高人民法院在部分地区开展民事诉讼程序繁简分流改革试点工作的决定》（以下简称《授权决定》），正式授权开展试点工作，授权在 12 个省（区、市）20 个城市的法院开展为期两年的民事诉讼程序繁简分流改革试点工作，并允许试点法院暂时调整适用 2017 年《民事诉讼法》第 39 条第 1 款、第 2 款，第 40 条第 1 款，第 89 条第 1 款，第 162 条，第 169 条第 1 款，第 190 条。此项改革试点以优化司法资源配置、提升诉讼程序效能为主要目标，围绕优化司法确认程序、完善小额诉讼程序、完善简易程序规则、扩大独任制适用范围、健全电子诉讼规则五个方面展开。

试点工作开展以来，在以习近平同志为核心的党中央坚强领导下，在全国人大及其常委会有力监督下，最高人民法院指导各试点法院扎实推进各项试点工作，不断完善民事诉讼程序机制，司法质量效率得到有效提升，司法资源配置更加合理，当事人权利保障更加充分，试点工作取得了明显成效。主要表现为：简易程序和小额诉讼程序的启动和转换得到了完善；特邀调解及司法确认等非讼程序成为解决争端的重要方式；独任制的适用范围扩大，提高了司法效率；电子诉讼规则得到完善，适应了互联网时代的司法发展；等等。根据《授权决定》的要求，“试点期满后，对实践证明可行的，应当修改完善相关法律”。经过两年的试点，试点相关程序规则已经被实践证明切实可行，对所涉重点难点问题也形成基本共识,修改民事诉讼法的条件已经具备。2021 年 12 月 24 日,十三届全国人大常委会三十二次会议通过《关于修改〈中华人民共和国民事诉讼法〉的决定》,修正后的《民事诉讼法》自 2022 年 1 月 1 日起施行。

二、司法确认程序改革试点

(一)改革动因

多年来,人民法院在探索多元纠纷化解机制的道路上从未停止过脚步。最高人民法院于 2016 年颁布了《关于人民法院进一步深化多元化纠纷解决机制改革的意见》,正式在部分省、市法院试行调解前置程序。调解程序因符合中国传统文化中“以和为贵”的价值取向以及具备灵活简便的操作程序,有利于促进和谐社会建设,减轻法院办案压力,提高审判质量。然而,人民法院在进行调解前置程序时,法官往往既是调解员又是审判员,其角色的混同容易导致强制调解、反复调解、以调压判等现象。随着民事诉讼案件数量增长,这一“审调合一”的模式已然不能满足时代要求,审调分离成为必然趋势。在此背景下,特邀调解作为一种多元化纠纷解决机制应运而生。特邀调解,是指人民法院在立案前委派或立案后委托特邀调解组织或特邀调解员对案件居中调和,促成当事人在平等协商的基础上自愿达成协议、化解纠纷的活动。[①] 特邀调解作为一种新的法院附设调解制度,既不同于人民调解,也不同于法院调解,由法院委派或委托调解组织或调解员独立调解,并由法院进行调解后调解协议的司法确认。

与特邀调解相结合的司法确认程序,是一项具有中国特色的创新性民事特别程序,体现了法律程序的严谨性以及国家公权力机关的权威性,是调解制度在司法实践中不断总结经验得到的成果。根据 2021 年修改前的《民事诉讼法》的规定,司法确认案件仅限于基层人民法院受理,适用范围仅限于人民调解委员会主持达成的调解协议。因此,在改

---

① 参见夏天宝:《特邀调解的概念厘定与制度完善》,载《镇江高专学报》2020 年第 4 期。

革试点工作开展以前,这一司法确认程序规定,制约了商事调解、行政调解、行业调解等多元解纷机制作用的发挥,不利于中级人民法院、专门人民法院开展与诉调对接工作。

(二)改革措施和成效

对于既往司法确认程序存在的局限性,民事诉讼程序繁简分流改革试点工作从两个方面予以完善:一方面扩大司法确认程序适用范围,将特邀调解组织、特邀调解员主持达成的调解协议纳入司法确认的范围,支持多元解纷力量健康发展;另一方面允许中级人民法院和专门法院受理符合级别管辖及专门管辖标准的司法确认案件,促进中级人民法院及专门法院开展诉前调解工作。

本文以试点地区范围内的南京市玄武区、江宁区、建邺区人民法院为样本,简要梳理特邀调解与司法确认试点改革的主要举措。

一是成立特邀调解组织。在南京市中级人民法院出台《特邀调解工作管理办法(试行)》后,南京市玄武区法院通过机关、单位推荐以及社会公开招募首批聘任了十一家特邀调解组织,包括八家分专业律师型特邀调解组织、两家专家学者型特邀调解组织以及一家行业协会型特邀调解组织,并进行了资质审查。南京市江宁区法院会同司法局面向社会公开招聘特邀调解员,对特邀调解员的选任条件及工作职责作出了具体阐述,并综合考虑调解员调解的纠纷数量、难易程度发放案件补贴,实行“以案定补”“一案一补”,案件补贴按照国家相关政策从优。为提高人大代表对民商事案件调解的参与度,江宁区法院成立了“人大代表调解工作室”。特邀调解组织的建立扩大了调解队伍,为司法确认程序适用奠定了基础。

二是创新特邀调解模式。推进繁简分流改革试点,南京市建邺区法院构建了全新的“特邀调解”模式——“1 + 10 + N + N”多元解纷网,以推行类案专业化的特邀调解模式。在该模式下,法院着重从以下方面开展特邀调解工作:(1)以调解平台为纽带,建立“1 + 10 + N + N”多元解纷网络,即以立案庭下设的非诉服务联络办公室为中心,依托房地产纠纷调解工作室、物业纠纷调解工作室、金融纠纷诉调速裁工作室、家事审判调解中心、知产纠纷调解工作室、法律服务产业园调解工作室、劳动争议五位一体调处中心等10大平台为纽带,以N个调解组织和N个调解员为支点的多元解纷网络,不断拓宽多元解纷的渠道。(2)以纠纷类型为依据,打造专业化特邀调解品牌。按照矛盾纠纷的类型和特点,将特邀调解组织和调解员分成不同的组别,实现特邀调解专业化分工。明确奖惩保障机制,激发特邀调解工作积极性。对于特邀调解组织和特邀调解员开展委派和委托调解的,根据案件类型特点、难易程度等,对于调解成功的案件实行"一案一补",明确补贴标准和发放流程。每年度将联合司法局等部门开展评优评先活动,对于业绩突出的特邀组织和调解员给予精神和物质奖励。(3)强化在线调解,实现调解工作全流程智能化。对于法院委派、委托调解的,原则上均通过"江苏微解纷"在线平台进行。鼓励和倡导调解员通过在线平台开展调解工作,引导当事人在线申请司法确认,实现全流程信息化、智能化解决纠纷。(4)强化宣传报道,不断扩大特邀调解工作的影响力。

"特邀调解 + 司法确认"模式缩短了案件时限、节约了诉讼成本,有利于矛盾纠纷及时化解。同时,经司法确认的调解协议具有强制执行的法律效力。2019年《江苏省高级人民法院工作报告》介绍了相关工作成效:创新发展新时代"枫桥经验",中基层法院全部参与"无讼村居(社区)"创建,推动"万人起诉率"全部纳入地方综治考核、"审务进基层、法官进网格"实现全覆盖,促进矛盾纠纷源头化解。会同司法行政机关在三级法院全部设立"诉讼与非诉讼对接中心";开通全国首个线上诉调对接平台"江苏微解纷",三个月来化解纠纷3794件;基层法院全部入驻"网上数据一体化处理"平台,成功调解道交事故赔偿纠纷19,540件。推行诉讼风险智能评估系统,引导当事人理性选择解纷方式。深化调解前置试点,诉前调解婚姻家庭等八类纠纷案件232,927件。经过努力,诉源治理初见成效,2019年新收一审民事案件同比增长0.2%,增幅下降5个百分点,54家基层法院收案出现负增长。2020年《江苏省高级人民法院工作报告》显示,全省法院诉前成功调解纠纷 20.1 万起,同比增长 2.2 倍;新收民事一审案件同比下降 13.9% ,96% 的基层法院实现收案总量下降。

三、小额诉讼程序试点改革

(一)改革背景

小额诉讼程序的最初定位,主要在于缓解法院案多人少的矛盾,方便群众接近司法,提升审判效率。小额诉讼程序作为独立于普通程序与简易程序的更为简易化的程序,对于大量标的额较小的简单民事案件进行审理,有助于纠纷得到迅速解决,满足了民事诉讼繁简分流制度改革的趋势,与司法需求相契合。2012 年《民事诉讼法》第 162 条规定了小额诉讼程序,即基层人民法院和它派出的法庭审理符合本法第 157 条第 1 款规定的简单的民事案件,标的额为各省、自治区、直辖市上年度就业人员年平均工资 30% 以下的,实行一审终审。我国小额诉讼程序从此确立。民事诉讼程序繁简分流改革试点之前,小额诉讼程序适用面临法律规则较为简略、适用条件相对严格、适用标准偏低、各地实践发展不均衡、制度功能发挥不充分的问题。随着法院案多人少矛盾日益凸显,小额诉讼程序的价值越发受到社会关注,完善中国特色小额诉讼程序提上议事议程。

(二)改革措施和成效

改革试点主要从三个方面进行调整:一是适当提高标的额基准,合理扩大适用范围,赋予当事人一定程度的合意选择权,加大小额诉讼程序适用力度。二是在充分保障当事人诉讼权利的基础上,进一步简化小额诉讼程序审理方式和裁判文书,合理确定小额诉讼案件审理期限,推动小额诉讼案件有效办理,提高文书制作效率,充分体现小额诉讼程序优势。三是规范小额诉讼程序与简易程序、普通程序的转换适用机制,明确转换情形、转换方式和转换后的法律效果,确保程序转换规范有序。2020 年 1 月,最高人民法院出台了《民事诉讼程序繁简分流改革试点方案》，规定完善和改革小额诉讼程序的主要方向和具体内容，并在各地开启试点工作；与此同时，出台《民事诉讼程序繁简分流改革试点实施办法》（以下简称《民事诉讼繁简分流实施办法》），详细规定了如何完善小额诉讼程序。

小额程序改革主要内容包括：

一是扩大小额诉讼程序的适用范围。2021 年《民事诉讼法》第 156 条将小额程序的适用范围修改为："基层人民法院和它派出的法庭审理事实清楚、权利义务关系明确、争议不大的简单金钱给付民事案件，标的额为各省、自治区、直辖市上年度就业人员年平均工资百分之五十以下的，适用小额诉讼的程序审理，实行一审终审。基层人民法院和它派出的法庭审理前款规定的民事案件，标的额超过各省、自治区、直辖市上年度就业人员年平均工资百分之五十但在二倍以下的，当事人双方也可以约定适用小额诉讼的程序。"这一修改，扩大了小额程序的适用范围，充分尊重和保障当事人的程序选择权。与此同时，各省（区、市）及时依据 2021 年《民事诉讼法》规定和统计年鉴发布关于适用小额诉讼程序审理民事案件标的限额的通知，使小额诉讼程序的启动更加规范。

二是增强与简易程序的区分度。2012 年《民事诉讼法》关于小额诉讼的规定，只涉及小额案件的标准和对小额案件实行一审终审，只是对小额诉讼作出了框架性规定。按照此规定，法院审理小额案件适用的仍然是简易程序。就审判程序而言，并不能体现小额诉讼的特色和优势。2015 年 2 月发布的《民事诉讼法解释》，专门在第十二部分规定了"简易程序中的小额诉讼"，该部分一共用了 13 个条文，其中有些条文是专门为了解决上述问题而规定的，包括举证期限一般不超过 7 日，法院可以在征得被告同意的基础上合理确定答辩期，被告到庭后表示不需要举证期限和答辩期间的，法院可立即开庭审理；管辖权异议裁定、驳回起诉裁定一经作出立即生效。① 2020 年 12 月最高人民法院发布的《民事诉讼

① 参见 2015 年《民事诉讼法解释》第 277 条、第 278 条、第 279 条。

繁简分流实施办法》,进一步简化了小额诉讼程序:被告放弃答辩期间、举证期限的法院可以直接开庭;可以比照简易程序进一步简化传唤、送达、证据交换的方式;法庭审理可直接围绕诉讼请求或者案件要素进行,原则上一次审结;可比照简易程序进一步简化裁判文书;对当庭裁判的案件,裁判过程经庭审录音录像或者庭审笔录完整记录的,裁判文书可不再载明裁判理由。[①] 上述规定使小额案件适用的程序与简易程序有了明显的区分度,审理小额案件的独立诉讼程序基本形成。

三是对审理期限做了合理规定。以往的司法解释规定,并未明确规定小额诉讼案件的审理期限,仅参照适用简易程序三个月审限的规定。各地法院据此规范适用小额诉讼审理程序时,通常结合了本地审判工作实际和经验做法,如部分地区小额诉讼程序的审结期限规定在立案之日起一个月内,如《河南省高级人民法院关于适用小额诉讼程序审理民事案件若干问题的指导意见》。《民事诉讼繁简分流实施办法》和 2021 年《民事诉讼法》明确将小额诉讼案件的审限规定为两个月,可以避免小额诉讼程序的审理期限与简易程序相比,无法突出速裁优势的情形,也能避免在审限不足的情形下,法官急于结案而可能影响裁判质量和效果的问题。

四是明确规定选择适用。尽管民事诉讼法对小额程序仅规定了法定适用,但由于选择适用也符合程序选择权的原理,理论界还是实务界都认为有必要增设合意适用即选择适用。在一些高级法院发布的指导性文件中,就规定了对于 5 万元以上 10 万元以下的简单民事案件,双方当事人可以共同选择适用小额程序。对地方法院的做法,最高人民法院给予了支持。2016 年 9 月最高人民法院发布了《关于进一步推进案件繁简分流优化司法资源配置的若干意见》,明确提出“对于标的额超过规定标准的简单民事案件,或者不属于民事诉讼法第一百五十七条第一款规定情形但标的额在规定标准以下的民事案件,当事人双方约定适用

① 参见《民事诉讼繁简分流实施办法》第 7 条、第 8 条、第 9 条。

小额诉讼程序的,可以适用小额诉讼程序审理”。在民事诉讼程序繁简分流改革试点中,《民事诉讼繁简分流实施办法》明确规定对5万元以上10万元以下的简单金钱给付类案件,可根据双方当事人的约定适用小额程序审理。增加合意适用的方式,目的虽然在于便利当事人诉讼,但也包括提高小额程序适用率的考量。

五是简化裁判文书格式和审理程序。《民事诉讼繁简分流实施办法》第7条、第8条规定简化了审理方式,第7条第2款调整适用了2015年《民事诉讼法解释》第277条,规定“当事人明确表示不放弃答辩期间的,人民法院可以在征得其同意的基础上,合理确定答辩期间,但一般不超过七日”,将答辩期间从最长的15日缩短至7日。《民事诉讼繁简分流实施办法》第8条规定,适用小额诉讼程序的案件在不损害当事人基本诉讼权利的基础上可以比照简易程序进一步简化传唤、送达、证据交换的方式,并且庭审中可以不受法庭调查、法庭辩论等庭审程序限制,直接围绕诉讼请求或案件要素进行审判。[①] 以一次开庭审结案件为原则除人民法院认为确有必要再次开庭的以外,《民事诉讼繁简分流实施办法》第9条是关于简化裁判文书的规定。同时,中国裁判文书网为配合试点工作推进,对文书上传系统进行优化,支持上传要素式、表格式裁判文书。

六是明确程序转换机制。2021年《民事诉讼法》第169条明确了小额诉讼程序向简易程序或普通程序的转换适用机制:“人民法院在审理过程中,发现案件不宜适用小额诉讼的程序的,应当适用简易程序的其他规定审理或者裁定转为普通程序。当事人认为案件适用小额诉讼的程序审理违反法律规定的,可以向人民法院提出异议。人民法院对当事人提出的异议应当审查,异议成立的,应当适用简易程序的其他规定审理或者裁定转为普通程序;异议不成立的,裁定驳回。”规定小额诉讼程序向简易或普通程序转化应当以裁定方式作出,避免了程序转换的随

---

① 参见最高人民法院:《民事诉讼繁简分流实施办法》,2020年1月16日。

意性。

小额诉讼程序改革试点工作取得了明显的成效：

一是适用率明显提升。《最高人民法院关于民事诉讼程序繁简分流改革改革试点情况的中期报告》指出，试点法院一年以来适用小额诉讼程序审结案件的数量共有 61 万余件，小额程序适用率由以前的 5.7% 提高到了 19.3%，各地法院的小额程序平均审判期限是法定审限的一半。试点地区平均 19.3% 的适用率与往常 1% 左右的适用率形成鲜明对比，充分反映试点改革成效。从试点地区范围内的南京、苏州两地法院看，与改革试点前相比，其小额程序适用率均有明显提升。

二是简易性得到了有效凸显。2015 年《民事诉讼法解释》和《民事诉讼繁简分流实施办法》中体现小额程序便利性的规定得到了充分运用。比如，经法院告知后，被告明确表示放弃答辩期的，法院可以直接开庭审理，举证期限一般不超过七日；庭审围绕诉讼请求或者案件要素进行，原则上一次开庭审结。

三是简式裁判文书充分运用。对于适用小额程序需要作出判决的案件，法官比照简易程序对判决书作进一步的简化，要记载当事人的基本信息、诉讼请求、答辩意见、主要事实、简要裁判理由、裁判依据、裁判主文。对于当庭裁判的案件，裁判过程经庭审录音录像或者庭审笔录完整记录的，在裁判文书中可以不再载明裁判理由。苏州市法院在改革中尝试了“分离式审判”，通过法官在庭审过程中告知当事人作出裁判的理由并记载在庭审笔录，在裁判文书中只写明当事人及代理人的基本情况、案件审理过程、原告的诉讼请求、根据查明的案件事实、依据法律某某条规定作出的裁判主文、诉讼费用的负担。[①] 据苏州市中院统计，2020 年适用小额程序审结的 26,066 件中，采用简式文书的 11,158 件，适用率达 42.81%。

---

① 参见郑卫平、赵淑雯、张天娇：《分离式裁判：简案如何快审》，载《人民法院报》2020 年 6 月 2 日，第 5 版。

四是平均审理期限有效压降。与简易程序相比,案件在更短的时间内审结,当事人与法院花费在诉讼上的时间更少,是小额程序的应有之义。从南京、苏州市法院一年来的改革试点情况看,南京市八个基层法院适用简易程序审理案件平均审理天数为 56 天,而适用小额程序平均审理天数为 33.96 天;苏州市十个基层法院适用简易程序案件的平均审理天数为 61 天,适用小额程序平均审理天数为 33 天。

五是办案质量得到提升。适用小额程序的案件,我国民事诉讼法虽然不允许当事人上诉,但对于确有错误的,仍允许通过再审制度进行救济。从试点一年来的情况看,南京市法院适用小额程序审结的案件中,提起再审的案件数仅为 19 件,再审后改判的案件仅为 5 件;苏州市已结案的 26,066 件案件中仅有 12 件提起了再审,再审后无一件改判。

四、扩大独任制的适用范围改革试点

(一)改革原因

2021 年修改前的《民事诉讼法》将独任制与简易程序严格绑定,规定二审程序一律不能适用独任制,导致审判组织形式和审理资源难以实现精匹配,不利于优化司法资源配置,实现案件繁简分流。

从人民法院角度看,如简单加以量化计算,适用独任制审理案件所耗费的司法资源只相当于适用合议庭制审理这些案件所需要的司法资源的 1/3 乃至更低,这部分节约出来的资源能够投入到更多、更复杂的案件中去,也加快了办理疑难复杂案件的速度,从而实现了优化司法资源配置、提升司法效能的目标。因此,解决案多人少的矛盾,精简审判程序是关键环节之一,而扩大独任制适用范围正是解决问题的重要突破口。

从当事人角度看,一般而言,效率的提高需要以牺牲一定的公正为代价,但效率的提高,反过来也能够让人们更好地感受到公平正义。诉讼对于每一个人来说都是一种负担,参加诉讼的每一个环节都需要当事人付出大量的时间和精力成本，如果诉讼久拖不决，就会对当事人的正常生活造成巨大影响。快速简便的诉讼过程既便于当事人参加，又能依法查明事实、适用法律，这无疑会帮助当事人尽快摆脱诉累，回归正常生活，让人民群众感受到实质的公平正义。

（二）改革措施和成效

改革试点从两个方面做了调整：一方面解除简易程序与独任制的绑定关系，明确基层人民法院可以由独任法官适用普通程序审理部分民事案件，适用范围主要是法律适用明确，但事实查明过程较烦琐，需经过评估、鉴定、审计或调查取证等程序的案件。另一方面明确在第二审程序中，可以采取独任制审理部分简单案件，主要是一审以简易程序结案的上诉案件和对裁定提起上诉的案件。二审独任制的审理方式以"开庭为原则、不开庭为例外"，但在一定情形下，独任法官可以采取不开庭方式审理，兼顾审判质量和效率。

本文以试点地区范围内的南京市中级人民法院、上海市第二中级人民法院为样本，探究扩大独任制适用范围改革的主要措施和成效。

1. 明确独任制的实施细则。南京市中级人民法院于 2020 年 6 月底公布了《关于民事诉讼程序中扩大独任制适用范围的实施细则（试行）》，在遵循《民事诉讼繁简分流实施办法》的基础上，对独任制的实施做了进一步完善。首先，将《民事诉讼繁简分流实施办法》中"事实不易查明"进一步明确为"案件审理需要经过评估、鉴定、审计、调查取证等程序性事项，导致事实查明过程较为烦琐"。其次，规定南京市各基层法院对审理群体性诉讼案件涉及该细则确定的相关情形，应当积极采用示范诉讼模式，对于示范诉讼案件应依法组成合议庭审理；对于已经有生效的示范裁判或类案裁判的群体性纠纷案件，可以由法官一人适用简易程序独任审理。[①] 最后，明确了独任审理转换为合议庭审理的程序，

---

① 参见《南京市中级人民法院关于民事诉讼程序中扩大独任制适用范围的实施细则（试行）》第 4 条，载南京审判网，http://www.njfy.gov.cn/www/njfy/fygk_mb_a39200630131855.htm，2021 年 2 月 15 日访问。

要求审理过程中出现该细则明确的情形之一,需要组成合议庭审理的,应报庭长决定。若庭长决定批准组成合议庭审理的,则由合议庭制作裁定书,并向当事人告知合议庭组成人员及相关程序事项,且承办法官原则上不再变更。上海市第二中级人民法院制定《关于民事诉讼第二审程序中适用独任制的实施细则(试行)》,规定了适用条件、识别标准、审理方式、程序转换等六个方面十三条内容,以重点任务分解表将二审独任制改革细化为十五项具体工作任务,明确各项工作任务的责任部门、完成时间节点要求,确保工作落实落细。

2. 完善配套措施,加强监督。南京市中级人民法院强调院庭长的审判监督管理职责,对独任制案件加强事前、事中、事后的监督管理;明确程序转换由庭长把关,简易程序转换为普通程序、独任审理转换为合议庭审理的,均应报庭长决定,合议庭组成人员亦可由庭长指定。上海市第二中级人民法院注重处理好放权与监督之间的平衡,加强对独任法官审理案件的质量评查,严格落实独任法官司法责任,并加强二审独任制与专业法官会议、审委会的机制衔接,明确独任法官认为需要听取专业法官会议意见的,可以提请庭长决定提交专业法官会议讨论;需要发改的,应当提交专业法官会议讨论;独任法官意见与专业法官会议多数意见不一致的,由庭长、院长按程序提交审委会讨论决定。

3. 加强独任制与相关举措衔接。上海市第二中级人民法院注重梳理优化司法确认程序、扩大独任制适用范围、健全电子诉讼规则工作中的内在关联,统筹安排、协力推进,将司法确认案件审查形式与二审独任制一并考量,并明确对司法确认案件的审查,原则上由法官一人完成。强化二审独任制与在线诉讼模式深度融合,优化审理方式、提高审判质效,最大限度化解疫情对审判工作的影响。

根据媒体报道,截至 2020 年 11 月底,南京各基层法院适用简易程序审理案件 91, 139 件,适用率达到 58. 02% ,平均审理天数缩短至 56 天;同时,各基层法院适当扩大独任制适用范围改革,据统计,一审、二审独任制适用率分别达到82.8%、29%。[①] 截至2020年7月，上海市第二中级人民法院在二审中独任审理案件257件，平均每件案件审理时间为23.17天，二审独任制提升审判质效的作用初步显现。[②]

五、优化简易程序试点改革

(一)简易程序设计的不足

根据传统民事诉讼程序的规定，简易程序是指基层人民法院及其派出法庭审理第一审简单民事案件所适用的诉讼程序即基层人民法院和它的派出法庭审理事实清楚、权利义务明确、争议不大的民事案件所适用的程序。简易程序因其起诉和审理方式简便、传唤方式灵活、审理期限短等优点有效地兼顾了公平和效率，节约了司法资源。但在司法实践中，由于简易程序的配套措施不够完善，在适用方面还存在一些问题：一是大量需要进行公告送达的简单案件不能适用简易程序，增加了司法资源耗费，加重了当事人诉讼负担；二是程序简化不规范，简化规则不清晰，导致简易程序制度功能发挥不充分。

(二)改革措施及成效

改革试点从三个方面予以完善：一是合理扩大简易程序适用范围，允许需要进行公告送达的简单案件适用简易程序审理；二是明确简易程序的庭审和裁判文书简化规则，优化庭审程序和审理方式，推行要素式裁判文书，对事实清楚、争议不大的案件简化说理；三是完善审限规定，将简易程序案件延长审限的时间从3个月缩短为1个月，同时取消延长审限需要“双方当事人同意继续适用简易程序”的限制。

各地试点法院探索了不少试点举措：首先，积极探索简易程序的适

---

① 参见《南京：以制度创新深耕繁简分流“试验田”》，载南京市中级人民法院网，http://www.njfy.gov.cn/www/njfy/sfgg_15_mb_a39201223135319.htm，2021年2月15日访问。

② 参见《上海市第二中级人民法院关于民事诉讼第二审程序中适用独任制的实施细则(试行)》，载上海高级人民法院网，http://www.hshfy.sh.cn/shfy/gweb2017/xxnr_2016.jsp?pa=aaWQ9MjAxNTk4NDYmeGg9MSZsbWRtPWxtNDYwz&zd=xwxx，2021年2月15日访问。

用条件,进一步界定“简单民事案件”的含义,将更多的案件纳入适用简易程序审理的范围之中。其次,充分利用互联网以及其他的先进技术将简易程序的审理过程变得更加灵活简便。庭审流程的信息化和智能化越来越成为完善简易程序试点改革的重中之重,如南京市某基层法院在简易程序的适用过程中采用“无卷宗 + 无书记员”的新模式,即经过当事人的同意,线下及线上审理的简单民商事案件全部实现录音录像替代庭审笔录,在庭审的过程中,书记员可以不出庭记录。这种新模式有助于提高庭审的效率,优化司法资源的配置。最后,充分调整庭前和庭后程序,为简易程序的进一步完善提供保障。比如,召开庭前会议,将庭审中的相关工作尽量在庭前解决;在庭前对相关的事项进行告知,对庭前会议中获得的无争议的事实和证据,在庭审过程中可以不再进行辩论和质证。对于庭审终结之后的裁判文书的制作和送达,充分发挥简易程序优势,在不影响双方当事人权益的基础上,制作多种形式的繁简得当的裁判文书;在裁判文书的送达方面,通过各种信息化途径提高送达效率。

经过一个时期的改革试点,简易程序得到了充分的优化完善。首先,在简易程序的适用层面,适用简易程序的案件范围扩大。随着简易程序高效、便捷的优势不断被民事主体认可,在法定适用简易程序的同时,越来越多的主体协议适用简易程序。其次,简易程序的审理过程、文书制作和送达程序在信息化背景下越来越健全。最后,适用简易程序审理的案件,由于其启动、审理以及后续过程都得到进一步优化,既保证了当事人的实体权益,也保障了当事人的诉讼权益,兼有实体正义和程序正义双重价值。正因如此,适用简易程序审理的案件再审率也呈现逐渐变低的态势。

六、健全电子诉讼规则试点改革

(一)智慧司法的兴起

一般而言,电子诉讼是一种以即时信息通信工具和互联网为依托的诉讼开展方式,既非独立的诉讼程序,亦非一种程序标准,它只是强调了信息通信技术辅助下诉讼的虚拟形态。进入互联网时代，电子诉讼作为一项新兴事务，逐步引起了各方面特别是人民法院系统的高度关注。

一方面，随着市场经济的繁荣，社会交往的地理范围与涉及领域更加宽广，合同纠纷等各类民商事纠纷产生的可能性增大，健全的法律法规和人民法律意识的提高使得诉讼与日常生活的距离被拉近，"登记立案"制度使有案必立、有诉必理成为现实——诉讼似乎变成社会生活中寻常的一部分。与此同时，案件的种类和复杂程度出现了分化，难案疑案频出而寻常简单的案件占据多数的司法资源。纠纷的解决必然需要当事人付出成本，往来法院递交文书、交换证据、参与庭审、完成执行、接受调解等付出的时间和精力，不仅催生了当事人对公平正义的需求，也使其提出了诉讼纠纷解决更加高效的强烈愿望。利用信息技术融入司法活动，实行电子诉讼，打破空间壁垒，缩短当事人往来法院的时间，为高效率、高质量、智能化的司法提供了有力的全新路径。

另一方面，信息化建设亦为电子诉讼与繁简分流改革提供了技术基础。随着信息技术与司法活动的不断融合和司法信息化建设程度的不断提高，以群众司法需求为导向的司法信息化变革新时代悄然到来。2013 年，最高人民法院颁布《人民法院信息化建设五年发展规划(2013—2017)》，要求建设和完善人民法院网络体系，建设满足办案需要的人民法院内部办公业务网络，推进实现审判执行全业务、全流程覆盖，实现公文流转的电子化、网络化。2016 年，最高人民法院提出建设"智慧法院"，打造"互联网 +"诉讼服务体系，进一步拓展网上诉讼服务，普及网上调解、网上证据交换、网上质证、网上开庭功能，构建支持全业务流程的互联网诉讼平台。2019 年，最高人民法院出台《人民法院信息化建设五年发展规划(2019—2023)》，提出为人民群众提供"全流程""智能化"的电子诉讼服务。

近年来，在线诉讼日益成为人民群众的普遍司法需求，但现行立法对在线诉讼行为效力、电子化材料提交、在线庭审、电子送达等方面还欠缺具体规定，这制约了在线诉讼模式的深化和普及。在民事案件繁简分流的改革工作中,电子诉讼以其简约高效、智能技术辅助、跨地域性等简便效能,助力实现案件快速高效地解决,成为改革试点的重要一环。最高人民法院颁布的《民事诉讼繁简分流实施办法》,从确定在线诉讼活动的效力、明确电子化材料的效力和规则、完善在线庭审、健全电子送达规则四个方面,为电子诉讼规则的构建与完善提出了试点的要求和方向。

(二)改革措施和成效

改革试点主要从四个方面予以完善:一是明确在线诉讼活动与线下诉讼活动具有同等法律效力,解决在线审理机制效力问题。二是明确电子化材料提交的效力和规则,允许当事人通过电子化方式提交材料,经人民法院审核同意后,可以不再提交纸质原件。三是确立完善在线庭审规则,将适用普通程序审理的案件纳入在线庭审范围,细化明确排除适用在线庭审的情形以及线上线下相互转换的机制。四是完善电子送达机制,明确电子送达的适用条件、适用范围和生效标准,经当事人同意,可以采用电子方式送达判决书、裁定书、调解书等。

在形成电子诉讼规则的探索性实践中,江苏等地试点法院的改革举措具有一定的代表性,展示了电子诉讼规则试点改革的主要做法。

1. 江苏省试点法院电子诉讼改革措施

南京市法院:一是加强电子诉讼平台建设。南京市中级人民法院建设的网上诉讼服务中心于 2019 年 5 月启用新版系统,融合服务与办案两大功能,实现不见面立案、证据交换、庭审三项电子诉讼核心流程功能,节约诉讼花费的时间精力。此外,网上诉讼服务中心提供当事人、律师、法官、调解员与检察官五大主体的服务通道,提供针对性的诉讼服务功能。该系统为当事人提供网上立案、在线缴费、证据交换、诉讼保全、网络庭审、网络信访等全流程线上服务;为律师设计网上立案、卷宗浏览、证据交换、预约法官、排期冲突避让等功能;为检察官提供全市法院全部案件的流程信息、正卷材料,助力发挥法律监督职能;为陪审员开放其参审案件的流程信息、正卷材料,助力陪审员实质性参与案件;将案件办理全程的智能化服务，惠及诉讼活动涉及的所有参与主体。

二是推出在线智能要素式立案。南京市秦淮区法院基于纸质版家事案件裁判要素审查表的成功实践与电子诉讼改革相结合，推出了在线要素式立案系统，当事人于网上诉讼服务平台立案时勾选要素信息，系统自动进行智能化收集、分析，并自动生成为当事人归纳的准确的诉讼请求，根据案由提示当事人相应的举证要求与诉讼风险，提供相关法律规定链接，能够有效帮助当事人理性高效进行诉讼，减轻了当事人的诉前负担。系统将智能化技术与要素式案件信息叠加，能够准确归纳无争议事实、争议焦点、待证事实、证据清单等，有效规范法官的裁判思维和裁判方式，最大限度地防范“同案不同判”问题。

三是适用网上在线视频庭审。为规范在线庭审方式和技术平台，南京市中级人民法院于 2020 年 2 月推出“宁审通”互联网在线审理系统，将线下全流程的审理转换为线上诉讼活动，可在线完成庭前会议、调解、质证、开庭等审判活动。“宁审通”系统利用身份证和微信人脸识别确认当事人身份，并通过当事人手机端手写电子签名记录确保身份认证的严密性。除去视频庭审功能，该系统还提供在线笔录查阅和相关材料签名确认等线下诉讼活动电子化的功能，保障在线庭审流程流畅便捷进行。“宁审通”可以在电脑与手机微信小程序中共同使用，降低了设备门槛，极大方便了在线视频庭审的进行。

四是建立律师专用固定电子送达地址库。南京市中级人民法院、南京市司法局、南京市律师协会签署《关于进一步推进电子诉讼工作的备忘录》，规定南京两级法院可以通过地址以电子方式送达包括裁判文书在内的诉讼文书和对方当事人提交的证据材料给律师，并辅之以南京市集中送达中心工作，推动解决长期困扰法院的“送达难”问题。充分考虑诉讼参与人对电子送达的接受度、认可度，不同案件的差异性及案件在不同诉讼阶段的各自特点等情况，南京市中级人民法院明确规定，律师认为特定案件不适用电子送达的可以及时通知法院。截至 2021 年 2 月底南京市集中送达中心采用电子送达方式共完成 45, 825 次，电子送达成功率为43.96%。[①]

苏州市法院:一是出台电子诉讼规则。苏州市中级人民法院于2020年3月底出台了《苏州法院电子诉讼规则(实行)》,首先明确电子诉讼活动具有同线下诉讼同等的效力,充分考虑案件具体情况与尊重当事人的选择权开展在线审理,并对诉前调解、在线起诉应诉、证据材料电子化、在线庭审、在线上诉等诉讼全流程制定了具体规定,保障当事人的诉讼权利和电子化诉讼活动的规范性与权威性。尤其在电子化证据材料认定的问题上,提出了诉前对电子化证据材料形式真实性审查的要求,对于通过形式审查的电子材料赋予等同于原件的效力,一般情况下无须另外提交原件,真正实现高效率的在线证据提交和证据交换。

二是提升在线庭审适用的全面性。苏州市相城区法院积极推进线上线下审判结合的在线庭审"飓风"模式,对于原告、被告一方无法到场的特殊庭审状况实现"本地+在线"混合开庭,覆盖原有线下或单纯线上庭审模式下遗漏的应用场景,充分尊重了当事人的程序选择权,充分利用网络技术带来的诉讼庭审的便利。当事人突破场景与空间限制实现就地开庭,可通过电子质证系统在庭审中实现证据在线补充提交、同步展示,法官对在线实时提交的电子证据可当庭审查入卷。质证过程中参与者均能对电子证据材料在线圈划、标注、共享、随讲随翻,确保当事人在庭审过程中充分利用电子化证据材料进行诉讼。

三是推广以短信送达为代表的电子送达模式。苏州市法院在推行电子送达的尝试中优先采用短信送达,通过"12368"短信平台向当事人预留的号码发送送达信息,增强电子送达权威性,并以其他电子化送达方式为补充。受送达人可随时打开短信中的链接进行阅读、下载、打印诉讼文书等活动,法院亦可经由运营商平台验证回收反馈短信,确定文

---

① 参见微信公众号"南京市中级人民法院",载《南京地区律师电子送达地址库正式启用》,https://mp.weixin.qq.com/s/BvLZi4xOr5_beVpwPYkX4g,2021年3月25日访问。

书正确送达。受送达人阅读文书前须校验相关身份信息以确保短信送达匹配正确的受送达人。2020 年上半年苏州市相城区法院电子送达累计 17,269 次,有效送达率达 84.3%,平均送达时间缩短 77.3%。[①]

四是建立异步质证平台。苏州市虎丘区法院运用信息技术打破诉讼活动时空限制,通过该平台当事人可在法律规定的时间内自由举证质证,不受回合次数限制。庭前在异步质证平台上采用线上非同步、非实时方式进行证据交换而形成异步质证报告,开庭时可直接将异步质证报告引入电子卷宗进行法庭审理,从而提升庭审效率。截至 2020 年 8 月,虎丘区法院通过异步质证审理 823 件案件,其案件平均审理天数相较 2019 年缩短 1/3。[②]

2. 北京、杭州、广州市互联网法院

互联网法院以实现“网上纠纷网上审理”为目标,面向以互联网平台为基础的合同、侵权、知识产权等纠纷,在尊重当事人选择的基础上实现案件各个诉讼环节在线化。在民事诉讼繁简分流改革之下,互联网法院建设为健全电子诉讼规则提供了丰富实践经验和创新性举措:

一是诉讼平台支持接受电子化证据材料进行在线诉讼。互联网法院利用区块链技术建立电子证据平台固定证据。比如,杭州市电子诉讼平台允许当事人将证据以拍照、扫描或电子证据等方式上传至网上诉讼平台,同时开展证据交换和质证。

二是探索涉网案件异步审理。杭州市互联网法院尝试在上诉讼平台进行案件异步审理,即对于事实清楚、法律关系明确、适合网上审理的简单民事案件,法官与当事人等诉讼参与人在规定期限内,按照各自选择的时间登录平台,以非同步方式完成诉讼的审理模式。必须经过当事人选择的简易程序案件,才可以适用案件异步审理,异步审理在需要时

---

① 参见微信公众号“最高人民法院”,载《改革案例第 146 号——打造电子诉讼全新方案,促进繁简分流提质增效》,https://mp.weixin.qq.com/s/Q0JWpcGwcJP7KuqxBlRLxw,2020 年 7 月 10 日访问。

② 参见微信公众号“苏州市虎丘区法院”,载《虎丘法院创新推出异步质证机制实现电子诉讼“全覆盖”》,https://mp.weixin.qq.com/s/Hy_ZtDDpFheLT5fCol59ag,2020 年 9 月 28 日访问。

可转换为同步审理。在此过程中所有诉讼参与者在法官引导下于网络平台非同步进行发问、回答、辩论、陈述等庭审环节，从而方便当事人合理安排参与诉讼的时间，充分利用网络科技方便庭审，提升庭审质效。[①] 广州市互联网法院尝试在符合当事人及其他诉讼参与人均已在线认证关联、当事人均同意不开庭审理、不开庭审理且能够查明案件事实三个条件的小额诉讼程序案件中实行“在线交互式审理”。当事人在规定期限内选择时间和地点登录智慧审理平台，在“交互式审理意见”窗口完成陈述、答辩、举证、质证、接受询问并充分发表意见，法院不再开庭审理，径行裁判。[②] 北京市互联网法院在其《电子诉讼庭审规范》中提出了非同时庭审方式。[③]

三是增强电子送达实效。北京市互联网法院拓展了送达地址确认书的适用范围，与20多家互联网企业达成送达协议，企业定期提交地址确认书可被用于法院批量送达当事企业的涉案诉讼文书，提高当事人相关文书的送达效率。同时，与互联网公司合作推进平台内线上协查机制，如网络购物纠纷确认活跃的某购物平台用户可作为送达地址，与三大通信运营商合作建立三个月活跃账户查询机制以提升短信送达的实际效果。广州市互联网法院推出《广州互联网法院电子送达规则》，确定法院特殊情况下可以依职权调取或者通过技术确定当事人近三个月内处于日常活跃状态的电子地址为电子送达地址。[④] 2020年1月广州市上线了“点即达”智能短信送达系统，利用工信部权威审批的广州市互联网法院专用短信通道发布手机短信进行送达，短信中自动显示法院单位名称及标志，提升诉讼短信可辨识性。此外该系统运用大数据后台统计分析实现短信送达情况查询功能，实现电子送达可追溯。手机短信账号、电子邮箱、平台账户等多种电子送达方式结合提高电子送达成功

① 参见《杭州互联网法院涉网案件异步审理规程(试行)》。

② 参见《广州互联网法院在线审理规程(试行)》。

③ 参见《北京互联网法院电子诉讼庭审规范(试行)》第20条。

④ 参见《广州互联网法院电子送达规则》第12条。

率。三家互联网法院还利用互联网案件特点，展开与大型互联网公司合作定期签订送达确认书进行电子送达地址定期更新的工作，方便电子送达成功开展。

2021年以来，最高人民法院相继颁布了《人民法院在线诉讼规则》《人民法院在线运行规则》《人民法院在线调解规则》，确立了在线诉讼、在线调解等在线司法活动的基本原则、程序规范、区块链技术存证等新型证据规则等，为电子诉讼提供了全面、系统、精细地规则支撑，体现了近年来人民法院在线诉讼领域探索成果，同时为进一步健全电子诉讼规则试点改革明确了方向。

七、《民事诉讼法》修改对改革试点成果的吸收

2021年12月24日，十三届全国人大常委会三十二次会议审议通过《关于修改〈中华人民共和国民事诉讼法〉的决定》，修改后的《民事诉讼法》于2022年1月1日起施行。此次《民事诉讼法》的修改以司法现代化为背景，深入贯彻落实习近平法治思想，回应了新时代人民群众的司法需求。修改后的《民事诉讼法》就优化司法确认程序、完善简易程序及小额诉讼程序、扩大独任制适用范围、完善在线诉讼及送达规则等方面作出了调整性规定，是对繁简分流试点工作成果的科学吸收，也为进一步建立"繁简分流、轻重分离、快慢分道"的民事诉讼程序体系提供了法律的支撑和保障。

1. 优化司法确认程序。将原第194条改为第201条，修改后的内容为："经依法设立的调解组织调解达成调解协议，申请司法确认的，由双方当事人自调解协议生效之日起三十日内，共同向下列人民法院提出：（一）人民法院邀请调解组织开展先行调解的，向作出邀请的人民法院提出。（二）调解组织自行开展调解的，向当事人住所地、标的物所在地、调解组织所在地的基层人民法院提出；调解协议所涉纠纷应当由中级人民法院管辖的，向相应的中级人民法院提出。"

2. 完善简易程序及小额诉讼程序。（1）延长简易程序及小额诉讼

程序的审理期限。简易程序在之前“应当在立案之日起三个月内审结”规定的基础上增加“有特殊情况需要延长的,经本院院长批准,可以延长一个月”的规定。对小额诉讼程序增加“……应当在立案之日起两个月内审结。有特殊情况需要延长的,经本院院长批准,可以延长一个月”的规定。(2)完善小额诉讼的适用条件。将小额诉讼中的小额从原本的省级上年度就业人员年平均工资“百分之三十以下”修改为“百分之五十以下”。增加了小额诉讼程序合意适用的情形,规定:“标的额超过各省、自治区、直辖市上年度就业人员年平均工资百分之五十但二倍以下的,当事人双方也可以约定适用小额诉讼程序。”这就对小额诉讼的适用条件进行了灵活的变通和扩大。(3)完善程序的转换。修正后的《民事诉讼法》吸收了改革过程中的具体经验成果,增加一条第169条:“人民法院在审理过程中,发现案件不宜适用小额诉讼的程序的,应当适用简易程序的其他规定审理或者裁定转为普通程序。当事人认为案件适用小额诉讼的程序审理违反法律规定的,可以向人民法院提出异议。人民法院对当事人提出的异议应当审查,异议成立的,应当适用简易程序的其他规定审理或者裁定转为普通程序;异议不成立的,裁定驳回。”

3. 扩大独任制适用范围。将原第39条改为第40条,修改后的第2款内容为:“适用简易程序审理的民事案件,由审判员一人独任审理。基层人民法院审理的基本事实清楚、权利义务关系明确的第一审民事案件,可以由审判员一人适用普通程序独任审理。”此处修改就将一审中独任制的适用范围从简易程序扩大到所有“基本事实清楚、权利义务关系明确”的案件中。同时,将原第40条改为第41条,增加1款,作为第2款,内容为:“中级人民法院对第一审适用简易程序审结或者不服裁定提起上诉的第二审民事案件,事实清楚、权利义务关系明确的,经双方当事人同意,可以由审判员一人独任审理。”这就赋予了二审法院适用独任制的权利。

4. 完善在线诉讼及送达规则。增加了一条作为第16条,具体内容为:“经当事人同意,民事诉讼活动可以通过信息网络平台在线进行。民事诉讼活动通过信息网络平台在线进行的,与线下诉讼活动具有同等法律效力。”将原第 87 条改为第 90 条,修改后的内容为:“经受送达人同意,人民法院可以采用能够确认其收悉的电子方式送达诉讼文书。通过电子方式送达的判决书、裁定书、调解书,受送达人提出需要纸质文书的,人民法院应当提供。采用前款方式送达的,以送达信息到达送达人特定系统的日期为送达日期。”

第十九章　司法能力现代化视域下基本解决执行难的改革

执行难是我国全面建设法治国家过程中遇到的一大困难和阻力，也是司法现代化进程中长期困扰的难题。债务人拒不履行生效法律文书确定的义务，债权人的权利通过民事强制执行程序仍无法得到实现，既损害了债权人的合法权益，又损害了法律的权威，还会严重破坏人们对法治的信仰。针对执行难，党的十八届四中全会作出了"切实解决'执行难'""依法保障胜诉当事人及时实现权益"的重大决策。

解决执行难是对人民法院司法能力的考验，而司法能力现代化必须突破执行难问题。为落实党中央作出的改革决策，最高人民法院于2016年3月在十二届全国人大四次会议上提出"用两到三年时间基本解决执行难问题"。经过三年的努力，上述目标达成后，我国又继续向切实解决执行难这一更高的目标迈进。针对执行领域单独立法方面的空白，2019年全国人大常委会将"强制执行法"纳入立法计划，相关立法前的调研、论证、起草、修改工作正在紧锣密鼓地进行,这表明我国在推进执行单独立法方面也迈出了坚实步伐。

一、民事强制执行与现代司法制度

(一)强制执行在现代民事司法制度中的作用

民事强制执行,是指国家执行机关依据债权人的申请,根据执行文书,遵循执行程序,运用国家强制力强制债务人履行义务,以实现债权人民事权利的活动。

对于任何一个国家的现代司法体系而言,民事强制执行制度是不可或缺的。随着社会的进步和发展,纠纷的解决由原来的“私力救济”转向“公力救济”。在“公力救济”理念的指导下,国家设置了处理民间纠纷的司法机关,制定了规范当事人诉讼行为和法院审判行为的民事诉讼法。然而,仅有解决纠纷的机关和程序还不能满足“公力救济”的需要,因为即使经过诉讼和审判使当事人之间的权利义务关系得到法院的确认,仍然会有一部分生效的判决书、调解书确认的民事权利,因债务人以这样或者那样的原因不履行,而依然无法实现。若不设置一套程序,让民事权利已经司法程序和其他法定方式得到确认的当事人可以借助这套程序来实现自己的权利,国家依法保护权利的任务就尚未完成,“公力救济”的目标也就未能实现。因而,“作为国家程序的强制执行是必要的,因为法律不允许——除去极为严格的例外(如正当防卫等)——公民自己通过对其他公民实施强制力来实现其权利。相反,国家垄断强制力,只有国家才能强制实现公民之间的权利”[①]。另外,执行在大多数情形下又是“零和游戏”,一方民事权利的实现必然导致另一方财产利益的失去,因此,“执行的过程必然是司法活动中各种矛盾剧烈冲突、对

---

① [德]奥拉夫·穆托斯特:《德国强制执行法》(第2版),马强伟译,中国法制出版社2019年版,第3页。

抗性最强的过程”①。

就国家运用公权力保护民事主体的民事权利而言，民事诉讼程序与民事强制执行程序可谓相继发生的两个程序，在民事权利受到侵害之后，当事人首先通过诉讼程序来对权利的存在进行确认，权利被确认后，如果义务人不自动履行义务，权利人则需要通过强制执行程序来实现权利。就权利保护的有效性而言，强制执行程序相当重要，因为如果没有一个行之有效的强制执行程序，部分由生效法律文书确认的权利就无法真正实现。②

（二）我国的民事强制执行程序

我国第一部民事诉讼法诞生于20世纪80年代，1982年3月8日，全国人大常委会颁布了《民事诉讼法（试行）》，该部法律由五编组成，其中第四编规定了执行程序。执行程序的具体内容包括执行的一般规定、执行的移送和申请、执行措施、执行中止和终结。

1991年4月1日，我国颁布了《民事诉讼法》（以下简称1991年《民诉法》），该部法律是在对《民事诉讼法（试行）》进行全面修订的基础上颁布的。与修改前的法律相比较，1991年《民诉法》对执行程序进行了多方面的完善，如增加了执行和解、执行担保、执行承担、执行回转、执行中的搜查等。

2007年，我国对1991年《民诉法》进行了修改，此次修改为局部修改，仅对审判监督程序和执行程序作了修改。③ 在这次修改中，从多方面强化和完善了执行程序，如为了使债权人有充分的时间申请强制执

① 周强：《最高人民法院关于人民法院解决“执行难”工作情况的报告——2018年10月24日在第十三届全国人民代表大会常务委员会第六次会议上》，载《中华人民共和国全国人民代表大会常务委员会公报》2018年第6期。

② 在法治状况良好的社会中，法律文书生效后，在有能力履行的情况下，大多数债务人是能够自动履行法律文书所确定的义务的，但尽管如此，总会有部分债务人不愿意自动履行，因而强制执行程序依然不可或缺。强制执行程序越完善，强制执行措施越能够得到切实有效的实施，就越能够促使债务人自动履行。

③ 2007年之所以选择执行程序进行修改，是为了通过完善执行程序以解决执行难问题。

行,延展了申请执行的期限,将该期限从原来的“双方或者一方当事人是公民的为一年,双方是法人或者其他组织的为六个月”修改为“申请执行的期间为二年。申请执行时效的中止、中断,适用法律有关诉讼时效中止、中断的规定”。增加了被执行人报告财产的义务,新增了限制出境、在征信系统记录、通过媒体公布不履行义务的信息等执行措施。①

2012 年,我国再次对 1991 年《民诉法》进行了修改,与 2007 年修改不同的是,这次修改不再是局部修改,而是内容广泛的全面修改。尽管执行程序在 2007 年已经作了修改,但这次修改仍然有不少内容是针对该程序的,如规定向被执行人发执行通知时可以立即采取强制执行措施,规定对被执行人逃避执行的法律责任,加大对被执行人拒不执行的惩处力度,将拍卖规定为执行中处置被查封、扣押财产的优先措施等。②党的十八届四中全会决定把单独制定民事强制执行法作为推进全面依法治国的举措之一。2018 年 9 月,全国人大常委会将民事强制执行法列入立法规划,随后确定由最高人民法院牵头起草该部法律。2022 年 6 月 21 日,十三届全国人大常委会三十五次会议首次对《民事强制执行法(草案)》进行了审议。③

(三)增强执行能力与司法能力现代化

就民事司法而言,有狭义和广义之分,狭义上的民事司法是指法院的民事审判活动,广义的民事司法既包括民事审判活动又包括民事执行活动。我国民事诉讼法将执行程序与审判程序并列,明确规定由人民法院负责民事裁判,刑事裁判中的财产刑及附带民事赔偿的判决书、裁定

---

① 限制出境、在征信系统中记录或者通过媒体公布不履行义务的信息均属于间接强制执行措施。这些措施虽然不能直接实现执行文书中确定的债权,但可以对被执行人施加压力,迫使其履行义务。

② 参见 2012 年《民事诉讼法》第 240 条、第 113 条、第 115 条、第 247 条。

③ 参见《周强就民事强制执行法草案向全国人大常委会作说明》,载《人民法院报》2022 年 6 月 22 日,第 1 版。

书、调解书,仲裁裁决书、具有强制执行力的公证债权文书等的强制执行。因此,我国是从广义上定义民事司法的,我国法院的司法能力现代化,既包括审判能力的现代化,又包括执行能力的现代化。鉴于法院工作中以往存在的重审判轻执行的倾向,执行能力的现代化对于司法能力的现代化更为迫切和重要。

二、基本解决执行难提出的历史背景

(一)执行难的界定

在分析执行难之前,首先需要对执行难作出界定,如果不事先对何为执行难作出界定,后续的分析就会遇到显著的困难。为此,先给出一个执行难的定义是必要的。哈特在谈到定义的功能时曾说:“作为一种文字上的启示,定义是利用一个独立的词来给出语言上的界说,它主要是一个标明界限或使一种事物与其他事物区分开来的问题。”①

本章讨论的执行难,并非泛指所有法律文书生效后,法院通过强制执行未能实现生效法律文书的现象。进入强制执行程序后,法院面对的情形大致可以分为两种情形:一种是被执行人实际上根本就不具备清偿债务的能力,对这样的被执行力人,无论执行机构采用何种执行措施,也无论怎样加大执行力度,申请执行的债权人仍然无法实现其债权。这种情形,在学理上称为“执行不能”。另一种则是债务人有清偿债务的能力,但由于这样或者那样的原因,不愿意履行生效法律文书确定的义务。由于债权人在申请强制执行之时往往无法知悉债务人财产的真实情况,所以即使债务人已经到了根本无力清偿债务的境地,债权人依然会向法院申请强制执行。这两种情形最终都表现为执行无果,债权人期待通过法院的执行实现其债权的希望落空。如果仅仅从执行的结果观察,这两种情形都属于执行难,申请执行人、社会公众一般也都是从这样的视角

---

① [英]哈特:《法律的概念》,张文显等译,中国大百科全书出版社 1996 年版,第 14 页。

来认识执行难的。[①] 但是，从法律人的内部视角看，这并非真正的执行难，并不是需要解决的执行难，因为，当债务人失去清偿能力之后，无论执行机构采取什么样的执行措施，都无法帮助债权人实现其债权。

显然，执行难是指被执行人有清偿债务的财产，但由于被执行人及与执行相关的人员设置各种障碍，或者由于法院的执行人员未能依法采取执行措施，致使强制执行行为受挫，最终未能完成执行任务。这种意义上的执行难具有四个基本特征：一是通过当事人的申请或者法院的移送案件已经进入执行程序；二是被执行人有全部或者部分清偿能力；三是由于外部或者内部的因素干扰、阻却了执行的进行；四是案件最终未能得到有效执行，债权人的合法权益未能通过执行程序实现。[②]

（二）执行难的产生与发展

在改革开放初期，我国绝大多数的民事纠纷是通过人民调解的方式解决的，诉讼到法院的案件数量不多，且人民法院对其受理的案件，也是根据民事诉讼法的规定，着重采用调解方式解决。[③] 对于少量的采用裁判方式解决的案件，败诉方当事人多数也能够主动履行法院的生效裁判，真正需要法院强制执行的案件数量较少。少量的进入强制执行程序的案件，法院在执行过程中，无论是联系被执行人还是查封、扣押财产，也并未遇到显著困难和障碍，因此在那个时期，即使在少数案件的执行中会遇到这样或者那样的问题，但并不存在普遍意义上的执行难。

随着经济体制改革的进行，我国的经济制度逐步从原先的有计划的商品经济转向社会主义的市场经济，在这一过程中，企业之间的经济交

---

① 这样宽泛地理解执行难会把执行中凡是债权不能实现的责任都加在法院的身上，把民商事交易活动固有的风险不恰当地归入执行难。

② 参见景汉朝、卢子娟：《“执行难”及其对策》，载《法学研究》2000 年第 5 期。

③ 改革开放初期，法院主要采用调解方式解决民事纠纷，调解率结案高达 70% 以上，在调解中，注重“案结事了”，即在达成调解协议的同时，让债务人全部或者部分履行调解协议所确定的义务，因而调解结案的案件往往不需要申请强制执行。

往也从原来的由计划主宰发展到由市场决定与安排,合同这一法律工具越来越多地出现在企业的经济活动中,合同关系渐渐取代计划关系成为企业之间常态的外部关系。[①]

当企业之间的外部关系成为合同关系后,因订立、变更、履行合同产生的争议也逐渐多了起来,越来越多的合同纠纷诉讼到法院,在法院受理的经济纠纷案件中,合同纠纷占绝大多数。[②]

随着改革的进一步发展,企事业单位内部单位与员工的关系也由原先的固定制改为合同制,劳动合同制的普遍采用使得劳动纠纷成为一种可诉诸法院的民事纠纷,扩大了民事案件的范围且增加了民事案件的数量。[③]

正是在我国向市场经济转型的过程中,执行难的问题逐渐显现出来。在包括劳动纠纷在内的民事纠纷大量增加的同时,"我们的社会、民众、官员等都没有足够的法治意识,司法也没有应有的权威,有些人判决了也不履行,甚至执行时又想尽一切办法逃避或对抗,再加上其他因素的影响,'执行难'是难以避免的"[④]。

随着执行难的问题越来越突出,越来越成为社会关注的热点问题,这一问题引起了党中央的高度关注,中央政治局常委在听取了最高人民法院党组关于这一问题的汇报后,于 1999 年 7 月下发了 11 号文件,要求全党、全社会大力解决人民法院执行难问题。

---

① 这种变化也可以从改革开放之后我国针对经济关系的立法得到印证。1981 年 12 月,我国制定了《经济合同法》;1985 年 3 月,我国制定了《涉外经济合同法》;1987 年 6 月,我国制定了《技术合同法》。

② 在 2000 年之前,我国法院受理的民事案件分为民事案件和经济纠纷案件,前者为发生在自然人之间的民事纠纷,后者为发生在企业之间的经济纠纷。民事案件由民庭审理,经济纠纷案件由经济庭审理。

③ 劳动争议分为民事性质的争议与行政性质的争议两种,自 2017 年最高人民法院单独统计民事性质的劳动、人事争议以来,这类纠纷一审案件的数量是:2017 年为 451, 567 件、2018 年为 452, 289 件、2019 年为 483, 767 件、2020 年为 439, 678 件。上述数据引自《最高人民法院公报》2017 年第 4 期第 24 页、2018 年第 4 期第 20 页、2020 年第 7 期第 20 页、2021 年第 4 期第 20 页。

④ 景汉朝、卢子娟:《"执行难"及其对策》,载《法学研究》2000 年第 5 期。

立法机关虽然于2007年为解决执行难专门修改了执行程序，但执行难的问题并未解决。根据时任最高人民法院执行局副局长张根大提供的数据来看，“据统计，全国法院2008年至2012年执结的被执行人有财产的案件中，70%以上的被执行人存在逃避、规避甚至暴力抗拒执行的行为，自动履行的不到30%”①。

从表面上看，执行难损害的是债权人的合法权益，债权人经生效的判决书、裁定书、调解书等生效法律文书确认的权利无法兑现，但从深层次看，执行难还损害了司法的公信力，损害了人们对法治的信仰，破坏了社会主义市场经济秩序。

鉴于执行难已成为建立法治国家、法治社会，实现全面依法治国的拦路虎，党的十八届四中全会作出了“切实解决‘执行难’”“依法保障胜诉当事人及时实现权益”的重大决策部署。

三、执行难形成的内部原因与外部原因

执行难的出现，既有来自法院以外的原因，也有来自法院自身的原因，本章将前者称为外部原因，将后者称为内部原因。

（一）外部原因

从我国强制执行的实践看，造成执行难的外部原因通常被概括为以下四个方面。

1. 被执行人难找

从程序上看，执行程序主要表现为执行机构针对被执行人采取的一系列促使其履行债务的行为，因而，执行程序要想顺利地进行，找到被执行人、向其送达执行通知书是前提，如果连被执行人都无法联系上，执行活动在程序的起始阶段就会严重受挫。

然而，正是在这个环节上，执行工作遇到了严重的困难，在执行中出

---

① 李敏：《人民法院“执行难”问题的困境突围　访最高人民法院执行局副局长张根大》，载《中国审判》2013年第9期。

现了被执行人难找的问题。实证研究表明，找不到被执行人是造成执行难的主要原因之一。广东省曾对23个中级人民法院、133个基层人民法院2007—2009年三年间执行的案件进行调查，发现被执行人下落不明的案件占收案总数的13.22%，占结案总数的14.2%。[①]

2. 被执行财产难寻

被执行财产难寻，是指法院在开始执行后难以发现债务人的可供执行的财产，致使执行工作无法进一步开展。

在民事强制执行的实务中，绝大多数申请人请求法院执行的是金钱债权，这类执行案件是否能够顺利执行，关键就在于能否查找到债务人的责任财产。从执行实务看，“据不完全统计，人民法院受理的执行案件中，60%～70%是没有财产保全的，当事人也无法提供有效财产线索，需要人民法院依法查找财产”[②]，这就进一步凸显了发现可执行财产的重要性。

3. 协助执行难求

尽管法院有执行员，但在许多情况下，仅仅依靠执行员本身的力量无论是在寻人还是在找物上都无法完成执行任务，法院的执行活动需要相关各方的协助。然而，在这一重要环节，执行工作也遇到了巨大的困难和阻力。甚至一些金融机构也不依法协助法院的查询，它们或者为法院的查询设置障碍，或者向被执行人通风报信、让被执行人抢先转移存款。

4. 应执行财产难动

所谓应执行财产难动，是指法院找到可执行财产后，由于被执行人的不配合或者相关机构、人员的不协助，法院即使发现了可执行财产也无法有效执行。为了阻碍执行，一些被执行人甚至煽动身边不明真相的群众，暴力抗法，损毁执行车辆、殴打执行人员。

---

① 参见许佩华、李昙静：《规避执行行为及对策研究》，载《法律适用》2012年第3期。

② 刘贵祥：《人民法院执行工作现状与分析》，载《中国应用法学》2018年第1期。

应当说,上述四个方面是对导致执行难原因的准确概括,但如果再做进一步的分析,还可以揭示其深层次原因。例如,与改革开放前人员基本上固定于城市、乡村,很少有调动,从农村到城市的机会少相比,改革开放后,对人员流动的各种限制大为减弱,人员的流动性极大增强,这也是被执行人难找的深层次原因。再如,在执行实务中,存在一些特殊主体,当被执行人为党政机关、部队、国有企业、改制企业、特困企业、医院、高校等特殊主体时,往往会受到各种因素的干扰、制约,致使执行难以顺利进行。[①]

(二)内部原因

从我国民事强制执行的实践看,法院执行机构和执行人员的消极执行行为,也是造成"执行难"的主要原因之一。[②] 有调研表明当事人对执行的申诉,主要集中在拖延执行和执行不力这两个方面,执行机关因各种原因或找各种借口拖延执行,不仅给申请执行人造成了极大的负担,也影响了他们权利的实现。[③]

在民事强制执行的实务中,消极执行行为主要包括以下类型。

1.应当采取财产调查措施而未采取

民事强制执行的前提是被执行人有财产而拒不履行生效法律文书,因此查明被执行人是否具有可供用于履行债务的财产对区分债务人不愿履行还是无履行能力都是极为重要的。另外,只要查明了被执行人确有可供执行的财产,被执行人一般也不会继续采取不履行的态度。申请人在有些案件中虽然能够向法院提供被执行人的财产线索,但在很多情

---

① 参见王胜俊:《最高人民法院关于加强民事执行工作、维护法制权威和司法公正情况的报告——2009年10月28日在第十一届全国人民代表大会常务委员会第十一次会议上》,载《中华人民共和国全国人民代表大会常务委员会公报》2009年第7期。

② 法院在执行活动中,也存在不依照法律规定执行的问题。不依法执行主要表现为两种类型,一种是应当采取执行措施而未采取,另一种是违法采取执行措施,前者为消极执行,后者为积极的违法执行(执行乱),在法院的这两种违法状态中,消极执行是导致执行难的直接原因。

③ 参见常怡、重庆市检察院、海南省检察院联合课题组:《民事行政裁判执行的检查监督》,载《民事行政检察指导与研究》(总第3集),法律出版社2005年版,第138~143页。

况下仅仅依靠申请人提供的线索是无法确切把握被执行人财产的真实状况的，需要通过法院的调查才能够查明那些被隐匿、转移的财产。所以，在强制执行中，法院采取积极的财产调查措施对破解执行难极为关键。对那些需要法院采取调查措施法院执行人员却借口这样或那样的理由不去调查的，“执行难”自然应归咎于法院。

2. 应当责令被执行人报告财产而未命令其报告

提供财产信息，首先是被执行人的义务。因此当被执行人未能按照法院发出的执行通知履行债务时，法院应当依据 2021 年《民事诉讼法》第 248 条的规定，责令被执行人报告当前以及收到执行通知之日前一年的财产状况。法院未按照法律规定责令被执行人披露财产信息，是一种违反法律的消极执行行为。

3. 应当进行搜查的未进行搜查

搜查对查找被执行人隐匿的动产、发现被执行人的财产线索具有重要作用。1991 年修订《民事诉讼法》时，立法机关增设了搜查措施，规定人民法院有权发出搜查令，对被执行人及其住所或者财产隐匿地进行搜查（第 227 条）。虽然法律赋予了执行法院搜查权，但在民事强制执行的实务中，法院出于这样或那样的考虑，却很少采取这一措施，导致一些原本能够发现的财产未能发现，一些能够找到的线索未能找到。这常常引起申请人的不满，认为法院采取的执行措施太软。

4. 应当查封、扣押、冻结而未查封、扣押、冻结

对已经发现的被执行人的动产、存款、有价证券等，及时采取查封、扣押、冻结措施，对防止债务人转移财产，完成执行任务意义重大。依法应当采取上述措施执行人员却消极不为，会给被执行人提供可乘之机，极有可能因财产被隐匿、转移或处分致使执行受挫。

5. 应当追加被执行人而未追加

在一些执行案件中，由于案外人同被执行人存在某种民事关系，执行法院依法可以将其追加为被执行人。追加被执行人意味着有更多的债务人，尤其是被追加的真正有清偿能力的债务人要向债权人履行清偿

义务,所以追加的结果常常会是使申请人债权得到实现。执行法院滥用追加权是执行乱的主要表现形式之一,依法应当追加却不追加同样是执行法院的违法行为,正是这种消极执行造成了申请人原本有可能实现的债权落空,所以,这也属于法院怠于执行引起的执行难。在执行监督实务中,不乏通过检察监督促使法院追加应予追加的被执行人,成功地实现申请人债权的例子。[①]

6. 不应当中止、终结执行而裁定中止、终结

执行中止和执行终结是执行程序启动后出现了法律规定的特殊情形而由法院裁定暂时停止执行程序和结束执行程序。中止和终结,意味着执行的目的尚未实现或尚未全部实现就暂停、结束了程序,对于申请执行人来说关系重大。如果执行法院滥用、误用中止、终结权,对不符合法定条件的也裁定中止、终结,就会造成本来能够执行的而未得到执行,所以这类行为也是造成执行难的原因之一。由于执行终结可以增加法院的执行结案数,一些法院将其作为消化积案的重要手段。例如,在江苏省某基层法院抽查的 97 件终结执行的案件中,没有采取任何强制措施的有 35 件,占 36. 08% ,仅通过银行查询没有发现存款即告终结的有 26 件,占 26. 80% 。这明显地使人感到法院在未积极采取执行措施的情况下就大面积地采用了执行终结。[②]

7. 应当移交公安机关立案侦查的不移交

针对被执行人有履行能力而拒不执行生效判决、裁定的行为,我国《刑法》第 313 条规定了拒不执行判决、裁定罪,刑法之所以将此行为入罪,既是为了对实施该行为的人进行制裁,也是为了对潜在的行为人进行威慑,以防止该行为的发生。刑法虽然规定了这一罪名,但司法机关却很少动用这一罪名,尽管执行实务中一些被执行人的行为完全符合该罪的构成要件。根据浙江省法院的调查,在执行实践中,法院执行人员

---

① 参见徐德高、裘晓东:《民事执行检察监督为台商挽回 69 万余元损失》,载《江苏法制报》2010 年 7 月 26 日;卢金增、张春风:《历时数载,农妇拿回亡夫的赔偿款》,载《检察日报》2009 年 7 月 30 日。

② 参见韩明智:《执行终结手段的滥用及其规制》,载《法律适用》2008 年第 9 期。

适用拒不执行判决裁定罪的意识不够强，遇到拒不执行、暴力抗法和协助被执行人不执行等情形，执行人员很少会考虑适用刑法追究当事人的刑事责任。虽然部分地区法院能充分运用《刑法》这一武器，但从浙江全省看，能够充分利用刑法手段制裁拒不执行行为的尚属少数。而与此形成鲜明对照的是，一旦法院依法启动了追究刑事责任的程序，那些原先千方百计逃避履行的被执行人大多履行了债务。[①] 追究被执行人刑事责任，需要法院执行机构把案件移交公安机关，法院未能依法启动这一程序，是造成刑事责任效果不佳的首要原因。因此，对执行法院的这类不作为行为，检察机关应当实施监督。

8. 委托执行效果不佳

在执行案件中，被执行人或者被执行财产不在受理执行案件的法院的辖区之内是常见的现象。针对这种情况，为了节约司法成本，提高执行效率，我国民事诉讼法规定了委托执行制度，即受理执行案件的法院可以委托当地人民法院代为执行，受委托人民法院收到委托函件后，必须在十五日内开始执行，不得拒绝。受委托人民法院未在十五日内开始执行的，委托人民法院还可请求受委托方的上级人民法院指令其执行。[②]

尽管从制度设计上委托执行是具有合理性的，但从强制执行的实务看，委托执行的效果很难令人满意。从全国人大、最高人民法院历次调研以及地方各级法院反映的情况看，目前委托执行工作运转严重不畅，委托案件实际得到执行少，执行效果不理想。[③] 委托执行效果不佳的原因是多方面的，地方保护主义是其主要原因之一，当被执行人为当地的骨干企业时，本地法院常常会考虑这些企业是当地政府要求重点支持和保护的企业而不去执行。

---

① 参见童兆洪主编：《民事执行调查与分析》，人民法院出版社 2005 年版，第 369～374 页。

② 参见 2021 年《民事诉讼法》第 236 条。

③ 参见张小林、刘涛：《〈关于委托执行若干问题的规定〉的理解与适用》，载《人民司法》2011 年第 13 期。

9. 司法拍卖领域腐败现象严重

司法拍卖是指法院把已经被查封的财产,以公开竞价的方式卖给出价最高的买受人。拍卖是公开、透明的变价方式,能够实现拍卖物价值的最大化,有利于保障申请执行人和被执行人的利益。在进行拍卖前,通常需要对拍卖物进行评估,然后再委托给专业的拍卖机构进行拍卖。然而,这一原本体现公平、公正的变价方式,却成为司法腐败的重灾区。据重庆市高级人民法院的研究分析,"近年发生的法院腐败案件大多出在执行领域,而执行领域的腐败大多数又出在拍卖环节,全国法官落马约70%与司法拍卖有关"①。

10. 截留执行到的钱款

在执行实务中,一些法院出于自身经济利益的考虑,在明明可以要求被执行人把钱款直接打入申请人账户时,却要求将钱打入法院的账户,钱进入法院账户后,又不及时转给申请人,而是几个月后甚至拖上一年半载才转给申请人。有的执行人员,甚至自己截留了执行的钱款。上述情形,对法院来说,虽然不是执行难问题,不是严格意义上的执行难,但对于申请执行人来说,却是使其实实在在地感受到了执行难。

四、基本解决执行难的措施与成效

从本章上一部分所列出的引发执行难的外部原因和内部原因看,虽然不全是法院执行能力弱的问题,但从存在的问题看,执行难的产生与发展,与法院的执行能力弱具有直接或者间接的关系,因此需要通过改革,借助实现司法能力的现代化来提升执行能力,解决执行难问题。

上述导致执行难的外部与内部原因是长期存在的,最高人民法院针对存在的问题也一直在采取各种改革措施,本节主要分析其在提出用两到三年时间基本解决执行难观点之后所采取的改革措施。

---

① 吴红缨:《重庆司法拍卖改革:法官再无变卖权》,载《21世纪经济报道》2010年11月3日,第8版。

(一)加强执行队伍建设

我国法律将民事强制执行作为民事诉讼的组成部分,规定由人民法院的执行机构和执行人员负责强制执行工作。尽管在《党的十八届四中全会决定》中提出要实行审执分离的改革,但主流的观点依然是执行工作仍然由法院承担,在法院内部深化审执分离的改革。

法律的生命在于实施,而法律的实施中,人的因素是第一位的,法律能否得到有效实施,关键在人。具体到民事强制执行,关键在于法院是否有一支能够满足执行工作需要的高素质的执行队伍。我国法院原先存在重审判轻执行的倾向,这表现在人员配置上,就是把素质高、能力强的人员安排在审判岗位,而将素质相对较低、能力较弱的人安排到执行岗位。在执行的重要性得以凸显,解决执行难成为法院必须面对的问题后,法院开始改变原来的认识和做法,加强执行机构与执行队伍的建设,充实执行的办案力量,有力地改变了原先力量弱,结构老化的状态。

对于因法院内部行为引发的执行难,法院针对存在的问题,切实加强对执行队伍的管理。针对执行中存在的消极执行、违法执行等行为,设立了执行约谈、执行信访挂牌督办、"一案双查"等机制。①

(二)加强执行制度建设

执行难的存在,与法院执行机制存的缺陷也有密切关系。因此,要基本解决执行难,就需要直面问题,从规范和制度上着手解决问题。从2016 年 3 月最高法院提出要用两年到三年时间基本解决执行难,到2019 年 3 月宣布已如期完成该任务,最高人民法院针对执行程序,发布了一批司法解释、司法文件。主要有(如表 19 - 1 所示):

---

① "一案双查"机制,是指上级法院的执行机构和监察机构协调配合,统筹督办下级法院执行案件办理、执行工作管理问题和干警违规、违纪、违法问题。参见牛正浩、尹伟:《论执行工作"一案双查"制度的实践与完善——基于 J 省三级法院应对消极执行的实证研究》,载《法律适用》2020 年第 11 期。

表 19－1　为基本解决执行难制定的司法解释、司法文件

发布时间	文件名称	规范懿旨
2016 年 3 月	《关于建立执行约谈机制的若干规定》	解决消极执行、违法执行行为
2016 年 8 月	《关于人民法院网络司法拍卖若干问题的规定》	规范和完善网络司法拍卖制度
2016 年 10 月	《关于严格规范终结本次执行程序的规定(试行)》	解决终结本次执行中存在的问题
2016 年 11 月	《关于民事执行中变更、追加当事人若干问题的规定》(已被修改)	正确处理执行中变更、追加当事人问题
2016 年 11 月	《关于民事执行活动法律监督若干问题的规定》	加强对民事执行中违法、违规、违纪行为的监督
2017 年 2 月	《关于修改〈最高人民法院关于公布失信被执行人名单信息的若干规定〉的决定》	完善民事执行惩戒体系
2017 年 2 月	《关于民事执行中财产调查若干问的规定》(已被修改)	规范民事执行中的财产调查
2017 年 2 月	《关于执行款物管理工作的规定》	规范执行款物的管理工作
2017 年 4 月	《人民法院规范执行行为“十个严禁”》	整治执行中的消极执行、选择性执行、乱执行等行为
2017 年 9 月	《关于严格规范执行事项委托工作的管理办法(试行)》	解决委托执行存在的问题,提升委托执行的实效性
2018 年 2 月	《关于执行和解若干问题的规定》(已被修改)	规范执行和解
2018 年 2 月	《关于执行担保若干问题的规定》(已被修改)	规范执行担保
2018 年 2 月	《关于人民法院办理仲裁裁决执行案件若干问题的规定》	解决执行仲裁裁决中的问题
2018 年 8 月	《关于人民法院确定财产处置参考价若干问题的规定》	公正、高效确定财产处置的参考价格
2018 年 9 月	《关于公证债权文书执行若干问题的规定》	解决执行公证债权文书中的问题

(三)加强执行的信息化建设

近年来,随着大数据技术、人工智能技术的快速发展,人们的生活方式、交往行为发生了重大的变化——各种行为活动越来越多地在网上进行。法院的执行工作也应当适应这一变化,充分利用技术创新、技术发展带来的红利。最高人民法院提出要“牢牢把握信息化发展带来的难得历史机遇,大力推进大数据、云计算、人工智能等技术在执行领域的广泛应用,完善网络化、自动化执行查控体系,推进完善失信被执行人信用惩戒制度,实现执行模式的历史性变革”[①]。在执行信息化建设方面,主要作了以下四个方面的工作:

1. 建立了网络查控系统

针对执行中的找人查物难、成本高、效率低的问题,法院充分重视网络技术的利用,建立网络执行查控系统。

法院充分运用科学技术进步的成果,提升查控财产的能力。早在2014年年底,最高人民法院正式开通“总对总”网络查控系统。开通之初,该系统查控的范围仅包括20多家银行,查控的对象也只限于存款方面的信息,到2018年年初,查控的范围已扩展到3600多家银行。该系统还实现了与公安部、交通部、工商总局、税务总局、人民银行等单位的联网,从而可以查询到被执行人全国范围内的存款、车辆、证券、网络资金、理财产品、个人对外投资等15类20项信息。[②] 全国的法院都可以运用该系统查控被执行人的财产。除“总对总”网络查控系统外,“多数高级法院在辖区内,建设了三级联网的‘点对点’网络查控系统,与国土、税务、民政等部门对接,扩大查控范围,形成了对最高人民法院‘总对总’查控

---

① 罗书臻:《改革创新攻坚克难坚决打赢基本解决执行难这场硬仗》,载《人民法院报》2016年4月21日,第1版。

② 参见最高人民法院院长周强:《最高人民法院关于人民法院解决“执行难”工作情况的报告——2018年10月24日在第十三届全国人民代表大会常务委员会第六次会议上》,载《中华人民共和国全国人民代表大会常务委员会公报》2018年第6期。

系统的有力补充”①。

上述财产查控系统的建立，一方面极大地提升了法院查找可执行财产的效率，另一方面也显著增强了法院查控财产的能力。过去，法院采用传统方式即到银行或者其他金融机构查找财产，即使是在同一个城市，一位执行员加一位书记员一天也跑不了几家，更遑论去外地查找，采用网络查控后，法院执行人员足不出户就可以在短时间内查找被执行人在可能的存款银行中的存款。对一些已经查询到的财产，还可以在网上进行处置，如对于查询到的存款，可以在网上冻结甚至扣划；对查询到的车辆，可以限制其过户甚至进行路面控制。

除自建网站以外，一些地方法院还充分利用执行联动机制，与公安机关建立协作机制，借助公安机关的“追逃网”查找被执行人，如“浙江省高院通过与省公安厅建立的网络接口，定时传输布控拘留请求事项，在全省范围内实现公安网络指挥系统布控，由布控地公安通知所在地法院办案交接”②。

2. 建立了网络询价评估系统

传统的评估采用委托评估的方法，即由法院把拟将处置的财产委托给评估机构进行评估，鉴于这类线下评估的方法时间长、费用高，且存在较大的廉政风险，最高人民法院于 2018 年 8 月发布了《关于人民法院确定财产处置参考价若干问题的规定》，按照该规定，法院确定财产处置参考价，可以采取当事人议价、定向询价、网络询价、委托评估等方式。为开展网络询价，最高法院建成了全国法院询价评估系统，2019 年 3 月，该系统上线运行。与传统的线下委托评估相比，线上评估除耗时少之外，也降低了询价评估的费用。

---

① 中国社会科学院法学研究所法治指数创新工程项目组：《中国法院“智慧执行”第三方评估报告(2019)》，载陈甦、田禾主编：《中国法院信息化发展报告》，社会科学文献出版社 2020 年版，第 46 页。

② 中国社会科学院法学研究所法治指数创新工程项目组：《中国法院智慧执行第三方评估报告(2018)》，载陈甦、田禾主编：《中国法院信息化发展报告》，社会科学文献出版社 2019 年版，第 67 页。

3. 建立网络司法拍卖平台

我国的司法拍卖，原先采用由法院委托专门的拍卖机构进行拍卖的方式。与网络在线拍卖相比，线下拍卖存在以下问题：首先，线下司法拍卖由法院委托拍卖机构进行，而拍卖机构是有偿提供服务的，需要收取一笔拍卖佣金，且拍卖的物品价值越高，收取的佣金就越多。其次，与线上拍卖相比，由于拍卖人需要到现场竞买，参加拍卖需要支付交通费、住宿费等费用，限制了参与竞买人数。再次，线下拍卖公开性较弱，容易出现串标、围标等非法行为。[①] 最后，在司法拍卖过程中存在巨大的权力寻租空间，极容易滋生腐败。在由法院委托评估机构评估后再委托拍卖机构拍卖这一模式中，法院的相关人员拥有相当大的权力，可以决定"让谁拍、让谁买、卖给谁"。评估机构、拍卖机构可以从评估、拍卖中得到一笔不菲的佣金，为了获得评估、拍卖的业务，一些机构常常采用贿赂等不正当手段获取业务。[②] 为了应对司法拍卖中可能出现的腐败问题，法院出台了多份文件，采取了种种措施，但依然无法有效解决司法拍卖中的腐败问题，司法拍卖成了司法腐败的重灾区。有学者指出，委托司法拍卖不仅增加债权人成本、降低其债权受偿率，还使执行员面临极大的道德风险和法律风险。[③] 网络司法拍卖可以有效解决这一长期存在的以往采取种种措施都无法解决的问题。

网络司法拍卖是指利用互联网平台进行司法拍卖，将司法拍卖活动由线下转为线上，整个拍卖活动在线上进行，参拍人查看拍卖物品、参与竞价、支付拍卖金等均通过互联网完成。采用网络司法拍卖后，由于一些网络平台不收取费用，司法拍卖从原来的高佣金转变为零佣金，且由于网

---

① 串标是指投标单位之间或投标单位与招标单位相互串通骗取中标，围标是指几个投标人之间相互约定，一致抬高或压低投标报价进行投标。

② 有调查显示，一些地方甚至出现了分割拍卖佣金的丑恶现象，即拍卖佣金由承办法官（执行员、拍卖人员）、拍卖机构、成本开支三方面按照 4 : 3 : 3 的比例分配。参见朱薇：《法官落马与司法拍卖》，载《政府法制》2010 年第 6 期。

③ 参见肖建国：《执行程序修订的价值共识与展望——兼评〈民事诉讼法修正案〉的相关条款》，载《法律科学（西北政法大学学报）》2012 年第 6 期。

上司法拍卖能够做到公开范围的最大化，有效地遏制了串标、围标行为的发生。

最早尝试网络司法拍卖的是浙江省高级人民法院，2012 年，浙江省高级人民法院选择若干法院进行试点，试点取得成功后在全省范围推广。[①] 江苏省高级人民法院也于 2014 年采用了网络司法拍卖，规定司法拍卖一律通过“淘宝网”进行。网上司法拍卖极大地提高了拍卖的成功率，在未采用网上司法拍卖前，江苏法院每年拍卖的成交金额才 30 亿元左右，采取网上拍卖后，成交金额逐年上升，2014 年为 116 亿元、2015 年为 192 亿元、2016 年为 351 亿元、2017 年达到 620 亿元。[②]

在总结各地网络司法拍卖经验的基础上，最高人民法院牵头建立了全国网络司法拍卖平台，自 2017 年 3 月该平台上线至 2018 年年底，“共进行网络司法拍卖 36.9 万次，成交金额 2534.3 亿元，溢价率 52%，为当事人节约佣金 78 亿元。在高风险的司法拍卖领域实现违法违纪零投诉”[③]。随着网络司法拍卖的进一步推进，司法拍卖的“成交率、溢价率成倍增长，为当事人节约佣金 205 亿元，有效祛除拍卖环节暗箱操作和权力寻租的空间”[④]。

4. 升级执行信息公开网

与司法需要公开一样，执行同样需要公开。执行公开不仅有利于申请执行人及时了解执行案件的进展状况，而且也有利于防范执行中的腐败。中国执行信息公开网是全国法院四大信息公开的平台之一，在基本解决执行难的决战阶段，最高人民法院又对该网站进行了改版升级，并于

---

① 网络司法拍卖有浙江模式、上海模式、重庆模式，浙江模式完全依靠第三方网络平台（“淘宝网”上的司法拍卖平台），脱离了拍卖公司，属于网络司法拍卖模式中的“革命派”。参见李晓慧、陈志宏：《我国司法拍卖制度的建构》，载《法律适用》2016 年第 12 期。

② 上述数据由江苏省高级人民法院执行局提供。

③ 最高人民法院院长周强：《最高人民法院工作报告——2018 年 3 月 9 日在第十三届全国人民代表大会第一次会议上》，载《最高人民法院公报》2018 年第 4 期。

④ 最高人民法院院长周强：《最高人民法院工作报告——2019 年 3 月 12 日在第十三届全国人民代表大会第二次会议上》，载《最高人民法院公报》2019 年第 4 期。

2018 年 6 月 7 日上线试运行,面向社会公开 2018 年 6 月 1 日后全国法院新收首次执行案件、执行恢复案件、执行异议案件、执行复议案件、执行监督案件的相关信息,并将所有案件的办案进度、关键的执行措施、重要的节点信息向当事人公开。该网站还与中国裁判文书网、失信被执行人名单信息公布与查询平台等涉及执行工作的各个网站对接。通过该网站,不仅当事人可以查询案件的进展情况,社会公众也可以了解失信被执行人、被限制消费人员、网络司法拍卖等信息。[①]

(四)健全与完善协助执行机制

要想有效地解决执行难问题,单靠法院自身的努力显然是不够的,需要其他国家机关、相关企业事业单位的协助和配合。我国民事诉讼法虽然也规定了协助执行,但仅规定法院查询、冻结、划拨债务人存款,扣留、提取债务人收入时,债务人所在单位、银行、信用合作社和其他有储蓄业务的单位必须办理(第 249 条、第 250 条);法院在要求办理证照转移手续时,有关单位必须办理(第 258 条)。按此规定,有义务协助的仅是债务人所在单位、金融机构和办理证照的机构。这样的协助执行面显然是比较窄的,难以满足执行实务的需要。

协助执行机制主要表现为执行联动机制。为了强化协助执行,最高法院借党中央高度重视解决执行难的东风,于 2010 年与多个党政部门沟通、协商,特别是通过与公安部、民政部、原国土资源部、住房和城乡建设部、中国人民银行、国家税务总局、原国家工商行政管理总局等部门的沟通,与 19 个部门会同签订了执行联动的文件——《关于建立和完善执行联动机制若干问题的意见》,该意见的出台标志着民事强制执行中执行联动机制的创立。

最高人民法院提出用两年到三年的时间基本解决执行难是为了落实党中央提出的要求,因此法院的这一行动收到了各方面的有力支持,党委、人大、政府都积极支持法院为落实基本解决执行难所采取的措施,为

---

① 参见王晓萌:《中国执行信息公开网改版升级》,载《人民法院报》2018 年 6 月 8 日,第 1 版。

法院提供其所需要的支持。[①]

为实现基本解决执行难,最高人民法院积极寻求与相关国家机关的合作。例如,为解决被执行人难寻的问题,最高人民法院加强与公安部、信息产业部的合作,在法律规定的范围内利用信息网络技术和大数据在法律规定范围内查找被执行人的行踪,有效打击规避执行的行为。

(五)增强执行案件的管理

在基本解决执行难的过程中,各地法院普遍加强了对执行案件的管理,把强化管理作为解决执行难的举措之一。主要表现为以下几点。

1. 增强对消极执行的管理

正如本章第三部分所分析的,内部原因也是造成执行难的原因之一,而在内部原因中,消极执行是主要原因。在基本解决执行难的过程中,各地法院均加大了对消极执行的治理,通过严格执行纪律、强化执行期限意识、建立岗位目标责任制、强化执行监督、依法追责等措施,有效地改变了执行中的拖延、推诿、懈怠行为。[②]

2. 增强对长期未结案件的管理

在法院的未结执行案件中,有一批长期未结案件。这些长期未结案件多数是执行案件中难度相当大的案件。乘解决执行难的东风,全国法院对历史上形成的积案进行了全面清理,将 1600 多万件历史积案纳入系统加强管理,并根据案件的具体情况,分门别类加以清理。[③]

3. 增强对到案执行款的管理

针对原先存在的到案执行款管理不严密、不精细、不能及时发放甚至长期滞留在法院的问题,最高人民法院于 2017 年专门发布了《关于执行

---

① 例如,在这一期间,全国有多地省一级人大常委会专门通过地方立法,为法院解决执行难提供支持。

② 如江苏高级人民法院于 2018 年 6 月发布了《关于消极执行、选择性执行、乱执行责任追究暂行规定》。

③ 参见周强:《最高人民法院关于研究处理对解决执行难工作情况报告审议意见的报告——2019 年 4 月 21 日在第十三届全国人民代表大会常务委员会第十次会议上》,载《中华人民共和国全国人民代表大会常务委员会公报》2019 年第 3 期。

款物管理工作的规定》(法发〔2017〕6 号),该规定要求法院的财务部门应当对执行款的收付进行逐案登记,并建立明细账,采取"一案一账号"的方式管理。根据最高人民法院的要求,各地法院(主要是基层法院)普遍加强了对到案执行款的管理,在所开展的集中清理执行案款活动中,向申请执行人发放案款达 960 亿元。

(六)加快社会诚信体系建设

法律文书生效后,债务人有能力履行义务而不主动履行,是有违诚实信用的行为,相当多的债务人不履行生效法律文书,说明社会的诚信状况出了问题。因此,要解决执行难,需要从源头上进行治理,加快社会的诚信体系建设。

推进社会诚信体系建设,既要从正面宣传,又要对违反诚信原则的被执行人进行惩戒。2012 年修订《民事诉讼法》时,立法机关就在第 231 条中增设了对失信被执行人的惩戒措施,规定对不履行义务的被执行人可以采取限制出境、在征信系统中记录、通过媒体公布等措施。为了完善惩戒措施,2015 年 7 月,最高人民法院修订了原来发布的限制被执行人消费的文件,将其更名为《最高人民法院关于限制被执行人高消费及有关消费的若干规定》(原名为《最高人民法院关于限制被执行人高消费的若干规定》)。为基本解决执行难,推进惩戒措施落地,最高人民法院与有关部门签署了 12 项失信联合惩戒备忘录或指导性意见,拓宽了失信惩戒的范围,健全了联合惩戒的体系。

(七)设置终结本次执行制度

由于执行中信息的不对称和执行中财产信息的滞后性,总会有一部分债务人事实上已经无清偿能力的案件因债权人申请强制执行而进入执行程序。让这类案件长期滞留在执行程序中,一方面会增加申请执行人的不满,另一方面也会因为未结执行案件数量的增多而给法院带来更大的压力。因此,如何针对这部分案件设置退出机制便成为法院强制执行中必须解决的问题。

针对被执行人确无可供执行财产的情形,法院以往采取的对策是执行中止，[①]但中止并非终结，案件仍然留在执行程序之内，于是便形成大量的执行积案。在完善执行制度的改革探索中，部分法院曾尝试采用债权凭证的方式来让这部分案件退出执行程序，[②]但最终未能形成适用于全国法院的制度。在2015年2月最高人民法院发布的《民诉法解释》第519条中，明确规定了终结本次执行程序。2016年10月，最高人民法院发布了《关于严格规范终结本次执行程序的规定（试行）》（以下简称《终结本次执行规定》），该司法解释确立了可让这类案件退出执行的程序。

《终结本次执行规定》主要规定了三个方面的内容：首先是规定了适用终结本次执行的条件和程序，其次是规定了退出后的恢复机制，最后是规定了申请执行人不服法院采取终本措施的救济机制。《终结本次执行规定》实施后，一大批长期未能执结的债务人确无可供执行财产的案件退出了执行程序。

在法院的执行实务中，终结本次执行的适用率相当高。中国社会科学院法学研究所与深圳市律师协会组成联合课题组对深圳市法院的执行情况进行过调查和评估，发现“从统计数据来看，终本结案的比率仍较高。2011—2014年，每年新收民商事执行案件中以终本程序结案的案件占当年结案数的比例均高于50%”[③]。即使是在高度重视民事执行问题，法院为解决执行难投入大量资源的近些年，终结本次执行案件的数量与比例仍然相当高（如表19－2所示）。

---

① 参见最高人民法院于1998年发布的《关于人民法院执行工作若干问题的规定（试行）》第102条。

② 参见浙江省高级人民法院于2001年3月印发的《关于执行中实施债权凭证制度的若干规定（试行）》。

③ 中国社会科学院法学研究所、深圳市律师协会联合课题组：《深圳中院基本解决执行难评估报告》，载《国家治理》2016年第7期。

表 19－2　2017—2019 年全国法院终结本次执行案件情况

年份	执行文书为民事判决书、调解书、支付令的案件数	终结本次执行案件数	所占比例
2017	3, 785, 201	1, 844, 118	48. 72%
2018	4, 454, 851	1, 768, 219	39. 69%
2019	5, 495, 154	2, 532, 759	46. 09%
2020	5, 513, 126	2, 671, 439	48. 46%

资料来源：以上数据引自《全国法院司法统计公报》，载《最高人民法院公报》2018 年第 4 期，2019 年第 4 期，2020 年第 7 期，2021 年第 4 期。

上述数据表明在当事人申请强制执行的案件中，有相当一部分为债务人已失去了清偿能力，属于执行不能的案件。

五、构建解决执行难长效机制的思考

尽管最高人民法院于 2016 年提出的基本解决执行难的目标已基本实现，但执行难的问题并未完全得到解决，这从进入强制执行程序的案件数量可略见一斑。根据最高人民法院的统计，2017 年，全国法院首次执行[①]的民事生效判决书、裁定书、调解书、支付令的案件收案 3, 943, 959 件、2018 年为 4, 248, 603 件、2019 年为 5, 333, 082 件、2020 年为 5, 334, 061 件，从申请执行案件的案件数量看，依然呈现逐年增长的态势。这也说明基本解决执行难尽管取得了显著的成效，相对于切实解决执行难的目标，也只是取得了阶段性的成果，解决执行难依然在路上，还需要继续努力。

2019 年 6 月，最高人民法院发布了《关于深化执行改革健全解决执行难长效机制的意见——人民法院执行工作纲要（2019—2023）》。2019 年 7 月，中央全面依法治国委员会下发《关于加强综合治理从源头切实解决执行难问题的意见》（中法委〔2019〕1 号）（以下简称《切实解决执行难意见》）。该意见为基本解决执行难的目标实现后，如何构建解决执行难

---

① 因终结本次执行后，只要债务人此后有了可供执行的财产，债权人可以再次向法院申请强制执行。因此一份生效法律文书可能存在两次或两次以上的执行，这里的数据，是指当事人第一次申请强制执行。

的长效机制、切实解决执行难指明了方向。

(一)依法治理

在法治国家,对债务人的强制执行是依法进行的,因而解决执行难需要在法治的基础上进行,也就是要依法治理执行难问题。

依法治理首先需要加强和完善关于民事强制执行的立法。我国关于这方面的法律规定在民事诉讼法中,但鉴于诉讼程序与执行程序在性质上的重大差异,将执行程序分离出来单独立法更有利于执行程序的完善。根据党中央的部署,该部法律目前已完成起草工作,全国人大常委会正在对《民事强制执行法(草案)》进行审议。

鉴于我国的民事强制执行工作是由法院具体承担的,因而依法治理的关键在于人民法院,要切实解决执行难,就需要人民法院在基本解决执行难的基础上,进一步加强与改进执行工作。这些工作主要包括继续推进执行的信息化建设、提升执行规范化水平、加强强制执行的力度、创新与拓宽执行措施、完善执行工作机制。

(二)综合治理

综合治理是指从多个方面、采用多重手段进行治理,至于究竟从哪些方面、采用哪些手段进行治理则要根据治理的对象来确定。早在 20 世纪 80 年代,我国就提出了要对社会治安进行综合治理。社会治安综合治理有其特定的内涵,“其含义是指在各级党委、政府的统一领导下,各有关部门充分发挥职能作用,协调一致、齐抓共管,依靠广大人民群众,运用政治、经济、行政、法律、文化和教育的等多种手段,整治社会治安,打击和预防犯罪,完善社会管理,化解社会矛盾,维护人民权益,保障社会稳定,促进社会和谐,为社会主义现代化建设和改革开放创造良好的社会环境,推进中国特色社会主义事业深入发展”①。这表明社会治安的综合治理是具有中国特色的政治、法律概念。

---

① 中央社会治安综合治理委员会办公室:《社会治安综合治理工作读本》,中国长安出版社 2009 年版,第 4 页。

将综合治理这一概念用于解决执行难也是恰当的。解决执行难也需要充分发挥社会主义的制度优势，需要各级党委的领导、政府相关部门的配合、相关社会力量的参与。

（三）协同治理

协同治理是指“把执行难问题的解决上升为人民法院、政府等公权力部门与社会组织、社区单位、企业、个人等所有利益相关者共同参与、协同行动的过程”[①]。在协同治理中，既要发挥好人民法院的主体作用，又要发挥好各协同者的作用。

在协同治理中，进一步完善执行联动机制是核心和关键。对推进执行联动机制建设，《切实解决执行难意见》提出了六个方面的具体措施：（1）健全网络执行查控系统；（2）建立健全查找被执行人协作联动机制；（3）加快推进失信被执行人信息共享工作；（4）完善失信被执行人联合惩戒机制；（5）强化对公职人员的信用监督；（6）加大对拒不执行生效判决、裁定等违法犯罪行为打击力度。

（四）源头治理

从源头上看，执行难的存在既与部分被执行人缺乏诚信意识，有条件、有能力履行生效法律文书确定的义务而拒不履行有直接关系，又同部分申请执行人不了解债务人的财产状况甚至同在诉讼前或诉讼中未能及时申请财产保全有密切关系，此外，部分案件的执行难还与这类案件应当适用破产程序解决而未能进入破产程序相关。因而要进行源头治理，就需要找准导致执行难的前端原因。例如，针对诚信意识弱的问题，就需要通过思想教育、加强社会征信体系建设来增强人们的诚信意识；对在诉讼前未能及时了解交往相对方的经济状况引起的执行难，就需要强化人们在经济交往中的风险防范意识；对未能及时采用保全措施造成的执行难，就应当提醒当事人及时采用诉前保全与诉讼保全措施；针对执行案件退出机制不畅的问题，就需要畅通执行案件进入破产程序的渠道。

① 江必新：《论国家治理现代化背景下执行难之破解》，载《中国应用法学》2017年第2期。

通过上述四个方面的治理,我国法院强制执行现代化水平将得到进一步的提升,执行能力也会在原有基础上获得全面提升,解决执行难的长效机制将最终形成,切实解决执行难的终极目标将得到实现。

第二十章　智慧司法建设助推司法能力现代化

在 2018 年全国网络安全和信息化工作会议上，习近平总书记指出，“没有网络安全就没有国家安全，没有信息化就没有现代化”[①]，深刻阐述了网络安全和信息化工作的极端重要性。从全球范围看，信息化、网络化对经济、政治、文化、社会等各领域的渗透趋势越来越明显，成为推动经济社会转型和提升国家综合竞争力的强大动力。党的十八大以来，习近平总书记对网络安全和信息化工作作出一系列重要论述、重要指示，提出一系列新思想新观点新论断，形成了关于网络强国工作的重要思想，为我国网信事业发展提供了根本遵循。

以互联网为代表的信息技术在重塑社会生产、生活面貌结构的同时，也推动司法信息化的发展进步。党的十八大以来，推进现代科技应用与司法实践的深

① 习近平：《在全国网络安全和信息化工作会议上的讲话》（2018 年 4 月 20 日），载中共中央党史和文献研究院编：《习近平关于网络强国论述摘编》，中央文献出版社 2021 年版，第 43 页。

度融合,以信息技术促进司法能力和司法体系现代化,愈益成为大势所趋。我国司法机关坚持以习近平新时代中国特色社会主义思想为指导,紧跟互联网时代发展趋势,将信息化作为一场深刻的自我革命,全面推进智慧司法建设,提升了司法现代化水平。

一、智慧司法建设的时代背景

(一)信息技术发展为智慧司法建设带来了历史机遇

互联网是20世纪伟大的发明之一。[①] 互联网的普及应用,极大地推动了电子政务的发展,各国法院也纷纷投身电子政务浪潮,并将推进司法透明作为信息技术运用的重要着力点。比如,美国联邦法院研发应用的PACER系统,由美国司法部管辖、美国联邦法院行政办公系统负责运行管理,允许公众通过网络获得联邦上诉法院、地方法院和破产法院的案件信息,使该系统成为全球久负盛名的案件信息查询系统。[②] 通过互联网,司法机关面向公众公开海量信息,让公众不受时空等因素限制,自由查阅、获取司法信息,并借此评价和指引司法行为乃至参与公共治理。这种做法,深刻影响了司法功能和方式的转变。

信息技术迅猛发展使人类进入信息时代。互联网、移动通信、大数据、云计算、人工智能、区块链等新兴技术的接力驱动、迭代升级,为司法提供了前所未有的工具和手段,突破了传统司法手段的时空和容量限制,为司法为民公正司法提供了强劲的支撑。比如,互联网极大地缩短了人们的距离,以往起诉、提交证据、开庭审理、文书送达等需要面对面进行的司法活动,如今利用互联网足不出户就能完成;大数据和人工智能技术可以为海量数据的存储、管理和检索提供支持,并在此基础上对案件进行深度挖掘,提高司法质量和效率。以信息化促进应用系统融合

---

① 参见习近平:《在视察"互联网之光"博览会时的讲话》(2015年12月16日),载《人民日报》2015年12月17日,第1版。

② 参见许建峰、孙福辉、陈奇伟:《智慧法院体系工程概论》,人民法院出版社2021年版,第16页。

和数据共享，推动业务流程变革以降低成本、提高效率，已成为信息时代世界各国法院建设的共识。[①] 随着互联网技术的逐步发展，数据采集、分析变得日益简单，为司法人工智能带来广阔前景。人工智能可以代替司法人员从事许多事务性工作，使其最大限度地聚焦于司法核心工作，并在司法过程、结果上提供智能辅助。面对浩浩荡荡的世界互联网发展趋势，司法机关必须创新理念、抓住契机，以人工智能技术与司法工作融合为着力点，让信息化成为展示公正、沟通民意、推进法治的有力武器。

（二）网络强国战略为智慧司法提供了强力支撑

党的十八大以来，以习近平同志为核心的党中央重视互联网、发展互联网、治理互联网，作出了一系列重大决策、实施了一系列重大举措。2015 年，党的十八届五中全会通过《中华人民共和国国民经济和社会发展第十三个五年规划纲要》（以下简称《"十三五"规划（2016—2020年）》），提出实施网络强国战略以及与之密切相关的"互联网 +"行动计划，并将司法便民作为"互联网 +"的一项重大工程。2016 年 7 月和 12 月，《国家信息化发展战略纲要》《"十三五"国家信息化规划》相继出台，二者均将智慧法院建设纳入其中，这标志着智慧法院成为国家发展战略的重要组成部分。2016 年 10 月 9 日，中共中央政治局就实施网络强国战略进行第三十六次集体学习。[②] 2017 年 7 月底，国家发改委印发《"十三五"国家政务信息化工程建设规划》，提出建设民主法治信息化工作，要求"构建以案件为主线的公安机关、检察机关、审判机关、司法行政机关各司其职的行为留痕机制，依法实现过程透明，强化侦查权、检察权、审判权、执行权相互配合和制约的信息能力，全面提高司法公信和司法公正水平"。党的十九大提出了加快建设创新型国家的任务目标，为建设科技强国、网络强国、数字中国、智慧社会等提供有力支撑。2021

---

① 参见许建峰、孙福辉、陈奇伟：《智慧法院体系工程概论》，人民法院出版社 2021 年版，第 16 ~ 17 页。

② 参见新华社：《中共中央政治局就实施网络强国战略进行第三十六次具体学习》，载中华人民共和国中央人民政府网，http：/www. gov. cn/xinwen/2016-10/09/content5116444. htm。

年3月出台的《中华人民共和国国民经济和社会发展第十四个五年规划和2035年远景目标纲要》(以下简称《"十四五"规划(2021—2025年)》),提出要"推进网络强国建设,加快建设数字经济、数字社会、数字政府",将"加强智慧法院建设"作为"提供智慧便捷的公共服务"重要举措。2021年12月,中央网络安全和信息化委员会印发《"十四五"国家信息化规划》,提出"全面深化智慧法院建设,推进完善互联网审判模式。深入推进智慧检务建设,完善检务支撑和共享平台"。

在建设网络强国这一战略目标的指引下,大数据、云计算、物联网和正在建设的智慧城市、智慧社会不断重塑社会生产、生活的结构面貌。延伸到千家万户的互联网特别是移动互联网,为司法机关零距离联通大众提供了畅通渠道,全面覆盖的办公专网和信息化办案系统为司法人员更加便捷、智能地认定事实、适用法律提供了有力工具,信息技术对司法工作已经产生并将继续产生广泛而深刻的影响。

(三)全面依法治国为智慧司法建设提供了重要契机

法治具有固根本、稳预期、利长远的重要作用。党的十八大提出,坚持走中国特色社会主义政治发展道路和推进政治体制改革,全面推进依法治国。法治是治国理政的基本方式。要推进科学立法、严格执法、公正司法、全民守法,坚持法律面前人人平等,保证有法必依、执法必严、违法必究。习近平总书记高度重视法治,强调法治是国家与社会治理的基本手段,深刻指出"法治的精髓和要旨对各国国家治理和社会治理具有普遍意义"①。党的十八大以来,党中央把全面依法治国纳入"四个全面"战略布局,坚持和拓展中国特色社会主义法治道路。2014年10月,《党的十八届四中全会决定》,做出了全面依法治国的顶层设计,在我国社会主义法治史上具有里程碑意义。党的十九大提出,要深化依法治国实践,中国特色社会主义法治建设由此迈向更加广阔的空间。

---

① 公丕祥:《关于人类社会发展规律的法哲学阐释:习近平法治思想的原创性贡献初论》,载《江海学刊》2022年第1期。

随着互联网社会动员功能日益增强，社会治理模式正在从单向管理转向双向互动，从线下转向线上线下融合，从单纯的政府监管向更加注重社会协同治理转变。司法体系和司法能力是国家治理体系和治理能力的重要组成部分。公正司法，是司法机关肩负的神圣职责。准确查明事实、正确适用法律，是公正司法的前提。查明事实、适用法律，必然涉及信息的收集、传递、鉴别、查找、比对以及运用信息进行裁决等过程，因此，信息化在司法体系和司法能力现代化进程中具有不言而喻的重要地位。[①] 建设智慧司法，借助先进信息技术远距交互、移动互联、数据支持、全程留痕等突出优势，突破传统司法手段的瓶颈制约，为推进严格司法、高效司法、透明司法、保障人民群众参与司法等方面提供科技支撑，必将促进司法体系和司法能力现代化，从而在推进全面依法治国上做出更大的贡献。

（四）人民群众司法需求为智慧司法提供了前进动力

党的十九大提出，我国社会的主要矛盾已经从“人民日益增长的物质文化需要同落后的社会生产之间的矛盾”转化为“人民日益增长的美好生活需要和不平衡不充分的发展之间的矛盾”。主要矛盾的变化在司法领域同样有所表现：从对司法功能的需求看，司法保障的需求量日益增加、范围不断拓展。从对司法公正的需求看，对程序公正更加关切，且实体公正观的内涵日益丰富。从对司法效果的需求看，不仅要求司法公正，还期待解决实际问题。从对司法过程的需求看，期待司法更加公开，不仅要向当事人公开，还要向社会公众公开，且不再仅仅满足于知悉某一案件的裁判结果，还期待了解案件裁判的过程；期待司法更加民主，让群众更多地参与司法，更加主动地接受群众监督；期待司法更加便民、贴近生活，更加主动地满足群众需求、减轻诉讼负担。由此可见，在信息化时代，人民群众对诉讼便利性、知情全面性、互动及时性、监督有效性和沟通距离感，都提出了与时俱进的要求，需要司法机关有效应对。

---

① 参见许建峰、孙福辉、陈奇伟：《智慧法院体系工程概论》，人民法院出版社2021年版，第3页。

“努力让人民群众在每一个司法案件中感受到公平正义”，是人民司法的根本目标。司法机关畅通民意收集、分析和反馈机制，密切关注互联网渠道反映的群众呼声，有利于及时全面收集意见、加强和改进工作；搭建司法公开平台，在立案、庭审、裁判、执行等各方面推进阳光司法，有利于维护司法公正、提升司法公信；完善便民诉讼机制，推行网上立案、网上调解、网上开庭等举措，可以极大地方便公众参与诉讼；促进多元化纠纷解决机制建设，推动社会解纷力量相互补充、相互协调，有利于矛盾纠纷源头治理，减少纠纷成讼数量，维护社会和谐稳定；推行全流程网上办案，实行全面跟踪监督，有利于规范司法行为，提升办案质量。这些工作都与信息化密切相关。信息化能够以较低的成本，将优质司法资源数字化，依托专网、互联网、移动通信网等基础设施，及时实现信息共享；可以拓展司法为民领域，创新司法便民、利民、惠民措施，保障人民群众的知情权、参与权、表达权、监督权。总之，信息化发展促进了人民群众司法需求不断更新，也为司法机关满足群众需求提供了有力保障。

（五）司法体制改革对智慧司法提出了全新命题

当代中国的司法体制机制，总体上与我国基本国情和阶段性特征相适应，但也存在一些影响司法公正、制约司法能力的深层次问题，必须以改革的思维和方式解决。深化司法体制改革，建设公正高效权威的社会主义司法制度，是全面深化改革的重要组成部分。党的十八大从加快建设社会主义法治国家的高度，作出了进一步深化司法体制改革的重要战略部署。党的十八大以来，司法体制改革全面深入推进，在重要领域和关键环节取得突破性进展，中国特色社会主义司法权力运行体系初步形成。党的十九大从发展社会主义民主政治、深化依法治国实践的高度，作出深化司法体制综合配套改革、全面落实司法责任制的重要战略部署。2017 年 7 月 9 日，习近平总书记在对政法工作的重要指示中明确指出，要遵循司法规律，把深化司法体制改革和现代科技应用结合起来，不断完善和发展中国特色社会主义司法制度。[①] 这一重要指示,确立了将现代科技应用于司法实践深度融合的发展方向。

信息化为司法改革提供科技支撑,司法改革需求引领信息化发展方向。时任最高人民法院院长周强指出,司法改革和信息化建设是人民司法事业发展的车之两轮、鸟之两翼;信息化是人民法院又一场深刻的自我革命,信息化已成为司法能力和司法体系的重要组成部分,已成为新的审判方式。这揭示了信息化与司法改革融合共进的关系。案多人少矛盾突出、司法公信力不高,是司法改革需要重点解决的问题。要解决这些问题,一条可行的路径是向改革和信息化要质量、要效率、要公信,这就要求:强化科技赋能,运用信息技术为办案人员减轻事务性工作负担,并为其提供知识分享、程序指引和实体裁判标准等智能化服务,通过为办案人员松绑减负,有效化解人案矛盾;提升信息化监督管理水平,通过网上办案流程信息的全程记录,筑牢规范司法权的"数据铁笼",对案件进行动态跟踪管控,形成流程化、自动化监督管理机制;完善智能化管理系统,优化节点管控、风险提示、瑕疵错误预警等功能,实现对各类履职行为的可提示、可留痕、可倒查、可监督,提升从海量数据中发现常见违规违法问题的能力;等等。

二、智慧司法建设的实践展开

智慧司法,是将大数据思维运用到司法工作之中,借助"互联网+"、大数据、云计算、神经网络、机器学习、人工智能等现代科学技术,通过智能化原理,将数据收集、存储、运用等环节融为一体,利用多媒体技术、网络技术以及集中控制技术,对司法过程和结果实行统一管理、控制和运用。[②] 党的十八大以来,人民法院、人民检察院顺应信息化浪潮,在智慧法院、智慧检务上不断探索创新。

---

① 参见杨维汉、丁小溪、罗沙:《坚定不移推进司法改革　走中国特色社会主义法治道路——习近平总书记对司法体制改革作出的重要指示引起热烈反响》,载《人民法院报》2017年7月12日,第1版。

② 参见汤维建:《智慧司法建设开启崭新篇章》,载《北京观察》2017年第3期。

我国法院信息化建设起步于20世纪80年代中后期,法院系统也是各行业中较早开始信息化探索的部门之一。党的十八大以来,人民法院信息化工作加速推进。2015年年底,全国法院基本完成以网络为中心的人民法院信息化2.0版建设。在此基础上,最高人民法院提出以数据为中心的人民法院信息化3.0版①建设目标。2016年3月,最高人民法院在《人民法院信息化建设五年发展规划(2016—2020)》中正式提出智慧法院建设目标。2017年5月,全国法院第四次信息化工作会议首次提出了智慧法院的明确定义,对智慧法院的建设背景、使命、原则、内容、特征和内涵进行明确界定,智慧法院建设进入全面建设的新时期。

（一）智慧法院建设的组织推动

智慧法院并不能单纯地理解为法院信息化或者法院信息系统。智慧法院是依托现代人工智能,围绕司法为民、公正司法,坚持司法规律、体制改革与技术变革相融合,以高度信息化方式支持司法审判、服务群众诉讼和司法管理,实现全业务网上办理、全流程依法公开、全方位智能服务的人民法院组织、建设、运行和管理形态。② 智慧法院建设是一项高度复杂的系统工程,加强组织领导尤其重要。早在2002年,最高人民法院就成立了信息化建设工作领导小组;2017年,其更名为最高人民法院网络安全和信息化领导小组,负责统筹协调网络安全和信息化重大问题,研究制定重大政策,由最高人民法院主要领导担任组长。领导小组每年不定期召开会议,在统一思想认识、决策关键事项、增强保障能力等方面发挥了重要作用。最高人民法院党组高度重视信息化工作,注重加强对智慧法院建设的方向引领、决策部署和推进落实。党的十八大以来,时任最高人民法院院长周强多次在最高人民法院工作报告中专门汇报智慧法院建设情况。同时,最高人民法院注重通过全局性重大会议强

---

① 时任最高人民法院院长周强在2017年全国法院第四次信息化工作会议讲话中指出,人民法院信息化3.0版是法院信息化建设的一个阶段和层次,而智慧法院则是建立在信息化基础上人民法院工作的一种形态。

② 参见许建峰、孙福辉、陈奇伟:《智慧法院体系工程概论》,人民法院出版社2021年版,第2页。

调部署智慧法院建设，召开专门会议推进智慧法院全局工作或重点工作，通过审判执行业务会议推进法院工作与信息化融合。

在推进智慧法院建设的路径上，最高人民法院坚持加强顶层设计和鼓励基层探索相结合。2017 年 4 月，最高人民法院下发《关于加快建设智慧法院的意见》，提出 6 个方面 23 项具体任务，是推动智慧法院建设的基本指南。加强业务规范，建立涵盖立、审、执办案流程和信息化运维、网络安全等各方面的技术规范，促进智慧法院建设有序安全开展。比如，2016 年 8 月，最高人民法院下发《关于印发人民法院信息化技术系列标准的通知》，明确数据管理、业务应用、基础设施等方面的 30 余项标准。鼓励支持地方法院有序探索创新，带动智慧法院建设水平整体提升。比如，2016 年年初，江苏省苏州市中级人民法院开始探索将纸质卷宗转化为电子卷宗并深度应用于审判工作的“智慧审判苏州模式”，最高人民法院主要领导作出批示，要求大力推广。2020 年 12 月，最高人民法院在江苏省南通市召开全国法院智慧警务暨“六专四室”建设工作推进会，总结南通法院经验，推进智慧警务建设。

在推进智慧法院建设的方法上，最高人民法院注重通过条线管理、业务培训、示范引领、评价指引和总结评估等方式，抓好决策部署的贯彻落实，将建设蓝图一步步变为实践。最高人民法院成立信息技术服务中心，担负最高人民法院网络安全和信息化领导小组办公室职能，负责全国法院网络安全和信息化建设规划、标准和规范的制定实施以及管理指导。全国各级法院基本实现由专门机构或专门人员从事信息化工作，特别是在高级人民法院层面，信息化工作一般由专门机构负责组织推进。每年组织开展全国法院信息化工作集中培训，促进信息化工作能力水平提升。推动设立互联网法院，促进互联网审判体系创新，强化智慧法院建设的示范引领。发布《智慧法院建设评价指标体系》，部署开展全国智慧法院建设评价工作，形成年度全国智慧法院建设评价报告。

（二）智慧法院建设的体系架构

如果说智慧法院信息系统体系宛如一颗“常青树”，以法院专网、移动专网、外部专网、互联网、涉密内网和专有云、开放云、涉密云"五网三云"为主体的信息基础设施就是枝干，各类应用系统则是面向业务的树叶，构成服务人民群众、服务审判执行、服务司法管理的直接手段。

1. 业务应用体系。这一体系包括面向诉讼服务、审判执行、司法管理、司法公开和其他业务领域的一系列系统，每项业务需要一个或多个系统支持，每个系统也能够支持一项或多项业务。服务系统直接服务于涉诉群众、律师、社会公众，以互联网为主要平台，通过网上方式提供诉讼引导、立案、缴费、调解、证据交换、卷宗查询、开庭、送达等应用，减少群众往返法院的需求。审判系统主要服务于办案人员，以法院专网为主要平台，全面支持立案、分案、庭审、裁判等各个办案环节，融合各类辅助办案工具，支持案件办理。执行系统主要服务于执行人员，以法院专网和外部专网为主要平台，涵盖执行指挥、流程管理、执行查控、司法拍卖、单兵系统等子系统，支持执行生效裁判。管理系统主要服务于院庭长和审判管理等部门，以法院专网为主要平台，涵盖网上办公、人事管理、监督管理、档案管理和党建、培训等子系统，支持法院内部"三大管理"运行，并通过移动互联网向移动端延伸，打破办公时空限制。司法公开系统主要服务于社会公众，以互联网为主要平台，支持将审判流程信息、裁判文书、庭审、执行信息、法院审务信息等向社会公布，方便当事人和公众及时获得信息。

2. 数据资源体系。这一体系随着各类业务应用而产生、积累，包括审判执行数据、司法认识数据、司法政务数据、司法研究数据、外部数据以及信息化自身管理数据等，它们源于不同的应用系统，又反馈和支持相同或不同的部分应用系统。审判执行数据是数据资源体系的主体，包括各类案件的详细信息。海量的审判执行数据足以反映人民法院审判执行工作全貌，具有极大的运用价值，既能反馈支持办案和诉讼服务系统，也为司法管理提供基础支撑。司法研究数据是对司法大数据挖掘利用的成果，主要包括信息系统自动生成和法院人员收集分析形成的统计报表、审判运行态势、审判执行工作专题分析等，主要是非结构化数据。

信息化管理数据是信息化工作本身产生的数据，比如，系统运行状况、资源负载、用户分布、操作体验等规划、运维、网络安全数据。

3. 基础设置体系。这一体系主要包括法院专网、移动专网、外部专网、互联网、涉密内网等。其中，法院专网通过数据和视频链路联通全国法院的内部机房、计算设备、存储设备、网管设备、信息采集设备、显示控制设备、干警终端设备，科技法庭、执行指挥中心和办案系统、视频会议系统等设备、场所和系统都是以法院专网为运行环境。移动专网支持移动办公办案，可以克服 PC 终端的场所和空间限制。外部专网主要用于法院与其他单位之间的数据交换。互联网主要用于向公众提供诉讼服务和信息公开，如审判流程、裁判文书、庭审公开、诉讼服务网等电子诉讼平台，互联网法院、移动微法院等。这些功能的实现有赖于法院内部的数据支撑，但必须通过物理隔离的方式与法院专网连接。随着信息化的发展，这些网络均需要相当规模的计算和存储资源，需要采取云服务方式，即专有云、开放云、涉密云。概而言之，基础设施就体现为上述“五网三云”。

4. 网络安全体系。“五网三云”基础设施体系均需要相应的安全防护措施以应对网络泄密、网络攻击等问题，对于应用系统、数字资源和信息化场所，同样也需要嵌入相应的安全防护措施，由此形成了网络安全体系架构。其中，法院专网又是网络安全体系保护的主体，涉密内网是网络安全体系保护的重点。

5. 运维保障体系。运维保障体系的主要对象是各类信息基础设施、应用系统、数据资源和网络安全设施。随着信息系统越来越丰富，相互之间的关联度越来越高，依靠“报修—响应式”的被动型运维模式已经难以适应形势。通过主动性、可视化、质效型的运维体系，对基础设施、应用系统、数据资源、信息安全以及运维保障自身的各项运行指标实现全面、准确、及时的数据接入，形成“全局—局部—部分—个体—细节”逐层分解透视能力，支持对信息化运行质量和应用成效的全局掌控，越来越受到关注。

6. 技术标准体系。技术标准体系为各类信息系统提供技术指南和应用规范，主要包括以术语、操作指南等为主的基础标准，针对普遍性和重复性技术问题提供基础性和约束性规定的技术标准，针对管理过程形成指南和规定的管理标准。其中，数据技术标准是智慧法院技术标准的核心。

（三）智慧法院建设的应用场景

《最高人民法院关于加快建设智慧法院的意见》提出，建设智慧法院，就是要构建网络化、阳光化、智能化的人民法院信息化体系，支持全业务网上办理、全流程审判执行要素依法公开，面向法官、诉讼参与人、社会公众和政务部门提供全方位智能服务。因此，信息化建设的根本目的在于应用，围绕审判这一人民法院办案工作的核心环节，向前可以延伸至立案阶段，向后可以拓展至执行阶段，并包括伴随始终的管理监督。法院信息化建设要起到推进审判体系和审判能力现代化的重要作用，必须精准对接司法实践所需，覆盖法院工作主要业务领域。

1. 智慧服务。智慧服务系统着眼于现代科技与诉讼服务深度融合，顺应人民群众多元司法需求，提供网上诉讼、调解、咨询、信访和法治宣传等多种服务。智慧服务通过集成式门户和渠道，让各类服务对象、各种解纷需求能够一网通办，最大限度地减轻当事人诉讼负担；促进多元解纷，落实“将非诉讼纠纷解决机制挺在前面”的要求，广泛对接人民调解、专业调解、行业调解、基层网格等各类解纷渠道，有机衔接法院内部立案、案件分流、诉讼调解、速裁快审等环节，为公众提供便捷的一站式矛盾纠纷解决机制；实现便民利民，让群众足不出户或就近办理相关事项；做到互动共享，畅通法院与群众信息沟通渠道，最大限度地消除信息壁垒。智慧服务系统包括互联网上的诉讼服务大厅、专门的诉讼服务网、“12368”诉讼服务热线、电子诉讼平台等渠道，是多维一体的系统，其业务功能日益向移动互联网拓展。比如，当事人通过各级法院诉讼服务网能够便利实现远程网上立案，了解案件办理情况，提交诉讼材料。在整个智慧服务系统中，诉讼服务指导中心信息平台是应用数据的汇聚枢纽,可以全景式展现诉讼服务和一站式多元解纷工作成效,实时指导各级法院诉讼服务业务。

2. 智慧审判。智慧审判系统着眼于现代科技与审判工作深度融合,运用信息技术帮助办案人员更好地查明事实、寻找法律,减少事务性工作,为法官办案减负增效。智慧审判,利用网上办案系统,实现每起案件从立案、分案、庭审、合议、制作文书等各个环节均在网上运行、全程留痕,对违规情形自动预警,帮助法官和管理人员把握流程节点,支持开展监督管理。比如,将电子卷宗录入、OCR 自动识别等科技系统与办公办案系统融合,有效减少立案、审理环节电子信息输入工作量,支持司法辅助人员在立案、审理环节扫描制作案件电子卷宗,便利法官浏览审阅、引用材料;将庭审语音信息即时转化为文字,形成庭审笔录,减轻书记员记录压力;通过语音调取证据材料,方便证据当庭质证,提升庭审效率;将裁判文书尽可能由系统自动生成,减轻裁判文书撰写工作量,保障裁判文书质量;通过审判信息智能检索分析推送,满足法官在办案过程中对法律、案例、专业知识的精准化需求,帮助法官掌握相关案件裁判信息,避免裁判尺度不一致;等等。

3. 智慧执行。智慧执行系统着眼于现代科技与执行工作的深度融合,为法院执行工作人员提供网上办案、查人找物、财产处置、失信惩戒、信息公开和指挥协同等服务。智慧执行,以执行指挥系统为主体,以执行流程信息管理系统和执行信息公开系统为两翼,以执行查控、失信惩戒、司法拍卖等辅助系统为延伸。执行指挥系统,即人民法院执行指挥中心综合管理平台,相对独立于审判业务系统,统揽执行办案、执行管理、执行指挥、监督考核和决策分析等执行业务,由全国法院统一管理、统一协调、统一指挥。该平台通过法院专网与执行案件流程信息管理系统、网络执行查系统、网络司法拍卖管理系统、被执行人信息惩戒管理系统、被执行人限制高消费系统等系统对接,进行数据共享和监管。执行流程管理系统,是执行干警日常办案、实现执行流程管理的信息化平台,包括执行立案、执行通知、文书送达、网络查控、集约查询、案款管理、终本管理等智能化辅助模块，该系统主要用于规范执行案件办理流程，通过与法院专网、互联网端相关应用进行业务协同，将办案活动由线下转向线上，将信息采集由事后向事前和事中延伸，实现执行案件全程留痕、全程监控、全程公开。执行查控系统，集中部署于全国四级法院，在人民法院、银行、房管、车管、保险等各协助执行单位之间开辟常态化的信息联络渠道，进行可信的信息交互，为全国法院提供被执行人及其财产网络查控的服务。

4. 智慧管理。智慧管理系统着眼于现代科技与管理决策深度融合，为广大干警和管理部门提供网上办公、人事、行政、后勤管理等服务。智慧管理，通过数据展示、量化评估、可视化管理的新模式，推动各项管理工作更加科学规范高效，特别是针对司法权制约监督新形势，充分运用信息化全程流程、运转高效的特点，打造“数据铁笼”，让消极腐败行为无处着手、无所遁形。智慧管理系统主要包括集公文管理、日常管理、督察督办等应用为一体的网上办案系统；包括人员信息管理、机构信息管理、编制信息管理、考勤管理、绩效管理等应用在内的人事管理系统；包括智能督察、人工督察、任务管理、督察通报、统计分析等应用在内的审判监督管理；包括归档审核、借阅审核、档案出库、档案查询等应用在内的档案管理系统；以及将手机和移动端应用与法院专网业务系统衔接，支持干警随时随地处理办公办案业务的移动办公办案系统等。

需要指出是，审判执行是人民法院的核心业务，审判执行工作的基础是案件卷宗。电子卷宗随案同步生成和深度应用是基础，是智慧法院的“牛鼻子”工程。如果案件卷宗不能电子化，网上办案的内容和深度就会受到限制，大数据、智能化技术就会成为“无本之木”。电子卷宗是全业务网上、全方位智能服务的基础，没有电子卷宗，“三全三化”将无从谈起。但案件卷宗不仅要电子化，还要及时、准确电子化，能够随案同步生成并上传办案系统，让法官阅卷、开庭、制作文书等核心业务都能在网上办理。

进入互联网时代，我国检察机关也积极开展信息化探索实践。2012

年 8 月，最高人民检察院根据修改后的《刑事诉讼法》《民事诉讼法》新要求和案件集中管理工作需要，集中研发适用于全国检察机关的统一业务系统。2013 年，最高人民检察院信息化领导小组办公室制定全国检察机关统一业务应用软件的总体方案，对软件开发工作进行部署安排，该方案涵盖软件开发的全部工作。2014 年，全国各级检察机关除少量特殊案件外，各检察机关业务部门的案件受理、办理、文书制作、审批程序等各办案环节全部在系统内实现，基本实现了从“纸上办案”到“网上办案”的信息化变革，四级检察机关的办案系统第一次实现互联互通，并对办案活动实现全程、统一、实时、动态的管理和监督，有效发挥了信息化的作用。

2015 年是检察信息化历史上具有里程碑意义的一年。2015 年 7 月，时任最高人民检察院检察长的曹建明在“互联网 + 检察工作”座谈会上首次提出“智慧检务”的概念，要求把全国检察机关的电子检务工程打造成“智慧检务工程”，高度重视大数据在行政执法和刑事司法衔接、职务犯罪侦查、强化诉讼监督中的作用，探索研发“检察机关电子证据云平台和智慧侦查平台”，建设“两法”衔接平台，推动侦查指挥、远程取证、智能鉴定、行贿犯罪档案查询等检察业务流程再造，不断提高发现犯罪、惩治犯罪和法律监督的水平。以此为开端，检察信息化工作进入“智慧检务 4.0”初步探索期。2015 年 11 月，全国电子检务工程推进会明确提出未来 3 年检察信息化的工作目标，即按照电子检务工程总体规划和设计方案，到 2017 年年底以前，建成覆盖全国四级检察机关的司法办案、检察办公、队伍管理、检务保障、检察决策支持、检务公开和服务六大平台，形成以需求为主导、以业务为主线、以网络为基础、以应用为核心、以安全为保障的检察信息化综合体系，实现对检察工作全面全程规范化、网络化和智能化管理，并实现与有关部门的信息资源共享和实时交换。在六个平台中，这次会议明确了要着力推进的其中三大平台建设：坚持以统一业务应用系统为基础和核心，完善司法办信息平台；完善队伍教育管理信息平台，推动过硬检察队伍建设；完善检务公开和“一站式”办事服务信息平台，满足人民群众多样化司法需求。电子检务工程是国家电子政务工程的重要组成部分，是检察机关实施科技强检战略、推动检察工作科学发展的重大基础性工程，是一场影响深远的检察工作方式和管理方式的革命。

2016 年，最高人民检察院制定《“十三五”时期科技强检规划纲要》，提出“感、传、知、用、管”五位一体的智慧检务应用体系，形成新的顶层设计蓝本。此后，检察机关积极推动大数据行动和人工智能领域的试点应用。2017 年，最高人民法院下发《检察大数据行动指南（2017—2020）》，按照“需求导向、技术牵引、创新协同、开放共享、安全可靠”的总体思路，加快推进大数据及智能语音在检察机关的全面应用，以类案推送、量刑建议、决策支持等各项应用需求为“点”，以司法办案、管理决策、服务为民等业务需求为“线”，以服务深化司法体制改革和检察改革、以审判为中心的诉讼制度改革为“面”，推动“十三五”时期科技强检规划落地实施和目标实现。2017 年，检察机关陆续启动“1101 试点工程”，每项试点工作选定若干家具有代表性的省、市、县人民检察院，在最高人民检察院的统一指导下，探索“人工智能 + 检察工作”的融合模式。“1101 试点工程”中的第一个“1”，是试点维汉等双语智能语音技术应用，发挥人工智能在维护少数民族地区法治建设中的作用。“1101 试点工程”中的第二个“10”，是试点检察机关首批 10 个检察人工智能工作，包括在“智慧侦监”“智慧公诉”“智慧未检”“智慧民行”“智慧案管”等主要工作领域的应用。第一阶段，鼓励地方检察机关先行先试，由省级院牵头进行探索；第二阶段，最高人民检察院结合电子检务二期工程申报等进行推广。“1101 试点工程”中的第三个“1”，是试点建设开放式智慧检务联合创新中心，重点打造智能语音和人工智能联合创新实验室。此后，检察机关不断深化智慧检务建设，统筹研发智能辅助办案系统和管理系统，运用大数据、人工智能、区块链、云计算等现代科技，促进科技创新成果同检察工作深度融合，助力提高司法质量、效率、公信力。

三、智慧司法建设的主要成效

党的十八大以来，人民法院、人民检察院大力推进智慧司法建设，推进司法全方位变革，探索数字社会治理新模式，努力以数字正义服务数字经济高质量发展，取得了积极的成效。

从智慧法院建设情况看，人民法院构建数字时代司法新模式，为服务人民群众、服务审判执行、服务司法管理和服务国家治理提供全方位支持，推动司法审判实现质量变革、效率变革、动力变革，促进审判体系和审判能力现代化。中国建成了全球“网络覆盖最全、业务支持最多、数据资源最大、公开力度最强、协同范围最广、智能服务最新”的法院信息系统体系，并在全国各地广泛应用。贯通全国、延伸到全球用户桌面掌上的各类应用系统使干警办案、群众诉讼、大众普法、司法管理能够不受时空限制，通过在线、远程、移动、共享、可视、量化、智能等便利方式办理相应事务，其工作质量和效率得到极大提升，也减少人民群众的诉讼成本。更为重要的是，全业务网上办理、全流程依法公开、全方位智能服务的全新司法模式，支持构建了开放、动态、便民的阳光司法机制，助力破解了长期困扰法院的“执行难”，促进了司法公正、提升了司法公信。面向国家治理体系，智慧法院通过司法大数据分析服务党委政府决策，促进了法治化营商环境提升。中国法院的“互联网 + 司法”取得了举世瞩目的成绩，在线诉讼引领司法发展方向、深化司法公开促进司法公正、运用信息技术提高司法效率，为世界法治文明提供了中国方案，贡献了中国智慧。可以说，“互联网 + 司法”是新时代中国法院取得的伟大的成就之一，有力推动了中华法治文明的发展进步。回顾十年来智慧法院建设，主要成果体现在以下几个方面。

（一）推动了人民法院信息化转型升级

“十三五”时期，全国法院建设了人民法院信息化 3.0 版，建成了以“全业务网上办理、全流程依法公开、全方位智能服务”为主要特征的智慧法院。不断升级完善的法院专网、移动专网、互联网和涉密内网，构建了覆盖全国法院的信息化网络体系，建成了以一张网为代表的全要素一体化的人民法院基础设施。最高人民法院每年滚动更新的《人民法院信息化建设五年发展规划》等文件，为全国法院信息化建设提供了行动指南；编制发布的一系列技术标准、业务规范，为全国法院信息化建设有序开展打下了坚实基础。不断推进的大数据、人工智能等新技术应用和创新探索，有力推动智慧法院建设全面协调发展。业务系统建设全面发展，一站式多元解纷和诉讼服务机制基本形成，全面覆盖核心业务的审判支撑系统总体建成，执行信息化上下一体内外联动格局实质化运转，覆盖人案事的行政综合管理应用不断拓展。覆盖审判执行、司法人事、司法研究、司法政务、信息化管理、外部数据等核心数据的司法审判资源信息库全面建成，93%以上的高级法院建成本辖区司法审判资源信息库，贯通全国的数据质量管理体系已经形成，数据管理与服务能力大幅提升。2021年5月，最高人民法院发布《人民法院信息化发展五年规划（2021—2025）》，提出“打造全方位智能化、全系统一体化、全业务协同化、全时空泛在化、全体系自主化的人民法院信息化4.0版，推动智慧法院支持多元解纷、诉讼服务、审判执行、司法管理、司法决策能力水平实现新的飞跃，构建中国特色、世界领先的互联网司法新模式，创造更高水平的数字正义，为推进国家治理体系和治理能力现代化、到2025年初步形成中国特色社会主义法治体系作出新的更大贡献”，这也标志着智慧法院建设开始迈入知识中心化的发展新阶段。

（二）满足了人民群众多元司法需求

全国法院广泛应用互联网、大数据、5G、云计算、人工智能等现代科技，助力诉讼服务、诉前调解、多元化解，建成人民法院在线服务平台。通过信息化服务大厅、诉讼服务网、“12368”诉讼服务热线、电子诉讼平台、司法公开四大平台以及跨域立案系统，有效打破了诉讼的时空限制。支持全流程线上办理，为涉诉群众和公众提供了触手可及、灵活便捷的诉讼服务，并通过网上调解平台、网上信访系统，为群众理性选择纠纷解决渠道提供了便捷渠道。目前，全国98%以上的法院都建设了信息化程度较高的诉讼服务大厅和诉讼服务网,诉讼服务大厅配备自助诉讼服务终端等装备,部分法院还将诉讼服务终端延伸至基层社区。比如,江苏省徐州市泉山区人民法院于2019年4月在法院门口建立“24小时自助法院”,当事人可以在诉讼服务自助终端上刷身份证登录,按机器提示,将所有的纸质立案材料通过终端扫描上传,最后点击“确认立案”,即可以完成立案申请。[①] 此后,“24小时自助法院”逐步走入街道社区。不少法院诉讼服务网除具备诉讼指南、递交材料、网上立案、网上阅卷等常规功能外,还整合了律师服务、申诉信访、网上调解等功能。为贯彻落实习近平总书记关于“把非诉讼纠纷解决机制挺在前面”的重要指示精神,2020年,最高人民法院在全国法院组织开展“一站式”多元解纷和诉讼服务体系建设,以诉讼服务中心为主体、以各类信息化诉讼服务平台为支撑,开展“厅网线巡”立体化诉讼服务,将立案、调解、委托鉴定、送达、速裁快审等面向群众的诉讼服务集中在一个空间,可提供一站式诉讼服务,让群众走进一个门、通过一个平台就能基本解决来法院的所有问题,特别是通过移动微法院提供全天候的线上诉讼服务,让人民群众的获得感显著增强。

(三)促进了审判质量效率提升

全国法院推进审判执行核心业务网上办理,信息化、智能化支持手段不断丰富,能力不断提升。从审判工作看,全流程网上办案,促进了审判流程再造和质效提升。全国93%以上的人民法院建成电子卷宗随案同步生成系统;73%以上的案件随案生成电子卷宗,并通过大数据平台汇聚案卷信息、对接办案平台,解决了调卷等难题;庭审语音识别、简易文书智能生成、裁判文书大数据智能分析与纠错系统等智审系统,有效减轻了法官事务性工作,为公正高效办案提供了智能辅助。比如,江苏省昆山市人民法院千灯法庭在“智慧审判苏州模式”基础上,推行无纸

① 参见《“24小时自助法院”亮相!便民利民,真想多开几家》,载搜狐网,https://m.sohu.com/a/309001644-12,2022年4月22日访问。

化网上办案，立案、审理、裁判到结案归档等各环节业务均依托案件管理系统、诉讼材料收发系统等平台实行网上办理，电子卷宗随案同步生成、网上流转，办案全过程网上留痕，并将非核心审判业务、审判辅助事务集约化管理和社会化外包，推动了审判流程再造，形成了智慧审判一体化解决“苏州模式——千灯方案”。2018 年 4—10 月，千灯法庭人均结案同比上升 40.1%，案件平均审理天数缩短 6.6 天。[①] 江西法院打造“法官 e 助理”智能辅助办案平台，在案件信息、卷宗数据电子化网络化的基础上，实现电子卷宗“自动归目”，虚假诉讼和系列案、关联案自动关联，格式化程序文书、裁判文书客观事实部分“自动生成”和裁判文书主观说理部分辅助撰写，法律法规、指导案例、图书期刊“自动类推”，为法官办理核心审判环节提供智能化、一体化辅助服务。[②] 从执行工作看，上下一体、横向联通的执行指挥管理平台，具备 20 项管理功能，实行“扁平化、集约化、可视化”管理，促进了联动指挥、高效执行；全国统一部署的执行案件信息管理系统，为加强执行监督提供了有力武器；以最高人民法院“总对总”为主体、地方法院“点对点”为补充的执行查控系统，在破解查人找物难题上发挥了巨大作用；网络司法拍卖系统，有力化解了财产“变现难”，压缩了“暗箱操作”的空间。比如，2020 年，北京市高级人民法院建立不动产线上查封系统，与市规划和自然委员会采用系统对接的方式推行“网上办理不动产查封登记”，实现了网上查封、续封和解封不动产；广东省江门市中级人民法院开发运行“执行案款虚拟账户快速申领系统”，执行款自动进入申请执行人名下，有效破解了当事人执行领款往返多、流程繁、耗时久的难题，减少疫情期间人

---

① 参见“智慧审判”千灯方案课题组：《无纸化办案的“苏州模式——千灯方案”》，载陈甦、田禾主编：《中国法院信息化发展报告（2019）》，社会科学文献出版社 2019 年版，第 179～181、196 页。

② 参见江西法院“法官 e 助理”课题组：《法官办案智能化、团队化的加速器——江西法院“法官 e 助理”平台建设应用报告》，载陈甦、田禾主编：《中国法院信息化发展报告（2020）》，社会科学文献出版社 2020 年版，第 82 页、第 87 页、第 88 页。

员出行。[①]

（四）推动了人民法院司法改革进程

全国法院通过推行在线审理机制，在重点城市设立互联网法院，探索“网上案件网上审理”机制，推进司法全流程网络化，打造了线上线下并行的诉讼模式。最高人民法院健全在线司法规则，在全球率先出台在线诉讼、在线调解、在线运行“三大规则”，探索建立了中国特色社会主义司法规则体系，推动了诉讼制度的转型升级。通过运用司法大数据分析，促进了管理的科学化、决策精准化。人民法院大数据管理和服务平台实时收集全国法院收结案数据，每日汇聚数据。截至2021年年底，共汇聚2.18亿起案件数据，为开展精准分析、提升分析研判的及时性、全面性和丰富性创造了条件，高效快捷支持审判态势分析，为应对人少案多的矛盾、确保审判执行工作有序开展提供了保障。近年来，最高人民法院审判管理办公室起草全国法院审判态势分析报告，报告数据均源于大数据管理和服务平台。从地方法院看，江苏省高级人民法院审判管理部门每季度向院党组作全省法院审判执行运行态势分析报告，分析研判审判执行工作总体态势，深挖数据反映的问题和引起数据变化的深层次原因，提供决策参考依据。面对放权和监督有所脱节的问题，推动从完善信息系统和管理机制入手，实现了每起案件各个环节均在网上运行、全程留痕，办案过程中所涉及的案件信息，全面、真实、准确地录入网上办案系统，并通过风险预警、公开透明、监督建议等手段，充分发挥管控作用，促进监督程序化。比如，四川省宜宾市中级人民法院构建“全院全员全程监督管理系统”，以涉众涉稳、疑难复杂、类案冲突、违法审判等“四类案件”监管和“敏感案件”自动识别预警、专业法官案件“会审”、业绩考核为着力点，实现了特殊案件智能识别标注、上下级法院层级预警、立审执全程监管、重要流程节点跟踪控制、监管信息全程留痕、

---

① 中国社会科学院法学研究所法治指数创新工程项目组：《中国法院“智慧执行”第三方评估报告（2020）》，载陈甦、田禾主编：《中国法院信息化发展报告（2021）》，社会科学文献出版社2021年版，第66页、第68页。

相关案件自动检索、数据统计查询等功能，推动了审判管理的清单化、组织化、平台化行权，使审判团队的自律管理、庭长的主责管理、审管办的专责管理、综合部门的协同管理变得看得见、摸得着。[①]

（五）促进了“阳光司法”机制建设

“正义不仅应当实现，而且要以公众看得见的方式实现”[②]。司法公开的程度越高，司法的公信力也就越高。信息技术突破了传统司法公开手段的时空和容量限制，为司法透明提供了必要的技术条件、平台载体。最高人民法院建成审判流程、庭审活动、裁判文书、执行信息四大公开平台，支持构建开放、动态、透明、便民的阳光司法机制，推动司法公开达到前所未有的广度和深度，在满足人民群众的知情权、参与权、表达权和监督权，倒逼法官提升司法能力、改进司法作风，弘扬法治精神、讲好中国故事等方面，发挥了重要作用，赢得了广泛赞誉。截至 2021 年年底，中国裁判文书网公开裁判文书超过 1 亿篇；中国庭审公开网直播庭审近 1700 万场，成为全球最大的司法信息公开资源库；审判流程有效公开率达到 99% 以上。

（六）服务保障了社会治理

人民法院的案件情况，一定程度上是国家经济社会发展的“晴雨表”。近年来，智慧法院建设应用不仅在促进审判体系和审判能力现代化中发挥了重要作用，也在促进国家治理体系和治理能力现代化中发挥了积极作用。最高人民法院于 2016 年 11 月成立中国司法大数据研究院，负责对大数据管理和服务平台的数据进行运用、加工和增值，通过一系列司法大数据专题研究工作，为加强国家治理体系和治理能力现代化提出意见建议。截至 2020 年年底，该院累计完成 860 余份司法数据专

---

① 参见宜宾法院“全院全员全程”监督管理课题组：《新型审判监督管理应用创新探索——以宜宾法院“全院全员全程”监管平台为例》，载陈甦、田禾：《中国法院信息化发展报告（2020）》，社会科学文献出版社 2020 年版，第 123～132 页。

② ［英］丹宁勋爵：《法律的正当程序》，李克强、杨百揆、刘庸安译，法律出版社 2011 年版，第 23 页。

题分析报告，其中高空坠物伤人案件分析报告，推动了相关法律的制定和完善。[①] 同时，地方法院也进行了有益探索，比如，江苏省高级人民法院研发全国首个“套路贷”虚假诉讼智能预警系统，通过人员分析、案件分析、重点关注、态势分析、人群画像、工作成果等核心模块，服务法官甄别“套路贷”虚假诉讼，服务金融领域专项治理和扫黑除恶专项斗争大局，维护了当事人合法权益和人民群众财产安全，受到省相关部门领导充分肯定。[②] 近年来，人民法院在以信息化建设服务数字经济健康发展方面，出台了一系列举措，推进互联网审判专业化建设；同时，完善配套工作机制，推进司法工作与社会治理深度融合，推动矛盾纠纷源头化解。比如，2019 年，江苏省宿迁市中级人民法院依托“江苏微解纷”在线调解平台，将调解组织和调解人员等各类解纷资源集成起来，将协商、评估、调解、诉讼等解纷方式对接起来，将委派调解、司法确认、立案、速裁快审等流程贯通起来，拓展在线多元解纷辐射力，重塑解纷格局，形成纵横联动、开放融合、集约高效的纠纷解决网络。截至 2021 年年底，全市法院民事行政案件万人起诉率持续下降。[③]

从智慧检务建设情况看，2018 年以来，电子检务工程在全国检察机关全面实施，科学技术在检察机关的应用的深度和广度不断拓展，信息化工作在破解检察机关法律监督偏软问题、提高检察决策质量、提升检察人员素质等方面，发挥了重要作用。特别是统一业务应用系统、电子卷宗系统等司法办案类应用陆续上线运行后，实现了对全国四级检察机关办理的各类案件数据的全面采集，涵盖的司法办案、检察办公、服务管理、检务保障等各类检察数据资源进一步充实，大数据应用不断拓展。

---

① 参见许建峰、孙福辉、陈奇伟：《智慧法院体系工程概论》，人民法院出版社 2021 年版，第 60 页。

② 参见江苏省高级人民法院审判管理与信息技术处：《江苏法院“套路贷”虚假诉讼智能预警系统助力防范打击虚假诉讼》，载孙福辉主编：《智慧法院优秀案例选编》，人民法院出版社 2021 年版，第 124 ~ 136 页。

③ 参见《聚焦两会：一图读懂宿迁法院工作报告》，载网易号，https://3g.163.com，2022 年 5 月 31 日访问。

2021 年,检察机关业务应用系统 2.0 版上线,并建设检察办案大数据平台,网上办案迭代升级,有力推动了检察工作公正高效开展。

四、智慧司法建设的前景展望

加强智慧司法建设,是深入贯彻习近平法治思想、坚持中国特色社会主义司法制度的必然要求,是运用信息技术手段促进司法体系和司法能力现代化的重要举措和必由之路,是营造市场化法治化国际化营商环境、服务高质量发展、推进国家治理体系和治理能力现代化的重要举措。

大数据时代,是名副其实的“信息社会”。[①] 在以大数据和云计算为驱动力的一次可能的工业革命中,大数据影响的范围绝不仅限于信息产业以及与其紧密相关的产业,而是使所有的行业都面临巨变;大数据所带来的将是新生产力的巨大释放和从理念到实践颠覆性的变化。[②] 随着信息技术与司法工作加速融合,互联网司法已经成为人民司法的重要方式和发展方向。面对信息技术发展浪潮,智慧司法建设要更加注重科技引领、创新驱动,充分运用最新信息技术,推进现代科技与法院工作深度融合;要紧紧围绕“服务”做文章,善于将科学技术发展的最新成果运用到司法工作中,充分利用信息化服务人民群众、服务审判执行、服务司法管理,全方位提升信息化应用水平;要更加突出“实用性”,坚持需求导向,通过智能开发与应用,让办案人员感受到信息技术带来的实惠,让他们觉得实用、好用、管用,减轻工作负担,提高司法效率;要更加突出信息化建设的“便捷性”,在软件开发、数据运用、智能服务等方面,坚持用户导向,让司法人员便于接受、便于学习、便于应用,使信息技术第一时间转化为生产力;要坚持问题导向,围绕司法工作中遇到的困难和问题,关注办案人员的“痛点”,积极寻求信息化解决方式。总体上看,智慧司法发展趋势,在于有效释放大数据价值,以人工智能深入应用推进司法

---

① [英]维克托·迈尔-舍恩伯格、[英]肯尼思·库克耶:《大数据时代——生活、工作与思维的大变革》,盛杨燕、周涛译,浙江人民出版社 2013 年版,第 239、243 页。

② 参见周涛:《为数据而生大数据创新实践》,北京联合出版公司 2016 年版,第 39 页。

服务、执法办案、司法管理“智能化”，以综合集成促进协同联动“一体化”，以 5G 技术加速服务“泛在化”，以区块链技术推动跨界应用“融合化”，以系统优化大幅度提高用户体验实现应用“便捷化”。[①]

当前，数字经济正在成为重组全球要素资源、重塑全球经济结构、改变全球竞争格局的关键力量。我国信息化建设正处于向全面数字化迈进的新阶段。以习近平同志为核心的党中央高度重视发展数字经济，实施网络强国战略和国家大数据战略，建设数字中国、智慧社会，积极推进数字产业化和产业数字化，充分发挥数字技术、数字经济在促进经济社会发展方面的重要作用。根据 2021 年全球数字经济大会的数据，我国数字经济的规模已经连续多年位居世界第二。对于司法机关而言，新的产业发展到哪里，法律服务和保障就要跟进到哪里，积极营造良好的数字法治环境。同时要看到，党中央高度重视数字政府建设。2022 年 4 月 19 日，习近平总书记主持召开中央全面深化改革委员会第二十五次会议，审议通过了《关于加强数字政府建设的指导意见》。习近平总书记在主持会议时强调，要全面贯彻网络强国战略，把数字技术广泛应用于政府管理服务，推动政府数字化、智能化运行，为推动国家治理体系和治理能力现代化提供有力支撑。会议指出，加强数字政府建设是创新政府治理理念和方式的重要举措，对加快转变政府职能、建设法治政府、廉洁政府、服务型政府意义重大。会议强调，要把坚持和加强党的全面领导贯穿数字政府建设各领域各环节，坚持正确政治方向；要把满足人民对美好生活的向往作为数字政府建设的出发点和落脚点，打造泛在可及、智慧便捷、公平普惠的数字化服务体系，让百姓少跑腿、数据多跑路；要以数字化改革助理政府职能转变，统筹推进各行业各领域政务应用系统集约建设、互联互通、协同联动，发挥数字化在政府履行经济调节、市场监管、社会管理、公共服务、生态环境保护等方面职能的重要支撑作

① 参见许建峰、孙福辉、陈奇伟：《智慧法院体系工程概论》，人民法院出版社 2021 年版，第 475～497 页。

用,构建协同高效的政府数字化履职能力体系;等等。[1] 这次会议,全面部署了加强数字政府建设目标任务,也为下一阶段智慧司法建设指明了前进方向。

对于党中央关于数字政府建设的决策部署,司法机关作出迅速响应。2020 年 4 月 20 日,时任最高人民法院院长周强在最高人民法院网络安全和信息化领导小组会议上强调,要抢抓新一轮信息技术革命机遇,坚持问题导向和需求导向,全面深化智慧法院建设,推进审判体系和审判能力现代化,推动司法数字化、智能化,更好服务审判执行、服务人民群众、服务经济社会发展。2020 年 5 月 23 日,最高人民法院印发《关于加强区块链司法应用的意见》,贯彻落实习近平总书记关于积极推动区块链技术为人民群众提供更加智能、更加便捷、更加优质的公共服务的重要指示精神,大力推动区块链技术与多元解纷、诉讼服务、审判执行和司法管理工作深度融合,积极应用区块链平台服务社会治理、优化营商环境、加强诚信体系建设、防范化解重大风险、支持构建新发展格局,努力创造更高水平的数字正义。2020 年 5 月 26 日下午,由中国最高人民法院主办、浙江省高级人民法院承办的数字经济法治论坛开幕,时任最高人民法院院长周强在致辞中表示,中国法院将始终坚持深入贯彻习近平外交思想和习近平法治思想,深化与各国司法机关交流合作,共同提升数字经济司法治理水平,为推进各国数字法治建设和完善全球数字治理体系、推动构建人类命运共同体贡献智慧和力量。

信息化是持续动态优化的过程,不可能一蹴而就。回顾过去,我国智慧司法建设取得前所未有的进展;展望未来,方兴未艾的大数据、云计算、区块链和人工智能为进一步深化智慧司法提供了良好机遇。在中国共产党的坚强领导下,紧跟全面依法治国的发展步伐,适应信息时代的发展趋势,智慧司法建设仍然大有可为,也必然大有作为。

---

① 参见《中央全面深化改革委员会第二十五次会议》,载百度百科网,https:/baike. baidu. com,2022 年 5 月 9 日访问。

第二十一章　以司法能力现代化为目标的政法队伍建设

从某种意义上说，人的现代化是整个现代化进程中最为重要的部分。因此，新时代中国式司法现代化必须将提升政法队伍的现代化素质水平作为重要任务和重要目标。

党的十八大以来，习近平总书记对做好新形势下政法队伍建设作出一系列重要指示，为在新的历史起点上开创政法队伍建设工作新局面指明了方向。2017 年 1 月，中共中央印发了《关于新形势下加强政法队伍建设的意见》，明确了新形势下政法队伍建设的指导思想、目标任务，提出了加强和改进政法队伍建设的政策措施。全国政法干警认真学习贯彻习近平总书记系列重要讲话精神和治国理政新理念新思想新战略，紧紧围绕维护社会大局稳定、促进社会公平正义、保障人民安居乐业的总任务，牢牢把握政治过硬、业务过硬、责任过硬、纪律过硬、作风过硬的总要求，坚持中国特色社会主义政法队伍正规化、专业化、职业化方向，深入推进思想政治、业务能力、纪律作风建设，努力做到信念坚定、执法为民、敢于担当、清正廉洁，政法队伍建设水平迈上新的台阶。

一、政法队伍建设在司法现代化进程中的重要地位

政法队伍是捍卫党的领导和人民民主专政国家政权的重要力量。长期以来，在党中央坚强领导下，全国政法机关和广大政法干警无私奉献、顽强拼搏，为维护国家安全和社会稳定、维护社会公平正义、保障人民安居乐业作出了重要贡献。习近平总书记深刻指出，政法队伍肩负责任重、掌握权力大、面临诱惑多，必须打造一支纪律严明、行为规范、作风优良的政法铁军。政法机关是维护社会公平正义的最后一道防线，政法队伍不纯洁甚至出现害群之马，执法司法不公正，其影响恶劣、危害极大，严重损害党和政府形象，人民群众对此深恶痛绝。习近平总书记强调："政法机关是老百姓平常打交道比较多的部门，是群众看党风政风的一面镜子。如果不努力让人民群众在每一个司法案件中都感受到公平正义，人民群众就不会相信政法机关，从而也不会相信党和政府。"①习近平总书记的重要论述表明了政法队伍在保证国家安全、社会稳定方面所起的重要作用和担负的重要使命。

从司法现代化的意义上看，政法队伍即司法机关工作人员队伍，是司法体系的重要组成部分，又是司法能力的重要载体。作为国家治理体系组成部分的司法体系要实现现代化，并具备现代化的司法能力，政法队伍必须根据新时代中国特色社会主义司法制度的目标进行现代化建设，不断提高政法队伍的现代化素质水平。没有现代化的政法队伍，不可能有现代化司法能力，或者说不可能实现司法能力现代化。因此，新时代政法队伍建设，是新时代中国式司法现代化的重要内容、重要实践，是司法现代化建设总体任务中极为重要的一部分。

---

① 习近平：《论坚持全面依法治国》，中央文献出版社 2020 年版，第 46 页。

二、政法队伍现代化建设的基本要求

再科学的法规也必须由高素质的人来执行,只有拥有一支优秀的政法队伍,才能实现全面依法治国。新时代背景下,加强政法队伍建设,核心是要按照习近平总书记强调的政治过硬、业务过硬、责任过硬、纪律过硬、作风过硬的“五个过硬”要求,努力建设一支信念坚定、执法为民、敢于担当、清正廉洁的政法队伍。

(一)政治过硬

政治过硬就要始终坚持党的领导。在2014年中央政法工作会议上,习近平总书记指出:“政法战线要旗帜鲜明坚持党的领导。”政法人员要坚决服从党的领导、听从党的指挥,无论在任何时候、任何情况下,都与党中央保持高度一致。严格遵守党的纪律特别是政治纪律,做到有令必行、有禁必止。要主动接受、紧紧依靠党委的领导,对于事关党的大政方针,政法工作的重大部署、重大事项、重大问题、重大敏感事件,要及时请示汇报,确保党管政法的原则落到实处。在2015年中央政法工作会议上,习近平总书记指出:“要加强和改进对政法工作的领导,选好配强政法机关领导班子,不断提高政法队伍思想政治素质和履职能力,培育造就一支忠于党、忠于国家、忠于人民、忠于法律的政法队伍,确保刀把子牢牢掌握在党和人民手中。”在2016年中央政法工作会议上,习近平总书记又强调:“各级党委要深入分析社会稳定形势新变化新特点,担负起维护一方稳定的政治责任,加强和改善对政法工作的领导,选好配强政法机关领导班子。”习近平总书记上述重要指示的核心要求就是,政法队伍要始终坚持党的领导,政治过硬,才能永葆忠于党、忠于国家、忠于人民、忠于法律的政治本色。

(二)业务过硬

政法机关要担负起维护社会大局稳定、保障人民安居乐业的重任,就要注重能力建设,打造一支业务过硬的政法队伍。首先,业务过硬就要不断提高执法能力。要不断提高政法队伍运用法治思维和法治方式开展工作、破解难题的能力，做到既守住政策法律底线，不以牺牲法律为代价换取一时一事的解决，又正确处理维稳与维权、秩序与活力的关系，使每一起案件的办理、每一件事情的处理体现公平正义、维护群众合法权益。在 2013 年全国政法工作会议上，习近平总书记要求："进一步提高执法能力，进一步增强人民群众安全感和满意度，进一步提高政法工作亲和力和公信力，努力让人民群众在每一个司法案件中都能感受到公平正义，保证中国特色社会主义事业在和谐稳定的社会环境中顺利推进。"其次，业务过硬就要不断提高群众工作能力。在 2014 年中央政法工作会议上，习近平总书记指出："要处理好维稳和维权的关系，要把群众合理合法的利益诉求解决好，完善对维护群众切身利益具有重大作用的制度，强化法律在化解矛盾中的权威地位，使群众由衷感到权益受到了公平对待、利益得到了有效维护。"有效地维护群众合理合法的权益，需要执法者和司法者的能力和智慧。司法人员在案件办理的同时，要探究引发社会矛盾冲突的根源，并提出合理的建议，消解社会矛盾于无形，促进社会和谐，保障人民安居乐业。最后，业务过硬就要不断提高舆论引导能力。新媒体的快速发展，不断改变着社会舆论的生成、存在与传播方式，不断对既有的社会管理模式提出新的挑战。这就对政法队伍的舆论引导能力提出了新要求。2014 年 2 月 27 日，在中央网络安全和信息化领导小组第一次会议上，习近平总书记指出："做好网上舆论工作是一项长期任务，要创新改进网上宣传，运用网络传播规律，弘扬主旋律，激发正能量，大力培育和践行社会主义核心价值观，把握好网上舆论引导的时、度、效，使网络空间清朗起来。"政法队伍在执法中要善于与媒体沟通，加深对新闻、网络规律的理解和把握，有效引导舆论。

（三）责任过硬

政法队伍要履行好维护社会大局稳定、促进社会公平正义、保障人民安居乐业的职责使命，就要有过硬的责任意识。在 2014 年中央政法工作会议上，习近平总书记指出："政法队伍尤其要敢于担当。俗话说'养兵千日，用兵一时'，对政法队伍来说则是'养兵千日，用兵千日'，面对重大政治考验,必须旗帜鲜明、挺身而出,绝不能当'骑墙派';面对歪风邪气,必须敢于亮剑、坚决斗争,绝不能听之任之;面对急难险重任务,必须豁得出来、顶得上去,绝不能畏缩不前。要敢于在对敌斗争最前沿、维护稳定第一线去迎接挑战,到条件艰苦、情况复杂、矛盾集中的地方去破解难题,在奋斗和奉献中实现人生价值,赢得人民群众信任和支持。"敢于担责就是要忠诚履责、尽心尽责,强化政治担当,面对大是大非的政治考验,能够旗帜鲜明、挺身而出,坚定不移地做中国特色社会主义事业的建设者、捍卫者。

(四)纪律过硬

纪律严明是我国政法队伍的光荣传统和政治优势。在2015年中央政法工作会议上,习近平总书记指出:"要坚持从严治警,严守党的政治纪律和组织纪律,坚决反对公器私用、司法腐败,着力维护社会大局稳定、促进社会公平正义、保障人民安居乐业。"正人先正己,政法干警要严格用制度管人管事管权,深入推进政法机关党风廉政建设和反腐败斗争,坚持司法为民、公正司法不动摇,大力宣传先进典型与严肃查处违法违纪问题并重,努力提高政法队伍建设科学化、制度化水平,让政法队伍越来越纯洁。纪律过硬还要健全纪律执行机制。在2014年中央政法工作会议上,习近平总书记强调:"要加强纪律教育,健全纪律执行机制,以铁的纪律带出一支铁的政法队伍。"要严格纪律约束,进一步健全各项执行法规的规章流程,要加强对权力运行的制约监督,把执行权力关进制度规程的笼子里,从源头上防止执行中的不正之风。

(五)作风过硬

作风过硬是政法队伍完成职责使命的重要保障。在全面从严治党,深入推进党风廉政建设和反腐败建设的进程中,政法队伍更要不断净化自己,确保作风过硬。要深入查摆和坚决纠正"四风"方面存在的突出问题,真正对作风之弊、行为之垢来一次大排查、大检修、大扫除。要强化群众观念,通过深入开展群众路线教育实践活动,使广大政法干警自觉把群众观点深深植根于思想中,把执法为民的观念深深铭刻在灵魂中。要突出民意导向,着力解决影响社会稳定、影响群众安全感以及执法不严、司法不公、司法腐败等群众反映强烈的突出问题，努力促进干警清正、队伍清廉、司法清明。

政法队伍坚持政治过硬、业务过硬、责任过硬、纪律过硬、作风过硬，才能坚持党的事业至上、人民利益至上、宪法法律至上，永葆忠于党、忠于国家、忠于人民、忠于法律的政治本色，这也是新时代政法队伍应当具备的现代化素质。

三、政法队伍建设面临的形势和任务

政法机关是捍卫国家政权之重器、执法司法之公器、维护稳定之利器。政法队伍是和平年代奉献最多、牺牲最大的队伍，是国家安全、社会稳定、人民安宁的护卫者。当今世界百年未有之大变局加速演变，在全面建设社会主义现代化国家新征程上，我国发展既面临前所未有的机遇，也面临前所未有的挑战，这对政法工作提出了新要求。打造一支忠诚干净担当的政法铁军，是政法系统队伍建设的一贯要求。新时代面临新问题，政法队伍建设在政治、纪律、能力水平等方面也面临一系列新要求，这给队伍现代化建设提出了挑战。

一是政治忠诚有待进一步筑牢。忠诚是思想的基础，是正确履职的关键，因此，筑牢政治忠诚是政法队伍现代化建设面临的基础性问题，是首先需要面对和解决的重大原则性问题。一方面，新时代要求政法干警具有更高的政治素质；另一方面，违反政治纪律和政治规矩的情况仍有发生。极少数政法领导干部对党不忠诚不老实、当“两面人”，给党和人民事业造成严重危害。近年来，查出的李东生、孟宏伟、马建、孙力军、傅政华等严重违纪违法案件，触目惊心、教训深刻。针对被查处的某些重点人物和暴露出的突出问题，肃清“流毒”有必要持续深入开展。肃清“流毒”是手段，筑牢忠诚是目的。在新时代新形势下，持续加强政治建设，实现政法干警政治素养的全面有效提升，是我们面临的重要任务。

二是违纪违法问题仍然突出。党的十八大以来，虽然我们党对违纪违法问题始终采取零容忍态度，但政法系统违纪违法问题仍较为突出，仍有一批人不收敛不收手。在为期3年的扫黑除恶专项斗争中，全国共立案查处涉黑涉恶腐败和充当“保护伞”的政法干警4.65万人，约占查处总数的40.16%。在个别地方，正是由于少数政法干警徇私枉法、执法犯法，导致黑恶势力逐步坐大成势，不少政法干警因此受到党纪国法严惩。一些典型案件背后潜藏着执法司法不严、不公、不廉等深层次问题，政治问题和经济问题交织，传统腐败和新型腐败交织，腐败问题和不正之风交织，严重削弱政法机关的公信力，严重损害党和政府形象。政法队伍的不正之风、突出问题如果不及时解决，就可能导致系统性、垮坝性的问题。违纪违法问题不是一朝一夕形成的，都会经历一个过程。这个过程有长有短，因人而异，但都有一个萌芽期，这是思想转变的开始。如何在萌芽期阻止思想的转变，防止腐化堕落？如何更有效地多措并举预防腐败？如何更有效地发现和查处腐败行为？如何更好地“惩处极少数、教育大多数”？这些都是摆在政法队伍现代化建设面前的现实问题。

三是政法队伍作风建设与人民群众的期盼还有差距。政法机关承载着人民群众对安全、公平、正义等的殷切期盼。政法队伍中违纪违法问题对社会公平正义的损害尤为严重，极少数政法干警徇私枉法、执法犯法、有案不立、压案不查、有罪不纠，搞“纸面服刑”“提钱出狱”等腐败问题和不正之风，人民群众对此深恶痛绝。习近平总书记指出，对执法司法状况，人民群众意见还比较多，社会各界反映还比较大，主要是不作为、乱作为特别是执法不严、司法不公、司法腐败问题比较突出。有的政法机关和干警执法随意性大，粗放执法、变通执法、越权执法问题比较突出，要么有案不立、有罪不究，要么违规立案、越权管辖；有的滥用强制措施，侵犯公民合法权益；有的办关系案、人情案、金钱案，甚至徇私舞弊、贪赃枉法；等等。这些问题，不仅严重败坏政法机关形象，而且严重损害党和政府形象。[①] 同时，当前政法队伍在纪律作风方面还存在不少问

---

① 参见中共中央文献研究室编：《习近平关于全面依法治国论述摘编》，中央中央文献出版社2015年版，第70～71页。

题,一些地方政法干警"微腐败""轻违纪"等问题突出。这些问题破坏社会公正、损害群众利益、伤害群众感情,人民群众反映强烈。让人民群众在每一个司法案件中感受到公平正义,是政法队伍现代化建设最重要的目标。

四是队伍能力素质尚有差距。政法战线要履行好神圣职责使命,不仅要有政治过硬的铁脊梁、敢于担当的宽肩膀,还要有善于成事的真本领。随着政法干警学历水平和专业水平的不断提高,以及在职在岗教育的不断加强,政法队伍的整体能力素质相较以往有了明显提高。面对国内外形势新变化和高质量发展新要求,政法队伍在理念观念、法律素养、业务能力等方面还存在不少不适应,特别是自觉服务党和国家工作大局、预测预警预防各类风险、应对复杂情况驾驭复杂局面等意识和能力有待提高。当前社会环境日趋复杂多变,各类矛盾问题随之不断涌现,政法队伍能否适应新形势、能否胜任新要求、能否解决新问题,都是政法队伍现代化建设亟待回答的问题。新时代呼唤新作为,作为新时代政法铁军,能力水平有待进一步提高,担当作为也有待进一步加强。

四、作为司法现代化建设重要举措的政法队伍教育整顿

2020 年 7 月至 2021 年 12 月,全国政法队伍教育整顿渐次铺开,300 余万名政法干警闻令而动,接受了一次刻骨铭心的革命性锻造与洗礼,在政法队伍建设史上留下了厚重的一笔。习近平总书记在中央政治局常委会会议审议《中共中央关于开展全国政法队伍教育整顿的意见》时发表重要讲话,充分肯定政法队伍主流是好的,也深刻指出政法队伍存在的突出问题。开展政法队伍教育整顿,就是要发扬彻底的革命精神,针对执法司法权运行的特殊性,紧扣扫黑除恶暴露出来的深层次问题,坚持全链条发力、全系统整治,刀刃向内、刮骨疗毒,向一切侵蚀党肌体健康的问题开刀,坚决清除害群之马,彻底整治顽瘴痼疾,确保政法队伍忠诚干净担当。全国政法队伍教育整顿坚持问题导向、敢于动真碰硬、清除积弊沉疴,标准之高、要求之严、力度之大前所未有,取得了重大成

果,达到了预期目的,全国政法干警接受了一次刻骨铭心的革命性锻造与洗礼,政法队伍整体面貌焕然一新,为新时代开创党的政法事业新局面提供了坚强组织保证。

一是忠诚根基持续筑牢。坚持把党史学习教育与政治教育、警示教育、英模教育融合推进并贯穿始终,以举办省部级、厅局级政法领导干部学习贯彻习近平法治思想专题研讨班为示范引领,带动全战线全覆盖开展政治轮训,教育引导广大干警深学笃用习近平新时代中国特色社会主义思想,深入学习贯彻习近平法治思想,认真学习贯彻党的十九届六中全会精神,增强“四个意识”,坚定“四个自信”,做到“两个维护”,深入学习领会“两个确立”的决定性意义,进一步打牢了忠诚纯洁可靠的思想根基。各省(区、市)党委书记与省级政法单位班子成员集体谈心谈话,3200 多位市县党委书记为干警讲授专题党课,各级纪委书记、纪检组长作廉政报告 1 万余场。各级政法机关组织干警到红色纪念馆、革命老区参观见学 1.2 万场次,组织到庭审、监狱、看守所“第一现场”开展警示教育,有效增强了学习教育效果。综合运用严查腐败、肃清“流毒”、纪律整肃、组织调整、干部交流等“一揽子”治理措施,政治生态持续改善。

二是害群之马有力清除。坚持宽严政策攻心与重点案件线索攻坚齐头并进,坚决查处了一批对党不忠诚、不老实的“两面人”,以及徇私枉法、执法犯法、充当黑恶势力“保护伞”、不作为乱作为的反面典型,有力维护了政法队伍肌体健康。仅第一批教育整顿期间,全国就运用监督执纪“四种形态”处理处分违纪违法政法干警 178,431 人;19,847 名干警主动投案;立案审查调查 49,163 人,采取留置措施 2875 人,移送司法机关 1562 人。从案发情况来看,主动投案成为不少违纪违法政法干部的选择,充分反映出政法系统教育整顿“自查从宽、被查从严”政策引导及高压反腐带来的持续震慑作用。

三是顽瘴痼疾有效整治。第一批政法队伍教育整顿聚焦“六大顽瘴痼疾”,第二批聚焦四大方面问题,精准发力、彻查彻治,实现顽瘴痼疾清仓见底,解决了一大批执法不公正、司法不廉洁、遇事不担当问题。截至 2021 年 7 月 31 日,全国排查认定顽瘴痼疾问题 66.4 万件,整改 63.6 万件。

四是建章立制成效显著。中央和省级政法机关对第一批教育整顿暴露出来的问题进行系统梳理,集成基层有效经验,修改完善制度机制,补短板、堵漏洞,推动深层次问题标本兼治。全国教育整顿办研究制定正风肃纪、素能提升、顽疾整治、执法司法制约监督、暖警爱警等方面制度机制。中央政法机关出台条线指导政策和制度 150 余项,省级政法机关配套衔接实施办法,层层抓好刚性执行,管人管事管权的制度笼子进一步织密扎牢。比如,针对执法司法人员与律师不正当接触交往问题,最高人民法院、最高人民检察院、司法部联合印发《关于建立健全禁止法官、检察官与律师不正当接触交往制度机制的意见》《关于进一步规范法院、检察院离任人员从事律师职业的意见》,进一步细化了法官、检察官与律师接触交往负面清单,完善了法院、检察院离任人员在律师事务所从业制度机制。针对政法干警亲属违规从业问题,最高人民法院、最高人民检察院、公安部、司法部相继出台干警亲属的"禁业清单",细化明确政策界限,突出监管重点,确保执法司法权力公正廉洁行使。

五是英模精神鼓舞斗志。深入挖掘不同层次不同类别的政法先进典型,组织"双百"政法英模选树宣传活动,选树了"守望忠诚的国安英雄"陈昕茹、"在大墙内燃烧火热青春"的张文博、"新时代坚守公平正义"的施净岚、"用生命守护平安的好局长"潘东升、"让正义永不低头"的周春梅、"把毕生奉献给党和人民公安事业"的崔道植等一批事迹可信、形象可亲、品格可敬、精神可学的政法英模和先进典型,组织新时代政法英模先进事迹报告会、致敬政法英模专题电视节目、政法英模年度巡礼等专题活动,充分展现政法队伍时代风采,激励广大政法干警忠诚履职、担当作为,圆满完成了庆祝中国共产党成立 100 周年、党的十九届六中全会安保维稳和疫情防控、抢险救灾等重大任务,有力维护了国家安全和社会稳定。

六是人民群众高度评价。坚持以人民为中心,把人民满意作为教育整顿的出发点和落脚点,真正让人民群众参与、受人民群众监督、由人民群众评判。举行开放日活动,邀请党代会代表、人大代表、政协委员、基层群众等召开座谈会,征集群众意见建议。扎实开展"我为群众办实事"和"我为基层解难题"实践活动,立足主责主业,突出政法特色,中央政法机关推出重点项目 222 项,各级政法机关出台为群众办实事项目 11.3 万余项,解决群众急难愁盼问题 326 万余件。各地出台护航高质量发展制度措施 1.2 万余项,推出一批"马上办、就近办、网上办"的政法服务项目,真正做到"民有所呼、我有所应"。人民群众在教育整顿中看到了变化,得到了实惠,切身感受到公平正义就在身边。

全国政法机关通过开展教育整顿,有力推动了政治生态进一步优化、纪律作风进一步好转、素质能力进一步增强、执法司法公信力进一步提升。人民网统计显示,2021 年前 11 个月,人民群众对涉法涉诉案件和政法系统工作作风的投诉分别下降 28.1%、23.6%。2021 年年底,国家统计局组织开展的全国群众安全感调查结果显示,2021 年全国群众安全感为 98.62%,近 5 年持续保持高位,比 2020 年提升了 0.2 个百分点。20 个省(区、市)群众安全感超过 98.5%。与 2020 相比,24 个省(区、市)群众安全感有所提升,分别提升了 0.01 ~ 0.62 个百分点。这些数据也充分说明,人民群众对政法干警工作作风的转变有着非常直观的感受,只要我们真心做到司法为民,人民群众就会看在眼里、记在心里。①

实践证明,以习近平同志为核心的党中央作出开展政法队伍教育整顿的重大决策高瞻远瞩、英明果断,契合打造新时代政法铁军要求,顺应人民意愿,彰显法治权威,是新时代党的自我革命理论在政法战线的具体实践和有益探索,越来越显示出其重大现实意义和深远历史意义。

---

① 参见姬忠彪:《德高怀远无私为政——深入学习习近平总书记关于全面从严治党重要论述》,载《人民法院报》2022 年 3 月 24 日,第 5 版。

五、常态化推进政法队伍现代化建设

习近平总书记在党的二十大报告中要求坚持严管与厚爱相结合，加强对干部全方位管理和经常性监督。[①] 全面从严管党治警永远在路上，丝毫不能放松。造就一支现代化的新时代中国政法队伍，不可能仅仅通过集中教育整顿实现。为此，需要常态化推进政法队伍建设，将提升政法队伍的现代化素质作为长期任务，常抓不懈。

第一，始终把政治建设摆在政法队伍建设首位。持续加强党的政治建设，拥护“两个确立”，增强“四个意识”，坚定“四个自信”，做到“两个维护”。严格落实重大事项请示报告制度，健全政治轮训、整治督察制度，始终在思想上政治上行动上同以习近平同志为核心的党中央保持高度一致。把学习贯彻习近平新时代中国特色社会主义思想作为终身必修课，积极推进全覆盖教育培训、全干警系统学习。深入学习习近平法治思想，自觉用以武装头脑、指导实践、推动工作。深入学习贯彻党的十九届六中全会精神，推动党史学习教育常态化长效化，教育引导广大干警传承红色基因、弘扬伟大建党精神，增加历史自信、增进团结统一、增强斗争精神，敢于斗争、善于斗争。严格遵守政治纪律和政治规矩，不断提高政治判断力、政治领悟力和政治执行力。主动从政治上把握、考量和推动工作，保持思想和工作的正确方向，保持思想与工作同频共振。持续加强全面彻底肃清“流毒”影响工作，通过肃清“流毒”、强化宣传以及思想教育，全方位筑牢政法队伍政治忠诚。

第二，持续推进政法队伍党风廉政建设和反腐败斗争。坚持把纪律挺在前面，进一步强化政法干警不敢腐的震慑、扎牢不能腐的笼子、增强不能腐的自觉，始终保持严惩执法司法腐败的高压态势。对教育整顿期间没有完成的案件线索查办和建章立制任务，要持续推进。完善与扫黑

---

① 习近平：《高举中国特色社会主义伟大旗帜　为全面建设社会主义现代化国家而团结奋斗：在中国共产党第二十次全国代表大会上的报告》(2022 年 10 月 16 日)，人民出版社 2022 年版，第 67 页。

除恶有机衔接机制，深挖彻查违纪违法案件线索。紧盯“关键少数”，紧盯重点领域、重点岗位，坚持有案必查、有腐必惩，彻底清除侵蚀政法队伍肌体健康的病毒。将政法系统的内部监督与纪检监察系统的外部监督有机结合，运用好监督执纪“四种形态”，坚持“惩前毖后、治病救人”。加强反腐倡廉法规制度建设，一手抓制定完善，一手抓贯彻执行，在进一步严明政法系统的有关廉政规定和纪律要求的同时，严格执行各项制度和纪律规定。[①] 大力宣传并严格执行新时代政法干警“十个严禁”[②]等制度规定，形成刚性约束，对违反相关规定的行为依规依纪依法严肃处理，对广大干警形成警示效应。

第三，坚持以人民为中心常态化整治执法司法顽瘴痼疾。坚持以人民为中心的发展思想，践行执法司法为民理念，把群众反映最强烈的执法司法问题作为顽瘴痼疾整治的重点，实现好、维护好、发展好最广大人民根本利益。推进顽瘴痼疾排查整治常态化，针对部分群众反映强烈的执法司法突出问题，进一步有针对性地深入开展专项整治，切实维护司法廉洁和司法公正。对政法系统行业领域性和地域性突出问题深入剖析，切实采取有效措施进行重点治理，不断优化执法司法服务。持续推进涉法涉诉信访案件评查化解，深挖问题案件线索，支持群众合理诉求，维护群众合法权益。有关部门出台了顽瘴痼疾排查整治常态化的专门文件，应在落实好文件各项要求的基础上，进一步建立健全常态化联动

---

① 习近平总书记在十八届中央政治局第二十四次集体学习时讲道：法规制度的生命力在于执行。贯彻执行法规制度关键在真抓，靠的是严管……要加大贯彻执行力度，让铁规发力、让禁令生威，确保各项法规制度落地生根。要加强监督检查，落实监督制度，用监督传递压力，用压力推动落实。对违规违纪、破坏法规制度踩“红线”、越“底线”、闯“雷区”的，要坚决严肃查处，不以权势大而破规，不以问题小而姑息，不以违者众而放任，不留“暗门”、不开“天窗”，坚决防止“破窗效应”。

② 《新时代政法干警“十个严禁”》由中央政法委、最高人民法院、最高人民检察院、公安部、国家安全部、司法部联合印发，划定了政法干警的思想“红线”和行为“底线”，是全国政法队伍教育整顿的重要成果，也是推进全面从严管党治警的重要举措。具体包括：严禁搞两面派、做“两面人”，严禁有令不行、有禁不止，严禁放任错误思潮侵蚀影响，严禁不当交往、干预执法司法，严禁玩忽职守、徇私枉法，严禁违规参与营利活动，严禁包庇纵容黑恶势力，严禁滥用执法司法权，严禁不作为乱作为、耍特权抖威风，严禁跑风漏气、失密泄密。

整治执法司法顽瘴痼疾、接受群众监督评价等长效机制，努力让人民群众在每一项法律制度、每一个执法决定、每一宗司法案件中都感受到公平正义。

第四，持续完善政法队伍监督管理和执法司法制约监督机制。注重抓源治本，发挥标本兼治综合效应，努力从源头上预防和遏制违纪违法问题发生。围绕政法干警违纪违法易发多发领域和岗位，完善教育管理、预警预防、监督惩处等制度体系。加强上下级政法机关之间、政法各单位之间、政法机关与其他党政机关之间干部交流任职，推动政法领导干部交流轮岗常态化、制度化。教育引导干警特别是领导干部树立自觉遵守制度、接受监督的意识，加强对制度执行的监督检查。教育整顿过程中，中央政法委出台了《关于充分运用智能化手段推进政法系统顽瘴痼疾常治长效的指导意见》，提出运用大数据分析技术深化组织开展执法司法巡察和流程监督等一系列创新举措，有利于切实提高执法司法制约监督效能。

第五，大力提升政法队伍能力素质。实施人才强警战略，制定政法人才队伍建设规划，把提升政法队伍业务能力素质始终作为重要任务、重要工程抓紧、抓实，切实提高政法干警在每一个司法案件中让人民群众感受到公平正义的能力。要实施新时代政法领军人才培养计划，畅通特殊人才入职渠道，有计划地安排青年干警到重大斗争一线和情况复杂的地方经受考验、增长才干。构建响应需求、适应实战、全面发展的素能培训体系，努力提升岗位业务技能水平。同时，要采取有效措施，鼓励和保护政法干警自觉提升能力素质的热情和积极性，健全受侵害救济保障和不实举报及时澄清机制，健全暖警爱警惠警措施，构建关爱扶助牺牲伤残干警家庭常态化机制，完善政法英烈子女关爱扶助政策，在消除后顾之忧的同时，增强干警的职业尊荣感，促使广大干警更好地投入政法事业建设，推动政法工作高质量发展。

主要参考文献

一、经典作家著述

习近平:《在庆祝全国人民代表大会成立60周年大会上的讲话》,人民出版社2014年版。

习近平:《论坚持全面深化改革》,中央文献出版社2018年版。

习近平:《论坚持党对一切工作的领导》,中央文献出版社2019年版。

习近平:《论坚持全面依法治国》,中央文献出版社2020年版。

习近平:《在庆祝中国共产党成立100周年大会上的讲话》,人民出版社2021年版。

习近平:《高举中国特色社会主义伟大旗帜　为全面建设社会主义现代化国家而团结奋斗——在中国共产党第二十次全国代表大会上的报告》(2022年10月16日),人民出版社2022年版。

《中共中央关于全面推进依法治国若干重大问题的决定》,人民出版社2014年版。

中共中央文献研究室编:《十八大以来重要文献选编》(上),中央文献出版社2014年版。

中共中央文献研究室编:《习近平关于全面深化改革论述摘编》,中央文献出版社 2014 年版。

中共中央文献研究室编:《习近平关于全面依法治国论述摘编》,中央文献出版社 2015 年版。

中共中央文献研究室编:《十八大以来重要文献选编》(中),中央文献出版社 2016 年版。

中共中央文献研究室编:《习近平关于全面建成小康社会论述摘编》,中央文献出版社 2016 年版。

本书编写组:《中国共产党第十九次全国代表大会文件汇编》,人民出版社 2017 年版。

《中国共产党第二十次全国代表大会文件汇编》,人民出版社 2022 年版。

《习近平谈治国理政》(第 2 卷),外文出版社有限责任公司 2018 年版。

《习近平谈治国理政》(第 1 卷),外文出版社有限责任公司 2018 年版。

《中共中央关于深化党和国家机构改革的决定》,人民出版社 2018 年版。

《中共中央关于坚持和完善中国特色社会主义制度、推进国家治理体系和治理能力现代化若干重大问题的决定》,人民出版社 2019 年版。

《中共中央关于党的百年奋斗重大成就和历史经验的决议》,人民出版社 2021 年版。

中共中央宣传部等编:《习近平法治思想学习纲要》,人民出版社、学习出版社 2021 年版。

中共中央党史和文献研究院:《习近平关于网络强国论述摘编》,中央文献出版社 2021 年版。

中共中央党史和文献研究院:《习近平关于注重家庭家教家风建设论述摘编》,中央文献出版社 2021 年版。

习近平:《切实把思想统一到党的十八届三中全会精神上来》,载《求是》2014 年第 1 期。

习近平:《加快建设社会主义法治国家》,载《求是》2015 年第 1 期。

习近平:《共同构建人类命运共同体》,载《人民日报》2017 年 1 月 20 日。

习近平:《加强党对全面依法治国的领导》,载《求是》2019 年第 4 期。

习近平:《关于坚持和发展中国特色社会主义的几个问题》,载《求是》2019 年第 7 期。

习近平:《坚定不移走中国特色社会主义法治道路　为全面建设社会主义现代化国家提供有力法治保障》,载《求是》2021 年第 5 期。

习近平:《坚持走中国特色社会主义法治道路　更好推进中国特色社会主义法治体系建设》,载《求是》2022 年第 4 期。

中共中央办公厅、国务院办公厅印发《关于完善矛盾纠纷多元化解机制的意见》。

中共中央办公厅、国务院办公厅印发《法治政府建设实施纲要(2015—2020 年)》。

中共中央办公厅、国务院办公厅印发《关于加快推进公共法律服务体系建设的意见》。

《中共中央关于开展全国政法队伍教育整顿的意见》。

《中共中央关于加强新时代检察机关法律监督工作的意见》,载《人民日报》2021 年 8 月 3 日。

二、国内外代表性著作

张文显:《法哲学范畴研究》,中国政法大学出版社 2001 年版。

公丕祥:《法制现代化的理论逻辑》(修订版),商务印书馆 2021 年版。

江必新、梁凤云:《行政诉讼法的理论和实务》,北京大学出版社

2009 年版。

江必新主编:《行政审判和国家赔偿改革的路径与成效》,人民法院出版社 2013 年版。

胡云腾主编:《认罪认罚从宽制度的理解与适用》,人民法院出版社 2018 年版。

马怀德主编:《行政诉讼原理》,法律出版社 2003 年版。

姜明安主编:《行政法与行政诉讼法》,北京大学出版社、高等教育出版社 2015 年版。

夏锦文、方乐主编:《司法现代化》,法律出版社 2016 年版。

张卫平:《诉讼构架与程式——民事诉讼的法理分析》,清华大学出版社 2000 年版。

强世功编:《调解、法制与现代性:中国调解制度研究》,中国法制出版社 2001 年版。

张树义主编:《纠纷的行政解决机制研究——以行政裁决为中心》,中国政法大学出版社 2006 年版。

江伟主编:《仲裁法》,中国人民大学出版社 2009 年版。

陈爱武:《家事法院制度研究》,北京大学出版社 2010 年版。

王小红:《行政裁决制度研究》,知识产权出版社 2011 年版。

田禾主编:《司法透明国际比较》,社会科学文献出版社 2013 年版。

施鹏鹏:《法律改革,走向新的程序平衡?》,中国政法大学出版社 2013 年版。

沈冠伶:《家事程序之新变革》,台北,元照出版有限公司 2015 年版。

周涛:《为数据而生:大数据创新实践》,北京联合出版公司 2016 年版。

胡铭:《超越法律现实主义——转型中国刑事司法的程序逻辑》,法律出版社 2016 年版。

陶建国:《家事诉讼比较研究——以子女利益保护为主要视角》,法律出版社 2017 年版。

最高人民法院中国特色社会主义法治理论研究中心编写:《法治中国——学习习近平总书记关于法治的重要论述》(第 2 版),人民法院出版社 2017 年版。

刘敏、陈爱武:《〈中华人民共和国家事诉讼法〉建议稿及立法理由书》,法律出版社 2018 年版。

刘冠华主编:《家事审判研究》,人民法院出版社 2019 年版。

《刑事诉讼法学》编写组编:《刑事诉讼法学》,高等教育出版社 2019 年版。

刘敏主编:《当代中国的家事司法改革:地方实践与经验》,法律出版社 2020 年版。

陈莉:《家事纠纷多元化解决机制研究》,吉林大学出版社出版 2020 年版。

邹郁卓:《我国家事纠纷解决机制研究》,中国政法大学出版社 2020 年版。

陈甦、田禾主编:《中国法院信息化发展报告 No. 5(2021)》,社会科学文献出版社 2021 年版。

许建峰、孙福辉、陈奇伟:《智慧法院体系工程概论》,人民法院出版社 2021 年版。

孙福辉主编:《智慧法院优秀案例选编》,人民法院出版社 2021 年版。

[美]E. 博登海默:《法理学:法律哲学与法律方法》,邓正来译,中国政法大学出版社 1999 年版。

[美]罗斯科 · 庞德:《法》(第 1 卷),邓正来译,中国政法大学出版社 2004 年版。

[英]安东尼 · W. 丹尼斯、[英]罗伯特 · 罗森编:《结婚与离婚的法经济学分析》,王世贤译,法律出版社 2005 年版。

[英]阿德里安 A. S. 朱克曼主编:《危机中的民事司法:民事诉讼程

序的比较视角》,傅郁林等译,中国政法大学出版社 2005 年版。

[英]迈克尔·努尼:《法律调解之道》,杨利华、于丽英译,法律出版社 2006 年版。

[英]维克托·迈尔－舍恩伯格、[英]肯尼思·库克耶:《大数据时代——生活、工作与思维的大变革》,盛杨燕、周涛译,浙江人民出版社 2013 年版。

三、国内外代表性论文

公丕祥:《中国特色社会主义司法改革道路概览》,载《法律科学(西北政法大学学报)》2008 年第 5 期。

公丕祥:《新时代中国司法现代化的理论指南》,载《法商研究》2019 年第 1 期。

公丕祥:《新时代中国法治现代化的内在动因——基于我国社会主要矛盾新变化的初步分析》,载《中国高校社会科学》2019 年第 3 期。

公丕祥:《中国式法治现代化新道路的内在逻辑》,载《法学》2021 年第 10 期。

江必新:《习近平法治思想对法治基本价值理念的传承与发展》,载《政法论坛》2022 年第 1 期。

胡云腾:《完善认罪认罚从宽制度改革的几个问题》,载《中国法律评论》2020 年第 3 期。

杜万华:《论深化家事审判方式和工作机制改革》,载《中国应用法学》2018 年第 2 期。

姜伟:《深化司法体制综合配套改革　加快建设公正高效权威的中国特色社会主义司法制度》,载《民主与法制》(周刊)2022 年第 10 期。

卞建林、吴思远:《刑事速裁程序的实践观察与立法展望》,载《中国政法大学学报》2019 年第 1 期。

卞建林:《习近平法治思想中的司法改革理论要义》,载《法商研究》2022 年第 1 期。

孙笑侠:《论司法多元功能的逻辑关系——兼论司法功能有限主义》,载《清华法学》2016 年第 6 期。

樊崇义:《刑事速裁程序:从“经验”到“理性”的转型》,载《法律适用》2016 年第 4 期。

肖扬:《中国司法:挑战与改革》,载《人民司法》2005 年第 1 期。

李建明、陈爱蓓:《刑事司法过程的社会效果与社会成本——关于刑事司法效率的思考》,载《南京师大学报(社会科学版)》2005 年第 1 期。

左高山:《政治忠诚与国家认同》,载《马克思主义与现实》2010 年第 2 期。

张明楷:《论犯罪后的态度对量刑的影响》,载《法学杂志》2015 年第 2 期。

陈瑞华:《认罪认罚从宽制度的若干争议问题》,载《中国法学》2017 年第 1 期。

王一鸣:《检察机关职能定位演变的反思与展望》,载《兰州大学学报(社会科学版)》2017 年第 2 期。

左卫民:《认罪认罚何以从宽:误区与正解——反思效率优先的改革主张》,载《法学研究》2017 年第 3 期。

李建明:《刑事错案预防视野下的刑事司法理念现代化》,载《法治现代化研究》2017 年第 3 期。

崔亚东:《司法公信力指数的探索与建立》,载《中国应用法学》2017 年第 3 期。

陈爱武:《论家事案件的类型化及其程序法理》,载《法律适用》2017 年第 19 期。

孙长永:《认罪认罚案件的证明标准》,载《法学研究》2018 年第 1 期。

易亚东:《国家监察体制改革背景下的行政检察》,载《中国检察官》2018 年第 11 期。

胡卫列、兰楠、刘小艳:《中国特色民事行政检察的制度实践与理论探索——民事行政检察 30 周年综述》,载《国家检察官学院学报》2018 年第 6 期。

姜涛:《抽象危险犯中刑、行交叉难题的破解——路径转换与立法创新》,载《法商研究》2019 年第 3 期。

刘全娥:《陕甘宁边区离婚诉讼中"考虑期间"的创制、实践及其价值》,载《法律科学(西北政法大学学报)》2019 年第 6 期。

李拥军:《作为治理技术的司法:家事审判的中国模式》,载《法学评论》2019 年第 6 期。

熊秋红:《认罪认罚从宽制度中的量刑建议》,载《中国法学》2020 年第 1 期。

张剑源:《家庭本位抑或个体本位?——论当代中国家事法原则的法理重构》,载《法制与社会发展》2020 年第 2 期。

龙宗智:《余金平交通肇事案法理重述》,载《中国法律评论》2020 年第 3 期。

封蔚然:《行政公益诉讼检察建议的制度完善》,载《江西社会科学》2020 年第 8 期。

翟伟坤:《家事司法促进新时代社会建设的功能和实践》,载《人民司法》2020 年第 16 期。

宋保振:《司法的社会功能及其实现》,载《济南大学学报(社会科学版)》2020 年第 6 期。

黄文艺:《习近平法治思想要义解析》,载《法学论坛》2021 年第 1 期。

高杰:《检察公益诉讼制度若干问题思考》,载《法治研究》2021 年第 1 期。

刘华:《国家治理现代化背景下刑事检察职能的拓展路径》,载《国家检察官学院学报》2021 年第 2 期。

方乐:《以人民为中心司法理念的实践历程及其逻辑意涵》,载《法律科学(西北政法大学学报)》2021 年第 4 期。

刘敏:《论家事司法正义——以家事司法实体正义为视角》,载《江苏社会科学》2021 年第 4 期。

潘剑锋、牛正浩:《检察公益诉讼案件范围拓展研究》,载《湘潭大学学报(哲学社会科学版)》2021 年第 4 期。

赵宏:《行刑交叉案件的实体法问题》,载《国家检察官学院学报》2021 年第 4 期。

刘艳红:《民刑共治:国家治理体系与治理能力现代化路径》,载《法学论坛》2021 年第 5 期。

汤维建:《公益诉讼实施机制的生成路径——公益诉讼地方立法述评》,载《人民检察》2021 年第 11 期。

李本森、戴紫君:《反思与重塑:刑事速裁程序适用范围研究》,载《学术界》2021 年第 12 期。

孟祥沛:《司法公信力的本质属性及其对评估指标的影响》,载《政治与法律》2021 年第 12 期。

张雪樵:《大道之行天下为公——公益诉讼检察制度的成功要诀》,载《人民论坛》2022 年第 1 期。

颜运秋:《习近平法治思想中有关公益诉讼的重要论述及其展开》,载《中国政法大学学报》2022 年第 1 期。

张本才:《新时代检察工作全面协调充分发展研究论纲》,载《东方法学》2022 年第 1 期。

侯亚辉:《刑事执行检察职能定位和权力边界研究》,载《中国刑事法杂志》2022 年第 1 期。

王福华:《公益诉讼的法理基础》,载《法制与社会发展》2022 年第 2 期。

后　记

中国式司法现代化是中国式法治现代化运动最为活跃的部分，因而一直成为法治研究的重大课题与热点课题。中国法治现代化研究院司法改革与现代化研究所在2017年编写出版《当代中国的司法体制改革》之后，为学习贯彻党的二十大精神，总结中国式司法现代化实践的成就，深入研究新时代中国式司法现代化理论与实践面临的新问题，2022年又专门组织编写了这本《新时代的中国式司法现代化》，作为中国法治现代化研究院组织编写出版的《新时代的中国式法治现代化研究丛书》(第4卷)。参加该书研究撰写的作者既有中国法治现代化研究院的教学科研人员，也有来自司法实务部门的学者型特邀研究员。各位作者都是新时代中国式司法现代化实践的亲历者，对新时代中国式司法现代化倾注了极大的热情。因而，尽管其他工作繁重，大家仍挤出时间认真完成了本书的研究撰稿任务，反映了各位作者对于中国式司法现代化怀有强烈的使命感、责任感。

本书坚持以习近平法治思想为指导，以党的二十大报告和党的十九届四中全会通过的《中共中央关于坚持和完善中国特色社会主义制度、推进国家治理体系和治理能力现代化若干重大问题的决定》,以及中央有关深化司法体制改革的一系列重要文献为依据,力求反映中国特色社会主义进入新时代以来中国式司法现代化的伟大实践和伟大成就,反映十八大以来司法体制改革的重大举措,并在国家治理体系和治理能力现代化视野下对新时代司法体系、司法能力现代化的历史任务做前瞻性思考,提出推进新时代中国式司法现代化的思路建议。

本书由江苏省高级人民法院原一级巡视员、一级高级法官,中国法治现代化研究院司法改革与现代化研究所所长谢国伟研究员担任主编,李建明教授担任副主编,负责编写、修改的组织工作与书稿的修改、定稿。

本书撰稿分工如下:(按撰写内容先后为序)

李建明(南京师范大学法学院教授、博士生导师、中国法治现代化研究院研究员):绪论、第二章、后记;

方乐(南京师范大学法学院院长、教授、博士生导师、中国法治现代化研究院研究员):第一章;

王成(江苏省高级人民法院执行裁判庭庭长、中国法治现代化研究院特邀研究员):第三章;

曹也汝(江苏省高级人民法院政治部副主任、中国法治现代化研究院特邀研究员):第四章、第十五章;

李谦(中国法治现代化研究院研究员):第五章;

谢新竹(江苏海事法院政治部副主任、中国法治现代化研究院特邀研究员):第六章、第七章;

强卉(中国法治现代化研究院研究员):第八章;

洪刚(南京师范大学诉讼法学专业博士研究生):第九章、第十六章;

程德文(南京师范大学法学院副教授、中国法治现代化研究院副院长、研究员):第十章;

徐歌旋(南京师范大学法学院讲师、中国法治现代化研究院研究

员):第十一章;

刘敏(南京师范大学法学院教授、博士生导师、中国法治现代化研究院研究员):第十二章;

陈爱武(南京师范大学法学院教授、博士生导师、中国法治现代化研究院研究员):第十三章;

侯海军(南京师范大学法学院副教授、中国法治现代化研究院研究员):第十四章;

刘坤(南通市中级人民法院院长、中国法治现代化研究院特邀研究员):第十七章;

潘溪(南京市玄武区人民法院副院长、中国法治现代化研究院研究员):第十八章;

李浩(南京师范大学法学院教授、博士生导师、中国法治现代化研究院副院长、研究员)第十九章;

马洪涛(江苏省高级人民法院审管信息处副处长、中国法治现代化研究院特邀研究员):第二十章;

沈明磊(江苏省高级人民法院督察局局长、中国法治现代化研究院特邀研究员):第二十一章。

本书由李建明根据《新时代的中国式法治现代化研究丛书》编写的总体要求对本书作了编写方案设计。书稿初稿形成后,李建明、王成、马洪涛、李谦对初稿进行了修改、统稿。在此基础上,由主编谢国伟进行审阅定稿。

本书最终完稿定稿,交付出版,凝结了各位学者的大量心血。为此,首先要对各位作者伏案撰稿、认真修改初稿表示衷心的感谢,其中特别感谢工作在司法改革和司法实务第一线的各位特邀研究员作者,他们在承担繁重的本职工作之余,利用休息时间认真完成了艰巨的撰稿任务,实为不易。其次要衷心感谢丛书总主编、中国法治现代化研究院院长、著名法学家公丕祥教授。公丕祥教授不仅对本书的主旨主线、内容安排与结构体例给予了悉心指导,而且还认真审阅了本书初稿,提出了重要的修改完善建议。

此外,在本书的写作和出版过程中,得到了中共江苏省委宣传部、江苏省哲学社会科学规划办公室、南京师范大学人文社会科学研究院和南京师范大学法学院的大力支持,得到了法律出版社张雪纯副总编辑和薛晗分社长的热忱关照支持,王斓责任编辑作了精心细致的编辑工作。在此,谨一并致以诚挚的谢忱!

作　者

2022 年 11 月 6 日于南京